Dingkulturen

Literatur | Theorie | Geschichte

Beiträge zu einer kulturwissenschaftlichen Mediävistik

Herausgegeben von
Udo Friedrich, Bruno Quast und Monika Schausten

Band 9

Dingkulturen

Objekte in Literatur, Kunst und Gesellschaft der Vormoderne

Herausgegeben von
Anna Mühlherr, Heike Sahm, Monika Schausten und Bruno Quast

unter Mitarbeit von
Ulrich Hoffmann

DE GRUYTER

ISBN 978-3-11-061176-2
e-ISBN (PDF) 978-3-11-045097-2
e-ISBN (EPUB) 978-3-11-044919-8
ISSN 2363-7978

Library of Congress Cataloging-in-Publication data
A CIP catalog record for this book has been applied for at the Library of Congress.

Bibliografische Information der Deutschen Nationalbibliothek
Die Deutsche Nationalbibliothek verzeichnet diese Publikation in der Deutschen Nationalbibliographie; detaillierte bibliografische Daten sind im Internet über http://dnb.dnb.de abrufbar.

© 2018 Walter de Gruyter GmbH, Berlin/Boston
Dieser Band ist text- und seitenidentisch mit der 2016 erschienenen gebundenen Ausgabe.
Satz: Meta Systems Publishing & Printservices GmbH, Wustermark
Titelabbildung: Reliquiar aus St. Vitus in Hochelten, um 1400; Mit freundlicher Genehmigung des Bischöflichen Generalvikariats Münster, Kunstpflege (Foto: Stephan Kube).
Druck und Bindung: Hubert & Co. GmbH & Co. KG, Göttingen

♾ Gedruckt auf säurefreiem Papier
Printed in Germany

www.degruyter.com

Inhalt

Vorwort —— IX

Anna Mühlherr, Tübingen
Einleitung —— 1

Geschichte

Patric-Alexander Kreuz, Bochum, und Tobias L. Kienlin, Köln
Das Ende einer Reise
    Eine archäologische Annäherung an Objektbiographien des Fremden
    am Beispiel Lefkandi auf Euboia —— 23

Matthias Hardt, Leipzig
Tafelgeschirr und gentile Überlieferung —— 51

Zirkulation

Karl-Heinz Kohl, Frankfurt am Main
Dinge, die verbinden
    Ritueller Gabentausch in Situationen des First Contact —— 69

Monika Schausten, Köln
Agonales Schenken
    Rüdigers Gaben im *Nibelungenlied* —— 83

Christoph Huber, Tübingen
Der *Apfel der Discordia*
    Funktion und Dinglichkeit in der Mythographie
    und im *Trojanerkrieg* Konrads von Würzburg —— 110

Elke Brüggen, Bonn
Die Rüstung des Anderen
    Zu einem rekurrenten Motiv bei Wolfram von Eschenbach —— 127

Tanja Mattern, Düsseldorf
Res et Corpora
    Zur Wechselbeziehung von Dingen und Körpern im *Waltharius* —— 145

Funktion

Bruno Quast, Münster
Dingpolitik
    Gesellschaftstheoretische Überlegungen zu Rundtafel und Gral
    in Wolframs von Eschenbach *Parzival* —— 171

Fridtjof Bigalke, Münster
Der Klang der Dinge
    Über heldische Exorbitanz im *Rolandslied* des Pfaffen Konrad —— 185

Sandra Linden, Tübingen
Ein Ritter mit Gepäck
    Zu den magisch-religiösen Hilfsgütern im *Wigalois* —— 208

Sarah Bowden, London
Dinge und *ars* in *Salman und Morolf* —— 232

Bedeutung

Udo Friedrich, Köln
Zur Verdinglichung der Werte in den *Gesta Romanorum* —— 249

Michael Stolz, Bern
Dingwiederholungen in Wolframs *Parzival* —— 267

Valentin Christ, Tübingen
vile dikke dâ flogen schefte unde phîle
    Pfeile in der *Aeneis* und im *Eneasroman* —— 294

Sophie Marshall, Stuttgart
Fundsache Gregorius
    Paradigmatisches Erzählen bei Hartmann —— 308

Ästhetik

Silke Tammen, Gießen
Tierische Behälter
    Funktionen, Bedeutungen und Dinglichkeit spätmittelalterlicher
    Reliquiare —— 337

Ulrich Hoffmann, Münster
Griffel, Ring und andere *ding*
Fetischisierung und Medialisierung der Liebe in Floris-Romanen
des Mittelalters und der Frühen Neuzeit —— **358**

Mark Chinca, Cambridge
Hochzeitsdinge, Zeichenbegängnis —— **389**

Frank Fürbeth, Frankfurt am Main
rinc **und** *vingerlîn* **in der deutschen Literatur des Mittelalters**
Unter besonderer Berücksichtigung des *Guldein vingerlein*
des Mönchs von Salzburg und Heinrich Wittenwilers *Ring* —— **406**

Justin Vollmann, Tübingen
Vom erzählten Ding zur verdinglichten Erzählung
Heinrich von dem Türlin, Luhmann und die Ästhetik —— **443**

Abkürzungsverzeichnis —— **461**

Abbildungsnachweis —— **463**

Vorwort

Die Beiträge dieses Bandes gehen zum großen Teil zurück auf das Kolloquium ‚Dingkulturen. Verhandlungen des Materiellen in Literatur und Kunst der Vormoderne', das vom 26. bis 29. September 2012 in Freudenstadt im Schwarzwald stattfand. Wir bedanken uns an dieser Stelle bei den Autorinnen und Autoren dieses Bandes dafür, dass sie uns ihre Beiträge zur Verfügung gestellt haben. Unser Dank gilt weiterhin den Universitäten Köln, Münster und Siegen für die finanzielle Förderung der Tagung, der Universität Tübingen für die logistische Unterstützung, den Universitäten Göttingen, Köln und Münster sowie dem Unibund der Universität Tübingen für die Förderung der Drucklegung. Bei der Einrichtung der Texte standen uns Ann-Kathrin Olbert in Tübingen, Richard Kuckhoff und Tobias Hasenberg in Köln, Julika Epp, Stephanie Schott und Anna-Lena Heckel in Göttingen sowie Nicolas Kleinschmidt und Tim Meyer in Münster zur Seite. Ihnen allen gilt unser großer Dank.

Tübingen/Göttingen/Köln/Münster

Anna Mühlherr
Heike Sahm
Monika Schausten
Bruno Quast

Anna Mühlherr, Tübingen
Einleitung[*]

Dinge stehen derzeit hoch im Kurs. Schon ein oberflächlicher – und nicht einmal annähernd Vollständigkeit beanspruchender – Blick auf Monographien und Sammelbände der vergangenen anderthalb Jahrzehnte bietet ein eindrucksvolles Panorama: Dinge haben ihr eigenes Universum[1], aber auch ihren Platz in der Welt des Menschen[2], Dinge hängen eng mit Personen[3], Namen[4] und Orten[5] zusammen, es gibt eine Macht der Dinge[6] und einen Kult der Dinge[7], es gibt eine politische Ökologie der Dinge[8], Dinge können leben[9], sich bewegen[10], sprechen[11], ja sogar weinen[12], Dinge können allererst zu Dingen werden[13], Dinge können als Medien[14] und Zeichen[15] fungieren, Menschen und Dinge können „Sinn" füreinander haben[16], mit Dingen

---

[*] Die Einleitung, die mir als schöne Aufgabe zugefallen ist, fußt auf einer programmatischen Skizze, an welcher insbesondere Heike Sahm maßgeblich beteiligt war; und selbstverständlich spreche ich im Namen aller für die Publikation Verantwortlichen, wenn ich im Folgenden in den Gegenstandsbereich und die Themenfelder des Bandes einführe. Ausdrücklich möchte ich mich bei Sophie Marshall und Justin Vollmann für ihren Enthusiasmus und ihre Tatkraft bedanken – sie haben mit mir zusammen Dynamiken, Logiken und Ergebnisse der Tagung reflektiert und gedanklich geordnet.

[1] Konrad Paul Liessmann: Das Universum der Dinge. Zur Ästhetik des Alltäglichen. Wien 2010.
[2] Susanne Fohler: Techniktheorien. Der Platz der Dinge in der Welt des Menschen. München 2003.
[3] Barbara Johnson: Persons and Things. Cambridge, Mass. 2008.
[4] Stefan Börnchen, Georg Mein, Martin Roussel (Hrsg.): Name, Ding. Referenzen. Paderborn 2012.
[5] Zenon W. Pylyshyn: Things and Places. How the mind connects with the world. Cambridge 2007.
[6] Karl-Heinz Kohl: Die Macht der Dinge. Geschichte und Theorie sakraler Objekte. München 2003; Lieselotte Saurmar-Jeltsch, Anja Eisenbeiß (Hrsg.): The Power of Things and the Flow of Cultural Transformations. Art and Culture between Europe and Asia. Berlin 2010.
[7] Doerte Bischoff: Poetischer Fetischismus. Der Kult der Dinge im 19. Jahrhundert. Paderborn 2013.
[8] Jane Bennett: Vibrant Matter. A Political Ecology of Things. Durham, N. C. 2010.
[9] Dorothee Kimmich: Lebendige Dinge in der Moderne. Konstanz 2011.
[10] Michael Niehaus: Das Buch der wandernden Dinge. Vom Ring des Polykrates bis zum entwendeten Brief. München 2009; Hans Peter Hahn, Hadas Weiss (Hrsg.): Mobility, Meaning & Transformations of Things. Shifting Contexts of Material Culture through Time and Space. Oxford 2013.
[11] Lorraine Daston (Hrsg.): Things that Talk. Object Lessons from Art and Science. New York 2004.
[12] Peter Schwenger: The Tears of Things. Melancholy and Physical Objects. Minneapolis 2006.
[13] Stefan Laube: Von der Reliquie zum Ding. Heiliger Ort – Wunderkammer – Museum. Berlin 2011.
[14] Gisela Ecker, Claudia Breger, Susanne Scholz (Hrsg.): Dinge – Medien der Aneignung. Grenzen der Verfügung. Königstein, Taunus 2002 (Kulturwissenschaftliche Gender Studies. 3).
[15] Tobias Kienlin (Hrsg.): Die Dinge als Zeichen. Kulturelles Wissen und materielle Kultur. Internationale Fachtagung an der Johann Wolfgang Goethe-Universität, Frankfurt am Main, 3.–5. April 2003. Bonn 2005 (Universitätsforschungen zur prähistorischen Archäologie. 127).
[16] Bill Brown: A Sense of Things. The Object-Matter of American Literature. Chicago 2003.

kann man denken[17], Dinge kann man umordnen[18], Dinge kann man sich erschreiben[19]. Mehr als zu jedem anderen Zeitpunkt der Geschichte wimmelt es in unserem Alltag von Dingen, und sie rücken uns immer näher: in Form des Cyberhelms, in Form der Datenbrille, in Form von Nanorobotern, die – glaubt man den Prognosen namhafter Futurologen – schon bald in unseren Körpern agieren werden.

Als wichtige Standbeine der Dingforschung sind zu nennen: die auf den Soziologen und Ethnologen Marcel Mauss zurückgehende Gabentheorie[20], die Akteur-Netzwerk-Theorie des Soziologen und Philosophen Bruno Latour[21] sowie die von Archäologen, Ethnologen, Historikern, Kunstwissenschaftlern u. a. seit den 90er Jahren vorangetriebene Erforschung der *material culture*[22]. Entscheidende Impulse

---

[17] Esther Pasztory: Thinking with Things. Towards a New Vision of Art. Austin 2005; Amiria Henare, Martin Holbraad, Sari Wastell (Hrsg.): Thinking Through Things. Theorizing Artefacts in Ethnographic Perspective. New York 2007.
[18] Gisela Ecker, Susanne Scholz (Hrsg.): Umordnungen der Dinge. Königstein, Taunus 2000 (Kulturwissenschaftliche Gender Studies. 1).
[19] Christine Weder: Erschriebene Dinge. Fetisch, Amulett, Talisman um 1800. Freiburg i. Breisgau 2007.
[20] Marcel Mauss: Die Gabe. Form und Funktion des Austauschs in archaischen Gesellschaften. Mit einem Vorwort von E. E. Evans-Pritchard. Übersetzt von Eva Moldenhauer. Anhang: Henning Ritter: Die ethnologische Wende. Über Marcel Mauss. 3. Aufl. Frankfurt a. Main 1996. – Chris A. Gregory: Gifts and commodities. London u. a. 1982; Davis Cheal: The Gift Economy. London/New York 1988; Marilyn Strathern: The Gender of the Gift. Problems with Women and Problems with Society in Melanesia. Berkeley 1988; Nicolaus Thomas: Entangled Objects. Exchange, Material Culture and Colonialism in the Pacific. Cambridge/London 1991; Friedrich Rost: Theorie des Schenkens. Zur kultur- und humanwissenschaftlichen Bearbeitung eines anthropologischen Phänomens. Essen 1994 (Soziologie in der Blauen Eule. 4); Jean Starobinski: Gute Gaben, schlimme Gaben. Die Ambivalenz sozialer Gesten. Aus dem Französischen von Horst Günther. Frankfurt a. Main/Wien 1994; Helmuth Berking: Schenken. Zur Anthropologie des Gebens. Frankfurt a. Main/New York 1996; Maurice Godelier: Das Rätsel der Gabe. Geld, Geschenke, heilige Objekte. Aus dem Französischen übersetzt von Martin Pfeiffer. München 1999; Esther Cohen, Mayke B. de Jong (Hrsg.): Medieval Transformations. Texts, Power, and Gifts in Context. Leiden/Boston/Köln 2001; Gadi Algazi, Valentin Groebner, Bernhard Jussen (Hrsg.): Negotiating the Gift. Pre-Modern Figurations of Exchange. Göttingen 2003 (Veröffentlichungen des Max-Planck-Instituts für Geschichte. 188); Andrew Cowell: The medieval warrior aristocracy. Gifts, violence, performance, and the sacred. Cambridge u. a. 2007; Gisela Ecker: „Giftige" Gaben. Über Tauschprozesse in der Literatur. Paderborn 2008; Iris Därmann: Theorien der Gabe zur Einführung. Hamburg 2010; Jochen Hörisch: Tauschen, sprechen, begehren. Eine Kritik der unreinen Vernunft. München 2011.
[21] Bruno Latour: Wir sind nie modern gewesen. Versuch einer symmetrischen Anthropologie. Übersetzt von Gustav Roßler. Berlin 1995; ders.: Die Hoffnung der Pandora. Untersuchungen zur Wirklichkeit der Wissenschaft. Frankfurt a. Main 2000; ders.: Das Parlament der Dinge. Für eine politische Ökologie. Aus dem Französischen von Gustav Roßler. 2. Aufl. Frankfurt a. Main 2001; ders.: Eine neue Soziologie für eine neue Gesellschaft. Einführung in die Akteur-Netzwerk-Theorie. Aus dem Englischen von Gustav Roßler. Frankfurt a. Main 2012; ders.: On the Modern Cult of the Factish Gods. Durham, N. C. 2010; ders.: An Inquiry into Modes of Existence. An Anthropology of the Moderns. Translated by Catherine Porter. Cambridge, Mass. 2013.
[22] Christopher Tilley (Hrsg.): Reading Material Culture. Structuralism, Hermeneutics and Post-Structuralism. Oxford 1990; Henry Glassie: Material Culture. Bloomington, Indianapolis 1999; Ul-

gingen von der 2003 erschienenen Studie Karl-Heinz Kohls zu *Geschichte und Theorie sakraler Objekte* aus,[23] die sich nicht zuletzt dem Phänomen des Fetischismus zuwandte. Drei Jahre später folgte die Studie Hartmut Böhmes zu *Fetischismus und Kultur*,[24] die im Anschluss an Ideen Latours die Tragfähigkeit des Konzepts von Dingen als bloßen Substraten menschlicher Bearbeitung, Aneignung und Aktion grundsätzlich in Frage stellt. Gegen das modern-‚aufgeklärte' Verständnis von Dingen als ‚stummen' Objekten menschlichen Handelns werden hier Mensch-Ding-Hybride, Macht oder Eigensinn der Dinge, Dinge als Aktanten oder Akteure gesetzt.

Die (germanistische) Mediävistik hat den Dingen schon seit Längerem ihre Aufmerksamkeit gewidmet. Zu erinnern wäre an die Rekonstruktion der mittelalterlichen Dinghermeneutik durch Friedrich Ohly,[25] an die Erforschung der höfischen Sachkultur durch Joachim Bumke,[26] an das von Horst Wenzel propagierte Konzept einer mittelalterlichen Kultur der Visualität[27] oder – unter stärker literaturwissenschaftlichen Vorzeichen – an Haiko Wandhoffs Studie zur mittelalterlichen Ekphrasis.[28] Zu erinnern wäre an die relative Nähe der mittelalterlichen Literatur zum Mythos,[29] als dessen Kennzeichen Ernst Cassirer die Umsetzung von „Bedeutungs-

---

rich Veit u. a. (Hrsg.): Spuren und Botschaften. Interpretationen materieller Kultur. Münster 2003 (Tübinger Archäologische Taschenbücher. 4); Hans Peter Hahn: Materielle Kultur. Eine Einführung. Berlin 2005; Christopher Tilley u. a. (Hrsg.): Handbook of Material Culture. London 2006; Tony Bennett, Patrick Joyce (Hrsg.): Cultural studies, history and the material turn. London/New York 2010; Stefanie Samida, Manfred K. H. Eggert, Hans Peter Hahn (Hrsg.): Handbuch Materielle Kultur. Bedeutungen, Konzepte, Disziplinen. Stuttgart/Weimar 2014. – Eine im Sinne unseres Tagungsthemas einschlägige konkrete historische Studie ist die Habilitationsschrift von Christina Antenhofer, die von den *material culture studies* herkommend Schätzen und Gaben anhand von Brautschatzinventaren nachgeht, um Diskurse, Praktiken und Wahrnehmungen abzubilden, welche um Dinge kreisen: Mensch-Objekt-Beziehungen im Mittelalter und in der Renaissance am Beispiel der fürstlichen Höfe des süddeutschen und oberitalienischen Raums (Habsburg – Tirol – Görz – Wittelsbach – Württemberg – Visconti – Sforza – Gonzaga). Innsbruck [Ms] 2014.
23 Vgl. Anm. 6.
24 Hartmut Böhme: Fetischismus und Kultur. Eine andere Theorie der Moderne. 3. Aufl. Reinbek b. Hamburg 2010; vgl. auch ders., Johannes Endres: Der Code der Leidenschaften. Fetischismus in den Künsten. Paderborn/München 2010; Christina Antenhofer (Hrsg.): Fetisch als heuristische Kategorie. Geschichte – Rezeption – Interpretation. Bielefeld 2011.
25 Friedrich Ohly: Vom geistigen Sinn des Wortes im Mittelalter. In: ZfdA 89 (1958), S. 1–23; wieder in: ders.: Schriften zur mittelalterlichen Bedeutungsforschung. Darmstadt 1977, S. 1–31.
26 Joachim Bumke: Höfische Kultur. Literatur und Gesellschaft im hohen Mittelalter. 2 Bde. München 1986.
27 Horst Wenzel: Spiegelungen. Zur Kultur der Visualität im Mittelalter. Berlin 2009 (Philologische Studien und Quellen. 216).
28 Haiko Wandhoff: Ekphrasis. Kunstbeschreibungen und virtuelle Räume in der Literatur des Mittelalters. Berlin/New York 2003 (TMP. 3).
29 Udo Friedrich, Bruno Quast (Hrsg.): Präsenz des Mythos. Konfigurationen einer Denkform in Mittelalter und Früher Neuzeit. Berlin/New York 2004 (TMP. 2).

mäßige[m]" in „Dingliches" ansieht,[30] oder, sehr viel konkreter, an die wichtige Rolle von Farben als „Attribute[n] von Gegenständen im weitesten Sinne" in der mittelalterlichen Literatur.[31] Auch gabentheoretische Ansätze sind in der mediävistischen Literaturwissenschaft erprobt worden,[32] außerdem existieren Monographien zu einzelnen Dingarten bzw. Dingbereichen wie Schwertern[33] oder Textilien[34] sowie dingtheoretisch orientierte Beiträge zu Einzeltexten.[35]

Ziel unserer Tagung war es, das mediävistische Gespräch über die Dinge voranzutreiben und zu vertiefen: Bekanntes zu bündeln, Neues zu sichten und den Anschluss an zentrale Theoreme der Dingforschung zu finden. Der Schwerpunkt war ein literaturwissenschaftlicher, doch konnten auch Vertreter und Vertreterinnen

---

30 Ernst Cassirer: Philosophie der symbolischen Form. Zweiter Teil: Das mythische Denken. 7. Aufl. Darmstadt 1977, S. 51. Vgl. Hans Ulrich Gumbrecht: Präsenz-Spuren. Über Gebärden in der Mythographie und die Zeitresistenz des Mythos. In: Friedrich/Quast (Anm. 29), S. 1–15, hier S. 2f.
31 Monika Schausten (Hrsg.): Die Farben imaginierter Welten. Zur Kulturgeschichte ihrer Codierung in Literatur und Kunst vom Mittelalter bis zur Neuzeit. Berlin 2012 (LTG. 1), Zitat Einleitung S. 12. Vgl. auch dies.: Vom Fall in die Farbe. Chromophilie in Wolframs ‚Parzival'. In: GRM 57 (2007), S. 275–286.
32 Irmgard Gephart: Geben und Nehmen im „Nibelungenlied" und in Wolframs von Eschenbach „Parzival". Bonn 1994; Günther Schopf: Fest und Geschenk in mittelhochdeutscher Epik. Wien 1996; Marion Oswald: Gabe und Gewalt. Studien zur Logik und Poetik der Gabe in der frühhöfischen Erzählliteratur. Göttingen 2004 (Historische Semantik. 7); Bruno Quast: Zur Ökonomie/Anökonomie des Gebets. In: ders.: Vom Kult zur Kunst. Öffnungen des rituellen Textes in Mittelalter und Früher Neuzeit. Tübingen/Basel 2005 (Bibliotheca Germanica. 48), S. 141–166; Susanne Reichlin: Ökonomien des Begehrens, Ökonomien des Erzählens. Zur poetologischen Dimension des Tauschens in Mären. Göttingen 2009; Margreth Egidi u.a. (Hrsg.): Liebesgaben. Kommunikative, performative und poetologische Dimensionen in der Literatur des Mittelalters und der Frühen Neuzeit. Berlin 2012 (Philologische Studien und Quellen. 240); Heike Sahm: Gabe und Gegengabe, Raub und Vergeltung. Reziprozität in der mittelhochdeutschen Epik. In: ZfdPh 133 (2014), S. 419–438.
33 Sönke Jaek: „Ich gelêre si Durndarten." Schwerter in der höfischen Erinnerung. In: Adlige und bürgerliche Erinnerungskulturen des Spätmittelalters und der Frühen Neuzeit. Hrsg. von Werner Rösener. Göttingen 2000 (Formen der Erinnerung. 8), S. 57–78; Friedrich E. Grünzweig: Das Schwert bei den Germanen. Studien zu seinem ‚Wesen' vom Altertum bis ins Hochmittelalter. Wien 2009 (Philologica Germanica. 30).
34 Elke Brüggen: Kleidung und Mode in der höfischen Epik des 12. und 13. Jahrhunderts. Heidelberg 1989 (Beihefte zum Euphorion. 23); Andreas Kraß: Geschriebene Kleider. Höfische Identität als literarisches Spiel. Tübingen/Basel 2006 (Bibliotheca Germanica. 50); Kristin Böse, Silke Tammen (Hrsg.): Beziehungsreiche Gewebe. Textilien im Mittelalter. Frankfurt a. Main 2012.
35 Anna Mühlherr: Nicht mit rechten Dingen, nicht mit dem rechten Ding, nicht am rechten Ort. Zur *tarnkappe* und zum *hort* im Nibelungenlied. In: PBB 131 (2009), S. 461–492; Heike Sahm: Unversöhnte Motivierungen. Der Schatz als Hindernis kohärenten Erzählens im ‚Beowulf'. In: PBB 131 (2009), S. 422–460; dies.: Die Rolle Balmuncs im Nibelungenlied. In: Akten des XII. Internationalen Germanistenkongresses Warschau 2010. Vielheit und Einheit der Germanistik weltweit. Bd. 5. Hrsg. von Franciszek Grucza. Frankfurt a. Main 2012, S. 239–244. – Vgl. auch Anna Mühlherr: Zwischen Augenfälligkeit und hermeneutischem Appell. Zu Dingen im ‚Straßburger Alexander'. In: Dichtung und Didaxe. Lehrhaftes Sprechen in der deutschen Literatur im Mittelalter. Hrsg. von Henrike Lähnemann, Sandra Linden. Berlin/New York 2009, S. 11–21.

der Ethnologie, der Archäologie, der Geschichts- und der Kunstwissenschaft für das Gespräch gewonnen werden. Die Fragerichtung war eine doppelte. Was lehren uns einerseits die Texte über die Dinge? Was kann andererseits eine dingzentrierte Lektüre für ein verbessertes Verständnis der Texte leisten? Nachdem die Historische Narratologie vor gut zehn Jahren die Kategorie der Figur wieder stark gemacht hat,[36] schien es an der Zeit, auch die erzählten Dinge – und *erzählende* Texte waren es fast ausschließlich, die im Rahmen der Tagung von literaturwissenschaftlicher Seite aus verhandelt wurden – stärker in den Fokus des Interesses zu rücken.[37]

Was die Tagung *nicht* leisten konnte, war eine differenzierte wort- und begriffsgeschichtliche Aufarbeitung ihres Gegenstandes. Schon der Versuch, „dieses schillernde und schwer zu greifende Wort *Ding*", wie es Elisabeth Karg-Gasterstädt in einer einschlägigen Studie genannt hat,[38] auf eine bestimmte Bedeutung festzulegen, stößt an Grenzen. Im Sinne einer Minimaldefinition könnte man sich vielleicht darauf einigen, dass Dinge in der Regel „einzelne, stofflich kompakte, abgrenzbare und an raumzeitlichen Stellen lokalisierbare Objekte sind".[39] Ferner fällt auf, dass es sich bei den meisten der in diesem Band behandelten Dinge um unbelebte und künstliche Objekte handelt. Andererseits wird man weder einer Blume noch einem (unbearbeiteten) Kieselstein den Dingstatus rundweg aberkennen wollen. Einen Grenzfall stellen Tiere dar, die im Rahmen der mittelalterlichen Dinghermeneutik neben Steinen und Pflanzen zu den bedeutungstragenden *res* gehören,[40] andererseits aber auch gefährlich nahe an den Menschen heranrücken können[41] und denen man heute – etwa im Rahmen der *Human-Animal Studies* – einen eigenen Status zuzuerkennen pflegt.[42]

---

36 Fotis Jannidis: Figur und Person. Beitrag zu einer historischen Narratologie. Berlin/New York 2004 (Narratologia. 3).

37 Vgl. Anna Mühlherr: Eigen-Sinn von Dingen in älterer Erzählliteratur. In: Akten des XII. Internationalen Germanistenkongresses Warschau 2010. Vielheit und Einheit der Germanistik weltweit. Bd. 5. Hrsg. von Franciszek Grucza. Frankfurt a. Main 2012, S. 235–239; Valentin Christ: Bausteine zu einer Narratologie der Dinge. Der ‚Eneasroman' Heinrichs von Veldeke, der ‚Roman d'Eneas' und Vergils ‚Aeneis' im Vergleich. Berlin/Boston 2015 (Hermaea NF. 137). – Nicht auf die Dinge, sondern auf die Kategorie des Erzählers zielt der Titel des Beitrags von Ursula Kocher: „Schreib nie einen Roman aus der Perspektive einer Türklinke!" Möglichkeiten und Grenzen einer historischen Narratologie. In: Historische Narratologie. Mediävistische Perspektiven. Hrsg. von Harald Haferland, Matthias Meyer. Berlin/New York 2012 (TMP. 19), S. 415–427.

38 Elisabeth Karg-Gasterstädt: Althochdeutsch *thing* – neuhochdeutsch *Ding*. Die Geschichte eines Wortes. Berlin 1958 (Berichte über die Verhandlungen der Sächsischen Akademie der Wissenschaften zu Leipzig. 104,2), S. 3; vgl. auch ebd., S. 11 f.: „Ein weiter Bogen spannt sich von der germanischen, sachlich scharf umrissenen Gerichtsverhandlung bis zum Ding als Gegenstand des Erkennens und bis zu den kleinen, unbedeutenden Dingen des Alltags."

39 So Sandra Linden im Anschluss an Monika Körte, in diesem Band, S. 210.

40 Vgl. Hennig Brinkmann: Mittelalterliche Hermeneutik. Tübingen 1980, bes. S. 74–121.

41 Udo Friedrich: Menschentier und Tiermensch. Diskurse der Grenzziehung und Grenzüberschreitung im Mittelalter. Göttingen 2009 (Historische Semantik. 5).

42 Chimaira – Arbeitskreis für Human-Animal Studies (Hrsg.): Human-Animal Studies. Über die gesellschaftliche Natur von Mensch-Tier-Verhältnissen. Bielefeld 2011.

Der vorliegende Band ist in fünf Teile gegliedert, deren Anordnung dem Prinzip ‚vom Ding zum Menschen zum Text' gehorcht. Die Beiträge der ersten drei Teile fragen zunächst nach der Geschichte der Dinge (1), die nicht zuletzt auch eine Geschichte der Zirkulation zwischen Eignern ist (2), sowie nach der Funktion der Dinge für ihren jeweiligen Eigner bzw. für die Gemeinschaft (3). Der Fokus dieser drei Teile ist ein primär kulturwissenschaftlicher, wenngleich schon hier die Frage mitläuft, wie sich die Texte die betreffenden kulturellen Muster zunutze machen. Stärker narratologisch ausgerichtet ist der vorletzte Teil des Bandes, der nach den verschiedenen Bedeutungszuschreibungen fragt, die die Dinge über ihre bloße Funktion hinaus erfahren – nicht nur, aber auch in den Texten selbst (4). Nach dem Dingstatus eben dieser Texte fragt dann, ausgehend von Werken der bildenden Kunst, der letzte Teil, wodurch die Diskussion auf ästhetische und poetologische Fragestellungen hin geöffnet wird (5). Die genannten Themenbereiche sollen im Folgenden zunächst dingtheoretisch entfaltet werden, bevor sich die Darstellung den einzelnen Beiträgen zuwendet.

I Themenbereiche

Versucht man von den Dingen her zu denken, dann bietet sich der Begriff der *agency* an, unter den sich all diejenigen Ding-Eigenschaften subsumieren lassen, die mit den Aspekten der Wirkmächtigkeit und der Widerständigkeit von Dingen zu tun haben. So bemerkt Elke Brüggen mit Blick auf die einschlägige Forschungsliteratur: „Im ‚Universum der Dinge' faszinieren [...] insbesondere die ‚lebendigen', die ‚sprechenden', die ‚souveränen Dinge', Gegenstände mithin, die eine eigentümliche Macht oder Wirkmächtigkeit, eine Widerständigkeit, einen Eigen-Sinn zu besitzen scheinen und insofern als *Dinge von Gewicht* empfunden werden."[43] Die besagte *Wirkmächtigkeit* ist keineswegs auf sakrale oder magische Dinge beschränkt. Unter gabentheoretischer Perspektive ist vielmehr an die von Marcel Mauss herausgearbeitete „nicht zu lösende[ ] Verbindung zwischen Geber und Gabe"[44] zu erinnern, die dazu führt, dass „der Geber sich mit der Gabe selbst einbringt",[45] wodurch „dem Ding [...] eine eigentümliche Kraft zukommt, die es – in der von Mauss gewählten Begrifflichkeit – zum ‚beseelten Ding' werden lässt".[46]

Auch der Aspekt der *Widerständigkeit* ist keineswegs auf Einzelfälle beschränkt, vielmehr ist er von phänomenologischer Seite aus als *das* Kriterium für *thingness* angeführt worden. So formuliert Mark Chinca im Anschluss an Bill Brown: „Die Dinghaftigkeit ist derjenige Aspekt der Gegenstände, der sich dem

---

[43] Brüggen, in diesem Band, S. 132.
[44] Schausten, in diesem Band, S. 90.
[45] Huber, in diesem Band, S. 117.
[46] Hoffmann, in diesem Band, S. 368.

Bewusstsein erst unter Störung ihrer reibungslosen Verwendung in zweckbestimmten Sinn- und Nutzungszusammenhängen aufdrängt."[47] Diese Widerständigkeit der Dinge lässt sich – so Elke Brüggen unter Rekurs auf Hartmut Böhme – „mit handlungstheoretischen Überlegungen zu einer den Artefakten in Form von Skripten mitgegebenen Steuerung von Operationen in Verbindung bringen, welche ihnen angemessen sind. Artefakte verlangen demnach ein Agieren, das in ‚Passung' zu ihrer ‚Bewandtnis' steht".[48] Überspitzt gesagt: Nicht der Mensch bedient sich der Dinge, sondern die Dinge bedienen sich des Menschen.

Ein dritter Aspekt, der den Dingen ein gewisses Maß an Autonomie zuzusichern scheint, ist ihre oftmals viele Menschengenerationen überdauernde *Langlebigkeit*. Diese macht sie besonders attraktiv für „objektbiographische" Ansätze, wie sie in jüngerer Zeit im Bereich der Archäologie Konjunktur haben.[49] Aber liegt hier tatsächlich mehr vor als „eine Anthropomorphisierung", die zwar „aus emischer Perspektive in historischen und ethnographischen rezenten Fällen belegt ist, die aber weder als allgemeines Modell der Mensch-Ding-Beziehung noch – aus kulturwissenschaftlicher Sicht – als Analysekategorie geeignet ist"?[50] Für Patric-Alexander Kreuz und Tobias L. Kienlin zumindest stellt „die Zuschreibung einer Agenshaftigkeit der Dinge" eine aus archäologischer Perspektive „unzulässige semantische Zuweisung"[51] dar: „Die Attraktivität solcher Ansätze", so der naheliegende Verdacht, „gründet [...] (auch) in Defiziterfahrungen des modernen (westlichen) Betrachters".[52]

So wenig die Relevanz dieses Einwandes von der Hand zu weisen ist, so sehr ist der Begriff der *agency* andererseits geeignet, den Literaturwissenschaftler für die Bedeutung von Dingen gerade auch in vormodernen Texten zu sensibilisieren. Insbesondere die Aspekte der Wirkmächtigkeit und der Widerständigkeit von Dingen kommen in den Beiträgen des vorliegenden Bandes wiederholt zur Sprache. Unter dem Titel *Geschichte* indessen haben wir im **ersten Teil** zunächst zwei Beiträge zusammengestellt, die sich – der eine aus archäologischer, der andere aus geschichtswissenschaftlicher Perspektive – sehr grundsätzlich mit der Langlebigkeit der Dinge und ihrer daraus resultierenden Bedeutung für das kulturelle Gedächtnis befassen. Weiter unten soll dann nach der Bedeutung entsprechender Ding-Geschichten für das literarische Erzählen gefragt werden.

Ohne einer allzu anthropozentrischen Sichtweise zu verfallen, wird man als das wichtigste Moment der meisten Objekt-Geschichten die Zirkulation der Dinge

---

47 Chinca, in diesem Band, S. 390.
48 Brüggen, in diesem Band, S. 143; vgl. auch Bowden, S. 237, und Hoffmann, S. 374.
49 Vgl. Kreuz/Kienlin, in diesem Band, S. 27–30, insbesondere auch die S. 30, Anm. 23, genannten Publikationen.
50 Ebd., S. 27.
51 Ebd., S. 29.
52 Ebd., S. 28.

etwa in Gestalt des Besitzerwechsels betrachten dürfen, mit dem sich die Aufsätze des **zweiten Teils** schwerpunktmäßig beschäftigen. In systematischer Hinsicht wäre hier zunächst zwischen indirekten, durch eine zwischengeschaltete Zeit der Besitzlosigkeit gekennzeichneten Besitzerwechseln (Beispiel: „Fundsache Gregorius")[53] und direkten Besitzerwechseln zu unterscheiden. Was letztere angeht, können sie einerseits gewaltsam oder doch zumindest unfreiwillig erfolgen. Zu erinnern wäre hier etwa an die zentrale Rolle, die der Kriegsbeute für die Auffüllung der königlichen Schatzkammern und damit für eine erfolgreiche Herrschaft zukam.[54] Zumindest im „Habitus der Freiwilligkeit"[55] erfolgt dagegen die *Gabe*, die seit der grundlegenden Untersuchung Marcel Mauss' zum Gegenstand besonders intensiver Forschungsbemühungen avanciert ist.[56]

Aus ethnologischer Perspektive betont Karl-Heinz Kohl hierbei die kommunikative Bedeutung der Dinge, derer wir uns – in Ausnahmesituationen offenbar noch immer „einem universalen anthropologischen Verhaltenskodex" folgend – gleichwohl „kaum bewusst" seien, da die „vermittelnde Funktion [der Dinge] durch die des Geldes verdeckt wird, mit dem wir sie erwerben".[57] Dagegen sei der Gabentausch „überall dort, wo wir ihn antreffen, nicht nur sozial, wirtschaftlich und religiös eingebettet, sondern auch durch zahlreiche Konventionen überformt".[58] Dem von Kohl hervorgehobenen stabilisierenden Potenzial der Gabe stehen hierbei, wie Monika Schausten im Anschluss an Marcel Mauss betont,[59] diverse Risiken gegenüber, die „prinzipiell aus aggressiven Akten des Gebens, aus Akten des Sich-Verausgabens, ebenso erwachsen [können], wie aus der besonderen Faktur der Gaben selbst sowie schließlich aus dem unachtsamen Akt des Annehmens von Geschenken oder aber auch aus der Geschenkverweigerung".[60]

Das Thema Besitz lenkt die Aufmerksamkeit zunächst ganz allgemein auf die Frage nach dem Mensch-Ding-Verhältnis, wobei zwei Pole voneinander zu unterscheiden sind. Auf der einen Seite steht „[d]as Sammeln als Form der Subordination, bei der die Dinge in einem sehr elementaren Sinn dem Subjekt angeeignet und zu den Eigenschaften der Person hinzuaddiert werden"[61] – ein Konzept, dem Sandra Linden bescheinigt, in dem von ihr untersuchten *Wigalois* „fast schon kapitalistische Züge"[62] anzunehmen. Auf der anderen Seite faszinieren gerade heute „Mensch-Ding-Allianzen oder *Kollektive*, auf die nicht zuletzt die verstärkte Reflexi-

---

53 Vgl. den Beitrag von Sophie Marshall in diesem Band.
54 Vgl. Hardt, in diesem Band, S. 51.
55 Schausten, in diesem Band, S. 85.
56 Vgl. Hoffmann, in diesem Band, S. 368 f.
57 Kohl, in diesem Band, S. 71.
58 Ebd., S. 72.
59 Vgl. dazu auch Huber, in diesem Band, S. 117.
60 Schausten, in diesem Band, S. 87.
61 Linden, in diesem Band, S. 228.
62 Ebd., S. 224.

on über neue technologische Entwicklungen den Blick gelenkt hat".[63] Im Hintergrund steht hierbei ein Handlungsbegriff, für den, wie Elke Brüggen unter Rückgriff auf Formulierungen Hartmut Böhmes bemerkt, „nicht mehr einzig das Subjekt und die ihm zugerechnete bewusste, intentionale und motivierte Aktion entscheidend ist, sondern gerade das ‚*crossover* mit Nicht-Menschlichem', die ‚komplexe Assoziation' oder das ‚Hybrid aus menschlichen und nicht-menschlichen Entitäten'".[64] Nicht zuletzt die waffen- bzw. verkleidungstechnisch hochgerüsteten Protagonisten der an Kampf- und Listhandlungen nicht gerade armen mittelalterlichen Literatur fordern förmlich dazu heraus, die Tauglichkeit des postmodernen Ansatzes auch schon für die Vormoderne zu erproben.[65]

Während das Mensch-Ding-Verhältnis in den meisten der hier versammelten Beiträge zumindest implizit zur Debatte steht, haben wir im **dritten Teil** des vorliegenden Bandes solche Beiträge versammelt, die sich schwerpunktmäßig mit der Funktion von Dingen für den Einzelnen oder für die Gemeinschaft auseinandersetzen. Mag sich aus postsozialer Perspektive zunächst der Befund einer Korrelation zwischen Objektbeziehungen und der Auflösung kollektiver Bindungen nahelegen, so lässt der Blick auf vormoderne Gesellschaften gerade umgekehrt das gemeinschaftsstiftende Potenzial von Objektbeziehungen zutage treten.[66] Zu erinnern ist hier noch einmal an die von Matthias Hardt herausgearbeitete Funktion der Dinge als „dauerhafte Medien identitätsstiftenden archaischen Geschichtsgedenkens"[67] sowie an die von Karl-Heinz Kohl betonte „sozial verbindende Funktion" von Gaben.[68] Zu denken ist außerdem mit Bruno Quast „an Kommunitäten, die Heiligtümer betreuen, oder auch an Textgemeinschaften, die sich um ein Buch herum konstituieren".[69] Was weiterhin die Funktion der Dinge für den Einzelnen angeht, ergibt sie sich häufig bereits aus den weiter oben erwähnten, den betreffenden Artefakten (z. B. Waffen) eingeschriebenen „Skripten".

Besondere Beachtung im Rahmen des mittelalterlichen Erzählens verdienen die mit einer mehr oder weniger spezifischen *agency* ausgestatteten *magischen Hilfsgüter*, die „oft mittels übernatürlicher Boten aus einer anderen Welt in den Lebensraum des Protagonisten [kommen] und [wieder verschwinden], sobald sie ihre Funktion erfüllt haben".[70] Unscharf ist hier einerseits die Grenze zwischen Magie und Religion. So bemerkt Sandra Linden im Hinblick auf den *Wigalois*: „Christliches und Magisches wirken bei den kleinen Dingen zusammen, es geht

---

63 Brüggen, in diesem Band, S. 132.
64 Ebd., S. 133.
65 Zu Rüstungen und Waffen vgl. außer Brüggen auch Mattern, in diesem Band, S. 158–164; zu Verkleidungen vgl. Bowden, bes. S. 236–238.
66 Vgl. Quast, in diesem Band, S. 171 f.
67 Hardt, in diesem Band, S. 65.
68 Kohl, in diesem Band, S. 72.
69 Quast, in diesem Band, S. 171 f.
70 Linden, in diesem Band, S. 211.

hier [...] nicht um ‚dogmatische Akuratesse'."[71] Unscharf ist aber auch die Grenze zu den vor allem von Sarah Bowden ins Spiel gebrachten *artes mechanicae*, die im Mittelalter „als Heilmittel gegen die postlapsarische körperliche Schwäche dienen können",[72] ihrerseits jedoch in einem spannungsreichen Verhältnis zur Religion stehen.[73] Hinzuweisen ist ferner auf gewisse „Parallelen zwischen Magie und Wissenschaft", die beide „einen pragmatischen Anspruch verfolgen und sich als Welterklärungs- oder Weltbeherrschungsmodell verstehen".[74] Alles in allem verwundert es so nicht weiter, wenn die religiösen, magischen und technischen Hilfsgüter über ihre bloße handlungslogische Funktion hinaus zu Medien einer impliziten Verhandlung von Wissensdiskursen, aber auch von Fragen der Ethik avancieren.

Dies führt zu grundsätzlichen Überlegungen zum *semiotischen Status* von Dingen, wie sie Patric-Alexander Kreuz und Tobias L. Kienlin bereits im einleitenden Beitrag anstellen. Vor allem geht es ihnen dabei um die Unterschiede zwischen sprachlichen und dinglichen Zeichen. Zwar gilt „[f]ür *alle* Zeichen [...], dass sie Gegenstand unterschiedlicher Lesarten werden können".[75] Was aber bei sprachlich verfassten Texten lediglich „eine Möglichkeit darstellt, ihre fortgesetzte Uminterpretation durch neue Leser, stellt [...] für die Dinge den Normalfall dar".[76] Stärker als sprachliche Zeichen können Dinge außerdem „auch nicht-semiotisch wahrgenommen werden", so dass ihnen insgesamt eine „andere *Qualität*"[77] zukommt als ersteren: „Durch ihre offene semantische Struktur und den fehlenden Appell an eine bewusste ‚Lesung' lassen sie als gegeben erscheinen, was tatsächlich ein strukturiertes Zeichensystem ist, das möglicherweise nur von einem Teil der Gesellschaft beherrscht, beeinflusst oder überhaupt verstanden wird."[78]

Mit Blick auf das weiter oben angesprochene Konzept der *agency* könnte man formulieren, dass sich Dinge nicht nur gegenüber ihren Benutzern, sondern auch gegenüber ihren (potenziellen) Lesern als widerständig erweisen. Hier ließe sich mit Konzepten von Dingen als *sui generis*-Bedeutungen, von Sichtbarem vs. Visuellem oder auch von *talkative things* anschließen, wie sie Silke Tammen aus kunstgeschichtlicher Perspektive probeweise ins Spiel bringt.[79] Aus literaturwissenschaftlicher Sicht ist überdies zu beachten, dass erzählte Dinge einer *doppelten Codierung* unterliegen: „Die kulturelle Lebenswelt erscheint hier im Spiegel künstlerischer Konstruktionen, die eine eigene Geschichte haben und dabei ihre Medialität mitre-

---

71 Ebd., S. 217.
72 Bowden, in diesem Band, S. 240.
73 Vgl. ebd., S. 241.
74 Linden, in diesem Band, S. 211, Anm. 11; vgl. auch Bowden, S. 242 f., Anm. 31.
75 Kreuz/Kienlin, in diesem Band, S. 25.
76 Ebd.
77 Ebd., S. 24.
78 Ebd.
79 Vgl. Tammen, in diesem Band, S. 352–357.

flektieren."⁸⁰ Dennoch, so Christoph Huber, werde „auch hier kulturgebundene Dinglichkeit fingiert, die über eine frei gewählte und manipulierbare Medialität hinausreicht und quasi-dingliche, materielle Resistenzen präsentiert".⁸¹ Als Frage ließe sich dann formulieren, inwiefern – und vor allem: mit welcher Zielsetzung – sich die Literatur das „Widerspiel zwischen dinglich Resistentem und semiotischer Verfügbarkeit"⁸² zunutze macht.

Der besondere semiotische Status der Dinge wie auch das Problem der doppelten Codierung sind jedenfalls mitzudenken, wenn in den Beiträgen des **vierten Teils** nach der Bedeutung der erzählten Dinge gefragt wird. Es ist dies der Punkt, an dem sich der Akzent von einer kulturwissenschaftlichen zu einer im engeren Sinne narratologischen Fragestellung verschiebt: Welche Bedeutung kommt den Dingen im Rahmen des Konzepts des Wiedererzählens (Michael Stolz)⁸³, des Aktantenmodells (Udo Friedrich)⁸⁴ oder der *„Differenzierung* von kausaler, finaler und ästhetischer Motivierung" (Valentin Christ)⁸⁵ zu? Welche Bedeutungsaufladungen erfahren die Dinge unter dem Vorzeichen eines „metonymische[n] Erzählen[s]", das – mit den Worten Sandra Lindens – „weniger auf die kausale Motivation in einem syntagmatischen Erzählstrang als vielmehr auf Wiederholungsstrukturen und Äquivalenzbeziehungen [setzt]", „auf Korrespondenzen [achtet]" und „Sinnbezüge auch durch die einfache Nähe verschiedener Elemente herstellen [kann]"?⁸⁶ Dass die bedeutungsgenerierenden „Äquivalenzen von Ding und Ding bzw. Ding und Figur" in ein gewisses Konkurrenzverhältnis zu (ebenfalls auf dem Äquivalenzprinzip beruhenden) allegorischen Sinnstrukturen treten können, zeigt Mark Chinca in seinem Beitrag im fünften Teil des vorliegenden Bandes.⁸⁷

Überschrieben ist dieser **fünfte Teil** mit dem für das Mittelalter nicht unproblematischen Begriff der *Ästhetik*, hier näherungsweise verstanden als ‚auf sinnliche Wahrnehmung bzw. *imaginatio* abstellende (Inter-)Artifizialität'. Im Hintergrund mitzudenken wäre dabei einerseits die von Sophie Marshall im vierten Teil des vorliegenden Bandes stark gemachte mittelalterliche Kognitionstheorie, die der *imaginatio* als derjenigen Instanz, die „alles Wahrgenommene, also auch Texte, in Bilder (*imagines*) um[setzt]", einen wichtigen Stellenwert neben der *memoria* und der *ratio* zuerkennt.⁸⁸ Grundsätzlich wäre damit der Tatsache Rechnung getragen, dass Dinge „von der subjektiven Sinneswahrnehmung des Menschen bzw. in litera-

---

80 Huber, in diesem Band, S. 110.
81 Ebd.
82 Ebd.
83 Vgl. Stolz, in diesem Band, S. 267–269.
84 Vgl. Friedrich, in diesem Band, S. 251.
85 Christ, in diesem Band, S. 295.
86 Linden, in diesem Band, S. 230; vgl. auch Stolz, S. 267–269, sowie Marshall, S. 308 u. 313.
87 Vgl. Chinca, in diesem Band, S. 394–396, Zitat S. 396.
88 Vgl. Marshall, in diesem Band, S. 312–315, Zitat S. 312.

rischen Texten von der Beschreibung durch den Erzähler" abhängig sind.[89] Zu berücksichtigen wäre andererseits die Tatsache, dass mittelalterliche Artefakte keine Kunstwerke im Sinne der Autonomieästhetik des 18. Jahrhunderts sind.[90] Das bedeutet freilich nicht, dass etwa Reliquiare lediglich „als Gegenstände liturgisch-performativen Handelns" zu betrachten wären; vielmehr sind, wie Silke Tammen in ihrem Beitrag ausführt, schon für das Mittelalter „auch intimere oder konzentriertere Betrachtungssituationen anzunehmen",[91] in denen „[e]in in Erkenntnis nicht aufzulösendes Staunen [...] sowohl eine religiöse als auch eine ästhetische Erfahrung sein [kann]".[92]

Aus literaturwissenschaftlicher Perspektive werden die Beiträge des fünften Teils vor allem durch die Frage zusammengehalten, inwiefern auch literarische *Texte als Dinge* betrachtet werden können. Zu erinnern wäre mit Frank Fürbeth, Mark Chinca und Justin Vollmann an entsprechende Titelmetaphern in der „Tradition der lateinischen didaktischen Literatur",[93] an „die herkömmliche Assoziation von *ars ferraria* und *ars poetica*"[94] oder allgemeiner an „die seit der Antike geläufige Metapher des *poeta faber* [...], jenes *artifex* also, der – ganz im Sinne der mittelalterlichen Poetik des Wiedererzählens – eine bereits vorhandene *materia* bearbeitet".[95] Anschlussmöglichkeiten ergeben sich an den von Mark Chinca herangezogenen *object-oriented literary criticism*, demzufolge das literarische Kunstwerk insofern „eine Ahnung" vom „unergründlichen Sein der Dinge" vermitteln könne, als es „vom menschlichen Subjekt als Ding erfasst werde, das seine eigene Zeichenhaftigkeit stets überschreite".[96] Anschlussmöglichkeiten ergeben sich außerdem an die von Justin Vollmann herangezogene Kunsttheorie Niklas Luhmanns, derzufolge es gerade die „dingliche[ ] Fixierung von Formen" ist, welche die für das Kunstsystem (einschließlich Literatur) spezifische „Beobachtung zweiter Ordnung im Bereich des Wahrnehmbaren" ermöglicht.[97]

II Beiträge

Die Zuordnung der Beiträge zu den fünf Themenbereichen spiegelt lediglich gewisse Schwerpunkte wider. In einigen Fällen wären durchaus auch andere Zuordnun-

---

[89] Linden, in diesem Band, S. 210.
[90] Vgl. dazu Vollmann, in diesem Band, S. 455 f.
[91] Tammen, in diesem Band, S. 354 f.
[92] Ebd., S. 352.
[93] Fürbeth, in diesem Band, S. 407.
[94] Chinca, in diesem Band, S. 397.
[95] Vollmann, in diesem Band, S. 451.
[96] Chinca, in diesem Band, S. 390.
[97] Niklas Luhmann: Die Kunst der Gesellschaft. Frankfurt a. Main 1995, S. 94; vgl. hierzu Vollmann, in diesem Band, S. 456 f.

gen möglich gewesen. Der folgende Überblick versucht solchen alternativen Zuordnungsmöglichkeiten gerecht zu werden, indem er einzelne Beiträge doppelt, aber unter jeweils unterschiedlichen Gesichtspunkten aufführt. Ansonsten entspricht die Reihenfolge derjenigen des Bandes.

Geschichte

Dass Dinge ihre eigene, zeitlich wie räumlich unter Umständen weit ausgreifende Geschichte haben, zeigt sich beispielhaft an dem 1981 auf der griechischen Insel Euboia gefundenen Bronzegefäß, dem sich **Patric-Alexander Kreuz** und **Tobias L. Kienlin** in ihrem Beitrag aus archäologischer Perspektive nähern. In einem „gemäßigten' objektbiographischen Ansatz, der nach der schrittweisen Bedeutungsaufladung und Umdeutung der Dinge in neuen Kontexten ebenso fragt wie nach den Handlungsoptionen, die solche Objekte ihren jeweiligen Besitzern in unterschiedlichen gesellschaftlichen und kulturellen Kontexten eröffneten" (S. 30), zeichnen sie eine Geschichte nach, die vom eisenzeitlichen Griechenland des 10. Jahrhunderts v. Chr. über das bronzezeitliche Zypern des 12./11. Jahrhunderts v. Chr. bis zurück ins Griechenland des 14./13. Jahrhunderts v. Chr. führt. Wenn Kreuz und Kienlin vergleichend die in der *Ilias* referierte Geschichte eines Eberzahnhelms heranziehen, ist damit außerdem eine Brücke zu literarischen Ding-Geschichten geschlagen.

Die Geschichtsträchtigkeit der Dinge ist es, die sie nicht zuletzt für das kulturelle Gedächtnis interessant macht. So dient, wie **Matthias Hardt** aus geschichtswissenschaftlicher Perspektive zeigt, das meist aus spätantik-römischer Zeit stammende Tafelgeschirr der königlichen Schatzkammern der Völkerwanderungszeit und des frühen Mittelalters nicht nur der Repräsentation und Visualisierung von Herrschaft, sondern auch der Inszenierung gentiler Traditionen. Insbesondere im Rahmen königlicher Bankette können die präsentierten Dinge hierbei eine enge Verbindung mit dem Vortrag von Heldenliedern eingehen. Außerdem fungieren Platten, Schalen, Becher usw. häufig selbst als Träger mythologischer oder historiographischer Darstellungen, die sich im Sinne der gentilen Tradition vereinnahmen lassen. Die Darstellung spezifisch heldenepischer Stoffe bleibt dagegen anderen Objekten wie z. B. dem berühmten Kästchen von Auzon vorbehalten. Die dort ebenfalls dargestellte Plünderung Jerusalems führt Hardt zu einem Exkurs über Salomos Tisch, der der Überlieferung zufolge seinen Weg bis in die königliche Schatzkammer der Westgoten gefunden haben soll.

Auch im höfischen Roman reichen die Dinggeschichten häufig weit in die Zeit vor dem Beginn der eigentlichen Romanhandlung zurück, wodurch die Anbindung der Figuren und Ereignisse an eine ferne (märchenhafte, mythische, historische) Vergangenheit ermöglicht wird. Zu nennen wäre etwa die dem Helden Wigalois von Beleare überreichte Rüstung, die „[d]urch ein breit ausgeführtes Herkunftsnarrativ, das einen konfliktreichen, über mehrere Besitzer laufenden Weg der Rüstung hin zu Beleares Mann erzählt", gegenüber den übrigen Hilfsgütern besonders hervorgehoben wird (vgl. den Beitrag von **Sandra Linden**, hier S. 216). Zu nennen wäre der dem Helden Florio von seiner Geliebten Bianceffora überreichte Ring, dessen bis auf Hannibal zurückreichende Geschichte in einer durch eine Kapitelüberschrift eigens hervorgehobenen Erzählung nachgeliefert wird (vgl. den Beitrag von **Ulrich Hoffmann**, hier S. 375 f.). Zu nennen wären schließlich der Gral und weitere Dinge im *Parzival*, deren Vorgeschichte Wolfram nicht zuletzt durch seine Technik der „verzögerte[n] Mitteilung von Informationen" mit der Aura des Geheimnisvollen umgibt (vgl. den Beitrag von **Michael Stolz**, hier bes. S. 274–276, Zitat S. 285). Wie wirkungsvoll mit Dingen als Trägern gentiler Überlieferung gespielt werden kann, zeigt sich ferner, wenn im *Waltharius* der Protagonist den Hunnenkönig Attila mit Hilfe einer Schale betrunken macht, auf der ausgerechnet die ruhmreichen Taten der Hunnen dargestellt sind (vgl. den Beitrag von **Tanja Mattern**, hier S. 154 f.).

Zirkulation

Der zentralen Bedeutung von Dingen im Rahmen menschlichen Interagierens widmet sich **Karl-Heinz Kohl** in seinem Beitrag zum rituellen Gabentausch in Situationen des *First Contact*. Anhand von Berichten über Erstbegegnungen des Seefahrers James Cook und seiner Mannschaft mit Inselvölkern des südpazifischen Raumes arbeitet er die für nicht-monetäre Gesellschaften typische Zuordnung der Tauschobjekte zu eingeschränkten, nur teilweise ineinander konvertiblen Tauschsphären heraus. Die Skala reicht dabei von einfachen Nahrungsmitteln über Genussmittel und Gebrauchsgegenstände bis hin zur Kategorie der außergewöhnlichen Dinge. Letztere avancierten auf polynesischer Seite zu quasi sakralen Erinnerungsobjekten, wie sie insbesondere für schriftlose Kulturen typisch sind, wurden aber auch auf europäischer Seite dem ökonomischen Kreislauf entzogen und musealisiert.

Eine bedeutende Rolle spielen gabenökonomische Erwägungen auch in der feudaladeligen Gesellschaft des Mittelalters. Wie **Monika Schausten** anhand der Figur Rüdigers zeigt, thematisiert das *Nibelungenlied* hierbei „die gemeinschaftsstabilisierende Funktion, mehr aber noch die destruierenden Folgen einer feudaladeligen Gabenpolitik [...] und damit jene zwei Seiten der Tauschökonomie, die gabentheoretische Arbeiten bis heute betonen" (S. 86). Selbstbewusst auf Etzels Gaben verzichtend und sich stattdessen selbst ‚verausgabend', muss Rüdiger in den Brautwerbungsverhandlungen die „sozial stabilisierende[ ] Öffentlichkeit des Gebens" durch die „gesellschaftlich prekäre Form geheimen Schenkens" ersetzen (S. 98). Anders als Kriemhild, die in der Folge „vom Objekt zum Subjekt der Geschenkepolitik avanciert" (S. 103), hat Rüdiger als „Nehmer des aus seiner Sicht attraktiven Heiratsangebots der Burgunden" (S. 103) unversehens den unterlegenen Part in einer von ihm nur ungenügend reflektierten „agonale[n] Praxis einer feudaladeligen *Kunst des Schenkens*" (S. 87) inne.

Der besonderen Verbindung von Gabe und Gewalt geht **Christoph Huber** in seinem Beitrag zum Apfel der *Discordia* nach. In geradezu exemplarischer Weise gilt hier, dass der Geber (die von der Festgesellschaft ausgeschlossene *Discordia*) in der Gabe selbst präsent ist (als in der Festgesellschaft sich erhebende Zwietracht). Eine Analyse der einschlägigen Passagen aus dem *Trojanerkrieg* Konrads von Würzburg macht einerseits deutlich, wie sich die Funktionen ein und desselben Dings auf intrikate Weise verschieben und überlagern können (der Apfel der *Discordia* als Zankapfel, Schönheitspreis und Liebesgabe). Umgekehrt kann Huber zeigen, wie die Funktionen und Eigenschaften des Apfels teils auf Paris, teils auch auf die Kleider, die dieser als Gegengabe von Venus erhält, ja letztlich sogar auf den Roman selbst übergehen, der damit zur Gabe des Autors, aber auch zum Zankapfel der Rezipienten wird.

Weniger mit Gaben als mit der gewaltsamen Aneignung von Dingen beschäftigt sich **Elke Brüggen** in ihrem Beitrag zum *Parzival* Wolframs von Eschenbach. Indem der Text vorführe, wie der jugendliche Held den Ring und die Brosche Jeschutes, vor allem aber die Rüstung Ithers gewaltsam in seinen Besitz bringe, lege er den engen Konnex zwischen materiellem Begehren und sozialer Rücksichtslosigkeit offen. Im Zentrum der Untersuchung steht das doppelte Skandalon der Tötung Ithers mit einem nicht standesgemäßen Ding und der Zerstörung des Mensch-Ding-Gefüges ‚Roter Ritter', bei der sich überdies Parzivals Unkenntnis der den Dingen eingeschriebenen Skripte offenbart. Ähnlich schließlich, wie Gahmuret im blutgetränkten Untergewand Herzeloydes noch immer präsent ist, haftet der roten Rüstung Ithers die von Parzival verübte Bluttat auch weiterhin an.

Um verschiedene Formen des unfreiwilligen Besitzerwechsels geht es auch im *Waltharius*, mit dem sich **Tanja Mattern** beschäftigt. Das im 10. Jahrhundert in lateinischen Hexametern verfasste Heldengedicht lässt sich als die Geschichte eines Schatzes in drei Teilen lesen: erstens die Tributentrichtung an die Hunnen, an deren Hof die junge Hiltgunt, zunächst selbst Teil des Schatzes, zu dessen Hüter avanciert; zweitens der Raub des Schatzes durch Walther mit Hilfe Hiltgunts; drittens die durch Gunther erzwungene Teilung des Schatzes, die sprachspielerisch mit den abgeschlagenen, gewissermaßen verdinglichten Körperteilen der Helden Walther, Gunther und Hagen in Verbindung gebracht wird. Ob in diesem Text, „der es unternimmt, die Ursprünge der eigenen Gegenwart, im Sinne christlicher Herrschaftsbildung nach der Völkerwanderung und dem Ende der römischen Herrschaft, in die heldenepische Vergangenheit zurück zu projizieren" (S. 166), auch eine klerikale Kritik an der materiellen Verfasstheit der feudaladeligen Kultur mitschwingt, bliebe zu fragen.

Funktion

Dinge werden von Menschen gesammelt, können aber ihrerseits auch eine versammelnde Wirkung auf die Menschen haben. Den letztgenannten Fall untersucht

Bruno Quast anhand des Wolfram'schen *Parzival*, wobei sich die gemeinschaftsstiftenden Dinge durch eine gewisse Hybridität auszeichnen. Da ist zum einen die profane Rundtafel, die als öffentlich inszeniertes Kollektivsymbol in den Status eines zwar technisch reproduzierbaren, gleichwohl aber sakralen Objektes aufrückt. Und da ist zum anderen der Gral, der bei aller – nicht zuletzt sakralen – Überdeterminiertheit gleichwohl eine deutliche Desakralisierung gegenüber Chrétien erfährt. Während es außerdem „im Fall der Tafelrunde die Gesellschaft [ist], die sich ihr dingliches Konnexionsprinzip selber schafft und vor Augen stellt, geht im Fall der Gralsgesellschaft das *dinc* der Gesellschaft, die ausschließlich dem *dinc* verpflichtet ist, voraus" (S. 182). In beiden Fällen indessen, so Quast, entwickle Wolfram „eine politische Ökologie, die sich auf den Nenner bringen lässt: Ohne Ding keine Gesellschaft" (S. 183).

Ganz im Dienst der Exorbitanz des Helden stehen dagegen drei Dinge, denen sich **Fridtjof Bigalke** in seinem Beitrag zum *Rolandslied* des Pfaffen Konrad widmet: das Schwert Durndart, das Horn Olifant und der Helm Venerant. Auffällig ist die sprachliche und/oder stimmliche Interaktion zwischen Menschen und Dingen sowie die partielle Sakralisierung der letzteren: Wie Roland sein Schwert Durndart, so adressiert der beschriftete Helm Venerant seinen potenziellen Gegner in der zweiten Person Singular, während das Horn Olifant mit seiner *süezen stimme* in eben jenem „Raum der Berührung von Transzendenz und Immanenz [...] operier[t]", in dem auch „Durndart als himmlisches Schwert" (S. 206) angesiedelt ist. Als Fazit lässt sich festhalten, dass „Rolands Dinge stets ihre eigene materielle Dinglichkeit [übersteigen]: ein göttliches Schwert, ein Horn mit *süezer stimme* und ein sprechender Helm" (S. 206).

Mit der Akkumulation von Dingen durch den Helden beschäftigt sich **Sandra Linden**, die den Besitz als ein zentrales Thema des *Wigalois* Wirnts von Grafenberg herausarbeitet. Der dingzentrierte Ansatz lässt hierbei nicht zuletzt auch einen widerständigen Subtext sichtbar werden, der an der vielbeschworenen Idealität des Helden kratzt. Denn obwohl die unterstützende Wirkung des Zaubergürtels in den Bewährungsabenteuern vom Erzähler diskret verschwiegen wird, erinnern die magisch-religiösen Hilfsgüter – der Schutzbrief des Priesters, das Zauberbrot Laries, die Wunderblume König Lars und die Lanze des Engels – den Rezipienten doch unterschwellig an seine Existenz. Und wiewohl Wigalois in der zweiten Aventiuresequenz ohne den Zaubergürtel auskommen muss, bleiben ihm die besagten Wunderdinge als „[h]ero's little helpers" (S. 212) doch auch weiterhin erhalten.

Was hier anklingt, ist die Frage nach dem Verhältnis zwischen Virtus und Fortuna, die vollends in der *Krone* Heinrichs von dem Türlin virulent wird. Und auch dort wird sie, wie **Justin Vollmann** in seinem Beitrag zeigt, ganz wesentlich über den Einsatz von Dingen narrativ verhandelt. Während der Gral als göttliches Geheimnis aus der erzählten Welt verschwindet, gewinnen einerseits die von Frau Saelde stammenden Kleinodien (Glücksstein und Glücksring) umso größere Bedeutung. Andererseits treten ihnen ein Becher und ein Handschuh an die Seite, die nicht nur als Glücksbringer fungieren, sondern als Tugendmessgeräte gewissermaßen eine eingebaute „Sündersicherung" enthalten. Wenn am Ende auch die ‚Krone' selbst als Glücksbringer und Tugendmessgerät erscheint, dann wird deutlich, dass über den Einsatz von Dingen bzw. Dingmetaphern nicht nur Fragen der Religion und Ethik, sondern auch der Ästhetik verhandelt werden.

Eine Ausdifferenzierung in religiös, magisch und technisch konnotierte Dinge arbeitet **Sarah Bowden** anhand der mit einer Reliquie, einem Zauberstein und einer automatischen Nachtigall versehenen Ringe Salmans, Fores und Morolfs in dem „Spielmannsepos" *Salman und Morolf* heraus. Auffällig ist dabei die Technikaffinität des Helden Morolf, der Dinge nicht nur virtuos zur Verkleidung einsetzt, sondern sich auch als Erfinder eines stahlbewehrten Pilgermantels, eines als Krücke getarnten Stockdegens und eines U-Boots hervortut. Daneben steht die Verdinglichung von Menschen, wie sie – vergleichsweise konventionell – in der Behandlung der schönen Salme als eines Schmuckstücks und – mit mehr als fragwürdigem Schockpotenzial – in der zu Verkleidungszwecken abgezogenen Haut des Juden Berman zum Ausdruck kommt. Dass sich der Erzähler hier wie auch bezüglich des listigen Gebrauchs der *artes mechanicae* einer moralischen Wertung enthält, ist eines der interpretatorischen Hauptprobleme des Textes, das der dingzentrierte Ansatz wenn nicht lösen, so doch neu perspektivieren kann.

Bedeutung

Was im Rahmen der Virtus-Fortuna-Diskussion bereits anklang, nämlich die Möglichkeit der narrativen Verhandlung von Werten über Dinge, ist Gegenstand des Beitrags von **Udo Friedrich** zu den *Gesta Romanorum*. Anhand von Exempeln aus den Bereichen Recht, Religion, Politik, Ethik und Ökonomie kann Friedrich zeigen, wie die Dinge hier durch eine Technik der Schichtung, die an das vollkommene Handwerk im Sinne Walter Benjamins erinnert, zu komplexen Zeichen avancieren, die „soziale Regeln, Wertesysteme, Motive und Erzählmuster bestätigen, unterwandern oder ihnen eine alternative Lesart" abgewinnen können (S. 257), wobei „die Finalität des Lebens alle anderen Register unterwandert" (S. 265). Wenn Friedrich zusammenfassend bemerkt, die betreffenden Dinge enthielten „neben ihrer syntagmatischen Funktion auch komplexe paradigmatische Semantiken, die den spannungsvollen Gehalt der Erzählung noch einmal im Objekt verdichten" (S. 266), so ist damit ein Prinzip benannt, das sich, wie die folgenden drei Beiträge zeigen, auch für das volkssprachige Erzählen als konstitutiv erweist.

Ausgehend von einem Begriff des Wiedererzählens, der sowohl inter- als auch intratextuelle Wiederholungsstrukturen umfasst, arbeitet **Michael Stolz** – mit beständigem Blick auf Chrétien und dessen Fortsetzer, aber auch auf die variante Überlieferung des Wolfram'schen Textes – eine „Phänotypik von Dingwiederholungen im *Parzival*" heraus, „die an das *Erzählen im Paradigma*, an die metonymischen Beziehungen und an die verzögerte Mitteilung von Informationen geknüpft ist" (S. 285), wobei ein Erzähler am Werk sei, „der mit *Dingen* wie dem Gral oder dem Gralschwert Kohärenzen einerseits stiftet, diese aber andererseits auch destabilisiert" (S. 269). Ein erster Teil spürt den „Alternativen eines Verständnisses des Grals als *Ding, das ist*, bzw. als *Ding, das heißt*" sowie der „Strategie des Vorenthaltens von Informationen zu den Gralgeheimnissen" (S. 276) nach. Ein zweiter Teil nimmt das Motiv des metonymisch an den Gral sich anlagernden Gralschwerts in den Blick, das Wolfram „zu einem Netzwerk von Dingwiederholungen aus[gestaltet], das sich nahezu über die gesamte Dichtung des *Parzival* erstreckt" (S. 279).

Mit dem wiederholten Vorkommen ein und derselben *Art* von Dingen beschäftigt sich **Valentin Christ** in seinem Beitrag zu den Pfeilen in Vergils *Aeneis* und in der mittelalterlichen Version des Stoffs, hier vertreten durch den *Eneasroman* Heinrichs von Veldeke. Dient der Pfeil im antiken Epos wiederholt der Vermittlung zwischen göttlicher und menschlicher Sphäre – sei es als göttliches Zeichen (Acestes-Pfeil) oder als Mittel zumindest indirekter göttlicher Intervention (Verwundung des Aeneas, Rache für den Tod Camillas) –, so ist diese Funktion im mittelalterlichen Roman erwartungsgemäß gestrichen. Erhalten bleibt im Fall von Eneas' Verwundung die Aura des Mysteriös-Unheilvollen wie auch der Fokus auf die – hier nun freilich ganz anders gestaltete – emotionale Reaktion des Helden. Außerdem zeigt es sich, dass der im antiken Epos nicht enthaltene Brief-Pfeil der Lavinia entscheidende Elemente des im mittelalterlichen Roman nur scheinbar ersatzlos gestrichenen Acestes-Pfeils übernimmt, wobei die Sphäre des Göttlichen bezeichnenderweise durch diejenige der Minne ersetzt wird.

Den von Stolz beobachteten Dingwiederholungen nicht ganz unähnlich sind auch die von **Sophie Marshall** ins Zentrum ihrer Lektüre des *Gregorius* Hartmanns von Aue gestellten Äquivalenzbeziehungen, die sich zwischen den – jeweils aus einem Inzest resultierenden – Mensch-Ding-Arrangements ‚vom *vaz* umschlossenes Baby in der *barke*' und ‚von der *îsenhalte* umschlossener Eremit auf dem *stein*' ergeben. Unter Einbeziehung weiterer zentraler Dinge wie der zwanzig Goldmark, des Seidenstoffs und der Tafel unternimmt es der Beitrag, „Aspekte der Materialität und ihres Verhältnisses zu den Figuren" zu profilieren (S. 312), diese freilich nicht auf der Ebene einer analytisch erst noch zu erschließenden Tiefenstruktur des Textes, sondern an dessen der *imaginatio* unmittelbar zugänglicher Oberfläche, nämlich „auf der Ebene von paradigmatischen Bildbezügen" zu verorten, „die sich zwischen dinghaften Gegenständen und bildlicher (metaphorischer, vergleichender) Rede des Textes ebenso herstellen lassen wie zwischen größeren, gleichsam erstarrten Bildkomplexen der Makrostruktur" (S. 333).

Ästhetik

Zwar keine Kunstwerke im modernen Sinn, erweisen sich die beiden von **Silke Tammen** aus kunstgeschichtlicher Perspektive betrachteten spätmittelalterlichen Reliquiare in Tierform gleichwohl als ästhetische Herausforderungen ganz eigener

Art. Reliquiar und Schmuckstück, Bild und Bildträger in einem, lädt der christophore Schmetterling aus dem ersten Viertel des 14. Jahrhunderts in seiner komplexen Verschränkung verschiedener Bild- und Bedeutungsebenen, aber auch im Ausstellen seiner eigenen Materialität zu einer Reflexion des Verhältnisses zwischen Gott, Mensch, Tier und Ding ein. Als sperriger erweist sich der um 1400 entstandene Stelzenfisch, in dem muslimisches Parfümfläschchen und christliche Reliquie zu einem eigenwilligen Dingkonglomerat zusammenfinden, das in seiner „Ästhetik des bewussten Ausstellens von Kontrasten" (S. 346) Gedanken an die negative Theologie eines Pseudo-Dionysius wachruft, aber auch Zeugnis von einem verbreiteteren Bedürfnis ablegt, „hybride Objekte zu gestalten, in denen Belebtes und Unbelebtes zusammentritt" (S. 350). Beiden Reliquiaren gemeinsam ist die eigentümliche Spannung zwischen Vordergründig-Sichtbarem und Hintergründig-Visuellem, zwischen Transparenz und Opazität, die sie zu „things that talk" bzw. „things to think with" macht.

Hier lässt sich die Frage anschließen, inwieweit auch literarische Artefakte als Dinge betrachtet werden können. Es ließe sich zunächst auf die Dinghaftigkeit von Büchern, aber z. B. auch Schreibgeräten verweisen, wie sie in Konrad Flecks Roman *Flore und Blanscheflur* eine entscheidende Rolle spielen. Insbesondere die von den Protagonisten zum Zeichen ihrer Liebe getauschten Schreibgriffelchen erfahren hier, wie **Ulrich Hoffmann** ausführt, eine Fetischisierung, die sie in ein spannungsreiches Verhältnis zu Blanscheflurs Scheingrab treten lässt. Im Prosaroman *Florio und Bianceffora* dagegen, der statt der Schreibgriffelchen lediglich einen magischen Ring kennt, erfolge eine Medialisierung der Liebe in Form von Briefen. Die von Hoffmann einleitend zusammengetragenen Beispiele lesender Figuren, die einen intertextuellen Bogen bis hin zu Bernhard Schlinks Roman *Der Vorleser* spannen, legen die Vermutung nahe, dass das literarische Artefakt – wiewohl im Fall Konrad Flecks als dezidiert mündliche Erzählung in der Erzählung daherkommend – durch die Thematisierung von Büchern und Schriftlichkeit immer auch sich selbst reflektiert.

Dass indessen auch andere in der erzählten Geschichte begegnende Dinge poetologisch auf die Erzählung hin transparent gemacht werden können, zeigt der bereits erwähnte Beitrag von **Christoph Huber**. So ist der Apfel der Discordia bei Konrad von Würzburg nicht nur ein Werk der Schmiedekunst, sondern auch mit einer höchst sonderbaren, den jeweiligen Leser zum Größenwahn verleitenden Inschrift versehen. Vollends das dem Helden Paris von Venus überreichte Kleid, auf das zentrale Eigenschaften des Apfels übergehen, wird in Hubers Lektüre der Konrad'schen *descriptio* deutlich als ein „Gedankengespinst" (S. 123), das heißt als literarische Imagination erkennbar. Außerdem kann Huber intertextuelle Bezüge zu Gottfrieds Zauberhündchen Petitcreü aufzeigen, dessen poetologisches Potenzial die Forschung schon länger erkannt hat.

Komplementär dazu kann die Erzählung ihrerseits mit einem Ding verglichen oder metaphorisch als ein solches Ding bezeichnet werden. Ersteres ist in dem frühmittelhochdeutschen allegorischen Gedicht *Die Hochzeit* der Fall, das im Prolog mit einer Goldbrosche verglichen wird. In seinem Beitrag geht **Marc Chinca** den ebenso verlockenden wie verwirrenden Äquivalenzbeziehungen nach, die sich zwischen diesem Schmuckstück und weiteren, auf unterschiedlichen narrativen und poetologischen Ebenen (Parabel, Brautwerbungshandlung, doppelte allegorische Ausdeutung) angesiedelten Schmuckstücken auftun und den Rezipienten in einen Deutungsprozess verwickeln, der – die vom Dichter angebotenen Deutungen teils fortsetzend, teils konterkarierend – letztlich dazu führt, dass die Dinge „hinter die ihnen zugeschriebenen Bedeutungsrelationen zurücktreten und sich dem epistemischen Zugriff gänzlich entziehen" (S. 391). Nicht zuletzt gilt dies auch für das „Text-Ding" selbst, das, folgt man dem Ansatz des *object-oriented literary criticism*, im Überschreiten seiner eigenen Zeichenhaftigkeit eine Ahnung vom „unergründlichen Sein der Dinge" vermitteln kann (S. 390).

Als Titelmetapher begegnen Dinge z. B. im *Guldein vingerlein* des Mönchs von Salzburg und in Heinrich Wittenwilers *Ring*, wobei ersterer sein *vingerlein* gleichzeitig auch als *ring(lein)*, letzterer seinen *Ring* gleichzeitig auch als *vingerli* bezeichnet. In seinem Beitrag zeigt **Frank Fürbeth** zunächst, „dass *rinc* und *vingerlîn* in mittelhochdeutscher Zeit zwei völlig verschiedene Bedeutungen besitzen: Während mit *rinc* entweder der kreisförmig gebogene Gegenstand oder der kreisförmig gebildete Umkreis gemeint ist, bezeichnet *vingerlîn* ausnahmslos den [nicht zwangsläufig kreisförmigen] Fingerring" (S. 428 f.). Weiter legen die Befunde nahe, „dass ab dem 14. Jahrhundert der Terminus *vingerlîn* auf dem Rückzug ist und durch *rinc* ersetzt werden kann" (S. 431). Sowohl beim Mönch von Salzburg als auch bei Heinrich Wittenwiler sei nun „eine Parallelisierung der beiden Bedeutungen von *rinc* und *vingerlîn* festzustellen, ohne dass ihre grundsätzliche semantische Differenz aufgehoben würde" (S. 440), wobei der *rinc* auf die Stellung des Menschen innerhalb des *cursus mundi*, das edelsteinbesetzte *vingerlîn* dagegen auf den Wert der heilsgeschichtlich-ethischen Lehre verweise.

Erstmals im Rahmen des volkssprachigen Erzählens begegnet eine dingliche Titelmetapher in der *Krone* Heinrichs von dem Türlin. Ähnlich wie im Fall der von Mark Chinca betrachteten *Hochzeit* ergeben sich, wie **Justin Vollmann** in seinem bereits erwähnten Beitrag zeigt, Äquivalenzbeziehungen zwischen der „verdinglichten Erzählung" und den „erzählten Dingen" (von den Tugendmessgeräten über die Glückskleinodien bis hin zum Gral). In seiner Analyse des Epilogs arbeitet Vollmann dann vor allem zwei Aspekte heraus, die der *Krone* zugeschrieben werden (und im Roman selbst ihren Rückhalt finden): die besondere Bedeutung des Visuellen und das interaktive Spiel mit dem Rezipienten. Dieser Befund wird in einem dritten, bewusst anachronistischen Schritt mit der Gesellschaftstheorie Niklas Luhmanns in Verbindung gebracht, der als Spezifikum des (modernen) Kunstsystems die Kombination von sinnlicher Wahrnehmung und Beobachtung zweiter Ordnung im wörtlichen Sinne „dingfest" macht.

Geschichte

Patric-Alexander Kreuz, Bochum, und Tobias L. Kienlin, Köln
Das Ende einer Reise

Eine archäologische Annäherung an Objektbiographien
des Fremden am Beispiel Lefkandi auf Euboia

I Einleitung

Die Dinge sind Zeichen, da sie bei ihrer Verwendung und Wahrnehmung Sinn erlangen und eine spezifische, non-verbale Kommunikation ermöglichen. Der angemessene Umgang mit den Dingen unterliegt dabei Regeln, und es sind solche ritualisierten oder jedenfalls repetitiven Handlungen, durch die materielle Kultur zur Veranschaulichung oder Festigung einer sozial konstruierten Wirklichkeit beiträgt. Sie bedarf dazu der Redundanz des Zeichenaktes und der Einhaltung bestimmter Kontextualisierungen. Gerade ihre von sprachlichen Botschaften abweichende Wahrnehmung macht sie dabei zu einem wichtigen Medium der Vermittlung konkreter Fertigkeiten, Verhaltensweisen oder allgemein kulturellen Wissens.

Es liegen hier nicht erratische Einzelakte oder individuelle Motivationen vor, sondern Traditionen, in denen die Dinge auf kulturspezifische Weise Gegenstand von Sinnzuweisungen werden können und Wahrnehmung oder Handlung strukturieren. Diesen Kommunikationsraum zu bestimmen, auch in Hinblick auf die sozialen Strategien des Umgangs mit den Dingen, ist die Aufgabe eines im weitesten Sinne semiotischen Ansatzes.[1] Die Archäologie verbindet hier mit anderen kulturwissenschaftlichen Disziplinen die Überzeugung, dass materielle Kultur als ein Zeichensystem zu begreifen sei, das Bedeutungen und Überzeugungen vermitteln kann.

Bedeutungsaufladungen können bei der Herstellung der Dinge schon einkalkuliert sein oder ihnen später in einem gänzlich anderen Umfeld zuwachsen. Ihr Auftreten und ihr Verständnis sind situations- und kontextabhängig. Anders als Sprache verfügen die Dinge dabei nicht über eine allgemein gültige Syntax.[2] Im Gegensatz zu der Linearität sprachlicher Botschaften können Bezug und Gewich-

---

[1] Vgl. zum Folgenden auch Tobias L. Kienlin: Die Dinge als Zeichen: Zur Einführung in das Thema. In: Die Dinge als Zeichen: Kulturelles Wissen und materielle Kultur. Internationale Fachtagung an der Johann Wolfgang Goethe-Universität. Frankfurt a. Main, 3.–5. April 2003. Hrsg. von Tobias L. Kienlin. Bonn 2005, S. 1–20, sowie Tobias L. Kienlin, Anne Widura: Dinge als Zeichen. In: Handbuch Materielle Kultur. Bedeutungen, Konzepte, Disziplinen. Hrsg. von Stefanie Samida, Manfred K. H. Eggert, Hans Peter Hahn. Stuttgart/Weimar 2014, S. 31–39.
[2] Vgl. Roland Barthes: Das semiologische Abenteuer. Aus dem Französischen von Dieter Hornig. Frankfurt a. Main 1988, S. 195–197.

tung der wahrgenommenen Elemente durch verschiedene Betrachter in unterschiedlicher Weise festgelegt werden. Die Bedeutung der Dinge erschließt sich in hohem Maße aus ihrer materiellen Umgebung, aus ihrer räumlichen Anordnung und aus dem Handlungs- und Wahrnehmungszusammenhang ihrer Verwendung. Dies bedingt, dass die Dinge mehrdeutig bleiben und zu ihrem Verständnis eines Kontextes bedürfen. Ferner können Dinge auch nicht-semiotisch wahrgenommen werden, indem der Fokus der Betrachtung auf mechanischen oder physikalischen Merkmalen des Objekts liegt.[3]

Eher als in dieser „Unschärfe" ihrer Bedeutung ein Defizit von Objektzeichen zu erkennen,[4] sollte man den Dingen als Zeichen vielmehr eine andere *Qualität* zuerkennen als Sprachzeichen. Neben expliziten Sinnzuweisungen prägen die Dinge durch ihre alltägliche Präsenz und vordergründige Funktionalität *unbewusst* die Wahrnehmung, und gerade hierin liegt ihre spezifische Qualität für die Konstruktion und Vermittlung sowie für die Transformation kultureller „Realität".[5] Durch ihre offene semantische Struktur und den fehlenden Appell an eine bewusste „Lesung" lassen sie als gegeben erscheinen, was tatsächlich ein strukturiertes Zeichensystem ist, das möglicherweise nur von einem Teil der Gesellschaft beherrscht, beeinflusst oder überhaupt verstanden wird: „Mundane material culture, such as pottery, therefore, achieves its cultural significance, ironically, because its two major attributes are a) its functionality and b) its triviality."[6]

Unabhängig von der spezifischen Bedeutung, die ihnen jeweils beigemessen wird, lassen sich daher die Wahrnehmung und der Gebrauch der Dinge sowohl in modernen westlichen als auch in indigenen oder (prä-)historischen Gesellschaften als Kommunikationsprozess verstehen – oder als strukturiertes Zeichensystem. Zu diesen Gemeinsamkeiten gehört auch, dass viel von dem, was Dinge aussagen, auf einer Ebene der alltäglichen, unbewussten Wahrnehmung erfolgt. Gleich, ob sie nun – zum Teil – mit explizit formulierter Bedeutsamkeit behaftet sind oder rein funktional erscheinen, wie so oft in unserer eigenen Kultur, vermitteln die Dinge dabei wichtige Klassifikationsschemata für die gesellschaftliche und kulturelle Re-

---

[3] Vgl. Umberto Eco: Semiotik. Entwurf einer Theorie der Zeichen. Übersetzt von Günter Memmert. München 1987, S. 52–54; Winfried Nöth: Handbuch der Semiotik. 2. Aufl. Stuttgart/Weimar 2000, S. 126–127.

[4] Hans Peter Hahn: Dinge als Zeichen – eine unscharfe Beziehung. In: Spuren und Botschaften: Interpretationen materieller Kultur. Hrsg. von Ulrich Veit u. a. Münster 2003 (Tübinger Archäologische Taschenbücher. 4), S. 29–51.

[5] Pierre Bourdieu: Entwurf einer Theorie der Praxis auf der ethnologischen Grundlage der kabylischen Gesellschaft. Aus dem Französischen von Cordula Pialoux und Bernd Schwibs. Frankfurt a. Main 1976, S. 324–332; ders.: Die feinen Unterschiede. Kritik der gesellschaftlichen Urteilskraft. Übersetzt von Bernd Schwibs und Achim Rousser. Frankfurt a. Main 1982, S. 734–755; Barthes (Anm. 2), S. 197.

[6] Daniel Miller: Artefacts as Categories. A Study of Ceramic Variability in Central India. Cambridge 1985, S. 192.

alität. Normen, Dispositionen und Verhaltensmuster werden durch die vom Menschen geprägte, dingliche Umgebung nahegelegt und anhand ihrer erlernt, wobei sie anders als sprachliche Aussagen selten bewusst reflektiert werden, dafür aber als umso „natürlicher" erscheinen und genau aus diesem Grund potenziell wirkmächtig sind.

Wichtig ist in diesem Zusammenhang festzuhalten, dass materielle Kultur natürlich auch aus emischer Sicht nicht „gelesen" wird und daher die verbreitete Textmetapher in die Irre führt. Theoretisch wird hier der Anspruch erhoben, materielle Kultur ähnlich Texten einer „Lesung" unterwerfen zu können, wobei sich die spezifische Bedeutung der Dinge aus ihrer Kontextualisierung, aus ihren Bezügen zu und Unterschieden von anderen Zeichen in einem materiellen Text ergebe.[7] In der Praxis sind solche Arbeiten jedoch gekennzeichnet durch die Abkehr von grundlegenden zeichentheoretischen Erwägungen und die zunehmend subjektive Festlegung „ursprünglicher" Bedeutungsinhalte. Probleme mit der Textanalogie liegen also vor allem in der damit einhergehenden Rezeption interpretativer oder hermeneutischer Ansätze begründet, wobei ein privilegierter Einblick in die Gedanken (prä-)historischer Akteure beansprucht wird.

Durchaus hilfreich für die weitere Präzisierung des Verhältnisses sprachlicher und dinglicher Kommunikation ist aber die in diesem Umfeld erfolgte Rezeption poststrukturalistischen Gedankenguts.[8] Indem sich nach dem *Tod des Autors* das Interesse von der ursprünglich intendierten Botschaft auf die potenziell unbegrenzten Interpretationen des Textes verlagert, wird deutlich, dass auch Sprache (bzw. Text) polysem ist. Zwar ermöglichen es schriftliche Texte prinzipiell selbst in Abwesenheit ihres Erzeugers eindeutige Inhalte zu vermitteln. Dies stellt aber hohe Anforderungen an den Betrachter, aufgrund dessen Interpretationsleistung Bedeutung entsteht, und stellt keineswegs den Regelfall des Textverständnisses dar. Für *alle* Zeichen gilt, dass sie Gegenstand unterschiedlicher Lesarten werden können, so dass hier kein fundamentaler Unterschied zwischen sprachlichen und dinglichen Ausdrucksformen vorliegt.

Dessen unbenommen ist es dem Erzeuger von Objekten natürlich von vornherein kaum möglich, eine bestimmte Wahrnehmung der Dinge festzulegen. Aus etischer, d.h. kulturübergreifender Perspektive ist daher auch in historischen oder ethnographischen Kontexten nur eingeschränkt der Schluss auf ursprüngliche Intentionen der Erzeugung und Bedeutungsinhalte materieller Kultur möglich. Was bei Texten eine Möglichkeit darstellt, ihre fortgesetzte Uminterpretation durch neue Leser, stellt damit für die Dinge den Normalfall dar.

---

[7] Vgl. z.B. Ian Hodder: Reading the Past. Current Approaches to Interpretation in Archaeology. 2. Aufl. Cambridge 1991, S. 126–128.
[8] Hierzu Bjørnar Olsen: Roland Barthes. From sign to text. In: Reading Material Culture. Structuralism, Hermeneutics and Post-Structuralism. Hrsg. von Christopher Tilley. Oxford 1990, S. 163–205.

Man kann diesen Befund freilich auch ins Positive wenden, da die besondere „Qualität" der Dinge als Zeichen gerade darauf beruht, dass sie – einmal erzeugt – jedem „Leser" und in jedem Kontext neue Interpretationen erlauben. Aus archäologischer Sicht kann dabei nicht das Verständnis oder gar die Rückübertragung spezifischer Bedeutungs*inhalte* im Mittelpunkt stehen. Aber auch ohne Zugriff auf die semantische Ebene beeinflusst das kommunikative Potenzial der Dinge die Struktur der archäologischen Quellen und bedingt deren differenzierte Betrachtung. In Hinblick auf die Variabilität der materiellen Hinterlassenschaften interessieren also die unterschiedlichen Faktoren, welche die dingliche Umwelt strukturieren, allgemein die möglichen gesellschaftlichen und kulturellen Strategien des Umgangs mit den Dingen und (aus pragmatischer Sicht), wie diese als Zeichen gewirkt haben könnten.

Lohnend ist dieses Anliegen auch in anderen disziplinären Zusammenhängen und zwar gerade deshalb, weil von den Dingen andere Botschaften ausgehen können als solche, die im sprachlichen Diskurs bewusst werden. Nicht das unterlegene kommunikative Potenzial materieller Kultur sollte herausgestellt, vielmehr die Eigenarten ihres Zeichencharakters betont werden, z. B. ihre vielfachen Kombinationsmöglichkeiten über Objektgruppen und Materialien hinweg, ihre Anordnungen in topologischen Relationen und sozialen Handlungsbezügen. Dies bedingt eine möglichst umfassende Rekonstruktion des Kommunikationsraumes bzw. der Diskursfelder, in welchen den Dingen, gleich welcher Zeitstellung, Bedeutung beigemessen wurde und wird:

> Material culture represents the material universe which was partially available for humans to draw upon as a medium for action. [...] As such material culture is the medium of discourse (the code) by which social relations are negotiated and reproduced; it is meaningful. That meaning would have been known to the people involved in that discourse, although their subjective knowledge of the code will have varied. Archaeologists cannot recover that particular subjectivity. However an understanding of the code is archaeologically possible if we think through the specific contexts (i.e. relationships) which the material code structured in a particular discourse. Such an understanding constitutes historical knowledge and we are able to perceive the reproduction and transformation of the code.[9]

Zu fragen ist, welche Absichten mit der Herstellung der Dinge verfolgt wurden, an wen sich ihre Botschaften richteten und welchen zusätzlichen Bedeutungsaufladungen sie im Verlauf ihrer Existenz in unterschiedlichen Zusammenhängen und Verwendungen unterlagen. Kleidung und Schmuck, Waffen und Werkzeug oder Bauten und die räumliche Gliederung von Siedlungen etc. haben Einfluss auf habituelle und semiotische Prägungen. Sie determinieren den Menschen nicht, aber

---

[9] John C. Barrett: Food, Gender and Metal: Questions of Social Reproduction. In: The Bronze Age–Iron Age Transition in Europe. Aspects of Continuity and Change in European Societies c. 1200 to 500 BC. Hrsg. von Marie Louise Stig Sørensen, Richard Thomas. Oxford 1989, S. 304–320, hier S. 305.

können seinem Tun eine Richtung geben, genauso wie umgekehrt materielle Kultur Gegenstand bewusster sozialer Strategien sein kann.[10] Auch dieses Spannungsfeld zwischen interessegeleitetem, selbstreflexivem Handeln mit den Dingen und der Prägung durch eine vorgefundene materielle Ordnung zu erkunden, ist Aufgabe eines im weitesten Sinne zeichen- oder kommunikationstheoretischen Ansatzes.

II (Objekt-)Biographien und Rekontextualisierung

Zunehmende Bedeutung erlangten in diesem Zusammenhang in den vergangenen Jahren sogenannte „objektbiographische" Ansätze. Ähnlich der bereits angesprochenen Gleichsetzung von materieller Kultur und Texten, ist dabei inzwischen ein expansiver Gebrauch der Metapher zu beobachten, dass Dinge eine „Biographie" besäßen und damit einhergehend, dass ihnen eine Belebtheit zu eigen sei, eine *agency* oder Agenshaftigkeit, die semiotische Kategorien hinter sich lässt und einige Worte der Abgrenzung erforderlich macht.

In der Tradition älterer Versuche, die Natur der „Gabe" genauer zu bestimmen, welche Aspekte der Person des Gebenden mit sich fort zu tragen scheint,[11] werden hier im Extremfall inzwischen Dinge als abgelöste „Teile" von Personen betrachtet.[12] Die Agenshaftigkeit einer Person erfährt so potenziell eine beträchtliche räumliche und zeitliche Ausdehnung, insofern sie weit über deren tatsächliche Präsenz hinaus als ‚wirksam' begriffen wird, bis hin zu dem Punkt, dass Dinge selbst als handelnde „Akteure" aufgefasst werden, da sie ja Empfindungen oder Handlungen „auslösen" und zum Beispiel bestimmte Platzierungen „anzustreben" scheinen.[13] Die hier zugrunde liegende Berufung auf nicht-westliche Ontologien ist problematisch und macht einige Worte der Abgrenzung erforderlich. Es liegt eine Anthropomorphisierung vor, die aus emischer Perspektive in historischen und ethnographisch rezenten Fällen belegt ist, die aber weder als allgemeines Modell der Mensch-Ding-Beziehung noch – aus kulturwissenschaftlicher Sicht – als Analysekategorie geeignet ist.

Aus kulturanthropologischer Perspektive wurde zuletzt darauf hingewiesen, dass das Interesse an relationalen Ontologien, die Kritik an westlichen Konzepten von Individualität und die Aufwertung agenshafter Dinge in diesem Kontext, trotz

---

10 Vgl. Bourdieu, Entwurf (Anm. 5), S. 164–189, 318–334; Bourdieu, Unterschiede (Anm. 5), S. 136–143, 277–286.
11 Vgl. z. B. Maurice Godelier: Das Rätsel der Gabe. Geld, Geschenke, heilige Objekte. Aus dem Französischen übersetzt von Martin Pfeiffer. München 1999.
12 Prominent hier etwa Marilyn Strathern: The Gender of the Gift. Problems with Women and Problems with Society in Melanesia. Berkeley 1988, oder Alfred Gell: Art and Agency. Oxford 1998.
13 Vgl. hierzu Janet Hoskins: Agency, Biography and Objects. In: Handbook of Material Culture. Hrsg. von Christopher Tilley u. a. London 2006, S. 75 f.

gegenteiliger Behauptungen, Ausdruck eines problematischen und letztlich orientalistischen Diskurses über das exotische „Fremde" sind.[14] Die Attraktivität solcher Ansätze gründet demnach (auch) in Defiziterfahrungen des modernen (westlichen) Betrachters und in der faszinierenden Fremdartigkeit einer Welt, in der Personen von der Begrenztheit ihrer Individualität befreit und nebst den Dingen als Teil eines Kosmos allgemeiner Bedeutsamkeit erscheinen. Eine problematische Repräsentation der ethnographischen „Realität" liegt hier insofern vor, als indigenen (menschlichen) Akteuren die Fähigkeit zu metaphorischem Sprachgebrauch ebenso abgesprochen wird wie Reflexion über kulturelle Zeichensysteme und die Möglichkeit strategischen Handelns.[15] Im Grunde werden hier Einsichten aus der Rezeption handlungstheoretischer Ansätze zugunsten eines idealistischen Weltbildes revidiert. Indigene Akteure werden herabgestuft zu passiven Rezipienten oder „Ausführenden" einer (anregend) fremdartigen Ontologie oder Weltsicht.

Aus ethnographischer Sicht ist ferner auf die große Variabilität des Verhältnisses der Menschen zu ihren Dingen hinzuweisen, von denen Anthropomorphisierungen und „Objektbiographien" nur einen Ausschnitt bilden, wenn auch einen solchen, der gegenwärtig besonders zu faszinieren scheint. „Objektbiographien" können dabei spezifisch sein, also als konkrete Erzählung den individuellen Vertretern einer Objektklasse anhaften, oder nur mehr generischer bzw. generalisierender Natur, indem sie sich gesamthaft auf eine Objektklasse beziehen.[16] Es handelt sich aber in jedem Fall um Projektionen bzw. um Bedeutungszuschreibungen an Dinge bzw. Objekte durch menschliche Akteure bzw. Subjekte. Die Dinge leisten dem lediglich insofern „Vorschub", als sie sich neben der gegebenenfalls noch relativ klar denotierten Primärbedeutung weiteren Bedeutungsaufladungen gegenüber aufgrund ihrer generellen Polysemie als wenig widerständig erweisen.

Den Dingen können Erzählungen und Geschichten anhaften. Sie sind offen für unterschiedliche Bedeutungsaufladungen, potenziell kontroverse Inanspruchnahmen und „Lesarten". Das heißt aber selbstverständlich nicht, dass sie jenseits eines metaphorischen Sprachgebrauchs, der durchaus als romantisch motiviert anzusprechen ist, Individualität, Intentionalität oder die Fähigkeit zu handeln aufweisen. Aus kultursemiotischer Perspektive handelt es sich bei „agenshaften" Dingen

---

[14] Vgl. in diesem Zusammenhang etwa die Kritik von Gillian Gillison: The ‚Dividual Androgyne' and Me: A Personal Affair. In: Oceania 83 (2013), S. 118–129, hier S. 118, an Marilyn Stratherns Darstellung und Interpretation ihrer melanesischen Referenzbeispiele: „Strathern's ‚dividual' is a travesty of life in New Guinea, now or in the past, and represents exactly the kind of projection of Western stereotype and ‚orientalist' fantasy it is supposed to replace."
[15] Vgl. hierzu ausführlich Paul Roscoe: Ethnographic Gifts: Some Cautions on the Use of Ethnographic Analogies from Contemporary Cultural Anthropology. In: Fremdheit – Perspektiven auf das Andere. Hrsg. von Tobias L. Kienlin. Bonn 2015 (Universitätsforschungen zur prähistorischen Archäologie. 264; Kölner Beiträge zu Archäologie und Kulturwissenschaften. 1), S. 61–78.
[16] Vgl. Chris Gosden, Yvonne Marshall: The Cultural Biography of Objects. In: World Archaeology 31 (1999), S. 170–172.

um „magische" Zeichen.[17] Die Auswirkungen eines Zeichens auf die Welt sind mittelbar, da nur die Wahrnehmung und Interpretation eines Zeichens durch einen Empfänger und dessen darauffolgendes Handeln gemäß der Normen seines kulturellen Umfelds Konsequenzen nach sich ziehen können. Demgegenüber braucht das magische Zeichen keinen Interpreten – es wirkt unmittelbar auf die Realität.[18] Dingen als „magischen" Zeichen wird eine eigentlich spezifisch menschliche Form der Biographiefähigkeit zugesprochen, indem sie diese Lebensgeschichte unabhängig von einem interpretierenden Empfänger akkumulieren würden. Auf die Problematik der damit einhergehenden Verschiebung im ontologischen Status der Dinge hat kürzlich bereits Matthias Jung hingewiesen: „In einem wörtlichen Sinne haben Objekte keine Lebensgeschichten, weil sie kein Leben haben."[19] Und: „Objekte haben keine Handlungs- und Entscheidungsmitte und sind deshalb nicht autonomie- und damit biographiefähig. Sie handeln nicht, sondern es geschieht etwas mit ihnen."[20] Was aus emischer Sicht in manchen Fällen zutrifft, dass Dinge als „beseelt" oder als Träger von Persönlichkeitsaspekten begriffen werden, ist im eigentlichen Sinne eine Zeicheninterpretation, die auf Vorwissen des Empfängers basiert. Insofern es sich hierbei um individuelles Wissen handelt, ist die kulturwissenschaftliche Analyse von Objektbiographien problematisch. Für die Archäologie, deren Objekthersteller und -benutzer keine Auskunft mehr geben können, bedeutet die Zuschreibung einer Agenshaftigkeit der Dinge eine unzulässige semantische Zuweisung.

Demgegenüber begreift die hier vertretene pragmatische Perspektive Platzierungen und Anordnungen der Dinge als Resultat menschlicher Handlung und nicht als unmittelbare Wirkung einer Intentionalität der Dinge. Daraus resultiert ein engerer Begriff der „Objektbiographie", der eher im Sinne der ursprünglichen Konzeption ein Interesse an der Kategorie „Kontext", d. h. dem Lebenszyklus, den Stationen und der Rekontextualisierung von Objekten markiert[21] und auch deren Oszillieren zwischen „Ware" und „Gabe" in unterschiedlichen sozialen und ökonomischen Systemen berücksichtigt.[22] Es handelt sich, wenn man so will, um einen

---

[17] Vgl. hierzu auch Kienlin/Widura (Anm. 1). Wir danken Anne Widura für zahlreiche Diskussionen und Anregungen zu diesem Thema.
[18] Vgl. Nöth (Anm. 3), S. 516 f.
[19] Matthias Jung: „Objektbiographien" oder „Verwirklichung objektiver Möglichkeiten"? Zur Nutzung und Umnutzung eines Steinbeiles aus der Côte d'Ivoire. In: Hunde – Menschen – Artefakte. Gedenkschrift für Gretel Gallay. Hrsg. von Britta Ramminger, Heike Lasch. Rahden/Westf. 2012, S. 375–383, hier S. 376.
[20] Ebd., S. 380.
[21] Igor Kopytoff: The Cultural Biography of Things. Commoditization as Process. In: The Social Life of Things. Commodities in Cultural Perspective. Hrsg. von Arjun Appadurai. Cambridge 1986, S. 66 f.
[22] Arjun Appadurai: Introduction: Commodities and the Politics of Value. In: The Social Life of Things. Commodities in Cultural Perspective. Hrsg. von Arjun Appadurai. Cambridge 1986, S. 3–63.

„gemäßigten" objektbiographischen Ansatz, der nach der schrittweisen Bedeutungsaufladung und Umdeutung der Dinge in neuen Kontexten ebenso fragt wie nach den Handlungsoptionen, die solche Objekte ihren jeweiligen Besitzern in unterschiedlichen gesellschaftlichen und kulturellen Kontexten eröffneten.[23]

III Dinge im eisenzeitlichen Griechenland Homers

Exemplarisch soll dies hier an einem Objekt versucht werden: einem 1981 auf der griechischen Insel Euboia (Abb. 1) in einem Grab des 10. Jahrhunderts v. Chr. gefundenen Bronzegefäß. Mit diesem Vertreter seiner Gattung möchten wir archäologisch sowohl kulturelle als auch soziale Kontexte als plausible biographische Etappen und als das Ambiente von Sinnstiftungen quasi rückwärts erkunden. Dabei gilt eine erste große Einschränkung: Natürlich kennen wir das konkrete Schicksal genau dieses Objekts nicht. Wir wissen allein um seine letzte Verwendung, durch die es auf uns gekommen ist: seine Deponierung als Urne in einem Grab. Wir möchten aber mit diesem Ende beginnen und uns auf einer dann vor allem gattungsbezogenen Ebene *peu à peu* zeitlich zurückbewegen, um uns möglichen, sich während seiner Existenz verändernden Funktionen, Zuschreibungen und Wirkungskontexten anzunähern.

Dabei betreten wir zunächst nicht das Griechenland der ausgehenden, spätbronzezeitlichen Hochkultur der zweiten Hälfte des 2. Jahrtausends v. Chr., wie es uns aus Fundplätzen wie Mykene, Pylos oder Tiryns prominent entgegentritt. Die für diese Epoche charakteristischen Burgen und Paläste als Zentren komplexer Staatswesen und ihre Materialkultur finden im frühen 12. Jahrhundert v. Chr. ein Ende, auf das eine Phase gesellschaftlicher Umbrüche folgt. Die vieldiskutierten und komplexen Ursachen dieser Entwicklung können hier freilich nicht diskutiert werden. Die an diese Umbruchsphase anschließende Epoche der Frühen Eisenzeit bzw. der oft noch sog. *Dark Ages* bietet archäologisch jedoch ein gänzlich anderes Bild (11.–8. Jahrhundert v. Chr.). Stark verkürzt formuliert, begegnen uns nun keine

---

23 Solche Überlegungen zu in ihrem Auffindungskontext ungewöhnlichen, exotischen Objekten erfuhren in jüngerer Zeit eine gewisse Konjunktur in den archäologischen Wissenschaften, wobei Fragen der Aneignung und Sinnzuschreibung von Objekten in fremden kulturellen Kontexten im Vordergrund stehen. Vgl. etwa John K. Papadopoulos, Evelyn L. Smithson: The cultural biography of a Cycladic Geometric amphora. Islanders in Athens and the prehistory of Metics. In: Hesperia 71 (2002), S. 149–199 (am Beispiel eines kykladischen Gefäßes in Athen); Richard Fletcher: The cultural biography of a Phoenician mushroom-lipped jug. In: Oxford Journal of Archaeology 25 (2006), S. 173–194 (auf Sardinien gefundener phönizischer Tonkrug); Erich Kistler: Großkönigliches symbolon im Osten – exotisches Luxusgut im Westen: Zur Objektbiographie der achämenidischen Glasschale aus Ihringen. In: Interkulturalität in der Alten Welt. Vorderasien, Hellas, Ägypten und die vielfältigen Ebenen des Kontakts. Hrsg. von Robert Rollinger u. a. Wiesbaden 2010, S. 63–95 (persische Glasschale in einem keltischen Grab im südbadischen Ihringen).

Abb. 1: Im Text genannte Orte.

monumentalen Burgen und Paläste mehr, keine Schriftlichkeit und keine organisierte komplexe Staatlichkeit mit entsprechend ausdifferenzierter Sozialstruktur.[24] Dagegen sind es nun kleinere Streusiedlungen, schlichte Holz-/Lehm-Bauten, eine reduzierte materielle Kultur, zudem geringerer Komplexität und kaum Luxushandwerk, die das Bild bestimmen.[25] Diese früheisenzeitliche Epoche der Schriftlosig-

---

[24] Vgl. hierzu exemplarisch die neueren Forschungen in Tiryns, z. B. Joseph Maran: Mycenaean Citadels as Performative Space. In: Constructing Power. Architecture, Ideology and Social Practice. Hrsg. von Joseph Maran u. a. Hamburg 2006, S. 75–92, und ders.: Architektonischer Raum und soziale Kommunikation auf der Oberburg von Tiryns – Der Wandel von der mykenischen Palastzeit zur Nachpalastzeit. In: Orte der Herrschaft. Charakteristika von antiken Machtzentren. Hrsg. von Felix Arnold u. a. Rahden/Westf. 2012, S. 149–162.
[25] Einführend in die mykenische Kultur der griechischen Bronzezeit und ihr Ende sowie zur Epoche und Kultur der griechischen Eisenzeit des 11.–8. Jh. v. Chr.: Cynthia W. Shelmerdine (Hrsg.): The Cambridge companion to the Aegean Bronze Age. Cambridge 2008; Sigrid Deger-Jalkotzy, Irene Lemos: Ancient Greece. From the Mycenaean palaces to the age of Homer. Edinburgh 2006; Robin Osborne: Greece in the making: 1200–479 BC. London 1996; John N. Coldstream: Geometric Greece 900–700 BC. 2. Aufl. London 2003.

keit wird durch die Epen Homers und die Schriften Hesiods beendet. Es ist aber auch diese früheisenzeitliche Kultur, und nicht etwa diejenige der mykenischen Burgen oder des bronzezeitlichen Troja, die ein maßgebliches Substrat homerischer Schilderungen bildet bzw. sich in diesen in unterschiedlichen Brechungen zeigt. Die Epen mit ihrer komplexen oralen Traditionsbildung sind so wesentliche Quelle zur Gesellschaft dieser Zeit, wenngleich sie aber weder für die Eisen- noch für die Bronzezeit unmittelbar historisch-politisch lesbar sind.[26] Auch konkrete soziokulturelle Ableitungen sind durchaus problematisch und kontrovers diskutiert, wie nicht zuletzt der jüngere „Streit um Troia" zeigt.[27] Gleichwohl erlauben diese frühen Texte durchaus Einblicke in Formen gesellschaftlicher Organisation, soziale Identitäten sowie mentale Muster und ihre Reproduktion durch Eliten in den Jahrhunderten vor ihrer Niederschrift, innerhalb derer die erhaltene materielle Kultur Sinnstiftung erfuhr und vermittelte. Bedeutsame Aspekte dieser „homerischen" Gesellschaft sind beispielsweise:

- Ein kompetitives Ethos der Angehörigen der Elite.
- Ihre überregionale Interaktion, die wesentlich personal begründet ist, also nicht in der Art staatlicher Interaktion orientalischer und auch der bronzezeitlichen griechischen Hochkulturen.
- Als Arenen von Elite-Interaktion sind prominent: gemeinsame Kriegführung, Beutezüge, agonale Zuspitzungen (etwa Wettkämpfe im Rahmen von Bestattungsfeierlichkeiten), Gastfreundschaften und gemeinsames, um zeremonielle Elemente bereichertes Speisen und Trinken (*kommensales Verhalten*).

Dabei fallen die Omnipräsenz und die große Bedeutung von Objekten im Rahmen dieser Interaktionen auf, etwa als Geschenke oder Preise. Sie verraten einen ausgeprägten Prestigegüter-Diskurs, deren Thesaurierung und gesuchte Zurschaustellung, aber auch deutliche Präferenzen und Priorisierungen: Immer wieder genannt und hervorgehoben werden Frauen, kostbare Stoffe, Vieh und Edelmetallobjekte.[28]

---

[26] Zur homerischen Gesellschaft (und ihrer historisch-archäologischen Verankerung) u. a. Christoph Ulf: Die homerische Gesellschaft. Materialien zur analytischen Beschreibung und historischen Lokalisierung. München 1990 (Vestigia. 43); Alexander Mazarakis-Ainian: From rulers' dwellings to temples. Architecture, religion and society in Early Iron Age Greece (1100–700 BC). Jonsered 1997, S. 359 f. mit Anm. 821 f.; Kurt Raaflaub: A historian's headache: How to read ‚Homeric society'? In: Archaic Greece: New approaches and new evidence. Hrsg. von Nick Fisher, Hans van Wees. London 1998, S. 169–193.

[27] Christoph Ulf (Hrsg.): Der neue Streit um Troia. Eine Bilanz. München 2003.

[28] Prominent sind in dieser Hinsicht die von Achill ausgelobten Preise für das im Rahmen der Bestattung des Patroklos abgehaltene Wagenrennen (*Ilias* 23, 262–270): eine Frau und ein großer Bronzedreifuß für den Sieger, eine trächtige sechsjährige Stute für den Zweiten, ein (wohl bronzener) Kessel für den Dritten (mit weniger als einem Fünftel des Fassungsvermögens des ersten), zwei Pfund Gold für den Vierten und schließlich eine Doppelschale für den Fünften. Diese wiederum erhält nach dramatischem Rennverlauf, aus dem nur vier Preisträger hervorgehen, der aus Altersgründen nicht an den Wettkämpfen teilnehmende Nestor zum Ehrgeschenk mit von Achill betonter expliziter Erinnerungsfunktion an die Leichenfeier des Patroklos (*Ilias* 23, 618–624).

Prestigegüter erscheinen so als maßgebliches Medium zur Aushandlung, Bekräftigung und Demonstration sozialer Beziehungen und Prestiges unter *peers*.[29] Deutlich ersichtlich ist dabei ein enges Verwobensein von sozialen und politischen Funktionen der derart eingebetteten Objekte.

Was in entsprechenden Debatten zu diesem Aspekt von materieller Kultur und Prestigegütern oft vernachlässigt wird, ist dagegen eine aus den Texten herauslesbare Kontingenz im Schicksal einzelner Objekte als Resultat von Elite-Interaktion. Weder Situationen noch teilnehmende Objekte, ihre Anzahl, Wertigkeit und damit anzunehmende Angemessenheit scheinen letztlich festgelegt, wie dies in ethnographisch dokumentierten, formalisierteren Prestigegütersystemen der Fall ist (z. B. beim oft zitierten melanesischen Kula-Ring[30]).

Aufschlussreich ist in dieser Hinsicht z. B. das Schicksal eines zur Zeit Homers bereits seit Jahrhunderten ungebräuchlichen Relikts einer vergangenen Epoche, eines – wie wir wissen, bronzezeitlichen – sog. Eberzahnhelms (Abb. 2):[31] Als dessen Erstbesitzer wird Amyntor von Eleon genannt (einer Siedlung in Böotien), dem er vom Thessalier Autolykos geraubt wird (Mittelgriechenland), der ihn wiederum dem Amphidamas von Kythera (einer südgriechischen Insel) gab. Dieser gab ihn dem Kreter Molos als Gastgeschenk, der ihn seinem Sohn Meriones weiterreichte, der ihn dann schließlich vor Troja dem Odysseus für eine Unternehmung lieh. Bezeugt sind mehrere Wege des Besitzerwechsels (Beute, Gastgeschenk, Familie, Waf-

---

29 Die enorme, nahezu leitmotivische Bedeutung von Zimelien, die aus ihrer Einbettung in die unterschiedlichsten Kontexte sozialer Interaktion und Arten sozialer Beziehungen ersichtlich ist, sowie ihre verschiedenen Funktionen etwa als Geschenk, Ausdruck von Wertschätzung, Anzeiger für Ruhm, Reichweite von Beziehungen oder agonalen bzw. kriegerischen Erfolg, ja überhaupt als Motivation für Handlungen einzelner Helden betont für die *Odyssee*: Reinhold Bichler: Über die Bedeutung der Zimelien in der Welt der *Odyssee*. In: Keimelion. Elitenbildung und elitärer Konsum von der mykenischen Palastzeit bis zur Homerischen Epoche. Akten des internationalen Kongresses vom 3. bis 5. Februar 2005 in Salzburg. Hrsg. von Sigrid Deger-Jakoltzy. Wien 2007, S. 31–39.
30 Vgl. Bronislaw Malinowski: Argonauts of the western Pacific. An Account of Native Enterprise and Adventure in the Archipelagoes of Melanesian New Guinea. Dutton 1922; Marcel Mauss: Die Gabe. Form und Funktion des Austauschs in archaischen Gesellschaften. Mit einem Vorwort von E. E. Evans-Pritchard. Übersetzt von Eva Moldenhauer. 2. Aufl. Frankfurt a. Main 1994.
31 *Ilias* 10, 260–270. Derartige Eberzahnhelme sind aus dem mykenisch-minoischen Griechenland mehrfach als Funde (aus eher reichen, elitären Bestattungen) oder aus bildlichen Darstellungen aus der späten griechischen Bronzezeit archäologisch bekannt: Jürgen Borchhardt: Helme. In: Kriegswesen, Teil 1. Archaeologia Homerica Band 1, Kapitel E. Hrsg. von Hans-Günter Buchholz, Joseph Wiesner. Göttingen 1977, S. 62 f. mit Abb. 12; Hans-Günter Buchholz, Hartmut Matthäus, Malcolm Wiener: Helmentwicklung und ein unbekannter ägäischer Bronzehelm. In: Kriegswesen, Teil 3. Archaeologia Homerica Band 1, Kapitel E. Hrsg. von Hans-Günter Buchholz. Göttingen 2010, S. 135–209, insbes. S. 192–201, Abb. 54, 55 (Rekonstruktion im Museum Heraklion/Kreta), 76 f. (Wandmalerei Thera), 74 f. (beinerne Miniaturdarstellungen), 80. Nicht klärbar ist dabei letztlich, ob der Schilderung dieses Helmtyps bei Homer tatsächliches Wissen um diese seit Jahrhunderten ungebräuchliche Form (oder gar noch bekannte Altstücke?) zugrunde liegt oder es sich um ein aus der oralen Tradition der Epen erklärbares „narratives Relikt" handelt.

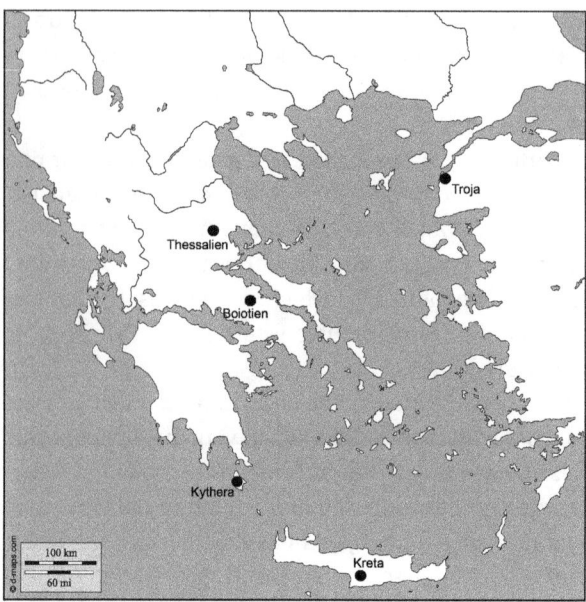

Abb. 2: Der Helm des Amyntor: Stationen.

fengemeinschaft), die den Helm über einen längeren Zeitraum hinweg in mehrere Regionen der damaligen griechischen Welt zu fünf Besitzern führen, bevor er vor Troja – vorläufig? – auf dem Haupt des Odysseus landet.[32] Objektgeschichte ist bei Homer dabei personenbezogen an den Besitzern festgemacht. Sie wird durch die Akteure mündlich mitgeteilt, aktualisiert und präsent gehalten; die Erzählung liefert also Erzählungen über materielle Kultur.

Und genau hier, auf einer Ebene letztlicher Offenheit oder Ungewissheit, ja geradezu Kontingenz des Schicksals von bzw. im Umgang mit Objekten als Ergebnis von Interaktion kann eine archäologische Analyse einsetzen, die anhand materieller Kultur zeitgenössische Horizonte kulturspezifischer Lebenswelt und Handlungsspielräume zu bestimmen sucht. Dabei ist es ein Vorzug der archäologischen Perspektive, sehr viel unmittelbarer mit den materiellen Zeugnissen und ihrer Variabilität konfrontiert zu sein, als ein erst Jahrhunderte später aus Überlieferungs-

---

[32] Ähnlich potenziell wechselhaft sind auch die Wege der Prestigeobjekte, von denen Odysseus nach seiner Rückkehr – inkognito – berichtet (*Odyssee* 14, 229–233): So habe er neun Mal Männer in den Kampf (oder Plünderungen?) in die Ferne geführt und dabei jedes Mal reiche, seinen Status steigernde Beute gemacht. Aus dieser konnte er sich als Anführer einerseits auswählen, was ihm gefiel, andererseits erhielt er, wie die anderen Teilnehmer auch, sodann einen Anteil aus der Beute zugelost. Prominent ist schließlich das silberne Weinmischgefäß, das Telemachos, Sohn des Odysseus, als Gastgeschenk des Menelaos von diesem in Sparta empfängt (*Odyssee* 4, 611–619). Menelaos selbst erhielt es vom König der phönizischen Sidonier (im heutigen Libanon), zu dem es ihn auf der Rückreise von Troja verschlagen hatte.

strängen unklarer Genese und unklaren Alters fixierter Text. Aus dieser Perspektive soll nun nicht etwa der Schritt nach Troja oder Mykene unternommen werden, sondern an die Südküste der griechischen Insel Euböa: nach Lefkandi. An diesem Ort erbrachten Ausgrabungen britischer und griechischer Archäologen Befunde, die unser Bild von der griechischen Eisenzeit, mithin der „homerischen" Epoche, nachhaltig bereichert und verändert haben.[33]

IV Das Fallbeispiel Lefkandi: Ein Bronzegefäß in Griechenland ...

Noch in der ausgehenden Bronzezeit im 12. Jahrhundert v. Chr. etablierte sich in Lefkandi auf einer am Meer gelegenen Anhöhe eine bis ins 9. Jahrhundert bestehende Siedlungsgemeinschaft, die ihre Toten in räumlicher Distanz im Bereich eines benachbarten Hügels mit modernem Namen Toumba bestattete. Auf diesem fand man außerdem ein im früheren 10. Jahrhundert v. Chr. errichtetes Haus, dessen Größe diejenige aller anderen zeitgleich aus Griechenland bekannten Häuser weit überragt.[34] Gleichwohl war der etwa 50 Meter lange und knapp 14 Meter breite Bau in einem für diese Zeit gängigen architektonischen Typ (als sog. Apsidenhaus) und in üblicher schlichter Holz-/Lehm-Bauweise errichtet. Das Haus hatte eine offenbar nur kurze Nutzungs- und Lebenszeit. Denn so bemerkenswert der Bau bereits durch seine Ausmaße ist, so ungewöhnlich ist auch ein Befund in seinem großen Hauptraum. Hier stießen die Ausgräber auf zwei Schächte: Im ersten fanden sie vier Pferdeskelette, im zweiten die Bestattungen eines Mannes und einer Frau (Abb. 3). Die in einem großen Bronzegefäß als Urne beigesetzten Gebeine des kremierten Mannes von 30–45 Jahren waren nach der Verbrennung aufgelesen, in Stoff eingewickelt und dann in die Urne gelegt worden (Abb. 4). Eine Bronzeschale

---

[33] Die in den sechziger und frühen achtziger Jahren des 20. Jh. sowie erneut 2003 bis 2008 durchgeführten Grabungen in Nekropole und Siedlungshügel sind bislang nicht vollständig publiziert. Dies betrifft insbesondere die Befunde aus den jüngeren Grabungen auf dem Siedlungshügel. Die grundlegenden Grabungspublikationen sind Mervyn R. Popham, L. Hugh Sackett, Petros G. Themelis: Lefkandi I. The Iron Age, the settlement, the cemeteries. London 1979–1980; Mervyn R. Popham, Peter G. Calligas, L. Hugh Sackett: Lefkandi II. The Protogeometric building at Toumba. *Part 1*: The pottery. London 1990; *Part 2*: The excavation, architecture and finds. London 1993; Mervyn R. Popham, Irene S. Lemos: Lefkandi III. The Toumba cemetery; the excavations of 1981, 1984, 1986 and 1992–4. *Part 2*: plates. Athen 1996; Don Evely (Hrsg.): Lefkandi IV: The Bronze Age: The Late Helladic IIIC Settlement at Xeropolis. London 2006. Vgl. zusätzlich aber auch Mazarakis-Ainian (Anm. 26), S. 48–57, sowie die Homepage der jüngeren Grabung (http://lefkandi.classics.ox.ac.uk/index.html © 2009, zuletzt geprüft am 27. 9. 2014) mit wichtigen neuen Resultaten sowie einer weiterführenden Publikationsliste der Ausgräber.
[34] Der hier nur skizzierte Befund von Gebäude und Bestattung ist ausführlich vorgestellt bei Popham/Calligas/Sackett, *Part 2* (Anm. 33).

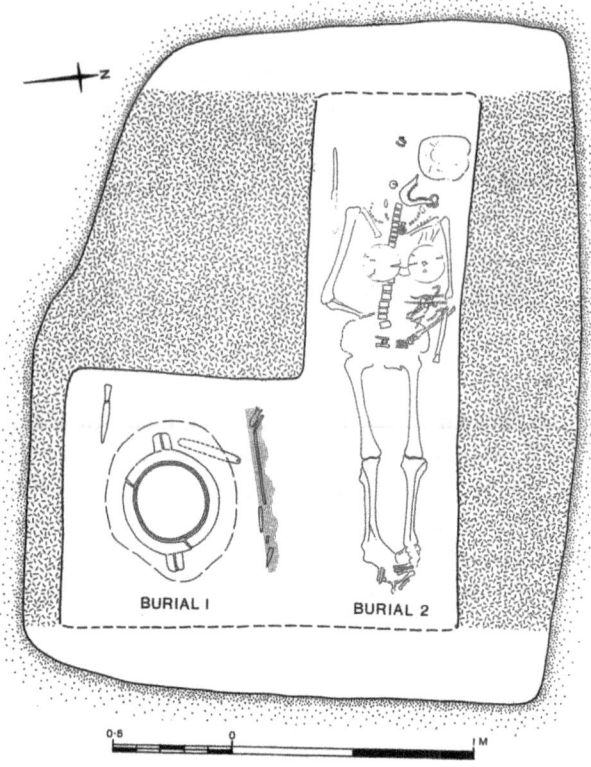

Abb. 3: Lefkandi: Die Bestattungen im ‚Heroon'.

diente als Urnendeckel.³⁵ Weitere Beigaben waren Schwert, Messer, Speerspitze und ein Schleifstein. Daneben befand sich die Bestattung einer inhumierten Frau von 25–30 Jahren, die mit Edelmetallschmuck und anderen Schmuckobjekten beigesetzt war. Die Stratigraphie des Grabungsbefunds zeigt, dass die aufwändige Bestattung in dem noch stehenden Haus vorgenommen wurde, aber auch, dass dieses danach absichtlich niedergelegt und ein Hügel darüber aufgeschüttet wurde.³⁶ Die

---

35 Zur Fundsituation vgl. Popham/Calligas/Sackett (Anm. 33), Taf. 16 f.
36 Dies heißt u. a. auch, dass beide Beisetzungen im gleichen Grab unter dem Hügel zeitgleich vorgenommen wurden, da stratigraphische Indizien für eine spätere Nachbestattung z. B. der weiblichen Verstorbenen fehlen. Enstprechend erfuhr der Befund vielfältige Bewertungen. Wirkmächtig ist die bereits durch die Ausgräber assoziierte Deutung der weiblichen Bestattung als Witwentötung und -bestattung: vgl. ebd., S. 21. Irene Lemos: „„... ἐπεὶ πόρε μυρία ἔδνα ..." (*Iliad* 22,472): Homeric Reflections in Early Iron Age Elite Burials. In: Keimelion. Elitenbildung und elitärer Konsum von der mykenischen Palastzeit bis zur Homerischen Epoche. Akten des internationalen Kongresses vom 3. bis 5. Februar 2005 in Salzburg. Hrsg. von Sigrid Deger-Jakoltzy. Wien 2007, S. 275–283, betont dagegen die „Funktion" der reich geschmückten Bestattung der Frau im Kontext der männlichen Bestattung als „indirekten *display*" mit zusätzlichem Verwandtschafts-/Familienverweis sowie als Vehikel für *conspicuous destruction*.

Abb. 4: Lefkandi: Das als Urne verwendete Mischgefäß im Zustand seiner Auffindung.

Bestattung fand um die Mitte des 10. Jahrhunderts statt und ragt unter älteren wie zeitgleichen Bestattungen an Ort und Stelle in Lefkandi gleich mehrfach hervor:
- Im nur kurz belegten Haus als Bestattungsort, seiner enormen Größe und seiner auch gegenüber der Siedlung exponierten Lage.[37]
- In der im Vergleich zu den anderen Bestattungen Lefkandis offenkundig hohen performativen Komplexität. Hierzu zählen neben einem rituellen Kern aus Aufbahrung und Verbrennung, Ablöschen, Einsammeln der Gebeine, deren Einwickeln und Deponierung im Bronzegefäß, dessen Niederlegung in der Grabgrube und der Anordnung der Beigaben in dieser auch die Bestattung von Frau und Pferden, das Verfüllen der Grabgruben, das koordinierte Niederlegen des zuvor leer geräumten Hauses nach Abschluss des grabrituellen Handelns und die Hügelaufschüttung, an die sich weitere Handlungen angeschlossen haben dürften.

---

37 Die seit der Publikation des Befundes intensiv geführte archäologische Diskussion um die Funktion des Baus als Heroon, Kultbau, Mausoleum, Haus oder einer Kombination aus allem soll hier nicht aufgegriffen werden. Vgl. hierzu Mazarakis-Ainian (Anm. 26), S. 54 f., und Jari Pekkanen, Petra Pekkanen: The Toumba building at Lefkandi: Some methodological reflections on its plan and function. In: The Annual of the British School at Athens 95 (2000), S. 239–252. Die hier – mit der Argumentation von Mazarakis-Ainian – präferierte Lesung als Haus, das zum Bestattungsort verwandelt wurde, hat sich zuletzt vermehrt durchgesetzt.

– Durch die im früheisenzeitlichen Griechenland ungewöhnlichen Pferdebestattungen und, zuletzt,
– durch die reichen Beigaben.

Die derart topographisch hervorgehobene, zeit- und personalintensive Bestattung erweist sich so als Ausdruck gemeinschaftlichen, auf eine Grablegung ausgerichteten Handelns. Dabei war sie nicht etwa das lokale „Erstgrab", also eine Art Gründergrab, bestand die Siedlung von Lefkandi doch schon länger.[38] Wir haben es offenbar mit einem herausragenden Individuum zu tun, das aber als solches auch keinen unmittelbaren Nachfolger fand.[39]

Besondere Bedeutung bei der Bestattung dieses Individuums kam dem als Urne genutzten Bronzegefäß als aufwändigster Grabbeigabe zu:[40] Das durch die nachgebende Grabverfüllung zusammengedrückte Gefäß war ehemals 71 cm hoch[41] und aus einem Stück getrieben. Allein Henkel und Rand waren separat gegossen und angenietet. Charakteristisch für die Gefäßform ist die konisch verlaufende Wandung mit hohen Schultern, breitem Hals und ausladender Mündung (Abb. 5). Auf dieser war horizontal der Rand befestigt, geschwungene Bandhenkel verbinden ihn mit der Schulter. Der Dekor konzentriert sich auf Rand und Henkel, er umfasst als figürliche Motive Stiere, Löwen und Bogenschützen (Abb. 6).[42] Der Randschmuck zeigt zudem, dass kein Deckel dazugehörte. Das Gefäß ist also kein Vorratsgefäß:

---

[38] Gleichwohl entwickelte sich in der Folgezeit der Bestattung unmittelbar östlich des Grabhügels ein Nekropolenareal Lefkandis, dessen Gräber in ihrer Ausrichtung z. T. auf den Grabhügel Bezug nehmen. Das Areal zeichnet sich wiederum gegenüber den anderen Arealen der lokalen Nekropole durch seine insgesamt reicheren, auch Edelmetallobjekte und Exotika aufweisenden Bestattungen aus. Sie bleiben im monumentalen Aufwand aber eindeutig hinter derjenigen des Grabhügels zurück.

[39] Schließlich erinnert manches an dem Befund von Lefkandi vordergründig an die Bestattungen und die um diese herum abgehaltenen aufwändigen Leichenfeiern homerischer Helden, wie sie z. B. durch die Bestattung des Patroklos im 23. Gesang der *Ilias* überliefert sind. Die Schilderung dieser aufwändigen Bestattung zeichnet sich durch zahlreiche Handlungen und Verrichtungen aus, die sich nur zu einem Teil auch noch archäologisch nachweisen lassen. Dabei sind aber trotz offenkundiger Diskrepanzen (bei Homer werden z. B. Beigaben mit verbrannt) mehrere Elemente in Brechungen auch in Lefkandi erkennbar, so die Kremation selbst, die Pferdebestattung, die Beisetzung des ebenfalls eingewickelten Leichenbrands in einem Metallgefäß oder das Aufschütten eines Grabhügels. Zum Verhältnis der Bestattung in Lefkandi zu homerischen Schilderungen Peter Blome: Lefkandi und Homer. In: Würzburger Jahrbücher für die Altertumswissenschaft 10 (1984), S. 9–22, aber auch die Grabungspublikation Popham/Calligas/Sackett (Anm. 33), S. 22 zu homerischen Bezügen.

[40] Das Gefäß ist umfassend behandelt bei Hector W. Catling: The bronze amphora and burial urn. In: Popham/Calligas/Sackett, *Part 2* (Anm. 33), S. 81–96, Taf. 18–21.

[41] Weitere Maße des Gefäßes sind: Randdurchmesser 41 cm, Halsdurchmesser 36 cm, weitester Durchmesser des Gefäßkörpers 59 cm.

[42] Zu Komposition, Lesung und Detailvarianten der figürlichen Darstellung: Catling (Anm. 40), S. 82–85.

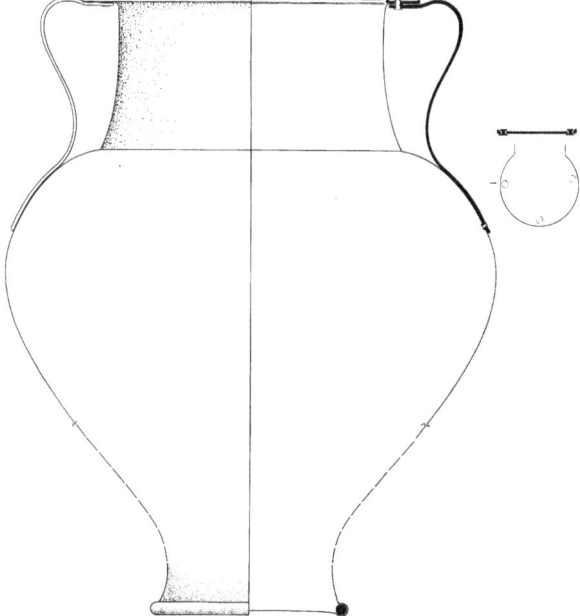

Abb. 5: Lefkandi: Das als Urne verwendete Mischgefäß; Profilzeichnung.

Mit seiner Form gehört es zum Typus des sog. amphoroiden Kraters, d. h. es ist ein der Form einer Amphore angenähertes großes, offenes Gefäß, das speziell dem in dieser Zeit üblichen Mischen von Wein und Wasser diente. Als Mischgefäß gehört es damit primär dem Kontext formellen gemeinsamen Weinkonsums durch eine größere Bankettgemeinschaft an.[43] Eine Verwendung als Urne in einem Grab setzt das Gefäß in einen engen, unmittelbaren Bezug zum Bestatteten, der so auch schon zu Lebzeiten ersichtlich gewesen sein muss.

Dabei ist das Gefäß ein exzeptionelles Einzelstück und findet unter den wenigen in Lefkandi oder dem Rest Griechenlands gefundenen Bronzegefäßen keine Parallele.[44] Auch seine Dekoration entspricht in Stil – eine wichtige und durchaus

---

43 Dass gemeinschaftlicher Weinkonsum um ein Mischgefäß im Haushalt (*oikos*) des Hausbesitzers von Toumba tatsächlich bekannt war und eine wichtige soziale Rolle spielte, belegen Fragmente eines tönernen Mischgefäßes lokaler Fertigung und Form, die bei der Ausgrabung des Hauptraums des Hauses gefunden wurden. Das mit 80 cm Höhe ungewöhnlich große und in Herstellung und Dekoration qualitätvolle Gefäß war aber, entgegen häufiger Annahmen (auch der Ausgräber), kaum auf dem Grab als Marker aufgestellt, da sich alle dokumentierten Fragmente zwei bis drei Meter von dessen Stelle entfernt vor der Südwand des Raumes über eine nur begrenzte Fläche verteilten und keines aus dem Areal des Grabes selbst stammt: Popham/Calligas/Sackett, *Part 1* (Anm. 33), S. 25 f. (hier auch Deutung als Grabmarkierung), Taf. 17 f., 54; Popham/Calligas/Sackett, *Part 2* (Anm. 33), S. 16, Taf. 9 (Fundstelle P 327).

44 Im früheisenzeitlichen Griechenland stand vor allem der bronzene Dreifußkessel im Zentrum elitären Prestigediskurses. Dies gilt auch für Lefkandi, wo die Grabungen in der Siedlung Fragmente

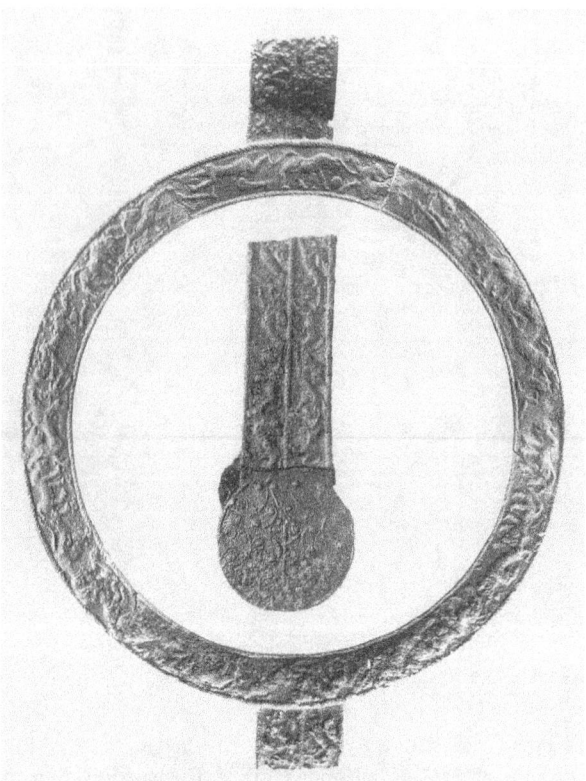

Abb. 6: Lefkandi: Dekorierte Henkel und Gefäßrand des Mischgefäßes.

kulturspezifische kommunikative Größe – und Motivik nicht den üblichen Dekorationsprinzipen der ohnehin äußerst bildarmen Welt des früheisenzeitlichen Griechenlands.[45] Es ist als Grabbeigabe also mehr als nur prunkvolle Urne, nämlich

---

tönerner Gussformen für Dreifüße erbrachten (und im Eingangsbereich vor dem „Heroon" drei kleine, annähernd radial angeordnete, ungefähr rechteckige Eintiefungen im felsigen Boden auf die inszenierte Aufstellung eines solchen Objekts hinweisen könnten): Popham/Sackett/Themelis (Anm. 33), S. 93–96, Taf. 12 f. (Gussformfragmente), S. 105, Taf. 79 (Eintiefungen).

45 Dies berührt unmittelbar die Frage nach der potenziellen Sinnhaftigkeit dekorativer Motive bzw. deren Verständnis im neuen Kontext, stellen Bilder doch in besonders hohem Maße kulturspezifische Sichtweisen auf die Welt dar. Sie taten dies nicht nur in ihrer Motivik selbst, sondern auch durch die Stilformen, mit denen diese Motive umgesetzt sind. Insbesondere in einem bildarmen Kontext wie dem Griechenland der protogeometrischen Zeit ist hier mit einer aufwertenden Rolle durch Bildschmuck und zusätzlicher Steigerung durch dessen „fremde" Stilformen zu rechnen. Im Fall des Bronzegefäßes aus Lefkandi etwa ist das Jagdmotiv – insbesondere die Löwenjagd – ein fremdes, in den Hochkulturen des Vorderen Orients ausgebildetes Sujet. Dort war es wichtiger Bestandteil eines königliche Tugenden und Macht hervorhebenden Verweissystems, das für die zeitgenössische griechische Kultur so nicht unmittelbar übertrag- und lesbar ist. Vgl. hierzu allgemein

ein aufwändiges, exotisches Prestigeobjekt und damit zunächst ein *Keimelion*.[46] Doch bleibt die Frage nach vergleichbaren Gefäßen, wobei Form und technische Merkmale bedeutsam sind. Das Ergebnis ist – oberflächlich betrachtet – ernüchternd: Außer unserem Exemplar aus Lefkandi sind nur maximal sechs ähnliche Exemplare bekannt.[47] Es handelte sich offenbar um exklusive Objekte. Die bekannten Fundorte liegen dabei alle in einer Region, die auch als Herstellungsgebiet anzusehen ist: die Insel Zypern, und hier ihre Südküste.

Auffallend ist die Datierung dieser vergleichbaren Gefäße in Zypern. Sie alle stammen aus Kontexten, die von der 1. Hälfte des 12. bis ins mittlere 11. Jahrhundert v. Chr. reichen und so deutlich früher zu datieren sind als das Grab in Lefkandi. Unser Gefäß stammt also nicht aus der Zeit der Bestattung um 950 und auch nicht aus der Lebenszeit des Verstorbenen. Der Gefäßtyp ist vielmehr mind. 100 bis 250 Jahre älter und wurde zur Zeit der Bestattung lange nicht mehr hergestellt, war somit also geradezu eine „Antiquität".[48] Er gehört somit einem gänzlich anderen Zeithorizont, ja einer anderen Epoche an: der ausgehenden Bronzezeit. Das Zypern dieser Epoche unterschied sich aber wiederum deutlich vom Griechenland der Lefkandi-Bestattung im mittleren 10. Jahrhundert v. Chr.

Die Bestattung in Lefkandi signalisiert also eine herausragende Position eines Individuums *vis-à-vis* seiner Gemeinschaft. Die Grabbeigaben verweisen darüber hinaus auch auf als paradigmatisch erachtete soziale Rollen und Werte eines elitären Selbstverständnisses dieser Zeit: kriegerische Tugend, Pferdebesitz und die Potenz zur Verköstigung einer kommensalen Gemeinschaft. Das Fehlen vergleichbar aufwändiger Nachfolgebestattungen im dynastischen Sinn spricht dabei für eine personengebundene, labile soziale Position gegenüber der Gemeinschaft. Gleich-

---

auch: Janina Duerr: Von Tierhütern und Tiertötern. Mythos und Ethik der Jagd im kulturhistorischen Vergleich. Bonn 2010.
46 Unter Keimelia versteht man kostbare und im Hause thesaurierte Gegenstände, die durch Raub und Krieg, aber auch im Rahmen von Elite-Interaktion z. B. durch Gabentausch erworben wurden (dann etwa als Dankesgabe, Gastgeschenk oder Ehrgeschenk) und deren Besitz und Tausch zum sozialen Prestige und Status des Gebers und Empfängers beitrug bzw. diesen anzeigte. Zur Begriffsdefinition: Franz Fischer: KEIMHΛIA. Bemerkungen zur kulturgeschichtlichen Interpretation des sogenannten Südimports in der späten Hallstatt- und frühen Latène-Kultur des westlichen Mitteleuropa. In: Germania 54 (1973), S. 436–459, insbes. S. 442–448 (anhand der Texte Homers, aber auch anderer Schriftzeugnisse bis in das 5. Jh. v. Chr.); zum Gabenwesen und -tausch im frühen Griechenland vgl. auch Beate Wagner-Hasel: Der Stoff der Gaben. Kultur und Politik des Schenkens und Tauschens im archaischen Griechenland. Frankfurt a. Main/New York 2000.
47 Vgl. Catling (Anm. 40), S. 86 (mit Zweifeln an einem Stück aus Kouklia/Evreti); Hartmut Matthäus: Metallgefäße und Gefäßuntersätze der Bronzezeit, der geometrischen und archaischen Periode auf Cypern. Praehistorische Bronzefunde Abt. II Bd. 8. München 1985, S. 228–232 mit Nr. 524–528 (noch ohne den Fund aus Palaipaphos/Teratsoudhia Grab 104, s. u.). Zumeist sind von den sehr dünnwandigen Gefäßen nur die massiveren, separat gegossenen Henkel und der Gefäßrand erhalten. Eine Ausnahme bildet – neben dem Gefäß aus Lefkandi – der Fund aus der Nekropole von Kourion/Kaloriziki (ebd., S. 228, Nr. 525), der als ganzes Gefäß gefunden wurde.
48 Catling (Anm. 40), S. 87.

wohl wurde der Komplex in der Folgezeit Anschlussort für Bestattungen, die sich im Aufwand wiederum von den zeitgleichen Bestattungen anderer Areale der lokalen Nekropole unterscheiden. Offenbar knüpfte eine lokale Elite an diese eine Bestattung an. Angelehnt an anthropologische Modelle sozialer Organisation ließe sich in diesem herausragenden Individuum ein Anführer im Sinne eines *Big Man* erkennen,[49] also eine Form „charismatischer", nicht erblicher Führungsposition in einer tribalen Gesellschaft.[50]

---

49 Bei den „Sozialtypen" von *Big Man* und *Chief*/Häuptling handelt es sich um eben dies: Idealtypen soziopolitischer Organisationsformen aus der älteren sozialanthropologischen Diskussion. Aus heutiger Sicht sieht man hier fließende Übergänge, was zum Beispiel die Erblichkeit von Führungspositionen anbelangt, und kritisiert die Nähe solcher Sozialtypologien zu (neo-)evolutionistischen *großen Erzählungen*, die hier Fortschritt hin zum „Besseren" oder „Komplexeren" vermuten, statt unterschiedliche Ausprägungen oder organisatorische Optionen tribaler Gesellschaften; einführend hierzu etwa Paul Roscoe: New Guinea Leadership as Ethnographic Analogy: A Critical Review. In: Journal of Archaeological Method and Theory 7 (2000), S. 79–126; William A. Parkinson (Hrsg.): The Archaeology of Tribal Societies. Ann Arbor 2002; Tobias L. Kienlin: Beyond Elites: An Introduction. In: Beyond Elites. Alternatives to Hierarchical Systems in Modelling Social Formations. International Conference at the Ruhr-Universität Bochum, Germany, October 22–24, 2009. Hrsg. von Tobias L. Kienlin, Andreas Zimmermann. Bonn 2012, S. 15–32. Insofern handelt es sich bei der hier vorgenommenen Ansprache des in Lefkandi Bestatteten als *Big Man* um eine Vereinfachung, die genauer zu qualifizieren wäre, aber den Blick nützlich auf bestimmte strukturelle Eigenheiten der hier in Frage stehenden Gruppe lenkt: Namentlich, wie oben ausgeführt, die fehlende dynastische Anknüpfung, obwohl der Ort allgemein als Bezugspunkt für eine breiter anzusetzende lokale Elite bedeutsam blieb. Aus dieser konnte sich aber ganz offenbar in den nächsten Generationen niemand mehr dermaßen herausheben, wie dies zuvor einmal der Fall war. Zur Bandbreite verschiedener, durchaus parallel existierender Gesellschaftsformen und Eliten im eisenzeitlichen Griechenland vgl. auch Christoph Ulf: Elite oder Eliten in den Dark Ages und der Archaik. Realitäten und Modelle. In: Keimelion. Elitenbildung und elitärer Konsum von der mykenischen Palastzeit bis zur Homerischen Epoche. Akten des internationalen Kongresses vom 3. bis 5. Februar 2005 in Salzburg. Hrsg. von Sigrid Deger-Jakoltzy. Wien 2007, S. 317–324.

50 Mit einer abweichenden sozialen Deutung der Bestattung aus Lefkandi als *Chief* oder Häuptling vgl. Erich Kistler, Christoph Ulf: Athenische ‚Big Men' – ein ‚Chief' in Lefkandi? Zum Verhältnis von historischen und archäologischen Aussagen vor dem Hintergrund der Bedeutung anthropologischer Modelle. In: Synergia. Festschrift für Friedrich Krinzinger. Hrsg. von Barbara Brandt, Verena Gassner, Sabine Ladstätter. Wien 2005, S. 271–277. Beide Autoren entwickeln diese Deutung im Vergleich u. a. der „postfunerären Dingsymbolik ‚kommensaler Politik'" (ebd., S. 275) mit frühen Elite-Bestattungen in Athen. Dieser Deutung des Bestatteten in Lefkandi als *Chief*, d. h. Inhaber einer etablierten, letztlich festen Machtposition wird hier nicht Folge geleistet. Vielmehr wird hier dem in Lage, Größe und Schicksal ungewöhnlichen Haus als Wohn- und Bestattungsort besondere Bedeutung und Aussagekraft hinsichtlich der sozialen Position des Bestatteten beigemessen. Dieses hatte – nach Analyse der Ausgräber – eine nur kurze Lebenszeit. Es war erst zu Lebzeiten des Bestatteten errichtet worden, wurde mit dessen Tod als Wohnsitz aber wieder obsolet und für die Bestattung abgetragen. Dieses in vielfacher Hinsicht herausragende Haus wird hier in seiner Kurzlebigkeit als Hinweis auf eine nur temporär aufrecht erhaltene und labile Position verstanden, die zudem ohne Nachfolger blieb (eine durch die mitbestattete Frau womöglich unterstrichene Endgültigkeit?) und der somit keine dauerhaft etablierte feste Macht zu Grunde lag. Die in der Folgezeit im Vorfeld der Anlage angelegten Gräber einer lokalen Elite erweisen diese nun als Gruppe von *peers*, lassen sich

Als ein Objekt fremder Herkunft steht das Mischgefäß jedoch nicht allein in Lefkandi. Gelegentliche Metallobjekte und auch Keramik etwa aus Zypern wurden auch in anderen Gräbern gefunden, wenn auch keine Mischgefäße oder vergleichbaren Altstücke. Vereinzelte Objekte stammen sogar aus Nordsyrien, so zwei Bronzeschalen aus Gräbern der zweiten Hälfte des 10. Jahrhunderts.[51] Doch sind solche „fremden" Bronzegefäße im griechischen Raum dieser Zeit sehr selten.[52] Als exotische Einzelstücke zudem auch unterschiedlicher Typen[53] ist ihre Präsenz überdies nicht mit regelhaftem Handel erklärbar. Plausibler sind Aneignungen im Zuge von Plünderung, als Beiwerk individuellen Handels oder durch Gabentausch.[54] Das Mischgefäß aus Lefkandi bleibt aber auch dann singulär. Es findet weder als funktionaler Typus noch in seiner Größe vor Ort ebenso wie auf dem griechischen Festland eine Parallele.

V ... und im Zypern der ausgehenden Bronzezeit

Aber gehen wir einen Schritt weiter zurück, in die Herkunftsregion (und -epoche) des Gefäßes, das spätbronzezeitliche Zypern.[55] Mit diesem originären funktionalen Kontext betreten wir ein gänzlich anderes kulturelles und soziales Umfeld von Prestigegütern. Es ist u. a. geprägt durch städtische Zentren, die Einbindung in ost-

---

aber nicht im Sinne einer anschließenden Sequenz herausragender Individuen der Folgezeit lesen. Letztlich blieb die kurze Phase von Haus und Besitzer eine einmalige Episode im Leben der – zudem älteren – lokalen Gemeinschaft.
51 Die 1992 gefundene Schale mit gravierter Verzierung stammt aus der reichen Frauenbestattung in Grab Toumba T.70 (Durchmesser 16 cm): Mervyn Popham: An engraved Near Eastern bronze bowl from Lefkandi. In: Oxford Journal of Archaeology 14 (1995), S. 103–107; Mervyn Popham: Precolonization. Early Greek contact with the East. In: The archaeology of Greek colonisation. Essays dedicated to Sir John Boardman. Hrsg. von Gocha R. Tsetskhladze, Franco De Angelis. Oxford 1994, S. 17, Abb. 2.8. Ein weiteres Gefäß (mit Sphingendekor) stammt aus Grab Toumba T.55 (Durchmesser der Schale 26 cm): ebd., Abb. 2.7.
52 Eva A. Braun-Holzinger, Ellen Rehm: Orientalischer Import in Griechenland im frühen 1. Jahrtausend v. Chr. Münster 2005, S. 163 f. Vor allem aber treten solche Gefäße größtenteils zeitlich erst nach dem Heroon auf, zugleich prägt der Fundort Lefkandi selbst die Überlieferung zum orientalischen Import deutlich mit. Vgl. die chronologisch nach Epochenabschnitten gegliederte quantitative Aufschlüsselung orientalischer Importe in Griechenland für die Spätbronze- und Früheisenzeit und ihrer Deponierungskontexte durch Imma Dirlmeier-Kilian: Orientalia in Griechenland vom 13.–9. Jh. v. Chr. In: Studien zur Religion und Kultur Kleinasiens und des ägäischen Bereichs. Festschrift für Baki Ögün zum 75. Geburtstag. Hrsg. von Cengiz Işik. Bonn 2000 (Asia Minor Studien. 39), S. 151–162.
53 Vgl. Braun-Holzinger/Rehm (Anm. 52), S. 95.
54 Vgl. ebd., S. 181 f.
55 Unser Dank gilt an dieser Stelle unserer Kollegin Bärbel Morstadt (Bochum), deren von uns immer wieder gesuchte Zypernkompetenz half, größere Irrtümer zu vermeiden. Verbliebene Missverständnisse und Fehldeutungen sind allein von uns verschuldet.

mediterrane, levantinische Handelsnetzwerke sowie die geläufige Präsenz auswärtiger (Prestige-)Güter in verschiedenen sozialen Interaktionszusammenhängen lokaler Eliten.[56] Was aber lässt sich über Funktion des Gefäßtyps bzw. seine Sinnzuschreibung im Zypern seiner Herstellungszeit aussagen? In den Fällen, in denen Fundkontexte bekannt sind, scheinen sie vordergründig demjenigen von Lefkandi vergleichbar: Die Gefäße wurden in Gräbern gefunden. Zwei Befunde sind dabei verlässlich überliefert: in Palaipaphos (Teratsoudhia-Nekropole, Grab 104) und in Kourion (Kaloriziki-Nekropole, Grab 40).

Grab 104 der Nekropole von Palaipaphos ist ein sukzessiv erweiterter Grabkomplex.[57] Von Interesse in unserem Zusammenhang ist dessen am Ostrand gelegene „Kammer N":[58] Das dort gefundene quantitativ wie qualitativ reiche Grabinventar wies neben Waffen, Keramikgefäßen und Edelmetallschmuck auch ein amphoroides Bronzemischgefäß,[59] eine Bronzeschale und Bronzekrüge auf, also geradezu ein Bankettset.[60] Das Bronzemischgefäß ist als Grabfund wie in Lefkandi somit zunächst „aus dem Gebrauch gefallen". Er diente hier in Palaipaphos aber *nicht* als Urne, sondern war als zentraler Bestandteil eines Trinkservices vor allem Zeichen mit Verweisfunktion auf seinen ursprünglich intendierten sozialen Handlungs- und Verwendungskontext. Auch Kourions[61] spätbronze- und früheisenzeitliche Nekropole Kaloriziki zeichnet sich durch aufwändige Kammergräber aus.[62] Eines der früheren Gräber der Nekropole ist Grab 40 aus dem fortgeschrittenen 11. Jahrhundert v. Chr.,[63] dessen ehemals reiche Grabbeigaben aus Raubgräberberichten und späteren Grabungen zumindest noch partiell erschließbar bzw. bekannt sind. Vor allem ein Detail ist in unserem Zusammenhang bemerkenswert: Auf einer aus dem anstehenden Stein gehauenen Bank wurden in der Kammer u. a. ein dem genannten Exemplar aus Palaipaphos vergleichbares Bronzegefäß, ein als Deckel dienendes Bronzesieb sowie mehrere Bronzeschalen gefunden. Doch diente

---

56 Vgl. Louise Steel: A goodly feast ... A cup of mellow wine: Feasting in Bronze Age Cyprus. In: Hesperia 73 (2004), S. 281–300, hier S. 289.
57 Zum mehrkammerigen Grabkomplex 104 ausführlich Vassos Karageorghis: Tombs at Palaepaphos. 1. Teratsoudhia. 2. Eliomylia. Nicosia 1990; Catling (Anm. 40), S. 91 f.
58 Karageorghis (Anm. 57), S. 3–21 (Grabanlage, Kammer N und Belegungsgeschichte); S. 32–36 (Grabbeigaben); S. 63 (Amphore).
59 Vgl. ebd., S. 34, Nr. 66, Taf. 24, 54.
60 Vgl. Catling (Anm. 40), S. 91.
61 Einführend zu Kourion: Bärbel Morstadt: Kourion. Stadt des Apollon. In: Zypern Insel der Aphrodite. Katalog zur Sonderausstellung Hildesheim 2010. Hrsg. von Katja Lembke. Mainz 2010, S. 93–102, insbes. S. 93–95.
62 Zur Kaloriziki-Nekropole von Kourion: Jack L. Benson: The necropolis of Kaloriziki: Excavated by J. F. Daniel and G. H. McFadden for the University Museum, University of Pennsylvania, Philadelphia. Göteborg 1973 (Studies in Mediterranean Archaeology. 36).
63 Zu Grab 40 (1. Hälfte 11. Jh. v. Chr.): Matthäus (Anm. 47), S. 33 f., 228 f., Nr. 525 f. (Bronzeamphoren); Benson (Anm. 62), S. 49 f.; George H. McFadden, Erik Sjöqvist: A Late Cypriot III tomb from Kourion Kaloriziki No. 40. In: American Journal of Archaeology 58 (1954), S. 131–142.

das Gefäß hier in Kourion als Urne, es enthielt den Leichenbrand einer Frau mittleren Alters. Diesem Befund entsprechen diejenigen Objekte, welche Raubgräber bereits etwa 50 Jahre zuvor dem Grab entnahmen: u. a. ein weiteres derartiges Bronzegefäß mit Leichenbrand und Sieb als Deckel. Aus Grab 40 stammen also zwei solche Gefäße. Dabei bleibt trotz der Nutzung als Urne jeweils ein Set aus Mischgefäß, Schale und Sieb erkennbar, d. h. ein wesentlich über den Sinnzusammenhang eines formvollendeten, elitär-kommensalen Weinkonsums definiertes Ensemble. Für eine Interpretation bedeutsam ist zudem ein in (?) der männlichen Urne gefundenes goldenes Zepter.[64]

In seiner spätbronzezeitlichen Heimat Zypern treten somit als wesentliche Facetten eines Sinnzusammenhangs für den Gefäßtyp hervor:
- Reiche, zu ihrer Zeit herausragende Bestattungen lokaler Eliten als letzte Deponierung und Inszenierung (dies aber eben nicht erst Jahrhunderte nach Herstellung der Gefäße, sie sind hier vielmehr Bestandteil der lokalen elitären Lebenswelt).
- Als aufwändiges Mischgefäß und Teil eines mehrteiligen Sets verweist der Gefäßtyp auf gemeinschaftlichen Weinkonsum als Interaktionszusammenhang im Umfeld lokaler Eliten.
- Bronzegefäße gelten auch weiteren Personenkreisen außer- bzw. unterhalb der sozialen Eliten als Paradigma, sie werden lokal in Ton, auch mit Angabe der nur bei den Metallexemplaren nötigen Nieten, nachgeahmt.

Soweit scheinen keine grundsätzlichen Unterschiede gegenüber Lefkandi vorzuliegen. Im Gegensatz zu Lefkandi handelt es sich bei den Fundorten auf Zypern jedoch um etablierte urbane Zentren mit komplexer sozialer Organisation. Kourion mit seiner Nekropole Kaloriziki liefert in dieser Hinsicht ein bedeutsames Element: das Zepter. Zepter sind im Griechenland des 10. Jahrhunderts v. Chr. unbekannt. Im östlichen Mittelmeerraum dagegen sind sie *Insignie* und signalisieren institutionalisierte Eliten in Strukturen von Staatlichkeit. Wir befinden uns also nicht wie in Lefkandi in der Sphäre vorrangig personaler *Big Man*-Positionen.[65] Dies zeigt sich auch insgesamt an dem Nekropolenareal, das durch relativ homogene, aufwändige Grabanlagen geprägt ist. Als über einen längeren Zeitraum hinweg mit erhöhtem Aufwand im gleichen Gebiet beigesetzt, lässt sich die hier bestattete Personengruppe als etablierte Elite mit dynastischen Zügen deuten.

Betrachtet und vergleicht man vor diesem Hintergrund den originären, eigentlichen sozio-kulturellen Handlungskontext unseres Gefäßtyps, so kommen sowohl in Lefkandi als auch auf Zypern sog. diakritische („unterscheidende") Feste in Be-

---

[64] Mit einem in Cloisonnéetechnik gearbeiteten Zepteraufsatz von 16 cm Höhe: Morstadt (Anm. 61), Abb. 3.
[65] Und haben es zudem auch nicht einfach nur mit einer Form schlichten Wohlstandsdisplays zu tun.

tracht. Solche Feste funktionieren wesentlich über Zeichen exklusiver Mitgliedschaft (wie z. B. distinktive Speisen, exotische Gerätschaften oder auch das Wissen um besondere Verrichtungen sowie um „Tischsitten") und zeigen einen elitären und von der Elite bewusst zur Abgrenzung eingesetzten (Lebens-)Stil an. In verschiedenen sozialen Strukturen weisen sie dabei aber eine durchaus unterschiedliche Funktion auf:[66]

In Lefkandi läge ein sog. *empowering-feast* vor, welche in kleinen, nichtstaatlichen Gemeinschaften von einem Individuum (bzw. *Big Man*) zur Etablierung und Aufrechterhaltung seiner grundsätzlich labilen sozialen Stellung gegenüber der Gesamtgruppe eingesetzt werden (u. a. durch *display* exotischer Objekte wie dem Bronzegefäß).[67]

Auf Zypern hingegen verwiesen aufwändige und mehrteilige, auch funktional ausdifferenzierte Ensembles auf regelhaft belegte Verrichtungen wie das Mischen des Weins, das Beifügen von Zutaten sowie die Verteilung mit Krug und Sieb aus dem Krater an die Teilnehmer und damit auf einen verfeinerten Trinkkomment als systemisches Element. Im Zypern der späten Bronzezeit wäre somit von einer Einbindung der Gefäße in sog. *patron-role*-Feste auszugehen, die ein Bestandteil der Reproduktion und Legitimation bestehender, aber auch anderweitig begründeter hierarchischer Machtsysteme sind.[68]

Wie kommt nun das Gefäß aus Lefkandi, das selbst in seiner zyprischen Herkunftsregion ungewöhnlich bzw. elitär war, in diese aus der Weltsicht der ostmediterranen Hochkulturen des 10. Jahrhunderts v. Chr. doch eher periphere Region? Vereinfachende Annahmen und Modelle könnten vordergründig Handel und Direktkontakt nahelegen, implizieren dabei aber auch aus dieser unmittelbar funktionalen Sichtweise einen zielgerichteten Umgang mit den Objekten. Vernachlässigt wird dagegen – wie gezeigt – die aus den Quellen (insbesondere den Epen Homers) ersichtliche Funktion als Keimelion und das letztlich hohe Maß an Offenheit im Umgang mit Objekten im Kontext überregionaler und personaler Eliten-Interaktion. Doch gerade auf dieser zufälligen, individuellen Ebene mit im Laufe der Zeit erfolgenden Sinnzuschreibungen in unterschiedlichen Kontexten erweist sich das Gefäß als soziales Objekt mit „Lebenslauf". Dies heißt zugleich aber auch, dass auf die Frage nach dem konkreten Schicksal des Gefäßes aus heutiger Position keine konkrete und eindeutige Antwort möglich ist. Einzelne Etappen und Teilnehmer entlang des Weges dieses Gefäßes bleiben unbekannt und sind, wie am Beispiel des homerischen Eberzahnhelms angedeutet, letztlich auch ungeplant und unge-

---

[66] Vgl. Michael Dietler, Brian Hayden (Hrsg.): Feasts. Archaeological and Ethnographic Perspectives on Food, Politics, and Power. Washington 2001; Kistler/Ulf (Anm. 50), S. 273 f.
[67] Michael Dietler: Theorizing the Feast. Rituals of Consumption, Commensal Politics, and Power in African Contexts. In: Feasts. Archaeological and Ethnographic Perspectives on Food, Politics, and Power. Hrsg. von Michael Dietler, Brian Hayden. Washington 2001, S. 76–82.
[68] Vgl. ebd., S. 82–85.

wiss. Wir wissen auch nicht, wie lange das Gefäß auf Zypern „funktionierte" und ob es erst durch den Bestatteten oder im Rahmen von Zirkulation bereits früher nach Lefkandi kam und dort dann über mehrere Generationen kursierte.

Denkbare Wege und funktionale Etappen/Instanzen wären beispielsweise:
- Das Gefäß gelangt bereits im 12. Jahrhundert v. Chr., d. h. in der ausgehenden Bronzezeit, nach Griechenland und wird dort als „Familienerbstück" über die Generationen (und Epochen!) bis ins 10. Jahrhundert gereicht.
- Das Gefäß bleibt bis ins 10. Jahrhundert v. Chr. in seinem originären, elitären Umfeld auf Zypern wirksam und gelangt dann als auch durch sein Alter nobilitiertes Gastgeschenk oder als Beute direkt zu dem in Lefkandi Bestatteten.[69]
- Oder, zwischen diesen Polen: Es zirkuliert in verschiedenen Funktionen (Gastgeschenk, Beute, Belohnung, Tauschobjekt) über eine unbekannte Anzahl von Stationen und vor allem auch von Orten und gelangte im 10. Jahrhundert v. Chr. schließlich nach Lefkandi.

Zu berücksichtigen ist ferner, dass dabei zwei nicht ohne weiteres „kompatible" Gesellschaftsformationen und entsprechend auch Austauschmechanismen vorliegen. Die Gesellschaften der griechischen Bronzezeit wiesen ebenso wie die bronze- und früheisenzeitlichen Staaten des ostmediterranen Raums auf palatiale Zentren und auf ihre Eliten bezogene Austausch- und Redistributionsnetzwerke auf. Demgegenüber sind wir im Fall Lefkandis bzw. des früheisenzeitlichen Griechenlands wesentlich mit auf personalen Beziehungen basierenden und damit potenziell kontingenteren Austauschformen konfrontiert.

Unabhängig hiervon sind aber auch auf einer übergeordneten Ebene bedeutsame Unterschiede in Kontext, potenziellen Handlungszusammenhängen und damit Sinnzuschreibungen zwischen beiden Regionen sichtbar: Das Gefäß ist in Lefkandi anders als in Zypern nicht mehr Teil eines Ensembles. Als Solitär ohne Verweis auf originär zugehörige Gerätschaften und damit aus einem Handlungszusammenhang mit entsprechend spezifischer Gerätausdifferenzierung und Trinkkomment gerissen, ist es nun in ein lokales, gegenüber dem ursprünglichen zyprischen anders gelagertes Sinn- und Verweissystem überführt und eingebunden. Trotz funktional

---

69 Mit einer „pragmatischen" Variante dieses Ansatzes kürzlich: Susan Sherratt: The Intercultural Transformative Capacities or Irregularly Appropriated Goods. In: Materiality and Social Practice. Transformative Capacities of Intercultural Encounters. Hrsg. von Joseph Maran, Philipp W. Stockhammer. Oxford 2012, S. 161–163. Hier wird angenommen, dass Stücke wie das Gefäß von Lefkandi zunächst als Grabbeigaben in ihrem ostmediterranen Herkunftsgebiet dienten, dort zu einem späteren Zeitpunkt aus den Gräbern geraubt und aus vorwiegend kommerziellen Gründen nach Westen verhandelt wurden. Explizit einkalkuliert wird dabei freilich, dass auch solchermaßen in Umlauf geratene Stücke letztlich mit einer angemessenen Erzählung versehen ihre Destination erreichten und dort als altertümliche Exotika in einen Prestigegüterdiskurs einbezogen werden konnten.

zumindest teilweiser Übereinstimmung ist das Gefäß also jeweils anders verwendet bzw. mit Sinn versehen und erfüllt so auch letztlich je verschiedene Aufgaben.[70]

Und es ließe sich noch ein Schritt weiter zurückgehen: Verließe man die platonische Höhle der Objekte und stiege zur Sonne der „Idee" einer Gefäßform empor, deren Repräsentant auch unser in Lefkandi gefundenes ist, eröffnete sich eine weitere „biographische" Etappe: Denn der Gefäßtyp des amphoroiden Mischgefäßes ist mitnichten eine Erfindung der ausgehenden zypriotischen Bronzezeit, sondern führt uns erneut in eine weitere Region: zurück nach Griechenland, nun aber in dasjenige der spätbronzezeitlichen mykenischen Palastkultur und damit zeitlich erneut zurück, in das 14. und 13. Jahrhundert v. Chr.[71] Amphoroide Mischgefäße sind hier eine geläufige Form[72] und werden, wie auch andere mykenische Gefäßformen aus Ton, im Zypern dieser Zeit vermehrt ins eigene Trinkset eingebunden.[73] Dabei gelten das späte 13. und 12. Jahrhundert v. Chr. als Phase des größten Einflusses importierter mykenischer Trinkausstattungen auf Zypern (die auch lokal nach mykenischem Stil angefertigt wurden).[74] Als funktional zentrale Gegenstände mehrteiliger Sets zum gemeinschaftlichen Bankett (sie weisen Nutzungsspuren auf) sind *tönerne* Mischgefäße dort zugleich auch wesentlicher Bestandteil der Zurschaustellung und halten so Einzug in die Grabinventare von Gräbern lokaler Eliten.[75] Doch verlieren sie bis in das 12. Jahrhundert diesen exklusiven, elitären Charakter an *Metall*sets als gesteigerte Prestigeform (u. a. verkörpert auch durch unseren Krater). So besäße unser Gefäß als funktionaler Typus und zypriotisches Erzeugnis zusätzlich eine „ideelle" Frühphase, nun aber wieder in der Ägäis und im Kontext der zu dieser Zeit noch blühenden bronzezeitlichen mykenischen Hochkultur des 14./13. Jahrhunderts v. Chr. und ihrer Gesellschaft.

VI Fazit und Perspektiven

Im Mittelpunkt dieses Beitrags stand die Rekontextualisierung bronzezeitlicher Archaika in früheisenzeitlichen Gräbern, wobei konkret auf den Befund von Lefkandi

---

70 Kaum dieser Konstellation gerecht wird die Erklärung von Catling (Anm. 40), S. 91 f.: Nach ihm erhielt sein Besitzer das Gefäß auf einer die Insel Zypern einschließenden Ostreise, wo er auch dessen Gebrauch als Urne kennenlernte und diese Verwendung seines neuen Besitzes nach seiner Rückkehr verfügte.
71 Selbst einige der auf den zypriotischen Bronzeexemplaren verwendeten Bildmotive sind letztlich im bronzezeitlichen Kreta verankert: Catling (Anm. 40), S. 88–90; Matthäus (Anm. 47), S. 231.
72 Vgl. Matthäus (Anm. 47), S. 231; gleichwohl besteht eine gewisse Fundlücke für bronzene Gefäße in dieser Zeit in Griechenland. Karageorgis (Anm. 57), S. 63, nennt für das Gefäß aus Palaipaphos Übereinstimmungen mit tönernen Halsamphoren der Zeitphase „Spätminoisch III" (spätes 15.–12. Jh. v. Chr.), für das aus Kourion, Grab 40.11 „Späthelladisch IIIA" (spätes 15.–14. Jh. v. Chr.).
73 Vgl. Steel (Anm. 56), S. 292 f.
74 Vgl. ebd., S. 294.
75 Vgl. ebd., S. 293 f.

Bezug genommen wurde. Als ergänzende bzw. alternative Textquelle wurde dabei eingangs auf Homer und die sich anknüpfenden Debatten über Schilderungen derartiger Archaika verwiesen.

Demgegenüber wurde hier versucht, mittels objektbiographischer Überlegungen einen spezifisch archäologischen Zugang zu eröffnen, der es erlaubt, die potenzielle Komplexität sowie den Wandel von Sinnzuschreibungen, aber auch die Kontingenz von Objektmobilität kulturhistorisch zu thematisieren.

Unsere „Biographie" eines an seinem Fundort Lefkandi fremden, exotischen Prestigeobjekts erlaubt es, unabhängig von der konkreten Geschichte des einen Objekts mehrere Jahrhunderte verschiedener kultureller und sozialer Zusammenhänge zu skizzieren, die es jeweils durchlief, bereicherte und mitprägte. Dabei „begegnete" der Gefäßtyp in unterschiedlichen sozialen Interaktionszusammenhängen verschiedenen Personen und Besitzern, durchquerte unterschiedliche Räume und Zeiten, ja Kulturen und Epochen. Darüber hinaus ermöglichte und konditionierte er immer aber auch soziales Handeln in unterschiedlichen kulturellen Zeichen- und Sinnsystemen und erfuhr entsprechende Sinnzuschreibungen.

Aufkommend in der spätbronzezeitlichen Palastkultur im Griechenland des 14./13. Jahrhunderts v. Chr. erreichte der Gefäßtyp über ein Zypern früher Stadtstaatlichkeit mit vergleichsweise stabilen Eliten des 12./11. Jahrhunderts v. Chr. schließlich das früheisenzeitliche Euboia des 10. Jahrhunderts v. Chr. (und damit wieder Griechenland, nun aber in einer späteren Epoche nach dem Ende der Kultur der griechischen Bronzezeit: der frühen Eisenzeit), wo sein prominenter Vertreter bei der Bestattung eines lefkandiotischen *Big Man* begraben wurde. So erweist sich das Ende einer Reise auch als Beginn einer – archäologischen – Reise durch kulturelle Pluralität und historische Tiefe in schriftloser Zeit.

Dabei ist nicht *a priori* davon auszugehen, dass die Gesamtheit der Kontexte und Sinnzuschreibungen allen Empfängern von Objekt und Narration jeweils bewusst war, ja überhaupt gewesen sein konnte. Doch können wir heute im diachronen Zugriff nach denkbaren Einbettungsszenarien vor dem Hintergrund der kulturellen Kontexte von der Entstehungszeit bis zur endgültigen Deponierung fragen. Es zeigt sich dabei, dass den Protagonisten spezifischer Epochen und Regionen in verschiedenen sozio-kulturellen Milieus unterschiedliche Handlungsoptionen als paradigmatisch und standesgemäß zur Verfügung standen.

In diesem Sinne kann eine „Biographie" abschließend auch Perspektiven für weiterführende Problematisierungen des kulturellen Umgangs mit den Dingen eröffnen. So könnte eine *externe Perspektive* solche Elitenetzwerke hinterfragen, in denen Objekte und die an diese geknüpften Kommunikationsformen nach einem bestimmten *code* funktionieren, wie solche Objekte (und damit Sinnzuschreibungen) in dieses System eigentlich hineingelangen und, in einem zweiten Schritt, welche Anschlussmöglichkeiten und -optionen solche Netzwerke und ihre *codes* nach außen bzw. in andere Systeme bereithalten oder entwickeln. Eine *interne Perspektive* könnte sich dagegen der Frage zuwenden, unter welchen Umständen einzelne Objekte aus dem Zyklus des Gebens und Nehmens und der zugehörigen Erzählungen ausscheiden: Ab wann sind Objekte geeignet, wie im Fall des Gefäßes aus Lefkandi letztgültig im Grab deponiert zu werden? Sind dieser veränderte Umgang und die Umdeutung des Objekts Indikatoren für ein Fehlen oder eine neue Stabilität sozialer Hierarchien? Oder weisen sie auf eine Erschöpfung gängiger Aufwandschiffren hin und auf die Suche nach neuen Ausdrucksformen in labilen soziopolitischen Aushandlungsphasen?

Matthias Hardt, Leipzig
Tafelgeschirr und gentile Überlieferung

> Zwar war es nicht so, dass die Dorfbewohner nichts besaßen, doch wurden alle Dinge von Wert in einem Speicher über dem gemeinsamen Schlafraum sorgsam gehortet. Nur bei Heiratszeremonien, Opferritualen und großen Festen bekamen wir sie hin und wieder zu Gesicht: Säbel und Silberstücke aus der holländischen Kolonialzeit, alte chinesische Porzellanschalen, antike Seidentücher und Elefantenstoßzähne aus Indien, goldene Ohrringe und anderes mehr. Jedes dieser Stücke hatte seine eigene Geschichte. Einige waren den Ahnen unter geheimnisvollen Umständen zugefallen, andere waren als Heiratsgüter in den Besitz der Familien gelangt.[1]

Die Beobachtungen des Ethnologen Karl-Heinz Kohl im Osten der indonesischen Insel Flores im Jahr 1986 erinnern an die europäischen Könige und Fürsten der Völkerwanderungszeit und des frühen Mittelalters. Auch sie verfügten über Schatzkammern voller Gold, Silber, Edelsteine – als Rohmaterial oder in bearbeiteter Form als Münzen, Schmuck, Tafelgeschirr oder Insignien wie Kronen und besondere Waffen. Diese Schätze[2] waren ein Herrschaftsinstrument, denn sie dienten neben der königlichen Repräsentation auch dem Gabentausch und der Aussendung von Geschenken, durch die in der archaischen Gesellschaft intergentile ebenso wie persönliche Verbindungen bestimmt wurden.[3]

Viele der in den königlichen Schätzen enthaltenen Gegenstände und Materialien stammten aus Kriegsbeute, die immer wieder dafür sorgte, dass der königliche Goldreichtum nicht nachließ. Dies hatte jedoch auch zur Konsequenz, dass der siegreiche Krieg gegen nähere oder fernere Nachbarn in der Zeit zwischen dem 4. und dem 9. Jahrhundert eine der Grundvoraussetzungen erfolgreicher Königs- und Fürstenherrschaft wurde.[4]

In der Heldendichtung dieser Zeit wurden die Schätze der Könige häufig thematisiert, erhielten sogar besondere Bedeutung in der Struktur der Lieder und Epen, wie zum Beispiel im *Nibelungenlied*, in dem die Motive um den Schatz Sieg-

---

[1] Karl-Heinz Kohl: Die Macht der Dinge. Geschichte und Theorie sakraler Objekte. München 2003.
[2] Vgl. Matthias Hardt: Gold und Herrschaft. Die Schätze europäischer Könige und Fürsten im ersten Jahrtausend. Berlin 2004 (Europa im Mittelalter. 6).
[3] Vgl. Matthias Hardt: Gold, Prestige, Herrschaft. Warum der Schatz den König macht. In: Macht des Goldes, Gold der Macht. Herrschafts- und Jenseitsrepräsentation zwischen Antike und Frühmittelalter im mittleren Donauraum. Akten des 23. Internationalen Symposiums der Grundprobleme der frühgeschichtlichen Entwicklung im mittleren Donauraum, Tengelic, 16.–19.11.2011. Hrsg. von Matthias Hardt, Orsolya Heinrich-Tamáska. Weinstadt 2013 (Forschungen zu Spätantike und Mittelalter. 2), S. 525–533. Vgl. zum Gabentausch auch Kohl (Anm. 1), S. 133–138, sowie Hartmut Böhme: Fetischismus und Kultur. Eine andere Theorie der Moderne. 2. Aufl. Reinbek b. Hamburg 2006, S. 289–297.
[4] Vgl. Hardt (Anm. 2), S. 161–196.

frieds einerseits und den Hort der burgundischen Könige andererseits dazu dienten, die zunächst selbständigen Überlieferungen um Siegfried und Brünhild sowie diejenige vom Burgundenuntergang zu einer zusammenhängenden Erzählung werden zu lassen.[5]

Das in den Schatzkammern des ersten nachchristlichen Jahrtausends aufbewahrte Tafelgeschirr[6] hatte eine große Bedeutung im Rahmen der königlichen Repräsentation und der Visualisierung von Herrschaft, darüber hinaus aber offenbar weitere Funktionen, die im Folgenden ausgehend von Berichten der Historiographen Gregor von Tours, Fredegar und Paulus Diaconus beschrieben und in den Kontext der ‚Macht der Dinge' gestellt werden sollen.

> Ich [Gregor von Tours] hatte mich damals zum Umritt des Königs nach dem Hofe Nogent begeben; dort zeigte er [Chilperich I.] uns ein großes Tafelgerät, das er aus Gold und Edelsteinen gemacht hatte, fünfzig Pfund schwer, und sagte: „Ich habe es zum Schmuck und zur Ehre des Volkes der Franken gemacht. Und wenn mir das Leben vergönnt ist, werde ich noch mehr der Art machen."[7]

Das Tafelgerät oder – wahrscheinlicher – der mehrteilige Geschirrsatz, von dem Chilperich I. laut Gregor von Tours behauptet hatte, er habe ihn selbst hergestellt, beeindruckte den Bischof offenbar sehr. Er verfolgte aufmerksam, was in den unruhigen Zeiten nach dem Tod des Königs im Jahr 584 damit geschah. Im Gegensatz zu den Teilen der Schätze Chilperichs, die seine Königin Fredegunde mit sich nach Paris nehmen konnte, gehörte das erwähnte Tafelgeschirr zu den Schätzen, welche die Schatzmeister des Königs in Chelles in ihre Gewalt brachten und zu König Childebert II. nach Meaux transportierten.[8]

In der Chronik des sogenannten Fredegar wird von einem Tafelgeschirr berichtet, das sich im westgotischen Königsschatz befand und mit dem es eine besondere Bewandtnis hatte. Angeblich stammte das 500 römische Pfund schwere goldene, mit Edelsteinen verzierte Stück vom Heermeister Aetius, der es dem westgotischen Königssohn Thorismud im Jahr 451 für die Verdienste der Westgoten in

---

5 Vgl. Andreas Heusler: Nibelungensage und Nibelungenlied. Die Stoffgeschichte des deutschen Heldenepos. 6. Aufl. Dortmund 1965, S. 28 u. 73.
6 Vgl. Hardt (Anm. 2), S. 102–120.
7 Gregor von Tours: Historiae. Libri historiarum decem. Hrsg. von Bruno Krusch, Wilhelm Levison. Hannover 1951 (MGH SS rer. Mer. I,1), VI/2, S. 266: *Tunc ego Novigentum villa ad occursum regis abieram; ibique nobis rex missurium magnum, quod ex auro gemmisque fabricaverat in quinquagenta librarum pondere, ostendit, dicens: „Ego haec ad exornandam atque nobilitandam Francorum gentem feci. Sed et plurima adhuc, si vita comis fuerit, faciam."* Vgl. zum Folgenden auch Matthias Hardt: Silverware in Early Medieval Gift Exchange. Imitatio Imperii and Objects of Memory. In: Franks and Alamanni in the Merovingian Period. An Ethnographic Perspective. Hrsg. von Ian Wood. Woodbridge 1998 (Studies in Historical Archaeoethnology. 3), S. 317–330, hier S. 323.
8 Gregor von Tours (Anm. 7), VII/4, S. 328: *Reliquos vero thesauros, qui apud villam Calam remanserant, in quibus erat missurium illud aureum quod nuper fecerat, thesaurarii levaverunt et ad Childeberthum regem, qui tunc apud Meldensem conmorabatur urbem, velociter transierunt.*

der Schlacht auf den katalaunischen Feldern anstatt der ursprünglich versprochenen Hälfte Galliens übergeben hatte.⁹ 180 Jahre später, so heißt es in der gleichen Chronik an anderer Stelle, habe der westgotische Usurpator und spätere König Sisenand (631–636) dieses Geschirr aus dem Schatz der Goten dem Frankenkönig Dagobert I. versprochen, wenn er ihn mit einem Heer gegen Svinthila unterstützen würde, der Nachfolger Sisebuts geworden war und sich den Hass einiger gotischer Großer zugezogen hatte.¹⁰ Die Chronik berichtet weiter, Dagobert I. habe sich darauf eingelassen und Sisenand durch seine Hilfe zum Königtum verholfen. Eine fränkische Gesandtschaft begab sich daraufhin ins Westgotenreich, um die versprochene Gabe abzuholen. Diese wurde zwar zunächst ausgehändigt, aber, so heißt es weiter, ‚die Goten' raubten das Tafelgeschirr und hinderten die Gesandten des Frankenkönigs daran, es abzutransportieren. Schließlich einigte man sich darauf, dass Dagobert I. anstatt des Geschirrsatzes, der den Westgoten offensichtlich in all den Jahren ausgesprochen wichtig geworden war, 200 000 Goldsolidi von Sisenand erhalten sollte.¹¹ So konnte der Verfasser der Chronik feststellen, dass dieses Geschirr noch zu Zeiten seiner Tätigkeit als Geschichtsschreiber im westgotischen Königsschatz aufbewahrt werde.¹²

---

9 Fredegar und Fredegar cont.: Chronicarum quae dicuntur Fredegarii scholastici libri IV cum continuationibus. Hrsg. von Bruno Krusch. Hannover 1888, ND 1956 (1984) (MGH SS rer. Mer. II), II/53, S. 74 f.: *Postea cum a Tursemodo regi et Gothis haec factio perlata fuisset, requirentis promissionem Ageci emplendam, et ille rennuerit, per pacis iura urbiculum aureum gemmis ornatum, pensante quingentas liberas, ab Agecio conposiciones causa transmitteretur Tursemodo; et haec iurgia quieverunt.* Der Bericht der Chronik ist wie viele andere Erzählungen über die Schlacht auf den katalaunischen Feldern legendenhaft überformt; vgl. Hardt (Anm. 7), S. 322 f. Ohne Begründung glaubt Herwig Wolfram: Die Goten. Von den Anfängen bis zur Mitte des 6. Jahrhunderts. Entwurf einer historischen Ethnographie. 3. Aufl. München 1990, S. 183 mit Anm. 59, Aetius als Schenker des Geschirrs ausschließen zu können. Er bringt dagegen die Episode mit dem Gelage in Verbindung, das der Prätorianerpräfekt Ferreolus wenig später in Arles für den Westgotenkönig veranstaltete. Darüber berichtet Sidonius Apollinaris: Epistolae I–IX. Hrsg. von Christian Luetjohann. Hannover 1887, ND 1985 (MGH AA VIII), VII/12, 3–4, S. 118 f.
10 Fredegar (Anm. 9), IV/73, S. 157 f.: *cum consilium cytiris Sisenandus quidam ex proceribus ad Dagobertum expetit, ut ei cum exercito auxiliaretur, qualiter Sintilianem degradaret ad regnum. Huius beneficiae repensionem missurium aureum nobelissemum ex tinsauris Gothorum, quem Tursemodus rex ab Agecio patricio acceperat, Dagobertum dare promisit, pensantem auri pondus quinnentus.*
11 Ebd., IV/73, S. 158: *Dagobertus legacionem ad Sisenando rigi Amalgario duce et Venerando dirigit, ut missurium illum quem promiserat eidem dirigerit. Cumque ad Sisenando regi missurius ille legatarius fuissit tradetus, a Gotis per vim tolleretur, nec eum exinde excobere permiserunt. Postea, discurrentes legatus, ducenta milia soledus missuriae huius praecium Dagobertus a Sisenandus accipiens, ipsumque pensavit.*
12 Ebd., II/53, S. 75: *Quae species devotissime usque hodiernum diem Gothorum thensauris pro ornatum veneratur et tenetur.* Nach Meinung des Übersetzers Andreas Kusternig schrieb der Autor die Chronik um die Jahre 658/60 nieder; vgl. Andreas Kusternig: Einleitung. In: Quellen zur Geschichte des 7. und 8. Jahrhunderts. Darmstadt 1982 (Ausgewählte Quellen zur deutschen Geschichte des Mittelalters, FSGA. 4a), S. 12.

In eine Reihe mit dem *missurium ad exornandam atque nobilitandam Francorum gentem* und dem von Fredegar beschriebenen *urbiculum pro ornatum Gothorum* gehört ein Trinkgefäß der langobardischen Könige, von dem Paulus Diaconus berichtet:

> Nachdem Alboin drei Jahre und sechs Monate in Italien geherrscht hatte, starb er durch eine Verschwörung seiner Frau. Die Ursachen für die Ermordung waren folgende: Bei einem Fest nahe Verona saß er gut gelaunt länger, als er es hätte tun sollen. Den Pokal vor sich, den er aus dem Schädel seines Schwiegervaters hatte machen lassen, gab er Anweisung, auch für die Königin Wein zu bringen und lud sie ein, fröhlich mit ihrem Vater zu trinken. Niemand sollte glauben, das sei eine unmögliche Geschichte. Bei Gott, ich erzähle euch die Wahrheit, und ich selbst habe dieses Trinkgefäß gesehen, als König Ratchis es bei einem Mahl in Händen hielt und seinen Gästen zeigte. Rosamunde fühlte einen tiefen Schmerz, den sie nicht unterdrücken konnte. Sie brannte auf Rache für ihren Vater durch die Ermordung ihres Mannes. So verschwor sie sich mit Helmechis, dem Schildträger des Königs, zur Ermordung Alboins.[13]

Die weitere Geschichte von Rosamundes Rache, die sie und zumindest Teile des langobardischen Schatzes nach Ravenna brachte,[14] interessiert hier weniger als die von Paulus eher beiläufig geäußerte Feststellung, dass noch kurz vor der Mitte des 8. Jahrhunderts der langobardische König Ratchis (744–749) seinen Gästen jenes Trinkgefäß zeigte, das Alboin angeblich aus dem Kopf seines besiegten Gegners, des Gepidenkönigs Kunimund, hatte anfertigen lassen, nachdem er diesen im Jahr 567 persönlich in der Schlacht umgebracht hatte.[15] 167 Jahre lang wurde dieser

---

13 Paulus Diaconus: Historia Langobardorum. Hrsg. von Ludwig Bethmann, Georg Waitz. Hannover 1878, ND 1964 (MGH SS rer. Lang.), II/28, S. 104 f.: *Qui rex postquam in Italia tres annos et sex menses regnavit, insidiis suae coniugis interemptus est. Causa autem interfectionis eius fuit. Cum in convivio ultra quam oportuerat aput Veronam laetus resederet, cum poculo quod de capite Cunimundi regis sui soceris fecerat reginae ad bibendum vinum dari praecepit atque eam ut cum patre suo laetanter biberet invitavit. Hoc ne cui videatur inpossibile, veritatem in Christo loquor: ego hoc poculum vidi in quodam die festo Ratchis principem ut illut convivis suis ostentaret manu tenentem. Igitur Rosamunda ubi rem animadvertit, altum concipiens in corde dolorem, quem conpescere non valens, mox in mariti necem patris funus vindicatura exarsit, consiliumque mox cum Helmechis, qui regis scilpor, hoc est armiger, et conlactaneus erat, ut regem interficeret, iniit.*
14 Vgl. Hardt (Anm. 2), S. 37 f., sowie Walter Pohl: Die Völkerwanderung. Eroberung und Integration. Stuttgart/Berlin/Köln 2002, S. 199–201.
15 Aus Antike, Völkerwanderungszeit und Mittelalter sind verschiedene Beispiele für die Umwandlung der Schädel besiegter Feinde in Trinkgefäße bekannt. Vgl. dazu auch Jacob Grimm: Geschichte der deutschen Sprache. Bd. I. Leipzig 1848, S. 142–146; Richard Andree: Menschenschädel als Trinkgefäße. In: Zeitschrift des Vereins für Volkskunde 22 (1912), S. 18–22; Friedrich Pfister: Heiligenschädel. In: Handwörterbuch des deutschen Aberglaubens. Bd. 3. Hrsg. von Hans Bächtold-Stäubli. Berlin/Leipzig 1930/31 (Handwörterbuch zur deutschen Volkskunde, Abt. I, Aberglaube), Sp. 1677–1681; Ernst Bargheer: Kopf. In: Handwörterbuch des deutschen Aberglaubens. Bd. 5. Hrsg. von Hans Bächtold-Stäubli. Berlin/Leipzig 1932/33 (Handwörterbuch zur deutschen Volkskunde, Abt. I, Aberglaube), Sp. 201–214; Veselin Beševliev: Ein byzantinischer Brauch bei den Protobulgaren. In: Acta Antiqua Academiae Scientiarum Hungaricae 10 (1962), S. 17–21, Nachdruck in ders.: Bulgarisch-Byzantinische Aufsätze. London 1978 (Variorum Reprints. 35; Collected Stud. ser. 80); Stefano Gasparri: Kingship Rituals and Ideology in Lombard Italy. In: Rituals of Power. From Late Antiquity

besondere Pokal am langobardischen Hof in hohen Ehren gehalten als Symbol für den Sieg über das gepidische Königtum. Er wurde bewahrt, damit der König der Langobarden ihn den Teilnehmern königlicher Gastmähler[16] vorführen konnte, genauso wie es mindestens 180 Jahre lang am westgotischen Hof mit jenem Service getan wurde, das Thorismud von Aetius erhalten hatte, und wie es Chilperich I. mit dem zum Schmuck der fränkischen *gens* angefertigten goldenen Geschirr offensichtlich tat.

Es stellt sich die Frage, warum Geschichtsschreiber und Hagiographen[17] des früheren Mittelalters diesen Gegenständen der königlichen Tafel so große Aufmerk-

---

to the Early Middle Ages. Hrsg. von Frans Theuws, Janet L. Nelson. Leiden/Boston/Köln 2000 (The Transformation of the Roman World. 8), S. 105. Eine Werkstatt, in der in skythischer Zeit solche Gefäße hergestellt worden sind, ist auf dem Gorodisce von Bel'sk ausgegraben worden; vgl. Renate Rolle: Der griechische Handel der Antike zu den osteuropäischen Reiternomaden aufgrund archäologischer Zeugnisse. In: Untersuchungen zu Handel und Verkehr der vor- und frühgeschichtlichen Zeit in Mittel- und Nordeuropa. Teil I. Methodische Grundlagen und Darstellungen zum Handel in vorgeschichtlicher Zeit und in der Antike. Göttingen 1985 (Abhandlung der Akademie der Wissenschaften in Göttingen, philosophisch-historische Klasse, 3. Folge. 143), S. 460–490, hier S. 479.

16 Über ein Gelage am langobardischen Königshof unter Verwendung von *fiala argentea* bzw. eines *calix argenteus* berichtet Paulus Diaconus (Anm. 13), V/2, S. 143, bei der Schilderung der Ereignisse nach der Rückkehr Perctarits aus dem awarischen Exil.

17 In der um das Jahr 1000 von Balther verfassten Vita Fridolini Confessoris Seckingensis auctore Balthero. Hrsg. von Bruno Krusch. Hannover 1896 (MGH SS rer. Mer. III), S. 350–369, ist c. 13, S. 360, von einem Gastmahl am Hof Chlodwigs die Rede, bei dem ein Steingefäß Verwendung fand: *Rex vero cum inter prandendum quoddam vas lapideum vitrei coloris, auro gemmisque fabrili arte mirabiliter ornatum, iuberet afferri plenum mero [...]*. Das Gefäß aus Bergkristall oder Alabaster wurde im Verlauf des Mahles durch Unachtsamkeit zerstört und, da der König sehr daran hing, durch Einwirkung des Heiligen mit göttlicher Hilfe wiederhergestellt. Der Hagiograph Balther wird sich ein Steingefäß antiker Herkunft vorgestellt haben, wie es an ottonischen Höfen durchaus bekannt war. Auch solche jahrhundertealte Glas- und Steingefäße konnten also an der königlichen Tafel eine den angesprochenen Gefäßen aus Edelmetall vergleichbare Funktion haben. Darauf deutet auch das Achatgefäß hin, das im Grab von Chlodwigs Vater Childerich I. gefunden wurde; vgl. Michael Müller-Wille: Königtum und Adel im Spiegel der Grabfunde. In: Die Franken. Wegbereiter Europas. Vor 1500 Jahren: König Chlodwig und seine Erben. Bd. 1. Hrsg. vom Reiss-Museum Mannheim. Mainz 1996, S. 208. Zu antiken Steingefäßen und arabischen Bergkristallflacons in der Ottonenzeit vgl. Dietrich Kötzsche: Der Quedlinburger Schatz – wieder vereint. Berlin 1992, S. 39 u. 72–76, sowie Hans-Peter Bühler: Antike Gefäße aus Edelsteinen. Mainz 1973, S. 15. Am Hof des northumbrischen Königs Oswald war im 7. Jahrhundert Silbergeschirr auch bei königlichen Mahlzeiten mit kirchlichen Würdenträgern üblich: Beda der Ehrwürdige: Kirchengeschichte des englischen Volkes. Hrsg. und übersetzt von Günter Spitzbart. 2., überarbeitete Aufl. Darmstadt 1997, III/6, S. 222: *Denique fertur, quia tempore quodam, cum die sancto paschae cum praefato episcopo consedisset ad prandium, positusque esset in mensa coram eo discus argenteus regalibus epulis refertus*. Die Vita Corbiniani 26, Rec. *Bruno Krusch*. Arbeonis episcopi Frisingensis vitae sanctorum Haimhrammi et Corbiniani. Hannover 1920 (MGH SS rer. Germ. in usum schol.), S. 100–232, hier S. 217 f., erwähnt ein Gastmahl am Hof des Baiernherzogs Grimoald, bei dem Silbergeschirr verwendet wurde: *Quod dum vir Dei conspexerat, dextro pede tripsiti calicem dedit et mensam deiecit, ita ut argentea vascula per pavimentum huc illucque spargerentur*.

samkeit schenkten, die offenbar, wie im Fall der Aetius-Platte und des Kunimund-Kelches, mit besonderen Erinnerungsmomenten behaftet waren. Konnte Tafelgeschirr die Erinnerung an große Siege der Vergangenheit in sich tragen, konnte es Rang, Ehre und Ansehen von Königtum und Stamm symbolisieren?

Zur Beantwortung dieser Frage muss erneut die Bedeutung von Tafelgeschirr aus Edelmetall im Rahmen der königlichen Hofhaltung untersucht werden. Zunächst sollte es Reichtum und Luxus demonstrieren, aber natürlich erfüllte es auch bestimmte Funktionen bei den in archaischen Gesellschaften so bedeutungsvollen Festen, Gastmählern und Gelagen.[18] Der mit seinen integrativen Ritualen „frieden-, bündnis- und gemeinschaftsstiftende Charakter" dieser Gastmähler ist in den letzten Jahren besonders hervorgehoben worden.[19] Aber Festgelage an den Fürstenhöfen der Völkerwanderungszeit und des frühen Mittelalters waren mehr als bloßer Rahmen oder Beiwerk von Herrschertreffen und Hoftagen, Hochzeiten oder königlicher Repräsentation, mehr als lediglich Ort der Kommunikation zwischen Herrscher und Kriegergesellschaft.[20] Die Gastmähler in den königlichen Hallen- oder Saalbauten konnten darüber hinaus innerhalb oraler Gesellschaften auch Anlässe der Präsentation und Inszenierung gentiler Tradition sein.[21] Das königliche Bankett war die Szene für Dichter und Sänger, deren Lieder die Erinnerung an glorreiche ebenso wie tragische Momente in der Geschichte von Stämmen und Reichen wach hielten und die Namen der Helden längst vergangener Zeiten weiterleben ließen.

Der *Beowulf* verdeutlicht diesen Aspekt in der Erzählung vom Fest in der Halle des Königs Hrothgar, in Heorot, „the most famous of buildings under heaven"[22],

---

18 Tacitus: Germania. Lateinisch und deutsch von Gerhard Perl. In: Griechische und lateinische Quellen zur Frühgeschichte Mitteleuropas bis zur Mitte des 1. Jahrtausends u. Z. Hrsg. von Joachim Herrmann. Berlin 1990 (Schriften und Quellen der Alten Welt. 37, 2), 22, S. 100–102, vor allem S. 102: *sed et de reconciliandis in vicem inimicis et iungendis affinitatibus et asciscendis principibus, de pace denique ac bello plerumque in conviviis consultant.*
19 Vgl. Gerd Althoff: Der frieden-, bündnis- und gemeinschaftsstiftende Charakter des Mahles im früheren Mittelalter. In: Essen und Trinken in Mittelalter und Neuzeit. Hrsg. von Irmgard Bitsch, Trude Ehlert, Xenja von Ertzdorff. Sigmaringen 1987, S. 13–25; Peter Johanek: Fest und Integration. In: Feste und Feiern im Mittelalter. Paderborner Symposion des Mediävistenverbandes. Hrsg. von Detlev Altenburg, Jörg Jarnut, Hans Hugo Steinhoff. Sigmaringen 1991, S. 525–540.
20 Vgl. Michael J. Enright: Lady with a Mead-cup. Ritual, Prophecy and Lordship in the European Warband from La Tène to the Viking Age. Dublin 1996, S. 16 f. u. 49 f. Schon Tacitus (Anm. 18), 22/1, S. 100–103, berichtet über die Bedeutung und den Stellenwert der Gelage: *tum ad negotia nec minus saepe ad convivia procedunt armati. diem noctemque continuare potando nulli probrum. crebrae, ut inter vinolentos, rixae raro conviciis, saepius caede et vulneribus transiguntur – sed et de reconciliandis in vicem inimicis et iungendis affinitatibus et asciscendis principibus, de pace denique ac bello plerumque in conviviis consultant, tamquam nullo magis tempore aut ad simplices cogitationes pateat animus aut ad magnas incalescat.*
21 Vgl. dazu vor allem Jan Assmann: Das kulturelle Gedächtnis. Schrift, Erinnerung und politische Identität in frühen Hochkulturen. 3. Aufl. München 2000, S. 52–59.
22 Enright (Anm. 20), S. 5.

genauso wie der Bericht, den der römische Gesandte Priskos über ein Gastmahl am Hof Attilas um die Mitte des 5. Jahrhunderts gegeben hat.

Über Heorot heißt es im Beowulf, übersetzt von Gerhard Nickel:

> Þā wæs Gēatmæcʒum   ʒeador ætsomne
> on bēorsele   benc ʒerȳmed,
> þǣr swīðferhþe   sittan ēodon,
> þrȳðum dealle.   Þeʒn nytte behēold,
> sē þe on handa bær   hroden ealowǣʒe,
> scencte scīr wered.   Scop hwīlum sanʒ
> hādor on Heorote.   Þǣr wæs hæleða dream,
> duʒuð unlȳtel   Dena *ond* Wedera.

> Für die Gauten [zusammen] wurde im Biersaal eine Bank geräumt, wo die Tapferen und wegen ihrer Stärke Berühmten sich hinsetzten. Der Krieger, der die verzierte Bierkanne in der Hand hielt, waltete seines Amtes und schenkte das klare Getränk ein. Ab und zu sang der Scop heiter in Heorot. Es herrschte Fröhlichkeit bei den Helden; groß [war] die Schar der Dänen und Gauten.[23]

Noch deutlicher wird die Verbindung von Gastmahl und Sängern im Bericht des Priskos. Der Hunnenkönig Attila hatte die griechischen Gesandtschaftsangehörigen zu einem Gelage eingeladen; Priskos notierte detailreich die dabei verwendeten goldenen und silbernen Platten und Schalen, aber auch das Ritual und den Verlauf des Festes.[24] Sein Bericht endet mit der Schilderung des Auftritts von Sängern:

> Bei Einbruch der Dunkelheit wurden Fackeln entzündet. Zwei Barbaren traten vor Attila und trugen Lieder vor, darin sie seine Siege und seine Tapferkeit besangen. Alle Gäste schauten auf die beiden Sänger; die einen erfreuten sich am Gesang, die anderen begeisterten sich im Gedenken an die Kriege, die sie mitgemacht hatten, und wieder andere vergossen Tränen, weil sie altersschwach geworden waren und ihren Mut nicht mehr beweisen konnten.[25]

Der Dichter des *Beowulf* und noch früher der byzantinische Gesandte Priskos geben einen Eindruck von der Atmosphäre, in der orale Traditionen[26] und aktuelle, real

---

[23] Beowulf VII, 491–498, in der Übersetzung von Gerhard Nickel: Beowulf und die kleineren Denkmäler der altenglischen Heldensage Waldere und Finnsburg, 1. Teil. Hrsg. von Gerhard Nickel. Heidelberg 1976, S. 30–32.

[24] Vgl. Priskos: Fragmenta. Excerpta historica iussu Imp. Constantini Porphyrogeniti confecta. Bd. I. Excerpta de legationibus. Hrsg. von Carl de Boor. Pars II. Berlin 1903, frgm. 8, S. 143 f. Vgl. auch Gerhard Wirth: Attila. Das Hunnenreich und Europa. Stuttgart/Berlin/Köln 1999, S. 83 f.

[25] Priskos (Anm. 24) 8, S. 145, hier in Übersetzung von Ernst Doblhofer: Byzantinische Diplomaten und östliche Barbaren. Aus den Excerpta de legationibus des Konstantinos Porphyrogennetos ausgewählte Abschnitte des Priskos und Menander Protektor übersetzt, eingeleitet und erklärt von Ernst Doblhofer. Graz/Wien/Köln 1955 (Byzantinische Geschichtsschreiber. 4), S. 54.

[26] Jordanes: Getica III/29. Hrsg. von Theodor Mommsen. Berlin 1882, ND 1982 (MGH AA V, 1), S. 53–138, hier S. 61: *quemadmodum et in priscis eorum carminibus pene storicu ritu in commune recolitur.* Ebd. V/43, S. 65, mit der Nachricht, Lieder über die Taten der Ahnen seien bei Zitherspiel vorgetragen worden.

vorhandene Symbole heroischer Vergangenheit gemeinsam Ehre und Ansehen von Königtum und *gens* und deren Personifizierung, den König[27] selbst, erhöhen konnten. „Feste dieser Art vergegenwärtigen eine gemeinsame Vergangenheit, emotionalisieren sie und machen sie der Integration nutzbar."[28] In den entsprechenden Schilderungen „des Epos wird deutlich, was die Atmosphäre des Gelages für die Gefolgschaft bedeutet. Sie fördert ihren Zusammenhalt, erzeugt ein Wir-Gefühl, integriert die Mannen zur Gefolgschaft. Die im Gelage in der Halle erzeugte Hochstimmung ist es, die die Macht des Königs in der Gesellschaft ausmacht, die hier zusammengeschmiedete Gefolgschaft verleiht dem verbum regis den Grad des Nachdrucks, den es im regnum ausübt. Sie garantiert seine Herrschaft."[29]

Goldenes und silbernes, edelsteinverziertes Tafelgeschirr, das die Erinnerung an die heroische Vergangenheit mit sich trug, wurde also insbesondere wegen dieser Funktion als Medium gentiler Tradition über besonders lange Zeiträume in den königlichen Schatzkammern verwahrt, hatte also über seinen Edelmetallgehalt und die besonderen Steine hinaus einen Wert, der zur Weitergabe von Generation zu Generation und zum besonderen Schutz vor der Gier der Nachbarn führte. Möglicherweise ist auf diese Weise das hohe Alter jenes Silbergeschirrs zu erklären, das dem Toten im Schiffsgrab von Sutton Hoo im Jahr 625 mitgegeben wurde.[30] Es bleibt natürlich völlig undeutlich, welcherart Erinnerungen am ostanglischen Hof mit diesem mehr als 130 Jahre alten Silber verbunden wurden, und auch die Geschichten, die man sich beim Anblick der goldenen Tische und Schalen aus dem Schatzfund von Pietroasa[31] oder der Henne mit ihren Küken aus St. Giovanni in Monza[32] erzählte, bleiben unbekannt. Unter Berücksichtigung dieser Überlegungen ist es natürlich wieder verlockend, zu vermuten, dass man angesichts des Tafelgeschirrs aus dem Hildesheimer Silberfund[33] die Lieder vom großen Sieg des Arminius gegen die Legionen des Varus im Jahr 9 n. Chr. gesungen hat.[34]

---

27 Von Preisliedern über den in der Schlacht auf den katalaunischen Feldern umgekommenen westgotischen König Theoderich I. berichtet Jordanes (Anm. 26) XLI/214, S. 112. Auch nach dem Tod Attilas erklangen Lieder, in denen Beute und erworbene Jahrgelder der Hunnen besungen wurden; vgl. ebd. XLIX/257, S. 124.
28 Johanek (Anm. 19), S. 536.
29 Ebd., S. 531 f. Vgl. auch Ernst Leisi: Gold und Manneswert in Beowulf. In: Anglia 71 (1953), S. 259–273, hier S. 264 f.
30 Vgl. dazu Hardt (Anm. 2), S. 115 f.
31 Vgl. ebd., S. 112 f.
32 Vgl. ebd., S. 116 u. 118.
33 Vgl. Heike Gregarek: Der Hildesheimer Silberfund. In: Das Haus lacht vor Silber. Die Prunkplatte von Bizerta und das römische Tafelgeschirr. Hrsg. von Hans-Hoyer von Prittwitz und Gaffron, Harald Mielsch. Köln 1997 (Kataloge des Rheinischen Landesmuseums Bonn. 8), S. 91–98; Hardt (Anm. 2), S. 108 f., sowie ders.: Siegfried der Drachentöter, Otto Höfler und der Hildesheimer Silberschatz. In: 2000 Jahre Varusschlacht. Mythos. Hrsg. vom Landesverband Lippe. Stuttgart 2009, S. 229–233.
34 Tacitus: Annales II/88. Hrsg. von Erich Koestermann. Leipzig 1952 (Bibliotheca Scriptorum Graecorum et Romanorum Teubneriana), S. 86, berichtet über Gesänge, mit denen Arminius gedacht wurde: *caniturque adhuc barbaras apud gentes*.

Unter dem Aspekt der Inszenierung gentiler Traditionen mit Unterstützung von Gegenständen aus dem königlichen Schatz erscheint ein weiterer Hinweis auf ein Gastmahl als Element eines Herrschertreffens ebenfalls in einem neuen Licht. Im Jahr 359 überfiel der Caesar Julian zehn alemannische Könige, die sich bei einem der ihren, Hortar, zum Gastmahl versammelt hatten.[35] Der Caesar hätte, wäre ihm der Zugriff tatsächlich gelungen, auf diese Weise nicht nur die gentile Spitze der Alemannen gefangen genommen, sondern mit der Erbeutung des beim Gastmahl verwendeten Tafelgeschirrs auch Teile der alemannischen Königsschätze in seine Gewalt gebracht. Mit dem Zugriff auf die bei dem Gastmahl sicher auch anwesenden Sänger hätte er die Alemannen darüber hinaus weitgehend ihrer gentilen Identität beraubt. So ist verständlich, dass die dem römischen Kommandounternehmen entronnenen alemannischen Großen schnellstens ihre Schätze vor den Römern in Sicherheit brachten.[36]

Abschließend bleibt zu fragen, ob das meist spätantik-römische, oft mit Edelsteinen verzierte Tafelgeschirr aus Gold und Silber allein aufgrund der mit ihm verbundenen Erinnerungen um seine Herkunft zum Träger gentiler Erinnerung werden konnte oder ob auch die häufig auf den Gefäßen abgebildeten szenischen Darstellungen,[37] die schon bei den römischen Eigentümern dazu dienten, das Gespräch beim Symposion anzuregen,[38] entsprechend benutzt und vielleicht uminterpretiert worden sind. Zahlreich sind neben Kaiserbildern auf den sogenannten Largitionsschalen[39] insbesondere Motive aus der antiken Mythologie zu finden.[40] Immer wieder waren, wie auf einer rechteckigen Platte aus Kaiseraugst oder mehrfach auf Platten aus dem mittelenglischen Mildenhall, Dionysos und sein Umfeld

---

35 Ammianus Marcellinus: Römische Geschichte II, 18, 2, 13. Lateinisch und Deutsch und mit einem Kommentar versehen von Wolfgang Seyfarth. Teile I–IV. Berlin 1968–1971 (Schriften und Quellen der Alten Welt. 21), S. 12: *Dum haec celerantur, Hortarius rex nobis antea foederatus, non novaturus quaedam, sed amicus finitimis quoque suis, reges omnes et regales et regulos ad convivium corrogatos retinuit, epulis ad usque vigiliam tertiam gentili more extentis; quos discedentes inde casu nostri ex improviso adorti nec interficere nec corripere ullo genere potuerunt tenebrarum equorumque adiumento, quo dubius impetus trusit, abreptos. lixas vero vel servos, qui eos pedibus sequebantur, nisi quos exemit discrimine temporis obscuritas, occiderunt.* Vgl. dazu auch Otto Feger: Zur Geschichte des alemannischen Herzogtums. Stuttgart 1957, S. 42.
36 Ammianus Marcellinus (Anm. 35), 18, 2, 14, S. 12: *metu exhorrescentes diffuse vertuntur in pedes, et indomito furore sedato necessitudines opesque suas transferre longius festinabant.*
37 Vgl. dazu zusammenfassend François Baratte: Silbergeschirr, Kultur und Luxus in der römischen Gesellschaft. Mainz 1998 (Trierer Winckelmannsprogramme. 15), S. 8–24.
38 Vgl. ebd., S. 7 f.; Jens-Arne Dickmann: Die Benutzung römischen Tafelgeschirrs beim Gelage. In: Pompeji – Nola – Herculaneum. Katastrophen am Vesuv. Hrsg. von Harald Meller, Jens-Arne Dickmann. München 2011, S. 266–276, hier S. 272–276.
39 Vgl. François Baratte: Silver plate in Late Antiquity. In: Late Roman Silver. The Traprain Treasure in Context. Hrsg. von Fraser Hunter, Kenneth Painter. Edinburgh 2013, S. 57–73, hier S. 61; Markus Beyeler: Geschenke des Kaisers. Studien zur Chronologie, zu den Empfängern und zu den Gegenständen der kaiserlichen Vergabungen im 4. Jahrhundert n. Chr. Berlin 2011.
40 Vgl. Baratte (Anm. 39), S. 68 f.; Baratte (Anm. 37), S. 18.

abgebildet,⁴¹ und eine goldene Schale aus dem Hortfund von Pietroasa zeigt wohl Kybele inmitten eines Götterpantheons.⁴² Auf der Silberschale aus Altenwalde im Elb-Weser-Dreieck ist eine Szene aus der Sage um den phrygischen Silen Marsyas abgebildet, der die Flöten der Göttin Athene an sich genommen hat.⁴³ Der gleiche Motivkreis findet sich auch auf der Lanx von Bizerta in Tunesien.⁴⁴ Aber auch heroische Szenen aus der *Odyssee* und der *Ilias* waren auf römischem Tafelgeschirr zu sehen.⁴⁵ Die mit Hersteller- und Besitzerinschriften versehenen Silberbecher aus dem Fürstengrab von Hoby in Dänemark zeigen die Gesandtschaft des Priamos bei Achilles und Philoktet auf der Insel Lemnos.⁴⁶ Auf einer Platte aus dem wohl in Pannonien⁴⁷ aufgefundenen sogenannten Seuso-Schatz war die Jugend Achills dargestellt,⁴⁸ genauso wie auf einem achteckigen Silbertisch aus Kaiseraugst,⁴⁹ und auf einem am Ufer oder in der Rhône gefundenen Silberteller, dem sogenannten ‚Bouclier de Scipion', sind in einem Bild verschiedene Episoden aus dem Leben des Helden dargestellt.⁵⁰ Die wohl in der Mitte des 2. nachchristlichen Jahrhunderts hergestellte *lanx rotunda*, eine runde Platte aus dem zu Beginn des 4. Jahrhunderts angelegten Fürstengrab II von Straže in der Slowakei, zeigt auf ihrem Randfries in Reliefs Kampf- und Opferszenen um L. Iunius Brutus aus der frühesten Geschichte der römischen Republik;⁵¹ ein vielleicht zugehöriger Griff ist mit einer Szene aus dem Zusammenhang des Raubs der Sabinerinnen verziert.⁵² Calpurnia, die Frau des 235 n. Chr. erhobenen späteren Soldatenkaisers Titus, eines ranghohen Soldaten aus dem Heer des Kaisers Severus Alexander, besaß gemäß der Schilderung

---

41 Vgl. ebd., S. 10 f. u. 15.
42 Vgl. Hardt (Anm. 2), S. 112 f.
43 Vgl. Harald Mielsch: Die Schale von Altenwalde. In: Das Haus lacht vor Silber (Anm. 33), S. 175 f.
44 Vgl. Hans-Hoyer von Prittwitz und Gaffron: Die Lanx von Bizerta. In: Das Haus lacht vor Silber (Anm. 33), S. 177–195; Ute Sobottka-Braun: Spurensuche auf der Lanx von Bizerta. In: Das Haus lacht vor Silber (Anm. 33), S. 196–201.
45 Vgl. Baratte (Anm. 39), S. 68; Baratte (Anm. 37), S. 13–15.
46 Vgl. Joachim Werner: Das Aufkommen von Bild und Schrift in Nordeuropa. München 1966 (Bayerische Akademie der Wissenschaften. Philosophisch-historische Klasse. Sitzungsberichte Jahrgang 1966. 4), S. 6–8; Baratte (Anm. 37), S. 13; Hardt (Anm. 2), S. 106 f.
47 Vgl. Zsolt Visy: Geschichtliche Probleme des Seuso-Schatzes. In: Macht des Goldes, Gold der Macht (Anm. 3), S. 55–62.
48 Vgl. Marlia Mundell Mango, Anna Bennett: The Sevso-Treasure I. Ann Arbor 1994 (Journal of Roman Archaeology, Supplementary Series. 12/I).
49 Vgl. Der spätrömische Silberschatz von Kaiseraugst (Kt. Aargau). Hrsg. von Herbert A. Cahn, Annemarie Kaufmann-Heinimann. Derendingen/Solothurn 1984 (Basler Beiträge zur Ur- und Frühgeschichte. 10), Taf. 147; Max Martin: The Traprain objects before hacking. The assembly compared with other late Roman hoards. In: Late Roman Silver. The Traprain Treasure in Context. Hrsg. von Fraser Hunter, Kenneth Painter. Edinburgh 2013, S. 263–273, hier S. 266.
50 Vgl. Baratte (Anm. 37), S. 15.
51 Vgl. Claudia Wölfel: Die Lanx von Straže. In: Das Haus lacht vor Silber (Anm. 33), S. 153–167.
52 Vgl. Harald Mielsch: Griffplatte mit Sabinerinnen. In: Das Haus lacht vor Silber (Anm. 33), S. 169–171; Baratte (Anm. 37), S. 23.

des Trebellius Pollio in den Scriptores Historiae Augustae eine 100 römische Pfund schwere Silberplatte (*lanx*), auf deren Rand die Geschichte der Familie der Pisonen abgebildet war, von der sie abzustammen behauptete.[53]

Wenn also antike heroische Dichtung ebenso wie historiographische Stoffe zum Motivensemble kaiserzeitlichen und spätantiken Tafelgeschirrs gehörte und damit verzierte Stücke auch außerhalb des Römischen Reiches im sogenannten Barbarikum genutzt wurden, dann stellt sich die Frage, ob nicht auch zeitnähere Stoffe in Toreutik in Gold und Silber hätten umgesetzt werden können. Im Jahr 466 oder 467 schrieb immerhin der Dichter Sidonius Apollinaris, er habe soeben seinem Freund Evodius ein Gedicht verfasst, das in ein muschelförmiges silbernes Gefäß eingraviert werde, das Ragnahild, der Frau des westgotischen Königs Eurich, zum Geschenk gemacht werden solle.[54] Zwar handelte es sich dabei nur um wenige, der Königin schmeichelnde Zeilen, aber diese zeigen dennoch, dass die Darstellung auch gentiler Überlieferung theoretisch möglich gewesen wäre, so, wie sich in deutlich geringerem Umfang auch christliche Motive auf Tafelgeschirr finden.[55]

Nach derzeitigem Erkenntnisstand wurden bildliche Darstellungen von Heldensagenstoffen aber nicht auf Tafelgeschirr vorgenommen, sondern erst auf dem Wagenkasten aus dem Oseberg-Schiff des frühen 9. Jahrhunderts in Holz geschnitzt[56] und im 9.–11. Jahrhundert auf Bildsteinen in Skandinavien, zunächst auf der Insel Gotland,[57] abgebildet. In Beinschnitzereien wie dem aus Walfischknochen zusammengesetzten, um 700 von einem northumbrischen Künstler angefertigten Kästchen von Auzon, dem sogenannten Franks Casket, auf dem der Motivkreis um Wieland den Schmied, die Geburt und Anbetung Christi, die Gründung Roms durch Romulus und Remus und die Eroberung Jerusalems durch Titus im Jahr 69 n. Chr. bildlich umgesetzt worden sind,[58] fanden sie ebenso Eingang wie schließlich im

---

53 Scriptores Historiae Augustae XXIV. Treb. Poll.: Tyr. trig, 32, 5–6. Hrsg. von Ernst Hohl, unter Mitarbeit von Christina Samberger, Wolfgang Seyfarth. Leipzig 1971 (Bibliotheca Scriptorum Graecorum et Romanorum Teubneriana. 2) S. 132; Historia Augusta. Römische Herrschergestalten. Bd. II. Von Maximinus Thrax bis Carinus. Übersetzt von Ernst Hohl, bearbeitet und erläutert von Elke Merten, Alfons Rösger, Nicole Ziegler. Zürich/München 1985 (Die Bibliothek der Alten Welt: Römische Reihe), S. 154; Baratte (Anm. 37), S. 22 f.
54 Vgl. Sidonius Apollinaris: Epistolae (Anm. 9), IV, 8, 4–5, S. 60; Baratte (Anm. 37), S. 23; Baratte (Anm. 39), S. 61.
55 Vgl. Barratte (Anm. 39), S. 69 f.
56 Vgl. Joachim Heinzle: Die Nibelungen. Lied und Sage. Darmstadt 2005, S. 31 f.
57 Vgl. Siegmund Oehrl: Bildliche Darstellungen vom Schmied Wieland und ein unerwarteter Auftritt in Walhall. In: Goldsmith Mysteries. Archaeological, pictorial and documentary evidence from the 1st millenium AD in northern Europe. Hrsg. von Alexandra Pesch, Ruth Blankenfeldt. Neumünster 2012 (Schriften des Archäologischen Landesmuseums, Ergänzungsreihe. 8), S. 279–332, hier S. 284–287 u. 298–307; Heinzle (Anm. 56), S. 30–32.
58 Vgl. Karl Hauck: Auzon, das Bilder- und Runenkästchen. In: Reallexikon der Germanischen Altertumskunde. Begründet von Johannes Hoops. Hrsg. von Heinrich Beck, Dieter Geuenich, Heiko Steuer. 2., vollständig neubearbeitete und stark erweiterte Aufl. Bd. 1. Berlin/New York 1973, S. 514–522; Alfred Becker, Franks Casket: Zu den Bildern und Inschriften des Runenkästchens von Auzon.

hohen Mittelalter im Tympanon des Südportals der Kirche von Santa Maria la Real in Sangüesa[59] in der iberischen Provinz Navarra und schließlich auf den Portalplanken der Stabkirche von Hylestad in Norwegen.[60] Die unsicheren Darstellungen Wielands des Schmiedes auf den Solidiimitationen von Schweindorf und Harlingen[61] weisen dagegen den Weg in die Welt der Goldbrakteaten, auf denen zumindest Götterdarstellungen weit verbreitet waren,[62] heroische Motive jedoch nur im Fall der seltenen und darüber hinaus umstrittenen Sigurd-Darstellungen zum Ausdruck kamen.[63]

Das Kästchen von Auzon mit seiner Darstellung des Wieland-Stoffes allerdings zeigt neben diesem Interesse an heroischen Stoffen auch die bereits auf dem römischen Titus-Bogen[64] abgebildete Geschichte von der Plünderung Jerusalems und dem nachfolgenden römischen Triumphzug des Titus,[65] bei dem nach dem Bericht des Flavius Josephus auch ein mehrere Talente schwerer goldener Tisch aus dem Tempel mitgeführt wurde.[66] Unter der Beute, die der westgotische König Alarich im Jahr 410 bei der Eroberung Roms einfahren konnte, befanden sich angeblich auch κειμήλια Salomons aus dem von Titus in die römische Hauptstadt gebrachten Jerusalemer Tempelschatz.[67] Der Gedanke an die Dinge aus dem jüdischen Tempel faszinierte den oströmischen Historiographen Prokop von Caesarea so sehr, dass er auch den Wandalen, die unter ihrem König Geiserich im Jahr 455 die Stadt Rom

---

Regensburg 1973 (Regensburger Arbeiten zur Anglistik und Amerikanistik. 5), S. 77–93; Oehrl (Anm. 57), S. 280–284; Heinzle (Anm. 56), S. 37 f.
59 Vgl. Heinzle (Anm. 56), S. 33 f.
60 Vgl. ebd., S. 34 f.
61 Vgl. Oehrl (Anm. 57), S. 291–294.
62 Vgl. Alexandra Pesch: Die Goldbrakteaten der Völkerwanderungszeit. Thema und Variation. Berlin/New York 2007 (Ergänzungsbände zum Reallexikon der Germanischen Altertumskunde. 36), S. 365–391.
63 Vgl. Pesch (Anm. 62), S. 104–107 (Formularfamilie B 2).
64 Vgl. Michael Pfanner: Der Titusbogen. Mit einer Bauaufnahme von Ulrike Hess und Fotografien von Helmut Schwanke. Mainz 1983 (Beiträge zur Erschließung hellenistischer und kaiserzeitlicher Skulptur und Architektur. 2), S. 50–55 u. 71–76.
65 Vgl. Hauck (Anm. 58), S. 514 f.; Becker (Anm. 58), S. 63–71; Ute Schwab: Zu den römischen Themen der Pilger-Schatulle aus Auzon. In: dies.: Franks Casket. Fünf Studien zum Runenkästchen von Auzon. Hrsg. von Hasso C. Heiland. Wien 2008 (Studia Medievalia Septentrionalia. 15), S. 141–178, hier S. 141–155.
66 Vgl. Flavius Josephus: De bello judaico. Der jüdische Krieg VII, 5, 5, 148. Griechisch und deutsch, Bd. II, 2: Buch VI–VII hrsg. und mit einer Einleitung sowie mit Anmerkungen versehen von Otto Michel, Otto Bauernfeind. Darmstadt 1969, S. 102 f.
67 Prokop von Caesarea: De bello Gothico: Procopii Caesariensis Opera omnia. Rec. Jacobus Haury. Vol. II. De bellis libri V–VIII. Editio stereotypa correctior. Addenda et corrigenda adiecit Gerhard Wirth. Leipzig 1963 (Academia Scientiarum Germanica Berolinensis; Bibliotheca Scriptorum Graecorum et Romanorum Teubneriana), I/12, S. 68 f.: βασιλικὸν πλοῦτον ... ὃν δὴ ἐν τοῖς ἄνω χρόνοις Ἀλάριχος ὁ πρεσβύτατος Ῥώμην ἑλὼν ἐληίσατο. ἐν τοῖς ἦν καὶ τὰ Σολόμωνος τοῦ Ἐβραίων βασιλέως κειμήλια, ἀξιοθέατα ἐς ἄγαν ὄντα.

erneut ausplünderten, unterstellte, sie hätten Gegenstände aus dem salomonischen Tempel in ihrem Besitz gehabt. Diese seien bei der Zerschlagung des Wandalenreiches durch den Feldherrn Belisar in Hippo Regius im wandalischen Königsschatz erbeutet, nach Karthago gebracht und schließlich in Byzanz zur Schau gestellt worden. Justinian habe sie dann aus Furcht vor ihrer Wirkmächtigkeit auf Ratschlag eines Juden an christliche Kirchen in Jerusalem gegeben.[68] Während sich dort aber niemals mehr Spuren davon finden, sind für die hauptstädtische Kirche Hagia Sophia eine Anzahl von Relikten aus dem Jerusalemer Tempelschatz überliefert.[69]

Zumindest die Beute Alarichs aus dem Jahr 410 jedoch könnte noch eine lange Geschichte im westgotischen Königsschatz gehabt haben. Im Jahr 507 wurden Teile davon im heute südfranzösischen Carcassonne aufbewahrt und von Theoderich dem Großen vor dem Zugriff der Franken gerettet.[70] Ein mit Edelsteinen und Perlen verzierter Tisch König Salomos, hergestellt aus Edelmetall oder zumindest damit geschmückt, findet sich noch in einer im 9. Jahrhundert entstandenen Erzählung Abd al-Malik ibn Habibs (gestorben 853) über die Eroberung des Westgotenreiches, für die ägyptische und medinensische Informanten angeführt werden.[71] Der wenig später schreibende und zum Teil auf dieselben Quellen zurückgreifende Ibn Abd al-Hakam (gestorben 871) wartet mit mehreren und voneinander abweichenden Anekdoten zum Tisch Salomos auf. Einer dieser Geschichten zufolge hätten sowohl der Feldherr Tariq ibn Ziyad als auch Musa ibn Nusayr behauptet, den Tisch in

---

68 Prokop von Caesarea: De bello Vandalico: Procopii Caesariensis Opera omnia. Rec. Jacobus Haury. Vol. I. De bellis libri I–IV. Editio stereotypa correctior. Addenda et corrigenda adiecit Gerhard Wirth. Leipzig 1962 (Academia Scientiarum Germanica Berolinensis; Bibliotheca Scriptorum Graecorum et Romanorum Teubneriana), besonders II/9, S. 456 f.: ἦν δὲ λάφυρα μὲν ὅσα δὴ ὑπουργίᾳ τῇ βασιλέως ἀνεῖσθαι εἰώθει, θρόνοι τε χρυσοῖ καὶ ὀχήματα, οἷς δὴ τὴν βασιλέως γυναῖκα ὀχεῖσθαι νόμος, καὶ κόσμος πολὺς ἐκ λίθων ἐντίμων ξυγκείμενος, ἐκπώματά τε χρυσᾶ, καὶ τἆλλα ξύμπαντα ὅσα ἐς τὴν βασιλέως θοίνην χρήσιμα. ἦν δὲ καὶ ἄργυρος ἕλκων μυριάδας ταλάντων πολλὰς καὶ πάντων τῶν βασιλικῶν κειμηλίων πάμπολύ τι χρῆμα (ἅτε Γιζερίχου τὸ ἐν Ῥώμῳ σεσυληκότος Παλάτιον, ὥσπερ ἐν τοῖς ἔμπροσθεν λόγοις ἐρρήθη), ἐν οἷς καὶ τὰ Ἰουδαίων κειμήλια ἦν, ἅπερ ὁ Οὐεσπασιανοῦ Τίτος μετὰ τὴν Ἱεροσολύμων ἅλωσιν ἐς Ῥώμην ξὺν ἑτέροις τισὶν ἤνεγκε. Vgl. auch Dietrich Claude: Beiträge zur Geschichte der frühmittelalterlichen Königsschätze. In: Early Medieval Studies 7/Antikvariskt arkiv 54 (1973), S. 5–24, hier S. 9. Durch die Erwähnung der ja angeblich auch an Alarich I. gefallenen Stücke aus dem Jerusalemer Tempelschatz wollte Prokop den Feldherrn Belisar vielleicht in die Nähe von Titus und Trajan stellen, denen beiden ein Triumphzug zugebilligt worden war, ohne dass sie zu diesem Zeitpunkt schon *Augusti* gewesen wären.
69 Vgl. Georg Scheja: Hagia Sophia und Templum Salomonis. In: Istanbuler Mitteilungen 12 (1962), S. 40–58, hier S. 49–51.
70 Vgl. Prokop von Caesarea: De bello Gothico (Anm. 68), I/12, S. 68 f.
71 Vgl. ʿAbd al-Malik b. Ḥabīb (m. 283/853), Kitāb al-taʾrīj (La historia). Hrsg. von Jorge Aguadé. Madrid 1991, S. 141 u. 147. Vgl. María Jesús Rubiera Mata: La Mesa de Salomon. In: Awrāq. Revista editada por el Instituto Hispano-Arabe de Cultura 3 (1980), S. 26–31. Für ihre Beratung beim Umgang mit arabischen Texten danke ich meiner Kollegin Undine Ott am Geisteswissenschaftlichen Zentrum Geschichte und Kultur Ostmitteleuropas (GWZO) in Leipzig.

einer westgotischen Schatzkammer in oder in der Nähe von Toledo erbeutet zu haben. Musa habe den Tisch zum Kalifen nach Damaskus bringen lassen, um zu beweisen, dass er als Erster in Toledo gewesen sei. Allerdings habe dem Tisch ein Bein gefehlt. Als Tariq ibn Ziyad mit eben diesem fehlenden Tischbein nach Damaskus gekommen sei, habe er damit beweisen können, dass er Toledo erobert habe.[72] In noch jüngeren Nachrichten wurde die Geschichte von Salomos Tisch als Beutestück der muslimischen Sieger nach dem Ende des Westgotenreiches in Toledo im Jahr 711 weiter erzählt.[73] Der Jerusalemer Tempelschatz und der goldene Tisch des alttestamentarischen Königs standen also in Antike und Frühmittelalter auf vielfältige Weise im Mittelpunkt von Geschichten, die über verschiedene Medien erzählt werden konnten, und ein Tisch, von dem man zumindest behauptete, er sei derjenige des weisen Königs, spielte wohl auch im westgotischen Königsschatz seit dem Jahr 410 eine große Rolle, weil er nun, genau wie das Tafelgeschirr des Aetius, auch zum Erzählen der ruhmreichen Geschichte der Goten und ihrer Könige beitragen konnte.

Im Rahmen der königlichen Schätze der Völkerwanderungszeit und des frühen Mittelalters war das Tafelgeschirr also in besonderem Maße geeignet, über seinen materiellen Wert und seine Funktion in der königlichen Repräsentation hinaus zum Traditionsträger zu werden. Die einzigartigen Gefäße aus Edelmetall waren nicht nur als reine Objekte dazu brauchbar, „Erinnerungen, Ideen und Gefühle zu verkörpern, Bedeutungen über Raum und Zeit hinweg zu transportieren und ihnen auf diese Weise Dauer zu verleihen"[74]. Gemeinsam mit dem sprachlichen Ausdruck der Sänger und Dichter verbanden sich die mit Geschichten aufgeladenen Gefäße während des Gelages zu einem Erinnerungsträger,[75] der gentile Überlieferung über Jahrhunderte lebendig bleiben und manche Gegenstände des Tafelgeschirrs zu „unveräußerlichen Dingen"[76] werden ließ. Die „historisierten Artefakte"[77] mit ih-

---

72 Vgl. The History of the Conquest of Egypt, North Africa and Spain, known as the Futūḥ miṣr of Ibn ʿAbd al-Ḥakam. Hrsg. von Charles C. Torrey. New Haven 1922, S. 207–211. Vgl. Ann Christys: The History of Ibn Habib and Ethnogenesis in Al-Andalus. In: The Construction of Communities in the Early Middle Ages. Texts, Resources and Artefacts. Hrsg. von Richard Corradini, Max Diesenberger, Helmut Reimitz. Leiden/Boston 2002 (The Transformation of the Roman World. 12), S. 323–348, hier S. 334; Nicola Clarke: Medieval Arabic accounts of the conquest of Cordoba. Creating a narrative for a provincial capital. In: Bulletin of the School of Oriental and African Studies 74 (2011), S. 41–57, hier S. 48.
73 Vgl. dazu Rubiera Mata (Anm. 71); Clarke (Anm. 72); Ann Christys: The Transformation of Hispania after 711. In: Regna et Gentes. The Relationship between Late Antique and Early Medieval Peoples and Kingdoms in the Transformation of the Roman World. Hrsg. von Hans-Werner Goetz u. a. Leiden/Boston 2003 (The Transformation of the Roman World. 13), S. 219–241, hier S. 220 f., 227, 235.
74 Kohl (Anm. 1), S. 120 f., sowie S. 144 u. 147.
75 Vgl. dazu auch Hans Peter Hahn: Materielle Kultur. Eine Einführung. Berlin 2005, S. 37–45.
76 Böhme (Anm. 3), S. 298; vgl. dazu weiter ebd., S. 298–307.
77 Kohl (Anm. 1), S. 151.

ren Darstellungen griechisch-römischer Mythologie und heroischer Stoffe waren dabei ebenso Umdeutungen und Anpassungen unterworfen wie die Gesänge gentiler Überlieferung. Beide gemeinsam waren wandelbare, aber dennoch dauerhafte Medien identitätsstiftenden archaischen Geschichtsgedenkens.

Zirkulation

Karl-Heinz Kohl, Frankfurt am Main
Dinge, die verbinden

Ritueller Gabentausch in Situationen des First Contact

I

Eine der Folgen des exponentiellen Anstiegs der Weltbevölkerung in den letzten hundert Jahren besteht darin, dass es heute nirgendwo mehr geschlossene menschliche Gruppen gibt, die nicht schon in irgendeiner Weise in Kontakt zur gegenwärtigen, immer noch weitgehend westlich geprägten Weltzivilisation getreten wären. Zwar findet man in der Presse selbst in unserer Zeit noch vereinzelt Sensationsmeldungen über kleine Stammesgruppen im Inneren südamerikanischer oder asiatischer Urwälder, die noch in der „Steinzeit" lebten und nie einen „Zivilisierten" zu Gesicht bekommen hätten. Doch hat bisher noch keine dieser Meldungen einer kritischen Überprüfung standgehalten.[1]

Das Zeitalter der Erstbegegnungen ist also endgültig vorbei. Auch wenn es – wie schon Georg Christoph Lichtenberg einmal bemerkte[2] – für viele indigene Völker zweifellos besser gewesen wäre, wenn man sie nie „entdeckt" hätte, ist damit doch ein soziologisches Experimentierfeld ersten Ranges verloren gegangen. Wie stehen sich menschliche Gruppen gegenüber, die sich erstmals treffen und von ihrer wechselseitigen Existenz bis zu diesem Zeitpunkt keine Ahnung hatten? Was liegt in solchen Situationen näher: kriegerische Aggression oder friedliche Annäherung? Siegt die Neugier oder siegt die Angst? Und vor allem: Wie verhalten sich

---

[1] Menschenrechtsorganisationen wie *Survival International* sprechen von „unkontaktierten Völkern", doch ist dieser Begriff irreführend, haben die entsprechenden indigenen Gruppen doch meist schon lange Beziehungen zu ihrer weiteren sozialen Umwelt aufgenommen, sie aber später wieder abgebrochen. Vgl. http://www.survivalinternational.de/kampagnen/unkontaktierte-voelker (eingesehen am 5.1.2014). – Zu einem ersten großen, allerdings bis heute heftig umstrittenen Betrugsunternehmen war es bereits Anfang der 1970er Jahre gekommen, als man auf der philippinischen Insel Mindanao mit den Tasaday ein sogenanntes Steinzeitvolk entdeckt zu haben vorgab. Kritischen Berichten zufolge handelte es sich um eine Kampagne der philippinischen Regierung zur Förderung des Tourismus: Einheimische Pflanzer hatten sich auf ihr Geheiß hin als Höhlenbewohner verkleidet und wurden so der Weltöffentlichkeit als „echtes Naturvolk" präsentiert. Das Wohngebiet der Tasaday wurde zum Reservat erklärt, das nur von ausgesuchten Journalisten und Wissenschaftlern besucht werden durfte. Vgl. Thomas N. Headland (Hrsg.): The Tasaday Controversy: Assessing the Evidence. Washington 1992.
[2] „Der Amerikaner, der den Kolumbus als erster entdeckte, machte eine böse Entdeckung." Georg Christoph Lichtenberg: Sudelbücher, Heft G (183). Schriften und Briefe. Hrsg. von Wolfgang Promies. Bd. 1. 3. Aufl. München/Wien 1991, S. 166.

Menschen zueinander, wenn sie sich erst einmal dazu entschlossen haben, dem anderen mit guten Absichten entgegenzutreten? Welcher Mittel bedienen sie sich, um Bündnisse zu schließen und diese nach Möglichkeit sogar auf Dauer zu stellen?

Zu einer der letzten authentischen Begegnungen dieser Art war es Mitte der 1970er Jahre im Hochland des indonesischen Teils von Neuguinea gekommen. Eine Gruppe von deutschen Wissenschaftlern, denen neben Humanmedizinern, Zahnärzten, Geologen und Linguisten auch Ethnologen und Verhaltensforscher angehörten, hatte sich die Erforschung der Eipo im Hochland von Neuguinea zur Aufgabe gesetzt, einer von ihrer Außenwelt isoliert lebenden ethnischen Gruppe, auf die Buschpiloten einer amerikanischen Missionsgesellschaft bei ihren Erkundungsflügen gestoßen waren. Einer der beteiligten Wissenschaftler, der bekannte Humanethologe Eibl-Eibesfeldt, hat den ersten Kontakt mit den Eipo-Bewohnern des Famek-Tals im Film festgehalten.[3] Der Fokus der audiovisuellen Dokumentation liegt auf der Mimik und den Gesten der Einheimischen, die Eibl-Eibesfeldt als Ausdruck ihrer zwiespältigen, zwischen Angst, Neugier und Erwartung schwankenden Gefühle interpretiert. Entschieden geringere Aufmerksamkeit widmet er einer nicht weniger aufschlussreichen Szene, die zeigt, wie eine ältere Frau den Wissenschaftlern Zuckerrohrstangen überreicht – „eine übliche Gabe an Besucher, die einen längeren Weg hinter sich haben und durstig sind", wie es hierzu eher lapidar im eingesprochenen Kommentar heißt.[4] Anschließend sieht man, wie sich die Wissenschaftler für diese Gabe revanchieren, indem sie Männern wie Frauen Salz und Tabak anbieten. Die kleinen Portionen werden von den Fa-Eipo ebenso bereitwillig angenommen wie die Rasierklingen, die wenig später ihre Besitzer wechseln. Die Begegnung gipfelt schließlich in einer weiteren Gabe von Seiten der Forschergruppe: einer handgroßen Gummipuppe in Form eines Mainzelmännchens. Sie wirkt auf die Fa-Eipo allerdings unheimlich. Sie fassen die Puppe nur widerstrebend an und geben sie gleich wieder zurück.

Analysiert der Autor des Films auch sorgsam jede Handbewegung, jedes Lächeln, jedes Hochziehen der Augenbrauen und jede andere gestische und mimische Gefühlsäußerung der Einheimischen, so verliert er auf seine eigenen Hand-

---

[3] Zur Forschungsgeschichte der Eipo und zu ihren Reaktionen auf den Kulturkontakt vgl. Wulf Schiefenhövel: Reactions to cultural change among the Eipo in the Highlands of West-New Guinea. In: Civilisations 44 (1997), S. 220–227. Die Ergebnisse dieses interdisziplinären Forschungsvorhabens von Geographen, Linguisten, physischen Anthropologen, Medizinern und Humanethologen, an dem leider nur wenige Ethnologen beteiligt waren, sind seit 1979 in der mehr als zwanzigbändigen, von Klaus Helfrich, Volker Jacobshagen, Gerd Koch, Kurt Krieger, Wulf Schiefenhövel und Wolfhart Schultz herausgegebenen Reihe *Mensch, Kultur und Umwelt im zentralen Bergland von West-Neuguinea* veröffentlicht worden.

[4] Vgl. Irenäus Eibl-Eibesfeldt: Fa (West-Neuguinea, Zentrales Hochland) – Erster Kontakt mit weißen Besuchern. Produktion 1975. IWF Göttingen 1995, 15 min. 2:24–2:28. Es handelt sich hierbei um eine von ihm nach ihrem Wohnort, dem Famek-Tal, als Fa bezeichnete Untergruppe der Eipo, deren Siedlung einige Tagesmärsche von den ein knappes Jahr zuvor kontaktierten Eipo entfernt lag.

lungen und die seiner Kollegen doch kaum ein Wort. Dabei ist deren Verhalten in seiner Spiegelbildlichkeit nicht weniger aufschlussreich als das ihrer späteren Gastgeber. Offensichtlich hatten die Wissenschaftler es als Selbstverständlichkeit angesehen, dass sie den Fa-Eipo irgendetwas anbieten mussten, um mit ihnen Kontakt aufzunehmen. An den Filmaufzeichnungen lässt sich auch ohne weitere Hintergrundinformationen ablesen, von welch zentraler Bedeutung der wechselseitige Austausch von Gegenständen in der Initialsituation der Begegnung gewesen sein muss: Erst nachdem jede der beiden Seiten ihre Gaben und Gegengaben entrichtet hat, beginnen sich die Spannungen zu lösen. Interessanterweise ergreift dabei als erste eine Fa-Eipo-Frau die Initiative, und es sind anfangs die Verhaltensforscher selbst, die nur reagieren. Auch die Natur der in dieser Situation ausgetauschten Gegenstände ist bemerkenswert: Es sind in dieser Region besonders beliebte Nahrungsmittel, nämlich Zuckerrohrstangen, die die Fa-Eipo den Mitgliedern der Forschergruppe anbieten, von denen sie als Dank Genussmittel erhalten: Tabak und Salz. Erst im zweiten Akt kommt es zum Austausch von Gebrauchsgegenständen: Rasierklingen, die wahrscheinlich schon vor der Ankunft der Forscher ihren Weg ins Famek-Tal gefunden hatten. Die im Film festgehaltenen freudigen Reaktionen der Fa-Eipo zeigen, dass sie von deren Nutzwert bereits wussten. Im dritten Schritt überreichen die Wissenschaftler ihren Tauschpartnern ein Objekt, das keinem erkennbaren Gebrauchszweck dient und das auch sie selbst eher als einen außergewöhnlichen, jedenfalls nicht unmittelbar kategorisierbaren Gegenstand angesehen haben dürften. Ob sie mit der Gummipuppe eine Art von Test anstellen wollten, ist nicht ersichtlich. Die Fa-Eipo wussten mit ihr jedenfalls nichts anzufangen. Sie löste bei ihnen lediglich Irritationen aus.

Ob sich Eibl-Eibesfeldt und seine Kollegen darüber im Klaren waren, dass sie bei ihrer Erstbegegnung mit den Fa-Eipo selbst einem universalen anthropologischen Verhaltenskodex folgten? In der Natur und Abfolge der ausgetauschten Gaben spiegelt sich eine Hierarchie der Dinge wider: Nahrungsmittel, Genussmittel, Gebrauchsgegenstände und schließlich ein nicht weiter zweckbestimmter Gegenstand, der auf der Geberseite eher in die Kategorie eines Luxusguts fällt, mit dem die Nehmerseite aber nichts anzufangen wusste. Die Wissenschaftler reproduzierten diese universelle Dinghierarchie nicht nur, sondern unterstrichen ihre eigene Überlegenheitsposition auch durch die bloße Quantität der Geschenke, die sie überreichten, ohne dafür eine Gegengabe zu erwarten oder gar einzufordern.

Aus unserer Alltagserfahrung wissen wir selbst, wie wichtig Dinge für die gesellschaftliche Kommunikation sind. Sie umgeben uns nicht nur in unseren Wohnungen, sondern spielen auch bei der Aufrechterhaltung unserer sozialen Kontakte eine zentrale Rolle. Das beginnt schon mit dem täglichen Einkauf der Frühstücksbrötchen beim Bäcker und endet mit dem Abschalten des Fernseh- oder Radioapparats vor dem Schlafengehen. Wir sind uns der kommunikativen Bedeutung der Dinge nur deshalb kaum bewusst, weil deren vermittelnde Funktion wiederum durch die des Geldes verdeckt wird, mit dem wir sie erwerben. Charakteristisch für die durch Geld vermittelten Beziehungen ist allerdings deren Unverbindlichkeit. Mit der Bezahlung ist die Schuld, die wir durch die Entgegennahme eines Gegenstands eingegangen sind, sofort wieder eingelöst. Es erscheint überhaupt als das Charakteristische am Geld als universales Tauschäquivalent, dass es keine dauerhaften Bindungen stiftet.[5] Für Dinge gilt das nicht. Ihre kommunikative Funktion ist weit weniger ephemer. Sie tritt vor allem dann deutlich hervor, wenn Menschen neue Beziehungen einzugehen oder bereits bestehende Beziehungen zu befestigen versuchen. Das ist zum Beispiel der Fall, wenn der Gast dem Gastgeber beim Empfang ein kleines Mitbringsel überreicht.[6] In dieser Situation scheint den Blumen, der Flasche Sekt oder der Pralinenschachtel wieder jene magische Qualität des *hau* anzuhaften, die nach der Überzeugung der Maori für die Person des Gebenden steht und allein durch ihre Präsenz im Gegenstand die Gegengabe erzwingt.[7]

Gleichwohl bleibt eine grundlegende Differenz. Das Gastgeschenk ist heute nur noch eine Geste der Höflichkeit, ein Relikt aus älteren Zeiten. Es verbindet weniger, als dass es Verbindlichkeit symbolisiert. Dagegen ist der Gabentausch überall dort, wo wir ihn antreffen, nicht nur sozial, wirtschaftlich und religiös eingebettet, sondern auch durch zahlreiche Konventionen überformt.[8] In dem einen wie in dem anderen Fall liegt bereits eine alte kulturelle Prägung vor. In reiner und gewissermaßen archaischer Form müsste uns die sozial verbindende Funktion von Dingen aber gerade dort entgegentreten, wo sich die Angehörigen von zwei grundverschiedenen Kulturen erstmals begegnen. Das war bei den Fa-Eipo im Hochland von Neuguinea insofern schon nicht mehr ganz der Fall, als sie zwar noch keinerlei persönliche Kontakte zu Europäern und Bewohnern anderer indonesischer Inseln unterhalten hatten, mit deren Produkten aber bereits in Berührung gekommen waren und sie auch zu schätzen wussten. Zwei der bei der Begegnung mit dem deutschen Wissenschaftlerteam ausgetauschten Nahrungs- und Genussmittel, nämlich das Zuckerrohr und der Tabak, waren europäischer Provenienz und in Melanesien erst im späten 19. oder frühen 20. Jahrhundert durch die Plantagenwirtschaft eingeführt worden. Das Verhalten der Fa-Eipo zeigt, dass ihnen auch der hohe Gebrauchswert von Rasierklingen durchaus geläufig war. Weit besser zur Analyse dürften sich daher die ebenfalls sehr sorgsam dokumentierten *First Contact*-Situati-

---

[5] Vgl. hierzu auch die vielen wichtigen Einsichten in der klassischen Studie von Georg Simmel: Philosophie des Geldes. Gesamtausgabe Bd. 6. Hrsg. von David P. Frisby, Klaus Christian Köhnke. Frankfurt a. Main 1989.
[6] Vgl. hierzu aus kultursoziologischer Sicht Helmuth Berking: Schenken. Zur Anthropologie des Gebens. Frankfurt a. Main/New York 1996.
[7] Vgl. Marcel Mauss: Die Gabe. Form und Funktion des Austauschs in archaischen Gesellschaften. Aus dem Französischen von Eva Moldenhauer. Vorwort von E. E. Evans-Pritchard. Frankfurt a. Main 1968, S. 31–36.
[8] Das gilt auch für die beiden Regionen, aus denen Marcel Mauss (Anm. 7) die Paradebeispiele für seine Theorie der Gabe bezogen hat: den Potlatch-Komplex bei den Indianerstämmen der amerikanischen Nordwestküste und den Kula-Ring auf den melanesischen D'Entrecasteaux-Inseln.

onen eignen, zu denen es im Verlauf des 18. Jahrhunderts im Zuge der Erschließung des polynesischen Inselraums durch europäische Forschungs- und Entdeckungsreisende gekommen war. Nach ihrer Besiedlung durch Seefahrervölker, die vor ca. 4 000 Jahren von Ost- oder auch Südostasien aus erfolgte, stellten die über den Pazifik verstreuten Inselgruppen demographische Isolate dar, deren Bewohner zwar untereinander sporadische Beziehungen unterhielten, die aber aufgrund ihrer enormen Entfernung vom amerikanischen und vom asiatischen Festlandsockel vom Rest der Welt über Jahrtausende hin separiert blieben.[9] Auch die Europäer erreichten Polynesien erst in der Spätphase ihrer kolonialen Expansion, zu einem Zeitpunkt, zu dem neben der territorialen Machterweiterung die wissenschaftliche Erforschung der Erde in den Rang eines zweiten und nicht minder wichtigen Ziels der Reisen in unbekannte Räume erhoben worden war. Um dieses Ziel realisieren zu können, war die Aufnahme friedlicher Beziehungen zu den Inselbewohnern wichtigste Voraussetzung. In den Instruktionen nahezu aller in die Südsee unternommenen Entdeckungsreisen findet man daher Ermahnungen an die Kapitäne, doch alles zu tun, um Konflikte zu vermeiden und ihre Freundschaft zu gewinnen.

II

Der englische Seefahrer James Cook, auf dessen Erstbegegnungen im südpazifischen Raum sich die folgenden Ausführungen beziehen werden, verdankt seinen bis heute anhaltenden Ruhm unter anderem auch seiner überragenden Befähigung, solche freundschaftlichen Beziehungen zu den Bewohnern der von ihm besuchten Inseln zu etablieren und auf Dauer zu stellen.[10] Dabei bediente er sich der verschiedensten Mittel. Wo immer es ging, suchte er durch sein freundliches Auftreten das Wohlwollen der einheimischen Herrscher zu gewinnen. Anders als andere Schiffskommandanten demonstrierte er seine waffentechnische Überlegenheit nur in den Situationen, in denen es unabdingbar schien. Zugleich wachte er streng über die Disziplin der Mitglieder seiner Schiffsmannschaften und ließ sie streng bestrafen, wenn sie sich gegenüber der Inselbevölkerung etwas hatten zuschulden kommen lassen. Ging es aber darum, erste Kontakte aufzunehmen, so setzte Cook mit großem Erfolg immer wieder Dinge ein. Die Bedeutung, die das Anbieten und das Entgegennehmen von Gaben in den Gesellschaften der polynesi-

---

9 Einen ethnohistorischen Überblick über die Geschichte der Besiedlung Polynesiens und die Bevölkerung des Inselraums geben Irving Goldman: Ancient Polynesian Society. Chicago/London 1970, und Douglas L. Oliver: Polynesia in Early Historic Times. Honolulu 2002.
10 Vgl. Karl-Heinz Kohl: James Cook als Heros der Aufklärung. In: Mythen Europas. Schlüsselfiguren der Imagination. Bd. 5: Vom Barock zur Aufklärung. Hrsg. von Andreas Hartmann, Michael Neumann. Regensburg 2007, S. 84–99.

schen und melanesischen Inselwelt hatte, war ihm offensichtlich weit geläufiger als den meisten anderen Seeleuten seiner Zeit.

Dass James Cook mit dem Gabentausch sogar regelrecht experimentiert zu haben scheint, zeigt eine Episode, die sich auf seiner zweiten Reise um die Welt während des Aufenthalts seines Schiffs *Resolution* in der neuseeländischen Dusky Bay ereignete. Da sich hier die Einheimischen als besonders scheu erwiesen, griff er zur Aufnahme von Beziehungen auf eine Tauschform zurück, die schon von Herodot beschrieben worden war: den stummen Handel.[11] Sie besteht darin, dass die Mitglieder einer Gruppe an der Grenze ihres Territoriums Gegenstände zum Tausch auslegen und sich dann für eine Weile zurückziehen, um der anderen Gruppe Gelegenheit zu geben, nun ihrerseits ein Angebot zu unterbreiten. Ist das Gegenangebot akzeptabel, nehmen sie es an sich und der Handel gilt als abgeschlossen. Lassen sie es dagegen unberührt liegen, wird dadurch der anderen Gruppe signalisiert, dass sie etwas anderes anbieten soll.[12] Diese Form des Handels kommt nicht nur ohne Worte aus; sie setzt nicht einmal voraus, dass die beiden Tauschpartner sich gegenseitig sehen. Medium der zwischenmenschlichen Kommunikation sind hier ausschließlich die Dinge. Cook kannte die entsprechenden Stellen bei Herodot und in der späteren antiken Literatur sicher nicht, da er – vom einfachen Matrosen zum Schiffsoffizier aufgestiegen – nie entsprechende Studien betrieben haben dürfte. Vielleicht hatte er von ähnlichen Bräuchen, die offensichtlich zu den transkulturellen anthropologischen Universalien zu zählen sind, von anderen Seefahrern gehört, vielleicht war er auch selbst auf den Einfall gekommen. Jedenfalls versuchte er in der neuseeländischen Dusky Bay den stummen Handel als Mittel der Kontaktaufnahme einzusetzen, nachdem er beobachtet hatte, wie sich ein Kanu mit acht Einheimischen seinem Schiff genähert hatte, eine Weile in respektvoller Distanz verblieb und wenig später wieder verschwand. James Cook befahl daraufhin einigen seiner Matrosen an Land zu rudern, um am Strand in der Nähe der leeren Hütten und Feuerplätze Medaillen, Spiegel und Glasperlen auszulegen. Allerdings schlug dieser Versuch fehl. Die Objekte blieben unberührt liegen.[13] Die Einheimischen ließen sich nicht mehr sehen. Cook sollte bei späteren Gelegenheiten den direkten Tausch bevorzugen.

---

[11] Vgl. Herod. Hist. 4, 196. Zit. nach Herodot: Historien. Deutsche Gesamtausgabe. Neu hrsg. und erläutert von Hans-Wilhelm Haussig. 4. Aufl. Stuttgart 1971, S. 323 f. Herodots Bericht bezieht sich auf das westliche Afrika: Die Kadechonier erzählten, dass sie mit den Bewohnern der libyschen Küste jenseits der Säulen des Herakles Handel betrieben, indem sie ihre Waren am Strand auslegten, dann wieder in ihre Schiffe stiegen und darauf warteten, bis die Einheimischen ihnen dafür Gold anböten.

[12] Zur Institution des *stummen Handels* vgl. Rainer Ertel: „Stummer Handel" aus ökonomischer Sicht. In: Zeitschrift für Ethnologie 106 (1981), S. 93–98; Zweifel an der wirklichen Existenz dieser Tauschform werden allerdings, wenn auch nicht ganz überzeugend, vorgebracht von Paulo F. de Moraes Farias: Silent trade. Myth and historical evidence. In: History in Africa 1 (1974), S. 9–24.

[13] Vgl. The Journals of Captain James Cook on his Voyages of Discovery. Bd. 2: The Voyage of the Resolution and Adventure 1772–1775. Hrsg. von John C. Beaglehole. Cambridge 1969, S. 112–114.

Den Leitern der europäischen See-Expeditionen in die Südsee war nicht nur aus wissenschaftlichen, sondern auch aus praktischen Gründen an friedlichen Beziehungen gelegen. Während der monatelangen Pazifikdurchquerungen war der Vorrat an frischen Lebensmitteln schnell erschöpft. Den Matrosen stand dann nur noch das obligate Pökelfleisch zur Verfügung. Mangelkrankheiten wie insbesondere der gefürchtete Skorbut, dem immer wieder Seeleute erlagen, breiteten sich aus. Die Bewohner der Inseln, die schon häufiger von Europäern besucht worden waren, wussten dies und umringten die Schiffe gleich nach ihrer Ankunft mit ihren mit Süßkartoffeln, Bananen oder Kokosnüssen vollgeladenen Booten. Handelte es sich allerdings um wirkliche Erstkontakte, so beschränkte sich der Tausch nicht nur auf Essbares, sondern bezog auch andere, als wertvoller angesehene Dinge mit ein, ja, musste offensichtlich erst durch den Austausch solcher Gegenstände eröffnet werden. Eine in dieser Hinsicht aufschlussreiche Episode ereignete sich bei Cooks zweiter Reise am 7. April 1773 ebenfalls vor Neuseeland.

Beim Aufbruch zu einem Landausflug sah der Kapitän einen Mann auf einem Felsen stehen, der sich auf eine Keule lehnte und der Besatzung seines Bootes laut etwas zurief. Cook glaubte dies als freundliches Zeichen deuten zu können und versuchte, sich ihm zu nähern. Zunächst warf er ihm zwei Taschentücher zu, um die der sich jedoch nicht weiter kümmerte. Dann reichte er ihm einen Bogen weißen Papiers, den dieser ebenfalls ignorierte. Schließlich trat Cook direkt an den Mann heran, um ihm nach Maori-Art die Nase zu reiben. Zur Unterstreichung seiner friedlichen Absichten ließ er ihm anschließend von seinen Leuten Fisch und Wild übergeben. Doch nahm der Maori-Häuptling, wie Cook ihn in seinen Tagebüchern später bezeichnete, keines der Geschenke an. Stattdessen befahl er seinen Frauen, sie aufzuklauben und in das Boot zurückzuwerfen. Cook gab allerdings nicht auf und bot ihm am folgenden Tag weitere Gegenstände an, bis er schließlich ein paar Eisennägel und ein Beil akzeptierte.[14] Diese Gaben wurden jedoch nicht direkt erwidert. Erst am folgenden Tag revanchierte sich der Häuptling mit einer Flachsmatte, einem Gürtel, ein paar Korallen und Albatroshäuten. Bei der Abfahrt der *Resolution* kam es zu einem letzten Gabentausch. Auf seinen eigenen Wunsch hin erhielt der Häuptling von Cook einen weiten Bootsmantel, für den er ihm als Gegengeschenk eine kurze, flache Streitaxt überreichte.[15] Diese Episode zeigt, dass es besonderer Dinge bedurfte, wollte man eine dauerhafte Freundschaftsbeziehung

---

[14] Ebd., S. 116 f.; vgl. Georg Forster: Reise um die Welt. Werke in vier Bänden. Bd. 1. Hrsg. von Gerhard Steiner. Frankfurt a. Main 1967, S. 147 f.

[15] Forster (Anm. 14), S. 150 f.; vgl. zu dieser Episode auch Brigitta Hauser-Schäublin: Getauschter Wert – Die verschlungenen Pfade der Objekte. In: James Cook. Gaben und Schätze aus der Südsee. Die Göttinger Sammlung Cook/Forster. Hrsg. von Brigitta Hauser-Schäublin, Gundolf Krüger. München/New York 1998, S. 11–29, hier S. 15, und Klaus Scherpe: *First Contact*-Szene. Kulturelle Praktiken bei der Begegnung mit dem Fremden. In: Lesbarkeit der Kultur. Literaturwissenschaften zwischen Kulturtechnik und Ethnographie. Hrsg. von Gerhard Neumann, Sigrid Weigel. München 2000, S. 149–166.

herstellen. Vielleicht hatte Cook mit den Taschentüchern und dem Papierbogen auch in diesem Fall nur ein Experiment anstellen wollen, um – ähnlich wie beim stummen Handel – die Reaktionsweisen der anderen Seite zu erproben. Der Häuptling konnte mit diesen Gegenständen jedenfalls nichts anfangen. Möglicherweise spürte er, dass die Engländer selbst sie nur gering schätzten. Auch die anschließend angebotenen Nahrungsgaben wies er zurück. Erst nachdem von beiden Seiten als werthaltig angesehene Objekte ihren Besitzer gewechselt hatten, begann sich die Beziehung zu verfestigen. Der abschließende Tausch diente aus der Sicht der Maori sicher dem Zweck, die Verbindung nun endgültig auf Dauer zu stellen. Weshalb der Häuptling Cook ausgerechnet um einen Bootsmantel bat, lässt einen weiteren Rückschluss zu. Wahrscheinlich vermutete er darin einen sakralen Gegenstand, glichen die überdimensionierten *boat cloaks* der britischen Marine, in die man den Körper mehrmals einwickeln konnte, doch den vor allem bei zeremoniellen Gelegenheiten verwendeten großen Mänteln der Maori.[16] Auch in diesem Fall folgen die verschiedenen Etappen des Austauschs also einer intrinsischen Wertordnung der Dinge.

Bei den Aufenthalten vor den Inseln achtete Cook darauf, zunächst vor allem die Versorgung mit Nahrung, Trinkwasser und Feuerholz sicherzustellen. Er hatte seiner Mannschaft daher ausdrücklich untersagt, die mitgeführten Handelsgüter und Tauschwaren für anderes wegzugeben.[17] Das Verbot wurde allerdings immer wieder durchbrochen. Die von den Inselbewohnern besonders begehrten Eisennägel tauschten die Matrosen nicht nur gegen die Liebesdienste einheimischer Frauen ein, sondern auch gegen Dinge, die für sie keinen praktischen Nutzwert hatten: Steinwerkzeuge, Speere und Keulen, kleine Amulette, Federarbeiten, Schmuckstücke und anderes mehr. Auch hier scheint wiederum der Schluss auf das Vorliegen eines universalen anthropologischen Verhaltenskodex nahe zu liegen. Dass die Matrosen gegen die Borddisziplin verstießen, um ihre sexuellen Bedürfnisse zu befriedigen, mag unmittelbar einsichtig sein. Erstaunlich ist allerdings, dass sie auch für den Besitz solcher exotischer „Kuriositäten" – wie Cook die entsprechenden Gegenstände im Bordtagebuch bezeichnet – die Gefahr einer Bestrafung auf sich nahmen. Als James Cook während des Aufenthalts der *Resolution* vor Tongatabu nach einem erfolgreichen Erwerb von Lebensmitteln der Mannschaft freigab einzutauschen, was sie auch immer wollten, brach unter den Matrosen ein regelrechtes Sammelfieber aus, über das sich selbst die Inselbewohner lustig machten.[18] Diese folgten bei der Auswahl dessen, was ihnen gefiel, aber ebenfalls nicht nur pragmatischen Erwägungen. Am selben Tag noch, dem 5. Oktober 1773,[19] brach ein Einhei-

---

16 Cook bewies bei der Übergabe des Mantels erneut sein empathisches Geschick, zog er ihn sich doch selbst an und tränkte ihn so gewissermaßen mit seinem eigenen Mana, bevor er ihn seinem Tauschpartner übergab. Vgl. Forster (Anm. 14), S. 151.
17 Vgl. Hauser-Schäublin (Anm. 15), S. 13.
18 Eintrag vom 5. Oktober 1773. Vgl. The Journals of Captain James Cook (Anm. 13), S. 255.
19 Ebd., S. 255 f.

mischer in die Steuermannskajüte ein und entwendete dort einige mathematische Bücher, ein Lineal und „andre Kleinigkeiten, wovon er" – wie Cooks Reisebegleiter Georg Forster schreibt – „in seinem Leben keinen Gebrauch machen konnte".[20] Von hierher gesehen erscheint es auch fraglich, ob es tatsächlich der hohe praktische Gebrauchswert des Eisens war, der die von den europäischen Seefahrern als Tauschmittel verwendeten Nägel bei den Polynesiern so beliebt machte. Auf der vor James Cook von keinem anderen Entdeckungsreisenden angefahrenen Hawaii-Insel Kauai wurden sie sofort hoch geschätzt, obgleich man von ihrem handwerklichen Nutzwert doch noch gar nichts wissen konnte. Der Schluss liegt daher nahe, dass praktische Aspekte nur eine untergeordnete Rolle spielten. Auf beiden Seiten entzündete sich das Begehren offensichtlich weit mehr am exotischen Reiz fremder Artefakte.

Untersagte James Cook den einfachen Matrosen den Tausch der mitgebrachten Handelswaren gegen Dinge ohne unmittelbaren Nutzwert, so verstieß er selbst gegen diese Regel, wenn es zu einer Begegnung mit einem der einheimischen Potentaten kam. Allerdings handelte es sich dabei in aller Regel um politische Treffen, von deren Verlauf es abhing, ob die Schiffsbesatzung die Erlaubnis zum Fällen von Bäumen und zum Einholen von Frischwasser erhielt. Cook ließ sich von den von ihm als „Könige" und „Notable" bezeichneten Personen in ihren Dörfern empfangen und lud sie seinerseits auf seine Schiffe ein. In aller Regel begannen diese Begegnungen mit einem gemeinsamen Mahl, an das sich ein ritueller Austausch anschloss.

Zu den Gegenständen, die James Cook bei diesen formellen Treffen überreichte, zählten auffällig oft Kleidungsstücke. So schenkte er dem König von Tahiti einen Anzug aus feinem Leinen und einen Hut mit Goldband.[21] Dem König von Tongatabu streifte er ein weißes Hemd über und überreichte ihm einige Yards roten Tuchs.[22] Auch er selbst erhielt gelegentlich Kleidungsstücke als Gastgeschenk. Auf Tahiti war es das Trauergewand eines Priesters, auf Hawaii ein aus roten und gelben Federn verfertigter Schulterumhang von hoher sakraler Bedeutung, den man ihm offensichtlich auch deshalb übergab, weil man ihn für die Reinkarnation der einheimischen Gottheit Lono hielt.[23] Auffällig ist, dass sich sowohl Cooks Gastgeber als auch er selbst die Kleidungsstücke erst einmal anlegten, bevor sie sie als Geschenke übergaben. Auch hier wird ein kulturübergreifender Verhaltenskodex erkennbar. Die Polynesier ließen sich von der Vorstellung leiten, dass die Herrschern und anderen bedeutenden Personen innewohnende Macht sich durch Berührung übertragen ließe, eine Vorstellung, die Cook schnell erkannte und auch für seine eigenen politischen Zwecke einsetzte. Denn im Prinzip war sie ihm keines-

---

20 Forster (Anm. 14), S. 406. Hervorhebung im Original.
21 Vgl. Hauser-Schäublin (Anm. 15), S. 24.
22 Ebd., S. 25.
23 Ebd.

wegs fremd, liegt dieselbe Idee doch auch den Berührungsreliquien des katholischen Kultus und zahlreichen Herrscherritualen an den europäischen Königshöfen zugrunde.[24]

III

In einem vielzitierten Kapitel seiner *Strukturalen Anthropologie* schreibt Claude Lévi-Strauss, dass der Tauschverkehr und damit die Kommunikation überhaupt im Wesentlichen auf drei Ebenen verlaufen: „[dem] Austausch von Frauen; [dem] Austausch von Gütern und Dienstleistungen" und „[dem] Austausch von Mitteilungen".[25] Dieses Modell lässt sich leicht auch auf die hier an Einzelbeispielen dargestellten Situationen des *First Contacts* übertragen. Um friedliche Beziehungen aufzunehmen, mussten beide Seiten zunächst in Tauschverhältnisse eintreten. Die einfachste und auch am wenigsten aufwendige Form dies zu tun, nämlich der „Austausch von Mitteilungen", scheiterte am Fehlen einer gemeinsamen Sprache. Cook führte zwar gelegentlich Einheimische als Dolmetscher mit sich, die sich ihm aus freien Stücken angeschlossen hatten, wie etwa bei seinem ersten Aufenthalt auf Tahiti ein einheimischer Priester namens Tupaia, der allerdings im weiteren Verlauf der Reise starb, oder bei seiner zweiten Weltumsegelung Omai von der Insel Huahine, der nach seiner Rückkehr nach England zur Sensation der höfischen Salons werden sollte. Doch waren die auf den einzelnen Inseln gesprochenen Sprachen zu unterschiedlich, als dass er und seine Matrosen sich überall hätten verständlich machen können. Aufschlussreich ist allerdings, dass sie auf dieses Kommunikationsmedium dennoch nicht verzichteten. Auch wenn sich mit Hilfe der einzelnen Wörter keine Bedeutungen mitteilen ließen, zeigte doch schon allein der Gebrauch der Sprache friedliche Absichten an. Deutlich tritt dies in der Begegnung Cooks mit dem „Häuptling" in der neuseeländischen Dusky Bay hervor, von dem wir aus Georg Forsters Reisebericht erfahren, dass er der Besatzung des Landungsbootes schon von weitem laut etwas zurief, worauf Cook ihm mit einem tahitischen Friedensgruß antwortete.[26] Beiden Seiten dürfte klar gewesen sein, dass

---

[24] Für die „magischen Aspekte" der spätmittelalterlichen englischen Königsrituale vgl. Ernst Kantorowicz: Die zwei Körper des Königs. Eine Studie zur politischen Theologie des Mittelalters. Übersetzt von Walter Theimer. 2. Aufl. München 1994, für die des französischen Königtums vgl. Marc Bloch: Die wundertätigen Könige. Mit einem Vorwort von Jacques Le Goff. Aus dem Französischen übersetzt von Claudia Märtl. München 1998.
[25] Claude Lévi-Strauss: Strukturale Anthropologie. Aus dem Französischen von Hans Naumann. Frankfurt a. Main 1967, S. 322.
[26] Vgl. Anm. 14.

man sich gegenseitig nicht verstand. Die ausgetauschten Worte konnten keine Bedeutung transportieren. Die Mitteilung war auf den Sprechakt selbst reduziert, dessen schlichte Botschaft lautete, dass man zur Aufnahme von friedlichen Beziehungen bereit war.

Der Austausch von Frauen, eine Wendung, für die Lévi-Strauss heftig kritisiert worden ist – zu Unrecht, denn er meinte hiermit eigentlich nur das Eingehen einer matrimonialen Verbindung zwischen zwei Gruppen, der stärksten und dauerhaftesten sozialen Beziehung überhaupt –, setzt das Vorhandensein einer gemeinsamen Kommunikationsbasis bereits voraus. Eigentlich hätte dieser ja auf Wechselseitigkeit basierende Tauschmodus daran scheitern müssen, dass auf den europäischen Schiffen nur Männer dienten. Dennoch lassen sich auf Tahiti und anderen polynesischen Inseln Ansätze zu solchen Tauschbeziehungen auch schon in Situationen des *First Contact* beobachten. Bougainville beispielsweise, der Tahiti nur wenige Monate nach der Erstentdeckung der Insel durch den britischen Kapitän Wallis erreichte, zeigte sich höchst verwundert über die sexuelle Freizügigkeit der Inselbewohnerinnen.[27] Da die Matrosen sie, wie sie es aus den Hafenmilieus gewohnt waren, für ihre sexuellen Dienste zu bezahlen versuchten und die begehrten Eisennägel auch gern von ihnen angenommen wurden, glaubten die Seefahrer, ihr Verhalten mit dem europäischer Prostituierter gleichsetzen zu können. Den Annahmen einiger Ethnohistoriker zufolge lagen der überraschenden und auch von ihren Männern geduldeten, ja manchmal sogar geförderten Freizügigkeit der polynesischen Frauen aber wohl doch andere, auf den zukünftigen Nachwuchs ausgerichtete Erwägungen zugrunde. Weißhäutigkeit galt in den stratifizierten polynesischen Gesellschaften als ein auf ihre vornehme Herkunft hinweisendes physisches Merkmal der Angehörigen der alten Adelsklasse.[28] Die Frauen hofften möglicherweise auf Nachkommen, die dieses besondere gesellschaftliche Statusmerkmal aufwiesen. Man könnte also, wie Lévi-Strauss dies in Bezug auf die Verwandtschafts- und Heiratsregeln selbst einmal getan hat, von einem Austausch von „Genen" sprechen, der hier freilich zunächst nur einseitig erfolgte.

Ganz im Vordergrund stand in jeder der zahlreichen Erstbegegnungssituationen aber immer der Austausch von Dingen. Wie bereits kurz angemerkt, lassen sich die dabei verwendeten materiellen Tauschobjekte verschiedenen Kategorien zuordnen. Es handelt sich um Nahrungs- und Genussmittel, um Gebrauchsgegenstände und um außergewöhnliche Dinge. Dabei ist davon auszugehen, dass die

---

27 Vgl. Louis-Antoine de Bougainville: Reise um die Welt, welche mit der Fregatte La Boudeuse, und dem Fleutschiff L'Etoile in den Jahren 1766, 1767, 1768 und 1769 gemacht worden. Berlin 1977, S. 188.
28 Angehörige der obersten Adelsklassen vermieden es, sich der Sonne auszusetzen, darin der europäischen Aristokratie durchaus verwandt. Weißhäutigkeit wurde in vielen polynesischen Gesellschaften auch als Hinweis auf göttliche Abkunft angesehen. Vgl. Serge Tcherkézoff: First Contacts in Polynesia. The Samoan Case (1722–1848). Western Misunderstanding about Sexuality and Divinity. Canberra 2008, S. 18 f.

Güter dieser Kategorien auf den einzelnen Inseln eingeschränkten Tauschsphären zugehörten und daher wenn überhaupt, dann nur zu einem Teil ineinander konvertibel waren. Wir kennen solche eingeschränkten Tauschsphären aus nahezu allen nicht-monetären Gesellschaften der Welt. In den hier diskutierten *First Contact*-Situationen wurden diese Sphären aber durch die besondere physische Bedürftigkeit der Seefahrer aufgebrochen. Die Versorgung mit frischen Lebensmitteln und Trinkwasser war für sie eine Notwendigkeit. Da die Schiffsbesatzungen nur über begrenzte Proviantvorräte verfügten, mussten sie als Gegengaben für die empfangenen Nahrungsmittel von vornherein Gebrauchsgegenstände entrichten wie die bereits mehrfach erwähnten Eisennägel, daneben aber auch Äxte und andere Werkzeuge. Die Inselbewohner tendierten zwar dazu, nun ihrerseits Gegenstände des täglichen Gebrauchs in den Handel einzubringen, wurden daran aber durch die Anweisungen der Schiffsoffiziere gehindert, denen es auf die Auffrischung der erschöpften Lebensmittelvorräte ankam. Die Grenzen der traditionellen polynesischen Tauschsphären wurden in diesen Fällen also durchbrochen. Für den Austausch der außergewöhnlichen Dinge galt das nicht. In diesem Fall lässt sich vielmehr eine Art von transkultureller Konvergenz beobachten. Sie in den Tausch zu geben, blieb den politischen bzw. religiösen Oberhäuptern beider Seiten vorbehalten. Bei den Polynesiern scheint es sich dabei um Dinge gehandelt zu haben, die vor allem für zeremonielle Gelegenheiten bestimmt waren: Das Trauergewand des tahitischen Priesters zum Beispiel oder der ebenfalls bereits erwähnte hawaiische Umhang, der auf der Insel bei Prozessionen und religiösen Festen getragen wurde. Cook bewies seinen besonderen Spürsinn darin, dass er sich mit seinen Gegengeschenken spontan in derselben Kategorie bewegte. Neben Kleidungsstücken und Stoffen, die in den tropischen Zonen natürlich weniger dem Schutz als dem Schmücken des Körpers dienten, überreichte er den einheimischen Notabeln gerne Spiegel und vor allem Medaillen, manchmal auch außergewöhnliche Werkzeuge, Dolche und Schwerter.

Dinge dieser Kategorie hatten für die Einheimischen eine besondere Bedeutung. Sie verbürgten gewissermaßen die Dauerhaftigkeit der eingegangenen Beziehungen über den meist nur sehr kurzen Aufenthalt der Seefahrer hinaus. Von den Inselbewohnern wurden sie als materielle Zeugnisse der zwischen Cook und ihren Oberhäuptern abgeschlossenen Bündnisse angesehen. Sie waren nicht zu dem Gebrauch bestimmt, zu dem sie ursprünglich einmal hergestellt worden waren, sondern wurden in den Hütten der einheimischen Herrscher aufbewahrt. Dem ökonomischen Kreislauf entzogen, glichen sie sakralen Objekten und galten als Erinnerungsstücke an das historische Zusammentreffen mit Menschen und Dingen, wie man sie zuvor noch nie gesehen hatte. Dass ihnen so viel Bedeutung zugeschrieben wurde, hing mit der Schriftlosigkeit und dem oralen Überlieferungsmodus der polynesischen Kulturen zusammen. Sie ersetzten gewissermaßen schriftliche Vertragsabschlüsse. Indem man sie besonders hütete und schützte, hielt man auch die Erinnerung der mit ihnen verknüpften Ereignisse über Generationen hin wach.[29] Berührten später andere europäische Schiffe die Inseln, zeigte man deren Besatzungen die von ihren Vorgängern erhaltenen außergewöhnlichen Gegenstände vor. Durch den an sie gehefteten Erinnerungswert waren sie eben zu Dingen geworden, die verbinden. Die britischen und französischen Seefahrer machten sich dies zunutze, indem sie später bevorzugt Gedenkmedaillen mit den Porträts ihrer Könige und auch Plaketten mit eingravierten Namen an die einheimischen Herrscher und Würdenträger verteilten. Später kommenden Schiffsbesatzungen zeigten auf diese Weise die Einheimischen selbst, dass die Insel bereits von der eigenen Nation in Besitz genommen worden war.

Wie aber ging die andere Seite, wie gingen James Cook und seine Mannschaft mit den Tauschgegenständen um, die sie auf den polynesischen Inseln erhalten hatten? Hier zeigen die Aufzeichnungen in den Bordtagebüchern, dass zumindest die einfachen Besatzungsmitglieder wenig Sorgfalt an den Tag legten. So begierig sie bei den Landaufenthalten waren, in den Besitz von indigenen „Kuriositäten" wie Werkzeugen, Waffen, Federwerk oder auch Schmuckstücken zu gelangen, so achtlos gaben sie sie beim nächsten Inselaufenthalt wieder weg, um sie gegen noch Exotischeres einzutauschen. Dass uns von Cooks Fahrten in die Inselwelt des Südpazifik so viele Objekte erhalten geblieben sind, verdankt sich den ausgebildeten Wissenschaftlern, die ihn auf seinen beiden ersten Weltumsegelungen begleiteten und die sich nicht nur die Sammlung und Beschreibung der natürlichen Specimen wie Pflanzen, Vögel und Insekten, sondern auch die der indigenen Werkzeuge und Gebrauchsgüter, Waffen, Kleidungsstücke und Kultgegenstände zur Aufgabe gesetzt hatten. Die auffälligsten und schönsten dieser von der anderen Seite der Erdkugel stammenden Artefakte erfuhren eine hohe materielle Wertsteigerung, als sie in Europa anlangten. Mangels anderer Handelsgüter galten sie als die wichtigste Ausbeute der Cook'schen Weltumsegelungen.

Die bereits erwähnten tahitischen Trauergewänder, die Matrosen sich auf der Insel eingetauscht hatten und in England verkauften, erzielten zum Beispiel Preise von bis zu 20 Goldguineen, eine für einen einfachen Seemann damals riesige Summe.[30] Allerdings galt auch für die aus der Südsee nach Europa importierten Dinge, dass nur ein sehr geringer Teil von ihnen auf den freien Markt gelangte. Im Prinzip unterschied sich ihr Schicksal gar nicht so sehr von dem der exotischen europäischen Güter, die im Zug der Cook'schen Entdeckungsfahrten polynesischen Herrschern geschenkt worden waren. Zumindest die den Schiffsoffizieren von den einheimischen Herrschern im Tausch übereigneten indigenen Artefakte, langfristig aber auch die einfacheren Gebrauchsgegenstände wurden dem ökonomischen Kreislauf entzogen und fanden ihren festen Platz in den Museen, die seit Mitte des

---

[29] Zahlreiche Fallbeispiele für solche Erinnerungsstücke aus dem 18. und 19. Jahrhundert finden sich bei Nicolas Thomas: Entangled Objects. Exchange, Material Culture, and Colonialism in the Pacific. Cambridge/London 1991.
[30] Vgl. Forster (Anm. 14), S. 568.

18. Jahrhunderts in Europa entstanden. Zu ihnen zählte besonders das in dieser Zeit neu gegründete Göttinger Universitätsmuseum, dem der aus dem Haus Hannover stammende britische König Georg III. im Jahre 1781 346 Stücke „von Seltenheiten aus den neu-entdeckten Inseln des Süd-Meers [überließ]".[31] Der Großteil der Cook'schen Sammlung landete jedoch im Britischen Museum zu London, dessen Besuchern sie die Macht des britischen Weltreiches demonstrierte, das sich seit den Unternehmungen James Cooks bis zu den Antipoden hin erstreckte. Fungierten die außergewöhnlichen Gegenstände aus Situationen des *First Contacts* auf den polynesischen Inseln als Memorierstücke an eine Erfahrung, die über wenige Generationen hin zu einem Zusammenbruch des traditionellen gesellschaftlichen und kulturellen Gefüges führen sollte, so standen die von den Seefahrern nach England mitgebrachten Kuriositäten für die reizvolle ferne Welt, die sich die britische Krone im 18. Jahrhundert untertan gemacht hatte. Die Parallelbiographien der beiden Gegenstandsgattungen hielten jedoch über das 19. Jahrhundert hinaus kaum an. In der Südsee verloren die ersten Objekte europäischer Provenienz in dem Maß an Bedeutung, in dem immer mehr europäische Güter auf die Inseln gelangten. Die polynesischen Stücke im britischen Nationalmuseum büßten ihrerseits ihren imperialen Repräsentationscharakter ein und erinnerten nach dem Ende des britischen Empire nur noch an dessen einstige Größe. Dinge, die verbinden, sind sie gleichwohl bis heute geblieben, wenn inzwischen auch in einem negativen Sinn. Politische Aktivisten aus dem ozeanischen Raum fordern schon seit langem ihre Rückgabe, sind sie doch die genuinen Zeugnisse ihrer eigenen Herkunftskulturen, die ihrer Auffassung nach durch die Kolonialpolitik der Europäer für immer zerstört wurden und deren wenige erhalten gebliebene materielle Relikte für sie im Zuge weltweiter Retraditionalisierungsbewegungen zu einer Art von kulturellem Identitätsmarker geworden sind.

---

31 Vgl. Manfred Urban: The Acquisition History of the Göttingen Collection/Die Erwerbungsgeschichte der Göttinger Sammlung. In: Häuser-Schäublin (Anm. 15), S. 56–93, hier S. 57.

Monika Schausten, Köln
Agonales Schenken
Rüdigers Gaben im *Nibelungenlied*

> Den halte ich für den Herrn der Menschen,
> welcher zuerst Opferlohn eingeführt hat.
> *Rig-Veda, Zweiter Theil, Buch X, 933,5*

I Einleitung

Als das erzählte Geschehen des mittelhochdeutschen *Nibelungenlieds* schon weit fortgeschritten ist, die Burgunden schon Nibelungen genannt werden,[1] Kriemhilds verräterische Einladung längst ergangen ist und ihre Verwandten die Donau bereits überschritten haben, lässt der Erzähler sein Publikum wissen, dass König Gunther eigentlich keine Geschenke annehme.[2] Diese Äußerung platziert der Autor geschickt inmitten jener Âventiure, die die ältere Forschung gerne als „Idyll von Bechelaren" bezeichnet hat,[3] jener Passage mithin, in der die Burgunden bei Rüdiger, einem exilierten Gefolgsmann Etzels, vor der finalen Schlacht einkehren, und in der sie nicht allein seine Gastfreundschaft in Anspruch nehmen, sondern über die Verheiratung Giselhers mit Rüdigers Tochter eine freundschaftliche Bindung zu dem Markgrafen knüpfen. Als Teil der Abschiedsszenerie, in der von der Freigebigkeit, von der *milte*, des Gastgebers über viele Strophen hinweg die Rede ist (*Rüedegêr der küene vil wênic iht gesparn / konde vor sîner milte*; V. 1692,2f. *Der wirt dô sîne gâbe bôt über al*; V. 1694,1) und wertvolle, für den ritterlichen Waffengebrauch auch nützliche Dinge vergeben werden, lässt der Markgraf auch König Gunther ein Geschenk zuteilwerden, nämlich eine Rüstung. An den Umstand, dass Gunther diese annimmt, schließt sich die eingangs paraphrasierte Bemerkung des Erzählers in Form eines Konzessivsatzes an. Gunther, so heißt es, nahm die Rüstung entgegen, *swie selten er gâbe enpfienge* (V. 1695,3).[4] Die Funktion dieser Er-

---

[1] Ich zitiere das *Nibelungenlied* nach folgender Ausgabe: Das Nibelungenlied. Nach der Ausgabe von Karl Bartsch hrsg. von Helmut de Boor. 22., revidierte und von Roswitha Wisniewski ergänzte Aufl. Mannheim 1988, hier V. 1526,2. Meine Ausführungen beziehen sich folglich auf die Fassung B des Liedes.
[2] V. 1695,3.
[3] Vom „Idyll" spricht im Anschluss an die ältere Forschung noch Irmgard Gephart: Geben und Nehmen im *Nibelungenlied* und in Wolframs von Eschenbach *Parzival*. Bonn 1994 (Studien zur Germanistik, Anglistik und Komparatistik. 122), S. 54.
[4] Zur gegenüber seinem Gebrauch im Neuhochdeutschen abweichenden Bedeutung des Adverbs *selten* vgl. BMZ. Bd. II/2, 248a: „*nach der im mhd. gewöhnlichen ironie wird das wort vorzüglich dann gebraucht, wenn etwas niemals geschieht.*"

zählerworte bewerten die Kommentatoren des Liedes unterschiedlich. Während Helmut de Boor allein darauf aufmerksam macht, dass der Hinweis auf den in puncto Geschenke zurückhaltenden Gunther den Schenkenden, in diesem Falle Rüdiger, besonders auszeichne,[5] was auch durch die im Rahmen höfischen Zeremonialhandelns bedeutsame Geste des Sich-Verneigens des Königs vor dem Markgrafen bestätigt werde,[6] erkennt Helmut Brackert in den Erzählerworten darüber hinaus auch einen Ausweis der herausragenden Position des Herrschers selbst: „Als reicher, mächtiger König nimmt Gunther eigentlich keine Geschenke [...]."[7] Beide Kommentatoren sehen – freilich mit unterschiedlichen Akzentuierungen – die zentrale Funktion der Erzählerrede darin, auf die sich mit öffentlichem Herrschaftshandeln stets verbindenden Statuierungen sozialen Rangs hinzuweisen: Das Schenken wie das Annehmen des Geschenks sind als effektive Strategien kenntlich gemacht, die der gesellschaftlichen Stellung der am Tauschvorgang Beteiligten sichtbaren Ausdruck verleihen können. Darüber hinaus aber, so meine Vermutung, provoziert die reflektierende Einlassung wie viele andere Kommentare des Epos beim Publikum zudem beinahe zwingend eine nachdenkliche Rückschau auf das bereits entfaltete erzählte Geschehen. Unwillkürlich fordert sie dazu auf, auch retrospektiv Gunthers Position im Rahmen jener sozialen Praxis zu überdenken, die das *Nibelungenlied* als konstitutiven Teil seiner Imagination feudaladeliger Herrschaft von seinem Beginn an reflektiert, nämlich die Praxis der Gabenökonomie.[8] Denn der behauptete Verzicht Gunthers auf die Teilhabe an einem durch Geben und Nehmen auf Reziprozität angelegten Herrschaftshandeln deutet auch auf die Gefahr potentieller Machteinbuße, mit der besonders das Annehmen von Gaben verbunden ist.[9] Denn jedes Akzeptieren einer Gabe, so formuliert es grund-

---

5 Das Nibelungenlied (Anm. 1), S. 268, Anm. zu V. 1695,3: „Der mächtige König pflegte Gaben nicht zu nehmen, sondern zu geben. Wenn er bei Rüedeger eine Ausnahme macht, so ist das höchste Ehrung des Mannes, Freundes und künftigen Verwandten."
6 Vgl. V. 1695,4: *dar nâch neic dô Gunther   des edeln Rüedegêres hant.* De Boor kommentiert ebd., S. 268: „Entsprechend ehrenvoll ist die Art, wie Gunther dankt."
7 Das *Nibelungenlied*. Mittelhochdeutscher Text und Übertragung. Bd. 2. Hrsg., übersetzt und mit einem Anhang versehen von Helmut Brackert. 2. Aufl. Frankfurt a. Main 2011, Kommentar, S. 365.
8 Zur Gabenökonomie vgl. grundlegend Marcel Mauss: Die Gabe. Form und Funktion des Austauschs in archaischen Gesellschaften. Mit einem Vorwort von E. E. Evans-Pritchard. Übersetzt von Eva Moldenhauer. Anhang: Henning Ritter: Die ethnologische Wende. Über Marcel Mauss. 3. Aufl. Frankfurt a. Main 1996, S. 17. Als frühe Form des „Vertragsrechts" reguliere der Gabentausch bereits „archaische" Gemeinschaften.
9 Zum Privileg des Schenkens im *Nibelungenlied* vgl. Jan-Dirk Müller: Spielregeln für den Untergang. Die Welt des *Nibelungenlieds*. Tübingen 1998, S. 348: „Von der Möglichkeit zu schenken, hängt die Anerkennung des königlichen Ranges ab." Selbst Mauss (Anm. 8), S. 98, der für die von ihm untersuchten „primitiven" Gemeinschaften voraussetzt, dass in ihnen niemand das Recht gehabt habe, Gaben nicht anzunehmen, geht davon aus, dass allein ein exponierter Platz in der sozialen Rangordnung es zuweilen gestattet habe, eine Gabe auszuschlagen, ohne dass sich aus einer solchen Ablehnung soziale Konflikte zwingend entwickelt hätten.

legend Marcel Mauss bezogen auf „archaische" Gemeinschaften, fordert eine Gegengabe, obwohl das Geben stets in der Attitüde des Schenkens, des freiwilligen Gebens, erfolgt.[10] Der Zwang zur Gegengabe ist mithin im Ritual des Beschenkens suspendiert, der Zwang ist dem Akt des Schenkens nur implizit, der Zwang wird im Vollzug des Gebens und Nehmens nicht nur nicht explizit, sondern er wird durch einen Habitus der Freiwilligkeit des Gebens regelrecht ersetzt.[11] Aus dieser Sicht deuten die oben zitierten Erzählerworte auf die unabsehbaren und im Akt des Gebens systematisch verschleierten Folgen, die in Form künftiger Verpflichtungen gegenüber dem Geber mit jeder Gabenannahme einhergehen, sie deuten auf die Gefahr eines Souveränitätsverlusts.

Blickt man vor dem Hintergrund dieser Regularien auf die Akzentuierung von Gunthers Herrschaftshandeln im Verlauf der Handlung zurück, so verweisen die eingangs zitierten Erzählerworte wohl kalkuliert auf eine Diskrepanz zwischen dem Grundsatz einer der Herrscherposition zuträglichen Geschenkeabstinenz und dem bereits entfalteten Verhalten des Burgundenkönigs. Denn gerade im expliziten Hinweis auf die basale Regel für die Bewahrung machtpolitischer Autonomie wird auch deutlich, dass Gunther seiner uneingeschränkten Herrscherposition schon sehr viel früher verlustig gegangen ist, dass seine herrschaftliche Souveränität nicht erst hier, bei Rüdiger, bröckelt. Gerade wenn man an die schwierigen politischen Verhältnisse denkt, in die sich der König und mit ihm alle, die zu seinem Herrschaftsbereich gehören, durch die Annahme von Siegfrieds Gaben längst verstrickt haben, wird die feine Ironie des Erzählerkommentars deutlich. Besonders Gunthers Ehe mit Brünhild basiert schließlich auf denjenigen zweifelhaften Gefälligkeiten, die Siegfried für ihn erbracht hat und die partiell vom niederländischen Helden deutlich als Gaben, als Teil nämlich eines Tauschgeschäfts im Rahmen höfischer Heiratspolitik ausgewiesen worden waren.[12] Von der über den Konzessivsatz deutlich akzentuierten Ausnahme im Verhalten Gunthers kann in der 27. Âventiure also keine Rede mehr sein, und so entpuppt sich die Bemerkung des Erzählers bei näherem Zusehen als nur einer von zahlreichen ironischen Kommentaren über

---

[10] Diese Implikationen des Schenkens verzeichnen auch Jacob und Wilhelm Grimm. Vgl. den Eintrag „Geschenk" in: Deutsches Wörterbuch von Jacob und Wilhelm Grimm. Bd. 5. Fotomechanischer Nachdruck der Erstausgabe 1897. München 1991, Sp. 3853f., hier Sp. 3853f.: Geschenke sind demnach „freiwillige Gabe[n]", die aber „bei verschiedenen gelegenheiten und zeiten nach einem strengen herkommen gegeben werden müssen und gefordert werden."

[11] Für Mauss (Anm. 8), S. 18, ist es besonders diese inszenatorische Qualität der Freiwilligkeit und Spontaneität des Gebens, deren Herkunft und Funktion im Rahmen der Gabenökonomie er auszuloten sucht. Denn „fast immer n[ä]hmen sie [die Gaben; M. S.] die Form des Geschenks an, des großzügig dargebotenen Präsents, selbst dann, wenn die Geste, die die Übergabe begleitet, nur Fiktion, Formalismus und soziale Lüge [sei] und es im Grunde um Zwang und wirtschaftliche Interessen geh[e]."

[12] Vgl. die direkte Rede, in der Siegfried Gunther Hilfe bei der Werbung in Aussicht stellt, dafür aber als Lohn die Hand Kriemhilds fordert: ‚gîstu mir dîne swester, sô wil ich ez tuon, / die scœnen Kriemhilde, ein küneginne hêr. / sô ger ich deheines lônes nâch mînen arbeiten mêr.' (V. 333,2–4)

den König der Burgunden. Gunthers machtpolitische Autonomie, die sich beim freundlichen Empfang Siegfrieds in Worms in dem Angebot einer friedlichen Teilhabe an seiner Herrschaft noch deutlich zum Ausdruck bringen ließ,[13] erfährt mithin nicht zuletzt durch sein Annehmen von Gaben eine immer weitreichendere Einschränkung und Dekonstruktion. Der König verliert, auch davon erzählt das Lied, sukzessive seine eigenständige Position, insofern er im weiteren Verlauf der Handlung nicht mehr ein ausschließlich und souverän Gebender bleibt.

Der Fall Gunther deutet insgesamt auf eine für Gestalt und thematische Anlage des Epos zentrale, sowohl *soziale* wie auch *literarische Spielregel*, die von der Forschung bislang allenfalls am Rande diskutiert worden ist.[14] Demgegenüber gilt es zu zeigen, dass die Gabenökonomie des mittelalterlichen Adels die narrative Organisation des komplizierten Plots steuert und als kulturelle Praxis im erzählten Geschehen durchaus differenziert verhandelt wird. Im *Nibelungenlied* werden, so meine Vermutung, die gemeinschaftsstabilisierende Funktion, mehr aber noch die destruierenden Folgen einer feudaladeligen Gabenpolitik thematisch, und damit jene zwei Seiten der Tauschökonomie, die gabentheoretische Arbeiten bis heute betonen.[15] Der durch die Gabenökonomie ermöglichten Stabilisierungsfunktion von sozialen Gruppen, ihrer zyklischen und reziproken Struktur als Fundamente eines funktionierenden, für jeden Partizipierenden auskömmlichen ökonomischen und gleichzeitig rechtlich verbindlichen Kreislaufs, eignet eine Schattenseite, ein

---

[13] Vgl. Str. 127.

[14] Zum Begriff der *Spielregel* vgl. bes. Gerd Althoff: Das *Nibelungenlied* und die Spielregeln der Gesellschaft im 12. Jahrhundert. In: Der Mord und die Klage. Das *Nibelungenlied* und die Kulturen der Gewalt. Dokumentation des 4. Symposiums der Nibelungenliedgesellschaft Worms e. V. vom 11. bis 13. Oktober 2002. Hrsg. von Gerold Bönnen, Volker Gallé. Worms 2003, S. 83–102, hier S. 86: Althoffs Analyse richtet sich auf die Rekonstruktion der spezifischen Verhaltensregeln mittelalterlicher Gesellschaften, die nicht schriftlich aufgezeichnet vorliegen, sondern die durch „Erziehung, Sozialisation und Partizipation" erworben wurden. Solche *Spielregeln* garantierten als „Gewohnheiten" die Stabilität der gesellschaftlichen Strukturen. Ich rekurriere hier auf Jan-Dirk Müllers Akzentuierung des Terminus *Spielregeln*; Müller (Anm. 9), S. 48. Der von ihm in die Diskussion um das *Nibelungenlied* eingebrachte Begriff zielt auf die Analyse der besonderen literarisch-fiktionalen Faktur des epischen Geschehens (vgl. ebd.). Sein Kapitel VII: Gestörte und problematisierte Interaktionsregeln (ebd., S. 345–387) stellt einen der wenigen Versuche dar, die Interaktionsregeln der erzählten Gesellschaft in ihrer Bezogenheit auf die im Lied verhandelte Praxis des feudaladeligen Gabentauschs darzulegen. Die zentrale Bedeutung von Gabentausch und Dingkultur als gesellschaftshistorische Kontexte der Erzählwelt des *Nibelungenlieds* betont schon: Peter Czerwinski: Das *Nibelungenlied*. Widersprüche höfischer Gewaltreglementierung. In: Winfried Frey u. a.: Einführung in die deutsche Literatur des 12. bis 16. Jahrhunderts. Bd. 1: Adel und Hof – 12./13. Jahrhundert. Opladen 1979 (Grundkurs Literaturgeschichte), S. 49–87, hier S. 59 f.

[15] So bes. Karl-Heinz Kohl: Die Macht der Dinge. Geschichte und Theorie sakraler Objekte. München 2003, S. 133: Der Gabentausch stifte eine „dauerhafte soziale Bindung". Die gemeinschaftsstiftende und -stabilisierende Funktion betont auch Müller (Anm. 9), S. 348: „Gaben stellen befriedete Beziehungen zwischen fremden Gruppen her." Müller betont zugleich auch, dass „Schenken als Mittel des Wettkampfes aggressiv eingesetzt werden [kann]" (ebd.).

„agonistische[r]" Zug[16], wie Mauss sagt, an den die Strukturierung und Akzentuierung des heldenepischen Plots wohl besonders intensiv anschließt. Im Lied werden also vor allem jene Aspekte der Tauschökonomie thematisch, die die Geschlossenheit und Reziprozität eines funktionierenden Handels und damit die Verbindlichkeit der durch ihn geschlossenen sozialen Bindungen unterwandern.[17] Im Hinblick auf die Rüdigerfigur werde ich in mehreren Anläufen versuchen zu zeigen, dass besonders sie im Kontext gabenökonomischer Praktiken konstruiert ist, dass an ihr in komplexer Art und Weise die gefährlichen Dynamiken einer riskanten Gabenpolitik und der sich hieran anschließenden verbindlichen Vereinbarungen verhandelt werden. Diese Risiken können prinzipiell aus aggressiven Akten des Gebens[18], aus Akten des Sich-Verausgabens, ebenso erwachsen, wie aus der besonderen Faktur der Gaben selbst sowie schließlich aus dem unachtsamen Akt des Annehmens von Geschenken oder aber auch aus der Geschenkverweigerung[19]. Das in der Forschung vielbeschworene „tragische" Scheitern Rüdigers wird im Text weniger im Blick auf einen aporetisch anmutenden Loyalitätskonflikt begründet.[20] Vielmehr, so meine These, ist es die zunehmende Verstrickung der Figur in die oben beschriebene agonale Praxis einer feudaladeligen *Kunst des Schenkens*,[21] die im Gang der Erzählung ihren Niedergang plausibilisiert.

Mich interessieren also auf der Grundlage der einschlägigen gabentheoretischen und -historischen Forschung die narrativ je spezifisch konkretisierten Relationen von Figur und Gabe im Kontext eines durch Geben, Gabe und Nehmen organisierten Geschehens. Die Gabenpolitik ist in einer – gegenüber den von Mauss beschriebenen archaischen Gesellschaften – spezifisch mittelalterlichen Form im

---

16 Mauss (Anm. 8), S. 24.
17 Vgl. dazu auch Kohl (Anm. 15), S. 134, der konstatiert, dass die Verweigerung einer Gabenannahme als „feindseliger Akt" gewertet werden könne.
18 Vgl. dazu Mauss (Anm. 8), S. 25: Mauss spricht vom Rivalisieren um und mit Geschenken. Im Blick auf die sozialen Kämpfe der Adeligen nehme der Gabentausch häufig den „Charakter des Wuchers" (ebd., S. 24) an.
19 Vgl. dazu z. B. Kohl (Anm. 15), S. 134.
20 Dass der Begriff des *Tragischen* für die Bezeichnung des im *Nibelungenlied* dargelegten inneren Konflikts der Rüdigerfigur problematisch sei, betont indes schon Peter Wapnewski: Rüdigers Schilt. Zur 37. Âventiure des *Nibelungenlieds*. In: Peter Wapnewski: Zuschreibungen. Gesammelte Schriften. Hrsg. von Fritz Wagner, Wolfgang Maaz. Hildesheim/Zürich 1994, S. 41–71, hier S. 44. Wapnewski spricht stattdessen vom „Pflichtendilemma" des Helden (ebd., S. 61) und macht so auf die rechtshistorische Kontextualisierung der Figurenkonstruktion aufmerksam. Anders András Vizkelety: Rüdiger – Bote und Brautwerber in Bedrängnis. In: Pöchlarner Heldenliedgespräch. Das *Nibelungenlied* und der mittlere Donauraum. Hrsg. von Klaus Zatloukal. Wien 1990 (Philologica Germanica. 12), S. 131–137, hier S. 136, der vom „tragischen Konflikt" der Figur spricht.
21 Der Begriff der *ars donandi* findet bereits Verwendung bei Gregor von Tours. Vgl. dazu bes.: Jürgen Hannig: Ars donandi. Zur Ökonomie des Schenkens im früheren Mittelalter. In: Armut, Liebe, Ehre. Studien zur historischen Kulturforschung. Hrsg. von Richard van Dülmen. Frankfurt a. Main 1988, S. 11–37 u. 275–278, hier S. 11.

Nibelungenlied als „totale soziale Tatsache" diskursiviert,[22] sprich als rechtliches, moralisches und machtpolitisches Fundament der erzählten Gemeinschaften.[23] Besonders in ihrer Funktion als vertragsverbürgendes Regulativ höfischer Gesellschaften und der sie konstituierenden sozialen Bindungen ist die Gabenökonomie von kaum zu unterschätzender Bedeutsamkeit für die Anlage des erzählten Geschehens.[24] Dabei weisen die dargestellten Tauschoperationen jene Komplexität auf,

---

[22] Während Mauss (Anm. 8), S. 17 f., davon ausgeht, dass der Gabentausch im Europa des 20. Jahrhunderts den Charakter eines *fait social total* verloren hat, attestiert er allen vormodernen Gesellschaften eine Fundierung im Tausch: „In diesen [...] ‚totalen' gesellschaftlichen Phänomenen kommen alle Arten von Institutionen gleichzeitig und mit einem Schlag zum Ausdruck: religiöse, rechtliche und moralische – sie betreffen Politik und Familie zugleich; ökonomische – diese setzen besondere Formen der Produktion und Konsumption oder vielmehr der Leistung und Verteilung voraus; ganz zu schweigen von den ästhetischen Phänomenen, in welche jene Tatsachen münden [...]." Zu Mauss' Definition des Tauschs als „totaler sozialer Tatsache" vgl. auch Iris Därmann: Theorien der Gabe zur Einführung. Hamburg 2010, S. 15. Doch Mauss' Untersuchung sog. primitiver Gesellschaften allein ist für eine literaturwissenschaftliche Analyse mittelalterlicher Literatur nicht hinreichend. Vielmehr müssen die historisch je spezifischen Konkretionen der Gabenökonomie in europäischen Gesellschaften berücksichtigt werden. Die rechtshistorische Forschung geht davon aus, dass sich die besondere Form früh- und hochmittelalterlichen Geschenketauschs „aus der Umbruchzeit der Völkerwanderung mit seinem Verlust an Staatlichkeit und positiver Rechtlichkeit im Schmelztiegel provinzialrömischer, germanischer und christlich-kirchlicher Rechtsvorstellungen erhalten hat." So Hannig (Anm. 21), S. 14. Ähnlich argumentiert Hermann Kamp: Geld, Politik und Moral im hohen Mittelalter. In: FMSt 35 (2001), S. 329–347, hier S. 329, im Hinblick auf die Dominanz von Subsistenzwirtschaft und Tauschhandel gegenüber anderen Wirtschaftsformen bis zum 11. Jahrhundert. Auch Wapnewski (Anm. 20), S. 45, betont die absolute Durchdringung der mittelalterlichen Gesellschaftsordnung durch das Recht im Sinne eines *fait social total* – dieses sei kein isolierter Teil des öffentlichen Lebens, sondern grundiere die soziale Ordnung schlechthin.
[23] Zur gesellschaftlichen Dimension der Gabenökonomie in Europa vgl. bes. Georg Elwert: Reziprozität und Warentausch. Überlegungen zu einigen Ausdrücken und Begriffen. In: Ethnologie im Widerstreit. Kontroversen über Macht, Geschäft, Geschlecht in fremden Kulturen. Hrsg. von Eberhard Berg u. a. München 1991, S. 159–177, hier S. 160. Elwert hebt im Anschluss an Mauss die soziale Dimension der Gabe hervor, die dieser bereits als zentral erachtet habe. Gabentausch sei – schon in Mauss' Analyse – keine primär „wirtschaftsanthropologische Kategorie". Die Gabe spiele eine „verschwiegene, aber tragende Rolle in der europäischen [...] Sozialgeschichte [...]. Beziehungen innerhalb von Familie und Verwandtschaft, wie außerhalb mit Staat und Kirche, wurden durch sorgfältig geschiedene Formen der Gabe in Gütern oder als Leistung bestätigt, neu geknüpft oder, wenn die Gabe deplaziert [sic!] war, gar ausblieb, gestört oder gebrochen. Oft sogar schriftlich niedergelegte Normen regelten Formen, Quantitäten und vor allen Dingen Grenzen – wer wann etwas nicht geben oder bekommen sollte." Auch Nathalie Sarthou-Lajus: Lob der Schulden. Aus dem Französischen von Claudia Hamm. Berlin 2013, S. 20 f., betont die rechtlichen Implikationen der Tauschökonomie schon bei Mauss. Ähnlich auch Helmuth Berking: Schenken. Zur Anthropologie des Gebens. Frankfurt a. Main/New York 1996, S. 63: „Die Gabe repräsentiert sich gleichzeitig als symbolische Form und als materielles Substrat gesellschaftlicher Synthesis. Sie konstituiert einen Tausch, der Ökonomie, Macht und Moral, Kult und Kultur [...] unhintergehbar vereint." Zur sozialen Funktion der Reziprozität vgl. außerdem Christian Stegbauer: Reziprozität. Einführung in soziale Formen der Gegenseitigkeit. 2. Aufl. Wiesbaden 2011, S. 33–38.
[24] Zur herausragenden rechtsbegründenden Funktion der Gabenwirtschaft im hohen Mittelalter vgl. bes. Kamp (Anm. 22), S. 333. Kamp legt dar, dass obschon die Geldwirtschaft bereits im frühen

wie sie Jürgen Hannig für das Früh- und Hochmittelalter an historiographischen Quellen beschrieben hat. Das reziproke Austauschgebaren des Mittelalters wird im Epos zuvorderst als politische Interaktionsstrategie des feudalen Adels thematisch. Diese Strategie fußt auf gabenökonomischen Prinzipien archaischer Provenienz ebenso, wie sie Aspekten jenes *do ut des*-Verfahrens verpflichtet ist, das – anders als die Praktiken der symbolischen Gabenökonomie – mit dem Geschenk explizit das Gegengeschenk einfordert. Und schließlich ist auch die *milte*, deren spezifisch mittelalterliche Ausprägung sich wohl als eine christliche Überführung gabenökonomischer Prinzipien in eine Herrschertugend des „ungerichteten" Schenkens[25] beschreiben lässt,[26] im Lied als Teil der oben erwähnten feudaladeligen Interaktionsstrategie erzählt.

Die hohe soziale Relevanz von Tauschgeschäften im mittelhochdeutschen Heldenepos zeigt sich schon in den Anlässen, die als Initiation gabenpolitischen Verhaltens erzählt sind. Denn es sind stets gesellschaftlich bedeutsame Ereignisse, die das Austeilen und Entgegennehmen von Geschenken nach sich ziehen.[27] Dabei gilt es auch im Blick auf das *Nibelungenlied* zu beachten, dass sich zum Tausch nicht allein „bewegliche und unbewegliche Habe" eignet, sondern dass auch – wie schon Mauss formuliert – „Höflichkeiten, Festessen, Rituale, Militärdienste" und „Frauen"[28] geeignete Tauschobjekte sein können, mithin jene Prestigegüter und

---

Mittelalter das Herrschaftshandeln des Adels bestimmte, es die Geschenkepolitik war, die die Beziehungen des feudalen Adels untereinander regulierte. Der Transfer von Gütern diente dazu, „persönliche Bindungen zu schaffen und zu vertiefen. Dementsprechend erschienen die Güter zunächst einmal als Ausdruck der persönlichen Wertschätzung und verpflichteten als solche den Empfänger, in welcher Form und in welchem Zeitraum auch immer." Und die Monetarisierung der Politik, wie sie seit dem 11. Jahrhundert zu beobachten sei, habe letztlich gerade im Hochmittelalter dazu beigetragen, dass sich die Ökonomie der Gabe im 12. und 13. Jahrhundert noch einmal richtig habe entfalten können. „Die freiwillige Gabe, der Austausch von Geschenken, ihr Weiterreichen, all das erlebte jetzt eine Blüte." (ebd., S. 345). Kamp zeigt, dass im Diskurs um die Geldwirtschaft derselben eine gegenüber der Güterwirtschaft mangelnde Dignität bescheinigt wurde. Auf der Grundlage des Geldes habe der Feudaladel mithin die Gabenökonomie als Signum seines Machtanspruches benutzt, die Vorstellung, dass „Geld nicht alles ist", begründete den eigenen Anspruch auf soziale Superiorität gegenüber allen, die allein mit Geld handelten (ebd.). Zur herausragenden Bedeutung des „Schenkens" als eines Subsystem des Hofes vgl. auch bes. Jan Hirschbiegel: Gabentausch als soziales System? – Einige theoretische Überlegungen. In: Ordnungsformen des Hofes. Ergebnisse eines Forschungskolloquiums der Studienstiftung des deutschen Volkes. Hrsg. von Ulf Christian Ewert, Stephan Selzer. Kiel 1997 (Mitteilungen der Residenzen-Kommission. Sonderheft 2), S. 44–55, hier S. 48 f. u. 51: Die Gabe sei im Kontext des Hofes ein „pragmatisch einsetzbares Kommunikationsmedium".

25 Begriff bei Müller (Anm. 9), S. 348.
26 Vgl. dazu Hannig (Anm. 21), S. 26. Zum „moralischen Begriff [...] der Gabe", Almosen und Freigebigkeit, ihrer historischen Entstehung sowie Verbreitung durch „Christentum und [...] Islam" vgl. außerdem Mauss (Anm. 8), S. 46 f.
27 Zu den rekurrenten Ereignissen, die vom Tausch begleitet werden, vgl. ebd., S. 27 f.
28 Ebd., S. 22.

Repräsentationsobjekte,[29] die im Kontext feudaladeligen Herrschens politische Vorteile zu verheißen vermögen. Der Gebrauchswert der erzählten „Dinge" für politische Ziele der am Tauschgeschehen Beteiligten erweist sich – zumindest implizit – auch im heldenepischen Erzählen als Ergebnis „sozialer Konvention".[30] Häufig, so Kohl, bestimme ein „doppelseitiges Verlangen" den besonderen Wert eines Gegenstands.[31] Ein solches Begehren kann sich auf ein als kostbar bestimmtes Material richten. In diesem Zusammenhang lässt sich im *Nibelungenlied* beobachten, dass sich der Wert der adeligen Damen als von vielen begehrte Objekte im Rahmen der adeligen Heiratspolitik nicht allein auf ihre Mitgift, und damit nicht allein im Hinblick auf die ihnen eigene bewegliche Habe bestimmt. Vielmehr wird ihnen auffallend konstant über die goldene Pracht ihres Erscheinungsbildes regelrecht ein Materialwert zugeschrieben.[32] Schließlich aber ist der Wert eines Tauschobjekts stets an die Person gebunden, die den Gegenstand veräußert: Grundsätzlich geht man für den Bereich der Gabenökonomie von einer nicht zu lösenden Verbindung zwischen Geber und Gabe aus, mithin davon, so Kohl im Anschluss an Mauss, dass „ein Teil der Substanz des Gebers in die Gabe eingegangen sei."[33] Auch aus dieser intrinsischen Bindung der Gabe an den Geber bestimme sich ihr Wert: Je höher das Ansehen einer Person, desto wertvoller, so schreibt Kohl, „erscheinen die Gegenstände, die sich in ihrem Besitz befinden."[34] Den oben beschriebenen Zwang zur Erwiderung von Gaben erklären Theoretiker im Blick auf den Geist des Gebers, der der Gabe inhärent sei: Denn auch nach dem Akt des Gebens hafte dem Objekt etwas von der Person des Gebers an. Von daher sei es im Grunde niemals ganz veräußerlich – Geben heiße, so gesehen, übertragen, ohne zu veräußern, heiße

---

29 Kohl (Anm. 15), S. 122. Kohl differenziert Typen von Gegenständen, er sondert Gebrauchsgegenstände von Prestigegütern, Repräsentationsgegenständen und dergleichen ab.
30 Ebd., S. 128.
31 Ebd. Ein „unbedeutendes Objekt" werde erst dadurch begehrenswert, „daß ein anderer es besitzt [...]". Zur Rolle des Begehrens für die Bestimmung des Werts eines Objekts vgl. außerdem Claude Lévi-Strauss: Die elementaren Strukturen der Verwandtschaft. Frankfurt a. Main 1993, S. 150: Der Grund für das Begehren eines Objekts liege darin, dass ein anderer es besitze. „Ein unbedeutendes Objekt w[e]rd[e] unverzichtbar durch das Interesse, das ein anderer an ihm ha[be]." Der Wunsch nach Besitz sei also in erster Linie eine soziale Antwort.
32 Vgl. dazu Heike Sahm: Gold im *Nibelungenlied*. In: Die Farben imaginierter Welten. Zur Kulturgeschichte ihrer Codierung in Literatur und Kunst vom Mittelalter bis zur Gegenwart. Hrsg. von Monika Schausten. Berlin 2012 (LTG. 1), S. 125–145, hier S. 139: „Man kann sich fragen, ob in ihrer gattungstypischen Ausstattung mit Gold nicht geradezu eine Verdinglichung der Braut angedeutet wird. Sie tritt sozusagen als goldenes Objekt, als Gabe in die Herrschaftsgemeinschaft mit dem Mann ein. Und der goldene Glanz indiziert den immensen Wert der erworbenen Braut für den Herrschaftsanspruch des erfolgreichen Werbers."
33 Kohl (Anm. 15), S. 134. Ähnlich schon Mauss (Anm. 8), S. 33: „Das, was in dem empfangenen oder ausgetauschten Geschenk verpflichtet, kommt daher, daß die empfangene Sache nicht leblos ist. Selbst wenn der Geber sie abgetreten hat, ist sie noch ein Stück von ihm. Durch sie hat er Macht über den Empfänger [...]."
34 Kohl (Anm. 15), S. 130.

Nutzungsrechte abtreten, ohne das Eigentumsrecht abzutreten.[35] Auch ihre besondere Geschichte kann eine Gabe zu einem exzeptionellen Gegenstand im Gedächtnis des Kollektivs machen. Gaben, seien es bewegliche und unbewegliche Dinge, seien es Menschen, die als Gaben fungieren, kommen mithin stets mindestens folgende Attribute zu: Sie sind für den Repräsentanten einer Gemeinschaft zuhanden, sie sind nützliche Dinge, insofern sie für Tauschoperationen verfügbar sind,[36] sie haben einen machtpolitischen und/oder einen materiellen Wert (Morgengabe/Mitgift), sie tragen die Spuren des Gebenden an sich,[37] ihnen eignet eine (zuweilen friedensstiftende, zuweilen bedrohliche) „Kraft",[38] und damit zusammenhängend verfügen sie über eine für eine Person und ihren sozialen Kontext relevante Geschichte, die ihren gesellschaftlichen Wert bestimmt und die im Akt des Gebens mitverschenkt wird.[39]

II Geben

Die Werbung um die Witwe Siegfrieds, Kriemhild, die die Gefolgsleute des Hunnenkönigs Etzel (*sîne vriunde*; V. 1143,3) ihrem Herrn zu Beginn der 20. Âventiure nahe-

---

[35] So formuliert Kohl (ebd., S. 134) im Rekurs auf Maurice Godelier: Das Rätsel der Gabe. Geld, Geschenke, heilige Objekte. Aus dem Französischen übersetzt von Martin Pfeiffer. München 1999, S. 64. Auch Mauss (Anm. 8), S. 33, konstatiert: „Das, was in dem empfangenen oder ausgetauschten Geschenk verpflichtet, kommt daher, daß die empfangene Sache nicht leblos ist. Selbst wenn der Geber sie abgetreten hat, ist sie noch ein Stück von ihm." Ähnlich auch Wapnewski (Anm. 20), S. 60: Die Übertragung einer Gabe sei mehr als die Übereignung eines „äußerlichen Besitzes".
[36] Zur „unbegriffenen" Abhängigkeit des Menschen von den Dingen vgl. bes. Hartmut Böhme: Fetischismus und Kultur. Eine andere Theorie der Moderne. Reinbek b. Hamburg 2006, S. 42 f. Als eine der basalen Voraussetzungen für europäische Kulturen weist Böhme im Anschluss an Heidegger auf die vom Menschen stets „prätendierte Souveränität im Reich der Dinge" hin. Diese Souveränität dokumentiere sich in der Kategorie der Nützlichkeit und damit der Brauchbarkeit, die der Mensch auf die Dinge appliziere. Unnütze Dinge würden als Abfall deklariert oder als Dinge der Natur. Überdies würden Dinge als „tote Materie" aufgefasst. Die Vorstellung, dass Dinge nicht agieren, sondern nur gehorchen, bildete den „Sockel unserer Existenz". Ähnlich auch schon Mauss (Anm. 8), S. 120, zur Struktur gegenwärtiger Gesellschaftsordnungen: „Wir leben heute in einer Gesellschaft, die streng unterscheidet [...] zwischen den dinglichen Rechten und den persönlichen Rechten, zwischen Personen und Sachen."
[37] Zur Annahme einer Belebtheit von Dingen, wie sie frühere Gesellschaften und noch gegenwärtige gegenüber der heutige westliche Kulturen prägenden Vorstellung einer „toten Materie" kennzeichne, vgl. Böhme (Anm. 36), S. 44: Böhme spricht von einer durch „Hunderttausende von Jahren währende[n] kulturelle[n] Geltung [...], wonach die Dinge ihre eigene Fügung und ihr eigenes Aktionszentrum darstellen, im Verhältnis zu dem der Mensch ephemer und schwach" sei.
[38] Ähnlich Wapnewski (Anm. 20), S. 60 f., der freilich die der Gabe inhärente „Kraft" allein im Hinblick auf ihr friedensstiftendes Potenzial beschreibt.
[39] Zum Übertragen einer mit einer Gabe verbundenen Geschichte auf die Beschenkten, wie es in der frühen Heldenepik erzählt wird, vgl. bes. Marion Oswald: Gabe und Gewalt. Studien zur Logik und Poetik der Gabe in der frühhöfischen Erzählliteratur. Göttingen 2004 (Historische Semantik. 7),

legen, bringt erstmals im erzählten Geschehen die Rüdigerfigur ins Spiel. Die aus der Sicht des Etzelhofes prestigeträchtige Brautwerbung ist als sozial signifikantes Ereignis konstruiert, das ein komplexes Gefüge von Tauschgeschäften initiiert, in dem die Figuren systematisch situiert werden. Doch die „exzessive Verschwendung von Geschenken", die in den Augen Müllers im Epos den „Glanz der Herrschaft" zu spiegeln vermag,[40] wird hier weniger dem Herrscher Etzel als Eigenschaft zugeschrieben, sondern sie prägt vor allem den zum Boten ausersehenen Vasallen des Hofes, Rüdiger von Bechelaren.[41] Ist der Habitus des verschwenderischen Gebens im Epos von seinem Beginn an häufig als Herrschertugend thematisch, indem dieser etwa programmatisch den Burgundenkönigen gleich in der ersten Âventiure im Hinweis auf ihre „ungerichtet[e]" milte attribuiert wird (Die herren wâren milte; V. 5,1),[42] so erzählen die 20. und die 27. Âventiure das Geben als kalkulierte Technik machtpolitischen Agierens, eben als „Kunst, Geschenke zu machen".[43] Damit aber poetisieren die beiden Erzählabschnitte, so meine These, die feudaladelige Konkretion des Gabentauschs, die Jürgen Hannig so eindrücklich an zahlreichen chronikalischen Beispielen aus Spätantike und Mittelalter dargelegt hat.[44] Vor allem die Rüdigerfigur wird im Rahmen jener bereits im 6. Jahrhundert von Gregor von Tours als „ars donandi" bezeichneten, kunstvollen „politische[n] Interaktionsstrategie[ ]" entworfen.[45] Es ist das zielgerichtete Geben, welches das Strategiegespräch zwischen Etzel und seinen Leuten in Vorbereitung der Werbung bestimmt: Was Etzel zu geben hat, ist schnell benannt: Es sind sein name[ ] und sein michel guot (V. 1146,2), sein Ansehen und sein großer Reichtum, die aus Sicht der Planer im Akt des Gebens eine erfolgreiche Werbung Kriemhilds wahrscheinlich machen. Exponiert wird in diesem beratenden Forum Rüdiger, der allein über ein Expertenwissen um die Verhältnisse am burgundischen Hof verfügt. Mit diesem Wissen

---

hier S. 148 f., am Beispiel der Geschichte von Aeneas' Gaben an Dido, wie sie in den unterschiedlichen Fassungen des Stoffs in Antike und Mittelalter entworfen wird.
40 Müller (Anm. 9), S. 348.
41 Zur rechtlichen Fundierung der Vasallität im Mittelalter sowie zur spezifischen Reziprozität, die das Verhältnis von Herrscher und Vasall im Mittelalter bestimmt, vgl. bes. Wapnewski (Anm. 20), S. 46.
42 So Müller (Anm. 9), S. 348, zur Differenz von milte, die nicht auf ein Ziel oder einen bestimmten Empfänger beschränkt sei, gegenüber miete oder lôn, „die auf einen bestimmten Zweck [...] oder eine bestimmte Leistung" abzielten.
43 Hannig (Anm. 21), S. 11 f.
44 Ebd., passim.
45 Zur ars donandi als Strategie mittelalterlicher Politik vgl. grundlegend ebd., S. 12: Die Kunst, Geschenke zu machen, erscheine bereits dem „diplomatisch versierten, römisch-rechtlich gebildeten galloromischen Senatorensproß und Kirchenmann Gregor [...] als eine Standesqualität, die [...] zum Arsenal politischer Interaktionsstrategien gehör[e] und mit dem Beifall der Zeitgenossen im kirchlichen und weltlichen Bereich" geschickt angewendet worden sei. Ähnlich auch Kamp (Anm. 22), S. 332, der für das 12. Jahrhundert die Tradition der Geschenkepolitik betont: So sei im Vorfeld von Königswahlen „schon immer [...] mit Geschenken Politik gemacht worden".

kann er beim König reüssieren. Etzel bestimmt ihn zum Boten einer aufwendig vorzubereitenden Werbung, nicht ohne seinen Gefolgsmann an die *triuwe*-Verpflichtung zu erinnern, die dieser ihm schuldet (‚*sô wirb ez, Rüedegêr, als liep als ich dir sî*'; V. 1151,1). Für die Fahrt bietet er seinem Boten überdies eine großzügige materielle Ausstattung an: ‚*Ûzer mîner kameren sô heiz' ich dir geben, / daz du unt dîne gesellen muget vrœlîche leben*'. (V. 1152,1 f.) Doch die in der Rede des Königs für die Ausrüstung der Fahrt und die Entourage Rüdigers angebotenen Pferde und Kleider (*rosse*[ ] und *kleider*[ ]; V. 1152,3) sowie die für den erfolgreich absolvierten Botendienst sogleich in Aussicht gestellten Gegengaben (‚*und sol ich Kriemhilde immer geligen bî, / des wil ich dir lônen, so ich aller beste kan*'; V. 1151,3 f.) lehnt Rüdiger ab: ‚*gerte ich dînes guotes, daz wære unlobelîch*' (V. 1153,2), lässt er den König wissen. Während die Forschung in dieser Entgegnung allein die höfische Akzentuierung der Figur in einer generösen Geste erkennt,[46] lässt sich ihre Rede im Kontext des gabenökonomischen Diskurses auch als eine geschickte, da überaus höfliche Zurückweisung königlicher Zuwendungen beschreiben.[47] Denn bereits seit dem Frühmittelalter ist die Geschenkverweigerung eine durchaus geläufige Möglichkeit öffentlichen Handelns,[48] auf die der Text hier offensichtlich anspielt. Rüdigers Verhalten jedenfalls ist als politisch-strategisches inszeniert. Unter dem Deckmantel höfischer Rhetorik, die die Geschenkannahme im Rekurs auf das Adverb *unlobelîch* als nicht opportunes Verhalten kennzeichnet, sucht Rüdiger die mit jeder Gabenannahme einhergehenden politischen und moralischen Reziprozitätsverpflichtungen zu vermeiden. Stattdessen bekundet der Held, auf der Grundlage seiner eigenen Habe die Botenreise unternehmen zu wollen: ‚*ich wil dîn bote gerne wesen an den Rîn / mit mîn selbes guote*' (V. 1153,3 f.). Rüdigers Zurückweisung königlicher Gaben im Hinweis auf die eigenen ist nicht unproble-

---

[46] So schon Jochen Splett: Rüdiger von Bechelaren. Studien zum zweiten Teil des *Nibelungenlieds*. Diss. Bonn 1967, S. 44: „Die großmütige, vornehme Geste" charakterisiere Rüdiger „schon bei seinem ersten Auftreten und führ[e] ihn als vollendet höfischen Mann vor." Ähnlich auch Vizkelety (Anm. 20), S. 134. Anders Hugo Bekker: The *Nibelungenlied*: Rüdeger von Bechelaren and Dietrich von Bern. In: Monatshefte 66 (1974), S. 239–253, hier S. 241. Es sei das Streben nach öffentlicher Anerkennung, das Rüdigers Handeln stets bestimme, weil dieser – anders als etwa die Burgunden – nicht auf eine lange, Anerkennung verbürgende familiengeschichtliche Tradition zurückgreifen könne: „And so, Rüdeger's situation seems a simple one: to use every opportunity [...] to cultivate honor and goodwill, if using such opportunities means going against the normal, rather rigid, code of conduct current in society. [...] Rüdeger clearly overdoes it."
[47] Gabentheoretisch ist jede Zurückweisung von Geschenken hochproblematisch. So schon Mauss (Anm. 8), S. 37: „Sich weigern, etwas zu geben, es versäumen, jemand einzuladen, sowie es ablehnen, etwas anzunehmen, kommt einer Kriegserklärung gleich [...]." Die Konstruktion der Rüdigerfigur ist hier – freilich anders gewendet – der der Hagenfigur vergleichbar. Czerwinski (Anm. 14), S. 74, weist darauf hin, dass der „stärkste Vasall" in der Erzählung stets derjenige ist, „gegen den der Herr seinen Willen schon nicht mehr durchsetzt".
[48] Zur Praxis der Zurückweisung von Geschenken zur Vermeidung von Verpflichtungen und Bindungen, die Quellen seit der Spätantike bezeugen, vgl. Hannig (Anm. 21), S. 22.

matisch, erfordert sie doch eine nähere Begründung. Den Reichtum, so erläutert er gegenüber seinen Zuhörern, über den er verfüge, habe er ja ursprünglich aus den Händen Etzels empfangen. Damit statuiert er öffentlich seine Subordination unter die Königsherrschaft Etzels. Im assoziierten komplexen Gefüge gabenökonomischer Verpflichtungen sind die Botendienste Rüdigers auf der Grundlage verbal bestätigter Rangverhältnisse nun zumindest implizit als Gegengabe für die bereits von Etzel erhaltenen Zuwendungen deklariert. Damit aber entfaltet das Epos die Geschenkzurückweisung als argumentativ äußerst raffiniert begründeten Schachzug, mit dem sich die Figur dem endlosen Zyklus tauschökonomischer Reziprozität zwar letztendlich nicht entziehen, mit dem sie aber zumindest das Aufkeimen weiterer Verpflichtungen gegenüber Etzel über die Geschenkverweigerung verhindern kann. Die Eliminierung der königlichen Gegengeschenke jedenfalls aus dem in der Öffentlichkeit verhandelten Kontrakt mit dem König ist im Kontext mittelalterlicher Tauschgepflogenheiten nur vermeintlich allein ein Ausdruck für eine der Figur attribuierte „uneigennützig[e]" *milte*.[49] Vielmehr ist sie, so meine Vermutung, vor dem Hintergrund jener von der historischen Forschung beschriebenen „aristokratisch-agonalen Lebensform" narrativ entfaltet, als die sich die früh- und hochmittelalterliche Praxis des Gebens in zahlreichen historiographischen Quellen präsentiert.[50] Denn die Zurückweisung des königlichen *guotes* durch Rüdiger,[51] dies dokumentiert der weitere Verlauf des erzählten Geschehens, ermöglicht diesem im Rahmen der Brautwerbung zumindest in Teilen ein eigenmächtiges Agieren im Habitus eines Gebenden.

Am Beispiel Rüdigers zeigt sich mithin, dass das *Nibelungenlied* die gabenökonomischen Fundamente der feudaladeligen Gesellschaften als *ars donandi*, als eine basale Strategie politischen Handelns präsentiert. In der Hierarchie der stratifikatorisch organisierten imaginierten feudaladeligen Welt ist es nicht zuletzt die *Kunst, Geschenke zu machen*, welche die Möglichkeit zu verheißen scheint, die Schranken der rigide abgestuften Gesellschaftsordnung ein Stück weit zu überschreiten: Wenn sich auch selbstverständlich die Rangordnung des Etzelhofes durch Rüdigers geschicktes Agieren im Rahmen dieser Politik nicht grundlegend verändern lässt, so ermöglicht die reflektierte Teilhabe an der *ars donandi* der Figur bereits vor der Werbungsfahrt eine Ausweitung ihrer machtpolitischen Befugnisse. Rüdiger, so erzählt es das Lied, ist nie nur Bote, ist nie nur Mittler königlicher Absichten, ist nie allein Speichermedium königlicher Botschaften.[52] Vielmehr gewinnt er eine relativ

---

49 So Müller (Anm. 9), S. 352.
50 Hannig (Anm. 21), S. 20.
51 Die Zurückweisung lässt sich auch im Kontext des Lehnsrechts betrachten. Von hier aus mutet sie als Zurückweisung der Unterhaltsverpflichtungen an, die jeder Herr in seiner Beziehung zu einem Vasallen zu erfüllen hatte. Vgl. dazu Wapnewski (Anm. 20), S. 47.
52 Zur Funktion des Boten in medientheoretischer Hinsicht vgl. vor allem Sybille Krämer: Medium, Bote, Übertragung. Kleine Metaphysik der Medialität. Frankfurt a. Main 2008, S. 112: „Der Bote ist heteronom, hier verstanden im Gegensatz zu ‚autonom'. Er ist nicht selbständig, er untersteht einem ‚fremden Gesetz' und handelt im Auftrag eines anderen: Er hat eine Mission."

eigenständige politische Position, die die Funktion des Boten überschreitet und ihm ein Stück weit ein politisches Agieren auch im eigenen Interesse ermöglicht. Dass dem so ist, zeigt sich in der Erzählung darin, dass erst der Verzicht auf Etzels Ressourcen für die Ausstattung der sich auf die Werbungsfahrt begebenden Männer die Partizipation der Figur an der Kunst des Schenkens möglich macht. Denn nun ist es Rüdiger, der seine Ehefrau anweist, den Mitfahrenden reichliche Geschenke zu machen:

> Dô sprach der marcgrâve: ‚triutinne mîn,
> die mit mir sulen rîten hinnen an den Rîn,
> den sult ir minneclîche bieten iuwer guot.
> sô helde varent rîche, sô sint si hôhe gemuot.'
>
> Si sprach: ‚ez ist deheiner, der iz gerne von mir nimt,
> ine gebe ir ietslîchem, swaz im wol gezimt [...].'
> (V. 1171,1–1172,2)

Indem Rüdiger großzügig Gaben aus seinem eigenen Fundus (genauer: dem seiner Ehefrau) verteilen lässt, festigt er seine herausgehobene Position im sozialen Gefüge. Glanz und Reichtum, die der Erzähler bei der Schilderung seiner Ankunft in Worms eigens hervorhebt, provozieren sogleich eine besondere Begrüßung Rüdigers durch die Burgunden, eine öffentliche Statuierung ihrer besonderen Wertschätzung des Ankömmlings: Die prächtige Kleidung der Männer, die aus der *kamer* des Markgrafen stammt (Str. 1173), ist Hagen Indiz dafür, dass es Rüdiger sein muss, der in ihr Land kommt. Dass sich die Aufwendungen, und damit die durch sie ermöglichte Zurschaustellung der eigenen Freigebigkeit für den Helden auszahlen, wird in der Erzählung eingehend hervorgehoben. Ihre Geschenke akkumulieren der Figur symbolisches Kapital, das Erscheinungsbild seiner Entourage sichert ihr *êre*, soziale Anerkennung. Rüdigers Gaben vermögen es, „Anerkennungsverhältnisse" zu etablieren, sie erweisen sich als, so hat es Hirschbiegel formuliert, konvertierbar in „soziales Kapital".[53] Dies zeigt sich bereits darin, dass die Burgunden Rüdiger bei seiner Ankunft an keiner Stelle als Gefolgsmann Etzels adressieren. So kennt Gunther den *guoten Rüedegêren* (V. 1181,4), dessen Gefolge großes Aufsehen zu erregen vermag (Str. 1182). Und Hagen begrüßt im Namen aller explizit den *voget von Bechelâren unt alle sîne man* (V. 1183,3). Und darüber hinaus ist es ebenfalls Hagen, der Gunther sofort dazu auffordert, Rüdiger für eine im Lied nicht näher explizierte frühere Dienstleistung an den Burgunden Lohn zu entrichten: ‚*ez solden immer dienen dise degene, / daz uns der marcgrâve ze liebe hât getân: / des solde lôn enpfâhen der schœnen Gotelinde man.*' (V. 1189,2–4) Es ist allein der

---

53 Vgl. dazu Hirschbiegel (Anm. 24), S. 53: „Freigebigkeit als höfisches Verhalten ist nicht nur zielorientiert motiviert durch den Erwerb und die Akkumulation des symbolischen Kapitals der Ehre [...]. Das entscheidende Kriterium hierbei ist die Konvertierbarkeit in soziales Kapital in Form der Etablierung von Anerkennungsverhältnissen und deren Reproduktionsfähigkeit [...]."

Erzähler, der seinem Publikum die eigentliche Funktion des Ankommenden anlässlich dieser Begrüßung ins Gedächtnis ruft: *boten, so sein Kommentar, nie getruogen alsô hêrlîch gewant* (V. 1182,4). Diese Bemerkung evoziert eine ambivalente Wahrnehmung der Figur. Hebt sie einerseits durchaus die gesellschaftliche Sonderstellung Rüdigers hervor, so ist sie andererseits auch als dezenter Hinweis auf eine in der Pracht der Kleidung zum Ausdruck kommende partielle Überschreitung der Botenrolle durch Rüdiger lesbar. Im Hinblick auf die epische Verhandlung gabenökonomischer Fundamente feudaladeliger Politik erfolgt die Konstruktion der Rüdigerfigur als eine um die machtpolitischen Möglichkeiten der *ars donandi* wissende. Seine im Rahmen dieser Politik erstrittene Teilhabe am Geben ist es, die Rüdiger von Beginn an eine Sonderposition im sozialen Gefüge der feudalen Welt zu sichern vermag: Indem er selbst die mit ihm Reisenden mit Geschenken in Gestalt prächtiger Kleidung und Rüstung versorgen lässt, indiziert er diese Sonderstellung öffentlich und lässt so von vornherein das sichtbar werden, was sich mit dem oben dargelegten Geschenkverzicht verbindet: Dass er selbst mehr sein kann, als nur ein Bote Etzels, und dass die Fahrt zu den Burgunden nicht allein für die Brautwerbung Kriemhilds taugt, sondern auch der sichtbaren Ausstellung der eigenen gesellschaftlichen Bedeutsamkeit sowie der Erweiterung der eigenen politischen Befugnisse dienlich sein kann. In der paradoxalen Anlage der Figur als Bote ohne Botenlohn verweist bereits die Erzählung von der Vorbereitung der Werbungsfahrt darauf, dass eigennütziges Herrschaftshandeln durch einen geschickten Umgang mit gabenökonomischen Regularien feudaladeliger Politik ermöglicht wird.

Rüdiger, dessen imaginierte gesellschaftliche Position und Funktion zwischen den Bezeichnungen *marcgrâve, voget, fürste, herre, wirt, man, vriunt, recke, ritter* und *bote*[54] bewusst unscharf im Spannungsbogen von relativer Eigenständigkeit und loyaler Gebundenheit sowie Abhängigkeit erfolgt, wird im weiteren Verlauf des erzählten Geschehens konsequent als Übermittler von Gaben *und* als selbständig Gebender, ja man könnte mit Müller sagen: als exzessiv Gebender,[55] konturiert. Der Erzähler rekurriert deutlich auf die Praxis feudaladeliger Geschenkepolitik des Mittelalters, wenn er Rüdiger über jedes Register gabenökonomischen Taktierens verfügen lässt. Seine gute Kenntnis aller auszuschöpfenden Möglichkeiten ist – so erzählt es das Lied – unabdingbare Voraussetzung für eine erfolgreiche Werbung um Kriemhild. Die drei „Regeln" gabenökonomischer Verhandlungen, „Öffentlichkeit", „Überbietung" und das „Prinzip der verpflichtenden Annahme", wie sie Han-

---

54 Allein in den Âventiuren 20 und 27 finden sich für die oben angeführten Termini folgende Belege: *marcgrâve* (V. 1153,1; 1171,1; 1172,4; 1189,3; 1190,4; 1228,4; 1233,1; 1254,2; 1257,4; 1261,4; 1265,1;); *voget* (V. 1183,3); *fürste* (V. 1231,1); *herre* (V. 1167,4); *wirt* (V. 1666,1; 1688,3; 1689,4; 1691,3; 1694,1; 1704,3; 1708,1; 1709,1; 1711,2); *man* (V. 1226,2; 1234,1); *vriunt* (V. 1149,1); *recke* (V. 1253,1); *ritter* (V. 1713,1); *bote* (V. 1159,4; 1193,1; 1198,1; 1220,4; 1224,2; 1229,1; 1230,3).
55 Vgl. nochmals Müller (Anm. 9), S. 348.

nig für die Praxis mittelalterlichen Feudaladels beschrieben hat,[56] grundieren die Erzählung von Rüdigers Agieren. Das Epos indes akzentuiert die Werbung als schwieriges, da nahezu aussichtsloses Unterfangen und entwirft konsequent die exponierte Position, die Rüdiger in diesem Zusammenhang zufällt. Auf Kriemhild selbst als die von den Königen bestimmte, letzte Instanz der Entscheidung über die Werbungsannahme verwiesen, ist es an ihm allein, ihr die Heirat schmackhaft zu machen. Und so sucht er im Rekurs auf den Modus ständiger Überbietung und Steigerung Kriemhild in seiner Funktion als Bote zur Annahme von Etzels Ansinnen zu bewegen. In immer neuen Anläufen avisiert der Held ihr: die Macht über zwölf Kronen, die Länder dreier Fürsten, die Herrschaft über viele Männer und Damen am Hof Etzels, die gleichen Machtbefugnisse über die Gefolgsleute am Hof, wie sie schon Helche zukamen, den Zugewinn an gesellschaftlichem Ansehen an der Seite eines solch mächtigen Herrschers.[57] Doch die im öffentlichen Rahmen angepriesenen Vorteile des Angebots prallen, trotz allen guten Zuredens von Mutter und Brüdern, die sie zur Annahme zu bewegen suchen,[58] an der sich durchgehend als trauernde Witwe gebenden Königin ab. Allen gibt sie zu verstehen: *Daz si nimmer minnen wolde   mêr deheinen man.* (V. 1254,1) Im Kontext herkömmlicher Strategien feudaladeliger Tauschpolitik erzählt das Epos an dieser Stelle das Scheitern all jener Prinzipien des Schenkens, denen verbindungsstiftende und sozial stabilisierende Funktionen zukommen: Öffentlichkeit, Überbietung und Gegengabe.[59] Rüdiger scheitert mithin in seiner Funktion als Bote Etzels, die Gaben des Königs taugen nicht dazu, das Ziel der Werbung zu erwirken. Entsprechend der im Hinblick auf ihren gesellschaftlichen Status ambiguisierenden Anlage der Figur wird nachfolgend dargelegt, dass allein das Aussteigen aus der Mittlerfunktion für Etzel Rüdiger doch noch den vermeintlich erfolgreichen Abschluss des Tauschs ermöglicht. Im Kontext feudaladeliger Gabenökonomie greift er hierzu zu dem einzig verbleibenden, gleichwohl höchst zweifelhaften Mittel: dem im Geheimen „gegebene[n] Geschenk".[60] Er ersucht die Königin um ein Gespräch unter vier Augen und sagt ihr zu, sie persönlich für alles entschädigen zu wollen, was ihr widerfahren sei:

> Niht half, daz si [die Burgunden; M. S.] gebâten,   unz Rüedegêr
> gesprach in heimlîche   die küneginne hêr,
> er wolde si ergetzen,   swaz ir ie geschach.
> (V. 1255,1–3)

---

56 Hannig (Anm. 21), S. 18.
57 Vgl. Str. 1235–1240.
58 Vgl. Str. 1243–1250.
59 Hannig (Anm. 21), S. 19: „Erst das öffentlich übergebene Geschenk kann die sozialen, hierarchisch differenzierenden und verbindungsstiftenden Funktionen erfüllen, der der Gabentausch zu leisten imstande war."
60 Ebd.

Das Epos rekurriert hier auf jene deviante Form des Gabentauschs, die, so Hannig, „nicht von Dritten berechenbare und kontrollierbare Verpflichtungen schafft".[61] Im Rahmen des Doppelsystems, als das der feudaladelige Modus der Geschenkepolitik sich darstellen lässt, stellt sich das in der Heimlichkeit gemachte Angebot des Helden als narrativer Rekurs auf eine derjenigen „komplementäre[n] Gegenform[en]" dar, die die gabenökonomischen Regularien nach sich ziehen.[62] Der sozial stabilisierenden Öffentlichkeit des Gebens entspricht demnach die gesellschaftlich prekäre Form geheimen Schenkens, der sich Rüdiger hier bedient. Er *besticht* Kriemhild, so ließe sich das Geschehen zugespitzt beschreiben, indem er Siegfrieds Witwe die Zusicherung seiner Loyalität und die seiner Männer als zentrales Mittel für die Umsetzung ihrer eigenen politischen Ziele anpreist:[63]

> Er sprach zer küneginne: ‚lât iuwer weinen sîn.
> ob ir zen Hiunen hêtet   niemen danne mîn,
> getriuwer mîner mâge,   und ouch der mînen man,
> er müeses sêr' engelten,   unt het iu iemen iht getân.'
> (Str. 1256)

Dass Rüdigers Geschenkepolitik dem fragwürdigen Prinzip einer totalen Verausgabung verpflichtet ist, wird spätestens hier deutlich und grundiert die narrative Darlegung der Figur und ihres Handelns bekanntlich durchgehend. Diese Politik verbürgt stets nicht allein die erfolgreiche Umsetzung politischer Ziele seines Herrn, König Etzels. Rüdiger gibt im wahrsten Sinne des Wortes stets alles (auch sich selbst) und produziert so eigenmächtig im öffentlichen Raum die Exzeptionalität seines gesellschaftlichen Status. Die erfolgreiche Werbung jedenfalls fällt allein auf ihn zurück. Die Boten, die an den Etzelhof vorausgeschickt werden, um die Ankunft der Königin anzukündigen, bringen es auf den Punkt; sie vermelden Etzel, *daz im Rüedegêr / ze wîbe het' erworben   die edeln küneginne hêr* (V. 1289,3 f.). Das ist wörtlich zu nehmen: Allein mit seinen Gaben, allein durch die im Schwur besiegelte Zusage seiner unbedingten Loyalität und die seiner Gefolgschaft, erwirbt er die Königin. So gesehen mutiert Kriemhild im Verlauf der tauschökonomischen Operation ein Stück weit zu seiner, zu Rüdigers Gabe an den Etzelhof.

III Gabe

Der hier beschriebenen komplexen Poetisierung mittelalterlicher Geschenkepolitik im Spannungsverhältnis von sozial stabilisierendem und gesellschaftlich riskan-

---

[61] Ebd.
[62] Ebd., S. 23.
[63] Vgl. zur mittelalterlichen Diskursivierung von Bestechung, die noch keine „sozial akzeptierte Fehlform der *ars donandi*" ist, ebd., S. 26 f. Rüdigers Vorgehen bezeichnet Vizkelety (Anm. 20), S. 134 f., als *list*, als Missbrauch des Dienstes, zu dem er seinem Herrn verpflichtet sei. Das Schema

tem Herrschaftshandeln und ihrer Applikation auf die ambivalent angelegte Rüdigerfigur entspricht auch die spezifische Faktur der Gabe, wie sie in der 20. Âventiure entwickelt wird. Das Lied, so gilt es nachfolgend darzulegen, erzählt Kriemhild sowohl als Objekt feudaladeliger Heiratspolitik als auch und zugleich als Subjekt derselben. Die Imagination Kriemhilds als Ding und Agens des Werbungsgeschehens erfolgt jeweils durch ihre Akzentuierung als Gesprächsgegenstand bzw. als Gesprächspartnerin im Rahmen der Vorbereitungen und Verhandlungen am Etzelhof und in Worms. Als Gesprächsgegenstand am Hunnenhof ist zunächst ihr sozialer Prestigewert für die Gesellschaft des Werbenden von übergeordneter Relevanz: Sie ist *die hœhste*[ ] *unt die beste*[ ], *die künic ie gewan* (V. 1144,3). Diesem superioren Status entspricht ihre außergewöhnliche Schönheit, für die Selbstpräsentation der königlichen Macht von nicht geringer Bedeutung (*jane konde niht gesîn / in dirre werlde schœner deheines küniges wîp*; V. 1150,2f.). Dieser über die Korrelierung von sozialem Stand und Schönheit hergeleiteten sozialen Werthaftigkeit werden nachfolgend in der Erzählung selbst die angesprochenen heiklen Attribute der zu erwerbenden *Gabe* im Dialog der Figuren nachgeordnet. Das aus der Sicht des Heidenkönigs problematische Christentum Kriemhilds gilt seinen Leuten als über entsprechende Zuwendungen kompensationsfähig. Ihre Biographie indes, der Umstand, dass *si was ir edelen minne Sîfride undertân* (V. 1157,2), ist aus der Sicht der Etzelfigur nur noch ein weiteres Argument dafür, dass die Königin alle Kriterien einer besonders wertvollen Gabe erfüllt: ‚*was si des recken wîp, / sô was wol alsô tiure des edelen fürsten lîp, / daz ich niht versmâhen die küneginne sol.*' (V. 1158,1–3) In der Figurenrede Etzels wird deutlich, dass es Kriemhilds vergangenes Leben ist, ihr Status als Witwe eines angesehenen Fürsten, die ihr als Gabe im Rahmen der Heiratspolitik anhaftet. Während die Bewertung dieser Geschichte als Teil der zu erlangenden Gabe durch Etzel uneingeschränkt positiv ausfällt, bekundet sie aus der Sicht des Rezipienten zugleich dessen (unverschuldete) Naivität. Denn Etzel bleiben die Umstände von Siegfrieds Tod als zentralem Teil der Biographie Kriemhilds verborgen. Als Objekt der Werbung im Kontext gabenökonomischer Prinzipien ist es indes – dies wissen die Rezipienten – die ganze Geschichte, die Kriemhild als Gabe beseelt und die – das zeigen die der Werbung folgenden Ereignisse – mit ihr ins Hunnenland übertragen wird.[64] Liest man die narrative Kon-

---

der gefährlichen Brautwerbung steuere, so seine These, die Figurenkonstruktion an dieser Stelle (vgl. ebd., S. 137). Anders Sabine Kückemanns: Ambivalenzen der *triuwe* im *Nibelungenlied*. Aachen 2007, S. 127: Rüdiger lasse sich für seinen Herrn zu einer rechtsverbindlichen Handlung hinreißen, deren Tragweite er in diesem Moment noch nicht zu überschauen in der Lage sei.
64 Als Objekt der Heiratspolitik ist die Kriemhildfigur analog zu jenen Dingen gestaltet, „die wandern können". Ihre Eigenschaften sind die solcher Dinge, die im Rechtsdiskurs *mobilia* genannt werden. Solche *mobilia* können nur solange besessen werden, wie jemand die Hand auf sie legen kann, ihr Besitz ist ein stets vorläufiger. Vgl. dazu, zur sozialen Bedeutung und Funktion beweglicher Dinge, Michael Niehaus: Das Buch der wandernden Dinge. Vom Ring des Polykrates bis zum entwendeten Brief. München 2009, S. 13.

struktion der Kriemhildfigur in ihrer Funktion als Objekt feudaler Heiratspolitik von ihren gabenökonomischen Implikationen her, so erfolgt bereits hier ihre implizite Akzentuierung als „giftige Gabe".[65] Explizit wird die Störanfälligkeit einer Tauschoperation um Kriemhild in dem Moment, wo diese Operation (und damit die Gabe Kriemhild) zum Gesprächsgegenstand der Burgundenkönige und ihrer Vertrauten wird. Der Autor akzentuiert einen Gegensatz zwischen dem einhellig positiv bewerteten Angebot durch die Könige und der scharfen Ablehnung desselben durch Hagen. Dabei sind die Argumente deutlich geschieden: Auf der einen Seite steht die Vermehrung des gesellschaftlichen Ansehens für die Burgunden und vor allem für Kriemhild, auf der anderen Seite die Warnung vor künftigem Schaden, der den Burgunden durch die Heirat und den damit verbundenen Machtgewinn erwachsen könnte. Hinter beiden Argumenten aber steht die Beachtung von Kriemhilds vollständiger Geschichte als problematischem Implikat der Gabe, vor allem die Berücksichtigung des Unrechts, das ihr durch den Mord an Siegfried durch ihre Verwandten, vor allem aber durch Hagen widerfahren ist. Es ist dieser widerständige Teil der das Objekt des Tauschs beseelenden Geschichte, der die Unterredung bestimmt. Und in diesem Zusammenhang ist es die jedem Gabentausch implizite Evaluation zukünftiger Konsequenzen, der Zeitaspekt,[66] der die Gabenökonomie als unsicherer Faktor stets begleitet, der die differierenden Einschätzungen grundiert. Das „Intervall" zwischen Gabe und Gegengabe, das im Modus einer kollektiven Selbsttäuschung, so Pierre Bourdieu, als Grundprinzip symbolischer Ökonomie zu gelten habe, insofern es den Akt des Gebens stets mit der Aura von Unbedingtheit und Großmütigkeit versehe,[67] dieses Intervall also wird im Lied in den Figurenre-

---

65 Vgl. dazu bes. Gisela Ecker: ‚Giftige' Gaben. Über Tauschprozesse in der Literatur. München 2008, hier S. 9: „Als ‚Gift' der Gabe verstehe ich hier alles das, was sich als Störfaktor einer glatt aufgehenden, uneigennützigen, dankbar entgegengenommenen und mit einer Gegengabe erwiderten Gabe erweist, was das kursierende Wunschmodell einer generösen, ohne Berechnung funktionierenden Gabe in Frage stellt, was Asymmetrien, Abhängigkeiten und überbietenden Wettbewerb herstellt." Bereits Mauss (Anm. 8), S. 154, weist auf das gesellschaftszersetzende Potenzial der giftigen Gaben hin und rekurriert dabei – wie Ecker nach ihm – auf den Doppelsinn des Wortes ‚Gift': „Das Motiv der unheilbringenden Gaben, Geschenke oder Güter, die sich in Gift verwandeln, ist in der germanischen Folklore grundlegend." Dass das Gefahrenmoment generell das „semantische Zentrum" aller Brautwerbungen im *Nibelungenlied* bildet, betont Hartmut Bleumer: Der Tod des Heros, die Geburt des Helden – und die Grenzen der Narratologie. In: Anfang und Ende. Formen narrativer Zeitmodellierung in der Vormoderne. Hrsg. von Udo Friedrich, Andreas Hammer, Christiane Witthöft. Berlin 2014 (LTG. 3), S. 119–141, hier S. 126: „In den Werbungen ist ein Gefahrenmoment permanent anwesend, das gerade anfangs über die Figur Siegfrieds deutlich wird und über den Versuch seiner Bannung in den Untergang führt [...]."
66 Vgl. hierzu Ecker (Anm. 65), S. 11: Durch den Zeitfaktor werde „eine fundamentale Unsicherheit und Offenheit als Spannungsmoment eingeführt [...]."
67 Vgl. dazu Pierre Bourdieu: Die Ökonomie der symbolischen Güter. In: Vom Geben und Nehmen. Zur Soziologie der Reziprozität. Hrsg. von Frank Adloff, Steffen Mau. Frankfurt a. Main 2005 (Theorie und Gesellschaft. 55), S. 139–155, hier S. 139: Die Funktion des Intervalls zwischen Gabe und Gegengabe bestünde darin, beide gegeneinander abzuschirmen und auf diese Weise „zwei vollkommen symmetrische Handlungen als unverbundene Einzelhandlungen erscheinen zu lassen".

den explizit. Damit aber suspendiert der Autor die im zeitlichen Abstand von Gabe und Gegengabe aufgehobene Illusion großzügigen Gebens. Die (möglichen) Konsequenzen des Gebens werden thematisch. Während die Könige auf ein mögliches Ende reziproker Verpflichtungen durch Kriemhilds Heirat mit dem Hunnenkönig spekulieren, zudem die Wiedergutmachung für das an der Schwester begangene Unrecht namhaft machen,[68] akzentuieren allein die Reden der Hagenfigur Kriemhild als höchst brisantes, da womöglich nicht zu kontrollierendes Objekt tauschökonomischer Ambitionen. Damit aber antizipiert der Vasall der Burgunden allein das mögliche Rachebedürfnis der Königin: ‚und sol diu edele Kriemhilt Helchen krone tragen, / si getuot uns leide, swie si gefüege daz.' (V. 1212,2 f.)

Die ihr eigene „Renitenz"[69], die Hagen der Gabe Kriemhild attestiert, bleibt im Verlauf des erzählten Geschehens nicht auf das Potenzial ihrer familiengeschichtlichen Erfahrungen um den Mord an Siegfried beschränkt, die ihr stets anhaften. Vielmehr ist es der Umstand, dass Kriemhild die letzte Entscheidung über das Angebot Etzels von ihren Brüdern zugebilligt wird, der im Kontext der gabenökonomischen Situierung des Geschehens ihre endgültige Transformation vom Objekt des Handels zu dessen ausschlaggebendem Subjekt, sprich: zum Agens der Verhandlungen, ermöglicht. Ihre Widersetzlichkeit ist damit nicht mehr allein virtuell auf einen Bereich zukünftiger Potentialität eingeschränkt, sondern kann ihre Wirkung bereits vor Abschluss des Tauschhandels entfalten. Die Initiierung des finalen Untergangsgeschehens wird also bereits in der 20. Âventiure im Hinweis auf die Verletzung basaler tauschökonomischer Prinzipien durch Gunther und seine Brüder begründet, die selbst den Verlust der feudale Heiratspolitik grundierenden Verfügbarkeit über die Gabe deklarativ verfügen. Kriemhild wird die letzte Entscheidung über die Angelegenheit zugebilligt. Dies geschieht in Form eines Beschlusses, den die drei Könige gegen Hagens Votum treffen, man möge gegebenenfalls Kriemhilds Heiratsabsicht durch ein Gebot der Könige unterbinden.[70]

> Gêrnôt und Gîselher, die stolzen ritter guot,
> und Gunther der rîche ze jungest reiten daz:
> ob ez lobte Kriemhilt, si woldenz lâzen âne haz.
> (V. 1214,2–4)

---

[68] Vgl. Str. 1211: *Des antwurte Hagenen der küene Gêrnôt: / ‚ez mag alsô belîben unz an ir beider tôt, / daz wir geriten nimmer in Etzelen lant. / wir suln ir sîn getriuwe, daz ist zen êren uns gewant.'*
[69] Böhme (Anm. 36), S. 41. Böhme weist darauf hin, dass der Gedanke einer grundsätzlichen Verfügbarkeit über Dinge zwar einerseits die Voraussetzung menschlicher Existenz sei, andererseits aber die Abhängigkeit des Menschen von den Dingen verschleiere. Vgl. ebd., S. 43: „Über die Dinge zu sprechen, sie in Aussagen und Sachverhalte zu verwandeln und über sie technisch zu verfügen, schafft jenes Vertrauen, ohne das wir nicht leben könnten." Imaginiere man einen „Aufstand der Dinge", dann würde sofort deutlich, „dass dies eine Katastrophe unvorstellbaren Ausmaßes wäre" (ebd., S. 42). Zugleich weist er die vermutete Souveränität über die Dinge als eine – weltgeschichtlich betrachtet – späte Errungenschaft aus. Die Überzeugung von einer eigenständigen Macht der Dinge sei die längste Zeit der Geschichte das vorherrschende Konzept gewesen (ebd., S. 44).
[70] Hagens Gegenrede in V. 1203,3 f.: *‚habt ir rehte sinne, sô wirt ez wol behuot, / ob sis joch volgen wolde, daz irz nimmer getuot.'*

Mit diesem Entschluss machen sie Kriemhild zu einer Gabe, die gegeben werden soll, aber nicht gegeben werden kann. Es ist dieser Verzicht auf die letzte Entscheidungshoheit im Akt des Gebens, den das erzählte Geschehen als Bedingung einer grundständigen Ermächtigung Kriemhilds betont. Dass die Witwe Siegfrieds schließlich eigenmächtig die genauen Bedingungen ihres Verschenkt-Werdens aushandeln darf, ist ein, wenn nicht der wesentliche Faktor, den die Erzählung als Ursache des Untergangsgeschehens namhaft macht. Nicht allein birgt die spezifische Faktur der Gabe Kriemhild über die ihr anhaftende Geschichte einen potentiell für die am Tausch beteiligten Gesellschaften bedrohlichen Aspekt. Vielmehr wird die Gabe selbst Teil des agonal ausgetragenen Geschehens um das feudaladelige Geben. Mit Kriemhild erwirbt Rüdiger dem Herrscher Etzel das Unheil, das ihre Geschichte bestimmt, und mehr noch, eine ebenbürtige Partnerin im agonalen Spiel feudaladeliger Gabenökonomie. Dass Kriemhild dieses Spiel zu spielen weiß, daran lässt der Erzähler im Folgenden keinerlei Zweifel. Ihr Ziel formuliert er in aller Deutlichkeit: Kriemhild, so heißt es, träume davon, dass sie über die Heirat mit Etzel wieder *ze gebene hête golt, silber unde wât, / sam ê bî ir manne* (V. 1247,2 f.). Sie träumt von der Wiedererlangung einer Position der Gebenden, von der Wiedererlangung politischer Macht. Dieses Ziel ist Grundlage ihrer kommunikativen Taktik in den Gesprächen um ihre Wiederverheiratung. Ihre Insistenz auf der Trauer um Siegfried entpuppt sich vom gabenökonomischen Kontext der Figurenkonstruktion aus betrachtet auch als implizites Wissen um die Wirkung öffentlich zur Schau gestellter Emotionalität, welches es der Königin ermöglicht, die Bedingungen ihrer Verheiratung in ihrem eigenen Sinne auszuhandeln. Mit Rüdiger knüpft sie eine sozial relevante Beziehung: Der Schwur des Markgrafen und seiner Mannen, Kriemhild stets zu Diensten zu sein, begründet ein auf die Zukunft ausgerichtetes, äußerst vielversprechendes Beziehungsarchiv, das auf die Reziprozität der eingegangenen gegenseitigen Verpflichtungen setzt. Kriemhild gibt sich als Gabe für Etzel und fordert von Rüdiger im Gegenzug *eide* darauf, jede künftige Kränkung an ihrer Person zu rächen (V. 1257,2). Am Ende steht schon am Burgundenhof ihre partielle Restitution in den Status einer Gebenden, insofern sie – nun die Braut Etzels – wieder Geschenke aus Siegfrieds Erbe verteilen lässt,[71] um sich die Loyalität möglichst vieler Krieger zu sichern, bis Hagen dieser Machtakkumulation ein allerdings nur vorläufiges Ende setzt.

Die konsequente Dekonstruktion gabenökonomischer Prinzipien ist im Lied als Bedingung einer sukzessiven Zersetzung gesellschaftlicher Verbindlichkeiten entwickelt. Der ambiguisierenden Darlegung Rüdigers als eines zweifelhaften Gebers gesellt sich die zweifelhafte Kontur der Gabe an die Seite, wie sie im Hinblick auf die Kriemhildfigur entworfen wird. Während Rüdiger als maßlos Gebender entwickelt ist, der sich über die Limitierungen seines gesellschaftlichen Status hinweg

---

[71] Vgl. V. 1270,3–1271,3. Rüdiger, der Anlage der Figur entsprechend, lehnt wiederum diese Geschenke Kriemhilds im Hinweis auf die eigenen Möglichkeiten ab (Str. 1279).

zu schenken bemüht, geht Kriemhild als – ohnehin über ihre Geschichte bereits als giftig ausgewiesene – Gabe im Zuge der Verhandlungen ihres dinglichen Status verlustig, insofern sie vom Objekt zum Subjekt der Geschenkepolitik avanciert. Kriemhilds Kontur als Gabe wird in der Erzählung bei genauerem Zusehen durchaus analog zu denjenigen Definitionen entwickelt, die die Theorie für sozial relevante Geschenke namhaft gemacht hat: Ihre Attribuierung erfolgt im Horizont sozialer und materialer Wertigkeit und im Hinweis auf ihr Belebt-Sein.[72] Im Lizenzraum einer narrativen Imagination feudaladeligen Herrschaftshandelns indes sind all diese Attribute mit einem besonderen Potenzial gesellschaftszersetzender Kraft versehen. Im Rahmen der Erzähllogik des Epos sind sie letztlich ursächliche Faktoren für die finale Erzählung von der Destruktion jedweden gesellschaftlichen Lebens; sie sind Gaben mit sozialer Sprengkraft.

IV Nehmen

Die paradoxale Anlage der Rüdigerfigur schließlich, wie sie schon in der Akzentuierung des Markgrafen als Bote ohne Botenlohn erfolgte, wird erneut bemüht, wenn der Autor des Liedes dem höfische Formen souverän beherrschenden Mann einen eigenen Erzählabschnitt, nämlich die eingangs bereits erwähnte 27. Âventiure am Ende des Liedes widmet. Die Zwischeneinkehr der Burgunden/Nibelungen in Bechelaren ist Anlass zu einer erneuten, mit allen Mitteln der Erzählkunst gestalteten Erörterung von Rüdigers ambivalentem Status im Kontext einer gabenökonomischen Fundierung der imaginierten feudaladeligen Welt. Explizit wird hier, was die Reden und das Handeln Rüdigers in der 20. Âventiure wo möglich zu verdecken suchten, nämlich dass Rüdiger als exilierter Gefolgsmann Etzels tatsächlich nichts zu geben hat, dass er zumindest auf der höchsten Ebene machtpolitischen Geschäftemachens nicht nachhaltig mitspielen kann. Dieser Umstand wird am dritten Beispiel feudaladeliger Heiratspolitik, der Erzählung von der Verheiratung der Rüdigertochter mit Giselher, dem jüngsten der Burgundenkönige, demonstriert.[73] Im Kontext der Anbahnung dieser Verbindung destruiert der Erzähler erneut die Regularien gabenökonomischen Tauschs. Rüdiger, als Vater der Braut eigentlich der potentielle Geber in diesem Geschäft, wird diese Rolle explizit abgesprochen. Stattdessen wird er zum Nehmer des aus seiner Sicht attraktiven Heiratsangebots der Burgunden.[74] Der Wert der Gabe, und damit eine Begründung für ein gesellschaftliches Interesse an der in Rede stehenden Braut, wird in der öffentlichen Rede der

---

[72] Vgl. dazu nochmals Anm. 29.
[73] Zu dieser dritten Brautwerbung im *Nibelungenlied* vgl. Vizkelety (Anm. 20), S. 132 ff.
[74] Anders Müller (Anm. 9), S. 351 f., der die Tochter uneingeschränkt als eine Gabe Rüedegers verstanden wissen möchte und als nur einen Ausweis dafür, dass Rüedegers *milte* im *Nibelungenlied* als „unbeschädigt" imaginiert sei.

Burgunden mit Rüdiger allererst erzeugt. Am Beginn der Âventiure steht so die Schilderung eines aus machtpolitischer Sicht höchst problematischen Geschäfts. Initiiert wird es eindeutig von den Burgunden: Angesichts der schönen Markgrafentochter ist es Volker, der die Attraktivität einer Heirat mit ihr – nach dem gemeinsamen Mahl und in einer als heiter bezeichneten Geselligkeit[75] – zum offenen Gesprächsgegenstand zwischen den Burgunden und Rüdiger macht. Seine Rede treibt zunächst den sozialen Prestigewert der Braut unverhältnismäßig in die Höhe, insofern er die eigene inferiore gesellschaftliche Position (er trage keine Krone[76]) als grundsätzliches Hindernis einer solchen Verbindung namhaft macht. Im erzählten Dialog fällt sodann Rüdiger die Rolle zu, den mangelnden sozialen Wert der eigenen Tochter für ein Heiratsgeschäft zu konstatieren. Er und seine Frau seien, so sein Einwand, Exilierte, mittellos. Somit tauge seine Tochter – trotz ihrer großen Schönheit[77] – nicht zur Gabe im Rahmen der Heiratspolitik der Mächtigsten: ‚*wie möhte daz gesîn, / daz immer künec gerte der lieben tochter mîn?*‘ (V. 1676,1f.) Sind diese Redebeiträge des Markgrafen als Ausdruck reiner Bescheidenheit zu werten oder deuten sie womöglich auch auf ein freilich eher zaghaftes Bemühen, königliche Geschenke nicht annehmen zu müssen?

Wie dem auch sei: Der korrekten Evaluation des sozialen Wertes der Braut durch den Vater entgegnen die Burgunden, allen voran Hagen. Er ist es, der die Heirat Giselhers mit der Markgrafentochter vorschlägt und zugleich den exzeptionellen gesellschaftlichen Rang der künftigen Braut durch die eigene öffentliche Rede allererst herstellt:

> ‚Nu sol mîn herre Gîselher nemen doch ein wîp:
> ez ist sô hôher mâge der marcgrâvinne lîp,
> daz wir ir gerne dienten, ich unde sîne man,
> und soldes' under krône dâ zen Burgonden gân.'
> (Str. 1678)

Dieser öffentlichen Statuierung eines ja nur vermeintlich hohen Standes der Braut und seinen zukünftigen Verheißungen können Rüdiger, seine Frau und seine Tochter nicht ausweichen oder nicht widerstehen. Die Deklaration seiner Tochter zur Gabe Rüdigers erfolgt erst an dieser Stelle: *dô swuor man im* [Giselher; M. S.] *ze gebene daz wünneclîche wîp* (V. 1680,3). Erst nach der öffentlich erfolgten Zurüstung des sozialen Prestigewertes der Tochter als Braut kann sie vom Vater vergeben werden. Der Erzählerkommentar ist wieder ironisch gefärbt: *Swaz sich sol gefüe-*

---

[75] Vgl. Str. 1673: *Dô si getrunken hêten und gezzen über al, / dô wîste man die schœnen wider in den sal. / gämelîcher sprüche wart dâ niht verdeit. / der redete vil dâ Volkêr, ein degen küen' unt gemeit.*
[76] V. 1675,1–3: ‚*Ob ich ein fürste wære*', *sprach der spileman, / ‚und solde ich tragen krône, ze wîbe wold ich hân / die iuwern schœnen tohter, des wünschet mir der muot.*'
[77] Vgl. V. 1676,4: ‚*waz hilfet grôziu schœne der guoten juncvrouwen lîp?*'

gen, wer mac daz understên? (V. 1680,1) Der hier unterstellten Zwangsläufigkeit der Heirat steht der hohe rhetorische Aufwand der Burgunden entgegen, der die Eheschließung allererst ermöglicht. Dass die Vergabe der Braut durch Rüdiger letztlich zunächst sein Annehmen, sein Akzeptieren einer *Standeslüge* durch die Burgunden zur Voraussetzung hat,[78] bekräftigt auch ein weiteres Detail, das im Hinblick auf die Heiratsverhandlungen bemerkenswert ist. Denn die Burgunden statten nun die Braut – wohl einer germanischen Tradition zufolge[79] – mit dem aus, was ihr fehlt, nämlich mit *bürge unde lant* (V. 1681,1). Sie allein versehen sie mit jener materiellen Werthaftigkeit, die der Markgrafentochter fehlt. Die sorgfältige Erzählung von der Eheanbahnung lässt erkennen, dass diese Braut kein umfassend begehrenswertes Objekt feudaladeliger Politik ist.

Es ist die Herrichtung der Gabe durch die Burgunden, die die Braut erst zu einer dem gesellschaftlichen Status der Könige angemessenen macht, die Rüdiger annimmt, annehmen muss. Das massive Austeilen von Geschenken durch den Markgrafen, das die 27. Âventiure im Anschluss an das Heiratsabkommen erzählt, wird deutlich in den Kontext seines voraufgegangenen Nehmens gestellt. Als Mitgift, die der üblichen freilich nicht entsprechen kann, kündigt der Vater der Braut explizit die Verteilung seiner beweglichen und unbeweglichen Gaben an:

> [...] ‚sît ich der bürge niht enhân,
> Sô sol ich iu mit triuwen   immer wesen holt.
> ich gibe zuo mîner tohter   silber unde golt,
> sô hundert soumære   meiste mügen tragen,
> daz ez des heldes mâgen   nâch êren müge wol behagen.'
> (V. 1681,4–1682,4)

Die Schilderung exzessiven Gebens, die in der Folge dieser Aussage anhebt, erfolgt mithin nicht einsinnig im Kontext eines dem formvollendeten höfischen Habitus genügenden Herrschens[80] und ist somit nicht allein Ausdruck einer vom Erzähler wiederholt beschworenen *milte*, die das Handeln Rüdigers mehrfach als nicht zielgerichtetes Schenken zu deklarieren sucht. Als Reaktion auf das Heiratsangebot der Burgunden sind Rüdigers Gaben in der Figurenrede im Gefüge gabenökonomischen Agierens explizit als Gegengaben deklariert, die freilich dem Wert der Gabe nicht entsprechen können. Im Rahmen einer imaginierten Praxis feudaladeligen

---

[78] Die Verlobung seiner Tochter mit Giselher wird von der Forschung überwiegend als reine Gabe Rüedegers bewertet. So schon Wapnewski (Anm. 20), S. 53; Müller (Anm. 9), S. 352; anders Gephart (Anm. 3), S. 58, die darauf aufmerksam macht, dass letztlich Hagen die Ehe stifte. Die Ambiguität der Gabe, die sich aus der Schilderung ihrer „Herrichtung" ergibt, wird in der Forschung indes vernachlässigt.
[79] Vgl. dazu Gephart (Anm. 3), S. 56.
[80] Beispiele für die lange Forschungstradition, die die Rüdigerfigur in unterschiedlichen Fragezusammenhängen ausschließlich als Inkarnation des Höfischen zu beschreiben suchte, sind z. B. Vizkelety (Anm. 20), S. 133; Müller (Anm. 9), S. 353.

Schenkens ist das *triuwe*-Versprechen des Markgrafen gemeinsam mit den materiellen Geschenken hier Dokumentation einer Verpflichtung.[81] Insofern Rüdiger die Verheiratung seiner Tochter nicht durch eine angemessene Gegengabe parieren kann, sind seine Geschenke darüber hinaus auch Ausdruck seiner grundständigen sozialen Inferiorität gegenüber den Burgunden. Die Erzählerrede situiert die Figur im wiederholten Hinweis auf seine *milte* zwar als jenen Vollzieher höfischer Sitten, als den die Forschung ihn stets zu beschreiben sucht.[82] Doch Rüdigers Geben haften Züge einer Verausgabung an, insofern seine Geschenke explizit als Versuche erzählt sind, auf die Gabe der Burgunden angemessen zu reagieren. Die oben zitierte Zusage von Gegengaben sucht der Markgraf sofort in die Tat umzusetzen, insofern er gegen den ausdrücklichen Aufbruchswunsch seiner Gäste darauf insistiert, dass diese länger als geplant bei ihm verweilen mögen: ‚*ir sult noch hie bestân; / wand ich sô lieber geste   selten hie iht gewunnen hân.*' (V. 1688,3f.) Allein dieser verlängerte, seinem eigenen Ansehen zuträgliche Aufenthalt der neu gewonnenen, ihm nun verschwägerten Freunde[83] ermöglicht den Vollzug eines umfassenden und wieder dem Prinzip der Steigerung verpflichteten Programms des Schenkens in vollen Zügen: Versorgung, Fest und Freude, Essen und Trinken, reiche und schließlich persönliche Geschenke können gemacht werden.[84] Doch wird inmitten des exzessiven Schenkens stets darauf hingewiesen, dass alle beweglichen Dinge, die Rüdiger an seine Gäste vergibt, den Wert ihres Geschenks an ihn letztlich nicht ausgleichen können. Das Potential des Gebers und damit seine gesellschaftliche Position stehen explizit zur Disposition, etwa wenn Dankwart angesichts der von Rüdiger erwünschten Verlängerung ihres Aufenthaltes zu bedenken gibt: ‚*jane mag es niht gesîn. / wâ næmet ir die spîse,   daz brôt und ouch den wîn, / daz ir sô manigen recken   noch hînte müeset hân?*' (V. 1689,1–3) Dieser Einwand markiert den machtpolitischen Kontext von Rüdigers exzessiver Geschenkepolitik als eine Art Bewährungsprobe, die er allein im Hinweis auf die Großzügigkeit Etzels ihm gegenüber bestehen kann. Seine „außerordentliche Gastfreundschaft"[85] ist im

---

81 Vgl. dazu bes. Harald Haferland: Höfische Interaktion. Interpretationen zur höfischen Epik und Didaktik um 1200. München 1989 (Forschungen zur Geschichte der älteren deutschen Literatur. 10), S. 152. Haferland betont hier, dass Thomasin in seinem *Wälschen Gast* die *milte* als Tugend deutlich von jeder anderen Form der Gabenpolitik, auch von der Schenkung, insofern unterscheide, als allein sie kein Rechtsverhältnis begründe. Sie ergänze allenfalls das Recht „in seiner Funktion, soziale Ordnung zu stiften". Anders als anderen Formen des Gebens eigne mithin allein ihr kein Zwang.
82 So noch Müller (Anm. 9), S. 353: Rüedegers *milte* sei die vollendetste, denn sie berechne am wenigsten, schließe die Selbstaufgabe des Schenkenden ein.
83 Wapnewski (Anm. 20), S. 53, insistiert darauf, dass die Bindung Rüedegers an die Burgunden die einer Verschwägerung sei, Verwandtschaft läge nicht vor. Die Verlobung Giselhers mit Gotelind stifte noch keine verwandtschaftliche Bindung, sondern sei allein der Befriedung zweier „Sippen" dienlich. Anders Müller (Anm. 9), S. 352, der von der Begründung einer „Verwandtschaft" spricht.
84 Vgl. Str. 1691 u. 1694.
85 Gephart (Anm. 3), S. 57.

Lichte mittelalterlicher Geschenkepolitik nicht allein als Eigenschaft einer idealen höfischen Standards entsprechenden Figur entworfen, sondern zugleich auch als Ergebnis jenes sozialen Drucks, den die Politik des Gebens und Nehmens stets mit sich bringt: Rüdiger muss durch seine Gaben einen gesellschaftlichen Status sichtbar ausstellen, um dessen Limitierungen gleichwohl jeder der Anwesenden weiß. Dass seine Kunst des Schenkens schließlich von einem Teilerfolg gekrönt wird, steht außer Frage. Der Erzähler hebt eigens hervor, dass die Könige im Falle Rüdigers von jener Politik absehen, die allein ihnen politische Autonomie zu garantieren vermag – von der Politik grundlegender Geschenkverweigerung:

> Allez daz der gâbe   von in wart genomen,
> in ir deheines hende   wær' ir niht bekomen,
> wan durch des wirtes liebe,   derz in sô schône bôt.
> (V. 1704,1–3)

Diese Bemerkung würdigt besonders die Annahme der persönlichen Geschenke durch die Könige, die Rüdiger zum Abschied verteilt. Es handelt sich dabei um kriegstaugliche Dinge (Rüstung, Schwert, Schild), teilweise um Gaben, an die das persönliche Gedächtnis seiner eigenen Familie gebunden ist. Doch der als Signum höfischen Benehmens stilisierten finalen Geschenkübergabe wird durch Vorausdeutungen des Erzählers ein irritierender Unterton verliehen. Seine Ironie jedenfalls ist kaum zu überhören, wenn er anlässlich der Schwertübergabe an Gernot die Höfischheit der Tauschoperation mit ihrem zukünftigen Ergebnis konfrontiert: *der gâbe im vil wol gonde   des marcgrâven wîp, / dâ von der guote Rüedegêr   sît muose vliesen den lîp* (V. 1696,3 f.). Die negativen Konsequenzen von Rüdigers Verausgabungspolitik werden auch an einer anderen Stelle noch verdeutlicht: Anders als die Könige nimmt allein Hagen ein ihm von der Markgräfin dargebotenes Geschenk nicht an. Gemahnt sein *widerreden* (V. 1697,4) an den Autonomieverlust, der mit jeder Geschenkannahme verbunden ist, so markiert seine nachfolgend erzählte Geschenkforderung den politischen Druck, dem Rüdiger und sein Hof ausgesetzt sind.[86] Denn Hagen verweigert ein Geschenk, um dann ein anderes zu fordern. Er stellt so die Unbedingtheit von Rüdigers Bereitschaft zu geben auf die Probe. Es ist ein besonderes, persönlich und familiengeschichtlich relevantes Erinnerungsding, ein Schild. An der Wand angebracht, ist dieser – ihre Tränen dokumentieren das – für die Markgräfin offenbar Erinnerungsmedium an einen getöteten Verwandten.[87] Indem sie auch diesen Gegenstand zu verschenken bereit ist, demonstriert sie ihre unbedingte Loyalität gegenüber den neuen Verwandten. Zugleich aber markiert

---

[86] Wapnewski (Anm. 20), S. 60, spricht von einer „Provokation" Rüedegers.
[87] Str. 1698 f. Zu den Tränen der Markgräfin vgl. den Kommentar, Das Nibelungenlied (Anm. 1), S. 268: Der Schild „erinnerte sie an ihren Schmerz. Nuodungs Tod durch Witege gehört in den Dietrichkreis. Seine Verwandtschaft mit Gotelind läßt der Dichter im Unklaren. Nach der Thidrekssaga war er Gotelinds Bruder, nach deutschen Dichtungen (*Biterolf*, *Rosengarten*) ihr Sohn."

dieser Verzicht auf den Schild wieder die inferiore Position des Markgrafenhofs gegenüber den Burgunden.

Rüdigers Geschenkepolitik ist also mitnichten, wie die Forschung vielfach suggeriert, ausschließlich im Kontext einer jedwedes Verhalten normierenden *milte* entfaltet, die ihn als in der Erzählung exponierten Vertreter dieser christlichen Herrschertugend hervorzuheben sucht.[88] Hagens Gabenforderung, die erzählten Einwände der Burgunden gegen das Potential des Schenkers und schließlich die Vorausdeutungen des Erzählers grundieren die feudaladelige Gabenpolitik in erster Linie als agonale Praxis. Dieser Praxis ist auch die *milte* als normgebende Herrschertugend nicht übergeordnet, vielmehr ist *milte* als Teil einer aggressiv-agonalen politischen Interaktionsstrategie gefasst. Es ist ein regelrechter Terror, der gleichsam als *basso continuo* die Freigebigkeit des exzeptionellen Gastgebers grundiert, ein Terror, der sich als Konsequenz aus der Annahme des Heiratsangebots der Burgunden durch Rüdiger, als Konsequenz des Nehmens, ergibt. Die unabsehbaren oder von Rüdiger ignorierten Konsequenzen seines Verhaltens in gabenökonomischen Zusammenhängen werden sich schließlich konkret gegen ihn selbst richten. Von Gernots Schwert, seinem eigenen Geschenk, wird er erschlagen.[89] „Der Dank des Beschenkten", so hat es Peter Wapnewski formuliert, „wird die Tötung des Schenkenden sein."[90]

V Fazit

Das erzählte Geschehen des *Nibelungenlieds* wird auf vielfältige Weise durch seine Referenz auf gabenökonomische Regularien bestimmt. Diese organisieren besonders die Rüdigerpartien des Epos. Die Figur und ihr Agieren im Rahmen der feudaladeligen Welt sind im Rekurs auf explizit formulierte, aber auch implizit assoziierte Prinzipien und Regeln einer spezifisch mittelalterlichen Geschenkepolitik gestaltet. Geben, Gabe und Nehmen bestimmen den politischen Handlungsraum der imaginierten Höfe, innerhalb dessen Rüdiger ausschließlich agiert. Die Gabenökonomie als Fundament herrschaftlicher Interaktionsstrategie, die ihre Prinzipien aus unterschiedlichen tauschökonomischen Regularien bezieht und basale Gesetzmäßigkeiten der symbolischen Ökonomie mit Formen des *do ut des* sowie Allusionen auf

---

[88] Müller (Anm. 9), S. 351.
[89] Vgl. dazu ebd., S. 353: „Wenn Rüedeger sich zu kämpfen entschieden hat, erhält er von den Burgonden zwar zurück, was er ihnen gegeben hat, doch in invertierter Form, indem sie die geschenkten Waffen gegen ihn einsetzen und er durch das Schwert, das er Gernot schenkte, umkommt."
[90] Wapnewski (Anm. 20), S. 55. Die Gernotfigur deklariert schließlich selbst im Rahmen der Kampfhandlungen die Tötung zum Gegengeschenk an Rüdiger. Vgl. V. 2186,3: ‚*mit iuwer selbes swerte nim ich iu den lîp.*'

die *milte* zu einem dichten Konglomerat verschiedenster Prinzipien verschränkt, ist dem Epos zudem als Begründungs- und Ermöglichungszusammenhang für die finale Zerstörung der höfischen Welt eingeschrieben. Der Autor bedient sich einer ausgeklügelten Erzählstrategie, die die konsequente Dekonstruktion und Inversion leitender tauschökonomischer Paradigmen durch die Figuren der imaginierten Welt verfolgt. Im Zentrum dieser Dekonstruktionen steht die Rüdigerfigur. Die permanente Demonstration der Fähigkeit zur verschwenderischen Ausgabe ist ihr als Habitus zugeschrieben. Das Epos entwickelt Rüdigers Geschenkepolitik im Kontext jener aristokratisch-agonalen Lebensform, die ökonomische und herrschaftliche Potenz sinnfällig vor Augen zu führen vermag. Im lizensierten Raum der literarischen Imagination ist die Rüdigerfigur im Kontext dieser Lebensform konsequent als paradoxale angelegt. Rüdiger ist Geber ohne eigenen Besitz, ist Exilierter ohne eigenen Herrschaftsbereich, der sich an der Herrschaftspolitik der höchsten dennoch beteiligt, er ist Bote ohne Botenlohn, er ist Etzels Gefolgsmann und doch mehr als das. Sein Entwurf changiert zwischen höfischer Idealfigur und zuweilen durchaus korruptem politischen Akteur. Rüdigers Scheitern indes begründet der Autor letztlich im Hinweis auf seinen unüberlegten und unreflektierten Umgang mit den Gaben. Kriemhilds hybrider Status zwischen Objekt und Subjekt der burgundischen Heiratspolitik entgeht ihm in seinen gefährlichen Implikationen ebenso wie ihm die letzten Konsequenzen seiner Geschenke an die Burgunden nach der Verlobung der eigenen Tochter verschlossen bleiben. Seine Strategie, die eigene Loyalität immer da als Gabe zu bemühen, wo er ansonsten nichts mehr oder nicht angemessen geben kann, schlägt schließlich gegen ihn selbst zurück. Dieser Hergang ist zugleich als metaphorisch gefasster Hinweis lesbar: Seine trotz der ausgestellten höfischen Attitüde letztlich agonal ausgetragene Geschenkepolitik richtet ihn schließlich selbst zugrunde.

Christoph Huber, Tübingen
Der *Apfel der Discordia*

Funktion und Dinglichkeit in der Mythographie und im *Trojanerkrieg* Konrads von Würzburg

Wenn es um Verhandlungen des Materiellen in Literatur und Kunst geht, ist zu berücksichtigen, dass dies in symbolischen Ordnungen zweiten Grades geschieht. Die kulturelle Lebenswelt erscheint hier im Spiegel künstlerischer Konstruktionen, die eine eigene Geschichte haben und dabei ihre Medialität mitreflektieren. Dennoch wird auch hier kulturgebundene Dinglichkeit fingiert, die über eine frei gewählte und manipulierbare Medialität hinausreicht und quasi-dingliche, materielle Resistenzen präsentiert. Um ein Widerspiel zwischen dinglich Resistentem und semiotischer Verfügbarkeit des Materiellen soll es im Folgenden gehen, wenn wir einen höchst merkwürdigen literarischen Gegenstand mit einer langen literarischen Dinggeschichte unter die Lupe nehmen: den *Apfel der Discordia*. Diese Geschichte, die zurückreicht in mythische Anfangsphantasmen und immer wieder den Anschluss an historisch konkrete Aktualität sucht, verfolgen wir vor allem in der antiken mythographischen Tradition und in einem literarischen Großwerk, dessen Raffinesse und Gewagtheit erst in neueren Analysen mehr und mehr zutage trat, dem *Trojanerkrieg* Konrads von Würzburg. Seitenblicke auf das große Panorama der Stofftradition wollen wir uns nicht versagen, um den genannten Problemansatz zu profilieren.

Unter dem Namen des Hyginus ist ein mythographisches Handbuch mit dem Titel *Fabulae* überliefert. Es wurde einem Bibliothekar aus der Zeit des Augustus zugeschrieben, stammt aber erst aus dem 2. Jahrhundert n. Chr. In diesem im Mittelalter häufig konsultierten Werk begegnet man dem *Apfel der Discordia* und seiner Rolle in der Geschichte wie folgt:

> Jupiter soll bei der Einladung zur Hochzeit der Thetis mit Peleus, erzählt man (*dicitur*), alle Götter zusammengerufen haben mit Ausnahme der Eris, das heißt: der Discordia/Zwietracht. Als diese später hinzukam und zum Mahl nicht zugelassen wurde, warf sie von der Türe aus einen Apfel mitten unter die Festgesellschaft mit den Worten, er gehöre der Schönsten. Juno, Venus und Minerva begannen diese Schönheit jeweils für sich zu beanspruchen. So erhob sich unter ihnen eine große Zwietracht, und Jupiter befahl dem Merkur, er solle sie im Ida-Gebirge zu Alexander/Paris führen und ihm befehlen, Recht zu sprechen.[1]

---

[1] Hygini fabulae. Hrsg. von Mauricius Schmidt. Jena 1872, Fabula 92, S. 87, 19 ff.: *Iovis, cum Thetis Peleo nuberet, ad epulum dicitur omnes deos convocasse excepta Eride id est Discordia. quae cum postea supervenisset nec admitteretur ad epulum ab ianua misit in medium malum, dicit quae esset formosissima attolleret. Iuno Venus Minerva formam sibi vindicare coeperunt. inter quas magna discordia orta Iovis imperat Mercurio, ut deducat eas in Ida monte ad Alexandrum Paridem, eumque iubeat iudicare. Cui Iuno, si secundum se iudicasset, pollicita est in omnibus terris eum regnaturum*

Wir wissen, wie es weitergeht. Die drei Göttinnen versuchen den Schiedsrichter durch Versprechungen auf ihre Seite zu ziehen, und Paris entscheidet sich für Venus um den Preis der schönsten aller Frauen, Helena. Der Apfelwurf der Discordia wird so zur Keimzelle des Trojanischen Krieges, was kaum verhüllt eben Zwietracht zum tieferen Grund des Krieges erklärt, für den der Frauenraub, Helenas Entführung, nur den äußeren Anlass gibt. Dass die mythologische Szene aber nicht einfach metaphorisch-allegorisch aufgelöst werden kann, sondern gerade im Gegenstand des Apfels einen spezifischen Mehrwert enthält, soll im Folgenden ausgeführt werden.

Nun hat die Geschichte auch eine rückwärts gerichtete Perspektive. Der Trojanische Krieg konnte auch anders begründet werden. Der Mythos hat sozusagen auf der Suche nach seinen Anfängen verschiedene konkurrierende Versionen entwickelt. Während die eben berichteten Episoden in den Anspielungen der *Ilias* nicht erzählt, aber vorausgesetzt werden, und so eine ‚homerische' Traditionslinie etablieren,[2] greift die im Mittelalter stärkere Version, die auf den selbsternannten Augenzeugen des Trojanischen Krieges, den Phrygier Dares, zurückgeht (lateinische Fassung aus dem 5./6. Jahrhundert), auf einen ersten Trojanischen Krieg zurück, der als eine Art Seitenzweig auf die Argonauten-Sage aufgepfropft ist. Die Griechen hätten auf der Fahrt nach dem Goldenen Vließ einen Zwischenhalt vor Troja gemacht. Dabei sei es zu Streitereien und zu einem Krieg mit den Trojanern gekommen, der mit der Zerstörung Trojas und einem Frauenraub endete, auf den der uns bekannte zweite Trojanische Krieg mit der Entführung Helenas als Gegenreaktion entstanden sei. Abgesehen von der höheren Autorität, die das Mittelalter dem Augenzeugen Dares beimaß, erlebte diese Version über den ersten altfranzösischen Antikenroman, den *Roman de Troie* des Bénoît de St. Maure (um 1165) mit seinen zahlreichen Ablegern, eine bis in die Neuzeit reichende Erfolgsgeschichte.

[...]: *Minerva [...] omni artificio scium: Venus autem Helenam Tyndarei filiam formosissimam omnium mulierum se in coniugium dare promisit. Paris donum posterius prioribus anteposuit Veneremque pulcherrimam esse iudicavit. Ob id Iuno et Minerva Troianis fuerunt infestae.*

2 Vgl. Homer: Ilias. Übertragen von Hans Rupé. Mit Urtext, Anhang und Registern. 8. Aufl. Darmstadt 1983; hier im Kontext der Auslösung der Leiche Hektors, 24. Gesang, V. 28–30: Hera, Poseidon und Athene „hassten, wie stets schon zuvor, die heilige Troja, Priamos auch und sein Volk, nur wegen der Frevel des Paris, Weil er die Göttinnen kränkte, als diese im Hof ihn besuchten, Sie aber pries, die zu Willen ihm war in verderblicher Wollust." – Die Überlieferung der Episode vom Erisapfel/Parisurteil wird über Proklos (5. Jh. n. Chr.) auf die nachhomerischen Epen der *Kyprien* (8. Jh.) und von dort auf eine vorhomerische Stufe zurückgeführt. Vgl. Hartmut Erbse: Zur Überlieferung der Erzählung vom Erisapfel. In: Rheinisches Museum für Philologie 138 (1995), S. 119–128, hier S. 128. – Altes mythologisches Material auch in der (griechischen) *Epitome* zum *Bibliotheke* des Apollodor (Fälschung aus dem 1./2. Jh. n. Chr.). Apollodor: Bibliotheke. Götter und Heldensagen. Hrsg., übersetzt und kommentiert von Paul Dräger. Düsseldorf/Zürich 2005 (Sammlung Tusculum); zum Eris-Apfel Epitome 3, S. 258 ff.; Kommentar S. 624 f. (u. a. zu den Anfängen des Trojanischen Krieges in den *Kyprien*).

Doch soll es jetzt nicht um die Filiation und die Kreuzung der Fassungen gehen, sondern um die Suche nach dem Anfang. In Richtung auf diesen kann immer weiter zurück erzählt werden: Ein Krieg erzeugt den anderen, einer geht dem anderen voraus. Die Reihe könnte endlos sein, aber am Anfang des Erzählens steht auch in der Dares-Tradition ein spektakulärer, die Begehrlichkeit weckender und die Handlung anschiebender Gegenstand, das Goldene Vließ. Der Anfang wird in einem Gegenstand gesetzt, ja der Gegenstand trägt als dinghafter Nucleus die Potenzialitäten der folgenden Erzählhandlung in sich. Im Vergleich zu dem passiv wie ein Magnet wirkenden Goldenen Vließ bringt der von Discordia ins Spiel gebrachte Apfel die Handlung aktiv in Bewegung – ein geradezu lehrbuchhafter Handlungsanstoß. Discordia wirft von außen den Apfel in die Szene, und die Erzählung muss beginnen mit einer Abfolge von Sequenzen, die über die verschiedenen Schaltstellen, in denen so oder so entschieden wird, folgerichtig zum Untergang Trojas führt, der seinerseits unabsehbare Folgen haben wird.

Ich versuche hier keine Theoretisierung des Dinges als Erzählanfang im Rahmen einer narrativen Modellbildung,[3] sondern frage nach seiner Leistung als konkretes literarisch präsentiertes Objekt. Anders formuliert: Woher hat der mythologische Apfel seine motivierende Kraft? Sie muss mit bestimmten Dingqualitäten zu tun haben und mit den Kontexten der Episode, die in der Erzählung im Rahmen ihrer jeweiligen Version angelegt sind. Damit fließen Deutungen ein, die über die Funktion einer bloßen Sequenz-Eröffnung hinausreichen. Was macht den Zankapfel zum Gegenstand der Begierde? Wie sieht er aus? Wer bringt ihn ins Spiel? Welche Kausalitäten und Bewertungen werden suggeriert? Ausschlaggebend ist zweifellos der Faktor, dass Eris/Discordia als Dämon der Zwietracht, der schon in Hesiods Göttergenealogie mit Missgunst, Mord, Streit, Krieg und allen möglichen Übeln verwandt ist, den Apfel wirft und ihn mit einer Zuschreibung versieht. Bei Hyginus ruft Discordia, die Schönste solle ihn aufheben, in anderen Varianten trägt der Apfel eine Inschrift, die verkündet, er gehöre ‚Der Schönsten', und augenblicklich kommt das Gerangel um ihn in Gang. Halten wir fest, dass neben dem mündlichen Wort auch eine Inschrift als Besitz- oder Zugehörigkeitszeichen das Streitpo-

---

3 Ich deute an: Die narrative Funktion des handlungseröffnenden Gegenstandes wäre im Zusammenhang der verschiedenen Erzähltheorien zu verfolgen. Algirdas Julien Greimas: Strukturale Semantik. Methodologische Untersuchungen. Autorisierte Übersetzung aus dem Französischen von Jens Ihwe. Braunschweig 1971 (Wissenschaftstheorie, Wissenschaft und Philosophie. 4), setzt als Handlungsanstoß mit einem hinzutretenden oder abhanden kommenden Objekt eine Mangel-Situation an. Claude Bremond: Die Erzählnachricht [1964]. In: Literaturwissenschaft und Linguistik. Hrsg. von Jens Ihwe. Bd. 3. Frankfurt a. Main 1972, S. 177–217, operiert abstrakt mit der Eröffnung einer Möglichkeit, die eintreten kann oder auch nicht. Ein motivierendes Objekt bleibt hier außer Betracht. – Grundsätzliche Überlegungen zur narrativen Verortung von (erzählten) Dingen bei Valentin Christ: Bausteine zu einer Narratologie der Dinge. Der *Eneasroman* Heinrichs von Veldeke, der *Roman d'Eneas* und Vergils *Aeneis*. Berlin/Boston 2015 (Hermaea. 137).

tenzial aktualisiert und unter die Menschen der Geschichte bringt.[4] Aber in rein psychologische Vorgänge aufgelöst ist damit die Situation nicht. Das Ding selbst lässt sich nicht wegretuschieren, es ist die materiale Vorgabe, in die sich Gier und Interessen einschreiben. Der Streit braucht sein Objekt, das die Zuschreibung trägt und an der Basis der folgenden Unheilskette wirkt. In diesem Zusammenhang lohnt es sich, auf bestimmte Eigenschaften des Apfels und auf Details im Kontext dieser elementaren Ursprungsepisode zu achten, und dies schon in den frühen lakonisch sparsamen Zeugnissen. Halten wir dazu zwei Beobachtungen fest:

Erstens: Dass der Apfel golden ist, kann man im *Excidium Troiae* nachlesen, das vage zwischen dem 4. und 6. Jahrhundert angesetzt wird.[5] Diese schulbuchartige Zusammenfassung vom Trojanischen Krieg und den Irrfahrten des Eneas bis zur Gründung Roms enthält in der spätantiken lateinischen Überlieferung die ausführlichste Darstellung des Parisurteils samt dem Discordia-Vorspann. Was trägt hier das Gold als Material des Apfels bei? Goldene Äpfel gibt es in der antiken Mythologie des Öfteren, zum Beispiel im Garten der Hesperiden. Sie wurden von der Erdgöttin Gaia an Zeus und Hera anlässlich ihrer Heiligen Hochzeit geschenkt und symbolisieren unsterbliches Leben. Lugauer kommentiert in seiner Untersuchung zur Symbolik des Apfels in der Antike: „In den Homerischen Epen wird das Epitheton ‚chryseos' oft von Dingen gebraucht, die den Göttern gehören."[6] Diese positive Besetzung ist aber häufig mit einem Tabu verbunden, das seine Verletzung provoziert. Wie der Hesperiden-Mythos in einer zum biblischen Sündenfall analogen Konstellation zeigt, lenkt der Tabubruch schnell in die Bahnen von Gier und Raub ein. Wenn also der griechische Dichter Kolluthos (um 500) in seinem Kurzepos vom *Raub der Helena* den Paris-Apfel aus dem Garten der Hesperiden stammen lässt, gibt er ihm ausdrücklich die Aura eines Ur-Anfangs und einer Ur-Verfehlung.[7]

---

4 Erbse (Anm. 2), S. 128, leitet die mündliche Version auf eine vorhomerische, noch orale Stufe der Stoffgeschichte zurück, während er die inschriftliche Variante mit den ‚Kyprien' datiert. – Version mit Inschrift lateinisch in dem wirkungsvollen Schulbuch (4./6. Jh. n. Chr.): Excidium Troiae. Hrsg. von Alan Keith Bate. Frankfurt a. Main u. a. 1986 (Lateinische Sprache und Literatur des Mittelalters. 23), S. 25: [Discordia] *malum aureum subornavit, in quo malo scripsit: ‚pulchriori donum'.* Discordia ‚schmückt' den Apfel also explizit mit einer Inschrift aus.
5 Die ganze Stelle lautet im Zusammenhang: *Discordia vero, dea litis, ad ipsas nuptias vocata non est; hoc dolore ducta malum aureum subornavit, in quo malo scripsit: ‚pulchriori donum'. et dum malum tres dee superius memorate volventem viderent, simul omnes tenuerunt, et de tollendo malo contentio inter eas facta est. et dum titulum scriptum in eodem malo viderent, ubi scriptum fuit ‚pulchriori donum', de pulchritudine sua contendere coeperunt.* Excidium Troiae (Anm. 4), S. 25, 4–10.
6 Manfred Lugauer: Untersuchungen zur Symbolik des Apfels in der Antike. Erlangen 1967 (Diss., Fotodruck), S. 13; zu den Hesperiden-Äpfeln ebd., S. 12 f.; zum Eris-Apfel ebd., S. 101 f.
7 Kolluthos: Raub der Helena. Griechischer Text mit kritischem Apparat, deutscher Übersetzung in Prosa, Anmerkungen und Nachwort von Otto Schönberger. Würzburg 1993, hier V. 59 ff. Auf der Suche nach einer Rache-Möglichkeit erinnert sich Eris an die Äpfel der Hesperiden. Die Stelle in Übersetzung: „Endlich aber fielen ihr die goldenen Äpfel der Hesperiden ein, und dort brach Eris den Apfel, Vorboten und Saat des Krieges, und ersann Ränke, die furchtbare Not erschufen. Sie hob die Hand, warf Keim und Samen der Kämpfe ins Festmahl und entzweite sogleich die Schar

Der zweite *Vaticanische Mythograph* deutet das Material im Rahmen seiner naturkundlich-psychologischen Allegorisierung der Szene eindeutig negativ aus: Discordia „soll einen goldenen Apfel, d. h. die Begehrlichkeit, unter sie geworfen haben, denn bei einem goldenen Apfel gibt es etwas zu sehen, nicht zu essen".[8] Damit verkehrt sich die Fülle in einen Mangel, wie man das sonst aus der Geschichte des Midas kennt, der alles, was er berührte, in Gold verwandelte und deshalb verhungern musste. Ich will mit diesen Kontexten herausstellen, dass über die narrative Initialzündung durch die sprichwörtliche Zankapfel-Funktion hinaus in den Varianten gerade die Oberflächendetails der Darstellung zur Semantisierung des Objekts und der Vorgänge rund um dieses beitragen – und diverse Sinnbildungen steuern.

Zweitens möchte ich eine eigentümliche Funktionsverschiebung des materialen Apfel-Objekts festhalten. Offensichtlich liegt in dem Eris/Discordia-Auftritt und dem folgenden Paris-Urteil schon seit der frühen griechischen Überlieferung[9] eine Doppelepisode vor, wobei die beiden Sequenzen eng verquickt sind, aber Unterschiedliches leisten. Der *Apfel der Discordia* ist identisch mit demjenigen, den Paris als Schönheitspreis vergibt. Während er zuerst Zerwürfnis und Feindschaft erzeugt, ist er in der Hand des Paris ein richterlicher Schönheitspreis, anderseits aber auch eine Liebesgabe des von Venus Bezauberten, die ihrerseits Dissens und Untergang auf den Weg bringt. Der Wandel der Funktion des Apfels ist ein Hinweis auf die Vielschichtigkeit und Mehrsinnigkeit des literarischen Dinges, das durch eine Erzählung wandert; ja es gibt auch die Fälle, wo verschiedene Dinge einander in einer Funktion ablösen.

Der Komplexitätszuwachs durch literarische Verarbeitung gilt besonders für die ausführlichste und vielsinnigste Gestaltung des ominösen Gegenstandes, die mir begegnet ist, den Apfel im *Trojanischen Krieg* Konrads von Würzburg (Abbruch des Gedichts nach über 40 000 Versen mit dem Tod des Dichters 1287).[10] Konrad

---

der Göttinnen. Nun erhob sich Hera, als Gattin voller Stolz auf das Ehebett des Zeus, bewunderte den Apfel und wollte ihn erbeuten. Doch auch Kypris wünschte, weil sie den Vorzug vor allen verdiene, den Apfel zu erhalten, der den Liebesgöttern gehöre. Doch gab Hera nicht nach, und auch Athene stand nicht zurück." (V. 59–67b) Textnähere und profiliertere französische Übersetzung: Collouthos: L'enlèvement d'Hélène. Texte établi et traduit par Pierre Orsini. Paris 1972: „Et voilà qu'elle songe aux pommes d'or des Hespérides. Éris s'en va prendre le fruit, présage de guerre, une pomme, et conçoit l'idée de souffrances exemplaires. Elle fait tourner dans sa main la toute première origine des combats [symbolische Geste des in Bewegung gebrachten, rollenden Apfels], jette le fruit au milieu de la fête et bouleverse le cœur des déesses." (V. 59–63)

8 Mythographi Vaticani I et II. Hrsg. von Péter Kulcsár. Thurnholti 1987 (CCSL. 191), S. 279, 17–19: *Que [Discordia] aureum malum, id est cupiditatem, dicitur iniecisse, nam in aureo malo est, quod uideas, non inest, quod comedas.*

9 Vgl. Erbse (Anm. 2). Älter als die sekundären literarischen Belege sind Bilddarstellungen auf Vasen oder Bronzespiegeln. Vgl. Anneliese Kossatz-Deissmann: Paridis Iudicium. In: LIMC. Bd. 7. 1994, S. 176–188 mit Abbildungen.

10 Zit. nach Konrad von Würzburg: Der Trojanische Krieg. Nach den Vorarbeiten K. Frommanns und F. Roths zum ersten Mal hrsg. von Adelbert von Keller. Stuttgart 1858 (Bibliothek des Litterari-

hält sich in seiner ausufernden Summe der bekannten Materialien zum Trojanischen Krieg in den Grundlinien an Bénoît de St. Maure, greift aber bei seinem klar disponierten Neuarrangement vor allem in der Vorgeschichte ein. Da er hier nicht der Dares-Tradition, sondern der ‚homerischen' folgt, ist er auf weitere lateinische Quellen angewiesen.[11] Außerdem arbeitet er Elemente des klassischen mittelhochdeutschen Romans ein und ist in seiner Romanpoetik und dem, was sie leistet, eigenständig und eigenwillig.

I Gang der Handlung

Ich fasse zur besseren Orientierung die Eingangspassage zusammen.[12] Konrad beginnt mit der Geschichte von Paris, also chronologisch mit Hekubas Fackeltraum, der Aussetzung und der Jugend des Priamus-Sohnes, dessen heimliche Liebschaft mit der Nymphe Oenone angezettelt wird. Hier setzt nun die Romanhandlung in einem breiten epischen Eingangstableau mit der Hochzeit der Thetis und des Peleus ein, welche mit dem von Discordia provozierten Skandal und dem Paris-Urteil die Weichen für den Trojanischen Krieg stellt. Anderseits ist Thetis die Mutter des Achill; über diesen Zusammenhang wird später eine Schilderung der Jugend des Protagonisten auch der griechischen Partei eingebunden. Die von Jupiter inszenierte Hochzeit seiner Schwester (später Tochter) Thetis mit dem Griechenprinzen Pe-

---

schen Vereins in Stuttgart. 44); Daten bei Elisabeth Lienert: Deutsche Antikenromane des Mittelalters. Berlin 2001 (Grundlagen der Germanistik. 39), S. 120. – Zum sonstigen Auftauchen der Episode im Deutschen vgl. Manfred Kern: Discordia. In: Lexikon der antiken Gestalten in den deutschen Texten des Mittelalters. Hrsg. von Alfred Ebenbauer u. a. Berlin/New York 2003, S. 227–229 (*Göttweiger Trojanerkrieg*; Ulrich von Etzenbach, *Alexander*; Jans Enikel, *Weltchronik*; Erwähnung in Konrads von Würzburg Leich 2, 66). – Nicht mehr eingearbeitet werden konnte: Bent Gebert: Mythos als Wissensform. Epistemik und Poetik des *Trojanerkriegs* Konrads von Würzburg. Berlin/Boston 2013 (Spectrum Literaturwissenschaft. 35). Gebert theoretisiert den Wissensaufbau in Literatur und schlägt eine inhaltsneutrale systemtheoretische Kriterienliste vor; sein literaturwissenschaftlicher Untersuchungsgegenstand ist Konrads *Trojanerkrieg* im Rahmen des deutsch-lateinischen Literatursystems, in welchem Mythographie eine tragende Rolle spielt. Die eingehende Analyse von Discordias Apfelwurf (ebd., S. 176–189) stellt neben der ambigen Motivierung der Episode Paradoxien in der Materialbeschreibung des Apfels und der inschriftlichen Sinnbildung heraus; sie werden gedeutet als „eine Perspektive auf schriftgebundene Sinnerzeugung, die für den Roman Modellcharakter besitzt" (ebd., S. 188).
11 Zu den Quellen Lienert (Anm. 10), S. 121 f.; Einzelstudien dies.: Geschichte und Erzählen. Studien zu Konrads von Würzburg *Trojanerkrieg*. Wiesbaden 1996 (Wissensliteratur im Mittelalter. 22), Erster Hauptteil, S. 30 ff. – Hier ist besonders einschlägig das *Excidium Troiae* (Anm. 4) und das *Trojagedicht* des Simon Aurea Capra (bis 1188); ferner liegt die Kenntnis der mythographischen Tradition nahe (Hyginus usw.). Zu Einflüssen Gottfrieds von Straßburg und Wolframs von Eschenbach ebd., S. 206 ff.
12 Vgl. Lienert (Anm. 10), S. 122 f.

leus, auf der sich auch Trojaner befinden, beginnt mit dem Aufzug der antiken Götter und ihrer euhemeristischen Erklärung als Naturgelehrte, Erfinder und Scharlatane. In den harmonischen Auftakt des Festes platzt nun die von Jupiter nicht geladene Discordia hinein, die aus Rache den Zankapfel wirft, welcher die erste umfassende und vielschichtige Beschreibungspassage des ganzen Romans erhält. In dieser Kunstübung wird der Rhetoriker Konrad noch so manches Pfauenrad schlagen. Der Apfel tut sofort seine Wirkung, der Streit zwischen Juno, Pallas und Venus bricht aus. Zeus drückt sich diplomatisch um eine Stellungnahme, um keine der drei mit ihm verwandten Damen zu verprellen, und schiebt die Richterrolle dem als klug und gerecht bekannten jungen Hirten Paris zu. Nun wird es episch breit: Paris wird zum Fest geholt und eingeführt, sein anfängliches Zögern beschwichtigt. Von Zeus hochgelobt und von den Damen einhellig als Schiedsrichter akzeptiert, bittet er sie um ihre Stellungnahmen. Die Selbstdarstellungen ufern zu wortreichen Streitgesprächen aus, wobei der Apfel ständig als Ziel der Ansprüche auf den Schönheitspreis in Erinnerung gehalten wird. In einem nächsten Schritt formulieren die Göttinnen ihre Versprechen, und darauf folgt unmittelbar das Urteil des Paris. Dieser entscheidet sich, wie bekannt, für Venus und die zur Belohnung versprochene Helena als Gattin. Er begründet ausführlich seinen Spruch, Venus triumphiert, Juno und Pallas speien Gift und Galle und fechten die Entscheidung an.

Bedeutsam ist, wie Konrad fortfährt: Paris wird nun von seiner Beschützerin eingekleidet und durch die zweite Groß-*descriptio* des Romans ausgezeichnet. Die ganze Festgesellschaft liegt ihm zu Füßen, natürlich außer den zwei aus dem Hintergrund heraus giftenden verschmähten Damen. Doch setzt nun ein Streit der Männer um Paris ein. Der Trojanerkönig Priamus, der unterschwellig die Verwandtschaft spürt, will ihn in seinem Gefolge haben, Jupiter seinerseits den Jungstar nicht frei geben. Der Streit eskaliert, wieder angefeuert durch Discordia, zu einer Art Ernstturnier. Der Trojaner Hektor kämpft einen dramatischen Zweikampf um den Zankapfel, der nunmehr Paris heißt, gegen den Griechen Peleus, den Bräutigam des Festes. Dieser würde um ein Haar getötet, wenn nicht – in einer mittelalterlich höfischen Wendung – die Damenwelt Fürsprache für ihn einlegte, was den Konflikt unversehens in Harmonie auflöst. Offensichtlich findet hier das Paris-Urteil der rivalisierenden Göttinnen sein männliches Pendant, wobei sich schon die Parteien des Trojanischen Krieges bedrohlich formieren. So komponiert Konrad in rund dreieinhalbtausend Versen eine riesenhafte epische Schlüsselszene. Welche Rolle spielt dabei Discordia mit ihrem Streitobjekt?

II Der Apfel als Gabe

Die lateinische Mythographie bezeichnet die Frucht wiederholt als *donum*, so der zitierte Hyginus. Das Schulbuch *Excidium Troiae* setzt die Kennzeichnung in die

Inschrift als ‚*pulcriori donum*' – „der Schönsten zum Geschenk".[13] Doch empfiehlt es sich, *donum* besser mit ‚Gabe' zu übersetzen und in den Rahmen der kulturwissenschaftlichen Gaben-Theorie zu rücken, die dem eigentümlichen Objekt sein Profil geben kann.[14] Wird doch von einer Hochzeit erzählt, zu der Jupiter eingeladen hat und zu der die anderen Quasi-Götter ihre Präsente mitbringen. Das wird humorvoll aufgezählt. Apollo stellt eine Apotheke auf die grüne Wiese (V. 944 ff.), Pallas hat ihre Bibliothek mit dabei (V. 1038 ff.). Die Bewirtung ist üppig: *dâ was vil grôz geraete / von tranke und ouch von spîse* (V. 1158 f.). Natürlich kümmert sich Bacchus um den Wein: *der kam dâ hin mit rîcher kost, / wan er vil manic fuoder / durch trinken und durch luoder / brâhte dar ze stiure* (V. 988–991). Artemis/*Dyâne* kommt mit Netzen und Stricken und treibt Hirsche, Rehe und Wildschweine vor sich her (V. 1078 ff.). Die Mitbringsel lassen sich zum einen als Attribute dieser Fachleute und Erfinder[15] lesen, als Demonstrationsobjekte ihrer Kunst und Macht. Zum anderen werden sie dafür eingesetzt, die Hochzeit überhaupt auszurichten. Marcel Mauss hat als wichtiges Merkmal der Gabe als *fait social total* herausgearbeitet, dass die Grenzen zwischen Person und Objekt verschwimmen und der Geber sich mit der Gabe selbst einbringt. Das gilt pointiert für den Apfel, der als schlimme, gefährliche, verhängnisvolle Gabe der Zwietracht diese Zwietracht auch sofort erzeugt. Man hat bei der Peleus-Hochzeit fast eine Art Potlatsch vor sich, dessen positiver Verlauf durch den *Apfel der Discordia* in sein negatives Zerrbild kippt. Mauss hat den grundsätzlich kompetitiven Charakter dieses Rituals betont, welches bei Fehlern ein starkes Risiko in sich birgt, in Streit und Krieg auszuarten. Er verweist dabei auf den Zorn der nicht Eingeladenen oder falsch Behandelten und das Märchenmotiv von der bösen Fee, die sich rächt und das Fest durch einen schlimmen Zauber stört.[16]

Als Gabe ist der Apfel zwar eine Gegenreaktion auf die Beleidigung der Ausgesperrten. Als ur-anfängliche Gabe fordert er aber (wie der Inhalt der alles schenkenden Büchse der Pandora mit den Übeln auf dem Grunde) keine Gegengabe. Dabei kommt er selbst als Streitobjekt sofort in eine zirkulierende Bewegung, die den Charakter von Gabentausch annimmt. Der Apfel ist als Schönheitspreis definiert, er wird von Paris vergeben, und dieser erhält dafür seine Gegengabe, ja Paris wird selbst zum Streitobjekt der konkurrierenden Höfe, der Domino-Effekt von Begabung und Beraubung, Bevorzugung und Zurücksetzung, Kampf, Sieg und Auslöschung ist nicht mehr aufzuhalten.

---

[13] Vgl. die ganze Textstelle in Anm. 5.
[14] Der Basistext ist Marcel Mauss: Die Gabe. Form und Funktion des Austauschs in archaischen Gesellschaften. Mit einem Vorwort von E. E. Evans-Pritchard. Übersetzt von Eva Moldenhauer. Frankfurt a. Main 1990 (französisch zuerst 1925). – Zur weiteren Gaben-Diskussion (Bataille, Lévy-Strauss u. a.) Iris Därmann: Theorien der Gabe zur Einführung. Hamburg 2010.
[15] Natürlich hat Bacchus den Most erfunden; V. 987.
[16] Vgl. Mauss (Anm. 14), S. 24, 36–39, 96 f. u. ö.

Eine Sonderstellung nimmt dabei das dem Apfelwurf komplementäre Preisgericht des Paris ein. Zuerst rollt der Apfel in das Fest, und die Damen greifen in einer slapstickartigen Geste gleichzeitig nach ihm. Im *Excidium Troiae* heißt es: *simul omnes tenuerunt* („gleichzeitig hielten sie ihn alle fest") – und das löst den Streit aus.[17] Jetzt hat ihn der Richter in der Hand, um ihn der rechtmäßigen Besitzerin in einem rituellen Akt zu übergeben. Ausgleichende Gerechtigkeit ist das zentrale Thema dieser Erzähleinheit schon in den mythographischen Kurzreferaten mit der Vorgeschichte des Paris, seiner jugendlichen Bewährung als Richter und Streitschlichter und der etymologischen Namengebung. Jedoch ist der Plot von vornherein so angelegt, dass dieser Prozess nicht gut ausgehen kann.

Konrad von Würzburg malt den bedenklichen Charakter des Verfahrens aus. Die Chancen der Gerechtigkeit stehen schlecht, wenn der mächtige Jupiter die Entscheidung abwälzt, um keine seiner Verwandten zu beleidigen. Doppelbödig klingt es, wenn er den Hirtenknaben überschwänglich lobt, um ihm den Vorsitz abzugeben, und wenn ihn die drei Damen bei seinem Zögern unisono als Richter akzeptieren. Zwar beachtet Konrad die sorgfältige Einhaltung der Prozess-Formalia, die Darlegung der Ansprüche der Parteien, die Urteilsverkündung mit Spruch und ausführlicher Begründung sowie die formelle Überreichung des Apfels. Zugleich macht er durch die alterspsychologische Begründung der Entscheidung des Paris aber auch deutlich, dass hier nicht überlegt und rational Recht gesprochen wird.[18] Der Apfel kommt im Inneren des jungen Mannes erneut ins Rollen: *Davon sô wart der jungelinc / bekümbert mit gedenken.* – Dieses Überlegen deutet bereits eine minnepsychologische Richtung an. – *sîn muot begunde wenken / dar unde dan, her unde hin, / daz er den apfel under in / bestaten möhte rechte* (V. 2696–2701). Den Ausschlag gibt schließlich seine Jugend. Paris befindet sich in einer Situation der Lebenswahl[19] und verhält sich hier geradezu als der mythologische Antitypus zu Herkules am Scheideweg. Er zieht die Liebe (Venus) der Weisheit (Pallas) und dem Reichtum (Juno) vor, denn: *In twanc dar zuo diu blüende jugent / und sîn angeborniu tugent* [natürliche Eigenschaft, d. h. nicht im ethischen Sinn zu verstehen!], *daz sîn gemüete ûf minne stuont. / er tet alsam die jungen tuont, / die von natûre sint der art, / daz in sô liebes nie niht wart, / sô vröude ist unde wunnespil* (V. 2715–2721). Das ist ein kritischer, ja destruktiver Kommentar zu diesem Preisgericht. Er bedeutet eine Unterminierung der Rechtsinstitution, durch welche die Festgesellschaft den ausgebrochenen Streit zu regeln sucht. So kann Gerechtigkeit nicht gefunden werden; unter der Oberfläche des Naturzwanges setzt sich das von Discordia eingeschleuste Spaltungsprinzip durch. Auf den Wortstreit werden hand-

---

17 Excidium Troiae (Anm. 4) S. 25, 7.
18 Dies verhält sich auch in anderen Varianten des Stoffes so.
19 Breit ausgeführt bei Fulgentius (um 500 n. Chr.): Fabii Planciadis Fulgentii V.C. opera. Hrsg. von Rudolf Helm. Stuttgart 1970 (Nachdruck der Ausgabe von 1898), S. 36 f.

greifliche Auseinandersetzungen folgen. Wie Konrad das in seiner poetischen Textur herausstellt, wird deutlicher, wenn wir uns den Apfel selbst genauer ansehen.

III Materialität und Entstofflichung des Apfels

In seiner großen Beschreibung macht Konrad aus dem wertvollen, faszinierenden Ding mit seiner anderweltlich-magischen Ausstrahlung ein kompliziertes Schmiedekunstwerk.[20] Der Apfel ist jetzt aus zwei Teilen zusammengelötet (V. 1395), einer rot-goldenen und einer weiß-silbernen Hälfte. Hinzu kommt *ein wunderlich mixture* (V. 1402; vgl. V. 1429): Verschiedene Farben scheinen auf, aber keine vollkommen: *diu wurden elliu dâ geborn / und heten alliu doch verlorn / dâ ganzen unde vollen glanz, / sô daz ir keines was dô ganz / noch in vollechlîcher kür* (V. 1411–1415). Der Schein ist so *zerdraejet* (V. 1417, vielleicht: „verformt") und so *zersprenget* (ebd., „gebrochen") und *vermenget mit wilder temperunge* (V. 1419, „in extravaganter Mischung"), dass er sich durch *manic wandelunge* (V. 1420) ständig verändert. Das Farbenspiel erscheint dem Betrachter *sô maezlich und so cleine / als ir dâ vil nâch keine / solte schînen unde wesen* (V. 1423–1425, „so reduziert und fein, wie wenn da nahezu keine von all den Farben scheinen und überhaupt existieren würde"). Aus der Nähe sieht man die *mixture*, aus der Ferne nur die zusammengesetzten Materialien Silber und Gold. Ferner ist ein Band um den Apfel geschlungen, wo auf smaragdenem Untergrund eine aus Perlen gebildete Inschrift liegt.[21] Die Perlen sind rein, aber auch wieder rot, gelb und blau. Die Widmung des Apfels an die Schönste, und zwar hier und jetzt bei dieser Hochzeitsfeier, ist ebenfalls zweigeteilt. Sie gilt für den *muot* wie den *lîp* der Adressatin, dazu die Pointe: Auch die Schrift verändert sich, so dass jeder darin seine eigene Sprache zu lesen glaubt (V. 1472–1477).[22] Das ist nicht nur äußerlich gemeint, denn es steht in direktem Bezug zum Selbstverständnis des Lesers: *Der apfel wunneclich gestalt / von meisterschefte ma-*

---

20 Im Umgang mit Metallen, Perlen, Farben fließen Techniken aus dem mittelalterlichen Kunsthandwerk ein, so der Schmiedekunst und der Schneiderei. Auch an Darstellungen in der Buchmalerei ist zu denken. Konrad formt daraus ein literarisches Werkstück, das über die genannten Metaphernbereiche auch autoreflexive Botschaften enthält, vgl. S. 124 f.
21 Bei Schmiedewerken werden Inschriften oft auf eigenen Bändern aufgelötet. Der voluminöse Text lautet: ‚*swelch frouwe sî noch hiute / diu schoenste ûf disem veste, / sô daz an ir kein breste, / noch kein wandel werde schîn, / der eigen sol der apfel sîn, / noch anders keines wîbes. / ir muotes und ir lîbes / muoz si wesen ûz erwelt / und für* [höher als] *die besten sîn gezelt, / diu von der hôchgezîte spil / mit ir den apfel füeren wil.*' (V. 1454–1464).
22 Eine magische Schrift, deren Aussage in verschiedenen Sprachen zu lesen ist, gibt es auch im *Reinfried von Braunschweig*: Reinfrid von Braunschweig. Hrsg. von Karl Bartsch. Stuttgart 1878 (Bibliothek des Litterarischen Vereins in Stuttgart. 109). Das von Reinfried auf dem Magnetstein in Savilons Höhle gefundene Buch kann von den Gefährten gelesen werden, *wan ez alsô geschriben was / daz ez menneclîch wol überlas / von aller sprâche zungen* (V. 21303–21305).

nicvalt / mit zouber sô gelüppet was, / swer die schrift gar überlas, / diu von im schône lûhte, / daz den bî namen dûhte, / daz er sô wunnebaere / und sô gewaltic waere, / daz niender lepte sîn genôz (V. 2521–2529). Auf die Figuren hat die Inschrift einen Effekt, der zu erzielen in der Normalwelt technisch nicht möglich wäre. Ihre Erscheinungsform wie ihre Wirkung sind ein schlimmes Hexenwerk (*zouber*; V. 2523), das den jeweiligen Leser in den Wahn versetzt, selbst der Allergrößte zu sein. Damit zeigt sich die Wirkung der ganzen Frucht in der Schrift auf der Leiste konzentriert und zugleich reflektiert. Mit dieser Komposition ist Konrads *descriptio*, soweit ich sehe, allein auf weiter Flur, vielleicht lassen sich einige kompliziertere Darstellungen in der Renaissance-Kunst in seine Nähe stellen, ohne dass damit etwas über deren Quellen gesagt wäre.[23]

Bemerkenswert ist hier Dürers rätselhafter Kupferstich von 1497, für den die Deutung als Discordia mit den Göttinnen des Paris-Urteils die plausibelste ist (Abb. 1).[24] Über der Szene hängt ein geschmiedeter Apfel, der die Jahreszahl trägt und auf einem Band die Buchstaben O.G.H., die als *odium generis humani*, eine Formel aus den *Annalen* des Tacitus, aufgelöst wurden.[25] „Hass auf das ganze Menschengeschlecht" wird dort den Christen nachgesagt, auf dem Dürer'schen Kupferstich verschiebt sich der Sinn der Wendung. Zunächst zu den dargestellten Figuren: Identifiziert man die drei nackten, nach Art der Grazien aufgestellten Frauen im Vordergrund mit den Göttinnen des Paris-Urteils, so erkennt man in dem Halbrückenakt links Juno mit der Haube der verheirateten Frau; neben ihr steht Minerva mit dem Siegeskranz aus Ölzweigen auf dem Kopf. In Vorderansicht zeigt sich Venus. Die ins Leere starrende Frau mit dem eingebundenen Kopf auf der gleichen Sockelebene muss Discordia sein. Die Figuren werden ergänzt durch Zeichen der Zerstörung und des Untergangs. Links öffnet sich ein Tor auf einen Feuerbrand, vielleicht eine Höllenszene mit Teufelsfratze. Zu Füßen der Minerva liegt ein Totenkopf, der genau komplementär zum oben aufgehängten Apfel angeordnet ist; hinter den Beinen der Venus lagert ein Skelettknochen. Der Spitzbogen am rechten

---

23 Darstellungen des Paris-Apfels verzeichnet Inge El-Himoud-Sperlich: Das Urteil des Paris. Studien zur Bildtradition des Themas im 16. Jahrhundert. Diss. München 1977. Das Material ist beeindruckend reich. Die Szene findet sich auf Gemälden, Skulpturen und Gebrauchsgegenständen und spiegelt so imaginär die historische Lebenswelt. Der Apfel ist von unterschiedlicher Größe und erscheint auch als Kugel (Metall-, Kristallkugel oder Weltkugel). Einige dieser Objekte tragen Inschriften, teils auf Bändern und Zierstreifen. Belege passim, z. B. S. 99 f., 102 f. (Cranach). Der Bildteil der Dissertation war mir leider nicht zugänglich.
24 Abbildung mit Literatur im Katalog der Dürer-Ausstellung des Germanischen Nationalmuseums Nürnberg, 21.5. bis 1.8.1971. München 1971, S. 270–272. Auch Hubert Damisch: Le jugement de Pâris. Paris 1992, S. 197 f.
25 Katalog der Dürer-Ausstellung (Anm. 24), S. 272. Es handelt sich um die bekannte Tacitus-Stelle über die Christen und ihre Verfolgung durch Nero, der ihnen den Brand Roms anzulasten suchte. Über sie heißt es: *haud proinde in crimine incendii quam odio humani generis convicti sunt* (Tacitus, Annalen XV, 44, 4: „man wies ihnen weniger das Verbrechen der Brandstiftung nach, als Hass auf das ganze Menschengeschlecht").

Abb. 1: Die vier Hexen. Albrecht Dürer, 1491.

Bildrand wurde als Tor des Todes interpretiert, was nicht zwingend festzulegen ist. „Hass auf die ganze Menschheit" bezieht sich hier primär auf das Wirken der Discordia, die ihr Zerstörungswerk auf die Göttinnen und die von ihnen vertretenen Prinzipien überträgt und so in der Welt verbreitet. Ein christlicher Wertehorizont, wie er für die humanistische Antikenrezeption gerade wahrscheinlich ist, dürfte sich in der Höllenkulisse andeuten. Dürers Kupferstich würde so eine moralisierende Interpretation des Paris-Urteils bzw. seiner Folgen durchspielen, wobei die Kraft der Destruktion das ganze von den Göttinnen vertretene Spektrum menschlicher

Tätigkeiten und Werte ergreift, wie es in der Exegese der Szene seit langem geläufig ist. Die Jahreszahl auf dem Apfel indiziert vielleicht über das Entstehungsdatum des Bildes hinaus einen moraldidaktischen Zeitbezug, zu dem sich Dürers Künstlermonogramm unten in eine Achse ordnet. Offensichtlich weist besonders die Mittelachse des Bildes mit den Inschriften dem rätselhaften Arrangement seine verschlüsselten Deutungskoordinaten zu.

Kehren wir zu Konrads Apfel zurück, so finden wir eine vergleichbar negative Grundtendenz, wobei eine einigermaßen klare Koordinatenverteilung gerade nicht geboten wird. Konrads Beschreibung setzt in der Fülle und Breite ihrer Materialien vor allem auf das Prinzip der Widersprüchlichkeit. Das gilt für die Machart und das Erscheinungsbild des metallenen Apfels wie für seine Wahrnehmung. Die elusive Inschrift provoziert Unterschiede des Verstehens, Dissens, Verwirrung, Interessenkollisionen. Das Prinzip des Widerspruchs, der Spaltung und Zersetzung, ist auch in andere Textpartien eingeschrieben.

Es prägt vor allem die personifizierenden Züge der Discordia selbst (ausgeführt besonders in V. 1302 ff.). Ihr schönes Gewand verbirgt ein hässliches Inneres, sie ist nicht das, was sie nach außen hin zu sein scheint. Mit Hilfe eines Zauberrings weiß sie sich unsichtbar zu machen, um sich heimlich unter die Gesellschaft zu mischen und ihren *scheidelsâmen* (V. 1274), die *scheidelsât* (V. 1372) auszustreuen.[26] Daneben drängt sich auch das Bild der *Fortuna ambigua* mit ihren unterschiedlichen Hälften auf, zumal seit der Antike auch die rollende Kugel als Utensil der Glückgöttin mitgeführt wird. Außerdem ist an das *Natura*-Konzept zu denken, und zwar an seine destruktive Seite. Natur ist es, die für die Zerstörung alles Bestehenden sorgt, um die unablässige Verwandlung aller Erscheinungen zwischen Geburt und Vergehen in Bewegung zu halten. Diese Assoziationen bestätigen sich in der Selbstdarstellung der Venus/*minne*, die auf das unberechenbare Fortuna-Wirken hinweist (V. 2342 ff.) und unter der These, sie könne alles mit ihrer Gewalt bezwingen, ihre amoralische Macht herausarbeitet: *si machet sleht gerihte crump / und die krumben sache sleht* (V. 2124 f.). Der Zwang der *natûre*, die angeborene *tugent*, begründet denn auch die Entscheidung des Paris für die *minne* (V. 2612 ff.).[27] Insofern überlagern sich gewisse Eigenschaften des Apfels deutlich auch mit dem Minne-Prinzip und seiner konflikträchtigen Art. Letztendlich zeigen sich die von den Göttinnen allegorisch vertretenen Wertwelten durch und durch von Discordia affiziert. Das ist an den Selbstdarstellungen der Göttinnen abzulesen, die nur Bruchstücke, keine geschlossenen Konzepte ergeben. Besonders abenteuerlich ist die Heterogenität bei der Beschreibung des Minneprinzips. Pragmatische Ansichten von ethisch zweifelhaften Minne-Exempeln stehen neben der Behauptung einer unan-

---

26 Vgl. auch V. 3510: *der missehelle sâmen*.
27 Zu *natûre* als Verwandtenliebe vgl. auch V. 3204 f.

tastbaren Minne-Idealität und sind mit dieser schlechtweg nicht verrechenbar.[28] Zur idealen Seite wird ausgiebig Gottfried von Straßburg aus den Exkursen zitiert.

Wir sehen: Nicht nur das Objekt des Apfels wandert wie eine infauste Gabe von Hand zu Hand, sondern auch das ideale Prinzip der Zwiespältigkeit, welches das Äußere des Apfels zeichenhaft prägt, bewegt sich durch die Räume des Romans und dessen normative Kartierung. Wie Konrad durch rekurrierende literarische Techniken die Gespaltenheit seiner Textwelt subtil weiterschreibt, kann die folgende Passage zeigen. Zur Apfelbeschreibung findet sich eine frappierende Parallele bei den Paris von Venus geschenkten Kleidern. Diese sind die Gegengabe für das Apfelgeschenk und bilden die zweite groß dimensionierte Deskription des Romans (V. 2892 ff.). Das für einen irdischen Mann eigentlich viel zu raffinierte Kleid ist aus zwei Stoffen gefertigt, *diu beidiu wâren ungelîch / an schîne und an der varwe* (V. 2932 f.). Der eine ist ein *cyclât* (V. 2935 u. 2947), dessen Gold leuchtet, als stünde das ganze Gewand in Flammen, so wiederholen sich Gold und Rot des Apfels. Der andere Stoff ist veilchenfarbener Purpur, mit grünen Seidenbändern (*strîfen*; V. 2948) besetzt, auf welche Perlen und Edelsteine aufgenäht sind. Dieses Gewand wird als Gedankengespinst vorgestellt, denn solche Steine, heißt es, finden sich weder auf hohen Bergen noch tief in der Erde: *si wâren nâch des herzen kür / ûz tiefer sinne grunde / erwünschet mit dem munde / und alsô rehte vîn erdâht* (V. 2958– 2961).[29] Es sind also erfundene, versprachlichte und imaginierte, d. h. schlechtweg immaterielle und fiktive Steine, was für die Kleider insgesamt gesagt sein muss. Sie sind nicht zusammengenäht, sondern mit goldenen Spangen verklammert. Oben liegen sie hauteng an, unten bauschen sie sich: *man sach dâ vremder valten / ein wunder umb in swenken* (V. 2978 f.). An den Gelenken ist das Kleid mit einem Saum aus Fischhaut besetzt. Zu dessen Farben heißt es:

> Kein Auge kam je zu so viel Klarheit und Schärfe, dass es seinen Glanz aufnehmen konnte. So vielerlei Farben gleißten und brannten aus ihm, dass jedes Haar daran einen besonderen Schein erzeugte. Obwohl es nur sechs Farben gibt,[30] gleißten dort sehr viele, die weder hier noch anderswo und zu keiner Zeit je wahrgenommen werden können.[31]

---

28 Vgl. Susanne Köbele: Frauenlobs *Minne und Welt*. Paradoxe Effekte literarischer Säkularisierung. In: Literarische Säkularisierung im Mittelalter. Hrsg. von Susanne Köbele, Bruno Quast. Berlin 2014 (LTG. 4), S. 221–251, hier S. 249 f.
29 „Sie waren nach der Entscheidung des Herzens aus dem Grund tiefer Sinne mit Wünschen gezogen und ausgesprochen [wörtlich: zum Mund gebracht] und auf diese Weise aufs Feinste und Subtilste erdacht."
30 Zur Farbeinteilung im Mittelalter Narciso Silvestrini, Ernst Peter Fischer: Farbsysteme in Kunst und Wissenschaft. Köln 1998, hier S. 17–20. Nach dem aristotelischen Siebenersystem entwickelt sich eine Sechsereinteilung mit den vier (eigentlichen, vom Regenbogen hergeleiteten) Farben Grün, Gelb, Blau, Rot, dazu Schwarz und Weiß; gültig noch in der Renaissance (sechs *colori semplici* bei Leonardo da Vinci 1510).
31 *kein ouge nie sô lûter wart, / daz sînen glanz erkande; / sô rehte maniger hande / varwe ûz im gleiz unde bran, / daz iegelichez hâr dar an / het einen sunderlichen schîn. / swie nû niht wan sehs*

Das Kleid ist mit den Augen gar nicht zu erfassen, man kann es sich nur ausphantasieren. Offensichtlich sind wesentliche Eigenschaften des *Discordia-Apfels* auf das Gewand des Paris übergegangen und verbreiten von diesem ihre zwiespältige Wirkung. Und das zu Recht, denn inzwischen ist der Apfel bei Venus abgeliefert und aus dem Gedicht verschwunden. Aber diese hat aus dem verführerisch ausstaffierten Paris einen neuen Zankapfel geschaffen, um welchen sogleich auf Leben und Tod gestritten werden soll.

Eine seltsame Text-Alchimie verwandelt so Eigenschaften des material imaginierten Objekts in andere material imaginierte Objekte und kombiniert sie dabei zu erklärt nicht-materiellen Aggregaten. Die literarische Poetik des symbolischen Dinges sprengt so eine klare materiale Festlegung, wie sie für eine Definition von Ding als grundlegend angesetzt werden kann. Der Gegenstand zerfällt in diverse Eigenschaften, verbindet sich mit Ideen und refiguriert sich dabei ständig neu. In diesem Zusammenhang können auch die Zuschreibungen, die Inskriptionen, wichtiger werden als deren materiale Trägerschicht. Es handelt sich ja nicht um materielle Dinge in einer unabhängigen, kulturell regelhaften Außenwelt, sondern um imaginäre in einer literarisch strukturierten Textwelt. Die Dinge sind ‚beschrieben' in einem mehrfachen Sinn: Zum einen gewinnen sie über literarische Deskriptionen ihre konkrete Gestalt. Sie sind so aber nur Elemente bestimmter Sprach- und Kompositionstechniken und mit diesen disponibel. Beschrieben werden sie außerdem durch ihre Einordnung ins Textgefüge. Und mitunter tragen sie eine Inschrift. So werden bei Konrad bestimmte Zuschreibungen durch verschiedene Einzeldinge, auch Figuren oder Wertsysteme, hindurchgeschleust und stellen ein Netz, ein Gewebe irritierender, meist dissoziativ strukturierter Verbindungen her.

IV Literaturgeschichtliche und literaturtheoretische Referenzen des Apfels

Unsere kleine Textfrucht hat nicht nur eine Dinggeschichte, die sich durch die verworrenen Tradierungen des Troja-Stoffes fortsetzt; sie nimmt auch den Umweg über andere Kanäle der Literaturgeschichte. Mehrfach wurde Gottfried von Straßburg zitiert, und jedem *Tristan*-Kenner fällt bei der Apfel-*descriptio* sofort der Anklang an Gottfrieds Zauberhündchen Petitcreü ein. So wird es Konrads versierterem Publikum auch ergangen sein. Viele Züge verbinden Konrads Beschreibung und die Textfunktionen des Zauberdinges mit dieser Vorlage: das Farbenspiel, das zwischen Totalität und Auslöschung oszilliert; die magische Wirkung auf den Betrachter; das Begehren nach diesem ausgefallenen Objekt und damit sein Konflikt-

---

varwe sîn, / sô gleiz ir doch vil mangiu dâ, / diu niemer hie noch anderswâ / bî keinen jâren wirt erkant. / daz selbe kleit und diz gewant / was z'einer waete ein wunder (V. 2986–2997).

potenzial; das symbolische Kapital, das von diesem Besitztum auf den Besitzer ausstrahlt, und schließlich seine Funktion als Liebesgabe (die Rückseite des Hassgeschenks).

Über die symbolische Kraft von Petitcreü ist viel gerätselt worden. Man dachte an eine epische Diskursivierung der Thematik von Kunst, wegen Petitcreüs Zauberschelle vor allem der Musik. Insbesondere wurde ein autoreflexiver Bezug auf Literatur erwogen und ein darin impliziertes literaturtheoretisches Votum Gottfrieds zu seinem eigenen Text.[32] Genau diese Semantisierung erscheint mir besonders stark. Dass man sie auch für Konrad ansetzen kann, legt nicht nur die Übertragung der Apfelmerkmale auf das entmaterialisierte, als literarische Imagination gekennzeichnete Kleid des Paris nahe. Der Apfel wird in einhämmernden Wiederholungen immer wieder als ‚schön' bezeichnet, als lichthaft und farbig, dabei aber auch als fremdartig und wunderbar. All das findet man auch in Gottfrieds Sprachästhetik; der höchst beunruhigende Punkt ist aber in Konrads Version, dass das destruktive Streitobjekt, das in einer Unheilskette all die mit höchstem Aufwand, ja penetrant aufgebotenen Schönheiten der Romanwelt untergräbt und vernichtet, zugleich auch als Text- und Literatursymbol fungieren soll. Literatur als Gabe – ein schlimmer Zankapfel? Es ist mir bewusst, dass verschiedene Symbolisationen einander überlagern, ohne dass sie jeweils Punkt für Punkt das ganze semiotische Angebot an sich ziehen. Aber die symbolischen Alternativen bleiben auch nicht voneinander abgeschottet. Es mag mit dem unseligen Handlungsverlauf der Minnegeschichten des Troja-Romans zusammenhängen, dass eine profunde Zwiespältigkeit auch die autoreflexive Textsymbolik des *Discordia-Apfels* durchdringt. Ich habe den Eindruck, dass diese vor allem ein unaufgelöst zwiespältiges Rezeptionsmodell prägt, das im Keim auf der Inschrift des magischen Apfels zu lesen ist und heute als Vorbote von ‚Modernität' gelten kann.[33]

---

[32] Forschungsüberblick im Kommentar von Manfred Scholz: Gottfried von Straßburg: Tristan und Isold. Mit dem Text des Thomas hrsg. von Walter Haug, Manfred Günter Scholz. 2 Bde. Berlin 2011 (Bibliothek des Mittelalters. 10). Die Petitcreü-*descriptio* beginnt mit den Versen 15806 ff.; vgl. Kommentar Bd. 2, bes. S. 623–626 u. S. 629. – Vgl. Christoph Huber: Gottfried von Straßburg: Tristan. 3., neu bearbeitete und erweiterte Aufl. Berlin 2013 (Klassiker-Lektüren. 3), S. 105 f. u. S. 110 f. – Zur Deutung des Hündchens als *Text* bes. Aaron E. Wright: Petitcreiu. A Text-Critical Note to the *Tristan* of Gottfried von Strassburg. In: Colloquia Germanica 20 (1992), S. 112–121.

[33] Susanne Köbele (Anm. 28) verweist im Zusammenhang ihrer Analyse von Frauenlobs Streitgedicht *Minne und Welt* auf das Paris-Urteil in Konrads *Trojanerkrieg*. Sie liest die widersprüchlichen Präsentationen der Göttinnen in der Ich-Form als „Techniken diskursiver Pluralisierung" (ebd., S. 250) in der Perspektive einer spezifisch modernen Säkularisierungs-Dialektik. Konrad macht in seinem Antikenroman keinen geistlichen Normhorizont auf und verbleibt in einem mythologischen Rahmen, in dem eine Quasi-Transzendenz den Hintergrund für höfisch-gesellschaftliche Idealität abgibt. In dieser Form führt der Roman aber eine beunruhigende Dialektik säkularer Normsetzung vor, wo in einer axiologischen und narrativen Tiefenschicht jede Idealität durch das spaltende *Discordia*-Prinzip untergraben wird.

Wie man es auch wendet, der Apfel verschwindet als Objekt aus der Geschichte, seine unseligen Qualitäten werden in anderen Objekten weitergereicht. Petitcreü verliert seine Schelle und mit ihr seinen Klangzauber. So verschwindet auch Wolframs beschriftetes Brackenseil aus der Geschichte. Im *Jüngeren Titurel* ist das Seil nach dem Endkampf mit Orilus aufgelöst, verbraucht, aus der materiellen Textwelt verabschiedet. Dort bleibt nur die in voller Breite rezipierte Lehre der Inschrift auf dem Seil. Der *Discordia-Apfel* enthält aber keine Lehre und kein Liebesversprechen. Als schmale didaktische Andeutung mag unmittelbar nach der Beschreibung der warnende Hinweis auf das Weiterwirken der Discordia ‚noch heute' stehen.[34]

Vielleicht ist es bezeichnend, dass die Dinggeschichte des klassischen Unheilsobjekts dennoch eine Positivierung zu erfinden vermag. Auf Raffaels Abbildung der drei Grazien (1504/5), die als antike chthonische Fruchtbarkeitsgöttinnen eine andere Vorgeschichte haben, aber analog der Ikonographie des Parisurteils posieren, hält jede eine kugelförmige Frucht in der Hand.[35] Anders schafft den das Unheil sistierenden Sprung ins Positive die humanistische Umdeutung des Paris-Urteils zur Fürstenlehre, d. h. über die didaktische Schiene, wo jeder der Göttinnen ihr Recht zugesprochen wird und der Fürst alle drei der von ihnen vertretenen Bereiche zum Ausgleich bringen soll.[36] Als Requisit der Paris-Stoffgeschichte spielt der Apfel in der Oper *Il pomo d'oro* von Marc Antonio Cesti eine zentrale Rolle.[37] Sie wurde 1666 aus Anlass der Hochzeit von Kaiser Leopold I. mit Margarete Theresia von Spanien in Wien aufgeführt.[38] Um den fatalen Zwist der Göttinnen zu entschärfen, gewährt Jupiter am Ende einen Blick in das Geheimarchiv des Fatums, in dem eine Fürstin der Zukunft zu sehen ist, welche die Vorzüge von Juno, Pallas und Venus zusammen vereinen wird. Es ist Margarete Theresia, der schließlich der Apfel gebührt. Das auf diese Weise mythologisch verherrlichte Herrscherpaar sollte ein weiteres Wirken der Discordia/*Unainigkeit* zu verhindern wissen.

---

34 *si [Discordiâ] wolte ir art erniuwen / und ir alten werresite,/ dâ si noch leider ofte mite / verwirret gnuoge liute. / ir sâme wirt noch hiute / geworfen under manigen lîp.* (V. 1490–1495). – Vgl. auch in Abb. 1 die Jahreszahl auf Dürers Apfel.
35 Abbildung bei Damisch (Anm. 24), S. 125 f.
36 Steffen Schneider: Paris. In: Mythenrezeption. Die antike Mythologie in Literatur, Musik und Kunst von den Anfängen bis zur Gegenwart. Hrsg. von Maria Moog Grünewald. Stuttgart/Weimar 2008 (Der Neue Pauly, Supplemente. 5), S. 551–556, hier S. 553: Aufwertung auch der *vita voluptuosa* bei Ficino.
37 Hinweis ebd., S. 555. Partitur der Oper Marc Antonio Cesti: Il Pomo d'Oro. 2 Bde. Graz 1959 (Denkmäler der Tonkunst in Österreich. Bd. 6: Prolog und 1. Akt; Bd. 9: 2.–5. Akt). Ausführliche Einleitung und zeitgenössische deutsche Inhaltsangabe im ersten Band.
38 Feier der Hochzeit am 12. 12. 1666; das Datum der Uraufführung der Oper ist unsicher, vgl. Partitur (Anm. 37), Bd. 1, S. VI f.

Elke Brüggen, Bonn
Die Rüstung des Anderen
Zu einem rekurrenten Motiv bei Wolfram von Eschenbach

Ursula Peters zum 11. 9. 2014 und Hans-Joachim Ziegeler zum 28. 11. 2014

I Die Rüstung des Anderen I: Die Szene der Ither-Tötung

Man nennt ihn den „Roten Ritter": Ither von Gaheviez, König von Kukumerlant. Rot ist sein Haar, rot, *nâch des heldes ger* (V. 4328/145,26), ist auch der Schmuck seines Pferdes, rot ist großteils seine ritterliche Ausrüstung: Waffenrock, Schild, Lanze und Schwert. Seine Rüstung, zu der auch ein hell glänzender Kettenpanzer gehört,[1] wird ihn das Leben kosten.[2] Parzival, gerade erst seiner isolierten Existenz in der Waldeinsamkeit von Soltane entlaufen, will sie und keine andere, um mit und in ihr zum Ritter zu werden, und als Ither sich weigert, sie herauszugeben und ihm statt dessen einen heftigen Stoß mit dem stumpfen Ende seiner Lanze versetzt, ist sein Schicksal besiegelt: Parzival packt seinen Jagdspeer, der findet seinen Weg zum Sehschlitz von Ithers Helm und durchstößt das Auge und noch den Nacken des Gegners, der daraufhin tot zu Boden sinkt. Parzival will sich der prächtigen Rüstung bemächtigen, was ihm allerdings erst mit der Hilfe eines ihm zugetanen Knappen des Artushofs gelingt; er selbst steht ratlos vor den Schnüren von Helm und Beinpanzerung, die er nicht zu lösen versteht. Der persönliche Besitz des Toten wird nun *an den lebenden geleget* (V. 4653/156,23). Von nun an agiert Parzival in Ithers Rüstung, und Gurnemanz, sein späterer Erzieher, wird ihm auch den Beinamen Ithers „nicht erlassen"[3], als er vernimmt, was geschehen ist. Die rote Farbe gemahnt von nun an (auch) an das Blut, mit dem der dahin geschlachtete König die Blumen auf der Wiese vor Nantes rot gefärbt hat, sie codiert fortan (auch) die Tötung eines Menschen, die im Text immer präsent gehalten wird, bis Gott beim

---

[1] Vgl. V. 4667 f./157,7 f.: *zwô liehte hosen îserîn / schuoht er im über diu ribbalîn.* V. 9921 f./333,3 f.: *ouch het der degen wolgetân / lieht wîz îsern harnasch an* [...]. Zitierte Textausgabe: Wolfram von Eschenbach: Parzival. Auf der Grundlage der Handschrift D hrsg. von Joachim Bumke. Tübingen 2008 (ATB. 119).
[2] V. 4784–4786/161,4–6: *sîn harnasch im verlôs den lîp. / dar umbe was sîn endes wer / des tumben Parzivâles ger.*
[3] V. 5053–5056/170,3–6: *der wirt erkante den rittr rôt. / der ersiufte, und erbarmete in sîn nôt. / sînen gast des namn er niht erliez, / den rôten rittr er in hiez.*

Kampf Parzivals mit seinem Halbbruder Feirefiz Ithers Schwert zerbrechen lässt: *got des niene ruochte, / daz Parcifâl daz rê nemn / in sîner hende solde zemn* (V. 22252–22254/744,14–16).

Die Tötung des Königs von Kukumerlant durch Parzival ist in Wolframs von Eschenbach gleichnamigem Roman der traurige Höhepunkt eines Weges in eine Welt, auf die der Haupheld des Romans denkbar schlecht vorbereitet ist. Zeitangaben des Erzählers informieren darüber, dass nicht einmal drei volle Tage vergangen sind, seit Parzival den von seiner Mutter künstlich errichteten Schutzraum im Wald von Soltane verlassen hat, um am Hof von König Artus Ritter zu werden. In diesen drei Tagen hat er großes Leid verursacht. Die rasche Folge der Ereignisse legt dem Rezipienten eine Bilanzierung nahe, welche ein verheerendes Ergebnis erbringt: Nach der Mutter, die beim Weggang ihres Sohnes – von diesem unbemerkt – sterbend zusammenbricht, ist Ither von Gaheviez bereits der zweite Mensch, den die Entschlüsse und Handlungen des Protagonisten zu Tode bringen. Hinzu kommt sein gewaltsamer Überfall auf die Herzogin Jeschute – das Ringen mit ihr, die ihr abgezwungenen Küsse und der Raub ihrer Schmuckstücke –, ein Überfall, für den das Opfer zur Rechenschaft gezogen und wegen eines ihm unterstellten Ehebruchs hart bestraft wird. Ebenso irritierend wie die desaströsen Auswirkungen von Parzivals Agieren ist aber die Haltung, von der dieses Agieren begleitet wird: Was den anderen durch ihn zustößt, entgeht ihm, oder es erreicht ihn nicht. Diese – nicht zuletzt von Unwissen um kulturelle Standards genährte – Unempfindlichkeit evoziert den Eindruck sozialer Kälte.[4] Im Umgang Parzivals mit Ither, in der raschen und effizienten Tötung eines Menschen, der sich seinen Wünschen entgegenstellt, der umstandslosen Auslöschung eines Lebens, kommt sie besonders klar zum Ausdruck – und wird noch durch die Mitteilung unterstrichen, dass Parzival die Leiche achtlos liegen lässt; für deren provisorische Versorgung und erst recht für ihre standesgemäße Bestattung erklären sich andere zuständig. In einem auffallenden Gegensatz dazu steht in den hier in Rede stehenden Szenen Parzivals Aufmerksamkeit für die Dinge, für materielle Gegenstände, die anderen gehören: den Fingerring und die Brosche Jeschutes, die Rüstung Ithers. Indem der Text vorführt, wie Parzival die Dinge der anderen an sich bringt, einen Besitzwechsel[5] gewaltsam erzwingt, legt er zugleich offen, dass das Begehren nach Materiellem und die Rücksichtslosigkeit gegenüber den Menschen in gewisser Weise einander bedingen.

---

[4] Relativiert wird der Eindruck durch Parzivals Interaktion mit der trauernden Sigune und seine Reaktion auf die Misshandlungen Antanors und Cunnewares am Artushof.
[5] Auf das Motiv des Besitzwechsels von Kleidung und Ausrüstung im *Parzival* hat schon früh Walter Mersmann aufmerksam gemacht: Walter Mersmann: Der Besitzwechsel und seine Bedeutung in den Dichtungen Wolframs von Eschenbach und Gottfrieds von Straßburg. München 1971 (Medium Aevum. Philologische Studien. 22), S. 123–138.

II Forschungsskizze

Die Begegnung Parzivals mit Ither von Gaheviez gilt als eine der Schlüsselszenen des Romans. Sie ist von der Forschung vor allem im Kontext der Diskussion um Parzivals Schuld behandelt und im Zusammenhang mit der für die Sinnkonstitution des Textes entscheidenden Verwandtschaftsthematik diskutiert worden. Dafür gibt es gute Gründe. Bei der ersten Erwähnung bezeichnet der Erzähler Ither als *Artûs' basen sun* (V. 4313/145,11). Damit ist nicht nur das Verwandtschaftsverhältnis zu Artus angegeben (Ither ist ein Sohn der Schwester Utepandraguns und damit Artus' Vetter), sondern auch das zu Gawan und zu Parzival: Wie diese beiden, so geht auch Ither auf die Verbindung Mazadans mit der Fee Terdelaschoye zurück (V. 17481–17501/585,5–25). Parzival indes erfährt erst viel später von Trevrizent, dem Onkel mütterlicherseits, dass und auf welche Weise er mit dem „Roten Ritter" verwandt ist, dann nämlich, als er ihm die Tötung Ithers und den Leichenraub an ihm als Sünden gesteht (V. 14181–14188/475,5–12). Trevrizents fassungslose Klage und seine Aussage *du hâst dîn eigen verch erslagn* (V. 14197/475,21)[6] offenbaren ihm erst das ganze Ausmaß seiner Schuld, einer Schuld, die in Trevrizents Augen vor Gott gesühnt werden muss (V. 14198–14203/475,22–27). Wenn Parzival von Trevrizent zudem hört, dass seine Mutter tot zusammengesunken ist, als er sie verließ, und dass Anfortas, dessen Leiden er verlängert hat, als er auf Munsalvaesche die alles entscheidende Frage nach dessen Zustand nicht stellte, sein Onkel ist, wird ein schmerzvoller Erkenntnisvorgang gestaltet, bei dem die Ausbildung von Identität aufs engste mit einer Aufdeckung von Verwandtschaftsbeziehungen und einer Einsicht in die Sündhaftigkeit des eigenen Tuns verknüpft wird.

Diese hier nur kurz skizzierte Linie des Verständnisses der Vorgänge um die Figur des Königs Ither ist auch weiterhin in Geltung. Daneben sind allerdings in Beiträgen aus den letzten Jahren andere Herangehensweisen erprobt worden. Otto Neudeck, Klaus Ridder und Monika Schausten haben sich der Ither-Szene bereits mit einem Blick für die besondere Relevanz desjenigen Dinges genähert, das auch hier interessieren soll: die Rüstung des Ritters.[7] Die solchermaßen fokussierten Textlektüren sind, soweit ich sehe, mehr oder weniger gleichzeitig entstanden und nehmen demzufolge nicht aufeinander Bezug; sie zeigen zwar punktuelle Berührungen, lassen sich aufgrund unterschiedlicher Fragestellungen und divergieren-

---

6 Vgl. V. 14909 f./499,13 f.: *von Ithêrn du bist erborn. / dîn hant die sippe hât verkorn.*
7 Otto Neudeck: Der verwehrte Blick auf die Oberfläche. Zum Konnex von Wahrnehmung und ritterlicher Rüstung in Wolframs *Parzival*. In: GRM 57 (2007), S. 275–286; Klaus Ridder: Parzivals Gier. Habsucht als Moment kultureller Identitätssuche im Parzivalroman Wolframs von Eschenbach. In: Körperkonzepte im arthurischen Roman. Hrsg. von Friedrich Wolfzettel. Tübingen 2007, S. 269–286; vgl. auch ders., Diana Lemke: Die Irrationalität der Habgier im Eneasroman Heinrichs von Veldeke. In: Impulse und Resonanzen. Tübinger mediävistische Beiträge zum 80. Geburtstag von Walter Haug. Hrsg. von Gisela Vollmann-Profe u. a. Tübingen 2007, S. 101–114; Monika Schausten: Vom Fall in die Farbe. Chromophilie in Wolframs *Parzival*. In: PBB 130 (2008), S. 459–482.

der Diskurstraditionen, die für eine Deutung produktiv gemacht werden, jedoch klar voneinander absetzen. Die nachfolgende knappe Kennzeichnung der Beiträge hebt Überlegungen hervor, die sich als Anknüpfungspunkte für eine Reflexion über das Motiv der Rüstung des Anderen in Wolframs *Parzival* eignen.

Otto Neudecks Analyse der Ither-Episode erfolgt im Kontext seiner Bemühungen, für den *Parzival* ein Spannungsverhältnis von visueller Wahrnehmung und ritterlicher Rüstung zu plausibilisieren, das, teilweise zum Bild verdichtet,[8] auf der Handlungsebene greifbar werde und darüber hinaus in einer Ästhetik der beschränkten und blockierten Sicht ihren Niederschlag finde. Die rote Rüstung Ithers, die sich der Wahrnehmung förmlich aufdränge, entfalte bei Parzival keine identifizierende Wirkung, im Gegenteil: Ihr Träger werde mehrfach verkannt, was zu Kämpfen zwischen ihm und den Artusrittern führe, die ihn doch eigentlich in ihrer Mitte wissen wollen. Umgekehrt behindere die durch die Panzerung bedingte ausschnitthafte Wahrnehmung das Urteilsvermögen Parzivals, ein Umstand, der eine eigentümliche Blindheit des Protagonisten für die Identität seiner Gegner zur Folge habe und in der seltsamen Indifferenz greifbar werde, mit der er in die Kämpfe eintrete. Neudeck expliziert die von ihm konstatierte paradoxale Wirkung des ins Auge fallenden „primären Signum[s]" der Figur mit einem Rekurs auf eine teils magisch, teils psychologisch begründete Wirkung der roten Rüstung, die „Parzivals Blick auf die Umwelt" präge und bei dieser eine „Trübung der Wahrnehmung" verursache. Grundlage dieser Überlegungen ist die Auslegung des Rots der Rüstung als Signal für „Aggressivität und Kampfbereitschaft".[9]

Mit den Farbsemantiken in der höfischen Literatur des hohen Mittelalters hat Monika Schausten sich in jüngerer Zeit in mehreren Beiträgen befasst. Einschlägig ist im vorliegenden Zusammenhang ihr Artikel *Vom Fall in die Farbe. Chromophilie in Wolframs „Parzival"* von 2008,[10] in dem die Ither-Episode als Teil der Ausfahrt des Helden analysiert wird. Glanz und Farbe, die Schausten im Rekurs auf Forschungen zur allegorischen Naturauslegung nicht als eigenständige Sinnträger auffasst, sondern als Proprietäten oder Eigenschaften von Dingen, sieht sie eingespannt in ein widersprüchliches Miteinander chromophober und chromophiler Tendenzen, welche eine Anlehnung an unterschiedliche Positionen des gelehrten Diskurses über Farben bezeugten. Die Empfänglichkeit Parzivals für die glänzenden Oberflächen und die Farbintensität der *Dinge* erfülle zunächst die für das epische Erzählen elementare narrative Funktion, den Helden in Bewegung zu setzen. Dass der empfundene Reiz dessen Weg auch weiterhin bestimme, zeige insbeson-

---

[8] Besonders anschaulich sei diese Verdichtung bei der Tötung Ithers gestaltet, einem Vorgang, bei dem Parzival „[i]ntuitiv [...] auf die einzige Schwachstelle des Panzers, die Öffnung für das wichtigste Wahrnehmungsorgan des Ritters" ziele und zusammen mit dem Auge und dem Blick die Existenz des Ritters ausgelöscht werde; Neudeck (Anm. 7), S. 281.
[9] Ebd., S. 278 u. 280.
[10] Schausten (Anm. 7).

dere sein vehementes Verlangen nach der roten Rüstung Ithers, das sich in einer gewaltsamen Bemächtigung Bahn breche, um den Preis der Tötung ihres Besitzers. Parzival erliegt, so Schausten, der Faszination der roten Farbe, es ereilt ihn ein „Fall in die Farbe", der genauer als ein „Fall in die Einfarbigkeit" zu bestimmen sei.[11] Die Verfallenheit Parzivals an die Monochromie der Rüstung Ithers, die seine von Gott geschenkte Lichtschönheit verdecke, versinnbildliche eine Entfernung von seiner ihm angestammten Bestimmung als künftiger Erlöser der Gralgesellschaft und lasse sich demnach als ein ethischer Fall, als ein Abstieg auffassen. Zugleich aber bezeichne die rote Rüstung den Aufstieg des Helden in die höfische (Artus-)Gesellschaft. Auf diese Weise konstruiere der Text mit Hilfe der roten Rüstung eine grundlegende Ambivalenz der Figur, ihre soziale Identität betreffend.

> Das Rot der Rüstung ist weder eindeutig als Symbol für die an der Parzivalfigur exemplifizierte Sündhaftigkeit des Menschen (Brudermord) zu verstehen. Noch auch steht es allein für Parzivals Überwindung seines Narrenstadiums [...] oder gar [...] allein für ‚ritterliche[] Vollkommenheit'. Rot steht für gesellschaftliche Auszeichnung und für moralische Verfehlung zugleich.[12]

Klaus Ridder hat sich mit der Ither-Episode im Rahmen seiner Erkundung von Reflexionstraditionen der Habgier zugewandt. Die Habgier erscheine im *Parzival* nicht länger als traditionelles Laster, sondern figuriere als Antriebsmoment wie als Störfaktor einer kulturellen Integration des Helden. Unter dieser Perspektive untersucht der Verfasser drei Episoden des Textes: Parzivals Begegnung mit den Rittern im Wald von Soltane, sein Zusammentreffen mit der Herzogin Jeschute und das Aufeinandertreffen mit Ither von Gaheviez. In diesen Episoden werde, so Ridder, eine Gier nach Dingen (Rüstungen und Schmuckstücken) thematisch, die Parzivals frühe Position auf seinem Weg in die Welt des Königs Artus charakterisiere. Offenkundig nicht durch den materiellen Wert der betreffenden Dinge motiviert, sondern vom Zeichencharakter der Dinge angestoßen, der eine Zugehörigkeit zur ritterlich-höfischen Welt anzeige, sei die „Habsucht" Parzivals als eine komplexe Figur des Begehrens zu verstehen, in der sich der unbedingte Wunsch des Protagonisten nach Verbindung mit einer kulturellen Gemeinschaft artikuliere. Wolfram wollte, so Ridder, „ein dynamisches Spannungsverhältnis zwischen kultureller Entwurzelung, dem Habenwollen von Dingen und der Suche nach kultureller Identität gestalten".[13]

Die skizzierten Darlegungen aufgreifend, prüfend und modifizierend, frage ich im Folgenden danach, inwieweit sie mit Gesichtspunkten in Verbindung gebracht werden können, welche die derzeitige, höchst anregende kulturwissenschaftlich orientierte Forschung zu den Dingkulturen bereithält, die in unterschiedlichen Disziplinen geführt wird. Dazu noch einige Hinweise. *Dinge* erfahren in der aktuellen

---

11 Ebd., S. 479.
12 Ebd.
13 Ridder (Anm. 7), S. 285.

wissenschaftlichen Diskussion eine gesteigerte Aufmerksamkeit. Die Beschäftigung mit ihnen ist mittlerweile „zu einem interdisziplinären Forschungsfeld avanciert", es ist gar von einem „material turn" die Rede.[14] Im „Universum der Dinge"[15] faszinieren dabei insbesondere die „lebendigen"[16], die „sprechenden"[17], die „souveränen Dinge"[18], Gegenstände mithin, die eine eigentümliche Macht[19] oder Wirkmächtigkeit, eine Widerständigkeit[20], einen Eigen-Sinn zu besitzen scheinen und insofern als Dinge von Gewicht empfunden werden. Es fesseln darüber hinaus Mensch-Ding-Allianzen oder Kollektive, auf die nicht zuletzt die verstärkte Reflexion über neue technologische Entwicklungen den Blick gelenkt hat.[21] Nicht wenige Studien zeigen sich vom Denken des französischen Soziologen und Wissenschaftsforschers Bruno Latour beeinflusst,[22] von seiner Konzeptionalisierung der Dinge

---

[14] Raphaela Knipp: Narrative der Dinge. Literarische Modellierungen von Mensch-Ding-Beziehungen. In: LiLi 42, 168 (2012), S. 46–61, hier S. 46. Indikatoren der neuen Relevanz materieller Kultur sind u. a. neu entstandene Einführungen in dieses Gebiet; vgl. z. B. Henry Glassie: Material Culture. Bloomington/Ind. 1999; Hans Peter Hahn: Materielle Kultur. Eine Einführung. Berlin 2005; Jan Keupp, Romedio Schmitz-Esser (Hrsg.): Neue alte Sachlichkeit. Studienbuch Materialität des Mittelalters. Ostfildern 2015; vgl. auch Jan Keupp, Romedio Schmitz-Esser: Mundus in gutta. Plädoyer für eine Realienkunde in kulturhistorischer Perspektive. In: Archiv für Kulturgeschichte 94 (2012), S. 1–20; Jan Keupp: Sachgeschichten. Materielle Kultur als Schlüssel zur Stauferzeit. In: Die Staufer und Byzanz. Hrsg. von der Gesellschaft für staufische Geschichte e. V. Göppingen 2013 (Schriften zur staufischen Geschichte und Kunst. 33), S. 156–180.
[15] Konrad Paul Liessmann: Das Universum der Dinge. Zur Ästhetik des Alltäglichen. Wien 2010.
[16] Dorothee Kimmich: Lebendige Dinge in der Moderne. Konstanz 2011.
[17] Mieke Bal: Telling Objects. A Narrative Perspective on Collecting. In: The Cultures of Collecting. Hrsg. von John Elsner, Roger Cardinal. London 1994, S. 97–115; Lorraine Daston (Hrsg.): Things That Talk. Object Lessons from Art and Science. New York 2004.
[18] Thomas Macho: Souveräne Dinge. In: Agenten und Agenturen. Hrsg. von Lorenz Engell, Bernhard Siegert, Joseph Vogl. Weimar 2008 (Archiv für Mediengeschichte), S. 111–118.
[19] Karl-Heinz Kohl: Die Macht der Dinge. Geschichte und Theorie sakraler Objekte. München 2003; Tony Benett, Patrick Joyce (Hrsg.): Material Powers. Cultural studies, history and the material turn. London/New York 2010; Michael Niehaus: Dinge der Macht. *Der Ring des Nibelungen* und *Der Herr der Ringe*. In: ZfGerm 22 (2012), S. 72–88.
[20] Uwe C. Steiner: Widerstand im Gegenstand. Das literarische Wissen vom Ding am Beispiel Franz Kafkas. In: Literatur, Wissenschaft und Wissen seit der Epochenschwelle um 1800. Theorie – Epistemologie – komparatistische Fallstudien. Hrsg. von Thomas Klinkert, Monika Neuhofer. Berlin 2008 (spectrum Literaturwissenschaft / spectrum Literature. Komparatistische Studien / Comparative Studies. 15), S. 237–252.
[21] Vgl. Susanne Fohler: Techniktheorien. Der Platz der Dinge in der Welt des Menschen. München 2003; Bernward Joerges: Technik. Körper der Gesellschaft. Arbeiten zur Techniksoziologie. Frankfurt a. Main 1996; Karin Knorr-Cetina: Sozialität mit Objekten. Soziale Beziehungen in post-traditionalen Wissensgesellschaften. In: Technik und Sozialtheorie. Hrsg. von Werner Rammert. Frankfurt a. Main 1998, S. 83–120.
[22] Bruno Latour: Wir sind nie modern gewesen. Versuch einer symmetrischen Anthropologie. Aus dem Französischen von Gustav Roßler. Berlin 1995; ders.: Die Hoffnung der Pandora. Untersuchungen zur Wirklichkeit der Wissenschaft. Aus dem Englischen von Gustav Roßler. Frankfurt a. Main 2000; ders.: Das Parlament der Dinge. Für eine politische Ökologie. Aus dem Französischen von Gustav Roßler. 2. Aufl. Frankfurt a. Main 2012; ders.: On the Modern Cult of the Factish Gods.

als „Akteure" oder „Aktanten" und von seinem Handlungsbegriff, für den nicht mehr einzig das Subjekt und die ihm zugerechnete bewusste, intentionale und motivierte Aktion entscheidend ist, sondern gerade das *crossover* mit Nicht-Menschlichem", die „komplexe Assoziation" oder das „Hybrid aus menschlichen und nichtmenschlichen Entitäten".[23] Ein solcher Ansatz stellt Axiome in Frage, die für das Selbstverständnis und die Selbstbeschreibung westlicher Kulturen der Moderne prägend sind, zuvorderst die ontologische Differenz zwischen (aktivem, handelndem) Subjekt und (passivem) Objekt, aber auch die Opposition von Natur und Kultur und den Dualismus von Körper und Geist. Und er zielt letztlich auf eine Dekonstruktion, welche die Moderne als Mythos oder als Phantasma enthüllen und die Demarkation zwischen einer als unaufgeklärt kategorisierten Vor-Moderne und einer als aufgeklärt geltenden Moderne nivellieren möchte. Für die Germanistik ist dieser Impetus nicht unattraktiv, eröffnet sich solchermaßen mit den Dingkulturen doch für Sprach- und Literaturwissenschaftler, für mediävistische wie für neugermanistische Kolleginnen und Kollegen ein Feld, auf dem sie gewinnbringend zusammenarbeiten können: in einer der Notwendigkeit zu entschiedener Historisierung verpflichteten Aufarbeitung eines Wissens von den Dingen, das speziell in der literarischen Imagination aufgehoben ist, und in einer narratologischen Syste-

---

Durham/N. C. 2010; ders.: An Inquiry into Modes of Existence. An Anthropology of the Moderns. Translated by Catherine Porter. Cambridge/Mass. 2013. Des Weiteren wären z. B. zu nennen Wolfgang Eßbach: In Gesellschaft der Dinge. In: Landschaft, Geschlecht, Artefakte. Zur Soziologie naturaler und artifizieller Alteritäten. Hrsg. von Wolfgang Eßbach u. a. Würzburg 2004; Fohler (Anm. 21); Hans Linde: Sachdominanz in Sozialstrukturen. Tübingen 1972; Joerges (Anm. 21); Jane Bennett: Vibrant Matter. A Political Ecology of Things. Durham/N. C. 2010. Die neuere kultur- und sozialwissenschaftliche Diskussion hat auch an ältere kulturtheoretische Arbeiten erinnert, die Latours Überlegungen vorausgehen und diese teilweise vorwegnehmen, so an Martin Heideggers Räsonnement über das *Zeug* (Martin Heidegger: Sein und Zeit. Tübingen 1963, S. 66–76), an Roland Barthes' berühmte Studie *Mythologies* von 1956 (unter dem Titel *Mythen des Alltags* erst 2010 vollständig in deutscher Übersetzung erschienen) und seine Abhandlung *Die Semantik des Objekts* (erschienen in Roland Barthes: Das semiologische Abenteuer. Frankfurt a. Main 1988, S. 187–198, frz. Ausgabe 1966), an Jean Baudrillards *Das System der Dinge. Über unser Verhältnis zu den alltäglichen Gegenständen* (Frankfurt a. Main/New York 1991, frz. Ausgabe 1968) und an Walter Benjamins Passagen-Werk mit dem ihm zugrunde liegenden Vorhaben, „die Physiognomie der Moderne den Ding-Welten des 19. Jahrhunderts abzulesen" (Doerte Bischoff: Poetischer Fetischismus. Der Kult der Dinge im 19. Jahrhundert. Paderborn 2013, S. 13). Soweit ich sehe, sind die Arbeiten des französischen Anthropologen Philippe Descola dagegen in der Literaturwissenschaft bislang nicht rezipiert worden, wiewohl dessen Kritik am westlichen Anthropozentrismus und an der (vorgeblichen) Selbstverständlichkeit einer Grenzziehung zwischen Natur und Kultur interessante Anknüpfungsmöglichkeiten bereithält; vgl. Philippe Descola: Wahlverwandtschaften. Antrittsvorlesung am Lehrstuhl für die *Anthropologie der Natur*, Collège de France, 29. März 2001. In: Mittelweg 36. Zeitschrift des Hamburger Instituts für Sozialforschung 22 (2013), S. 4–26; Auf der Suche nach der Gesellschaft. Philippe Descola im Gespräch mit Tanja Bogusz. In: ebd., S. 27–45; Tanja Bogusz: Dekolonisierung des Denkens. Was wir von Descola lernen. In: ebd., S. 46–62.
23 Hartmut Böhme: Fetischismus und Kultur. Eine andere Theorie der Moderne. 3. Aufl. Reinbek b. Hamburg 2012, S. 73; vgl. ebd., S. 72–94 – eine kritische Würdigung von Latours Ansatz.

matisierung der Befunde, welche das Ding und die Relation von Figur und Ding als zentrale Kategorien der Textanalyse ansetzt.[24]

Dass die mittelalterlichen Erzählwelten in herausgehobener Weise mit Dingen angefüllt sind, darauf hat – lange vor dieser neuerlichen und neu gewendeten Befassung mit ihnen – insbesondere die Forschung zur *Höfischen Kultur* aufmerksam

---

24 An der Schnittstelle von Sprach-, Literatur- und Kulturwissenschaft angesiedelt ist: Stefan Börnchen, Georg Mein, Martin Roussell (Hrsg.): Name, Ding. Referenzen. Paderborn 2012. – An neugermanistischen Arbeiten seien stellvertretend genannt: Christine Weder: Erschriebene Dinge. Fetisch, Amulett, Talismann um 1800. Freiburg i. Breisgau 2007; Steiner (Anm. 20); Michael Niehaus: Das Buch der wandernden Dinge. Vom Ring des Polykrates bis zum entwendeten Brief. München 2009; Knipp (Anm. 14); Uwe C. Steiner: „Gespenstige Gegenständlichkeit". Fetischismus, die unsichtbare Hand und die Wandlungen der Dinge in Goethes *Herrmann und Dorothea* und in Stifters *Kalkstein*. In: DVjs 74 (2000), S. 627–653; Julia Bertschik: NebenSachen. Literatur als Gehäuse ‚der nächsten Dinge' im 19. Jahrhundert. In: Magie der Geschichten. Weltverkehr, Literatur und Anthropologie in der zweiten Hälfte des 19. Jahrhunderts. Hrsg. von Michael Neumann, Kerstin Stüssel. Konstanz 2011, S. 321–336; Kimmich (Anm. 16); Ulrike Vedder: Das Rätsel der Objekte: Zur literarischen Epistemologie von Dingen. Eine Einführung. In: ZfGerm 22 (2012), S. 7–16; Bischoff (Anm. 22), mit weiterführender Literatur. – Zu der Prämisse, „dass Wahrnehmungsweisen von Dingen radikal zu historisieren sind", vgl. Anna Mühlherr: Nicht mit rechten Dingen, nicht mit dem rechten Ding, nicht am rechten Ort. Zur „tarnkappe" und zum „hort" im *Nibelungenlied*. In: PBB 131 (2009), S. 461–492, hier S. 461. Aus der Mediävistik seien weiterhin genannt: Anna Mühlherr: Zwischen Augenfälligkeit und hermeneutischem Appell. Zu Dingen im *Straßburger Alexander*. In: Dichtung und Didaxe. Lehrhaftes Sprechen in der deutschen Literatur des Mittelalters. Hrsg. von Henrike Lähnemann, Sandra Linden. Berlin 2009, S. 11–26; Heike Sahm: Unversöhnte Motivierungen. Der Schatz als Hindernis kohärenten Erzählens im *Beowulf*. In: PBB 131 (2009), S. 442–460; dies.: Gold im *Nibelungenlied*. In: Die Farben imaginierter Welten. Zur Kulturgeschichte ihrer Codierung in Literatur und Kunst vom Mittelalter bis zur Gegenwart. Hrsg. von Monika Schausten. Berlin 2012 (LTG. 1), S. 125–145; Anna Mühlherr, Heike Sahm: Eigen-Sinn von Dingen in älterer Erzählliteratur. In: Vielheit und Einheit der Germanistik weltweit. Hrsg. von Franciszek Gruczka. Frankfurt a. Main 2012 (Publikationen der internationalen Vereinigung für Germanistik. 5), S. 235–244; Anna Mühlherr: Helden und Schwerter – Durchschlagkraft und *agency* in heldenepischem Zusammenhang. In: Narration and Hero. Recounting the Deeds of Heroes in Literature and Art of the Early Medieval Period. Hrsg. von Victor Millet, Heike Sahm. Berlin 2014 (Ergänzungsbände zum Reallexikon der Germanischen Altertumskunde. 87), S. 259–275; Christoph Schanze: Jorams Gürtel als ‚Ding'. Zur Polysemie eines narrativen Requisits. In: PBB 135 (2013), S. 535–581. Bettina Bildhauer hat mir das Typoskript eines einschlägigen Kapitels aus einer neuen Monographie zugänglich gemacht, an der sie arbeitet: *Der Gralsroman aus Sicht des Grals. Stil und das Mithandeln der Dinge*; dafür danke ich ihr herzlich. – Aus der älteren sprachwissenschaftlichen Literatur ist immer noch aufschlussreich: Elisabeth Karg-Gasterstädt: Althochdeutsch Thing – Neuhochdeutsch Ding. Die Geschichte eines Wortes. Berlin 1958 (Berichte über die Verhandlungen der Sächsischen Akademie der Wissenschaften zu Leipzig. Philologisch-historische Klasse. 104); vgl. auch Shoko Kishitani: „Got" und „Geschehen". Die Vermeidung des menschlichen Subjekts in der ritterlichen Sprache (Hartmann von Aue). Düsseldorf 1965 (Sprache und Gemeinschaft. Studien. 5). – Einen ebenso innovativen wie faszinierenden Zugang zur Welt der Dramen Shakespeares hat jüngst Neil MacGregor mit einer Studie gewiesen, in der eine Reihe von aussagekräftigen Objekten im Mittelpunkt steht: Neil MacGregor: Shakespeares ruhelose Welt. Aus dem Englischen von Klaus Binder. München 2013.

gemacht.²⁵ Sie hat sich die Aufgabe gestellt, zunächst die Materialität der epischen Dinge aufzuhellen und sodann die mit ihnen verbundenen Strategien der narrativen Inszenierung und die an sie geknüpften literarischen Sinnbildungsverfahren zu untersuchen, um diese als Momente der Alterität mittelalterlicher Texte auszuweisen. Eine spezielle Sensibilität für die epischen Dinge ist zudem in jenen Studien zu beobachten, welche sich mit der literarischen Verarbeitung einer *ars donandi* befassen und den Status von Dingen im Kontext einer Episierung gabenökonomischer Praktiken beleuchten.²⁶ Trotz zahlreicher Einzelstudien steht jedoch eine systematische Erschließung und umfassende Analyse von Dingen als Bestandteilen der narrativen Ordnung mittelalterlicher Erzähltexte noch aus, und die produktive Aufnahme einer kulturwissenschaftlichen Neukonzeptionalisierung, welche die Dinge nicht länger als „bloße[] Substrate[] menschlicher Bearbeitung, Aneignung und Aktion" sieht,²⁷ hat gerade erst begonnen.

III Zur Materialität der ritterlichen Rüstung

Im Folgenden wird es um ein ganz bestimmtes *Ding* gehen: die ritterliche Rüstung, genauer: die Rüstung Ithers. Das Ziel ist dabei, vor dem Hintergrund und in Auseinandersetzung mit der neueren Forschung die Wahrnehmung der erzählerischen Konstruktion der Ither-Episode zu differenzieren und hiervon ausgehend weiterführende Überlegungen zum literarischen Stellenwert der *Rüstung des Anderen* bei Wolfram zu entwickeln. Zuvor sollte indes kurz geklärt werden, was genau das ist, worauf sich der begehrliche Blick des Protagonisten im *Parzival* richtet, wie die Materialität, deren narrative Inszenierung interessieren soll, also beschaffen ist.²⁸

Bei der ritterlichen Rüstung haben wir es nicht mit einem Einzelding zu tun, sondern mit einem Ensemble an Gegenständen der Bewaffnung: mit Schwert und Lanze als den eigentlichen Waffen, mit Schild, Helm und Panzer als Elementen, welche den Schutz des menschlichen Körpers gewährleisten sollen, mit dem Waffenrock, der wiederum den Panzer schützend umhüllt, sodann mit Objekten, wel-

---

25 Stellvertretend sei genannt: Joachim Bumke: Höfische Kultur. Literatur und Gesellschaft im hohen Mittelalter. 2 Bde. München 1986 (12. Aufl. 2008).
26 Vgl. z. B. Marion Oswald: Gabe und Gewalt. Studien zur Logik und Poetik der Gabe in der frühhöfischen Erzählliteratur. Göttingen 2004 (Historische Semantik. 7) sowie den Beitrag von Monika Schausten in diesem Band.
27 Anna Mühlherr, Heike Sahm: Antrag auf Förderung einer Tagung zum Thema *Dinge von Gewicht. Besondere Gegenstände in Kontexten der Vormoderne* (Typoskript), S. 2. Die Verfasserinnen benennen in diesem Dokument bereits eine Reihe von Themen- und Fragekomplexen, die zu verfolgen wären: Macht der Dinge – Dinge und Wissen – Dinge und Körper – Ding-*Biographien* – Dinge und Räume – Kulturmuster im Umgang mit Dingen – Arrangements von Dingen – Dinge als Zeichen und Zeichenträger – Materialität und Dinglichkeit.
28 Vgl. hierzu Bumke (Anm. 25), S. 210–240.

che, wie Sattel, Satteldecke, Steigbügel und Sporen, eine effiziente Reittechnik im Kampf ermöglichen, mit der Bekleidung des Pferdes durch einen Überwurf (eine *covertiure*) aus Stoff, bisweilen durch eine Decke aus Eisengeflecht verstärkt;[29] zur Ausrüstung des Ritters in einem weiteren Sinne zählt zudem das Streitross selbst. Durch eine Zusammenschau von Bodenfunden, bildkünstlerischen Darstellungen und literarischen Beschreibungen wurde von der Forschung zur *Höfischen Kultur* ein detailliertes Bild von den Bestandteilen der ritterlichen Rüstung und ihrer Entwicklung entworfen, das für das Verständnis entsprechender Aussagen in mittelhochdeutschen Texten vom Anfang des 13. Jahrhunderts eine orientierende Funktion übernehmen kann. Wie die Thematisierung der Rüstung im *Parzival* in einem solchen Horizont zu verorten wäre, müsste genauer untersucht werden. Eine kursorische Durchsicht entsprechender Textstellen und einschlägiger Forschungsbeiträge legt eine gesteigerte Aufmerksamkeit für bestimmte Novitäten im Bereich der Waffentechnik nahe. Drei sollen herausgestellt werden: erstens der nahezu vollständig geschlossene Panzer aus Eisenringen, der nicht nur den Leib, sondern zusätzlich die Arme und Hände sowie die Beine und Füße bedeckt und außerdem über eine Kapuze aus Kettengeflecht verfügt, die über Mund und Kinn gezogen werden kann; zweitens eine spezielle Helmform, bei der eine sogenannte *barbiere*, „eine Metallplatte mit Atemlöchern, die vorne am Helm befestigt wurde, die untere Gesichtshälfte bedeckte"[30]; und drittens ein figürlicher Schmuck auf diversen Bestandteilen der Ausrüstung, zuvorderst Helm und Schild, aber auch auf den textilen Elementen der Ausrüstung (Lanzenfahne, Waffenrock, Pferdedecke etc.).

IV Zur literarischen Evokation der Erscheinung Ithers

Man sähe sich allerdings getäuscht, würde man erwarten, dass eine Evokation der doch offenbar prachtvollen, überwältigenden Erscheinung Ithers durch eine umfangreiche und systematische Beschreibung von dessen Äußerem erfolgte. Wir erhalten lediglich einige selektive Mitteilungen, die auf mehrere Textpassagen verteilt sind: die Schilderung der Erstbegegnung Parzivals mit Ither vor Nantes (V. 4289–4372/144,17–147,10) und die des erneuten Zusammentreffens der beiden nach Parzivals Aufenthalt am Artushof (V. 4563–4628/153,21–155,28). Die *descriptio*, die für die Adaptation von literarischen Stoffen und Vorlagen im Rahmen eines auf die *dilatatio materiae* setzenden Verfahrens in der mittelhochdeutschen Epik des 12. und 13. Jahrhunderts eine so große Bedeutung erlangte, wird hier, ganz ähnlich wie bei der Vergegenwärtigung von Körperschönheit oder Kleidung, in einer cha-

---

[29] Zu Bugdecken und Kopfpanzer siehe ebd., S. 238.
[30] Ebd., S. 214.

rakteristischen Form gehandhabt: Die längere, zusammenhängende Beschreibung wird abgewiesen respektive zerlegt,[31] und es werden lediglich einige Details in enger Rückbindung an die Erwähnung von bestimmten Vorgängen auf der Handlungsebene eingespielt.[32] Eigentümlich ist zudem, dass ein für die Gestalt des Ritters so wichtiges Element wie der Kettenpanzer in der Aufzählung von einzelnen Teilen der Ausrüstung offenbar zunächst unerwähnt bleibt – die Bezeichnung *harnasch* (V. 4319/145,17) meint hier wohl nicht den Panzer, sondern die gesamte Ausrüstung. Und auch in der Erzählung der Wiederbegegnung Parzivals mit Ither fällt der Terminus *halsberc*, der den Leibpanzer eindeutig bezeichnet, erst spät (V. 4672/157,12), nachdem der Panzer zuvor durch die Erwähnung der *schinnelier*, der eisernen Knieplatten (V. 4623/155,23), der *hosen îserîn*, also der Beinbekleidung aus Ringgeflecht (V. 4667/157,7), und des *hersnier[s]*, der Kettenkapuze (V. 4608/155,8), lediglich anzitiert wurde.

Der Befund ist unbequem, verkompliziert er doch den Versuch, die Ither-Szene ausgehend von der Frage nach der Semantisierung der Dingwelt zu deuten. Möglich, dass die Absicht, in der Nachfolge der entsprechenden Aussagen über *armes […] toutes vermeilles* (V. 871 f.; „Waffen, […] die ganz rot waren") des *Vermax Chevaliers* (V. 950) in Chrétiens de Troyes *Conte du Graal*[33] eine Erscheinung heraufzubeschwören, die *den ougen roete bôt*, wie es in V. 4320/145,18 heißt, den offenbar nicht roten, sondern an anderer Stelle als *lieht wîz*, strahlend-hell, weißlich glänzend, gekennzeichneten Kettenpanzer Ithers[34] zunächst in den Hintergrund drängt.[35] Möglich, dass die roten Rüstungsteile hier nach vorn gespielt werden, weil die Farbe die Chance zu einer eindrucksvollen Umcodierung bot, welche die

---

31 Die zusammenhängende Passage V. 4319–4330/145,17–28, in welcher der Erzähler die Figur vorstellt, scheint diesem Befund prima vista zu widersprechen; bei genauerem Hinsehen zeigt sich freilich, dass sie kaum als *descriptio* einzustufen ist, es sich vielmehr um eine schlichte Aufzählung von einzelnen Teilen der Ausrüstung handelt, bei der diverse Fachtermini (wie *harnasch*, *ors*, *gügerel*, *covertiur*, *schilt*, *kursît*, *schaft*, *sper* und *swert*) aneinandergereiht werden, ohne dass die genannten Gegenstände anschaulich würden.
32 Vgl. dazu Elke Brüggen: Die Farben der Frauen. Semantiken der Colorierung des Weiblichen im *Parzival* Wolframs von Eschenbach. In: Die Farben imaginierter Welten (Anm. 24), S. 201–225; dies.: *swie ez ie kom, ir munt was rôt*. Zur Handhabung der *descriptio* weiblicher Körperschönheit im *Parzival* Wolframs von Eschenbach. In: Literarischer Stil. Mittelalterliche Dichtung zwischen Konvention und Innovation. XXII. Anglo-German Colloquium Düsseldorf. Hrsg. von Elizabeth Andersen u. a. Berlin/Boston 2015, S. 391–411.
33 Zitierte Ausgabe: Chrétien de Troyes: Le Roman de Perceval ou Le Conte du Graal. Der Percevalroman oder Die Erzählung vom Gral. Altfranzösisch/Deutsch. Übersetzt und hrsg. von Felicitas Olef-Krafft. Stuttgart 1991.
34 Vgl. V. 4667 f./157,7 f. und V. 9921 f./333,3 f. (zitiert in Anm. 1). Der Gralritter, auf den Parzival später trifft, trägt unter dem Waffenrock einen *harnasch blanc gevar* (V. 13225/443,9).
35 Analog dazu entfällt hier das andernorts im *Parzival* elaborierte Spiel mit figürlicher Heraldik zugunsten der identifizierenden Leistung der roten Farbe; vgl. dazu Heiko Hartmann: Heraldische Motive und ihre narrative Funktion in den Werken Wolframs von Eschenbach. In: Wolfram-Studien 17 (2002), S. 157–181.

blutige Aneignung der Gegenstände durch Parzival, dessen blutige Ritterwerdung, unvergesslich macht. Möglich aber auch, dass hier – wieder einmal – das elliptische Erzählen Wolframs greifbar wird, ein Verfahren, das mit Verkürzungen und Andeutungen auskommt und darauf setzt, dass die Lücken vom Rezipienten mit Informationssplittern aufgefüllt werden, die in einem früheren Stadium der Erzählung bereits gegeben wurden. So scheint die Schilderung der ritterlichen Rüstung Ithers ebenso wie die Plausibilisierung von Parzivals Besitzwunsch auf eine gedankliche Ergänzung durch bereits zuvor Erzähltes angelegt: die Begegnung des Jungen mit Rittern im Wald von Soltane, bei der schon einmal die Rüstung eines Anderen ins Blickfeld geriet.

V Die Rüstung des Anderen II: Parzival und die Ritter im Wald von Soltane

Die Szene leitet das Ende von Parzivals Leben in einer Abgeschiedenheit ein, mit der Herzeloyde ihn nach dem Tod seines Vaters Gahmuret im ritterlichen Kampf vor dem nämlichen Schicksal zu bewahren und sich selbst vor neuerlichem Leid zu schützen gesucht hatte. Zugleich illustriert sie das Ausmaß der Unwissenheit, die der Junge als Preis seines Heranwachsens außerhalb der ihm angestammten Gesellschaft der Höfe zu zahlen hat: Sie zeigt auf, dass er um eine Erziehung gebracht wurde, die ihm als Königssohn angemessen gewesen wäre. Das ironische Arrangement der Erzählung will es, dass die Außenwelt ausgerechnet in Gestalt von Rittern nach Soltane gelangt, denn diese verkörpern jene Existenz im Zeichen kämpferischer Gewalt, von der Parzival nach dem Willen Herzeloydes abgeschnitten werden sollte. Und sie will außerdem, dass er in seiner Einfalt jeden der Ritter für einen Gott hält und ihnen jene Verehrung und Anbetung entgegenbringt, die einzig der *hoehsten hant* zukommt. Ursächlich für das groteske Missverständnis ist die Parzival vermittelte neutestamentliche Vorstellung von Gott als Licht,[36] die freilich ohne Vertiefung geblieben ist. Ihre Transponierung auf die ihm unbekannten und unerklärlichen Wesen aber wird ermöglicht durch den weltlichen Glanz der Rüstungen,[37] der die Ritter und insbesondere ihren Anführer, den Fürsten Karnahkarnanz, umgibt. Es ist vor allem der gleißende Ringpanzer, der den unerfahrenen und ungebildeten Jungen so sehr in den Bann schlägt, dass er ihn eingehend be-

---

[36] Kernstelle: *Deus lux est, et tenebrae in eo non sunt ullae*, 1. Joh, 1,5; siehe dazu Wolfram von Eschenbach: Parzival. Nach der Ausgabe Karl Lachmanns revidiert und kommentiert von Eberhard Nellmann. Übertragen von Dieter Kühn. 2 Bde. Frankfurt a. Main 1994 (Bibliothek des Mittelalters. 8/1–2), hier Bd. 2, Kommentar zu V. 119,19.
[37] Vgl. V. 3581 f./120,25 f.: *rittr nâch wunsche var, / von fuoz ûf gewâpent gar*. V. 3617/122,1: *eren hete sô liehtes niht erkant*.

trachtet und betastet. Der schimmernde Ringpanzer, der vor den Schwertschlägen der Gegner schützt, wird zum Fluchtpunkt eines rudimentären Konzepts von Ritterschaft, das er aus der Begegnung mitnimmt. Fortan kennt er nur ein Ziel: selbst in den Besitz einer solchen Rüstung zu gelangen und auf diese Weise zum Ritter zu werden. Die von Parzival empfundene Attraktion ritterlicher Existenz vermittelt sich ihm somit über materiellen, gegenständlichen Glanz als eine Komponente ästhetischer Formgebung. Der von seinem Gegenüber vertretene Ehrenkodex ritterlichen Handelns – Karnahkarnanz verfolgt Meljakanz, einen Frauenräuber und -schänder, der eine Dame aus seinem Herrschaftsgebiet in seiner Gewalt hat – bleibt ihm dagegen unzugänglich.

Als Rezipient soll man die in dieser Episode entfaltete Faszination des weißlich schimmernden Eisens und die in der Ither-Episode akzentuierte Verlockung durch das Rot wohl zusammenbringen. Erst wenn man die dort gezeigte Affiziertheit Parzivals erinnert und sie hier unterlegt, lässt sich eine eigentümliche Lücke auffüllen, die Wolframs Erzählen von der Begegnung Parzivals mit Ither von Gaheviez aufweist. Im Unterschied zum *Conte du Graal* Chrétiens, in dem es heißt, dass Perceval sich vornimmt, König Artus um die *armes beles* und *noveles* (V. 873 f.) des imposanten Ritters zu bitten, sobald er seiner ansichtig wird, spart Wolfram eine Reaktion seines Protagonisten auf den Anblick des Ritters vollständig aus. Erst als dieser am Artushof die dort versammelte Gesellschaft und kurz darauf den König selbst adressiert, artikuliert er seinen Wunsch nach dem *gewant* (V. 4407/148,15) respektive dem *harnasch* (V. 4451/149,29), der (Aus-)Rüstung desjenigen, als dessen Boten er sich hat in die Pflicht nehmen lassen. Ein solches Erzählen scheint darauf zu rechnen, dass die ältere Information über das in der Begegnung mit den Rittern im Wald geweckte Begehren des Helden nach einem funkelnden Kettenpanzer aktiviert wird. Auf diese Weise wäre auch der Ither-Episode ein subtiles Spiel mit einem rot-weißen Farbkontrast unterlegt,[38] der für die Poetik des *Parzival* insgesamt bedeutsam ist;[39] dass er eine Entsprechung in einer Aussage über die körperliche Schönheit Ithers findet – *blanc was sîn vel, rôt was sîn hâr*, heißt es über ihn (V. 4335/146,3) –, sollte vermerkt werden.

VI Zum Skandalon der Ither-Tötung

Das Skandalon der Ither-Episode liegt zweifellos in Gegnertötung und Verwandtenmord, Vorgängen, die der Text fortwährend problematisiert, ja inkriminiert und

---

38 Das würde freilich auch bedeuten, dass Parzival hier nicht ausschließlich der roten Farbe verfiele, wie auch die neuere Forschung unisono behauptet.
39 Vgl. dazu Brüggen 2012 und Brüggen 2015 (Anm. 32), ferner Gertraud Pippow: Die Farben Rot und Weiß im *Parzival* Wolframs von Eschenbach. Die Entfaltung ihrer Symbolik, ihre sinnstiftende Funktion für die Entwicklungsgeschichte und Identitätsfindung des Protagonisten sowie für das

dennoch als eine dem Rittertum stets mitgegebene latente Gefährdung begreift, welche auch durch effiziente Schutzwaffen und ein Reglement von Unterwerfung und Schonung nicht vollständig ausgeschaltet werden kann. Im speziellen Fall der Konfrontation zwischen Parzival und Ither erhält der Vorgang seine Abgründigkeit zudem durch die Art der Tötungswaffe, die im Spiel ist. Parzival setzt seinen Jagdspieß ein, er erlegt den Gegner somit auf dieselbe Weise, wie er im Wald von Soltane die Hirsche zur Strecke gebracht hatte (V. 3558–3566/120,2–10). In dieser Perspektive unterstreicht der Gegenstand die besondere Brutalität einer Tötung, bei welcher der Unterschied zwischen Mensch und Tier nivelliert wird. Es ist zudem ein unwürdiger Tod, den Ither erleidet, da er auf eine Weise aus dem Leben scheidet, die seinem Stand und seinem gesamten Dasein nicht angemessen ist. Zu beklagen ist, einer Einlassung des Erzählers zufolge,[40] nicht der Tod an sich; zu beklagen ist das Faktum, dass der mächtige Fürst, Mitglied der Tafelrunde, auf unstandesgemäße Weise ums Leben kam, nicht im Lanzenkampf gegen einen ebenbürtigen Gegner, sondern dahingeschlachtet mit Hilfe eines Wurfspießes, den ein dahergelaufener Bursche gegen ihn geschleudert hat. In einem Artefakt und dessen missbräuchlichem Einsatz wird somit die Zumutung einer sozialen Demütigung greifbar, die in einer vom Konzept der Ehre geleiteten Gesellschaft als Schande eingestuft werden muss – vorrangig für den Betroffenen, aber auch für denjenigen, der den Verlauf wenn nicht befördert, so aber doch hat geschehen lassen: König Artus.

In den Gegenständen, in denen das Erzählen der Episode zentriert ist, liegt ein weiteres Skandalon beschlossen, wenn auch weit weniger offenkundig. Man kann es entdecken, wenn man sich die bei der ritterlichen Rüstung gegebene Verbindung von Körper und Artefakt bewusst macht. Eine solche Verbindung besteht in zweierlei Hinsicht: zum einen in einer Formgebung von Harnisch und Helm, die der Matrix des menschlichen Körpers folgt, zum anderen in dem unmittelbaren Kontakt dieser Gegenstände mit dem Körper, den sie als Hülle umschließen, in der Funktion einer zweiten Haut, welche die Verletzbarkeit der ersten kompensieren soll. In den epischen Dichtungen Wolframs, im *Parzival* und im *Willehalm*, wird immer wieder ein Kontaktphänomen thematisiert, der *râm*, der mit Schweiß vermischte Rüstungsschmutz, der sich auf die Haut der Kämpfer legt, sie zeichnet und ihre Anstrengung auf diese Weise an den Höfen sichtbar werden lässt.[41] Die

---

Strukturprinzip des Werkes. München 2012 (GRIN Dokument Nr. V195273); Heinz Rölleke: Weiß – Rot – Schwarz: „Die drei Farben der Poesie". In: Fabula 54 (2013), S. 214–234.

40 *wære rittrschaft sîn endes wer / zer tjost durch schilt mit eime sper, / wer klaget iu denne die wunders nôt? / er starp von eime gabylôt.* (V. 4729–4732/159,9–12).

41 Vgl. Lydia Miklautsch: Glänzende Rüstung – Rostige Haut. Körper- und Kleiderkontraste in den Dichtungen Wolframs von Eschenbach. In: Kontraste im Alltag des Mittelalters. Internationaler Kongress Krems an der Donau. 29. September bis 2. Oktober 1998. Hrsg. von Gerhard Jaritz. Wien 2000 (Österreichische Akademie der Wissenschaften. Philosophisch-historische Klasse. Forschungen des Instituts für Realienkunde des Mittelalters und der Frühen Neuzeit. Diskussionen und Materialien. 5), S. 61–74.

Vorstellung einer Imprägnierung, bei der umgekehrt auf die Ausrüstung etwas vom jeweiligen Träger übergeht, scheint dagegen schwächer ausgeprägt. Fassbar wird sie am ehesten dort, wo ein abwesender Körper aufgrund von Rüstungsbestandteilen, an denen sein Blut haftet, Präsenz erlangt.

Das ist bei dem blutbefleckten Kleidungsstück der Fall, das Gahmuret über der Rüstung getragen hatte und das seiner Frau übersandt wird,[42] nachdem er im Orient den Tod gefunden hat. [D]*az bluot* nennt es der Erzähler (V. 3319/112,1); er blendet so das textile Trägermaterial aus und konzentriert die Aufmerksamkeit auf die Körperflüssigkeit, mit der das Kleidungsstück getränkt ist. Herzeloyde will es überstreifen, genau so, wie sie es früher stets getan hat, wenn ihr Mann lebend aus seinen Kämpfen zu ihr zurückkam, mit *ihrem* Untergewand, das ihm als Waffenrock diente und von den Schwerthieben der Gegner zerfetzt war. Man nimmt es ihr aus der Hand, um es mitsamt dem ebenfalls übersandten Splitter der gegnerischen Lanze, die sich in Gahmurets Kopf gebohrt hatte, im Münster zu bestatten, stellvertretend für den Leichnam, der im Orient verbleibt (V. 3302–3320/111,14–112,2). *sper* und *hemde* werden begraben, „weil Gahmurets Blut daran haftet", kommentiert Eberhard Nellmann (zu V. 3319/112,1) und setzt hinzu: „Die Beisetzung von Teilen des Körpers (z. B. des Herzens) ist im Mittelalter – bei auswärts verstorbenen Fürsten – auch sonst bezeugt, keineswegs aber das hier geschilderte Verfahren."[43] Es sieht so aus, als zeige sich in der literarischen Imagination noch anderes als die Denkfigur der Stellvertretung. Geht es Herzeloyde um den Wunsch, über das Objekt ein letztes Mal mit dem geliebten Mann in Berührung zu kommen und ihn als gegenwärtig zu erfahren? Und weist der Akt der Wegnahme des *bluotes* und seiner Ausgrenzung aus der Welt der Lebenden andererseits womöglich auf ein Zurückschrecken vor einem *Ding*, das deutliche Spuren des Getöteten trägt?[44] Beides, sowohl Herzeloydes Verlangen, das blutgetränkte Gewand des Toten noch einmal auf der Haut zu spüren, als auch die Weigerung der mächtigsten Herren ihres Landes, ihrem Wunsch zu entsprechen, scheint auf den im Tod beschlossenen „chiastische[n] Positionswechsel" zu verweisen, bei dem der Mensch „differenzlos zu den Dingen" wird, „während die scheinbar toten Dinge ein Stück Leben wahren"[45].

Kommen wir auf Parzival zurück. Seinen Helden hat Wolfram so angelegt, dass dessen Agieren in der Ither-Episode durch keinerlei Empfindung dafür ge-

---

42 Gahmuret selbst hat als Sterbender die Übersendung bestimmt (V. 3160–3163/106,22–25).
43 Nellmann (Anm. 36), hier Bd. 2, S. 513.
44 Böhme spricht von „Ränder[n], an denen der Status der materialen Dinge [...] fragwürdig [...] wird", und er illustriert diesen Gedanken mit einer Miniatur über letzte Dinge, die todlosen Dinge, die zurückbleiben, wenn der Übergang von der Person zum bloßen Ding, zur Leiche, vollzogen ist: „Sie tragen nicht nur die Spuren unseres Gebrauchs", sondern auch unserer Besetzungen „mit Gefühlen, Wünschen, Gelüsten", mit denen wir sie uns ‚zu eigen' gemacht haben, und verlangen daher eine „Entauratisierung", eine „Entdifferenzierung" im Verhältnis zwischen Mensch und Ding; Böhme (Anm. 23), S. 120–124.
45 Ebd., S. 123.

stört wird, *wie sehr der Tote noch in seiner Rüstung steckt*, um eine Formulierung Hartmut Böhmes abzuwandeln.[46] Vermittelt wird diese Empfindungslosigkeit nun aber in einer narrativen Inszenierung, welche auf einer literalen Ebene die nicht zuletzt durch das erwähnte Spiel mit den Farben Rot und Weiß unterstrichene, noch immer vorhandene Einheit von Mensch und *Ding* akzentuiert und die erforderliche Entdifferenzierung zu einer Aufgabe macht, die das Vermögen des Handelnden übersteigt. Immer wieder wälzt Parzival den Toten herum und macht sich an seiner Rüstung zu schaffen, ohne dass es ihm gelänge, sie vom Körper des erschlagenen Gegners zu trennen: Das Ding scheint den Menschen, dem es *zu eigen* war, nicht freizugeben. Es kann nicht unerwähnt bleiben, dass Wolfram in der Ausgestaltung dieser Szene die Vorgaben des *Conte du Graal* deutlich abgemildert hat. Hier ist der Protagonist davon überzeugt, dass er den ganzen Leichnam in Scheiben zerlegen müsse, bevor er die Rüstungsteile mitnehmen könne: ‚[A]nscheinend kleben sie ja so am Körper', lässt Chrétien ihn sagen, ‚daß das Innere und das Äußere eines sind: derart fest verbunden sind sie.' (V. 1136–1142).[47] Doch auch wenn man in Rechnung stellt, dass die Figur im mittelhochdeutschen Text subtiler gezeichnet wird – das ihr attribuierte pietätlose Vorgehen, das dem Toten die Würde nimmt, wird in seinen Grundzügen übernommen, und eine von einem Empfinden für die besondere Auflladung der begehrten Rüstung geleitete achtungsvolle Haltung gibt es bei Wolfram ebenso wenig wie bei Chrétien: ‚*wie bringe ichz ab im und an mich?*' (V. 4647/156,17). Es sind technische Fragen, die den Protagonisten beschäftigen, mehr nicht. Interessanterweise ist bei Wolfram jedoch „[i]m Unterschied zu Chrétien [...] die Episode vom Roten Ritter nicht mit Tod und Bestattung beendet"[48]. Der Rote Ritter gehört vielmehr zu den Figuren, von denen der Autor sich nur schlecht trennen kann,[49] und auch die

---

46 Ebd. geht es um die Kleider des Toten, die niemand der Nachkommen tragen will; „sie sofort wegzugeben fällt schwer, weil der Tote noch zu sehr in seinen Kleidern steckt. Irgendwo [...] warten sie auf ihre Entauratisierung, bis sie in die Kleidersammlung gegeben werden [...]."
47 Übersetzung von Olef-Krafft (Anm. 33), S. 67.
48 Birgit Eichholz: Kommentar zur Sigune- und Ither-Szene im 3. Buch von Wolframs *Parzival* (138,9–161,8). Stuttgart 1987 (Helfant Studien. 3), S. 273.
49 Vgl. Elke Brüggen: Schattenspiele. Beobachtungen zur Erzählkunst in Wolframs *Parzival*. In: Wolfram-Studien 18 (2004), S. 171–188; Markus Stock: Lähelin. Figurenentwurf und Sinnkonstitution in Wolframs *Parzival*. In: PBB 129 (2007), S. 18–37; Robert Schöller: Minne-Fragmente. Angedeutete Liebestragödien im *Parzival* Wolframs von Eschenbach. In: Mythos – Sage – Erzählung. Gedenkschrift für Alfred Ebenbauer. Hrsg. von Johannes Keller, Florian Kragl. Göttingen 2009, S. 441–454; René Pérennec: Percevalromane. In: Höfischer Roman in Vers und Prosa. Hrsg. von René Pérennec, Elisabeth Schmid. Redaktion Nils Borgmann. Berlin 2010 (Germania Litteraria Mediaevalis Francigena. 5), S. 203 f. – Ähnliches lässt sich etwa von Isenhart sagen, dem toten Minneritter der schwarzen Königin Belacane, dessen Geschichte hauptsächlich im ersten Buch erzählt wird. Die Figur kommt einem nicht von ungefähr in den Sinn, behandelt der Erzähler die ihr zugehörigen Dinge – nicht zuletzt: seine Rüstung – doch in vergleichbarer Weise als Memorialzeichen, wie er das auch bei der Rüstung Ithers tut; vgl. dazu Markus Stock: Das Zelt als Zeichen und Handlungsraum in der hochhöfischen deutschen Epik. Mit einer Studie zu Isenharts Zelt in Wolframs *Parzival*.

Rüstung *dieser* Figur behandelt er als Memorialzeichen, dabei immer wieder an den Akt der Tötung erinnernd.[50]

VII Zum Status von Dingen im Prozess der Konstruktion und Infragestellung von Identität im *Parzival*

Neben dieser Funktionalisierung von Dingen im Vorgang der literarischen Erinnerung ist ein weiterer Aspekt zentral, den ich am Schluss wenigstens noch streifen möchte. Im Falle Ithers werden die Dinge der ritterlichen Existenz mit einer Problematik in Zusammenhang gebracht, die für das Erzählen in der mittelhochdeutschen Literatur des 12. und 13. Jahrhunderts ganz offenkundig größte Relevanz besessen hat: die Frage nach der Individualität und Identität eines Menschen.[51] Die Dinge spielen dabei auch insofern eine Rolle, als sie mitunter, wie am Beispiel der Ither-Episode gezeigt, eine eigentümliche Widerständigkeit aufweisen. Diese lässt sich mit handlungstheoretischen Überlegungen zu einer den Artefakten in Form von Skripten mitgegebenen Steuerung von Operationen in Verbindung bringen, welche ihnen angemessen sind. Artefakte verlangen demnach ein Agieren, das in „Passung" zu ihrer „'Bewandtnis'" steht.[52] Bevor es realisiert werden kann, muss ein entsprechendes Wissen jedoch erlernt und eingeübt werden. Parzivals Hantieren mit der fremden Rüstung, das der Erzähler hier wie auch in den folgenden

---

In: Innenräume in der Literatur des deutschen Mittelalters. XIX. Anglo-German Colloquium Oxford 2005. Hrsg. von Burkhard Hasebrink u. a. Tübingen 2008, S. 67–85.

50 Von Gurnemanz, der Parzival den Namen des *Roten Ritters* nicht erlassen will, nachdem dieser ihm berichtet hat, *wie erz harnasch gewan* (V. 5052/170,2), war bereits die Rede. Aber auch Cundrie, die Parzivals Versagen auf der Gralsburg im Angesicht des leidenden Anfortas am Artushof öffentlich macht, bezieht den Namen auf die um der Rüstung willen erfolgte Tötung Ithers: ‚*hêr Parzivâl, / der ouch dort treit diu rîters mâl*', nennt sie ihn (V. 9387 f./315,9 f.) und fährt fort: ‚*ir nennet in der rittr rôt / nâch dem, der lac vor Nantes tôt*' (V. 9389 f./315,11 f.). Und noch im Sündenbekenntnis, welches Parzival Trevrizent gibt, wird die Übernahme der Rüstung mit der Tötung des Gegners enggeführt und so an diesen erinnert: ‚*Ithêrn von Cunchûmerlant / den sluoc mîn sündebæriu hant. / ich leite in tôten ûffez gras / unt nam, swaz dâ ze nemen was*' (V. 14185–14188/475,9–12).
51 Armin Schulz hat ihr eine anregende Studie gewidmet, und aus ihr sei an dieser Stelle zitiert: Die höfische Literatur erzählt „eine Fülle von Geschichten, in denen von einer [...] ‚Lesbarkeit' der höfischen Körper, von einer [...] Übereinstimmung zwischen der Person und ihrem sichtbaren Äußeren nicht die Rede sein kann". In ihnen „wird zugleich bestätigt und immer wieder auf die Probe gestellt", was Schulz „die ‚soziale Epistemik der feudalen Gesellschaft'" nennt: „die Muster des Erkennens und Identifizierens von Personen und ihrer identitätsrelevanten Merkmale als Grundlage dessen, wie man mit ihnen umzugehen hat"; Armin Schulz: Schwieriges Erkennen. Personenidentifizierung in der mittelhochdeutschen Epik. Tübingen 2008 (MTU. 135), S. 7 f.
52 Vgl. Böhme (Anm. 23), S. 83.

Episoden als ganz und gar inadäquat kenntlich macht, bezeugt aber das vollständige Fehlen eines solchen Wissens. Insofern es erkennbar aus einer künstlich arrangierten Mangelsituation resultiert, welche eine über das Herkommen gegebene Bestimmung missachtet, verweisen die Widerständigkeit der Dinge und das zunächst misslingende Zusammenspiel von Mensch und Ding(en) auf eine besondere narrative Versuchsanordnung, die einen Protagonisten erschafft, der gleichsam *auf Null gesetzt* wird. Das literarische Experiment ist darauf angelegt, die Bedeutung von genealogisch abgeleiteter Bestimmung, *art*, auf der einen Seite und Vorsehung und Berufung auf der anderen zu exponieren. Diese Konstruktion gibt dem von Parzival empfundenen Begehren nach den Dingen einer ihm zutiefst fremden Welt eine Berechtigung. Allerdings nimmt der Text diesem Begehren jegliche Unschuld, wenn er es, wie in der Ither-Episode, in der gewaltsamen Zerstörung eines perfekten Mensch-Ding-Ensembles kulminieren lässt und die Aneignung der Rüstung des Anderen in der Folge dann als *rêroup*, als Beraubung eines (unbestatteten) Leichnams,[53] verhandelt. Der von Parzival getragenen Rüstung des von ihm getöteten Königs eignet sodann eine seltsame Ambivalenz, da sie „Identitätsausweis und Identifizierungshindernis zugleich" ist.[54] Parzival ist *der* Rote Ritter, derjenige, der die Rüstung des einstigen Roten Ritters übernommen hat, und doch wird er häufig nicht erkannt. Anders als im *Willehalm*, Wolframs zweitem großen epischen Werk, fungiert die Rüstung freilich nicht als zum Zwecke der Täuschung bewusst gehandhabte Maskierung, mit welcher sich der Held in höchst gefährlichen Situationen schützen will, sondern als Medium von Verwechslungen mit bestürzend ironischen Valeurs. Die entsprechenden Szenen halten reiches Material für eine Reflexion über die spezifische Signifikanz von Dingen in der hochhöfischen Epik bereit, der eine Narratologie vormodernen Erzählens erst noch auf die Spur kommen muss.[55]

---

[53] Vgl. dazu Nellmann (Anm. 36), hier Bd. 2, zu V. 156,21; Mersmann (Anm. 5), S. 97; Eichholz (Anm. 48), zu V. 156,21 f.
[54] Christiane Schonert: Rüstung als Maske. Ein Täuschungsmanöver und seine Funktionen im *Prosalancelot*. In: Mitteilungen 52 (2005), S. 348–361, hier S. 348.
[55] Ich danke Susanne Flecken-Büttner und Charlotte Hartmann für ihre Hilfe bei der Literaturbeschaffung, beim Korrekturlesen und bei der Einrichtung des Typoskripts.

Tanja Mattern, Düsseldorf
Res et Corpora

Zur Wechselbeziehung von Dingen und Körpern im *Waltharius*

> ubi enim est thesaurus tuus ibi est et cor tuum
> *(Mt 6,21)*

Dinge, insbesondere kostbare metallene Dinge wie Schätze und Waffen, spielen in der Handlung des *Waltharius* eine zentrale Rolle. Unermessliche Schätze begleiten die drei Geiseln Hagen, Hiltgunt und Walther, die von den Franken, Burgunden und den Aquitaniern zur Sicherung des Friedens gestellt werden, an den Hof Attilas, zwei Truhen voller hunnischer Armreifen führen Walther und Hiltgunt bei ihrer Flucht von dort mit sich. Und diese sind es auch, die das Begehren des Frankenkönigs Gunther und damit die lange Reihe von Kämpfen auslösen, denen sich der Protagonist stellen muss. Diese Schätze ziehen sich also wie ein roter Faden durch den Text, bestimmen maßgeblich das Handeln der Figuren, reflektieren deren Status und nehmen Einfluss auf den Gang der Geschichte.

Im Fokus steht daher die Frage nach der Mensch-Ding-Relation, die der *Waltharius* in auffälligen Formulierungen und Verbindungen immer wieder selbst anstößt. Im genauen Nachvollzug des Textes soll daher eben diesen Anstößen nachgegangen werden. Im Sinne Bruno Latours erweisen sich dabei die Dinge im *Waltharius* als Aktanten, die den Handlungsspielraum und die Handlungsoptionen der Figuren nicht nur erweitern oder begrenzen, sondern auch deren Status hinterfragen, zumal wenn diese selbst bzw. ihre Körper wiederum als Dinge erscheinen. Damit erzählt der Text von jenen Hybridisierungen, denen Latour für eine Neubestimmung der Moderne nachgeht.[1] Der Text wirft damit – so meine These – grundlegende Fragen nach der Legitimation und der Basis von Herrschaft, Macht und Heldenstatus auf.[2]

---

[1] Vgl. Bruno Latour: Wir sind nie modern gewesen. Versuch einer symmetrischen Anthropologie. Aus dem Französischen von Gustav Roßler. Frankfurt a. Main 2008, zum Begriff des Hybriden bes. S. 18–21, zum Begriff des Aktanten S. 109 und S. 115 mit Anm. 3.

[2] Ziel dieser Lektüre des Textes ist es, neue Perspektiven für das Textverständnis zu entwickeln, denn die Forschung zum *Waltharius* war lange Zeit bestimmt von Datierungs- und Verfasserfragen sowie von der Frage nach seinem Oszillieren zwischen germanischer Heldensage, antikem Epos und christlichem Ethos. Aus der umfangreichen Literatur zum *Waltharius* seien zu diesen Aspekten in Auswahl genannt: Paul Klopsch: ,Waltharius'. In: ²VL. Bd. 10. 1999, Sp. 627–638; sehr erhellend ist der gerade erschienene Aufsatz von Rachel Stone: Waltharius and Carolingian morality: satire and lay values. In: Early medieval Europe 21 (2013), S. 50–70; mit Schwerpunkt auf der Stoffgeschichte zuletzt Gustav Adolf Beckmann: Gualter del hum – Gaiferos – Waltharius. Berlin/New York 2010 (ZfrPh Beiheft. 359); Arthur Haug: Gerald und Erckambald – Zum Verfasser- und Datierungsproblem des *Waltharius*. In: Jahrbuch für internationale Germanistik 34 (2002), S. 189–226; einen

I Exil – Von Geiseln und Schätzen

Als die Hunnen unter Attilas Führung erst in Franken, dann in Burgund und schließlich in Aquitanien erscheinen, löst dies stets die gleiche Reaktion aus: Aus Angst vor der (vermeintlichen) militärischen Übermacht erklären sich die Herrscher kampflos bereit, Tribute zu zahlen sowie Schätze und Geiseln zu stellen. Das Beispiel der Franken liefert für Burgunden und Aquitanier ein zusätzliches Argument für ihre Entscheidung, obwohl sie – im Gegensatz zu den Franken – die vorgesehenen Thronerben, im Falle Burgunds sogar explizit das einzige Kind, als Geiseln stellen müssen.³ Über die Auslieferung von Geiseln und Schätzen wird die Hierarchie zwischen den Völkern bzw. Königen ausgehandelt und die Hegemonie der Hunnen anerkannt. Dabei werden in den Auslieferungsszenen Menschen und Besitz auffällig auf eine Stufe gestellt. Über die Übergabe des vornehmen Jungen Hagen anstelle des Königssohns Gunther, der noch ein Säugling ist, heißt es: *Hunc, quia Guntharius nondum pervenit ad aevum, / Ut sine matre queat vitam retinere tenellam, / Cum gaza ingenti decernunt mittere regi. / Nec mora, legati censum iuvenemque ferentes / Deveniunt pacemque rogant ac foedere firmant.* (V. 29–33: „Da Gunther noch nicht das Alter erreicht hatte, daß er ohne Mutter sein zartes Leben hätte fristen können, beschloß man, ihn [Hagen] mit einem unermeßlichen Schatz zum König zu schicken. Man verlor keine Zeit; die Gesandten kamen mit dem Schatz und dem Jungen an, baten um Frieden und schlossen einen Bündnisvertrag.")⁴

---

kritischen Blick auf die bisherige Forschung zum Verhältnis von *Waltharius* und Heldenepik wirft Christoph Fasbender: Waltharius: Vita und Saga. In: Mittelhochdeutsche Heldendichtung außerhalb des Nibelungen- und Dietrichkreises (Kudrun, Ortnit, Waltharius, Wolfdietriche). 7. Pöchlarner Heldenliedgespräch. Hrsg. von Klaus Zatloukal. Wien 2003 (Philologica Germanica. 25), S. 77–90; Jan M. Ziolkowski: Fighting Words. Wordplay and Swordplay in the *Waltharius*. In: Germanic texts and Latin models. Medieval reconstructions. Hrsg. von Karin Edith Olsen, Antonia Harbus, Tette Hofstra. Leuven u. a. 2001 (Mediaevalia Groningana. NS 2; Germania latina. 4), S. 29–51; Norbert Voorwinden: Latin words, germanic thoughts – germanic words, latin thoughts. The merging of two traditions. In: Latin Culture and Medieval Germanic Europe. Proceedings of the First Germania Latina Conference held at the University of Groningen, 26 May 1989. Hrsg. von Richard North, Tette Hofstra. Groningen 1992 (Germania latina. 1; Mediaevalia Groningana. 11), S. 113–128.

3 Jürgen Blänsdorf stellt daher fest, dass die „Erwartung des Hörers, von heroischen Taten zu hören [...] vorläufig enttäuscht" werde; Jürgen Blänsdorf: Selbstbehauptung und Pflichtenkonflikt im *Waltharius*. In: Ruhm und Unsterblichkeit. Heldenepik im Kulturvergleich. Hrsg. von Konrad Meisig. Wiesbaden 2010, S. 75–92, hier S. 79. Da der *Waltharius* allerdings nicht wie ein typisches Heldenepos beginnt, ist fraglich, inwieweit solche Erwartungen überhaupt bei den mittelalterlichen Rezipienten geweckt wurden.

4 Alpher, Walthers Vater, entscheidet: *Legatos mitto foedusque ferire iubebo / Obsidis inque vicem dilectum porrigo natum / Et iam nunc Hunis censum persolvo futurum.* (V. 89–91: „Ich werde Boten senden und sie anweisen, einen Vertrag zu schließen. Meinen geliebten Sohn gebe ich als Geisel und zahle den Hunnen schon jetzt den fällig werdenden Tribut.") Lateinischer Text und Übersetzung werden zitiert nach der Ausgabe von Konrad Benedikt Vollmann: Frühe deutsche Literatur

Verglichen mit ähnlichen Passagen in historiographischen Texten[5] werden die Dinge hier vor die Menschen an erste Stelle gerückt: *Tunc Avares gazis onerati denique multis / Obsidibus sumptis Haganone, Hiltgunde puella / Nec non Walthario redierunt pectore laeto.* (V. 93–95: „Da endlich zogen die Avaren, mit vielen Schätzen beladen und mit Hagen, dem Mädchen Hiltgunt und Walther als Geiseln, frohgemut in ihr Land zurück.") Besonders prägnant formuliert ist in dieser Hinsicht die Auslieferung der burgundischen Königstochter Hiltgunt durch ihren Vater: *Exivit princeps asportans innumeratos / Thesauros pactumque ferit natamque reliquit. / Pergit in exilium pulcherrima gemma parentum.* (V. 72–74: „Der König begab sich hinaus und brachte einen unermeßlichen Schatz mit; er schloß den Vertrag und ließ die Tochter als Geisel zurück. So zog das herrliche Kleinod ihrer Eltern in die Fremde.") In der bis heute konventionellen metaphorischen Gleichsetzung von Frau und Schmuckstück konvergiert die höchste Wertschätzung durch die Eltern mit ihrem Wert im politischen Tauschhandel. Sie wird zu einem Teil des Schatzes, der den Besitzer wechselt und über den nun die Hunnen verfügen.[6] Gleich zu Beginn werden damit die Grenzen zwischen Dingen und Menschen verwischt. Die Metaphorik macht einerseits kenntlich, dass im Kontext von Macht- und Herrschaftsverhältnissen in der dargestellten Gesellschaft Menschen ein materieller Wert zugeschrieben und über sie wie über Besitz verfügt werden kann, andererseits

---

und lateinische Literatur in Deutschland. 800–1150. Hrsg. von Walter Haug, Benedikt Konrad Vollmann. Frankfurt a. Main 1991 (Bibliothek des Mittelalters. 1), S. 163–259, Kommentar S. 1169–1222. Der lateinische Text der Ausgabe folgt der maßgeblichen Edition von Karl Strecker: Waltharius [Ekkehardus I. Sangallensis]. Mit Unterstützung von Otto Schumann hrsg. von Karl Strecker. Weimar 1951 (Monumenta Germaniae Historica. Antiquitates. 1, Poetae Latini medii aevi. 6,1).
5 Zum Abtransport von Schätzen und Geiseln vgl. Chronicarum quae dicuntur Fredegarii scholastici libri IV cum continuationibus. Ed. Bruno Krusch. MGH SS rer. Mer. II. Hannover 1888 (Nachdruck 1956/1984), S. 1–193, hier 25, S. 180: *usquequo habitatores Alamanni se victos videntes, obsides donant, iura promittunt, munera offerunt, et pacem petentes, eorum se dicione submittunt*; Annales Fuldenses sive Annales regni Francorum orientalis. Rec. Friedrich Kunze. MGH SS rer. Germ. in usum scholarum. Hannover 1891, ad a. 894, S. 124: Ambrosius, seine Familie und ein großer Schatz werden an den siegreichen König Arnulf von Kärnten ausgeliefert: *uxor vero eius et filii cum magno thesauro regi praesentati sunt*; zit. nach Matthias Hardt: Gold und Herrschaft. Die Schätze europäischer Könige und Fürsten im ersten Jahrtausend. Berlin 2004 (Europa im Mittelalter. 6), S. 194, Anm. 520, und S. 46, Anm. 159.
6 Vgl. Martina Wagner-Egelhaaf: Schmuck-Stück oder: Medusas Hochzeit – aus Anlaß von Adalbert Stifters *Nachsommer* (1857). In: UmOrdnungen der Dinge. Hrsg. von Gisela Ecker, Susanne Scholz. Königstein i. Taunus 2000 (Kulturwissenschaftliche Gender Studies. 1), S. 294–333. Der Bräutigam sagt im *Nachsommer* am Tag der Hochzeit zu seiner diamantgeschmückten Braut: „Du bist mein Kleinod und mein höchstes Gut auf dieser Erde." Wagner-Egelhaaf kommentiert: „Hier findet eine synekdochische Übertragung zwischen dem Edelsteinschmuck der Braut und ihrer Person statt. Die Wertschätzung der Frau als ‚Kleinod' verweist bezeichnenderweise zuallererst auf den Eigentümer dieses Schatzes." Ebd., S. 298. Vgl. auch Michael Niehaus: Das Buch der wandernden Dinge. Vom Ring des Polykrates bis zum entwendeten Brief. München 2009, S. 207: „Edelsteine sind nicht zu überbieten."

wird aber auch die immaterielle Bedeutung von Dingen, genauer, Schätzen erkennbar, indem ihre Transferierung die Verschiebung von Macht von den unterworfenen Völkern zu den Hunnen visualisiert.[7] Beide, Menschen und Dinge, sollen die Stabilität dieses hierarchischen Verhältnisses garantieren, doch führt der Text vor, dass dies kein dauerhaft gültiger Zustand ist.

Allen drei Geiseln gelingt es am Hunnenhof, durch das Wohlwollen des Königspaares Attila und Ospirin sowie aufgrund ihrer Fähigkeiten und Qualitäten, aus ihrem Objektstatus herauszutreten und selbst Macht und Einfluss zu gewinnen. Während Hagen und Walther schließlich die Hunnen an militärischer, aber auch an geistiger Stärke überragen, avanciert Hiltgunt zur Hüterin des königlichen Schatzes, unter den sie auf dem Weg ins pannonische Reich noch subsumiert wurde:[8] *Postremum custos thesauris provida cunctis / Efficitur, modicumque deest, quin regnet et ipsa; / Nam quicquid voluit de rebus, fecit et actis.* (V. 113–115: „Schließlich wurde sie zur Hüterin und Verwalterin des gesamten Schatzes bestellt und war fast selbst eine Herrscherin. Denn was immer sie in ihrem Aufgabenbereich wollte, setzte sie auch in die Tat um.") Durch das Verhältnis der Figur zu den Schätzen wird also ihr Status im herrschaftlichen Gefüge sichtbar gemacht. Die hier betonte Zuständigkeit Hiltgunts ist zwar final motiviert durch die spätere Flucht mit Walther, für deren Gelingen der Zugriff auf den Schatz notwendig ist.[9] Doch wenn zu Beginn des Textes die Hunnen diese Schätze ausgeliefert bekommen, weil sie militärisch stärker sind, dann lässt sich Hiltgunts nahezu uneingeschränkte Verfügungsgewalt über die Kleinodien als sichtbares Zeichen dafür deuten, dass sich die Machtverhältnisse am Hunnenhof deutlich verschoben haben. Während Walther Funktionen des Königs übernimmt, allen voran seine militärischen Führungsrolle,

---

[7] Zur Bedeutungszuschreibung von Dingen vgl. Hermann Heidrich: Dinge verstehen. Materielle Kultur aus Sicht der Europäischen Ethnologie. In: Zeitschrift für Volkskunde 103 (2007), S. 223–236.
[8] Von Hagen und Walther heißt es: *Qui simul ingenio crescentes mentis et aevo / Robore vincebant fortes animoque sophistas, / Donec iam cunctos superarent fortiter Hunos.* (V. 103–105: „Sie nahmen zu an Weisheit und Jahren und übertrafen bald an Körperkraft die Kriegshelden und an Geisteskraft die Gelehrten, bis sie schließlich alle Hunnen weit überflügelten."); und über Hiltgunt: *Virgo etiam captiva deo praestante supremo / Reginae vultum placavit et auxit amorem, / Moribus eximiis operumque industria habundans.* (V. 110–112: „Auch das in Geiselhaft lebende Mädchen gewann durch des Allerhöchsten Fügung die Zuneigung der Königin und brachte es durch vortreffliches Verhalten und unermüdlichen Diensteifer dahin, daß deren Liebe immer größer wurde.")
[9] Die Einschätzung von Max Wehrli hinsichtlich der passiven Rolle Hiltgunts scheint mir daher nicht ganz zutreffend: „Wenn der Walthariusstoff überhaupt in Beziehung gesetzt werden darf mit dem beliebten Typus der Brautwerbesage, wie ihn die Spielmannsdichtungen, aber auch *Nibelungenlied* und *Kudrun* zeigen [...], so hat doch auch da die Frau im wesentlichen nur die Funktion, die Macht und Ehre des Mannes konkret zu vertreten, nicht viel anders als ein Gegenstand, der mit Waffen gewonnen, verteidigt und verloren werden kann, genau so wie der Goldschatz oder das eigene Leben selber." Max Wehrli: *Waltharius* – Gattungsgeschichtliche Betrachtungen. In: Mittellateinisches Jahrbuch 2 (1965), S. 63–73, hier S. 72. Maria Lührs betont in ihrer knappen Darstellung die Stilisierung der Hilde-Figur zum „Idealtypus einer christlichen (Ehe)frau"; Maria Lührs: Hiltgunt. In: Mittellateinisches Jahrbuch 21 (1986), S. 84–87.

hat Hiltgunt die vornehmste Aufgabe der Königin inne.¹⁰ Das Wenige, das an einer vollständigen Herrschaft fehlt (*modicumque deest*), bezeichnet die Differenz zwischen der maximal für die Geiseln am Hunnenhof erreichbaren Position und dem ihnen eigentlich zustehenden Rang und ist damit wichtig für die Motivation der Flucht.

Für eine Erosion der hunnischen Herrschaft, aber auch für die immer noch prekäre Situation der Geiseln spricht noch etwas anderes. Der Beginn des Hauptteils der Handlung wird markiert durch den Herrschaftswechsel bei den Franken. Gunther ist nun, nach dem Tod Hererichos, König und stellt die Tributzahlungen ein. Dies deutet bereits auf die Veränderung der Situation: Gunther kann offensichtlich die Zahlungen, also die seit Jahren andauernde Auslieferung von Besitz und damit die Mehrung des hunnischen Schatzes einstellen, ohne Konsequenzen für sein Land zu fürchten. Hagen zwingt dies allerdings zur Flucht, was ihm auch ohne Probleme gelingt. Beide Vorgänge sind Indizien für eine Machtverschiebung zuungunsten der Hunnen. Ein weiterer glanzvoller Sieg Walthers als Feldherr des hunnischen Heeres – ohne die Beteiligung Attilas – stellt deutlich unter Beweis, dass nun der Zeitpunkt für ihn gekommen ist, den neuen Machtverhältnissen Rechnung zu tragen.

II Flucht: Rückkehr von Menschen und Dingen¹¹

Nachdem Walther siegreich aus der Schlacht heimgekehrt ist, nutzt er das – vom Erzähler gegen alle Wahrscheinlichkeit arrangierte und daher oft monierte – Vier-

---

10 Michael J. Enright beschreibt, dass freie germanische verheiratete Frauen zum Zeichen ihres Status und ihrer Verfügungsgewalt gerne eine Art Schlüssel am Gürtel trugen, auch die Königin sei daher bei den germanischen Stämmen als Leiterin des königlichen Haushalts in enger Verbindung mit dem königlichen Schatz gesehen worden; Michael J. Enright: Lady with a Mead Cup. Ritual, Group Cohesion and Hierarchy in the Germanic Warband. In: FMSt 22 (1988), S. 170–203, hier S. 195–197. Diese enge Verbindung scheint auch der *Waltharius* vorauszusetzen, denn mittelalterlichen Gepflogenheiten entsprach es eigentlich nicht, dass Frauen den Schatz beaufsichtigten; vgl. Hardt (Anm. 5), bes. S. 221–224. Wenn Hiltgunt diesen Schatz hütet, hat sie also in ähnlicher Weise Ospirins Funktion übernommen wie Walther die Attilas. Enright erklärt weiter, dass die Königin auch die Aufsicht über die königlichen Insignien hatte und auch das scheint für Hiltgunt zu gelten, denn sie hat ja auch Zugriff auf die königliche Rüstung. Die Königin samt dem königlichen Schatz in der Hand zu haben, war im Übrigen die beste Voraussetzung für einen Anwärter, die Herrschaft zu übernehmen; vgl. ebd. In gewisser Weise trifft das auch auf Walther zu, denn er ‚entführt' die Frau mit königlicher Stellung und nimmt einen Teil des königlichen Schatzes und die königliche Rüstung an sich.

11 Die Struktur des *Waltharius* entspricht also dem „epischen Basisschema von ‚exile and return'"; Peter Strohschneider: Textheiligung. Geltungsstrategien legendarischen Erzählens im Mittelalter am Beispiel von Konrads von Würzburg *Alexius*. In: Geltungsgeschichten. Über die Stabilisierung und Legitimierung institutioneller Ordnungen. Hrsg. von Gert Melville, Hans Vorländer. Köln u. a. 2002, S. 109–148, hier S. 129; zur Beschreibung des Schemas vgl. auch Armin Schulz: Erzähltheorie

Augen-Gespräch mit Hiltgunt zur Aussprache und Vorbereitung der Flucht. Sein Weg führt ihn zunächst in die *Aula regis*, doch sie ist bezeichnenderweise verwaist. König und Königin nehmen den Sieger nicht etwa in Empfang, und im königlichen Gemach findet er allein Hiltgunt vor. In der Forschung wurde diese Szene als wenig plausibel und den Gepflogenheiten heroischen Erzählens widersprechend bemängelt.[12] Unter der Perspektive der tatsächlichen Machtverhältnisse am Hof ergibt dieses Bild dennoch Sinn: Der militärische Führer des Landes kehrt als Sieger aus dem Kampf zurück und trifft im königlichen Gemach, im Zentrum der Macht, allein Hiltgunt, die Hüterin des königlichen Schatzes.

Zunächst bittet der erschöpfte Krieger um einen Trank, den sie ihm in einem Becher reicht: *Illa mero tallum complevit mox pretiosum / Porrexitque viro, qui signans accipiebat / Virgineamque manum propria constrixit.* (V. 224–226: „Sofort füllte sie eine kostbare Trinkschale mit Wein und reichte sie dem Mann. Der machte das Kreuzzeichen über die Schale und nahm sie in Empfang; gleichzeitig schloß er die Rechte des Mädchens in die seine.") Mehrere Aspekte fallen hier auf: Der kostbare Becher steht als Pars pro Toto für die erbeuteten Schätze der Hunnen. Dass er ihn von Hiltgunt im *regis cubile* erhält, betont ihre Macht über den Schatz und erinnert an den ihr zustehenden Platz als Thronerbin: *Debuit haec heres aula residere paterna / Atque diu congesta frui, sic forte liceret.* (V. 38 f.: „Sie sollte als Erbin dereinst im väterlichen Palast residieren und über das seit Generationen Erworbene verfügen, wenn es ihr das Schicksal vergönnt.") Walther nimmt den Becher *signans* und ergreift zugleich mit seiner Hand die Hand des Mädchens. In einem kurzen Satz werden Walthers Ambitionen deutlich gemacht, noch bevor er sich Hiltgunt erklärt: Mit dem Griff nach dem kostbaren Gefäß erhebt Walther Anspruch auf den hunnischen Schatz, zugleich ergreift er Hiltgunts Hand und hält damit an der von Burgunden und Aquitaniern verabredeten Verbindung zwischen beiden fest anstel-

---

in mediävistischer Perspektive. Hrsg. von Manuel Braun, Alexandra Dunkel, Jan-Dirk Müller. Berlin/Boston 2012, S. 153. Vgl. auch Paul Gerhard Schmidt: Der Held im Exil: Ruodlieb und Hereward. In: Exil, Fremdheit und Ausgrenzung in Mittelalter und früher Neuzeit. Hrsg. von Andreas Bihrer, Sven Limbeck, Paul Gerhard Schmidt. Würzburg 2000 (Identitäten und Alteritäten. 4), S. 233–245, hier S. 241 f., der den *Waltharius* mit dem antiken *nostos*, der Erzählung von der Rückkehr in die Heimat, vergleicht. Es bewegen sich im Übrigen nicht nur die Protagonisten, sondern auch die Schätze. Zur Rückkehr von Dingen an ihren rechtmäßigen Ort vgl. Niehaus (Anm. 6), S. 81 ff.
12 Vgl. Vollmann (Anm. 4), S. 1193; Alois Wolf: Heldensage und Epos. Zur Konstituierung einer mittelalterlichen volkssprachigen Gattung im Spannungsfeld von Mündlichkeit und Schriftlichkeit. Tübingen 1995 (ScriptOralia. 68), S. 117–144, hier S. 123; ders.: Volkssprachige Heldensage und lateinische Mönchskultur. Grundsätzliche Überlegungen zum *Waltharius*. In: Geistesleben um den Bodensee im frühen Mittelalter. Hrsg. von Alois Wolf, Achim Masser. Freiburg i. Breisgau 1989, S. 157–183, hier S. 159 f.; Waltharius: Lateinisch/Deutsch. Übersetzt und hrsg. von Gregor Vogt-Spira. Mit einem Anhang Waldere. Englisch/Deutsch. Übersetzt von Ursula Schaefer. Stuttgart 1994, Einführung S. 15: „Ferner werden typische Grundsituationen der Heldensage vom Waltharius-Dichter in geradezu antiepischer Weise umgestaltet." Kritisch zu dieser Auffassung des *Waltharius* Fasbender (Anm. 1), S. 81 f.

le der von Attila zuvor angebotenen hunnischen Braut,[13] und schließlich wird durch die christliche Geste über dem Becher eine weitere Distanz zu den paganen Hunnen eingezogen, was sein Handeln zusätzlich legitimiert.[14]

Da das Christentum des Protagonisten immer nur punktuell im Text aufgerufen wird, ist man sich über Ausmaß und Stellenwert der Christianisierung des Epos uneins. Sehr exponiert und explizit weist der Erzähler am Textanfang auf die unterschiedlichen Religionen der Völker Europas hin: *Tertia pars orbis, fratres, Europa vocatur, / Moribus ac linguis varias et nomine gentes / Dinstinguens, cultu, tum relligione sequestrans.* (V. 1–3: „Der dritte Teil der Erde, ihr Brüder, wird Europa genannt, das vielerlei in Sitte, Sprache und Namen sich unterscheidende Völker kennt und sie nach ihrer Tracht, besonders aber nach ihrer Religion sondert.")[15] Der Text etabliert damit gleich zu Beginn eine christliche Perspektive auf das Geschehen und rückt die Tatsache ins Bewusstsein, dass Europa noch keineswegs ein vollständig christianisierter Teil der Welt ist.

Walther versichert sich Hiltgunts Einverständnis und gibt ihr detaillierte Anweisungen zur Vorbereitung der Flucht:

> ‚Publica custodem rebus te nempe potestas
> Fecerat, idcirco memor haec mea verba notato:
> Inprimis galeam regis tunicamque trilicem
> (Assero loricam fabrorum insigne ferentem)
> Diripe, bina dehinc mediocria scrinia tolle.
> His armillarum tantum da Pannonicarum,
> Donec vix unum releves ad pectoris imum.
> Inde quater binum mihi fac de more coturnum,
> Tandundemque tibi patrans imponito vasis:
> Sic fors ad summum complentur scrinia labrum.

---

13 Dass mit dieser Geste der Wunsch Walthers nach Erneuerung der Verlobung angezeigt werden konnte, zeigt auch ein Vergleich mit einer Szene aus Paulus Diaconus' *Historia Langobadorum*: Die Frau des verstorbenen Langobardenkönigs Authari, Theudelinda, sollte sich einen neuen Gatten und König unter den Langobarden wählen. Sie entschied sich für Agilulf, den Herzog von Turin, und traf sich mit ihm. Dabei trank sie zuerst selbst aus einem Becher und reichte ihn dann dem Herzog, der ihn nahm und sie dann küsste; Pauli Historia Langobardorum. Ed. Georg Waitz. MGH SS rer. Germ. in usum scholarum. Hannover 1878, S. 133 f., zit. nach Enright (Anm. 10), S. 192 f.; vgl. zur Bedeutung des Tranks auch Wolfgang Regeniter: Sagenschichtung und Sagenmischung. Untersuchungen zur Hagengestalt und zur Geschichte der Hilde- und Walthersage. Diss. München 1971, hier S. 229–232. Zu seiner Ablehnung der hunnischen Braut vgl. Henk Vynckier: Misogamy and pseudo-misogamy in Waltharius 123–169. In: Germanic notes 16 (1985), S. 57–60.
14 Walther, so erfährt das Publikum hier implizit, der als Kind zu den Hunnen kam, hat also – obwohl an einem heidnischen Hof aufgewachsen – seinen christlichen Glauben bewahrt. Damit wird schlaglichtartig klar, dass die Ablehnung des Heiratsangebots und weiteren Aufstiegs im Hunnenreich zugunsten Hiltgunts und Aquitaniens auch das Festhalten an der Vermählung mit einer christlichen Braut und an einer Rückkehr in die christliche Heimat bedeutet.
15 Vgl. dazu Bernd Schütte: Länder und Völker im *Waltharius*. In: Mittellateinisches Jahrbuch 21 (1986), S. 70–74.

Insuper a fabris hamos clam posce retortos:
Nostra viatica sint pisces simul atque volucres,
Ipse ego piscator, sed et auceps esse coartor.
Haec intra ebdomadam caute per singula comple. [...]'
(V. 261–274)

Der Herrscher hat dich doch zur Hüterin des Schatzes bestellt; drum merk dir meine Worte und vergiß sie nicht: Bring zuerst den Helm und das dreimaschige Panzerhemd des Königs an dich – ich meine die Brünne mit dem Schmiedezeichen.[16] Dann schaffe zwei nicht zu große Truhen auf die Seite! In diese gib so viele pannonische Armreife hinein, daß du sie gerade noch bis unter die Brust heben kannst! Hierauf fertige mir vier paar Schuhe der üblichen Machart und ebenso viele für dich und lege sie in die Kisten! Vermutlich sind die Truhen dann randvoll. Außerdem laß dir insgeheim von den Schmieden Angelhaken machen! Fische und Vögel sollen uns auf dem Weg als Nahrung dienen; ich werde selbst Fischer und Vogelfänger sein müssen. Dies führe innerhalb einer Woche unauffällig und Punkt für Punkt aus!

Die praktischen Erfordernisse der Flucht und die damit erhobenen Macht- und Herrschaftsansprüche gehen hier Hand in Hand: Die Rüstung ist für die Verteidigung notwendig, doch das Insistieren auf Helm und Brünne des Königs demonstriert die Usurpation der militärischen Macht der Hunnen[17] ebenso wie auch die Aneignung der Armreifen (*armillae*) als Inbegriff des königlichen Schatzes. Besonders deutlich wird letzteres im *Beowulf*, in dem der König als ‚Ringspender' bezeichnet wird. Aber auch anhand historischer Quellen lässt sich ihre Bedeutung belegen: Sie galten schon bei den Römern als eine Art militärisches Abzeichen und waren im Frühmittelalter Teil des Königsschatzes wie auch Herrschaftszeichen des Königs.[18] Die Implikation dieses Raubes – Walthers faktische Überlegenheit – kann

---

16 Später im Text (V. 965 f.) wird präzisiert, dass es sich um ein Werk Wielands handelt. Zu Rüstungen und Waffen vgl. Jan M. Ziolkowski: Of Arms and the (Ger)man: Literary and Material Culture in the *Waltharius*. In: The Long Morning of Medieval Europe: New directions in Early Medieval Studies. Hrsg. von Jennifer R. Davis, Michael McCormick. Aldershot u. a. 2008, S. 193–208. Vgl. auch den Kommentar von Vollmann (Anm. 4), S. 1194 f.
17 Bemerkenswert ist schon hier der Hinweis auf die Zeichen der Handwerker: Die Materialität und Qualität der Waffen und Rüstungen scheint sehr wichtig zu sein.
18 Hals- und Armreifen gab es seit der Antike, allerdings variieren Form, Bedeutung und Funktion sehr stark. Einerseits konnten sie ähnliche Funktionen wie Edelmetallbarren haben, da sie wahrscheinlich auch nach Gewichtsklassen hergestellt wurden, andererseits waren sie Schmuckstücke, die auch als Insignien des Ranges, speziell des Königs, dienen konnten. Der Armreif gehörte noch bis in die Zeit Ottos des Großen zum festen, schriftlich fixierten Bestand der Königsinsignien, obwohl sie in dieser Zeit als Schmuck nur noch von Frauen getragen wurden. Auch im 10. Jahrhundert konnte der Autor also davon ausgehen, dass sein Publikum die Bedeutung der Armreifen über ihren materiellen Wert hinaus verstand. Zur Bedeutung der Armreifen vgl. Hardt (Anm. 5), S. 69–77, S. 145–212; Percy-Ernst Schramm: „Baugen" – „armillae": Zur Geschichte der königlichen Armspangen. In: Herrschaftszeichen und Staatssymbolik. Beiträge zu ihrer Geschichte vom dritten bis zum sechzehnten Jahrhundert. Hrsg. von Percy-Ernst Schramm. Bd. 2. Stuttgart 1955 (Schriften der Monumenta Germaniae historica. 13/II), S. 538–551: „An den Armbändern ließ sich nicht nur ablesen, daß der Träger reich war und in der Gunst des Königs stand, sondern auch, wes Standes er war" (S. 539); Joachim Werner: Der goldene Armring des Frankenkönig Childerich und die germanischen

auch die von der Forschung als lächerlich und peinlich hilflos empfundene Reaktion Attilas auf die Flucht erklären:[19] Seiner Rüstung, als Zeichen seiner militärischen Macht, und eines Teils seiner Beute, als Zeichen seiner Oberherrschaft über die tributpflichtigen Länder, beraubt, gelingt es ihm auch trotz der nach wie vor umfangreichen Goldvorräte nicht, Walthers Verfolgung zu organisieren: Zunächst ganz von seinen Gefühlen überwältigt, unternimmt Attila erst einen Tag später überhaupt den Versuch dazu und scheitert damit. Obwohl er verspricht, denjenigen, der ihm Walther zurückbringe, mit Gold zu überhäufen, schrecken alle Gefolgsleute vor einem Kampf mit diesem, dessen Mut sie nur zu gut kennen, zurück. Nicht einer, so betont der Text, lässt sich dazu bewegen, die Verfolgung aufzunehmen (V. 402–418).

Im Hinblick auf die Beurteilung des Protagonisten und seines weiteren Schicksals ist jedoch wichtig, dass Walther sich nicht als gierig erweist, sondern den Umfang des Schatzes aus der unermesslichen Menge des hunnischen Besitzes auf ein tragbares Maß reduziert[20] und auch die profaneren Bedürfnisse der Flucht im Blick hat.[21] Die Beurteilung des Raubes ist in der Forschung häufiger negativ ausgefallen und – im Hinblick auf die Gesamtinterpretation des Textes – als schuldhaftes Handeln Walthers verstanden worden.[22] Der Erzähler, dessen Sympathien grundsätzlich seinem Protagonisten gelten, ohne ihn jedoch zu idealisieren, hält sich mit einer Wertung hier zurück. Mir scheint daher die Auffassung plausibler, dass Raub grundsätzlich zu den Aneignungsmöglichkeiten von Besitz im Heldenepos gehört und – ohne jede moralische Wertung – zunächst einmal die Überlegenheit des Raubenden zum Ausdruck bringt,[23] zumal Walther auf Gewaltanwendung

---

Handgelenkringe der jüngeren Kaiserzeit. Mit einem Anhang von Ludwig Pauli. In: FMSt 14 (1980), S. 1–49.
19 Zum Verständnis der Stelle im Hinblick auf die dargestellten Laster und auf die Vorbilder vgl. den ausführlichen Kommentar von Vollmann (Anm. 4), S. 1197–1199, mit weiteren Literaturangaben.
20 Zur Ambivalenz des Goldbesitzes vgl. Heike Sahm: Gold im *Nibelungenlied*. In: Die Farben imaginierter Welten. Zur Kulturgeschichte ihrer Codierung in Literatur und Kunst vom Mittelalter bis zur Gegenwart. Hrsg. von Monika Schausten. Berlin 2012 (LTG. 1), S. 125–145, hier S. 128 und 144.
21 Die auffällige Formulierung *ego piscator* soll möglicherweise bewusst eine erneute Erinnerung an das NT und damit an das Christentum des Helden in diesem kritischen Moment sein (vgl. Mt 4,18 f. und Mk 1,16 f.; Biblia sacra iuxta vulgatam versionem. Recensuit et brevi apparatu critico instruxit Robertus Weber. Editionem quartam emendatam praeparavit Roger Gryson. 4., verbesserte Aufl. Stuttgart 1994). Anders Carola L. Gottzmann: Schuld und Strafe im *Waltharius*. In: „Als das wissend die meister wol." Beiträge zur Darstellung und Vermittlung von Wissen in Fachliteratur und Dichtung des Mittelalters und der frühen Neuzeit. Walter Blank zum 65. Geburtstag. Hrsg. von Martin Ehrenfeuchter. Frankfurt a. Main u. a. 2000, S. 29–50, hier S. 34 f. Da sie annimmt, dass der Autor eine negative Darstellung Walthers intendiert habe, hält sie für entscheidend, dass Fische auch ein Symbol für *avaritia* sein können.
22 Vgl. zuletzt ebd., besonders S. 35 f.; Dennis M. Kratz: Mocking the Hero. Walther of Aquitaine and the sin of greed. In: ders.: Mocking Epic. Waltharius, Alexandreis, and the problem of Christian heroism. Madrid 1980 (Studia humanitatis), S. 15–59.
23 Vgl. Ernst Leisi: Gold und Manneswert im *Beowulf*. In: Anglia 71 (1952/53), S. 259–273, hier S. 271, und Sahm (Anm. 20), S. 135 f. und Anm. 31.

verzichtet. Auffällig ist, wie sehr der Erzähler die menschlichen körperlichen Bedürfnisse seines Helden betont, indem dieser sehr nachdrücklich für ausreichende Nahrung während der Flucht und festes Schuhwerk Vorsorge trifft.

Das aufwendige Festmahl, das Walther vordergründig aus Anlass seines Sieges für die Hunnen ausrichtet, das tatsächlich aber der Flucht dienen soll, führt in den detaillierten Beschreibungen den Reichtum des hunnischen Hofes vor Augen.[24] Durch die das Fest begleitenden Rituale wird Attila noch einmal eindrucksvoll als dessen Herrscher vorgeführt, doch ist für die Rezipienten – die von der bevorstehenden Flucht wissen – das Ganze als vordergründige Inszenierung durchschaubar. Nach dem Mahl reicht Walther dem König beim Fest die Trinkschale – eine bedeutsame Geste, durch die er ihn als Ranghöchsten ehrt.[25] Es handelt sich dabei um ein besonderes Gefäß, „eine kunstvoll gearbeitete Trinkschale, die in einer Serie von Bildern die Taten der Vorfahren erzählte" (V. 308 f.: *Et simul in verbo nappam dedit arte peractam / Ordine sculpturae referentem gesta priorum*). Der Autor arrangiert die Szene so, dass erneut einem Ding aus Gold und einem Teil des Schatzes eine zentrale Rolle zugewiesen wird, denn die Schale bezeichnet in doppelter Weise, wofür der Schatz steht:[26] Am Anfang der Geschichte ziehen die Hunnen schwer beladen mit den Schätzen der Franken, Burgunden und Aquitanier davon, sie sind also das sichtbare Ergebnis von Machtkämpfen, ein Speicher der errungenen Dominanz und Herrschaft. Zudem sind auf dem Gefäß diese Taten explizit dargestellt, wodurch es eine memoriale, der Selbstvergewisserung dienende Funktion gewinnt, wenngleich der Erzähler die Gelegenheit zu einer ekphrastischen Ausgestaltung der Stelle ungenutzt lässt.[27] In dieser Szene jedoch verstärkt es im Gegenteil den Gegensatz zwischen erinnerungswürdiger Vergangenheit der Hun-

---

24 Zur historischen Figur des Attila und zu seinem Hof vgl. Heike Externbrink: Attila als historische Persönlichkeit. In: Attila und die Hunnen. Hrsg. vom Historischen Museum der Pfalz Speyer. Stuttgart 2007, S. 48–59.
25 Vgl. Enright (Anm. 10), S. 181 und S. 184.
26 Vgl. Hardt (Anm. 5), S. 102–120 et passim. Kostbares Tafelgeschirr war ebenfalls ein wichtiger Bestandteil des Königsschatzes, das insbesondere bei Festmählern der Repräsentation und der Memoria eigener Heldentaten dienen konnte und mitunter über Generationen verwendet wurde. Der Text betont, dass nur goldenes Tafelgeschirr aufgetragen wurde, üblich war seit der Römerzeit silbernes Tafelgeschirr. Goldenes Tafelgeschirr war also eine seltene Kostbarkeit und steigert hier noch den Tafelluxus am hunnischen Hof. Zudem scheint Geschirr mit figürlichen Darstellungen selten gewesen zu sein. Hardt erwähnt den Fund zweier Silberbecher im Grab eines germanischen Großen in Hoby (Lolland) aus der Zeit der Kaiser Tiberius oder Claudius, die mit Szenen aus *Ilias* und *Odyssee* verziert waren (vgl. ebd., S. 106).
27 Nicht nur im Heldenepos, auch am historischen Attila-Hof haben die Sänger eine wichtige Funktion. Priskos berichtet über ein Gelage an Attilas Hof, bei dem die Sänger für die Memoria und die damit verbundene Hochstimmung sorgen. Es ist auffällig, dass sie, die die mündliche Dichtung repräsentieren, bei dieser Festbeschreibung fehlen und allein der Becher an vergangene Taten erinnert. Zur Bedeutung von Festen als Organisationsform des kulturellen Gedächtnisses vgl. Jan Assmann: Das kulturelle Gedächtnis. Schrift, Erinnerung und politische Identität in frühen Hochkulturen. München 1999, S. 56–59.

nen und ihrer gegenwärtigen Schwäche.[28] Der erworbene Reichtum dient nur noch dazu, sie betrunken und sorglos zu machen: Sie hätten, so der Erzählerkommentar, ihren eigenen Untergang verschlafen, hätte Walther die Halle in Brand gesteckt.[29] Walthers Fortgang lässt sie in völliger Bedeutungs- und Machtlosigkeit zurück. Das Feuer würde die vollständige physische Vernichtung von Menschen und Besitz bedeuten. Aus der Gesamtperspektive des Textes kann die Übergabe der Trinkschale aber auch als Mise-en-abyme-Szene gelesen werden: Die heldenhafte Vorgeschichte der Hunnen wird zum Gegenstand der Darstellung auf einem kunstvollen Becher. Dieser wiederum ist Teil der heldenhaften Geschichte von Walther, die zum Gegenstand einer Erzählung wird, die diese Geschichte als eigene Vorgeschichte entwirft.

Kurz darauf erfolgt in scharfem Kontrast die ausführliche Beschreibung, wie Walther sich die königliche Rüstung anlegt, nämlich *more gigantis* (wie ein Riese). Sie signalisiert die Verwandlung in den heroischen Einzelkämpfer im Gegensatz etwa zur Rolle des Feldherrn. Hiltgunts Aufgabe ist es, das mit den Schätzen beladene Pferd zu führen. Der Erzähler berichtet explizit, dass Walther sich während der gesamten Flucht des *virginis usu[s]* enthalten habe (V. 426). Dieser Hinweis wurde bislang als Zeichen der christlichen Gesinnung des Helden gedeutet. Abgesehen davon bedeutet es aber auch, dass Walther sich Hiltgunt nicht einfach aneignet. Als Schatzhüterin und vorgesehene Thronerbin ist sie Gefährtin auf der Reise und gleichrangige Braut, nicht, wie auf der Hinfahrt, Teil des Besitzes.

Die Angst des Paares vor der Verfolgung durch die Hunnen erweist sich allerdings als unbegründet: Um die militärische Stütze des Reiches (V. 376: *imperii vestri columna*), wie die Königin Ospirin formuliert, beraubt, erweist sich Attila als unfähig, die Verfolgung zu organisieren.[30] Wie bereits erwähnt ist alles Gold, das er für die Gefangennahme Walthers verspricht, wertlos, da die Hunnen die Kampfkraft Walthers zu sehr fürchten. Das Gold allein kann also keine Macht garantieren, sie

---

28 Anders dagegen der Schlagabtausch von Walther und Hagen vor dem Kampf: Hagen will *aliquid memorabile* (V. 1279) vollbringen, und das wird ihm – wie das Epos beweist – auch gelingen. Solche Ankündigungen sind typisch für die Zusammenkünfte in der Halle; vgl. Enright (Anm. 10), S. 185 f. Er verweist z. B. auf Beowulfs Ankündigung, eine heroische Tat zu vollbringen, d. h. Grendel zu besiegen, oder zu sterben; s. Beowulf. Ein altenglisches Heldenepos. Übersetzt und hrsg. von Martin Lehnert. Stuttgart 2008, V. 632–638. Der Erzähler markiert also auf subtile Weise die Defizite von Attilas Herrschaft, indem er die Erwartungshaltung des Publikums an ein Festmahl in der Halle unterläuft. Attila tritt bei diesem Siegesfest auch nicht in der königlichen Rolle des ‚Ringspenders' auf und verteilt nicht – wie das nach einer gewonnenen Schlacht nahegelegen hätte – Gaben, die seinen eigenen Anspruch auf den Schatz demonstriert und Walther als Gabenempfänger in der hierarchisch untergeordneten Position gezeigt hätte; vgl. Leisi (Anm. 23) S. 264 f.
29 *Et licet ignicremis vellet dare moenia flammis, / Nullus, qui causam potuisset scire, remansit* (V. 322 f.).
30 Vgl. Brian Murdoch: In the Hands of the Church: Waltharius the Visigoth and Louis of the West Franks. In: ders.: Germanic Hero. Politics and Pragmatism in Early Medieval Poetry. London 1996, S. 89–117, hier S. 97.

muss jederzeit durch eigene militärische Stärke aktualisierbar sein. Bezeichnenderweise wird Attilas Zustand so beschrieben: *veluti iaculo pectus transfixus acuto* (V. 394: „Gleich als wäre seine Brust von einem spitzen Speer durchbohrt"). Der Verlust und die Niederlage, die der Hunnenkönig durch die trickreiche und gewaltfreie Flucht seiner militärisch so außerordentlich wichtigen Geisel erleidet, wird also in ein Bild gefasst, das suggeriert, Attila sei der tödlich Getroffene in einem heroischen Zweikampf.

III Übersetzen

Bei Worms, in der Nähe der fränkischen Königsresidenz, überqueren Walther und Hiltgunt den Rhein und entlohnen den Fährmann dafür mit selbst gefangenen Fischen. So wie die Fische mit einem Köder gefangen wurden, wie der Text zuvor betont (V. 342–344), so sind die Fische nun wiederum gewissermaßen der Köder für die Franken.[31] Der Fährmann bringt die fremden Fische an den Hof Gunthers, die so zum Anlass werden für seine kleine intradiegetische Erzählung,[32] in der er, die physische Erscheinung fokussierend, Walthers Heldenhaftigkeit, Hiltgunts Schönheit, die Kraft und Anmut des Pferdes beschreibt und schließlich den Klang der Truhen bei jeder Bewegung des Pferdes: *ceu quis gemmis illiserit aurum* (V. 462: als ließe jemand Edelsteine auf Gold fallen). Der Schatz ist also nicht sicht-, sondern nur hörbar und daher als solcher – was die Formulierung sehr deutlich macht – gar nicht sicher identifizierbar. Gleichwohl bricht der Konflikt zwischen Hagen und Gunther sofort in der bewusst gleich eingeleiteten, jedoch kontrastie-

---

[31] Darüber, dass Walther den Fährmann nur mit „alten Fischen" entlohnt, während er doch zwei Kisten mit Gold mitführt, ist verschiedentlich spekuliert worden; vgl. dazu den Kommentar von Vollmann (Anm. 4), S. 1199. In Erwägung gezogen wurde etwa, dass dies ein weiteres Argument für Walthers Geiz, die von Hagen gescholtene *avaritia* sein könnte; vgl. Gottzmann (Anm. 21), S. 34. Historisch betrachtet war das Fährrecht eine gute Einnahmequelle und daher entsprechend geregelt. Bei Einzelfahrten konnte der Lohn frei vereinbart werden, bei häufigerer Nutzung erfolgte eine jährliche Abgeltung durch das Fergenmahl, also durch Naturalleistungen. Insofern ist die Bezahlung mit Fischen für die einmalige Nutzung vielleicht nicht so ungewöhnlich, wie es dem heutigen Leser scheinen mag, zumal einer der Goldarmreifen aus den Truhen viel zu wertvoll gewesen wäre. Auch dass der Fährmann die Fische anschließend zum Königshof bringt, deckt sich insoweit mit mittelalterlichen Gegebenheiten, als dass zumindest im Hochmittelalter der Fährbetrieb ein Regal war, also vom König bzw. Landesfürsten selbst genutzt oder als Lehen vergeben wurde; Heinz Dopsch: Art. ‚Fähre, Fährrecht'. In: LexMA. Bd. 4. 1999, Sp. 230 f. Im *Nibelungenlied* bietet Hagen dem Fährmann allerdings tatsächlich einen Armreif aus rotem Gold an; s. Das Nibelungenlied. 2. Teil. Mittelhochdeutscher Text und Übertragung. Hrsg., übersetzt und mit einem Anhang versehen von Helmut Brackert. Frankfurt a. Main 1971, Str. 1550–1562.
[32] Zur Begrifflichkeit vgl. Gérard Genette: Die Erzählung. Übersetzt von Andreas Knop. Mit einem Nachwort von Jochen Vogt. Überprüft und berichtigt von Isabel Kranz. 3., durchgesehene und korrigierte Aufl. Paderborn 2010, S. 147–150.

renden Reaktion auf diese Neuigkeit auf, die wiederum Menschen und Gegenstände eng zusammenrückt: *Congaudete mihi, quaeso* (V. 466: „Ich bitt' euch, freut euch mit mir"), ruft Hagen. Er erkennt in der Beschreibung seinen Gefährten Walther und bittet die Männer im Saal, sich mit ihm über dessen gelungene Flucht zu freuen. *Congaudete mihi, iubeo* (V. 470: „Ich befehle euch, freut euch mit mir"), ruft Gunther und befiehlt damit seinen Leuten, sich mit ihm über die *Rückkehr* des Schatzes zu freuen. Mit seinen folgenden Worten ergreift er bereits Besitz von dem Schatz und auch die Deutungshoheit über diesen, indem er ihn deklariert als jenen Schatz, den sein Vater den Hunnen geschickt habe und den der Allmächtige ihm nun zurücksende. Der Erzähler bezeichnet Gunther jedoch in diesem Zusammenhang wiederholt mit negativen Attributen wie *superbus* (V. 468) und *infelix* (V. 515) und lässt damit an der Unrechtmäßigkeit seines Anspruchs und am unglücklichen Ausgang des Unternehmens für ihn keinen Zweifel.[33] Das ist auch im Hinblick auf die umstrittene Frage, ob Walthers *Raub* des Hunnenschatzes rechtmäßig war oder nicht, bedeutsam, vergleichbare Werturteile über Walther seitens des Erzählers unterbleiben nämlich. Die ungleiche Bewertung der beiden Figuren durch den Erzähler könnte auch darin begründet sein, dass Walther sich erfolgreich und dauerhaft den Schatz aneignet, während Gunther dies gerade nicht gelingen wird. Die Frage nach der Rechtmäßigkeit von Herrschaft und Besitz koppelt der Text also immer wieder an die persönliche, auch physische Durchsetzungsfähigkeit dessen, der sie beansprucht.[34]

Ausgerechnet in einer Räuberschlucht sucht Walther Schutz auf seinem Weg durch das Frankenland. Als er die Franken kommen sieht, lässt er sich zu dem *verbum superbum* hinreißen: *Hinc nullus rediens uxori dicere Francus / Praesumet se impune gazae quid tollere tantae.* (V. 562 f.: „Kein Franke soll von hier heimkehren und seiner Gattin sagen dürfen, er habe ungestraft von diesem großen Schatz etwas mitgenommen.") Er geht also ganz selbstverständlich davon aus, dass es ihnen um den Schatz geht und er diesen verteidigen wird. Hiltgunt dagegen glaubt zunächst, dass die Hunnen kommen, und bittet Walther, sie zu töten. Sie erklärt sehr genau, dass sie diesen Ausweg vorzieht, wenn eine rechtmäßige Ehe mit Walther nicht erreichbar ist. Zwar wird die Restitution ihrer Ansprüche als Erbin Burgunds, als die sie zu Beginn demonstrativ vorgeführt wird, nirgends thematisiert, ihr Aufstieg am Hof Attilas, ihre Bereitschaft zur Flucht und die Tatsache, dass sie den Tod einer

---

33 Vgl. dazu Bernd Scherello: Die Darstellung Gunthers im *Waltharius*. In: Mittellateinisches Jahrbuch 21 (1986), S. 88–90. Er betont, dass keiner der Helden völlig positiv dargestellt sei, Gunther aber geradezu als *Anti-Held* erscheine. Vgl. auch Werner Betz: Die Doppelzeichnung des Gunther im *Waltharius* und die deutsche Vorlage. In: PBB 73 (1951), S. 468–470.
34 Die Verurteilung der *avaritia* durch Hagen (V. 855–877), die meist umstandslos als Autormeinung aufgefasst wird, erweist sich daher in ihrer Anwendbarkeit auf Walther problematisch, auch weil sie die immaterielle Bedeutung von Besitz, die der Kontext der Stelle doch nahelegt, weitgehend ausblendet.

Rückkehr zu den Hunnen und damit einem erneuten Absinken auf den Status einer Beute vorzöge, demonstrieren ihr ausgeprägtes Standesbewusstsein.

Walther bittet für seine Rede umgehend um Vergebung, was auf seinen Hochmut, die Feinde ohne Gottes Hilfe schlagen zu können, bezogen wurde.[35] Es ist ein raffiniertes Arrangement des Erzählers, Walther seine heldentypische Zuversicht und durch das Dementi zugleich seine christliche Gesinnung zum Ausdruck bringen zu lassen. So sparsam die christlichen Züge des Helden im Text verteilt sind, so sind sie doch prominent in bzw. vor entscheidenden Situationen platziert.[36] Auch wenn dadurch der Gang der Handlung und die Darstellung des Protagonisten nicht wesentlich beeinflusst wird, verschafft es Walther doch einen (moralischen) Vorteil gegenüber seinen Gegnern: Er ist in der Lage, sein Handeln unter christlichen Gesichtspunkten zu reflektieren und dessen Fehlerhaftigkeit zu erkennen und zu bereuen.

IV Kämpfe – Körper und Waffen

Hagens Versuche, Gunther von einer Auseinandersetzung mit Walther abzuhalten, zumal angesichts seiner strategisch günstigen Position, die nur Zweikämpfe erlaubt, bleiben erfolglos. Gunther beruft sich darauf, dass Walther die von seinem Vater den Hunnen übergebenen und nunmehr von ihm geraubten Schätze bei sich führe und schickt den ersten Kämpfer, dem weitere folgen sollen, mit der Forderung zu Walther, Truhen, Pferd und Mädchen auszuliefern. Walthers Angebot, freiwillig hundert, dann sogar zweihundert Armreifen zu übergeben, schlägt er aus und beharrt auf der Auslieferung des gesamten Horts. Daraufhin kommt es zum Kampf, zu dem ein Franke nach dem anderem antritt. Walther besteht die Kämpfe mühelos und bleibt zunächst unverletzt. Diese (scheinbare) Unverwundbarkeit, ein Kennzeichen vieler Helden, und uneingeschränkte Kampfkraft wird bereits früher im Text angedeutet. In seiner letzten Schlacht für die Hunnen heißt es, dass die Feinde seinen Anblick fürchteten *ac si praesentem [...] mortem* (V. 199: „wie den leibhaftigen Tod"), bei seinem Aufbruch rüstet er sich, wie bereits erwähnt, *more gigantis* (V. 333) und kein Hunne wagt es, Walther zu verfolgen und anzugreifen, denn: *Nota equidem virtus; experti sunt quoque, quantas / Incolomis dederit strages sine vulnere victor.* (V. 415 f.: „Nur zu gut kannten sie seine Tapferkeit, hatten auch miterlebt, wie viele er, selbst unversehrt, niedergestreckt hatte, wie er siegte ohne die kleinste Wunde.") Und die Franken wundern sich, *quod non lassesceret heros /*

---

35 Vgl. zu dieser Stelle Vollmann (Anm. 4), S. 1201 f.: „W.s ‚Widerruf' ist nicht als frommer Schnörkel zu einem ansonsten heroischen Waffengang zu betrachten, sondern als wesentlicher Bestandteil eines neuen Kriegerethos."
36 Zu den christlichen Zügen des Protagonisten vgl. Ursula Ernst: Walther – ein christlicher Held? In: Mittellateinisches Jahrbuch 21 (1986), S. 79–83.

Waltharius, cui nulla quies spatiumve dabatur (V. 829 f.: „daß der Recke Walther nicht ermüdete, obwohl ihm nicht Ruhe noch Rast gegönnt wurden"). Explizit wird diese Unverwundbarkeit im Gespräch mit dem Angelsachsen Ekivrid, seinem vierten Gegner, verhandelt: ‚*Dic'*, *ait* ‚*an corpus vegetet tractabile temet / Sive per aerias fallas, maledicte, figuras. / Saltibus assuetus faunus mihi quippe videris.*' (V. 761–763: „Sage mir, ob dir wirklich ein Körper aus Fleisch und Blut Kraft gibt, verfluchter Kerl, oder ob du mit wesenlosen Truggebilden unsere Sinne täuschst. In der Tat, du kommst mir vor wie einer jener Faune, die in den Wäldern hausen.") Walthers Körper erscheint un-angreifbar (*tractabile*) und unverfügbar – im Gegensatz dazu werden die getöteten Gegner (zunächst) auf ihren Objektstatus reduziert, die als Leichen, der Kopf meist vom Körper getrennt, herumliegen und bei den weiteren Kämpfen den Weg versperren.[37] Zu der ihm nachgesagten Unverwundbarkeit passt auch die Anklage Hadawarts, seines fünften Gegners, der ihn als „Schlange" (V. 790: *serpens*) und „Giftwurm" (V. 792: *coluber*) bezeichnet, der durch einen Schuppenpanzer unverletzt bleibe – Formulierungen, die suggerieren, dass es nicht eine menschengemachte Rüstung, ein Ding ist, das den menschlichen Körper schützt, sondern dass Walthers Körper selbst, einem Drachen gleich, diese Eigenschaften besitzt. Auch wenn der Erzähler, anders als bei den Drachenbezwingern Siegfried oder Beowulf,[38] auf eine mythische Herleitung der Kampfkraft Walthers verzichtet, sind es seine Gegner, die ihm genau dies zusprechen.[39] Walthers Kampf-

---

37 Camalo: *Tunc equus et dominus hora cecidere sub una.* (V. 685: „So sanken Roß und Reiter gleichzeitig tot zu Boden.") Hadawart: *Et dum conspiceret deiecta cadavera totam / Conclusisse viam nec equum transire valere, / Dissiliens parat ire pedes.* (V. 785–787: „Wie er nun sah, daß die Leiber der Gefallenen den ganzen Weg versperrten und das Pferd nicht durchkommen konnte, saß er ab und schickte sich an, zu Fuß zu gehen.") Gerwit: *Hunc sese ulturum spondens Gerwitus adivit, / Qui forti subvectus equo supra volat omnem / Stragem, quae angustam concluserat obvia callem.* (V. 914–916: „Mit dem Gelöbnis, ihn zu rächen, griff jetzt Gerwit an, der auf starkem Roß über den ganzen Leichenhaufen hinwegsetzte, der dort im Weg lag und den engen Pfad versperrte.") Von ihm heißt es am Ende des Kampfes: *Hunc etiam truncum caesa cervice reliquit. / Idem Wormatiae campis comes extitit ante.* (V. 939 f.: „Auch ihm trennte Walther den Nacken durch und ließ ihn verstümmelt liegen. Vordem war er Graf des Wormser Gaus gewesen.") Zur Unverwundbarkeit des Helden vgl. Alfred Ebenbauer: Achillesverse – Drachenblut – Kryptonit. Die Unverwundbarkeit des Helden. In: 8. Pöchlarner Heldenliedgespräch: Das Nibelungenlied und die europäische Heldendichtung. Hrsg. von Alfred Ebenbauer, Johannes Keller. Wien 2006 (Philologica Germanica. 26), S. 73–101.
38 Allerdings wird ja bekanntlich auch im *Nibelungenlied* die Drachentötungsgeschichte distanziert berichtet, indem sie in die mündliche Erzählung Hagens verlegt und zu einem zeitlich unbestimmten Teil der Lebensgeschichte Siegfrieds gemacht wird; vgl. Jan-Dirk Müller: Spielregeln für den Untergang. Die Welt des Nibelungenlieds. Tübingen 1998, hier S. 125–136. Für verschiedene Deutungen offen ist auch das Verhältnis zwischen Siegfried und der *tarnkappe* bzw. der *tarnhût*; vgl. zuletzt Anna Mühlherr: Nicht mit rechten Dingen, nicht mit dem rechten Ding, nicht am rechten Ort. Zur *tarnkappe* und zum *hort* im *Nibelungenlied*. In: PBB 131 (2009), S. 461–492.
39 Zum Drachenkampf vgl. Andreas Hammer: Der heilige Drachentöter: Transformationen eines Strukturmusters. In: Helden und Heilige. Kulturelle und literarische Integrationsfiguren des europäischen Mittelalters. Hrsg. von Andreas Hammer, Stephanie Seidl. Heidelberg 2010 (GRM Beiheft. 42), S. 143–179.

kraft wird in seinen Handlungen vorgeführt, aus Sicht seiner Umwelt ins Exorbitante gesteigert, von ihm selbst und der Erzählinstanz aber nicht einfach bestätigt.[40] Dieser Verzicht darauf, die Figurenrede durch den Erzähler zu unterstützen, wirft die Frage nach der Begründung seines Heroentums auf.

Im zweiten Teil der Kämpfe scheint diese Unangreifbarkeit abzunehmen.[41] Und so wie dem Leser mehrmals vorgeführt wird, wie Walther seinen Körper Stück für Stück wappnet und sich in den scheinbar unverwundbaren Einzelkämpfer verwandelt, vollzieht sich gegen Ende der Kämpfe ein umgekehrter Prozess: Walther setzt in einer Kampfpause seinen Helm ab, um Luft zu holen und sich den Schweiß abzuwischen.[42] Diesen Moment der menschlichen Schwäche und Wehrlosigkeit nutzt einer der Gegner zum plötzlichen Angriff, und nur die Qualität seiner von Wieland geschmiedeten Brünne bewahrt Walther vor dem Tod (V. 965 f.).[43] Zwar fasst er sich wieder, doch es gelingt dem Gegner, ihm zwei Locken abzuschneiden – keine Verwundung also, aber Speer und Schwert sind seinem Körper gefährlich nahe gekommen und Walther muss sich von seinem nächsten Kampfpartner die übertriebene Verspottung als „Kahlkopf" (V. 991: *calve*) gefallen lassen. Gleichwohl besiegt Walther schließlich auch den letzten Gefolgsmann Gunthers (bis auf Hagen), indem er ihm eine „rotgoldene Kette" um den Hals legt (V. 1059: *torquem collo circumdedit aureum*)[44] – eine Wendung, die durch ihre Metaphorik zum Ausdruck bringt, welche Art von *Schatz* Walther dem fränkischen König, dessen Plan gründlich gescheitert ist, ausgeliefert hat.

V Das Ende der Kämpfe: geteilte Dinge – geteilte Körper

Gunther gelingt es, sich mit Hagen zu versöhnen und ihn für einen gemeinsamen Kampf gegen Walther zu gewinnen. Nach Hagens Plan stellen sie ihn aber erst am nächsten Morgen, als Walther die strategisch günstige, weil nur Einzelkämpfe zulassende Stellung in der Räuberschlucht verlassen hat. Walthers Angebot an Ha-

---

40 Zur Exorbitanz des Helden vgl. Klaus von See: Held und Kollektiv. In: ZfdA 122 (1993), S. 1–35.
41 Im Unterschied zu Siegfried ist die Verwundbarkeit nicht auf eine Stelle begrenzt, der entscheidende Hieb gelingt nicht durch Verrat dieser Stelle und aus dem Hinterhalt, sondern durch eine zum Ende der Kämpfe hin zunehmend sichtbar werdende Schwäche und schließlich durch Walthers Reaktion auf das ‚Materialversagen' seines Schwertes.
42 Vgl. Jan M. Ziolkowski: Blood, sweat, and tears in the *Waltharius*. In: Insignis Sophiae Arcator. Essays in honour of Michael W. Herren on his 65th birthday. Hrsg. von Gernot Rudolf Wieland, Carin Ruff, Ross G. Arthur. Turnhout 2006 (Publications of the journal of medieval Latin. 6), S. 149–164, besonders S. 159–161.
43 Vgl. dazu Ziolkowski (Anm. 1), S. 36 f.
44 Vgl. ebd., S. 35, mit weiteren Literaturangaben.

gen, eine Erneuerung ihres Freundschaftsbündnisses mit reichlich Gold zu entlohnen, lehnt dieser erwartungsgemäß ab. Der Kampf beginnt und zieht sich so lange hin, dass Walther – im Gegensatz zu den Unterstellungen seiner früheren Kampfgegner – seine Ermüdung fürchtet. Nicht nur an dieser Stelle gewährt der Erzähler Introspektion in die Erwägungen und Sorgen des Helden und führt ihn damit den Rezipienten als klug und umsichtig agierenden, aber nicht übermenschlichen Protagonisten vor. Um dem Moment der Schwäche zuvorzukommen, wagt Walther einen Ausfall, verletzt Hagen leicht mit dem Wurfspeer, rennt zugleich mit dem Schwert auf Gunther los und schlägt diesem das Bein ab. Nur Hagens furchtloses Eingreifen kann verhindern, dass Walther den vor ihm zusammengebrochenen König erschlägt. Hagen hält buchstäblich den Kopf für seinen König hin und in diesem Augenblick scheinen es die Dinge zu sein, die den Fortgang der Handlung bestimmen. Denn jetzt ist es das Schwert (Walthers), das auf den Helm (Hagens) trifft und zerspringt. Der Erzähler bemüht jedoch nicht etwa göttliches Eingreifen, um diesen Vorgang zu erklären,[45] sondern hält sich in dieser spannungsgeladenen Situation erstaunlich lange mit der Machart der Dinge auf. Zwar ist der Griff des Schwertes kostbar gearbeitet, doch erweist sich der in einem langwierigen und besseren Verfahren hergestellte Helm (V. 1372: *cassis fabrecata diu meliusque peracta*) als überlegen. Die Fähigkeiten der Handwerker bzw. die daraus resultierenden materiellen Eigenschaften werden hier zum maßgeblichen Faktor: Im entscheidenden Augenblick kommt es nicht allein auf die exorbitanten physischen und psychischen Kräfte des Helden an, sondern ebenso auf die Qualität seiner Waffen. Der Körper in seiner Unversehrtheit erweist sich als abhängig von den Dingen. Indem der Text auf ihre Herstellung verweist, erscheint der Sieg nicht mehr als Erfolg eines einzelnen Helden, sondern als Ergebnis eines Zusammenspiels von Menschen und Dingen, die wiederum selbst zu Aktanten und entsprechend *hybrid* dargestellt werden:[46] Das Schwert wird anthropomorphisiert, es ist *stupefactus* ob seiner eigenen Zerstörung, und Walther packt der Zorn über dessen „Verstümmelung" (V. 1376: *frameae murcatae*).[47] Diese *nimia ira* lässt ihn den entscheidenden Fehler

---

45 Das Zerbrechen des Schwertes ist ein häufiges Motiv. In der *Aeneis* ist es Turnus' Schwert, wohl das minderwertige Schwert seines Wagenlenkers, das an den Waffen des Gottes Volcanus „wie zerbrechliches Eis" zersplittert; s. Vergil: Aeneis. 11. und 12. Buch. Lateinisch/Deutsch. Übersetzt und hrsg. von Edith Binder, Gerhard Binder. Stuttgart 2005, V. 728–741. Im *Parzival* lässt Gott das Schwert, das Parzival Ither geraubt hatte, im letzten Kampf gegen seinen Halbbruder Feirefiz auf dessen Helm zerbrechen, der daraufhin den Kampf beendet; s. Wolfram von Eschenbach: Parzival. Studienausgabe. Mittelhochdeutscher Text nach der 6. Ausgabe von Karl Lachmann. Übersetzung von Peter Knecht. Einführung zum Text von Bernd Schirok. 2. Aufl. Berlin/New York 2003, V. 744,10–745,8; in Hartmanns *Erec* zerbricht in *Joi de la curt* zuerst Mabonagrins Schwert, dann auch Erecs; s. Hartmann von Aue: Erec. Mittelhochdeutscher Text und Übertragung von Thomas Cramer. Frankfurt a. Main 1972, V. 9197–9274. Gottzmann (Anm. 21), S. 45, nimmt dagegen an, dass Walther aufgrund seiner Schuld Gunther nicht töten kann.
46 Vgl. Latour (Anm. 1).
47 *Belliger ut frameae murcatae fragmina vidit, / Indigne tulit ac nimia furit efferus ira / impatiensque sui capulum sine pondere ferri, / Quamlibet eximio praestaret et arte metallo, / Protinus abiecit*

begehen, denn aus Ärger will er den Schwertgriff wegwerfen und mitten im Schwung haut ihm Hagen „die tapfere Rechte" ab, die trotz ihrer Verdienste, durch die sie hier geradezu personifiziert wird (just in dem Moment, als sie tatsächlich vom Körper getrennt wird), nun als unbrauchbares Ding auf die Erde fällt: *In medio iactus recidebat dextera fortis* (V. 1383). Zwar rächt sich Walther auf der Stelle an Hagen und fügt ihm eine schwere Wunde im Gesicht zu, am Ende hat sich sein scheinbar unangreifbarer Körper aber doch als *tractabile* erwiesen. Dass dies höchstens als Relativierung, nicht als Aufhebung seines Heldenstatus zu verstehen ist, macht – anders als die Stelle häufig aufgefasst wird[48] – nicht nur seine sofortige unerschrockene Reaktion auf den Verlust deutlich, sondern auch die folgende rhetorische Frage des Erzählers: *Quisnam hinc immunis abiret, / Qua duo magnanimi heroes tam viribus aequi / Quam fervore animi steterant in fulmine belli!* (V. 1398–1400: „Wer hätte auch unverletzt von dannen gehen können, wenn zwei hochgemute Helden, gleich an Kraft wie an feurigem Mut, im Kampfgewitter standen?") Damit wird auch noch einmal explizit die Frage nach Walthers Unverwundbarkeit gestellt und beantwortet: Er ist als Mensch fehlbar und verwundbar, aber nur einem gleichrangigen Gegner wie Hagen kann es gelingen, einen Helden wie Walther zu verletzen. Walthers eigene Einschätzung schon vor Beginn der Kämpfe, dass er sich vor allem vor Hagen in Acht nehmen müsse (V. 567–571), sowie die realistische Einschätzung seiner Kampfkraft gegen Ende werden damit durch den Ausgang des Kampfes bestätigt und alle Behauptungen seiner übernatürlichen Unermüdlichkeit und Unverwundbarkeit werden als irrige Annahmen seiner unterlegenen Gegner widerlegt.

---

monimentaque tristia sprevit. (V. 1376–1380: „Als der Kämpfer die Bruchstücke seines verstümmelten Schwertes sah, packte ihn der Ingrimm; er geriet außer sich vor übergroßem Zorn, entledigte sich, seiner selbst nicht mächtig, alsbald des von der schweren Klinge abgetrennten Griffes, obwohl dieser ein Prachtwerk der Schmiedekunst aus feinstem Metall war, und wollte von den traurigen Überresten nichts mehr wissen.")

48 Insbesondere diejenigen, die von einem kritisch-christlichen Blick der Erzählinstanz auf den Helden ausgehen, sehen in dieser Stelle einen Beleg für ihre Beurteilung und einen Bruch mit den Konventionen heldenepischen Erzählens; vgl. etwa Kratz (Anm. 22), S. 48–59. Nach Arthur Haug legt der Autor, der nicht beabsichtigte eine Heldendichtung zu verfassen, die Fiktivität der Tradition offen und macht die Protagonisten für traditionelle Heldendichtung ‚unbrauchbar'; Arthur Haug: Die Zikade im *Waltharius* – Bemerkungen zum Autor und Publikum. In: Mittellateinisches Jahrbuch 39 (2004), S. 31–43. Nach Ziolkowski (Anm. 1), S. 41–43, bleibt der Schluss zwischen Ernsthaftigkeit und Komik in der Schwebe. Scott E. Pincikowski: Violence and Pain at the Court: Comparing Violence in German Heroic and Courtly Epics. In: Violence in Medieval Courtly Literature. A Casebook. Hrsg. von Albrecht Classen. New York 2004, S. 93–109, hier S. 95 f., und Christoph Fasbender (Anm. 1), S. 86 f., betonen dagegen, dass die Verletzung der Helden und ihre anschließenden Spottreden darüber durchaus vereinbar mit heldenepischem Erzählen sind. Stone (Anm. 1), S. 66–70, verweist zu Recht darauf, dass gerade die anschließenden Spottreden deutlich machen, dass Walther und Hagen – im Gegensatz zu Gunther, der sich als schlechter Herrscher erwiesen habe – das für sie vorgesehene standesgemäße Leben durchaus weiterführen können.

Mit der Verwundung aller drei Krieger werden alle Kampfhandlungen endgültig beendet, deren Ausgang im Text bezeichnenderweise als *negotium* charakterisiert wird (was deren zwischen materieller und immaterieller Bedeutung changierenden Verhandlungscharakter noch einmal unterstreicht).[49] Es folgt die wohl am meisten diskutierte Stelle des Textes: die Beschreibung der am Boden liegenden Körperteile mit dem anschließenden Kommentar des Erzählers:

> Postquam finis adest, insignia quemque notabant:
> Illic Guntharii regis pes, palma iacebat
> Waltharii nec non tremulus Haganonis ocellus.
> Sic, sic armillas partiti sunt Avarenses!
> (V. 1401–1404)

> Als nun das Ende gekommen war, zierte jeden ein Ehrenzeichen: Da lagen König Gunthers Fuß, Walthers Rechte und Hagens zuckendes Auge. So, ja so teilten sie sich in die hunnischen Armreifen.

In zweifacher Weise werden die Körper der Helden zu Dingen: Fuß, Hand und Auge werden zu *Insignien*, zu (Wahr)zeichen, die auf die Person als ganze verweisen,[50] und in einem metonymischen Kurzschluss sind es die Körper, die anstelle der Armreifen buchstäblich geteilt werden.[51] Waren zuvor die Rüstungsgegenstände Helm und Schwert anthropomorphisiert worden, so werden hier umgekehrt die abgetrennten Körperteile verdinglicht. Wenn der Erzähler sie als Insignien bezeichnet, ist das jedoch nicht nur ironisch oder zynisch gemeint. Mit dem Begriff des *insignium* wird noch einmal die Frage nach der *Bedeutung* des Kampfes um den Schatz aufgeworfen. Der Kommentar des Erzählers, so seien sie in die Armreifen der Hunnen geteilt worden, ist deshalb mehr als Kritik an der Habsucht der Protagonisten oder Genugtuung über die gerechte Strafe für diese Sünde, denn es wird im Text deutlich, dass es eben nicht allein um den materiellen Wert der Armreifen geht, die damit aus dem Text verschwinden.[52] Diese sind nach frühmittelalterlichem Ver-

---

49 *Tali negotio dirimitur proelia facto* (V. 1396: Mit diesem Tauschhandel fand der Kampf ein Ende).
50 Zur Funktion und Bedeutung der Armreifen s. o. S. 152 und Anm. 18.
51 Zur Funktion der Metonymie auf verschiedenen Ebenen mittelalterlichen Erzählens vgl. Schulz (Anm. 11), S. 63 f., 92 f. und 333–343, mit weiteren Literaturangaben. Zur Bedeutung der unterschiedlichen Verletzungen vgl. ausführlich Gottzmann (Anm. 21), S. 45–50, und Kratz (Anm. 22), S. 49–51.
52 Vgl. dazu Michael Niehaus' Analyse von Theodor Storms Erzählung *Bulemanns Haus*, in dem ein Becher eine besondere Rolle spielt: „Mit diesem Verkauf verschwindet der Becher aus der Geschichte, ohne dass sein weiteres Schicksal interessierte. Denn worum es geht, ist nicht der Becher als stoffliches Ding, sondern als unstoffliches *Symbol*." Signifikant sei v. a. das Verschwinden von Dingen, um die sich zuvor alles gedreht habe, an einem Beispiel macht Niehaus klar, dass ein solches Ding nur hinsichtlich des Begehrens, das sich auf es richtet, von Interesse sei; Niehaus (Anm. 6), S. 12. Es stellt sich die Frage, ob dies in ähnlicher Weise auch für den Schatz im *Waltharius* gilt. Zum Verschwinden von Dingen aus der Erzählung vgl. auch ebd., S. 99 ff. Zum Verhältnis von Wert und Begehren eines Dinges vgl. Karl-Heinz Kohl: Die Macht der Dinge. Geschichte und Theorie sakraler Objekte. München 2003, S. 128–130.

ständnis und im Heldenepos tatsächlich Insignien von Macht und Herrschaft. Ihre Materialität lässt sich also nicht trennen von der Immaterialität ihrer Bedeutung und nicht umsonst wird hier auch noch einmal ausdrücklich an ihre Herkunft von den Hunnen erinnert, um deren Nachfolge als hegemoniale Macht es in dieser Auseinandersetzung zwischen Franken und Aquitaniern zu gehen scheint. Ihr Insigniencharakter geht hier auf die Körper über und folgerichtig wird – wie der Erzählerkommentar expliziert – an ihnen die Teilung vorgenommen und die Machtfrage geklärt. Bezeichnend ist daher die doppeldeutige Formulierung der Stelle, insofern *partiti* sowohl aktiv als Deponens („So, ja so also teilten sie miteinander die hunnischen Spangen!") als auch – und damit pointierter – passiv („So, ja so teilten sie sich in die hunnischen Armreife!") übersetzt werden kann.[53] In diesem Satz kulminiert, was zuvor bereits vorgeführt wurde, dass nämlich Schätze zwar Ausweis von Überlegenheit und legitimer Herrschaft sind, dass sie aber im Kampf verteidigt werden müssen und ihr Besitz stets neu legitimiert werden muss. Auf intrikate Weise sind daher die Physis des Helden, die materiellen Schätze und die immateriellen Herrschaftsverhältnisse aneinander gekoppelt. Körper und Dinge machen letztere sicht- und verhandelbar. Nach ihrer Klärung können daher die Schätze, um die sich alles zu drehen schien, aus der Geschichte verschwinden, und die körperliche Versehrtheit stellt für die wahren Helden, als die sich Walther und Hagen anders als Gunther erwiesen haben, keine ernsthafte Beeinträchtigung ihrer Virilität dar, wie die anschließenden Spottreden demonstrieren.

In der Versöhnungsszene nach dem Kampf wird – anders als beim Festmahl für die Hunnen – Walther als erster die Trinkschale erhalten und damit als größter Held geehrt, während Gunther erst als letzter trinken darf. Nicht die Königswürde, sondern die Bewährung im Kampf ist hier das entscheidende und *richtige* Kriterium.[54] Danach kann der Freundschaftsbund mit Hagen erneuert werden, die Heirat mit Hiltgunt wird stattfinden, die Aquitanien mit Burgund verbindet, und Walther wird erfolgreich und für lange Zeit die Herrschaftsnachfolge antreten, wie der Text in einem kurzen Ausblick resümiert.

VI Heros und Herrschaft

Nun stellt sich die Frage, warum die Exorbitanz des Helden, dem ansonsten die volle Sympathie des Erzählers gilt, dennoch auf diese Weise, durch die Einschrän-

---

53 Die erste Übersetzung stammt von Vogt-Spira (Anm. 12), die zweite von Vollmann (Anm. 4).
54 In diesem Punkt erinnert die Situation des *Waltharius* sehr an das *Nibelungenlied*. Auch dort ist Siegfried der ausgewiesene Held, der seine Herrschaftsfähigkeit unter Beweis gestellt hat, aber die Königswürde noch nicht innehat, während Gunther bereits durch den Tod seines Vaters aufgrund der Thronfolge König ist. Für beide Texte scheint dies insofern eine interessante Konstellation zu sein, als sie es ermöglicht, anhand der Figuren die Grundlagen von Herrschaft zu diskutieren. Vgl. zu dieser Stelle Enright (Anm. 10), S. 181.

kung seiner körperlichen Unversehrtheit, derart und buchstäblich beschnitten wird. Um dies zu beantworten, möchte ich noch einmal auf den Anfang des Textes zurückkommen: Die Forschung hat hier immer schon gesehen, dass dieser Anfang sich in signifikanter Weise vom typischen Einsetzen heldenepischen Erzählens unterscheidet.[55] Das Mündlichkeit suggerierende Singen und Sagen ist verschwunden, stattdessen lehnt sich der geographische Einstieg an Isidors *Etymologiae* und Caesars *De bello Gallico* und damit an ausgesprochen schriftliterarische Werke an.[56] Darüber hinaus stellt der Anfang aber eben keine Helden in den Mittelpunkt, nicht den Zorn des Achill wie in der *Ilias*, nicht *sunufaterungu* wie im *Hildebrandslied* und nicht *heleden lobebaere* wie in der Programmstrophe des *Nibelungenliedes*. Vielmehr sind es geographische Räume und Reiche, von denen die Erzählung ihren Ausgang nimmt und die damit den Figuren vorgeordnet werden. Die folgenden, sehr ausführlich erzählten Szenen, wie die fränkischen, burgundischen und aquitanischen Herrscher auf den Eroberungszug der Hunnen reagieren, zeigen jeweils eine stabile erbliche Königsherrschaft, in der sogar die weibliche Nachfolge gesichert ist, in der es im Innern einen Konsens zwischen dem Hof haltenden König und seinen Großen gibt (anders übrigens als später zwischen Gunther und Hagen).[57] Dieser Konsens zeigt sich besonders im Hinblick auf die Sicherung des Reiches nach Außen und die durch Heirat, Verträge und Tributzahlungen betriebene Friedens- und Bündnispolitik mit den Nachbarstaaten. Entscheidend ist dabei, dass der jeweilige Thronfolger und damit die Sicherung der eigenen Dynastie, ja wenn man so will, der Sicherheit von Land und Leuten geopfert wird, ohne dass dies in irgendeiner Weise kritisiert würde. Und nachdem die Kämpfe bestanden sind und die Rückkehr gelungen ist, werden Walther und Hiltgunt in diese Welt zurückkehren und nach den dort geltenden Regeln leben, indem sie – wie gesagt – den Freundschaftsbund mit Hagen und damit mit den Franken erneuern, „nach alter Sitte" heiraten (*rite*; V. 1448) und so wie vorgesehen Burgund und Aquitanien verbinden. Sie werden ohne erzählenswerte Probleme die Nachfolge antreten und dreißig glückliche Jahre lang regieren.

Insgesamt wird in diesem Text also die Geschichte des Heros, der sich in den Einzelkämpfen heldenhaft bewährt und dessen Machtanspruch in erster Linie auf seiner persönlichen, physischen Kampfkraft gründet, in eine offensichtlich positiv bewertete Anfangs- und Schlusspartie eingebettet, in der der König gerade nicht diesem Bild entspricht, sondern als Primus inter Pares regiert und dabei der Friedenssicherung den Vorrang einräumt.

Nicht erst die Verstümmelung am Ende schränkt Walthers Heldentum ein und macht aus einem unverwundbar-mythischen einen verwundbar-menschlichen He-

---

55 Vgl. Vollmann (Anm. 4), S. 1189.
56 Vgl. ebd.; Bernd Schütte: Länder und Völker im *Waltharius*. In: Mittellateinisches Jahrbuch 21 (1986), S. 70–74, hier S. 71.
57 Vgl. dazu Murdoch (Anm. 30), S. 98.

ros. Schon zuvor wird demonstriert, dass er menschlicher, nicht etwa göttlicher oder in anderer Weise besonderer Abstammung ist, vielmehr versichert er sich durch Gebet göttlichen Beistands, seine besondere Kampfkraft und Umsicht, die ideale Verbindung von *fortitudo* und *sapientia*, machen es schwer ihn zu treffen, aber er ist nicht unverwundbar, er kann im Gegenteil ermüden und Fehler machen, er ist stolz auf seine Kampfkraft und tötet seine Gegner ohne Mitleid, um sich zu verteidigen, aber er bereut auch seinen Stolz und behandelt die Leichen respektvoll.[58] Diese Eigenschaften, besonders seine körperlich-militärische Präsenz sowie sein Verfügen über Waffen und Schätze prädestinieren ihn besonders dafür, König zu werden. Walther wird nicht einen frühen Heldentod sterben, sondern dreißig Jahre lang glücklich regieren. Die Exorbitanz des Protagonisten als Teil des heldenepischen Konzepts wird demnach in rationalisierender Weise begrenzt zugunsten seiner Integration in eine (Vor-)Geschichte christlicher Reichsbildung.[59] Dafür spricht auch die gleich in den ersten Vers eingeschobene Apostrophe *fratres*, die bisher in erster Linie als Hinweis auf den Entstehungsort und Rezipientenkreis des Epos gelesen wurde.[60] Die Suggestion einer mündlich tradierten und erzählten paganen Vorzeitwelt, in der ein exorbitanter Held um den Vorrang kämpft, bricht sich in diesem einen Wort, das die Gemeinschaft gleichrangiger, dem Christentum angehöriger und in der Schrifttradition verankerter Brüder bzw. Mönche impliziert. Damit wird vom ersten Vers an – neben dem bereits erwähnten Hinweis auf die unterschiedlichen Religionen Europas – die Perspektive, unter der die folgende Geschichte erzählt wird, im Text installiert. Und sie wird genauso deutlich am Ende wieder durch das *vos salvet Iesus* im letzten Vers aufgerufen.

Dinge und Körper kennzeichnen den Status der Figuren und ihre Funktion im Hinblick auf Macht, Herrschaft und Reich bzw. umgekehrt werden Dinge und Körper eingesetzt, um die Grundlagen von Macht und Herrschaft im Text zu reflektieren. Dieses Verhältnis ist jedoch im Zusammenhang eines Textes zu sehen, der es unternimmt, die Ursprünge der eigenen Gegenwart, im Sinne christlicher Herrschaftsbildung nach der Völkerwanderung und dem Ende der römischen Herrschaft, in die heldenepische Vergangenheit zurück zu projizieren. Für eine solche,

---

58 Ausführlich dazu Rosemarie Katscher: Dichtung und Dichter. In: Mittellateinisches Jahrbuch 9 (1974), S. 48–120, hier S. 67 f.
59 Schon für Wolfram von den Steinen ist der Verfasser des *Waltharius* ein „heroischer Geschichtsschreiber"; Wolfram von den Steinen: Der *Waltharius* und sein Dichter. In: ZfdA 84 (1952/53), S. 1–47; wieder in: Mittellateinische Dichtung – Ausgewählte Beiträge zur ihrer Forschung. Hrsg. von Karl Langosch. Darmstadt 1969 (Wege der Forschung. 149), S. 193–218, hier S 201. Vgl. auch Wehrli (Anm. 9), S. 66: Der *Waltharius* sei „ein ernstzunehmender Versuch historisch-geographischer und das heißt heilsgeschichtlicher Einordnung und Begründung".
60 Vgl. Vollmann (Anm. 4), S. 1189; Vogt-Spira (Anm. 12), S. 12; Kratz (Anm. 22), S. 15; zu anderen Dichtungen, die diese Anrede verwenden (und einen Hinweis auf die Entstehung des Textes in St. Gallen liefern) s. Dieter Schaller: Ist der *Waltharius* frühkarolingisch? In: Mittellateinisches Jahrbuch 18 (1983), S. 63–83, hier S. 76.

tendenziell historiographische Sicht auf die dargestellten Ereignisse spricht auch der Kommentar des Erzählers zur Kampfweise eines Franken mit der Doppelaxt: *Istius ergo modo Francis tunc arma fuere.* (V. 919: „Waffen dieser Art benutzten die Franken nämlich in der damaligen Zeit.") Das setzt einen Standpunkt voraus, der das Dargestellte als Teil der eigenen Geschichte begreift, dabei jedoch klar zwischen der eigenen Gegenwart und der erzählten Vergangenheit unterscheidet. Bei der Beschäftigung mit dieser Vergangenheit geht es nicht nur um Unterschiede in der Bewaffnung, sondern um das Ausloten unterschiedlicher Herrschaftskonzepte, die sich allerdings auch in ihrem jeweiligen Umgang mit den materiellen Grundlagen, in der Hybridisierung von Körper und Besitz des Kämpfers und Herrschers herauskristallisieren. Ähnlich wie später nach ihm der Dichter des *Nibelungenlieds* hat der Verfasser des *Waltharius* die Möglichkeit erkannt, wie sich die ‚heidnischen', mündlich tradierten Erzählstoffe sinnvoll in vorhandene, hier allerdings lateinische Schrifttraditionen integrieren lassen. Die Beschäftigung mit der oralen Erzähltradition und ihren womöglich anderen Normen und Werten ließ sich legitimieren, indem man sich von diesen zugleich historisch distanzierte und diskutierte, was an ihnen bewahrenswert ist. Die große Nähe gerade zu Vergils *Aeneis* demonstriert den Anspruch dieses knappen, aber sorgfältig verfassten Epos sowie die Aufwertung der eigenen Geschichte zu historischem und literarischem Rang. Die vergleichsweise breite und anhaltende Überlieferung des *Waltharius* zeugt davon, dass dieses Unternehmen durchaus erfolgreich war.[61]

---

[61] Der *Waltharius* ist überliefert in acht Handschriften und mehreren Fragmenten des 11. bis 15. Jahrhunderts und wird zudem bezeugt durch das *Chronicon Novaliciense* sowie die Nennung in Bibliothekskatalogen; vgl. Klopsch (Anm. 2).

Funktion

Bruno Quast, Münster
Dingpolitik

Gesellschaftstheoretische Überlegungen zu Rundtafel und Gral
in Wolframs von Eschenbach *Parzival*

I

Sozialität hat ihre Geschichte. Eindrücklicher als aus der Perspektive des Postsozialen kann dieses Faktum vermutlich kaum vor Augen geführt werden. Das Postsoziale, jener gesellschaftliche Aggregatzustand, in dem sich die westlichen Gesellschaften gegenwärtig befinden sollen, vielleicht sogar die Weltgesellschaft in tendenzieller Hinsicht insgesamt, ist wesentlich dadurch bestimmt, dass „Objekte an die Stelle von Menschen als Interaktionspartner treten und traditionelle, über Interaktion vermittelte soziale Einbettungen ersetzen".[1] Zwischenmenschliche Verhältnisse würden über Objekte vermittelt und seien in zunehmenden Maße auf Objekte angewiesen. Das Postsoziale wird also wesentlich über Objekt-Beziehungen des Menschen bestimmt, wobei der Objektbegriff in diesem Zusammenhang eine spezifische Ausweitung erfährt. In wissensbasierten Kulturen etwa bieten sich die Objekte des Wissens vielfach entmaterialisiert dar. Die Überhandnahme von Objektbeziehungen korreliert mit einer in diesem Zusammenhang negativ konnotierten ‚Individualisierung' der Gesellschaft, ein Begriff freilich, der von der Theorie des Postsozialen abgelehnt wird, weil er die sozialen Auflösungserscheinungen der Gegenwart als reine Verlusterzählung präsentiert. Im Zeitalter des Postsozialen korrelieren also Objektbeziehung und Auflösung kollektiver Bindungen.

Ganz anders scheint die Sachlage in vormodernen Gesellschaften. Auch hier gibt es einen genuinen Zusammenhang von Sozialität und Objektbeziehung, allerdings wird anders als in postsozialen Gesellschaften gerade Vergemeinschaftung über Objektbeziehungen hergestellt, man denke etwa an Kommunitäten, die Heiligtümer betreuen,[2] oder auch an Textgemeinschaften, die sich um ein Buch herum

---

[1] Karin Knorr Cetina: Umrisse einer Soziologie des Postsozialen. In: Kognitiver Kapitalismus. Soziologische Beiträge zur Theorie der Wissensökonomie. Hrsg. von Lars Meyer, Hanno Pahl. Marburg 2007, S. 25–41, hier S. 25 f.; vgl. dies.: Sociality with Objects. Social relations in Postsocial Knowledge Societies. In: Theory, Culture and Society 14 (1997), S. 1–30; dies.: Sozialität mit Objekten. In: Technik und Sozialtheorie. Hrsg. von Werner Rammert. Frankfurt a. Main 1998, S. 83–120; dies.: Postsocial Relations. Theorizing Sociality in a Postsocial Environment. In: Handbook of Social Theory. Hrsg. von George Ritzer, Barry Smart. London 2001, S. 520–537.
[2] Vgl. etwa Arnold Angenendt: Heilige und Reliquien. Die Geschichte ihres Kultes vom frühen Christentum bis zur Gegenwart. München 1997, S. 123–137.

konstituieren.³ Hier wird ein kausaler Zusammenhang gestiftet zwischen Objekten und gesellschaftlicher Bindekraft, der nicht immer leicht zu verstehen ist. Die Bindekraft wird vielfach über Objekte hergestellt, die in materialer Form konkret in Erscheinung treten.

Ein solcher Fall liegt mit der in der Literatur des Mittelalters entworfenen arthurischen Tafelrunde vor, die uns Heutigen in gleichsam ikonischer Prägnanz die egalitären Aspirationen dieser imaginierten Gesellschaft vor Augen führt. Die Gründungsgeschichte der arthurischen Rundtafel-Institution wird bekanntlich im *Roman de Brut* des Wace aus den 50er Jahren des 12. Jahrhunderts erzählt.

> Für die adligen Ritter, die er an seinem Hof hatte und von denen jeder meinte, er sei besser als die anderen – jeder hielt sich für den vortrefflichsten, und keiner hätte sagen können, wer der geringste unter ihnen war –, schuf Artus die Tafelrunde, von der die Briten viele Geschichten erzählen. Dort saßen seine Vasallen alle in demselben ritterlichen Rang und ohne Abstufung voneinander; ganz gleich saßen sie bei Tisch, und alle wurden in gleicher Weise bedient; niemand unter ihnen konnte sich rühmen, einen besseren Platz innezuhaben als ein ihm Ebenbürtiger, alle saßen in dem Kreis, und keiner abseits.⁴

Die Deutungen dieser Gründungsgeschichte gehen auseinander. Die einen, Erich Köhler⁵ darf an dieser Stelle nicht unerwähnt bleiben, sehen hier bereits in der auch den König einschließenden Gleichrangigkeit der zur Tafelrunde Zugelassenen einen Ausdruck höfischer Idealität. Der König sitzt – nach dieser Lesart – mit am Tisch und gibt den *primus inter pares*. Andere – unter ihnen Beate Schmolke-Hasselmann⁶ und Hildegard Eberlein-Westhues⁷ – betonen mit guten Gründen, dass es sich bei der Erfindung der Tafelrunde um ein pazifizierendes Disziplinierungsmittel

---

3 Vgl. Brian Stock: The Implications of Literacy. Written Language and Models of Interpretation in the Eleventh and Twelfth Centuries. Princeton 1983, S. 88–240.
4 Zit. nach: König Artus und seine Tafelrunde. Europäische Dichtung des Mittelalters. Neuhochdeutsch hrsg. von Karl Langosch. Stuttgart 1982, S. 95. Vgl. Wace's Roman de Brut. A History of the British. Text and Translation by Judith Weiss. Revised Edition. Exeter 2002, V. 9747–9760: *Pur les nobles baruns qu'il out, / Dunt chescuns mieldre estre quidout, / Chescuns se teneit al meillur, / Ne nuls n'en saveit le peiur, / Fist Artur la Runde Table / Dunt Bretun dient mainte fable. / Illuec seeient li vassal / Tuit chevalment e tuit egal; / A la table egalment seeient / E egalment servi esteient; / Nul d'els ne se poeit vanter / Qu'il seïst plus halt de sun per, / Tuit esteient assis meain, / Ne n'i aveit nul de forain.*
5 Vgl. Erich Köhler: Ideal und Wirklichkeit in der höfischen Epik. 2. Aufl. Tübingen 1970, S. 5–36.
6 Vgl. Beate Schmolke-Hasselmann: The Round Table: Ideal, Fiction, Reality. In: Arthurian Literature II. Hrsg. von Richard Barber. Woodbridge 1982, S. 41–75.
7 Hildegard Eberlein-Westhues: König Arthurs ‚Table Ronde'. Studien zur Geschichte eines literarischen Herrschaftszeichens. In: Der altfranzösische Prosaroman. Funktion, Funktionswandel und Ideologie am Beispiel des *Roman de Tristan en prose*. Kolloquium Würzburg 1977. Hrsg. von Ernstpeter Ruhe, Richard Schwaderer. München 1979 (Beiträge zur romanischen Philologie des Mittelalters. 12), S. 184–269.

handle. Die konkurrierenden Ansprüche der herausragenden Ritter am Artushof würden beschnitten, indem alle – „ohne Abstufung voneinander", wie es im *Roman* heißt –, platziert würden. Wichtig in dieser Deutungsperspektive ist der Umstand, dass Artus die Tafelrunde „[f]ür die adligen Ritter" entwickelt. Er selbst nimmt nicht Platz am runden Tisch, sondern sucht seinen angestammten Platz an einem anderen – rechteckigen – Tisch auf. Es scheinen im *Roman de Brut* widersprüchliche Vorstellungen von Tischformationen und -ordnungen nebeneinander zu existieren (Vgl. V. 10459–10462).[8] Dass der König Mitglied der egalitären Tafelrunde ist, also tatsächlich an der Rundtafel sitzt, wird – soweit ich sehe – an keiner Stelle *explizit* erwähnt. Damit ist eine entscheidende Differenz eingezogen, nämlich die zwischen Monarch und untergebenen gleichrangigen Vasallen. Welcher Forschungsrichtung man auch immer anhängen mag, die Differenzen beziehen sich nicht auf den Akt, sondern allein auf das – freilich entscheidende – Ausmaß der Vergemeinschaftung.

In der deutschen Artusliteratur ist der König Artus von den Anfängen an stets Mitglied der Tafelrunde. Bei Chrétien und dann bei Hartmann wird die Tafelrunde als bekanntes Institut eingeführt und nur am Rande erwähnt. In Chrétiens *Erec et Enide* ist beim Empfang von Erec und Enide am Artushof im Kontext des sogenannten ersten Handlungszyklus nur die Rede von den Rittern der Tafelrunde, die die besten auf der Welt seien.[9] Die Rundtafel als Artefakt findet keine Erwähnung. Der *Erec* Hartmanns von Aue greift diese Passage wie folgt auf:

> diu küneginne si nam
> vriuntlîchen bî ir hant
> und gienc, dâ si den künec vant
> sitzen nâch sînem rehte
> mit manegem guoten knehte
> dâ zuo der tavelrunde.
> (V. 1611–1616)[10]

Dann folgt eine Aufzählung der, wie es heißt, einhundertvierzig Ritter. Im *Iwein* findet sich eine Szene, in der davon die Rede ist, dass ein Ritter herbeigeritten kommt und er „die von der Tafelrunde" um den König sitzen sieht:

> unde nam des vil rehte war
> daz er zer selben stunde

---

8 Vgl. Wace's Roman de Brut (Anm. 4), V. 10459–10462.
9 Vgl. Chrétien de Troyes: Erec et Enide/Erec und Enide. Altfranzösisch/Deutsch. Übersetzt und hrsg. von Albert Gier. Stuttgart 1987, V. 1669 f.
10 Hartmann von Aue: Erec. Hrsg. von Manfred Günter Scholz. Übersetzt von Susanne Held. Frankfurt a. Main 2004 (Bibliothek des Mittelalters. 5). *zuo der tavelrunde* kann m. E. mit ‚bei' oder ‚in' der Tafelrunde übersetzt werden. Selbst die Übersetzungsvariante ‚in der Tafelrunde' lässt indes einen gewissen Spielraum, wie man sich die Tafelrunde vorzustellen hat.

die von der tavelrunde
umbe den künec sitzen sach.
(V. 4532–4535)[11]

Gegenüber seinen Vorgängern ist, soweit ich sehe, Wolfram von Eschenbach der erste, den interessiert, wie über die Tafelrunde Vergemeinschaftung gestiftet, auf welche Weise über das Objekt der Rundtafel gesellschaftlicher Zusammenhalt gesteuert wird.

Die Relationierung von Objekt und Gemeinschaft bei Wolfram soll in einem ersten Schritt näher in den Blick gerückt werden, bevor die gemeinschaftsstiftende Objektbeziehung, die arthurische Dingpolitik, einer gesellschaftstheoretischen Analyse unterzogen wird. Ich schließe mit einer kurzen Gegenüberstellung von arthurischer Tafelrunde und Gralsgesellschaft, beides Gesellschaftstypen, die durch Dinge konstituiert werden.

II

Zweimal wird die Tafelrunde bei Wolfram buchstäblich ins Zentrum gestellt, beim ersten Mal soll Parzival in die Runde aufgenommen werden, beim zweiten Mal, gegen Ende der Romanhandlung, ist die Aufnahme des Feirefiz Anlass, die Tafelrunde zusammenkommen zu lassen. Ich beginne mit Parzivals Eintritt in die Tafelrunde. Die Szene spielt am Ufer des Plimizöl.

nu râtet, hoeret unde jeht,
ob tavelrunder mege ir reht
des tages behalden. wande ir pflac
Artûs, bî dem ein site lac:
dehein ritter vor im az
des tages swenn âventiure vergaz
daz si sînen hof vermeit.
im ist âventiure nu bereit:
daz lop muoz tavelrunder hân.
swie si waer ze Nantes lân,
man sprach ir reht ûf bluomen velt:
dane irte stûde noch gezelt.
der künec Artûs daz gebôt
ze êren dem ritter rôt:
sus nam sîn werdekeit dâ lôn.
ein pfelle von Acratôn,
ûz heidenschefte verre brâht,
wart ze eime zil aldâ gedâht.

---

[11] Hartmann von Aue: Gregorius. Der arme Heinrich. Iwein. Hrsg. und übersetzt von Volker Mertens. Frankfurt a. Main 2004 (Bibliothek des Mittelalters. 6).

> niht breit, sinewel gesniten,
> al nâch tavelrunder siten
> (wande in ir zuht des verjach):
> nâch gegenstuol dâ niemen sprach,
> diu gesitz wârn al gelîche hêr.
> der künec Artûs gebôt in mêr
> daz man werde ritter und werde vrouwen
> an dem ringe müese schouwen.
> die man dâ gein prîse maz,
> magt wîb und man ze hove dô az.
> Dô kom vrou Gynovêr dar
> mit maneger vrouwen lieht gevar
> mit ir manc edel vürstîn:
> die truogen minneclîchen schîn.
> ouch was der rinc genomen sô wît
> daz âne gedrenge und âne strît
> manc vrouwe bî ir âmîs saz.
> (V. 309,3–310,7)[12]

Artus handelt einem Rechtsbrauch gemäß, wenn er alle Angesehenen und Berühmten, die sich am Hof aufhalten, unter der Voraussetzung einer *aventiure*, die am gleichen Tage stattgefunden hat, um eine rund geschnittene kostbare Seidendecke versammelt. Niemand darf nach dem Reglement der offenbar nach der Rundtafel benannten Runde einen besonderen Ehrenplatz beanspruchen. Damit wird in dieser ersten Passage der *normative* Aspekt der Tafelrunde besonders hervorgehoben, die egalitären Strukturen der Tafelrunde-Gesellschaft, die sich aus den berühmtesten Edelleuten, aus den Vornehmen und Tugendhaften aller Länder rekrutiert. Man isst miteinander, bis Cundrîe, die Gralsbotin, in den Kreis (*in den rinc*; V. 314,11) hineinreitet, um der Tafelrunde von Parzivals Vergangenheit zu berichten. Sie wirft ihm *valsch* (Falschheit) vor und konstatiert das damit einhergehende Ende der Ta-

---

[12] Wolfram von Eschenbach: Parzival. Mittelhochdeutscher Text nach der Ausgabe von Karl Lachmann. Übersetzung und Nachwort von Wolfgang Spiewok. Stuttgart 1989: „Urteilt selbst darüber, ob die Tafelrunde an diesem Tage ihrer Satzung treu blieb. Es war nämlich Brauch bei Artus, dass er und seine Ritter sich erst dann zu Tisch begaben, wenn der Tag von einem wunderbaren Ereignis gekrönt wurde. Das war zum Ruhm der Tafelrunde nun auch der Fall. Die Rundtafel, die in Nantes geblieben war, wurde auf einer blumenbestandenen, von Sträuchern und Zelten freien Wiese nachgebildet. Dies gebot König Artus zu Ehren des Roten Ritters, der so für seine ruhmreichen Taten den gerechten Lohn erhielt. Als Rundtafel diente Acratôner Seide aus fernem Heidenland, nicht eckig, sondern rund geschnitten. Das war so üblich bei den Rittern der Tafelrunde; ihre Regeln besagten nämlich, niemand dürfe einen besonderen Ehrenplatz beanspruchen, und so waren alle Sitze gleich. Auch gebot König Artus, sowohl Ritter als auch Edelfrauen an die Tafel zu bitten, denn hier bei Hofe aßen alle, ob Jungfrau, Frau oder Mann, an einem Tisch, wenn sie nur berühmt und angesehen waren. Frau Ginover erschien mit vielen wunderschönen Damen, darunter manch vornehme Fürstin; alle waren herrlich anzusehen! Der Kreis der Tafelrunde war so weit, dass jede Dame [ohne Drängeln und Gezänk; B. Q.] Platz an der Seite ihres Geliebten fand." Im Folgenden wird nach dieser Ausgabe zitiert.

felrunde: *tavelrunder ist entnihtet: / der valsch hât dran gepflihtet* (V. 314,29 f.). Von den egalitären Beziehungen untereinander richtet sich der Fokus auf die Aufnahmebedingungen. Der äußeren Gleichheit entspricht eine innere in Gestalt untrüglicher Tugendhaftigkeit. Wie das Verhältnis von innerer und äußerer Gleichheit aussieht, ob die innere die äußere bedingt, bleibt hier offen.

Wie häufiger im *Parzival* beobachtbar, liefert das spätere Geschehen Details und Präzisierungen nach, die man bei der ersten Beschreibung nicht vor Augen hat. Dies trifft auch für die Tafelrunde zu. Die Wiederholung ist eben mehr als bloße Wiederholung, sie deckt den Mechanismus der Rundtafel erst recht eigentlich auf. Die Aufnahme des Feirefiz in die Artusgesellschaft beim Fest von Joflanze wird mit folgender Beschreibung eingeleitet:

> Utepandragûns sun
> Artûsen sach man alsus tuon.
> er prüevete kostenlîche
> ein tavelrunder rîche
> ûz eime drîanthasmê.
> ir habet wol gehoeret ê,
> wie ûf dem Plimizoeles plân
> einer tavelrunder wart getân:
> nâch der disiu wart gesniten,
> sinewel, mit solhen siten,
> si erzeigte rîlîchiu dinc.
> sinwel man drumbe nam den rinc
> ûf einem touwec grüenen gras,
> daz wol ein poynder landes was
> vome sedel an tavelrunder:
> diu stuont dâ mitten sunder,
> niht durch den nutz, et durch den namen.
> sich mohte ein boese man wol schamen,
> ob er dâ bî den werden saz:
> die spîse sîn munt mit sünden az.
> der rinc wart bî der schoenen naht
> gemezzen unde vor bedâht
> wol nâch rîlîchen ziln.
> es möhte ein armen künec bevilln,
> als man den rinc gezieret vant,
> da der mitte morgen wart erkant.
> (V. 775,1–26)[13]

---

[13] „Artus, Utepandraguns Sohn, ließ aus wundervollem Drianthasme-Stoff eine kostbare Rundtafel herstellen. Ihr habt ja schon gehört, wie diese Tafel auf dem Wiesenplan am Plimizöl gerichtet wurde. Auf gleiche Weise schnitt man die neue Tafeldecke zurecht, kreisrund und prachtvoll anzusehen. Rings auf dem taubedeckten grünen Rasen baute man die Sitze auf, so dass zwischen ihnen und der Rundtafel ein Abstand von einer halben Turnierbahn eingehalten wurde. [Die Tafel stand da in der Mitte, nicht um als Tisch zu dienen, sondern nur des Namens wegen. Ein schlechter Mensch müsste sich schämen, säße er bei den Edlen dort, mit Sünden hätte da sein Mund das Brot verzehrt; B. Q.]. Man hatte den Tafelring bereits in der mondhellen Nacht ausgemessen und große

Hier tritt das Arrangement der Rundtafel, ihr *formativer* Aspekt, deutlicher hervor. Was erfährt man, was zuvor zumindest nicht expliziert wird? Um die ausgeschnittene, aus kostbarem Stoff bestehende Rundtafel herum wird ein Kreis von Tischen aufgestellt – *sinwel man drumbe nam den rinc* (V. 775,12) –, an denen man zum gemeinsamen Mahl Platz nimmt. Zwischen diesem äußeren Tafelring und der ausgeschnittenen Rundtafel wird ein Abstand von einer Turnieranlauflänge eingehalten. Dieser Zwischenraum darf zu Pferde nicht betreten werden: *ez wâren höfschlîchiu dinc, / daz ir keiner in den rinc gereit* (V. 777,18 f.).

Man fragt sich, warum der Zwischenraum nicht betreten werden darf; ein auf der Hand liegender Grund könnte darin liegen, dass die Sicht auf die textile Rundtafel genommen wird, die – und dies ist vielleicht die entscheidende Neuigkeit dieser Szene – als *Zeichen* im Zentrum des Tafelrings liegt. Die Rundtafel nimmt in Wolframs *Parzival* im Wortsinn erst recht eigentlich Objekt-Charakter an, indem sie als Repräsentationsgestalt förmlich entgegengestellt wird. Die textile Tafelrunde wird zum Symbol einer selbstreflexiven Gesellschaft, die sich ihr Konnexionsprinzip dinglich vor Augen führt. Die Gesellschaft wird im Symbol ihrer selbst ansichtig. Der formative Aspekt bezieht sich nicht allein auf die konzentrische Anlage von Tafelring und Rundtafel, er lässt sich auch auf die Handlungen der Tafelrunde beziehen. Sie gibt der Aufnahme in ihre Gemeinschaft eine Form, in der das stets erneute Ausschneiden der Rundtafel, das präzise Installieren des Tafelrings – das genaue Vermessen wird hervorgehoben –, schließlich das gemeinsame Mahl und die Kampfspiele wichtige – man könnte sagen – im weitesten Sinne rituelle Handlungen darstellen. Unter Bedingungen herrschaftlicher Mobilität – wir haben es mit umherreisenden Rittern zu tun – wird Stabilisierung über Formalität, solche der Dinge wie der Handlungen, und Konventionalität bzw. Iterativität gesichert.

Arthurische Dingpolitik verläuft also wesentlich über eine reflexiv ausgestellte, räumlich strukturierte Objektbeziehung. Bei der Rundtafel handelt es sich um ein profanes Ding, selbst wenn man die Idee der Rundtafel kulturgeschichtlich auf den Abendmahlstisch zurückführen würde, was in der älteren Forschung neben Hinweisen auf keltische Ursprünge gelegentlich der Fall war. Inzwischen geht man eher davon aus, dass bei der Erfindung der Rundtafel das sekundäre Herrschaftszeichen des kosmische Ansprüche symbolisierenden runden Herrschertisches, wie er etwa in Einhards *Vita* Karls des Großen Erwähnung findet, eine Rolle gespielt haben mag.[14] Welche Tradition auch immer bildprägend gewesen ist, die Profanität der Rundtafel ist in den literarischen Imaginationen, die Wolfram vorausgehen, unbestreitbar. Wolfram nun nimmt demgegenüber entscheidende Änderungen vor,

---

Mühe aufgewandt, alles nur recht prächtig herzurichten. Am späten Vormittag war der Ring fertig und bot sich allen Augen in solcher Pracht, dass einem armen König solcher Aufwand schwer gefallen wäre."
14 Vgl. Eberlein-Westhues (Anm. 7), S. 230–247.

die der Konstruktion einer Sakraltopographie und damit einhergehend einer Sakralisierung der Rundtafel zuspielen.

Das Ausschneiden der Rundtafel erinnert an die Idee des *templum*, des ausgeschnittenen, abgesteckten Raumes, an die Heiligung als Scheidung von Heiligem und Profanem:

> Die Heiligung beginnt damit, daß aus dem Ganzen des Raumes ein bestimmtes Gebiet herausgelöst, von anderen Gebieten unterschieden und gewissermaßen religiös umfriedet und umhegt wird. Dieser Begriff der religiösen Heiligung, die sich zugleich als räumliche Abgrenzung darstellt, hat seinen sprachlichen Niederschlag im Ausdruck des *templum* erhalten.[15]

Die Unterscheidung von Profanem und Heiligem, die Klassifizierung der realen und vorgestellten Dinge in diese zwei Klassen, gilt seit den Anfängen einer Vergleichenden Religionswissenschaft als gemeinsames Kennzeichen aller religiösen Überzeugungen. Der ausgeschnittene Raum wird durch eine Art Schwelle, die das Heilige gegen das Profane absondert, geschützt, gemeint ist jener Bannkreis, der nicht betreten werden darf und auf diese Weise den Raum, den die Rundtafel einnimmt, vom Tafelring schützend separiert. Unwürdige (*boese man*) sind von der Mahlgemeinschaft ausgeschlossen, es würde sich um eine Sünde handeln (*mit sünden ezzen*), wie es heißt, um eine Verunreinigung, wenn man sich dennoch dazugesellen würde.

Die Tafelrunde erhält damit Züge einer exklusiven Kultgemeinschaft, die sich um ein Ding herum, die Rundtafel, konstituiert. Alles spricht dafür, dass es sich bei der so inszenierten Rundtafel um ein ‚sakrales' Objekt handelt. „Sakrale Objekte unterscheiden sich von allen anderen Gegenständen durch ihre praktische Nutzlosigkeit, ihre Separierung von der Welt des Profanen, ihre reine Zeichenhaftigkeit und ihre Unveräußerlichkeit."[16] Es scheint im Falle der textilen Rundtafel von Bedeutung, dass das Ausschneiden stets erneut performativ vollzogen werden muss, damit der Akt der ‚Heiligung' jeweils rituell unter achtsam bedachten Vorkehrungen aktualisiert wird. Das Ausschneiden initiiert den Prozess, die textile Rundtafel, deren kostbare Materialität hervorgehoben wird – *si erzeigte rîlîchiu dinc* (V. 775,11) –, in den Rang eines ‚sakralen' Objekts zu erheben, das die gesellschaftlichen Normen speichert. Die Rundtafel, die in Nantes verblieben ist, kommt auf diese Weise zu ihrem Recht – *man sprach ir reht* (V. 309,13). Ihr normativer wie formativer Anspruch wird über Produktion und rituelle Einbettung, über die kollektive Inszenierung eines ikonischen Zeichens umgesetzt, die zugleich eine Heiligung dieses Zeichens bedeutet.

---

[15] Ernst Cassirer: Philosophie der symbolischen Formen. Teil 2. Das mythische Denken. 9., unveränderte Aufl. Darmstadt 1994, S. 123.
[16] Karl-Heinz Kohl: Die Macht der Dinge. Geschichte und Theorie sakraler Objekte. München 2003, S. 154.

Die Gesellschaft verehre sich in der Religion, in ihrem sakralen Objekt selbst: so die vieldiskutierte und umstrittene These des Religionssoziologen Émile Durkheim, die er in seinem Spätwerk anhand totemistischer Systeme zentralaustralischer Aborigines entwickelt hat.[17] Bestimmte Parallelen zur Durkheim'schen Theorie springen förmlich ins Auge, wenn man sich die Tafelrunde bei Wolfram vor Augen führt, ohne freilich Durkheims Religionstheorie nahtlos übertragen zu wollen. Der folgende holzschnittartige Versuch ist also heuristisch motiviert.

Da ist zunächst der Zusammenhang von Kollektivität und Sakralität. Beide sind offenbar nicht voneinander zu trennen. Man hat den Eindruck, dass die verpflichtende Zugehörigkeit zur Tafelrunde in der Runde der Vergesellschafteten erfahren bzw. jeweils aktualisiert wird. Der implizite Verpflichtungscharakter von Gesellschaft konstituiert sich durch die Versammlung. Kollektivität wird nach Durkheim erst dort realisiert, wo man gemeinsam vor dem Sakralen steht, wobei je nach Kultur Kollektivtypus und Sakrales unterschiedliche Formen annehmen können. Das Sakrale (welcher Couleur auch immer) ist für Durkheim *die* Quelle sozialer Energie schlechthin, und diese Energie gilt es für den gesellschaftlichen Integrationsprozess zu nutzen.[18]

Die Rundtafel ist das Kollektivsymbol der Tafelrunde, die Vergesellschafteten, die von der Tafelrunde, die *tavelrunder*, tragen den Namen der Tafelrunde. Konstantin Pratelidis hat in seiner vergleichenden Studie über Artus- und Gralsgesellschaft mit Blick auf die Rundtafel ebenfalls von einem „Symbol" gesprochen.[19] Ich stimme dem voll zu, würde hier aber stärker akzentuieren wollen. Denn im Kollektivsymbol wirkt anders als in einem bloßen Sinnbild so etwas wie eine sakrale ‚Kraft', die, blickt man auf Wolfram, wohl durch das jeweilige Ausschneiden und die Positionierung der Rundtafel, durch die Heiligung aktualisiert wird. Kollektivsymbole müssen öffentlich inszeniert werden, damit die Vergesellschafteten an ihnen partizipieren können. In diesem Sinne funktioniert die arthurische Symbolstrategie: Die Berühmten und Edlen aus aller Welt werden im Angesicht des ‚sakralen' Gegenstands der textilen Rundtafel in das Kollektiv involviert. „Sie sollen sich dem inszenierten Ganzen verpflichtet fühlen [...]."[20] Die Inszenierung der Rundtafel mit der Mahlgemeinschaft und den ritterlichen Kämpfen außerhalb des Tafelrings kann als ‚kollektive Effervenszenz' gelten, eine Begriffsprägung bei Durkheim, die ein überschäumendes Kollektiverlebnis meint, zur Überwindung von Partikula-

---

17 Vgl. Emile Durkheim: Die elementaren Formen des religiösen Lebens. Aus dem Französischen von Ludwig Schmidts. Berlin 2007 (Erstausgabe 1912).
18 Vgl. hierzu Matthias Sellmann: Religion und soziale Ordnung. Gesellschaftstheoretische Analysen. Frankfurt a. Main 2007, S. 203–330, hier bes. S. 257–260.
19 Vgl. Konstantin Pratelidis: Tafelrunde und Gral. Die Artuswelt und ihr Verhältnis zur Gralswelt im *Parzival* Wolframs von Eschenbach. Würzburg 1994 (Würzburger Beiträge zur deutschen Philologie. 12), S. 110.
20 Sellmann (Anm. 18), S. 259.

rismen. „‚Kollektive Efferveszenz'" in Form des außeralltäglichen Festes einer Gemeinschaft zielt auf eine „Transzendenzerfahrung des Sozialen".[21]

Individualität tritt im Zusammenhang der Tafelrunde nur als Abweichung von den Normen des Kollektivs auf. Cundrîe, die um die der Tafelrunde zugrunde liegenden Normen weiß, deckt Parzivals Vergangenheit, den Mord am Roten Ritter, auf und stellt mit dem Hinweis auf den *valsch* (V. 314,30) des neu Aufgenommenen die kohäsiven Prinzipien der Tafelrunde und damit die Tafelrunde als solche in Frage. *tavelrunder ist entnihtet: / der valsch hât dran gepflihtet* (V. 314,29 f.).[22] Das Ende der Tafelrunde ist ihre erste an König Artus adressierte Botschaft, nachdem sie, die als Quelle der Trauer apostrophiert wird, den Ring betreten hat: *sus kom geriten in den rinc / trûrens urhap* (V. 314,11 f.). Die Formulierung *in den rinc* schließt die Vorstellung zumindest nicht aus, dass sie bezeichnenderweise in den Taburaum zwischen Tafelring und Rundtafel vordringt, um so, bevor sie ihre Klage vernehmlich anhebt, die innere unsichtbare Ordnungsstörung durch die sichtbare räumliche Tabuverletzung für alle zur Anschauung zu bringen. Beim Fest von Joflanze wird im Unterschied zur Szene am Ufer des Plimizöl ausdrücklich betont, dass man es *zuließ*, dass Cundrîe in den Ring ritt, den sie einmal umrundete. *man liez si an den zîten / in den rinc rîten. / diu wîse, niht diu tumbe, / reit den rinc alumbe* (V. 779,5–8). Hier muss keine Verletzung sichtbar gemacht werden, überbringt die Gralsbotin Cundrîe doch nun die Botschaft, dass Parzival zum Gralsherrscher berufen sei. Parzival sticht hier nicht negativ hervor. Wenn Cundrîe zuvor das Rund abreitet, ist dies auch als eine Reverenz an das sich im Zeichen der Tafel versammelnde Kollektiv zu verstehen.

So sehr Heiligung performativ vollzogen wird, so sehr hat man es in der Wolfram'schen Schilderung des Ausschneidens und Arrangierens der textilen Tafel mit einer *Zurüstung* des Heiligen zu tun. Die Rundtafel kann wieder und wieder hergestellt werden, die Produktion des Heiligen ist damit potentiell unabschließbar, wir haben es mit einem ‚sakralen Ding' im „Zeitalter seiner technischen Reproduzierbarkeit" zu tun, wenn die Anleihe bei Walter Benjamins berühmtem Kunstwerkaufsatz[23] hier erlaubt ist. Die Rundtafel in Nantes kann offenbar in zahllosen Kopien reproduziert werden, freilich ohne dass es den Kopien an ‚funktionaler Heiligkeit' mangeln würde. Für Benjamin bedeutet die auf dem Weg technischer Multiplikation erwirkte Emanzipation des Kunstwerks aus dem Ritual eine Einbuße an Aura. Reproduzierbarkeit leite eine Entauratisierung der Kunst ein, ihre Emanzipation aus dem Ritual. Inwiefern man es bei der textilen Rundtafel mit einem Kunstwerk zu tun hat, muss offen bleiben. Einmal wird auf die besondere Materialität des

---

21 Ebd.
22 „Die Tafelrunde ist vernichtet, denn Falschheit hat teil an ihr."
23 Vgl. Walter Benjamin: Das Kunstwerk im Zeitalter seiner technischen Reproduzierbarkeit. In: ders.: Gesammelte Schriften. Bd. I,2. Hrsg. von Rolf Tiedemann, Hermannn Schweppenhäuser. Frankfurt a. Main 1974, S. 471–508.

Stoffes hingewiesen – *si erzeigte rîlîchiu dinc* (V. 775,11). Wie dem auch immer sei, bei Wolfram – in Umkehrung der Konfiguration von Original und Nachbildung bei Benjamin – ist es das Ausschneiden und Arrangieren des Tafelrunds, die Anfertigung der *Reproduktion*, die den rituellen Charakter der Vergemeinschaftung sichert. Die ‚Unveräußerlichkeit' des sakralen Objekts ist hier einer technischen Reproduzierbarkeit gewichen. In gewisser Weise kann man von einer Kommodifizierung, einer Transformation des sakralen Objekts der Rundtafel in Gestalt von Reproduktionen sprechen – allerdings unter Beibehaltung der kollektiv vollzogenen sakralen Wertzuschreibung.

III

Werfen wird den Blick auf ein anderes Ding in Wolframs *Parzival*, das dem Gralsroman den Namen gegeben hat. *daz was ein dinc, / daz hiez der Grâl* (V. 235,23), so wird der Gral während des Aufenthalts von Parzival auf der Gralsburg eingeführt. Das Gral genannte Ding ist ein Edelstein, zu Form und Größe werden keine Angaben gemacht. Der Gral wird in einem Tempel aufbewahrt und bei besonderen Anlässen herumgetragen. Auch die Gralsgesellschaft versammelt sich also um ein Ding. Von diesem Ding geht eine Kraft aus, die den Unterhalt der Gesellschaft sichert. *der ritterlîchen bruoderschaft, / die pfrüende in gît des grâles craft* (V. 470,19 f.). Der Gral ist also ein Wunderding, das die Gesellschaft physisch-materiell am Leben erhält. An anderer Stelle heißt es aus Trevrizents Mund von den Bewohnern der Gralsburg: *si lebent von einem steine* (V. 469,3). Der Stein garantiert das Leben der Gralsgesellschaft. Die Kraft des Dings wird ein zweites Mal erwähnt, wenn es darum geht, wie ihm diese zuwächst. Am Karfreitag senkt sich eine Taube vom Himmel herab und trägt eine weiße Oblate zum Stein. *dar an doch lît sîn hôhste craft* (V. 469,30). Die Wunderkraft des Steins wird diesem also sekundär zugeführt. *dâ von der stein enpfaehet / swaz guotes ûf erden draehet / von trinken unt von spîse* (V. 470,11–13).[24] Die Politik der Gralsgesellschaft wird über das Ding vermittelt – in Gestalt einer epiphanen Schrift, die nach vollzogener Lektüre von selbst verschwindet.

> ze ende an des steines drum
> von karacten ein epitafum
> sagt sînen namen und sînen art,
> swer dar tuon sol die saelden vart.
> (V. 470,23–26)[25]

---

24 „Davon [von der karfreitäglich aufgelegten Oblate; B. Q.] empfängt der Gral seinen Reichtum an allen guten irdischen Dingen, an Essen und an Trinken."
25 „Am oberen Rand des Steins erscheint eine geheimnisvolle Inschrift. Sie kündet Namen und Geschlecht derjenigen, die für die heilbringende Fahrt zum Gral bestimmt sind."

So rekrutiert der Gral den Nachwuchs des in *kiusche* lebenden Kollektivs. Die Politik der Gralsgesellschaft ist über ein Nehmen und Geben organisiert. *si* [das Gralsvolk; B. Q.] *gebent und nement gewin* (V. 494,4). Die Gralsritter, die den Gral hüten, können in herrenlose Länder geschickt werden, um dort die Herrschaft zu übernehmen. Die Jungfrauen dürfen sich außerhalb des Gralsbereichs vermählen. Aus den Nachkommen der auswärts agierenden Mitglieder des Gralsvolks wird der Nachwuchs für den Gralsdienst rekrutiert. Es handelt sich bei der Gralsgesellschaft um einen sich in einem Ding manifestierenden theokratischen Herrschaftstyp. Der Gralskönig ist der oberste Gralshüter. Er steht im Dienst des Grals. Alle Macht geht in dieser Gesellschaft vom Ding aus.

Dass Wolfram mit der Tafelrunde und der Gralsgesellschaft parallel aufgebaute Gesellschaften geschaffen hat, liegt auf der Hand. Beide Gesellschaften funktionieren bei aller Unterschiedlichkeit nach ein und demselben Prinzip. Im Zentrum der jeweiligen Gesellschaft steht ein gesellschaftliche Energien regulierendes Ding. Die textile Rundtafel *erzeigte*, wie es heißt, *rîlîchiu dinc* (V. 775,11). Die ausgeschnittene Rundtafel und das Ding mit Namen Gral sind über das Nomen *dinc* auch sprachlich miteinander vernetzt. Beim Gral handelt es sich auf der einen Seite um ein sakral überdeterminiertes Ding: Sein Name konnte in den Sternen gelesen werden, Engel haben ihn gehütet, die himmlische Oblate führt ihm am Karfreitag Kraft zu. Auf der anderen Seite baut Wolfram Sakralität ab. Nicht zuletzt wird mit dem Tischleindeckdich-Motiv bei Wolfram einer Hybridisierung des Grals zugearbeitet,[26] die doch eher einer Desakralisierung des Dings Vorschub leistet. Umgekehrt wird im Fall der arthurischen Tafelrunde eine durch und durch profane Rundtafel durch den Modus ihrer Zurüstung zu einem sakralen Gegenstand, dem freilich der Schatten der Reproduktion anhaftet. Die Tendenz zur Desakralisierung des Heiligen im Fall des Grals, wobei hier auch gegenteilige Bewegungen beobachtbar sind, und die Tendenz zur Sakralisierung des Profanen im Fall der Rundtafel – auch hier lassen sich Gegenbewegungen nicht ausblenden – scheinen in einem komplementären Verhältnis zueinander zu stehen. Ist es im Fall der Tafelrunde die Gesellschaft, die sich ihr dingliches Konnexionsprinzip selber schafft und vor Augen stellt, geht im Fall der Gralsgesellschaft das *dinc* der Gesellschaft, die ausschließlich dem *dinc* verpflichtet ist, voraus.

IV

Im Zentrum arthurischer Dingpolitik bei Wolfram steht ein Objekt, von dem eine steuernde Kraft ausgeht. Insofern könnte man von einem ‚Ding als Akteur' sprechen.

---

[26] Vgl. Rainer Warning: Narrative Hybriden. Mittelalterliches Erzählen im Spannungsfeld von Mythos und Kerygma (*Der arme Heinrich/Parzival*). In: Präsenz des Mythos. Konfigurationen einer Denkform in Mittelalter und Früher Neuzeit. Hrsg. von Udo Friedrich, Bruno Quast. Berlin/New York 2004 (TMP. 2), S. 19–33, hier bes. S. 25–33; den Zusammenhang von dinglicher und diskursiver

Vom Recht der Tafel ist die Rede – *man sprach ir reht ûf bluomen velt* (V. 309,13) –, es gibt also so etwas wie ein Dingrecht, das umgesetzt werden muss. Das Objekt der Rundtafel ist spezifisch verbunden mit den sich versammelnden menschlichen Körpern. Das Reimpaar *rinc/dinc* (V. 775,11 f.), *ringe/dinge* (V. 777,9 f.) – auch wenn *dinc* wie etwa in der Formulierung *tavelrunder rinc/höfschlîchiu dinc* (V. 777,17 f.) eher als Abstractum Erwähnung findet – taucht mehrmals auf und setzt die Verbindung von Ding und Versammlung sprachlich um. Auratisches Ding und die Gesellschaft der Tafelrunde sind nicht zu trennen. Das macht allein schon der offenbar wolframspezifische gemeinsame Name von dinglicher Rundtafel und menschlicher Tafelrunde deutlich: *diu tavelrunder*, die Rundtafel, und *der tavelrunder*, der Ritter von der Tafelrunde. Wolfram bildet mit der Tafelrunde eine im Ding zu sich selbst kommende und sich vergewissernde Gesellschaft ab. Die Gralsgesellschaft stellt sich als Dienstgesellschaft dar. Vom *pflegen* (Jungfrauen; V. 493,19) und *hüeten* (Ritter; V. 493,23) des Grals ist die Rede. Im Gralsdienst liegt die einzige Daseinsberechtigung der Gralsgesellschaft. Der Gral seinerseits sichert nicht nur physisch-materiell die Gralsgesellschaft. Das Geben und Nehmen, das das Verhältnis der Gralsgesellschaft zu anderen Völkern bestimmt, reguliert auch die innergesellschaftliche Ökonomie. Auch in der Gralsgesellschaft haben wir es mit der spezifischen Handlungsmächtigkeit eines Dings zu tun, mit einem ‚Ding als Akteur'.

Ding und Kollektiv bilden in der Tafelrunde wie in der Gralsgesellschaft eine Einheit. Mit dem Technik-Philosophen Bruno Latour, von dem der Begriff ‚Dingpolitik' stammt,[27] könnte man behaupten, dass die Aufspaltung der Welt in die Menschen hier und die Dinge dort keineswegs als zeitlose Konstruktion anzusetzen ist. Im Wolfram'schen Kosmos jedenfalls kommt diese Aufspaltung – zumindest mit Blick auf die zentralen Objekte Rundtafel und Gral – noch nicht zum Zuge. Wolfram entwirft mit der Tafelrunde und dem Gralsvolk Gesellschaften, die sich um ein Ding versammeln. Diese Kollektive ähneln den eingangs erwähnten Dinggesellschaften der Vormoderne. Der mittelalterliche Autor entwickelt somit eine politische Ökologie, die sich auf den Nenner bringen lässt: Ohne Ding keine Gesellschaft. Es sind Dinge, denen sich Gesellschaften verdanken, die das Funktionieren der Gesellschaft garantieren. Für die Rekonstruktion einer höfischen Anthropologie – vielleicht müsste man in diesem Zusammenhang präziser formulieren: einer höfischen Ökologie – spielt das im Rahmen fiktionaler Erprobungsräume imaginierte Verhältnis der Menschen zu den Dingen jedenfalls eine eminent wichtige

---

Macht mit Blick auf den Gral beleuchtet Michael Stolz: „A thing called the Grail": Oriental *spolia* in Wolfram's *Parzival* and its Manuscript Tradition. In: The Power of Things and the Flow of Cultural Transformations. Art and Culture between Europe and Asia. Hrsg. von Liselotte E. Saurma-Jeltsch, Anja Eisenbeiß. Berlin/München 2010, S. 188–205.

27 Vgl. Bruno Latour: Von der „Realpolitik" zur „Dingpolitik" oder Wie man Dinge öffentlich macht. Aus dem Englischen von Gustav Roßler. Berlin 2005.

Rolle. Semiologische Analysen aktantieller Textstrukturen, wie sie bezogen auf die Figuren der Erzählung etwa der Held, der Gegenspieler oder das Böse darstellen, sollten daher stärker, als dies bislang der Fall gewesen ist, das Ding/die Dinge als gleichberechtigte Aktanten berücksichtigen.

Fridtjof Bigalke, Münster
Der Klang der Dinge

Über heldische Exorbitanz im *Rolandslied* des Pfaffen Konrad

Die Schlacht in der Ebene von Ronceval im *Rolandslied* (1170/1185)[1] des Pfaffen Konrad reflektiert eine spezifische Ästhetik der Gewalt und des Blutes:[2] Im Besonderen die christlichen Kämpfer trennen Körperteile ab, durchschneiden ihre Gegner und richten ein Blutbad an. Sie waten im Blut, ihre heidnischen Gegner ertrinken sogar darin.[3] Der Kampf figuriert als eine Materialschlacht, und das Material (Schwerter, Helme, Speere, Schilde usw.) wird vom Erzähler ausführlich beleuchtet. So tötet Roland Scharen von Widersachern mit seinem exzeptionellen Schwert Durndart, und in diesen Kampftaten verbinden sich Held und Schwert, Figur und Ding. Diese Synthese wird im Folgenden analytisch aufgelöst und gedeutet, indem die drei prominenten Ausrüstungsgegenstände Rolands in den Blick genommen werden. Neben dem Schwert Durndart sind dies das Horn Olifant und der Helm Venerant. Es soll über ein *close reading* intratextuell einer spezifischen Poetik der Dinge nachgegangen werden, wobei Beschreibungsmuster der Objekte, ihr Funktionieren und ihre Verbindung zum Helden Roland zu einer Profilierung dieser Poetik führen. Es geht also nicht um eine umfassende Darstellung der erzählten Dinge im *Rolandslied*, sondern vielmehr um die besonders inszenierten Dinge des Helden, um die Heldendinge. Durch gezielte Bezugnahme auf die französische *Chanson de Roland* (um 1100) ergibt sich eine intertextuelle Folie zur Bewertung einer Dingpoetik Konrads.[4] Das Schwert Durndart ist u. a. umfänglich von Sönke Jaek und zuletzt

---

[1] Zur Frage der Datierung des *Rolandslieds* vgl. Bernd Bastert: Von der Hagiographisierung zur Literarisierung des Epischen – Adaptationsformen der französischen Heldenepik in Deutschland. In: Das Potenzial des Epos. Die altfranzösische *Chanson de geste* im europäischen Kontext. Hrsg. von Susanne Friede, Dorothea Kullmann. Heidelberg 2012 (GRM Beiheft. 44), S. 53–72.

[2] Vgl. hierzu Martin Przybilski: *Ein Leib wie ein Fels* oder: Von der Schönheit des Blutvergießens: Gewalt und Ästhetik im *Rolandslied* des Pfaffen Konrad. In: Euphorion 101 (2007), S. 255–272 – so figuriert Blut als „überschäumendes Narrativ" (ebd., S. 269) und das *Rolandslied* als „Evangelium der Gewalt" (ebd., S. 271) –, und Dietmar Peschel-Rentsch: Die Welt im Blute, oder: Der souveräne Bildbruch: Beobachtung zum sadistischen Erzählen im *Rolandslied* des Pfaffen Konrad. In: Gott, Autor, Ich: Skizzen zur Genese von Autorbewußtsein und Erzählfigur im Mittelalter. Hrsg. von Dietmar Peschel-Rentsch. Erlangen 1991 (Erlanger Studien. 89), S. 91–102.

[3] Belege zu „Blut auf dem Schlachtfeld" finden sich bei Ute Schwab: Archaische Kampfformeln im *Rolandslied* und anderswo. In: ABäG 50 (1998), S. 73–93, hier S. 87–91.

[4] Die *Chanson de Roland* (nach der Oxforder Handschrift) – zit. nach: Das altfranzösische Rolandslied. Zweisprachig. Übersetzt und kommentiert von Wolf Steinsieck. Nachwort von Egbert Kaiser. Stuttgart 1999, im Folgenden bei Versangaben zugrunde gelegt als ChdR – darf nicht unreflektiert als Vorlage bezeichnet werden, da ebendiese für das *Rolandslied* nicht zu greifen, lediglich zu plausibilisieren ist. Dennoch lassen sich durch den Abgleich mit weiteren Bearbeitungen des Rolandstoffes Aussagen über spezifische Gestaltungen Konrads treffen. Für eine Aufarbeitung der Stoff-

von Anna Mühlherr untersucht,⁵ das Horn Olifant oftmals bezüglich der *Chanson de Roland* betrachtet worden.⁶ Der Helm Venerant jedoch harrt einer funktionalen Analyse, und vor allem sind alle drei Dinge noch nicht systematisch und handlungslogisch aufeinander bezogen worden. Mir scheint gerade eine Zusammenschau der Dinggestaltung lohnenswert als Beitrag zu den Verfahren und Strukturen des Erzählens des Pfaffen Konrad. Da die der Heldenfigur attribuierten Dinge sich als konstitutiv für deren Konzeption erweisen, wird Rolands Status speziell bezüglich einer Exorbitanz zu untersuchen sein: Die Synthese von Figur und Ding, die im Rahmen der nachfolgenden Argumentation zunächst analytisch getrennt wird, ist so schließlich wiederherzustellen.

I Durndart

Die Schwerter der christlichen Helden, aber auch ihrer heidnischen Widersacher, führen im *Rolandslied* oftmals Namen. Keines erhält jedoch auf Figuren- wie Erzählerebene so viel Aufmerksamkeit wie Durndart. Erste Erwähnung findet das Schwert im Zuge der Kämpfe zwischen den Saragossa haltenden Heiden und den die Stadt belagernden Christen: *Ruolant züchtigete si harte / mit deme guoten Durin-*

---

geschichte und der Filiation der Rolandbearbeitungen ebenso wie zu Fragen der Datierung des *Rolandslieds* vgl. Thordis Hennings: Französische Heldenepik im deutschen Sprachraum. Die Rezeption der Chansons de Geste im 12. und 13. Jahrhundert. Überblick und Fallstudien. Heidelberg 2008, S. 90–110.

5 Vgl. Sönke Jaek: *Ich gelêre si Durndarten*. Schwerter in der höfischen Erinnerung. In: Adelige und bürgerliche Erinnerungskulturen des Spätmittelalters und der Frühen Neuzeit. Hrsg. von Werner Rösener. Göttingen 2000 (Formen der Erinnerung. 8), S. 57–78, und Anna Mühlherr: Helden und Schwerter. Durchschlagskraft und *agency* in heldenepischem Zusammenhang. In: Narration and hero. Recounting the deeds of heroes in literature and art of the early medieval period. Hrsg. von Victor Millet. Berlin u. a. 2014 (Ergänzungsbände zum Reallexikon der germanischen Altertumskunde. 87), S. 259–275. Mühlherr arbeitet mit dem Konzept von *agency* unter anderem die Profilierung des Heldenschwertes als Mit- und Gegenspieler des Helden heraus (vgl. ebd., S. 264), wobei ihre Beobachtungen von der *Chanson de Roland* ausgehen und weitere heldenepische Texte einbeziehen. Jaek betrachtet neben Durndart auch die übrigen Schwerter im *Rolandslied* und bietet hiermit einen Bezugsrahmen für die Bewertung Durndarts. Die Studien Mühlherrs und Jaeks bilden einen Kontext für meine Überlegungen zu Durndart, welche vom *Rolandslied* ausgehen, sich auf den Rolandstoff und das Schwert Durndart beschränken und hierbei Aspekte von Klang und Materialität im Besonderen fokussieren.

6 Einschlägig sind unter anderem Michelle R. Warren: The noise of Roland. In: Exemplaria 16 (2004), S. 277–304; Ásdís R. Magnúsdóttir: La voix du cor. La relique de Roncevaux et l'origine d'un motif dans la littérature du Moyen Âge (XIIe–XIVe siècles). Amsterdam/Atlanta, GA 1998 (Internationale Forschungen zur Allgemeinen und Vergleichenden Literaturwissenschaft. 31), hier bes. S. 321–371; Emilie P. Kostorski: Further echoes from Roland's horn. In: Romance notes 13 (1972), S. 541–544; Stephen G. Nichols: Roland's echoing horn. In: Romance notes 5 (1963), S. 78–84.

darte (V. 883 f.).⁷ In der Junktur *guoten Durindarte* fällt die Kennzeichnung als Schwert aus und wird durch den Eigennamen ersetzt. Eine Vertrautheit und altbewährte Verbindung zwischen Held und Schwert sowie eine Verlässlichkeit der Waffe werden über das Adjektiv *guot* präsupponiert. Im Rahmen der Schilderung der Ausrüstung Rolands vor seinem Aufbruch zur Schlacht bei Ronceval wird Durndart nun ausführlich vorgestellt:

> sîn swert hiez Durendart,
> wan unter dem himele nie gesmidet wart
> nicht, des im gelîch wære.
> sîne site wâren seltsæne.
> in swelh ende man ez bôt,
> dâ was geraite der tôt.
> alle die ie smiden begunden,
> die ne wessen noch ne kunden,
> wie daz swert gehertet was.
> sîniu ecke wâren was.
> ez vorchten alle, die wider im wâren
> unt die ez ouch nie gesâhen.
> ez vorcht elliu haidenscaft.
> der stâl ne hêt dâ wider nehaine craft,
> ne weder bain noh horn,
> ez was allez verlorn,
> joch die herten vlinssteine.
> durch nôt entsâzen ez die haiden.
> (V. 3301–3318)

Entscheidendes Proprium ist also die Härte des Schwertes, ein härteres sei auf Erden nicht geschmiedet worden.⁸ Durndarts Beschaffenheit ist von kundigen Schmieden nicht zu ergründen, Werkstoff und Verarbeitung geben Rätsel auf. Sicher ist, dass es sich durch besondere Schärfe und eine tödliche Unfehlbarkeit auszeichnet. In der Folge fürchtet ein jeder Gegner das Schwert, auch wenn er es zuvor noch nicht gesehen hat. Weder Stahl noch Knochen noch Horn oder Stein können Durndart widerstehen. Seine wunderbare Beschaffenheit, überirdische

---

7 Zit. nach: Das Rolandslied des Pfaffen Konrad. Mittelhochdeutsch/Neuhochdeutsch. Hrsg., übersetzt und kommentiert von Dieter Kartschoke. Stuttgart 1996.
8 Der Name „Durndart" ist möglicherweise von lat. *durus* („hart") abzuleiten. Zur Etymologie und für weitere Literatur zu dieser Frage vgl. den Kommentar bei Kartschoke (Anm. 7), S. 660 f. u. 698, sowie Gerhard Rohlfs: Was bedeutet der Schwertname *Durendal*? In: Archiv 169 (1936), S. 57–64, welcher ableitet „*dur end' art* ,hart brennt es daraus' (,eine schlimme Flamme schlägt daraus')" (ebd., S. 63), und Edwin B. Place: Once More, Durendal. In: MLN 64 (1949), S. 161–164. Bellamy leitet den Namen „Durendal" in der *Chanson de Roland* aus dem Arabischen ab, wonach er etwa „stone-master" bedeutet – passend zur Unzerstörbarkeit des Schwertes, wie sie sich in der Sterbeszene beweist; James A. Bellamy: Arabic Names in the *Chanson de Roland*: Saracen Gods, Frankish Swords, Roland's Horse, and the Olifant. In: Journal of the American Oriental Society 107 (1987), S. 267–277, hier S. 273.

Härte und Furchteinflößung markieren ihn als exzeptionelles Schwert und seine Dignität findet ihre Entsprechung in seinem Träger Roland, Hoffnung und erster Kämpfer der Christen. Roland selbst spricht über sein Schwert, wenn er im Vorlauf zur Schlacht seinem Kampfgenossen Walther gegenüber bemerkt, dass der Sieg über die Heiden sich einstelle, *mir ne geswîche der guote Durendart* (V. 3391) – wenn Durndart ihn nicht im Stich lasse.⁹ Ebenso wie der Erzähler adressiert auch Roland sein Schwert als *guoter Durendart* – die Verlässlichkeit und Qualität der Waffe wird über diese Isomorphie in Erzähler- und Figurenrede stabilisiert. Dabei wird Durndart eher wie ein Mensch oder eine Entität eigenen Willens, nicht wie ein Stück Eisen besprochen und so weniger Objekt als vielmehr Subjekt: Das Schwert figuriert als Kampfgenosse und wird als *er*, also *der* Durndart adressiert. Nachdem Roland sich geweigert hatte, das Hornsignal zu geben, um die Truppen Karls zu Hilfe zu rufen, entgegnet er seinem Mitstreiter Olivier: *got wil sîniu wunter hie erzaigen, / der guote Durndart sîne tugent erscainen* (V. 3897 f.). Es sind dies die beiden Säulen, auf denen Rolands Zuversicht ruht: Gott und Durndart. Wieder stellt sich die Frage nach dem Willen (*wil* [...] *erscainen*), dem Aktionspotenzial des Schwertes, das sich durch seine *tugent*, seine Vortrefflichkeit, auszeichnen wird. Vom Heiden Adalrot provoziert, antwortet Roland: *Durndart muoz mir hiute dingen* (V. 4046; „Durndart soll mir heute beistehen"). Daraufhin tötet er den Widersacher: *mit deme guoten Durndarte / versnait er in harte* (V. 4097 f.). So zeigt sich in der Praxis, was bei der ersten Beschreibung Durndarts festgehalten wurde:

> mit dem guoten Durndarte
> gefrumte er manigen tôten man.
> des swertes site was sô getân,
> swâ erz hin sluoc,
> daz ez durch den stâl wuot,
> sam er wære lintîn.
> (V. 4140–4145)

Das Töten der Gegner gelingt mit Durndart fast mühelos, da das Schwert durch Stahl fährt, als wäre dieser Lindenholz. Seine Schärfe wird weiterhin in hyperbolischer Darstellung vor Augen geführt, wenn ein Gegner der Länge nach halbiert wird: *dô gevie Durndart / aine egeslîche durchvart / von deme helme unze an die erde* (V. 5061–5063).¹⁰ Dann schlägt Durndart für Roland eine Schneise in die geg-

---

9 In der *Chanson de Roland* bespricht Roland sein Schwert ebenfalls. Er werde große Schläge vollziehen (vgl. ChdR V. 1055, 1065, 1078), jene Durendals seien zudem die besten (vgl. ChdR V. 2143) und stets färbe sich die Klinge vom Blut der Gegner (vgl. ChdR V. 1056, 1067, 1079). Der Junktur *guoter Durendart* entspricht in der *Chanson* Rolands Rede von *ma bone espee* (ChdR V. 1121).
10 Im Vergleich zur *Chanson de Roland* fällt die Hyperbolik abgeschwächt aus, denn dort zerteilt Roland nicht nur den Gegner, sondern mit demselben Hieb zugleich dessen Pferd – dieser Vorgang wiederholt sich sogar (vgl. ChdR V. 1326–1334 u. 1584–1589). Nach dieser eindrucksvollen Durchschneidung von Reiter und Pferd konstatiert der Erzähler treffend: *Tient Durendal, ki ben trenchet*

nerischen Reihen, *sîn swert Durndart / erkôs im iemer aine vart / in almitten durch die scar* (V. 5179–5181), wobei die Heiden seiner ansichtig werden und fliehen: *die haiden wurden sîn gewar, / si huoben die flucht* (V. 5182 f.). Die vorangegangenen Zitate sind in chronologischer Folge präsentiert worden, und es zeigt sich folgende Entfaltung: Roland setzt auf die spezifische *tugent* Durndarts und evoziert sie in seiner Rede, dann wird diese ausagiert – Worte werden in Taten umgesetzt. Der *guote* Durndart bewährt sich als zuverlässiges Schwert, denn er schneidet über die Maßen scharf, was in der Halbierung eines Kriegsgegners steigernd bewiesen wird. Durndarts *durchvart* vergrößert Rolands Aktionsradius von punktuellen Hieben oder Stößen zu ausholenden Schwüngen. Held und Schwert greifen zunehmend mehr Raum und schließlich bahnt sich Durndart fast selbstständig „als Subjekt der Handlung"[11] seinen Weg durch Scharen von Widersachern: Der in Bezug auf einen Opponenten gesteigerte Raumübergriff wird so weiter ausgedehnt.[12] In der Folge fliehen die Gegner – Held und Schwert greifen nicht nur mechanisch, sondern auch in bloß visueller Ausstellung ihrer tödlichen Wirkung um sich. Wenn es heißt, *die haiden wurden sîn gewar* (V. 5182), ist die Referenz des Pronomens *sîn* offen – meint es Roland oder Durndart? Die ambige Lesart markiert so die enge, reziproke Verbindung von Held und Schwert. Beide werden in der kriegerischen Handlung gewissermaßen miteinander verschmolzen und der Kampfraum wird erfüllt von einer *Roland-Durndart-Entität*, deren Einzelkonstituenten über sich hinausweisen und so ein Mehr als ihre Addition schaffen.[13] Die Beschreibung Durndarts in der Erzähler-

---

et taillet (ChdR V. 1339) – an der Spalt- und Schneidequalität des Schwertes besteht kein Zweifel und wie in der deutschen Fassung ist die ungewöhnliche Schärfe Durendals auszeichnende Eigenschaft.
11 Anna Mühlherr, Heike Sahm: Eigen-Sinn von Dingen in älterer Erzählliteratur. In: Vielheit und Einheit der Germanistik weltweit. Hrsg. von Franciszek Grucza. Frankfurt a. Main u. a. 2012 (Publikationen der Internationalen Vereinigung für Germanistik. 5), S. 235–244, hier S. 241 (in Bezug auf Balmunc). Eine spezifische Aktivität oder Beseelung des Schwertes macht auch Dobozy aus: „Weapons are most revealing because they have a life of their own"; Maria Dobozy: The Meaning of Virtus. Heroic Vocabulary in Konrad's *Rolandslied*. In: Archiv 224 (1987), S. 241–253, hier S. 246. A. T. Hatto pointiert: „In heroic poetry swords are persons"; zit. nach Jeffrey Ashcroft: *Miles Dei – gotes ritter*. Konrad's *Rolandslied* and the Evolution of the Concept of Christian Chivalry. In: Forum for modern language studies 17 (1981), S. 146–166, hier S. 146.
12 Mit Stock – wenn auch in anderem Kontext – könnte man hier von einer „bewegungsbezogenen Raumregie" und einer Konstituierung von Raum durch Handlungsvollzug sprechen; Markus Stock: Sich sehen lassen. Die Visibilität des Helden und der höfische Sichtraum im *König Rother*. In: Sehen und Sichtbarkeit in der Literatur des deutschen Mittelalters. XXI. Anglo-German Colloquium London 2009. Hrsg. von Ricarda Bauschke, Sebastian Coxon, Martin H. Jones. Berlin 2011, S. 228–239, hier S. 232.
13 In der *Chanson de Roland* bezeichnet das Schwert Durendal in einer metonymisch-stellvertretenden Funktion seinen Träger Roland, wenn die heidnischen Gegner beteuern: *Veez m'espee, ki est e bone e lunge: / A Durendal jo la metrai encuntre; / Asez orrez laquele irat desure* (ChdR V. 925–927) – das gute und lange Schwert des Heiden Turgis soll Durendal anfechten und man werde sehen, wer obsiege. Ähnlich, jedoch mit stärkerer Fokalisierung Durendals, spricht Chernuble von Monigre: *Si cunquerrai Durendal od la meie* (ChdR V. 988) – ich werde Durendal mit meinem Schwert besiegen; würde man doch sinngemäß erwarten, dass der Angreifer Roland mit seinem

rede (vgl. V. 3301–3318) figuriert somit als Programm und Versprechen, beide werden daraufhin narrativ in Sukzession entfaltet und eingelöst.

Durndarts Potenz möchte Roland nun auf den Heidenkönig Marsilie richten: *sîn scol hiute râmen / der vil guote Durndart* (V. 5250 f.). Die Kämpfe gegen einzelne und Scharen von Heiden münden (spannungsvoll) in der Konfrontation mit ihrem Anführer. Der Aufgabe gewachsen sieht Roland sein Schwert, das hier nun als *der vil guote Durndart*, der sehr gute Durndart, adressiert wird. Im weiteren Verlauf der Schlacht werden die *tugent* Durndarts und ihre Wirkung auf die Heiden variierend benannt – Furcht und Angstzustände machen sich stets unter ihnen breit (vgl. V. 5293–5296, 5602, 6594, 6597). Roland brennt Durndart als Marke, assoziiert mit Schärfe, Tödlichkeit und Furchteinflößung, den Heiden schmerzvoll ein, wobei er seine Rolle als Unterweisender herausstellt: *ich gelêre si Durndarten* (V. 5909). König Marsilie wird hierbei eine ganz persönliche Lektion Durndarts zugeeignet: *ich versnîde dich vil harte. / von dem guoten Durndarte / wil ich dich ain niuwen site lêren* (V. 6286–6288). Zuvor wird Folgendes festgehalten, nämlich *wie der guote Durndart erclanc, / dâ Ruolant an den künc dranc!* (V. 6258 f.). Durndart erklingt, seine Schall- oder Klangwirkung wird eigens benannt.[14] Der Ausruf des Erzählers zeugt von einer Verzückung, einer Begeisterung über das Wirken Durndarts, dessen Klingen als ein Höhepunkt der Schwertführung mit einer ästhetischen Qualität erscheint. Der hohe Stand des Gegners (König Marsilie) und die Intensität des Gefechts versetzen Rolands Schwert in Schwingungen und bisher stumm geblieben erhält Durndart nun im weitesten Sinne eine Stimme – Waffenklang und kriegerische Virtuosität werden engeführt.[15]

Zu Beginn der Sterbeszene lässt sich der erschöpfte Roland abseits des Schlachtfelds unter einem Baum zwischen Marmorblöcken nieder.[16] In der einen Hand hält er Olifant, in der anderen Durndart – beide möchte ein Heide nach Rolands Tod kampflos an sich nehmen. Roland aber tötet den Heiden und versucht, im Bewusstsein seines nahenden Todes, Durndart unschädlich zu machen: ‚*nu ich dîn nicht scol tragen, / dune wirst niemer mennisken ze scaden*' (V. 6807 f.). Roland schlägt Durndart auf einen Stein, dreht ihn, wünscht ihn nach dem zehnten Versuch auf den Meeresgrund, damit er, in die Hände eines Heiden gefallen, nicht

---

Schwert besiegen möchte – Held und Schwert werden sprachlich verschränkt und fallen gewissermaßen in eins zusammen.

14 Auch das Schwert des Christen Samson erklingt in V. 5106 f.: *daz swert im erclanc / vil süeze in der hant* – nachdem einem Heiden *daz bluot ûz den ougen spranc* (V. 5105).

15 Umfassend behandelt werden singende und animierte Waffen von Ute Schwab: Lebendige Schwerter und lateinische Schlachtvögel. In: Verborum amor. Studien zur Geschichte und Kunst der deutschen Sprache. Festschrift für Stefan Sonderegger zum 65. Geburtstag. Hrsg. von Harald Burger, Alois M. Haas, Peter von Matt. Berlin/New York 1992, S. 3–33.

16 Zu Konfiguration und Bedeutung der Marmorblöcke samt Baum als typologisch sowie intertextuell verfasste vgl. Raimund Rütten: Symbol und Mythus im *Altfranzösischen Rolandslied*. Braunschweig 1970 (Archiv Beiheft. 4), S. 45–49.

etwa Christen töte, und schlägt abermals zu, doch das Schwert zeigt sich *âne mâl unt âne scarte* (V. 6823).[17] Das Wort des Erzählers, dass es auch Steine (*vlinsstaine*; V. 3317) zerstöre bzw. selbst keinen Schaden nehme, bewahrheitet sich – die Frage nach Material und Verarbeitung Durndarts stellt sich umso dringlicher. Nun wendet sich Roland in finaler feierlicher Rede als *Ich* an Durndart als *Du* und lässt in einem Tatenbericht ihre gemeinsamen Eroberungen Revue passieren. Die Biographie des Helden und seines Schwertes werden unauflösbar miteinander verbunden und durch die Rede über das Schwert erfährt der Rezipient vom Leben Rolands, vor allem von seiner unbedingten Dienstbereitschaft gegenüber Karl dem Großen. An diesen Bericht fügt sich ein Preis Durndarts: Es sei weder zuvor ein ebenbürtiges Schwert auf Erden geschmiedet worden, noch werde in Zukunft ein solches geschmiedet werden (vgl. V. 6858–6860) – den Beweis hierfür habe Durndart in der Schlacht angetreten (vgl. V. 6861). Dann enthüllt Roland die Provenienz Durndarts: Es handelt sich um ein einzigartiges, direkt aus Gottes Hand stammendes Schwert (*wan unter dem himele nie gesmidet wart / nicht, des im gelîch wære*; V. 3302 f.), das ein Engel Karl überbracht hatte, damit er es Roland übergebe, *ze beschirmen witewen unt waisen* (V. 6868).[18] Roland erfüllt also einen göttlichen Auftrag auf Erden und bekommt zu diesem Behufe als *miles Christianus* ein himmlisches Schwert gestellt.[19] Weiter noch: Durndart ist zugleich Reliquiar, welches Blut von St. Petrus, Reliquien von St. Blasius, Haar von St. Dionysius und Stoff vom Kleid St. Mariens beherbergt.[20] Diese Reliquien hat Karl persönlich in das Schwert einbringen lassen (vgl. V. 6878–6880). Dem Schwert wohnt so die Virtus, die Tat-

---

[17] In der französischen Vorlage schlägt er mit Durendal sogar mehr als zehnmal zu, doch auch hier bleibt das Schwert schadlos: *ne freint, ne [ne s'e]sgruignet* (ChdR V. 2302).
[18] Der Engel nennt Karl Rolands Namen und bestimmt, dass ihm das Schwert Durndart zuzueignen ist – Karl ist lediglich Übermittler des Schwertes (vgl. V. 6862–6869). In der *Chanson de Roland* ist es Karls Entscheidung, Durendal Roland zu übergeben – der Empfänger wird vom Engel nicht eigens benannt (vgl. ChdR V. 2319–2321) – und vor allem scheint Karl Durendal bereits zu besitzen: Die Destination Durndarts und die Erlesenheit Rolands werden im *Rolandslied* stärker profiliert, wobei das Schwert eindeutig himmlischen Ursprungs ist, anders als in der *Chanson de Roland*. Zu der Schwertübergabe in Bezug auf die Zweischwerterlehre und das Machtverhältnis zwischen Papst und Kaiser vgl. Klaus Zatloukal: Zwischen Kaiser und Fürst. Zur Erzählstrategie des *Rolandslied*-Dichters. In: *Ir sult sprechen willekommen. Grenzenlose Mediävistik*. Festschrift für Helmut Birkhan zum 60. Geburtstag. Hrsg. von Christa Tuczay, Ulrike Hirhager, Karin Lichtblau. Bern u. a. 1998, S. 714–733, hier S. 720–725.
[19] Knappe spricht von Durndart als „Kampfauftragszeichen[ ]"; Karl-Bernhard Knappe: Repräsentation und Herrschaftszeichen. Zur Herrscherdarstellung in der vorhöfischen Epik. München 1974 (Münchener Beiträge zur Mediävistik und Renaissance-Forschung. 17), S. 115.
[20] Schwab weist darauf hin, dass gegenüber den „echten/wahren" Reliquien in Rolands Schwertknauf „das Schwert des Verräters Genelun [...] dagegen einen Zauberstein [hat] und [...] bayrisch-historisierend aus der Regensburger Werkstatt des Schmiedes Madelger [stammt]"; Schwab (Anm. 3), S. 93. Zu den Reliquien und ihrer Bedeutung Eugene Vance: Three Epic Swords and the Stories They Tell. In: *Approaches to Teaching the Song of Roland*. Hrsg. von William W. Kibler, Leslie Zarker Morgan. New York 2006, S. 246–252, hier S. 247 f.

und Wunderkraft der Heiligen inne, wodurch nicht nur der spirituelle Wert, sondern auch praktisch-synergetisch seine Durchschlagskraft maximiert wird.[21] Roland wünscht nun, Durndart Gott zurückzugeben, da dieser ihm den Auftrag zum Krieg gegen die Heiden gleichsam als Lehen aufgegeben habe (vgl. V. 6881–6888).[22] Weiterhin empfängt ein Engel Rolands Handschuh als Symbol der Lehnsübergabe (vgl. V. 6889–6891),[23] wodurch die (irdische) lehnsartige Verbindung zwischen Roland und Gott förmlich aufgegeben wird.[24] Diese ist dem Vasallenverhältnis zwischen Roland und Karl übergeordnet: Roland ist erwählter und legitimierter Propagator des christlichen Glaubens (primär) von Gottes und nicht von Kaisers Gnaden. Er wird zum einen über sein unbedingtes Gottvertrauen und zum anderen über exklusive Ausrüstungsgegenstände wie Durndart in einer überragenden Funktion als Bindeglied göttlicher Transzendenz und Immanenz ausgestellt. So schien es in der sprachlichen Realisierung, als führe Durndart bisweilen Roland (vgl. V. 5179 f.). Der Bericht über die Provenienz des Schwertes untermauert diesen Eindruck: Es sind göttlicher Wille und heilige Präsenz, die in Durndart wirken, so führt schließlich Gott die Hand des Helden, oder „Gott wirkt über Roland durch Durndart"[25]. Göttliche Wunder oder Wunder, die stets göttlich sanktioniert sind, zeigen sich, und Durndart legt seine Tugend, seine Virtus, an den Tag: *got wil sîniu wunter hie erzaigen, / der guote Durndart sîne tugent erscainen* (V. 3897 f.). Durndarts Tatkraft (Virtus) ist Wunder, Roland vollbringt Wundertaten mit Durndart, und was sind Wunder anderes als Belege von Heiligkeit (*signa sanctitatis*)?[26] So fällt auch Rolands Vertrauen auf Durndart und Gott in letzterem zusammen: „So gesehen, *ist* Durendal göttlich. Die Manifestation des Schwertheils sind die Siege."[27] Roland firmiert als Kriegerheiliger und wunderbar ist schließlich sein Tod als unblutiges Martyrium, da er unverwundet dahinscheidet und von Gott aufgenommen wird. Nicht das eigene, sondern das Blut der Heiden liefert den Saft für die zweite von Sünden befreiende (Blut-)Taufe:

---

21 Vgl. hierzu auch Jaek (Anm. 5), S. 66 f.
22 Diese „Übergabe bedeutet Transfer von Herrschaftsrechten mit Konsequenzen für Land und Leute"; Gernot Kocher: Art. Schwert. In: LexMA. Bd. 7. 1995, Sp. 1644 f., hier Sp. 1644.
23 Vgl. Louis Carlen: Art. Handschuh. In: LexMA. Bd. 4. 1989, Sp. 1909 f. Zur Übergabe von Handschuhen im *Rolandslied* insgesamt Karl-Ernst Geith: *Der lîp wandelt sich nach dem muot. Zur nonverbalen Kommunikation im Rolandslied.* In: Sprachkontakt, Sprachvergleich, Sprachvariation. Festschrift für Gottfried Kolde zum 65. Geburtstag. Hrsg. von Kirsten Adamzik, Helen Christen. Tübingen 2001, S. 171–183, hier S. 181 f.; Ashcroft (Anm. 11), S. 151; Zatloukal (Anm. 18), S. 725–730.
24 In der *Chanson de Roland* reicht Roland seinen Handschuh (auch) um seiner Sünden willen Gott dar (vgl. ChdR V. 2365) – als Bußhandlung oder Reue ist dieser Akt im *Rolandslied* nicht ausgewiesen; die Sünden Rolands kommen nicht zur Sprache, weder Erzähler noch Held erwähnen sie.
25 Jaek (Anm. 5), S. 64.
26 Vgl. Friedrich Lotter: Methodisches zur Gewinnung historischer Erkenntnisse aus hagiographischen Quellen. In: HZ 229 (1979), S. 298–356, hier S. 318 (mit Angabe von Quellenbelegen).
27 Rütten (Anm. 16), S. 45. Rüttens Feststellung gilt ebenso für Durndart im *Rolandslied*.

Diese Krieger [mit göttlicher Legitimierung; F. B.] sind dann in der Tat keine Menschen mehr, durch ihre Teilhabe an der geheiligten Gewalt sind sie vielmehr zu außermenschlichen Wesen geworden, die aus der Sphäre des Heiligen die Herrschaft über Leben und Tod in die Welt der Menschen hineintragen [...] [-] der eigene Tod [ist] ultimative ‚imitatio Christi'.[28]

Die Naturschauspiele (Lichtzeichen am Himmel, Erdbeben, Gewitter, Stürme und Sonnenfinsternis; vgl. V. 6924–6949) nach Rolands Tod in Anklang an Matthäus-Evangelium und Apokalypse verweisen auf die außerordentlichen, überirdischen Vorgänge und sind Reflex von Rolands spezifischer Kriegerheiligkeit.[29]

Nach seinem Tod wird Durndart nicht etwa wie der Handschuh von einem Engel aufgenommen, sondern von Karl dem Kämpfer Winemann anvertraut (*nim dû Durndarten*; V. 7770), welcher Rolands Platz im Christenheer einnehmen soll (*weset in Ruolantes stat*; V. 7767). Somit verbleibt das himmlische Schwert Durndart in den Händen der Christen. Als Reliquie Rolands, als Reliquiar der Hinterlassenschaften Heiliger, als Objekt des Gedenkens (Memoria) der gewaltigen Schlacht gegen die Heiden, als Beweis göttlicher Gnade fallen Durndart in seiner Bewahrung und Verehrung vielschichtige Funktionen der Traditionsbegründung und Selbstvergewisserung der Christen zu.[30] Hierbei steht zwar die Materialität Durndarts im Fokus des Erzählens, aber diese Materialität erhält ihre Dignität nicht aus irdischem Stoff oder Preziösem,[31] sondern stets aus heilig-transzendenter Sphäre. Konrad modelliert mit dem Heldending Durndart ein Objekt, das in seiner Dinglichkeit alles Dingliche dieser Welt übertrifft und negiert in dieser Übermaterialität gerade das Materielle – ein Zug, welcher seine Dingpoetik von jener der französischen *Chanson de Roland* absetzt.[32]

---

28 Przybilski (Anm. 2), S. 261 u. 268.

29 *Et ecce velum templi scissum est in duas partes a summo usque deorsum et terra mota est et petrae scissae sunt* (Mt 27,51; zit. nach: Biblia Sacra iuxta Vulgatam versionem. Hrsg. von Robert Weber. Bearbeitet von Roger Gryson. 5., verbesserte Aufl. Stuttgart 2007). Assoziiert werden auch die ersten vier Engelsposaunen der Offenbarung, welche Wetter, Gestirne und Feuer beeinflussen – auch Mond- und Sonnenfinsternis stellen sich ein – (vgl. Offb 8,7–13), sowie die siebte Schale der Engel, welche ein gewaltiges Erdbeben auslöst (vgl. Offb 16,18).

30 Auch die Leichname der Helden werden als Reliquien in Kirchen überführt (vgl. V. 7601–7622 u. 8657–8672) und da sie als Märtyrer für den christlichen Glauben gekämpft haben, ergibt sich eine Traditionslinie, eine Kontinuität vermittels Reliquien: „[W]ährend der heilige Körper der Christen als Reliquie konserviert wird, verwest der heidnische Leichnam noch auf dem Schlachtfeld [...]"; Stephanie Seidl: Narrative Ungleichheiten. Heiden und Christen, Helden und Heilige in der *Chanson de Roland* und im *Rolandslied des Pfaffen Konrad*. In: LiLi 156 (2009), S. 46–64, hier S. 61. Zum Konzept der Memoria einschlägig ist Andreas Hammer: Erinnerung und *memoria* in der *Chanson de Roland* und im *Karl der Große* von dem Stricker. In: Das Potenzial des Epos. Die altfranzösische Chanson de geste im europäischen Kontext. Hrsg. von Susanne Friede, Dorothea Kullmann. Heidelberg 2012 (GRM Beiheft. 44), S. 237–260.

31 So heißt das Schwert des Heidenfürsten Paligan „Preciosa", was auf eine irdisch-abgöttische Wertzuschreibung verweist und nicht auf eine göttliche; vgl. Jaek (Anm. 5), S. 69.

32 Auf den Wert Durendals wird in einem Kurzvergleich hingewiesen, er sei mehr wert als reines Gold (*qui plus valt que fin or*; ChdR V. 1583). In der *Chanson de Roland* wird Olifant als am Rand mit

II Olifant

Die erste ausführlicher geschilderte Auseinandersetzung zwischen Christen und Heiden in Spanien um die Stadt Tortolose (Toulouse) wird durch einen imposanten Hornstoß Rolands eingeleitet. Diese Szene fehlt in der französischen *Chanson de Roland*, wodurch ihr besonderes Gewicht im Rahmen einer Konrad'schen Dingpoetik zukommt:

> dô nam der helt Ruolant
> sîn horn in sîne hant.
> er blies ez mit vollen,
> daz dem got Apollen
> unt Machmet, sînem gesellen,
> geswaich ir ellen.
> sich verwandelet ir stimme.
> ein vorchte wart dar inne.
> diu stain hûs irwageten.
> die heiden verzageten.
> diu erde erbibete.
> die viske die erspileten.
> die vogele scône sungen.
> die berge alle erclungen.
> vil manige für tôt lâgen.
> dâ wart michel jâmer.
> (V. 305–320)

Der Schall des Horns trifft die Widersacher des Christenheers, die Götzen der Heiden, Apoll und Machmet, erschüttert also abgöttische Sphären und somit die Grundfesten von Heil und Zuversicht der Heiden.[33] Die Götzen werden in ihrer Sprache (*stimme*; V. 311) beschnitten, und Furcht mischt sich unter sie. Stiftet Roland mit seinem Schwert Durndart in der Schlacht Furcht und physische Vernichtung, wird ihm mit seinem Horn Olifant ein Instrument an die Hand gegeben, um die Heiden auf (quasi-)metaphysischer Ebene zu attackieren.[34] Die Massivität des Hornstoßes in universalem Umfang spart die natürlich-kreatürliche Schöpfung nicht aus: Fische fangen an zu spielen, Vögel singen, Berge klingen, viele Men-

---

Gold und Kristallen geschmückt beschrieben (vgl. ChdR V. 2295 f.), bei Konrad findet sich eine solche materielle Fokussierung der Heldendinge Rolands in dieser Form nicht.
33 Zu den Namen der Götter und der polytheistischen Klassifizierung des Islam aus Christensicht vgl. u. a. Bellamy (Anm. 8), S. 268–272, sowie Kasimir Jarecki: Über die heidnische Dreieinigkeit im Rolandsepos. In: ZfrPh 40 (1921), S. 497–499.
34 „Es ist eine sehr alte und weitverbreitete Vorstellung, daß klingendes Metall oder Lärm überhaupt böse Geister vertreiben kann"; Sabine Žak: Musik als „Ehr und Zier" im mittelalterlichen Reich. Studien zur Musik im höfischen Leben. Recht und Zeremoniell. Neuss 1979, S. 39.

schen (aber) liegen wie tot danieder, und großer Jammer erhebt sich.³⁵ Die Frequenzen von Rolands Horn werden von der Schöpfung Gottes begrüßend aufgenommen – Spiel, Sang und Klang spiegeln Lebendigkeit und Freude: Roland operiert mit Olifant gemäß der göttlichen Schöpfung, er produziert keinen Misston, vielmehr einen sphärischen Klang, eine Euphonie. Auf der anderen Seite scheint eine zerstörerische Macht Olifants auf, da der Hornstoß die Heiden in betäubender Weise trifft und sie wie tot am Boden liegen lässt. Somit wirkt Olifant wundersam je nach Adressatenbezug bald schöpferisch, bald zerstörerisch und gleicht in dieser Ambivalenz einem göttlichen Schaffen. Das Blasen des Horns ist hier Signal, welches den Angriff ankündigt, die Kampfhandlungen um Tortolose einleitet,³⁶ und zugleich selbst eine akustische Waffe gegen die heidnischen Kämpfer und ihre Götter.

Beim Auftakt der Schlacht bei Ronceval bittet Olivier Roland, das Horn zu blasen, um so Karl zu Hilfe zu rufen (vgl. V. 3865 f.). Roland aber verweigert dies (sog. Hornverweigerungsszene), indem er bekräftigt, dass der Ausgang der Auseinandersetzung allein bei Gott liege und es um die Christen gut bestellt sei.³⁷ Zudem vermittle das Ertönen Olifants einen Eindruck von Schwäche und Furcht, sodass die Heiden an der Standhaftigkeit der Christen zweifeln könnten – das möchte Roland unbedingt verhindern (vgl. V. 3890–3892):

> Nicht die individuelle, familiäre oder herrschaftliche Ehre [wie in der *Chanson de Roland*; F. B.] ist es, die Roland vom Hornsignal abhält, sondern der Wunsch, sich als Märtyrer im Kampf

---

35 Žak deutet die wie tot daniederliegenden Menschen passend als Heiden und den Hornstoß als „laute Drohgebärde"; Sabine Žak: *Luter schal* und *süeze doene*. Die Rolle der Musik in der Repräsentation. In: Höfische Repräsentation. Das Zeremoniell und die Zeichen. Hrsg. von Hedda Ragotzky, Horst Wenzel. Tübingen 1990, S. 133–148, hier S. 134.

36 „Der Olifant Rolands nun war ein Signalhorn, und die ‚Chanson' betont den einzigartigen Ton dieses Olifants, der auch aus einer Entfernung von dreißig Meilen sofort zu erkennen war"; Avinoam Shalem: Der Klang des Olifanten. In: Wissen über Grenzen. Arabisches Wissen und lateinisches Mittelalter. Hrsg. von Andreas Speer, Lydia Wegner. Berlin/New York 2006 (Miscellanea Mediaevalia. 33), S. 775–790, hier S. 784. So verhält es sich auch im *Rolandslied*.

37 Auf die Implikationen bezüglich einer Schuld Rolands, der Charakterisierung Rolands und Oliviers oder ethischer Werte, die im Rahmen der Hornverweigerungsszene verhandelt werden, kann hier nicht eingegangen werden, sie beschäftigen die Forschung jedoch seit langem. Für mein Anliegen ist an dieser Stelle Folgendes relevant: Exorbitanz ist nach von See „Maßlosigkeit und Unbesonnenheit" und „[e]inige Male wird diese spezifische ‚heldische' Qualität noch dadurch profiliert, daß dem Helden ein Freund und Kampfgenosse beigegeben ist, der zwar auch tapfer, vor allem aber – anders als der Held – besonnen und vernünftig ist"; Klaus von See: Held und Kollektiv. In: ZfdA 122 (1993), S. 1–35, hier S. 22. Olivier scheint – gerade in der *Chanson de Roland* (*Rollant est proz e Oliver est sage* – Roland ist tapfer und Olivier ist klug; ChdR V. 1093) – als jener besonnene Gefährte auf, indem er zunächst um das Hornsignal bittet und Roland nach der Verweigerung vorwirft, sich einer törichten Handlung schuldig gemacht zu haben (vgl. V. 6025). In der Logik des *Rolandslieds* wird die fehlende Besonnenheit Rolands jedoch invertiert bzw. gekippt in sein unbedingtes Gottvertrauen.

gegen die Feinde des christlichen Glaubens zu opfern und dadurch unmittelbar und auf ewig ins Paradies aufgenommen zu werden.[38]

Das Horn erfüllt hier die Funktion eines Kommunikationsmediums in der Codierung eines Hilferufs. Im Verlauf der Schlacht bereut Roland jedoch seine Unterlassung (vgl. V. 5996–5998). Zwar liege die Entscheidung über Sieg oder Niederlage noch immer bei Gott (vgl. V. 6001), doch wünscht er, einen Boten zu Karl geschickt zu haben, um Hilfe zu erbitten (vgl. V. 6002–6004). Olivier entgegnet beinahe trotzig, dass es zu spät sei und Roland das Horn nun nicht mehr zu blasen bräuchte: *niemer mêre geblâs dîn horn* (V. 6017).[39] Bischof Turpin ermuntert dennoch zum Hornstoß, damit Karl, wenn nicht ihr Leben retten, so doch ihren Tod rächen werde (vgl. V. 6040–6042). Roland leistet Folge:

> Ruolant vie mit baiden hanten
> den guoten Olivanten
> sazt er ze munde,
> blâsen er begunde.
> der scal wart sô grôz –
> der tumel unter die haiden dôz –,
> daz niemen den anderen machte gehôren.
> si verscuben selbe ir ôren.
> diu hirnribe sich im entrante,
> dem küenen wîgante.
> sich verwandelôt allez, daz an im was,
> vil kûme er gesaz,
> sîn herze craht innen.
> die sîne kunden stimme
> vernâmen si alle samt.
> der scal flouc in diu lant.
> (V. 6053–6068)

Den ebenso wie Durndart als *guot* bezeichneten Olifant fasst Roland beidhändig, setzt ihn an und bläst. Der große Schall dringt zu den Heiden vor, verhindert die Kommunikation zwischen ihnen und lässt sie sich sogar die Ohren zuhalten: Der Ton lähmt die Gegner, lässt sie verstummen und die Waffen ruhen – die betäubende und geradezu antiheidnische Macht Olifants erweist sich eindrücklich.[40] Diese

---

38 Seidl (Anm. 30), S. 60. In der *Chanson de Roland* ist die Sorge vor einem Ansehensverlust der Familie und Frankreichs Grund zur Signalverweigerung – Belege hierfür sind: ChdR V. 1062–1064, 1074–1076.
39 Entsprechungen finden sich in der *Chanson de Roland*: ChdR V. 1705–1711, 1715–1721, 1723–1736.
40 Auch in der Bibel findet sich eine Klangwirkung von Blasinstrumenten: So beauftragt Gott Mose mit der Verfertigung zweier silberner Trompeten, welche für den Einsatz in Kriegshandlungen konzipiert sind: *Fac tibi duas tubas argenteas ductiles quibus convocare possis multitudinem quando movenda sunt castra. [...] Si exieritis ad bellum de terra vestra contra hostes qui dimicant adversum vos clangetis ululantibus tubis et erit recordatio vestri coram Domino Deo vestro ut eruamini de manibus inimicorum vestrorum* (Num 10,2.9). Die Analogisierung zu den mosaischen Trompeten ist im

große Lautstärke, mit der Olifant durchdringt, ist in höfisch-hierarchischem Diskurs Ausweis eines erhöhten Rangs, einer Herrschaftlichkeit des Bläsers.[41] Demnach beherrscht Roland Schlachtfeld und Umgebung akustisch und behauptet sich erfolgreich im agonalen Klangraum – so manifestieren sich „Rangbewußtsein und [...] Ranganspruch in der Weite des Schallraums"[42] und „Lärm[ ] als Ausdruck der Selbstbehauptung"[43]. Das Blasen des Horns strapaziert Roland derart, dass seine Schädeldecke springt, seine Hautfarbe umschlägt, er auf seinem Pferd zu sitzen kaum mehr in der Lage ist und sein Herz krachend bricht – der Signalruf, welcher das Christenheer um Karl erfolgreich erreicht, wird zur Zerreißprobe des Helden:[44] Roland muss „übermenschlich laut blasen"[45] und diese Form der übermenschlichen Verausgabung ist Reflex einer heldischen Exorbitanz Rolands. Im fatalen Ausgang der Schlacht bläst Roland Olifant nochmals – hier als letzte Ermutigung zum Kampf (vgl. V. 6674).[46] In der Sterbeszene kommt Olifant nun ein letztes Mal in den Händen des Helden zum Einsatz:[47] Einem Heiden, welcher Roland zu spoliieren sucht, indem er sich Durndarts und Olifants als Trophäen des Sieges bemächtigen will, kommt der Held zuvor – er streckt den Angreifer mit Olifant nieder: *ûf zucht er daz horn, / über den helm er in sluoc* (V. 6798f.). Olifant wird jedoch bei dieser außerordentlichen Benutzung gespalten (*ist zecloben*; V. 6804)[48], und Ro-

---

Falle Olifants gerechtfertigt: „So sehr die Instrumentennamen auch sonst durcheinandergehen – was ein Ritter bläst, wird immer *horn* genannt, niemals *busine*, Trompete"; Žak (Anm. 34), S. 104.

41 Vgl. Horst Wenzel: Hören und Sehen, Schrift und Bild. Kultur und Gedächtnis im Mittelalter. München 1995, S. 50.

42 Ebd., S. 143.

43 Žak (Anm. 34), S. 89. Layher spricht von „Spannungen der auditiven Konkurrenz im Raum"; William Layher: Hörbarkeit im Mittelalter. Ein auditiver Überblick. In: *der âventiuren dôn*. Klang, Hören und Hörgemeinschaften in der deutschen Literatur des Mittelalters. Hrsg. von Ingrid Bennewitz, William Layher. Wiesbaden 2013 (Imagines medii aevi. 31), S. 9–29, hier S. 29. Die Einleitung von Layher ist für das Thema Klang und Hören insgesamt instruktiv.

44 In der *Chanson de Roland* stellt sich das Blasen ähnlich dar: Blut schießt aus Rolands Mund, der Schädel springt (vgl. ChdR V. 1763f.), der Held verspürt Schmerz und Pein (vgl. ChdR V. 1787). Ein Gefolgsmann Karls des Großen deutet den Klang Olifants passend: *Baron i fait la p[e]ine!* (ChdR V. 1790); *Asez oez que Rollant se dementet* (ChdR V. 1795) – Roland leidet und verzweifelt.

45 Žak (Anm. 35), S. 135.

46 „Im Krieg haben die Trompeten eine doppelte Aufgabe, wie in den früheren Jahrhunderten auch, nämlich das Ermutigen des eigenen, Einschüchtern des fremden Heeres, und das Signalgeben"; Žak (Anm. 34), S. 68.

47 Wie in der *Chanson de Roland* hält Roland in einer Hand sein Schwert und in der anderen sein Horn (vgl. ChdR V. 2263f.). Anders als im *Rolandslied* wird die körperliche Auflösung des Helden abermals benannt: *Par les oreilles fors se ist la cervel* (ChdR V. 2260) – das Hirn tritt aus den Ohren. In der deutschen Fassung wird die Integrität von Rolands Körper aufrechterhalten, denn er stirbt unverwundet und auch durch den Hornstoß äußerlich unversehrt (lediglich strapaziert). Sein Märtyrerleib gemahnt an das Konzept des *corpus incorruptum*.

48 Kartschoke (Anm. 7) übersetzt in seiner Edition den Vers 6804 mit „Olifant ist entzwei". An eine vollständige Zerstörung ist jedoch nicht unbedingt zu denken, da so eine weitere Benutzung durch Rapoto nur schwer vorstellbar wird – eine Beschädigung in Form eines Risses plausibilisiert diese.

land erzürnt darüber.⁴⁹ Die Beschädigung des Ausrüstungsgegenstands präfiguriert das nahende Ende des Helden. Roland ist dessen eingedenk und macht sich daraufhin an die misslingende Destruktion Durndarts. Doch gleich Durndart wird Olifant wohl intakt weitergegeben und verbleibt in den Händen der Christen, genauer deren Rapotos.⁵⁰ Karl weist diesen an: *blâs dû Olivanten. / gehœrent die haiden sîne stimme, / siu ist in nicht anminne* (V. 7772–7774). Olifant möge geblasen werden, da seine Stimme, sein Ton, die Heiden verstöre. Die Klangwirkung wird dezidiert als Mittel gegen die Heiden eingesetzt – der verstörende Klang Olifants ist ge- und bewusstes Instrument auf Figurenebene. Als das Christenheer um Karl zur Racheschlacht aufbricht, heißt es von den Kämpfern:

> ir horn bliesen sie alle.
> dô lûtte ûz dem scalle
> diu süeze Olivantes stimme.
> dô erwainten die Karlinge,
> si clageten Ruolanten harte.
> (V. 7935–7939)

Zwar führen alle Krieger ein Horn mit sich, doch erhebt sich über diesem Klangteppich, neutral als *scalle*⁵¹ bezeichnet, die *süeze stimme* Olifants: Eine spezifische Klangästhetik eignet Olifant, welche nicht (nur) in einem undifferenzierten Schall besteht, sondern als *stimme* figuriert und ihn vor dem bloßen Schall anderer Hörner auszeichnet.⁵² Olifants *süeze stimme* lässt die Franzosen weinen und den Verlust Rolands beklagen – mit dem süßen Erklingen Olifants ist die Erinnerung an Roland verknüpft, und das Horn erhält so eine auditive Memorialfunktion. Auf Seiten der Heiden findet ebendieses Hornblasen sein Echo, indem der König Paligan bemerkt: *swer dâ blâset Olivanten, / der müet mich harte sêre. / ich hœre ez ungerne* (V. 8014–8016). Es ist bemerkenswert, dass den Heiden der spezifische Olifantklang durchaus bekannt ist – eine Assoziation mit Roland erfolgt nicht zwangsläufig –,

---

49 In der *Chanson de Roland* wird die Kostbarkeit Olifants auch in materieller Hinsicht benannt und zwar von Roland selbst, wenn er sagt: *Fenduz en est mis olifans el gros, / Caiuz en est li cristals e li ors* (ChdR V. 2295 f.) – Olifant birst an der Öffnung und Kristall und Gold fallen ab. Das (irdische) Material Olifants findet im deutschen *Rolandslied* keine Erwähnung – der Fokus liegt allein auf seiner Klangwirkung.
50 Die Weitergabe Olifants und Durndarts findet sich in der *Chanson de Roland* in V. 3015–3018. Zur Motivation der Aufteilung auf zwei Personen vgl. Rütten (Anm. 16), S. 51. „Eine Variante dieses Brauchs ist die Übertragung der Waffe bzw. des Pferdes eines getöteten Helden auf einen anderen Kämpfer"; Ion Taloş: Archaische Bestattungsriten im *Rolandslied*. In: Romanistisches Jahrbuch 44 (1993), S. 98–123, hier S. 117.
51 Vgl. zum Begriff *schal* Wenzel (Anm. 41), S. 142–145, sowie Layher (Anm. 43), S. 15.
52 Olifant sticht aus der Gruppe der Blas- und Trommelinstrumente hervor und bildet eine eigene Kategorie von Blasinstrumenten. Vgl. zu den Instrumenten Alfred Büchler: *Olifan, Graisles, Busines* and *Taburs*. The Music of War and the Structure and Dating of the Oxford *Roland*. In: Olifant 17 (1992), S. 145–167, dort ist Olifant ein „audible palladium"; ebd., S. 160.

dieser als lästig empfunden wird und ausgeschaltet werden soll. Als Antwort auf die Schlachtrufe der Heiden scheint der Klang Olifants einzusetzen, welcher die Heiden in Angst versetzt (*des guoten Olivantes scal / was der haiden ungemach*; V. 8168 f.) und den König Paligan versprechen lässt, dass derjenige, der den Bläser Olifants töte bzw. das Horn unschädlich mache, üppig mit Land und Besitz belohnt werde (vgl. V. 8171–8173). Überhaupt soll Olifant nicht mehr ertönen, also auch von keinem Heiden mehr zum Klingen gebracht werden (vgl. V. 8174–8176). Der *süeze* auf Seiten der Christen ist ein *übel* (vgl. V. 8176) auf Seiten der Heiden bei der Perzeption Olifants gegenübergestellt. Das Horn bringt also einen Klang hervor, der als Gretchenfrage die Hörer erprobt: Für die *guten* Christen ertönt er lieblich und zum Kampf anspornend, für die *verdammten* Heiden unerträglich-entmutigend.[53] Sowohl diese dezidiert gegen die Heiden gerichtete Wirkung Olifants (wobei auch sein Klang von den Heiden nicht als Misston empfunden wird) als auch die *süeze* des Klangs fehlen in der *Chanson de Roland*, dort klingt *olifan* lediglich lauter als alle anderen Trompeten oder Hörner, wodurch keine Qualitäts-, sondern eine Quantitätsdifferenz aufgemacht wird (*Sur tuz les altres bundist li olifant*; ChdR V. 3119). Die quasi-konfessionelle Klangdifferenzierung und -perzeption Olifants durch Heiden (*übel*) und Christen (*süeze*), also die spezifische Klangästhetik, darf wohl als Zugabe Konrads gelten. Diesen Abschnitt abschließend, das Gesagte aufnehmend und vertiefend, möchte ich einen Zusammenhang von *süeze* und *stimme*, von Klang und Heil aufzeigen.

1 *süeze*

Nach Friedrich Ohly kennzeichnet *süeze* „Sinneswahrnehmungen des Geschmacks, Geruchs und des Gehörs, das wohltuend Angenehme und Erfreuende von Erfahrungen wie der Liebe, von menschlichen Äußerungen durch Gesang, die Stimme und die Rede, der Dichtkunst oder dem Gespräch".[54] Es ist bemerkenswert, dass Olifant nach Rolands Tod mit *süezer stimme* klingt. Nach dem Märtyrertod seines Besitzers scheint dessen Heiligkeit auf das Horn überzugehen. Komplementär zum Wohlgeruch heiliger Leichname ist hier ein Wohlklang festzumachen, welcher in seiner *süeze* Veredelung und Heiligung des Horns bedeutet. Bei der *süeze* handelt es sich stets um „[d]ie zwischen Gott und Gnade [...], dem für Menschen Höchsten und der Niedrigkeit des Menschen weit gespannte Welt der Süße".[55] Hier verbindet

---

53 „Die Franken hören nicht wie die Sarazenen, und dieser Unterschied wird zum ersten Mal offenkundig, als der Olifant erklingt"; Layher (Anm. 43), S. 25.
54 Friedrich Ohly: Süße Nägel der Passion. Ein Beitrag zur theologischen Semantik. Baden-Baden 1989 (Saecula spiritalia. 21), S. 404.
55 Ebd., S. 405. Ausgewählte Stellen, an denen *süeze* auftritt: Turpin segnet die Christen vor der Schlacht (vgl. V. 3917), das Schwert Samsons erklingt süß in seiner Hand (vgl. V. 5106 f.), Turpin predigt im Christenheer (vgl. V. 5795), *süeze Karlinge* (V. 6027, 6440, 6512, 6621, 6909), der verletzte Karl neigt sich fromm vor dem Himmel (vgl. V. 8550). Süße ist dem christlich-religiösen Bereich

die Klangsüße Olifants Roland mit der Welt, das Heilige mit dem Diesseitigen. „Die *süeze* ist damit Kategorie des Heiligen selbst"[56] und im *Rolandslied* eine von den Christen wahrgenommene *süeze* der Passion des Märtyrers Roland.[57]

2 *stimme*

Im Ausgang der Schlacht schlägt der geblendete Olivier Roland versehentlich auf den Helm. Daraufhin erklärt Roland in der *Chanson de Roland*, dass er es sei, den der Gefährte traf. In diesem Zusammenhang führt Ulrich Mölk aus: „Nicht an der Stimme des Freundes erkennt Olivier Roland, sondern nur deshalb, weil dieser ihm seinen Namen genannt hat. Nicht der Klang der vertrauten Stimme ermöglicht das Wiedererkennen, allein der Inhalt der Rede führt dazu."[58] Mölk bilanziert: „In den Chansons de geste gilt die menschliche Stimme niemals als charakteristisches Merkmal einer Person; als solches ‚entdeckte' sie erst [...] der höfische Roman."[59] Im *Rolandslied* nun ist die Stimme „individuelles Charakteristikum"[60] und Erkennungsmerkmal (Anagnorisma): *ich hœre dîne stimme, / anders ich niemen erkenne* (V. 6483 f.), sagt Olivier zu Roland. Das deutsche *Rolandslied* erweist sich als klangempfindlicher als die *Chanson de Roland* und auditiv sensibel arrangiert.[61] An an-

---

vorbehalten: Predigt ist süß, das Leiden Christi ist süß, das Frank(en)reich als gesegnetes Reich mit heiligem Kaiser (1165 heiliggesprochen) ist süß sowie der Schwertklang Samsons und der Klang Olifants. Auf Seiten der Heiden kommt *süeze* nicht vor. Genelun versucht, dem Heiden Blanscandiz den Krieg in Gottes Namen zu erklären: *ez ist ein vröude der heiligen kristenheit / unde ist ein süeze arbeit. / ez ist ein trôst der sêle* (V. 1790–1792). So wird „kriegerisches Kämpfen zu religiösem Virtuosentum"; Andreas Hammer, Stephanie Seidl: Einleitung. In: Helden und Heilige. Kulturelle und literarische Integrationsfiguren des europäischen Mittelalters. Hrsg. von Andreas Hammer, Stephanie Seidl. Heidelberg 2010 (GRM Beiheft. 42), S. IX–XX, hier S. XV.

56 Almut Schneider: *er liez ze himel tougen erhellen sîner stimme dôn*. Sprachklang als poetische Fundierung normativen Sprechens. In: Text und Normativität im deutschen Mittelalter. XX. Anglo-German Colloquium. Hrsg. von Elke Brüggen u. a. Berlin/Boston 2012, S. 199–216, hier S. 203.

57 Zum Phänomen der Süße einschlägig sind Werner Armknecht: Geschichte des Wortes „süß". I. Teil: Bis zum Ausgang des Mittelalters. Berlin 1936 (Germanische Studien. 171), und Joseph Ziegler: Dulcedo Dei. Ein Beitrag zur Theologie der griechischen und lateinischen Bibel. Münster 1937 (Alttestamentliche Abhandlungen. XIII). Bezogen auf das *Rolandslied* untersucht den Komplex der *süeze* Herbert Backes: Dulce France – Suoze Karlinge. In: PBB 90 (1968), S. 23–42. Allerdings wird in dieser Studie die *süeze* Olifants nicht erwähnt, doch lässt sich meine vorliegende Beobachtung in das Konzept der *dulcedo Dei* (*gotes süeze*, V. 3425) im *Rolandslied* integrieren.

58 Ulrich Mölk: Das Motiv des Wiedererkennens an der Stimme im Epos und höfischen Roman des französischen Mittelalters. In: Romanistisches Jahrbuch 15 (1964), S. 107–115, hier S. 109.

59 Ebd., S. 108.

60 Ebd., S. 112.

61 Weitere exemplarische Belege für „Stimme" im Text sind das Verstummen Mahomets und Apolls (V. 311), die Stimmen der Teufel in den heidnischen Göttern (V. 810), der Kampfschrei der Franken *una voce* (V. 4067). Dass die *Chanson de Roland* grundsätzlich Geräusche, Klang, Schall usw. als „noise" verarbeitet und eine spezifische auditive Poetik vorliegt, beweist Warren (Anm. 6).

derer Stelle wünscht Bischof Turpin, die Stimmen der Heiden zu vernehmen, um ihre Herkunft bestimmen zu können (vgl. V. 6354) – die Stimme (nicht Sprache) wird zum Differenz(ierungs)kriterium und charakteristischen Anagnorisma. Andernorts sucht der verwundete Walther, Vasall Rolands, seinen Herrn auf und erklärt, dass all seine Männer gefallen seien und konstatiert am Rande der Erschöpfung: *nu ich dîne stimme hân vernomen, / nune mac mir nicht gewerren* (V. 6562f.) – die Stimme des Helden tröstet und stärkt Walther. Schließlich wendet sich eine himmlische Stimme an Karl, als dieser im Zweikampf mit Paligan zu verzagen droht (vgl. V. 8542ff.) – die Stimme wird als helfender Trost (*trôst*; V. 8543) des Himmels bezeichnet und ist akustischer Eingriff von Transzendenz in Immanenz.

3 Die *süeze stimme* Olifants

Für die Stimme des Heiligen Pantaleon in der Legende Konrads von Würzburg hält Almut Schneider fest: „Der *süeze dôn* seiner *stimme* kontrastiert zugleich mit der heiseren Stimme des heidnischen römischen Kaisers [...]."[62] Kennzeichen „heiligmäßige[n] Sprechen[s]" ist die „ästhetische Kategorie seines [Pantaleons; F. B.] Sprechens, die sich im Begriff der *süeze* fassen lässt".[63] Auch für den Heiligen Silvester stellt Schneider heraus: „Indem sich seine Heiligkeit besonders im Sprachklang erweist, wird die Grenze zwischen Immanenz und Transzendenz von der Stimme überwunden."[64] Damit steht fest, dass „der Sprachklang als Raum der Grenzüberschreitung, der Berührung von Immanenz und Transzendenz gezeichnet [ist], der *süeze* Klang bildet den Berührungspunkt der himmlischen und irdischen Sphäre".[65] In den genannten Fällen heiliger *süezer* Rede werden Sprachklang und Semantik enggeführt. Der Klang (*stimme*) Olifants ist süß, aber er bringt keine Worte hervor. Doch ist die süße Stimme nicht semantisch leer. Ihre Semantisierung wird über die Referenz auf Roland und dessen Heiligkeit hergestellt. Indem die Christen Roland beim Erklingen Olifants beweinen, wird die Inhaltsseite des Klangs über das Gedenken Rolands performativ semantisiert. Diese Erhöhung der Valenz Olifants markiert die Differenz zu seiner zu Rolands Lebzeiten bereits zwar als Stimme ausgemachten, jedoch nicht als *süeze* bezeichneten Klangqualität (vgl. V. 6066). Es ist sein Martyrium, das Olifant zur akustischen Reliquie macht und als solche (zweifelhafter Authentizität) wird Rolands Horn heute in verschiedenen Schatzkammern und Museen aufbewahrt.[66]

---

62 Schneider (Anm. 56), S. 203.
63 Ebd., S. 202.
64 Ebd., S. 210.
65 Ebd., S. 212.
66 Zu den Aufbewahrungsorten vgl. Magnúsdóttir (Anm. 6), bes. S. 363f. samt Abbildungen im Anhang.

III Venerant

Schließlich sei der dritte prominente Ausrüstungsgegenstand Rolands vorgestellt, wobei Venerant selbstverständlich auf Handlungs- bzw. Strukturebene keine so überragende Rolle wie Durndart und Olifant spielt. Der Helm ist deshalb aufschlussreich, weil der Pfaffe Konrad ihn zu gestalten scheint – in der *Chanson de Roland* und andernorts findet er sich zumindest nicht – und er so einen Einblick in die Dingpoetik des Dichters gewährt. Hier spielen Stimme, Sprache und Schrift in den Semantisierungsprozessen eine wichtige Rolle. Der Beschreibung Durndarts im Rahmen der Zurüstung Rolands vor der Schlacht geht unmittelbar die Vorstellung seines Helms voraus:

> der helm hiez Venerant,
> den der helt ûf bant,
> mit golde beworchten,
> den die haiden harte vorchten.
> (V. 3291–3294)

Wie Olifant und Durndart wird auch der Helm namentlich gekennzeichnet. Als Bestandteil der Rüstung dient er nicht zum Angriff, sondern zum Schutz seines Trägers. Der Hinweis auf eine Goldverzierung dient als Chiffre für die Kostbarkeit des Objekts und veredelt Helm samt Träger, ohne dass etwaiger Ornat breiter ausgeschmückt würde. Venerant wird von der heidnischen Gegnerschaft ebenso wie Durndart sehr gefürchtet (vgl. V. 3294).[67] Dass Ausrüstungsgegenstände mittels einer Ekphrasis detailliert beschrieben und in ihrer Einmaligkeit einer Figur zuteilwerden und hierüber wiederum ihre Besitzer in ihrer Erwähltheit ausweisen, ist bekannt. Man denke an die klassischen Beispiele der Waffen des Achill (*Ilias*) oder des Brustpanzers des Aeneas (*Aeneis*). Im *Rolandslied* wird auf eine Ekphrasis verzichtet, stattdessen kommt das Ding, der Helm, selbst zu Wort, denn

> mit guldînen buochstaben
> was an der lîsten ergraben:
> ,elliu werlt wâfen,
> die müezen mich maget lâzen.
> wilt du mich gewinnen,
> du füerest scaden hinnen.'
> (V. 3295–3300)

---

[67] Die Etymologie von „Venerant" ist nicht ohne Weiteres zu klären, mir scheint eine Herleitung vom lateinischen *venerare* oder *venerari* denkbar, was „verehren, ehrfurchtsvoll anrufen, -bitten" bedeutet (Der Neue Georges. Ausführliches lateinisch-deutsches Handwörterbuch. Ausgearbeitet von Karl-Ernst Georges. Hrsg. von Thomas Baier. Bearbeitet von Tobias Dänzer. Auf der Grundlage der 8., verbesserten Aufl. von Heinrich Georges. Hannover/Leipzig 1913. Neu bearbeitet 2013. Bd. 2. Darmstadt 2013, Sp. 4957 f.) – als ein Ehrfurcht gebietender Gegenstand wird der Helm durchaus inszeniert.

Venerant spricht und adressiert als *Ich* ein *Du* und figuriert so als aktivierender Dialogpartner.[68] Hierin liegt eine Steigerung der Ermächtigung der Dinge im *Rolandslied*. Hatte Roland sein Schwert Durndart als *Du* adressiert, also die Rede eröffnet, ist es nun ein Ding, welches in Dialog mit Figuren tritt. Genauer zur Äußerung Venerants: Eine allgemeine Feststellung, die nicht adressatenfixiert ist, referiert auf alle (Angriffs-)Waffen der Welt, welche Venerant nicht zu versehren vermögen, wobei in der selbstgewissen Beschwörung der eigenen Integrität („alle Waffen" – „völlig unversehrt lassen") eine gewisse Provokation liegt.[69] Ebenso wie praktisches Tun ist auch Sprechen eine Handlung – Venerant handelt also sprachlich. Im ersten Satz firmiert der Sprechakt als Repräsentativum, indem eine allgemeine Feststellung gemacht wird. Fasst man *müezen* futurisch auf, das heißt, dass alle Waffen den Helm unbeschadet lassen werden, wird der Glaube, dass die Proposition wahr ist, als psychische Einstellung des sprechenden Helms vorausgesetzt – „[d]ie Worte müssen den Tatsachen entsprechen".[70] Eine Zuordnung zur Gruppe der Kommissiva oder Direktiva ist ebenfalls denkbar:[71] Wird *müezen* mit „sollen" übersetzt, dann wird ein Wunsch oder Befehl artikuliert, der darin besteht, dass keine Waffe den Helm überhaupt berühren soll – „die Tatsachen sollen so geändert werden, daß sie den Worten entsprechen".[72] Eine apotropäische Wirkung wird hierdurch intendiert, da die Abwendung von Schaden natürlich nicht nur dem Helm, sondern auch seinem Träger dient.[73] Im zweiten Satz – *wilt du mich gewinnen, / du füerest scaden hinnen* (V. 3299 f.) – wird die zuvor unspezifische Adressierung in der Anrede an ein *Du* konkretisiert: „Willst du mich gewinnen, nimmst du Schaden." Venerant spricht also eine Warnung oder Drohung aus (Direktivum/Kommissivum) und dies aus einer dem *Du* übergeordneten Stellung bzw. Sprecherbeziehung: Der Träger Venerants, Roland, bildet gewissermaßen das „Sanktionsmittel"[74] des sprechenden Helms, welcher so auf eine Exekutive zurückgreifen

---

[68] Die Inschrift befindet sich auf der *liste*, welche die Helmspange oder „den unteren Helmrand" bezeichnet; Günter Siebel: Harnisch und Helm in den epischen Dichtungen des 12. Jahrhunderts bis zu Hartmanns *Erek*. Ein Beitrag zur Verwertbarkeit der Dichtung für die Realienforschung. Diss. masch. Hamburg 1969, S. 165 f.
[69] Venerant führt eine „inscription boasting its unvulnerability"; Ashcroft (Anm. 11), S. 150.
[70] Götz Hindelang: Einführung in die Sprechakttheorie. 4. Aufl. Tübingen 2004, S. 47.
[71] „*müezen* kann außerdem zur Umschreibung des Futurs und zum Ausdruck des Wunsches gebraucht werden"; Hermann Paul: Mittelhochdeutsche Grammatik. Neu bearbeitet von Thomas Klein u. a. 25. Aufl. Tübingen 2007, S. 272. „Zur ‚Erhöhung des optativen Ausdrucks' (J. Grimm 1893, IV, 80) kann an die Stelle des einfachen Konjunktivs Präs. die Verbindung des Konjunktivs Präs. von *müezen* mit dem Inf. des Verbs treten"; ebd., S. 299.
[72] Hindelang (Anm. 70), S. 47.
[73] Schwab (Anm. 3), S. 92, spricht von einer „apotropäische[n] Ich-Inschrift [...], die affirmativ gegen Schaden und drohend gegen Diebe wirkt" – und tatsächlich entbehrt Roland extern zugefügter Verletzungen. Er vollzieht ein unblutiges Martyrium, erschöpft aufgrund einer Entäußerung im monumentalen Blasen Olifants.
[74] Vgl. Hindelang (Anm. 70), S. 55. Das „Sanktionsmittel" auf Seiten des Sprechers wird für die Äußerung von Direktiva und Kommissiva oftmals vorausgesetzt.

kann.⁷⁵ Der perlokutionäre Effekt dieser Zwei-Satz-Rede Venerants ist vorangestellt: *den die haiden harte vorchten* (V. 3294).⁷⁶

Die sprechakttheoretische Beschreibung eines Dings wie Venerant, welcher eben keine Psyche besitzt,⁷⁷ stößt hier an Grenzen. Die Bildakttheorie nach Horst Bredekamp könnte zur Erfassung des spezifischen Objektstatus des Helms beitragen: „Durch die Ich-Form ihrer Äußerungen war es den Artefakten möglich, die Beziehungen zwischen ihnen und ihren Auftraggebern, Schöpfern und Besitzern als eine Wechselwirkung zu beschreiben, in der sie selbst eine Hauptrolle einnahmen."⁷⁸ So bedient sich auch Venerant der Ich-Form und tritt auf diese Weise in Beziehung zu seiner Umwelt, indem er ein *Du* bezeichnet und virtuell seinen Besitzer mitzudenken scheint. Solchen Objekten, die in der Ich-Form sprechen, unterstellt Bredekamp ein „Bewußtsein" und präsentiert Exemplare, deren „Ansprachen […] sich bis zu Warnungen steigern" können.⁷⁹ Auch Venerant spricht eine Warnung aus (vgl. V. 3300) und verfügt so über ein dingspezifisches Bewusstsein oder spezifisches Ding-Bewusstsein.⁸⁰ „Bereits als Auslöser von Lippenbewegungen hätten damit alle Werke, die mit einer in Ich-Form argumentierenden Inschrift versehen waren, eine aktivierende Rolle eingenommen."⁸¹ Diese „aktivierende Rolle" manifestiert sich im Falle Venerants notwendigerweise, da er als erzähltes Objekt bei der Rezeption (vor)gelesen wird und über die Artikulation von seiner Warnung und Drohung auf Figurenebene (schrift)sprachlich agiert.⁸² Die Verwendung der Ich-Form dient weiterhin „als bewußte Betonung der Lebendigkeit des Werkes" und Bredekamp attestiert den Artefakten die Kompetenz, „ihr Gegenüber zum Handeln bewegen und beeinflussen zu können":⁸³ „Je genauer der Leser die Inschrift wahrnimmt, desto stärker führt sie in eine Sphäre, welche die Unterscheidung zwischen Betrachten und Handeln, Leben und Anorganik erschwert. Dies ist die Zone des Bildakts."⁸⁴ In dieser sehe ich auch Venerant angesiedelt, da Konrad den Helm

---

75 Denkbar wäre auch, dass Venerant eine spezifische Eigenmächtigkeit besitzt, aufgrund derer „selbst im Beutefall […] der neue Besitzer den Schaden davontragen [würde]"; Jaek (Anm. 5), S. 60.
76 Der Grund, weshalb eine Schutzwaffe Furcht verbreitet, mag in ihrer metonymischen Beziehung zum Träger Roland bestehen, welcher bei den Heiden mit Furcht assoziiert wird.
77 Die späte Artusepik wird sprechende und kämpfende Helme inszenieren, welche einen Aktantenstatus besitzen, der über den Venerants entschieden hinausgeht und zur Unterstellung einer etwaigen „psychischen Einstellung" reizen mag.
78 Horst Bredekamp: Theorie des Bildakts. Frankfurter Adorno-Vorlesungen 2007. Berlin 2010, S. 59.
79 Vgl. ebd., S. 61 f.
80 Das sprechende Ich (Venerant) nimmt Bezug auf sich selbst und schafft sich über diese Selbstreferentialität somit selbst qua Benennung als Subjekt.
81 Ebd., S. 64.
82 So lässt sich auch das Problem lösen, dass eine Sprechhandlung nicht ohne Äußerungsakt funktionieren kann; vgl. Hindelang (Anm. 70), S. 7. Der reale Leser und der figürliche Leser auf diegetischer Ebene leihen Venerant ihre Stimme und übernehmen so die Seite der Äußerung.
83 Bredekamp (Anm. 78), S. 67.
84 Ebd., S. 88 f.

als animiertes Objekt inszeniert, welches an einem spezifischen Subjektstatus partizipiert, wie er auch Durndart und Olifant eignet. Diese exzeptionellen Entitäten werden unter Rückgriff auf Stimme, Sprache und Schrift profiliert, wobei Venerants Dechiffrierung einer Bildlogik folgt.

IV Fazit: Eine Poetik der Heldendinge

Ich möchte abschließend die Beobachtungen und Deutungen zu Durndart, Olifant und Venerant zusammenfassen, auf die Figur des Helden fokussieren und so Konrads Poetik der Heldendinge umreißen.

Alle drei Ausrüstungsgegenstände führen einen Eigennamen, welcher in zwei Fällen explizit vorgestellt wird: *sîn swert hiez Durendart* (V. 3301), *der helm hiez Venerant* (V. 3291).[85] Dinge werden somit als akzeptierte Entitäten besprochen und sind selbstverständliche Einheiten im Horizont des Erwartbaren der (Erzähl-)Welt. Durndart figuriert als besonderes Schwert von außergewöhnlicher Härte und Schärfe, als göttlich geweihtes Schwert himmlischen Ursprungs, welches Instrument des *miles Christianus* Roland ist. Es führt den Helden bisweilen durch die Reihen der heidnischen Gegner und bahnt ihm so den Weg durch die feindliche Übermacht. Als Objekt transzendenten Ursprungs, als Acheiropoieton samt Reliquien, vernichtet es die immanenten Feinde, das Teuflisch-Böse in Gestalt der Heiden. Die Verbindung zwischen Held und Schwert lässt Roland und Durndart bisweilen zu einer Einheit verschmelzen, welche die Heiden das Fürchten lehrt (*Roland-Durndart-Entität*, Durndart als Marke). Die Exorbitanz des Helden, eine zumeist körperlich gedachte Mächtigkeit und Selbstermächtigung,[86] greift aber nicht nur mechanisch über Durndart (vgl. „bewegungsbezogene Raumregie"), sondern auch akustisch Raum: Roland erfüllt vermittels seiner Ausrüstungsgegenstände Nahräume sowie Räume mittlerer und größerer Reichweite – das Schlachtfeld, das Umfeld in dreißig Meilen Entfernung – und sogar transzendente Sphären der heidnischen Abgötter. Hierbei wird die optische Präsenz des Helden – über Wappenrock, Schild, Rüstung und sonstigen Dekor – um eine akustische Dimension erwei-

---

85 In Bezug auf Rolands Horn Olifant fallen – anders als in der *Chanson de Roland* – die Bezeichnung des Sachgegenstands (Horn, Elfenbein, Elefant) und der Eigenname im *Rolandslied* zusammen. Allerdings findet sich auch die Konkretisierung des Gegenstands „Horn" durch den Namen „Olifant": *in ainer sîner hant / truog er daz horn Olivant* (V. 6775 f.).
86 Von See spricht von „Selbstmächtigkeit"; Von See (Anm. 37), S. 4 u. 11. Seidl und Hammer erklären die Exorbitanz des Helden als „übermenschliche Kraft und Stärke, die seine heroischen Taten erfordern"; Hammer/Seidl (Anm. 55), S. XIII. Der Held verfügt nach Weitbrecht über „besondere[ ] Eigenschaften (außergewöhnliche Kraft, Freiheit von Angst etc.) und Requisiten [...] (Schwert, Tarnkappe und andere mythische Hilfsmittel)"; Julia Weitbrecht: Genealogie und Exorbitanz. Zeugung und (narrative) Erzeugung von Helden in heldenepischen Texten. In: ZfdA 141 (2012), S. 281–309, hier S. 285.

tert. Dieses Spezifikum ist Teil einer *Klangpoetik* oder Ton- und Klangregie[87] des *Rolandslieds*, die mit der Dingpoetik integral verknüpft ist. So entpuppt sich die Poetik der Dinge auch als eine Poetik des Klangs und der Stimme. Durndart erhält eine Klangwirkung, das Horn Olifant verfügt neben einer bloßen Schallwirkung (*scalle*) über eine Stimme (*stimme*) und der Helm Venerant schließlich pointiert diese akustischen Schwingungen in seiner sprachlichen Äußerung über die Inschrift, mit welcher er in Dialog mit seiner Umwelt tritt. Roland erweist sich somit als multimedialer Held, welcher über die Verbindung mit seinen (multimedialen) Dingen eine eigens akzentuierte Exorbitanz erhält, die eine furchterregende Präsenz und Ausdehnung erfährt. Rolands „heroische Gewaltexpansion"[88] als Figuration von Exorbitanz in Gestalt des idealen *miles Dei* erweist aber das Heroentum nicht als Selbstzweck, sondern stets als Dienst an und für Gott.[89] Eine Exorbitanz des Helden, die über Ding-Medien ausgedehnt über eine Sicht-, Hör- und Lesbarkeit funktioniert, lässt den Helden über sich hinauswachsen. Die Dinge als Körper des Helden oder als Teile des Heldenkörpers erhellen eine „kulturelle Signifikanz von Körpern" und ihre „Präsentation [...] als Reflex einer charismatischen Körperkultur".[90] Bei aller Materialität und Benutzung von Material schätzt Roland das Materielle irdischer Provenienz jedoch gering und hypostasiert irdische Wertkategorien zu einer überirdisch-ewigen Axiologie.[91] So übersteigen auch Rolands Dinge stets ihre eigene materielle Dinglichkeit: ein göttliches Schwert, ein Horn mit *süezer stimme* und ein sprechender Helm. Der Held und seine Dinge transzendieren also Fleisch und Material und im Fall von Durndart und Olifant zudem irdische Axiologien und Kategorisierungen. Auch in metapoetischer Dimension strebt Konrads Text als Ganzes einer Transzendenz zu (*diu matteria, diu ist scœne, / die süeze wir von im haben*; V. 9020 f.): Die *süeze*, welche Heinrich als Vermittler dieser Erzählung von höchster Dignität extratextuell stiftet, schlägt sich intratextuell in einer poetischen Qualität nieder und öffnet als ästhetische Kategorie einen Raum der Berührung von Transzendenz und Immanenz. In diesem Berührungsraum operieren auch Olifant mit seiner *süezen stimme* und Durndart als himmlisches Schwert,

---

87 Geschöpft in Anlehnung an Stocks „Sichtregie" und „Raumregie"; Stock (Anm. 12), S. 229 u. 232.
88 Seidl (Anm. 30), S. 59.
89 Vgl. ebd. Roland besitzt „Attribute der Göttlichkeit durch sein Schwert Durendal und sein Horn Olifan; er ist unbesiegbar und unverwundbar und zeichnet sich durch übernatürliche Kraft aus"; Rütten (Anm. 16), S. 71.
90 Monika Schausten: Der Körper des Helden und das „Leben" der Königin: Geschlechter- und Machtkonstellationen im *Nibelungenlied*. In: ZfdPh 118 (1999), S. 27–49, hier S. 28 f. Die Feststellungen zur Körperkultur im *Nibelungenlied* sind m. E. auf das *Rolandslied* übertragbar.
91 Eindrücklich vorgeführt in der Szene, in welcher Roland seine Gefährten – die seine Axiologie nicht zur Gänze zu teilen scheinen (vgl. V. 4192–4194) – von der Mitnahme der Preziosen der Heiden mit Verweis auf himmlische Kostbarkeiten, die ihnen als Märtyrer zustehen werden, abhält (vgl. V. 4195–4216), indem er sagt: *ditze scœne gestaine, / jâ ist ez unraine. / lât ez durch den wâren gotes sun* (V. 4201–4203).

wodurch die Heiligkeit des Helden mit einer Sakralisierung seiner Dinge korreliert.[92] Transzendenz schlägt sich somit auf mikrostruktureller Ebene in der Konzeption der Dinge nieder und die im Speziellen über Klang hergestellten Kontiguitäten der erzählten Heldendinge führen so zu Kohärenzstiftungen auf einer eigenen semantischen Ding-Ebene des Textes.[93] Sie sind nicht Accessoires oder bloße Requisiten, sondern Dinge klarer funktionaler Bestimmung,[94] deren Poetik mit der Konzeption des Helden symbiotisch verschmolzen ist – an seinen Dingen erkennt man den Helden, aber auch den Dichter.

---

92 Zur *süeze* im Epilog mit Hinweisen auf weitere Literatur vgl. Ricarda Bauschke: *Chanson de Roland* und *Rolandslied*. Historische Schreibweise als Authentisierungsstrategie. In: Deutsche Literatur und Sprache von 1050–1200. Festschrift für Ursula Hennig zum 65. Geburtstag. Hrsg. von Annegret Fiebig, Hans-Jochen Schiewer. Berlin 1995, S. 1–18.
93 Dass Olifant im Besonderen auch für die Komposition der Handlung funktional ist, zeigen für die *Chanson de Roland* Kostorski (Anm. 6) und Nichols (Anm. 6).
94 Konrad spart auch Dinge, welche sich in der *Chanson de Roland* finden, aus (z. B. Karls Bogen oder die Sporen Rolands), da er bewusst eine funktionale Programmatik der Dinge entwirft.

Sandra Linden, Tübingen
Ein Ritter mit Gepäck

Zu den magisch-religiösen Hilfsgütern im *Wigalois*

I Wigalois – ein idealer Held

Wigalois, der Protagonist im gleichnamigen Roman Wirnts von Grafenberg,[1] ist ein idealer Held, der mit dem Glücksrad im Wappen und göttlicher Hilfe sämtliche Gefahren einer dämonischen Gegenwelt völlig unbeeindruckt meistert und Züge eines Heilsbringers trägt. Zugleich wird der Held, dessen Exzellenz durch den Sitz auf dem Tugendstein schon vor jeglicher ritterlichen Bewährung ausgewiesen ist, mit einer Reihe von magisch-religiösen Hilfsmitteln ausgerüstet, die er auf seinem Aventiurenweg mitführt. Der Beitrag geht im Folgenden der Frage nach, wie die Figuren und der Erzähler mit diesen Wunderdingen umgehen, welche Funktion sie auf der Handlungsebene einnehmen, aber vor allem, welche narrativen Möglichkeiten sich ergeben, wenn man einem idealen Helden so viel hilfreiches Gepäck mit auf den Weg gibt.

Der Inhalt des um 1210/20 entstandenen und in dreizehn vollständigen Handschriften überlieferten Romans[2] sei vorab nur kurz skizziert: König Joram erscheint als Aggressor am Artushof und stellt Ginover vor die Wahl, dass entweder sie einen magischen Gürtel als Geschenk annehme oder er sämtliche Artusritter zum Kampf herausfordere. Auf Gaweins Ratschlag hin lehnt Ginover den Gürtel ab, Joram besiegt alle Artusritter und entführt Gawein in sein paradiesähnliches Land, um ihn dort mit seiner Nichte Florie zu verheiraten. Joram schenkt Gawein den Gürtel, doch als dieser vor der Geburt seines Sohnes Wigalois aus Jorams Sældenreich auszieht, lässt er den Gürtel dort und kann ohne ihn nicht mehr zurückkehren. Der Gürtel geht auf den jungen Wigalois über, als dieser von seiner Mutter auszieht, um seinen Vater zu suchen und sich am Artushof zu bewähren. Wigalois besteht ganz unbeeindruckt den Sitz auf dem Tugendstein und wird sofort in die Artusrunde aufgenommen; Gawein wird sein Erzieher, ohne dass Vater und Sohn sich erkennen. Eines Tages erbittet die Botin Nereja vom Artushof Hilfe für die Befreiung von Korntin: Der Teufelsbündler Roaz hat König Lar hinterhältig sein Land entwendet, und während Lar mit seinem Gefolge ein trauriges Dasein im Fegefeuer fristet, leben seine Frau Amena und Tochter Larie im Exil in Roimunt. Wigalois ist sofort

---

[1] Der Text wird zitiert nach Wirnt von Grafenberg: Wigalois. Text der Ausgabe von J. M. N. Kapteyn. Übersetzt, erläutert und mit einem Nachwort versehen von Sabine Seelbach, Ulrich Seelbach. Berlin/New York 2005.
[2] Zur Überlieferung vgl. Christoph Fasbender: Der *Wigalois* Wirnts von Grafenberg. Eine Einführung. Berlin/New York 2010, S. 31 ff.

zur Aventiure bereit, muss sich aber gegenüber Nereja, die eigentlich Gawein anwerben wollte, in einer Reihe von Bewährungsaventiuren für die eigentliche Erlösungstat qualifizieren. In Roimunt angekommen und mittlerweile als Heilsbringer akzeptiert, wird Wigalois mit allerlei christlich-magischen Hilfsmitteln ausgestattet, die ihn nicht nur im Kampf gegen Roaz, sondern vor allem auch gegen den Drachen Pfetan, der das Land seit zehn Jahren verwüstet hält, unterstützen sollen. In einer Art Jenseitsfahrt tritt der Ritter nach Korntin ein und besiegt den Drachen. Er wird dabei aber so schwer verletzt, dass er in eine dem Iweinroman entlehnte Ohnmacht fällt, von einem Fischerehepaar ausgeraubt und von Beleare, deren Mann Moral Wigalois aus den Fängen des Drachen gerettet hatte, gesund gepflegt wird. Wigalois kann nun – zwar ohne Zaubergürtel, dafür aber mit Gottes Hilfe – den Weg zu Roaz wagen. Vor dem Entscheidungskampf steht eine Aventiuresequenz mit dämonisch-übernatürlichen Gegnern wie der wilden Frau Ruel, dem Zwerg Karrioz und dem Zentaurenwesen Marrien. Wigalois meistert alle Herausforderungen und besiegt Roaz; er kann die Landesherrschaft an sich nehmen und wird mit Lars Tochter Larie vermählt. Die höfischen Hochzeits- und Krönungsfeierlichkeiten werden am Ende durch die Namur-Episode getrübt, in der der Landesherrscher Wigalois gegen den Aggressor Lion ausziehen muss und diesen in einer blutigen Schlacht besiegt.

Wenn die Herausforderungen zu übernatürlichen Aventiuren gesteigert werden, muss der ritterliche Held ebenfalls entsprechend aufrüsten, und so wird Wigalois mit auffällig vielen Hilfsmitteln für den Kampf gegen die dämonischen Gegner ausgestattet: Ein Priester heftet ihm einen Schutzbrief ans Schwert, seine Geliebte Larie schickt ihm ein Zauberbrot, er erhält eine von einem Engel überbrachte Lanze und eine Wunderblume aus König Lars Paradiesanger. Freilich bergen solche Hilfsmittel ein darstellerisches Problem, weil der Held sie einerseits nutzen, andererseits aber auch selbst in seiner Idealität in Szene gesetzt werden soll. Bringt er nun ein Zaubermittel zum Einsatz, impliziert dies, dass er die Aventiure aus eigener Kraft und ohne Hilfsmittel nicht geschafft hätte – Anna Mühlherr hat den Zusammenhang von Ermächtigung und Entmachtung des Helden durch magische Dinge für den Tarnmantel im *Nibelungenlied* genau analysiert.[3] Bereits Cormeau weist für den *Wigalois* darauf hin, dass die magischen Dinge die Integrität des Helden beeinträchtigen, weil die Wunderwirkung die persönlichen Fähigkeiten und Leistungen des Protagonisten verschleiern, während der klassische Artusroman die persönliche Eignung und ethische Disposition des Helden ja gerade in den Mittelpunkt stellte.[4] Trotz dieses frühen Einwands hat man bisher das Heldenbild im *Wigalois* von den Handlungen und Äußerungen der Figur her definiert, aber weni-

---

[3] Vgl. Anna Mühlherr: Nicht mit rechten Dingen, nicht mit dem rechten Ding, nicht am rechten Ort. Zur *tarnkappe* und zum *hort* im *Nibelungenlied*. In: PBB 131 (2009), S. 461–492, hier S. 479.
[4] Vgl. Christoph Cormeau: *Wigalois* und *Diu Crône*. Zwei Kapitel zur Gattungsgeschichte des nachklassischen Aventiureromans. München 1977 (MTU. 57), S. 54 f.

ger von den Dingen, die die Figur mit sich führt und denen sie einen Wert zuspricht. Es geht im Folgenden darum, die Protagonistendarstellung im *Wigalois* einmal über die mitgeführten Dinge aufzurollen und zu zeigen, wie die zahlreichen Hilfsgüter, die schon über ihre auffällige Pluralität eine Deutungssignifikanz suggerieren, jenseits der simplen Erfüllung ihres Zwecks eine narrative Funktion erhalten und für die Figurengestaltung relevant werden. In einer Textanalyse soll zunächst eine Phänomenologie der kleineren Wunderdinge im *Wigalois* erstellt werden, wobei als Vergleichspunkt auch Jorams Gürtel in den Blick kommt. Ein erster ausdeutender Schritt zielt darauf, wie der Erzähler die Hilfsgüter darstellt bzw. bewusst aus dem narrativen Fokus herausnimmt, ein weiterer Interpretationszugriff gilt dem Thema Besitz, wobei sich Wigalois durch die auffällige Tendenz, Dinge zu akkumulieren, von Protagonisten anderer Artusromane unterscheidet. In einem letzten Abschnitt wird schließlich gefragt, wie die Pluralisierung der Dinge als poetologisches Signal gelesen werden kann.

II Zauberdinge als Faszinosum

Magische Requisiten sind im höfischen Erzählen Reflexionspunkte, an denen die Phantasie des Rezipienten ansetzen kann.[5] Definiert man das Ding mit Roland Barthes als „etwas, das zu etwas dient",[6] erscheint das für die Zauberdinge mit ihrer klaren Wirkungsfunktion recht treffend. Zugleich stößt man mit der Grundfrage „Was ist das?" bei den Wunderdingen schnell an Grenzen, wie Ulrike Vedder für die magischen Dinge im Märchen ausgeführt hat.[7] Zwar eignet den Dingen eine direkte Evidenz, da sie einzelne, stofflich kompakte, abgrenzbare und an raumzeitlichen Stellen lokalisierbare Objekte sind,[8] aber dennoch sind sie abhängig von der subjektiven Sinneswahrnehmung des Menschen bzw. in literarischen Texten von der Beschreibung durch den Erzähler,[9] verweigern sich oft auch einer geordneten Sinnhaftigkeit und beziehen ihre Faszinationskraft aus einer gewissen Verrätse-

---

[5] Einen allgemeinen Überblick über die Faszinationskraft magischer Objekte, Praktiken und magiebegabter Personen in der höfischen Kultur gibt Richard Kieckhefer: Magie im Mittelalter. Aus dem Englischen von Peter Knecht. München 1992 (Orig.: Magic in the Middle Ages. Cambridge 1990), vor allem Kapitel 5, S. 112–134.
[6] Roland Barthes: Semantik des Objekts. In: ders.: Das semiologische Abenteuer. Aus dem Französischen von Dieter Hornig. Frankfurt a. Main 1988, hier S. 189.
[7] Vgl. Ulrike Vedder: Das Rätsel der Objekte: Zur literarischen Epistemologie von Dingen. Eine Einführung. In: ZfG 22 (2012), S. 7–17.
[8] Vgl. zu dieser bewusst basalen Dingdefinition Monika Körte: Der Un-Sinn der Dinge in Märchentexten um 1800. In: ZfG 22 (2012), S. 57–71, hier S. 68.
[9] Vgl. Bill Brown: A Sense of Things. The Object Matter of American Literature. Chicago/London 2003, S. 2f.

lung.¹⁰ Sämtliche in der Literatur vorkommenden Dinge sind eben keine realen Entitäten, sondern werden erst in der Beschreibung produziert, wobei ja gerade bei den magischen Dingen kein mimetisches Darstellungskonzept verfolgt werden kann.

Die magischen Dinge kommen oft mittels übernatürlicher Boten aus einer anderen Welt in den Lebensraum des Protagonisten und verschwinden wieder, sobald sie ihre Funktion erfüllt haben, bleiben dabei der dargestellten Welt letztlich fremd, d. h., sie sind nur mangelhaft in den Kontext der Figuren integriert. Ihre Wirkweise ist festgelegt und in einem gewissen Handlungsrahmen konstant, insofern werden sie vom Helden durchaus mit rationalem Kalkül eingesetzt, zugleich entziehen sie sich in ihrem Wirken einer genauen Nachvollziehbarkeit und rationalen Begründung.¹¹ Magische Dinge sind einerseits oft ein probates Mittel der Erzählökonomie, um eine bestimmte Handlung in Gang zu bringen, andererseits sind sie oft auch sinnverweigernd, weil sie über ihre nicht näher definierte, einer rationalen Motivierung entzogenen Wirkweise die Kohärenz der Erzählung beeinträchtigen können. Dass gerade in der Jenseitswelt von Korntin die Dinge, auf die Wigalois trifft, nicht das sind, was sie auf den ersten Blick zu sein scheinen, und eine gewisse Skepsis gegenüber der subjektiven Dingwahrnehmung angeraten ist, macht programmatisch die Begegnung mit den turnierenden Feuerrittern deutlich (V. 4539 ff.): Als Wigalois die Situation nach den gängigen höfischen Wahrnehmungsmustern beurteilt und an ihrem Turnier teilnehmen will, verbrennen seine Waffen sofort zu Staub. Eine Warnung, dass es sich nicht um ein reguläres Turnier handelt, bieten ausgerechnet zeichenhaft eingesetzte Dinge, da die Ritter heraldisch irreguläre Wappen tragen, was dem zeitgenössischen Rezipienten nicht entgangen sein dürfte.¹²

---

10 Dass gerade die Evidenz der Dinge ein Hindernis bei der Erforschung ihres Sinns darstellt, betont Barthes (Anm. 6), S. 192.
11 Ian C. Jarvie, Joseph Agassi: Das Problem der Rationalität von Magie. In: Magie. Die sozialwissenschaftliche Kontroverse über das Verstehen fremden Denkens. Hrsg. von Hans G. Kippenberg, Brigitte Luchesi. Frankfurt a. Main 1987, S. 120–149, vor allem S. 126 ff., haben den Zusammenhang zwischen magischen Dingen und Rationalität untersucht und erstaunliche Parallelen zwischen Magie und Wissenschaft herausgearbeitet: Das Gemeinsame beider ist, dass sie einen pragmatischen Anspruch verfolgen und sich als Welterklärungs- oder Weltbeherrschungsmodell verstehen, in Zweckausrichtung und Anwendungsbezogenheit folgt die Magie also durchaus einem rationalen Kalkül. Zur Attribution von Rationalität zu magischen Praktiken vgl. auch Bernd-Christian Otto: Magie. Rezeptions- und diskursgeschichtliche Analysen von der Antike bis zur Neuzeit. Heidelberg 2011 (Religionsgeschichtliche Versuche und Vorarbeiten. 57), S. 117 ff., der den Begriff der symbolischen Handlungsrationalität diskutiert.
12 Vgl. V. 4555 ff. Das Wappen der Ritter ist eine rote Flamme auf schwarzem Grund, es werden somit zwei Farben statt Farbe und Metall kombiniert, was ein heraldisch nicht zulässiges Wappen ist. Auch Wigalois' Misstrauen wird durch die Wappen geweckt, aber dennoch kann er sich nicht von der höfischen Interaktionsroutine des Turniers lösen. Eine Erklärung der Feuerritter bietet Lar in V. 4708 ff.

Im Folgenden geht es nicht so sehr um das Wunderbare auf der inhaltlichen Ebene, sondern um die narrative Funktion der Wunderdinge, zumal gerade die kleinen Hilfsrequisiten im Roman nicht in einer Faszination am Magischen und Wunderbaren aufgehen. Dennoch bildet eine kurze Bestandsaufnahme die Grundlage der folgenden Überlegungen:

III Hero's little helpers. Eine Phänomenologie der wunderbaren Hilfsgüter im *Wigalois*

Schwertbrief

Bevor Wigalois nach Korntin aufbricht, besucht er in Roimunt eine Messe, an die sich eine modifizierte Schwertsegnung anschließt: Ein prächtig gekleideter Geistlicher, dessen Beschreibung immerhin knapp 20 Verse einnimmt (V. 4399 ff.), segnet Wigalois mit der Segensformel und einem mitgeführten Reliquienbehälter *in den tôt* (V. 4418) und heftet ihm noch einen Brief, der wohl als Ergänzung der Segnung zu verstehen ist, ans Schwert:

> der priester strihte im umb sîn swert
> einen brief, der gap im vesten muot:
> vür älliu zouber was er guot.
> (V. 4427–4429)

Es handelt sich um ein Gegenmittel gegen sämtliche magischen Wirkungen, die Wigalois feindlich entgegengebracht werden, um einen klassischen Defensivzauber also. In der Schrift materialisiert sich der auch in der historischen Realität gängige Schwertsegen; es kommt einerseits auf den Gegenstand, andererseits auf die damit verknüpfte aktivierende Handlung des Segnens und der rituellen Anheftung ans Schwert an – Wunderwirkung und christlicher Schutz verschwimmen hier, ohne dass man die Grenzen zwischen Magischem und Religiösem genau ziehen könnte. Die Wirkkraft des Schwertbriefs ist ebenso effektiv wie unspezifisch: Wigalois schöpft daraus *vesten muot* (V. 4426). Im Kampf gegen Roaz bewährt sich das Hilfsmittel zusammen mit dem Kreuzzeichen gegen den Teufel, den Roaz wie üblich in einer Wolke als Kampfhilfe mit sich führt:

> dô was gewarnet der junge man
> mit einem brieve, der im wart
> gestricket an sîner vart
> umb sîn swert mit gebet,
> und mit dem kriuze, daz er tet
> vür sich dô er zem tor în gie.
> dâ von getorste der tievel nie
> zuo im komen nâher baz.
> (V. 7334–7341)

Das Hilfsmittel funktioniert erwartungsgemäß, trotzdem geht es nicht glatt in einer Ursache-Wirkungs-Relation auf, weil der Text darüber schweigt, in welchem Verhältnis Kreuzzeichen und Schwertsegen zueinander wirken.

Wunderbrot

Direkt im Anschluss an die Messe wird Wigalois ein Geschenk seiner Geliebten Larie überbracht, das ihn *harte vrô* (V. 4468) macht. Doch anders als andere Minnedamen schickt Larie nicht einfach ein Minnekleinod wie einen Ring, sondern backt ihrem Liebsten ein Brot oder lässt es zumindest backen:

> ez was ein tasche pfellîn;
> ein brôt daz was geleit dar în,
> geworht mit grôzer meisterschaft:
> von wurzen hêt ez solhe kraft
> daz in lie diu hungers nôt
> als erz engegen dem munde bôt
> (V. 4469–4474).

Das Brot verleiht *muot* und *maht* (V. 4475), mit einem kleinen Bissen kann man sieben Nächte ohne Nahrung im Wald überleben, d. h., es hat eine ganz praktische Überlebensfunktion. Das Brot weckt hier weniger eucharistische Assoziationen, ist vielmehr als Minnesymbol gesetzt; Stephan Fuchs und Cora Dietl sehen es als Sinnbild der nährenden und den Helden stärkenden Minne,[13] Fuchs spricht sogar vom „Minnebrot".[14] Die gesteigerte Wirkung weist das Brot als übernatürlich aus, trotzdem hat es als eine Art Gewürzbrot eine reale Basis und wird in seiner Gewordenheit reflektiert: es ist mit *meisterschaft* (V. 4471) aus *wurzen* (V. 4472) gebacken, was sowohl Wurzeln als auch Kräuter und Gewürze meinen kann.[15] Dass das Zaubermittel nicht einfach so präsentiert, sondern in einer Seidentasche überbracht wird, ist ungewöhnlich und wird im weiteren Verlauf der Analyse noch einmal thematisiert. Wigalois benutzt das Brot wie vorgesehen und nimmt vor dem Kampf mit Pfetan einen Bissen davon, doch scheint es hier eher um eine psychologische als um eine magische Wirkung zu gehen:

---

[13] Vgl. Stephan Fuchs: Hybride Helden: Gwigalois und Willehalm. Beiträge zum Heldenbild und zur Poetik des Romans im frühen 13. Jahrhundert. Heidelberg 1997 (Frankfurter Beiträge zur Germanistik. 31), S. 144, und Cora Dietl: Wunder und *zouber* als Merkmal der *âventiure* in Wirnts *Wigalois*? In: Das Wunderbare in der arthurischen Literatur. Probleme und Perspektiven. Hrsg. von Friedrich Wolfzettel. Tübingen 2003, S. 297–311, hier S. 308.
[14] Fuchs (Anm. 13), S. 308.
[15] Hier wie Lohbeck die Wurzel Jesse als Ansatzpunkt für eine biblisch-religiöse Ausdeutung des Brotes zu sehen, erscheint mir unnötig, vgl. Gisela Lohbeck: Wigalois. Struktur der *bezeichenunge*. Frankfurt a. Main u. a. 1991 (Information und Interpretation. 6), S. 180 ff.

> ab dem brôte beiz er zehant;
> sus warnet sich der wîgant
> zuo der ängestlîchen nôt;
> ez dûht in ein vil reinez brôt,
> wand imz sîn vrouwe hêt gegeben
> ze vristen an der nôt sîn leben;
> ez gap im alsô grôze maht
> daz er vrôlîche vaht.
> (V. 4995–5002)

Gestärkt durch das Brot, reitet der Held fröhlich in den Kampf – unproblematischer kann man eine Wunderwirkung narrativ kaum umsetzen. Aber gerade das hier so unkompliziert wirkende Brot entfaltet an anderer Stelle eine Dynamik, die quer zur intendierten Funktion liegt: Als der verletzte Wigalois nach dem Drachenkampf aus der Ohnmacht erwacht, sieht er als erstes die Tasche mit dem Brot, beißt nun aber nicht davon ab, sondern wird durch die Erinnerung an seine ferne Geliebte von existentieller Not ergriffen und klagt: ‚owê' begunder schrîen / ‚daz ich ie wart geborn!' (V. 5854 f.). Dies wiederum hören die Dienerinnen der Beleare, die den Helden dann retten können – hier wird die Hilfsfunktion des Brotes also über Bande gespielt und mit einem Zufallselement gekoppelt. Noch deutlicher als beim Schwertbrief zeigt sich am Beispiel des Brotes, dass die Dinge zwar in der ihnen zugedachten Funktion, aber mitunter in einer etwas diffusen Funktionslogik eingesetzt werden.

Wunderblume

In Korntin stattet der verstorbene König Lar Wigalois mit zwei Hilfsmitteln aus, die speziell auf den Drachenkampf zugeschnitten sind: Eine Wunderblüte von einem Baum des Paradiesangers, auf dem Lar eine tägliche Auszeit vom Fegefeuer genießt, soll Wigalois gegen den giftigen, stinkenden Atem des Drachen schützen. Nach einer Hilfe gegen Atem und Gestank des Drachen hatte Wigalois Lar explizit gefragt, wohlgemerkt mit zwei Referenzen auf eine christliche Hilfsmatrix, nämlich die Güte Gottes und die menschliche Fürbitte für die Seelen der Verstorbenen:

> der rîter sprach ‚nu gip mir rât
> durch die gotes güete
> wie ich mich behüete
> vor des wurmes stanke,
> daz ich dirs immer danke,
> die wîl ich lebe, mit mîm gebet.'
> (V. 4736–4741)

Die Wunderblüte entfaltet mit ihrem süßen Geruch eine Zauberwirkung – schon vorher war für den gesamten Baum erwähnt worden, dass seine Blüten *kraft* und *guoten muot* (V. 4618) geben –, hat aber wie das Brot eine natürliche Basis: Der

Wohlgeruch einer Blüte ist als Alltagserfahrung bekannt, die Wunderkraft ergibt sich allein aus der Hyperbolik. Man kann neben der christlichen Symboltradition der *dulcedo dei*[16] als Vorbild das Kraut vermuten, das Eneas in Veldekes Roman vor seiner Fahrt in die Unterwelt von der Sibylle erhält und das eine ganz ähnliche Geruchsschutzfunktion hat, allerdings über den Verzehr funktioniert.[17] Eine Reaktion des Ritters auf dieses Geschenk wird nicht berichtet, wohl aber der gezielte Einsatz vor dem Kampf mit Pfetan: Wigalois nimmt zusammen mit dem Brot auch die Blüte, die er mittlerweile in die Tasche gesteckt hatte, heraus und erhält von dem Duft *guoten muot* (V. 4993).

Lanze

Stärker als die übrigen Dinge ist die Lanze, die Wigalois von König Lar zugewiesen wird, in eine christliche Bedeutungssphäre integriert: Sie hat zwar eine irdische Herkunft und ist aus besonders hartem rotgoldenem indischen Stahl im fernen Orient gefertigt, ist aber von einem Engel in die Steinwand der Burgmauer gebracht worden, wo Wigalois als der vorgesehene Erlöser sie abholen darf. Mit dem mhd. Substantiv *glävie* statt des gängigeren *sper* ist die Besonderheit der Lanze markiert, das Assoziationsspektrum reicht von der Lanze des Drachentöters Georg über die Longinus-Lanze bis hin zur blutenden bzw. blutigen Lanze bei der Gralsprozession. Ihre Wunderkraft entfaltet die Lanze über eine besondere Schärfe:

> niht ist daz dâ vor gewer,
> horn, stein noch îsengewant,
> man steche dâ durch unz an die hant.
> [...]
> und ist sô herte daz ez den stein
> rehte snîdet als ein zein.
> (V. 4750–4758)

Auch dieses Werkzeug erfüllt seinen Zweck: Wigalois wird es später mit beiden Händen in das Herz des Drachen stoßen.

Rüstung

Eine letzte Wundergabe, die Wigalois nicht in den Ausstattungsritualen vor der Hauptaventiure, sondern eher en passant zugewiesen wird, sei nur kurz erwähnt:

---

16 Bereits Augustinus ruft Gott als *dulcedo mea sancta* an (Confessiones I,4,4), eine detaillierte Textgeschichte des Motivs bietet Bardo Weiß: Die deutschen Mystikerinnen und ihr Gottesbild. Teil 2. Paderborn 2004, S. 1331 ff.
17 Vgl. Heinrich von Veldeke: Eneasroman. Mittelhochdeutsch/Neuhochdeutsch. Nach dem Text von Ludwig Ettmüller ins Neuhochdeutsche übersetzt, mit einem Stellenkommentar und einem Nachwort von Dieter Kartschoke. Stuttgart 1986: *dô gab si ime ein krût / und gebôt im daz herz âze /*

Von Beleare, die Wigalois nach dem Drachenkampf gesund pflegt, bekommt er eine Rüstung mit besonderer Abwehrfunktion, an der ein Zwerg 30 Jahre lang gearbeitet hat. Aus einem geheimen Material gefertigt, ist sie dünn wie ein Hemd, aber zugleich für jede Waffe undurchdringbar (V. 6066 ff.). Durch ein breit ausgeführtes Herkunftsnarrativ, das einen konfliktreichen, über mehrere Besitzer laufenden Weg der Rüstung hin zu Beleares Mann erzählt, unterscheidet sich die Rüstung kategorial von den übrigen Wunderdingen, indem sie eine, vor allem über heldenepische Muster ausgeführte historische Motivierung erfährt, die – wenn man das mit ihrem Erwerb verbundene Konfliktpotential bedenkt – eine durchaus ambivalente Sinnebene in das Wundermittel einzieht. In ihrem Wandern von einem Besitzer zum nächsten über mehrere Stationen verweist die Rüstung auf eine Gabenkultur, in der die Weitergabe von Dingen Beziehungen zwischen Personen stiftet. Allerdings handelt es sich um eine eher kritische Referenz, da in dieser Personenkette der Aspekt der gewaltsamen Aneignung dominiert, und so mag es ein positives Signal sein, dass mit Wigalois als endgültigem Besitzer der Rüstung zwar die potenziell Beziehungen stiftende Gabenkette, aber auch die historische Linie der Gewalt an ein Ende kommt. Für Wigalois ist die Rüstung zwar kein adäquater Ersatz für den kurz zuvor gestohlenen Joram-Gürtel, aber ein Grund zur Freude, der ihm über den Moment der Depravierung hinweghilft.

Die Bestandsaufnahme zeigt: Es sind kleine Wunderdinge in einem ganz wörtlichen Sinn, d. h., sie erfüllen zuverlässig ihre Funktion, sind aber mit Ausnahme der Rüstung mit wenig deskriptivem Aufwand in die Erzählung montiert. Ihre wundersame Kraft spiegelt sich nicht in einem spektakulären Äußeren und ergibt sich allein durch Zuspruch des Erzählers. Wigalois nimmt sie als Ausstattungsgegenstände für seine Korntin-Aventiuren mit, benutzt sie auch, setzt sie aber nicht systematisch ein.[18] So werden die meisten Aventiuren auch gegen dämonische Gegner bestritten, ohne dass Wigalois die helfenden Requisiten eigens aktivieren oder der Erzähler eine Wirkung explizit benennen würde. Zwar wird z. B. der Teufel, der Roaz begleitet, durch den Schwertbrief ausgeschaltet, doch gibt der Text keinen Hinweis darauf, dass Wigalois diesen entscheidenden Vorabsieg vor dem ritterlichen Kampf mit Roaz überhaupt bemerkt. Es stellt sich also die Frage, ob diese Hilfsmittel tatsächlich im wörtlichen Sinne ein *requisitum* sind oder jenseits einer

---

unde es niht vergâze, / her fûre verre deste baz. / Sibille ez ouch az, / alsô tete Êneas. / si sagetim daz ez gût was / wider den helleschen stank (V. 2848–2855; 88,22–29).
18 Jutta Eming: Funktionswandel des Wunderbaren. Studien zum *Bel Inconnu*, zum *Wigalois* und zum *Wigoleis vom Rade*. Trier 1999 (Literatur – Imagination – Realität. 19), S. 214, betont, dass Wigalois auf seinem Weg durch Korntin erst noch lernen muss, wie er die Wunderdinge richtig für seine Zwecke einsetzen kann. Einen eher ungeordneten Einsatz der Hilfsmittel hat Fuchs (Anm. 13), S. 175 ff., dem Ritter attestiert, wenn er ihn eher orientierungs- und planlos wie eine Art Traumwandler durch die Aventiuren stolpern sieht.

konkreten Notwendigkeit eingesetzt werden, da der christliche Erlöser, von Gott gelenkt, ja eigentlich nicht auf solche Hilfsmittel angewiesen ist.

Christliches und Magisches wirken bei den kleinen Dingen zusammen, es geht hier laut Fasbender nicht um „dogmatische Akuratesse".[19] Zudem dienen sie zu einem gewissen Teil als Auszeichnungssignaturen, sind eben nicht ausschließlich in ihrer dinghaften Materialität, sondern auch in einer Zeichenhaftigkeit präsent:[20] Sie weisen ihren Träger oder Besitzer als Erlöser aus, müssen mitunter längere Zeit auf ihn warten, um ihm dann rituell verliehen zu werden. Ginge es allein um die magische Kraft der Lanze, ließe sich nicht erklären, warum sie nicht schon längst jemand aus der Steinwand gezogen hat, um den Drachen damit zu besiegen.

Eine ausgeprägte Neugierde gegenüber den magischen Dingen, wie man sie noch bei seinem Vater Gawein im Umgang mit dem Gürtel beobachten konnte, geht Wigalois ab, sondern er integriert die magischen Dinge einfach in seinen Besitz und folgt dabei einer Strategie der Akkumulation: Er freut sich über die Blüte, legt sie zu dem Brot in die Tasche und reitet weiter. Wenn nun vor dem Kampf gegen den Drachen gleich vier übernatürliche Requisiten in den Besitz des Helden übergehen, haben diese neben ihrer konkreten Wunderwirkung auch eine Erinnerungsfunktion in Bezug auf ein anderes magisches Hilfsmittel, das Wigalois schon seit langer Zeit mit sich führt, das aber aus dem narrativen Bewusstsein ausgeblendet war: den Gürtel von König Joram. Die kleinen Dinge scheinen hier also über ihre eigene Funktion für die bevorstehenden Kämpfe hinaus auch eine zeichenhafte Verweisfunktion innerhalb der Erzählung zu haben, indem sie auf ein bereits eingeführtes und weit wirkmächtigeres Wundermittel aufmerksam machen.

IV Jorams Gürtel und sein Verlust

Jorams Gürtel steht als Faszinosum am Anfang der Geschichte, Christoph Schanze hat den Gürtel in seiner vielschichtigen Semantisierung ausgelotet und als „Meta-Symbol" bezeichnet.[21] Es ist nun im Folgenden zu fragen, inwieweit der narrative

---

[19] Fasbender (Anm. 2), S. 173. Dietl (Anm. 13), S. 304 f., sieht zwar den magischen Ursprung mancher Dinge, gliedert sie aber mit der Erklärung einer göttlichen Handlungslenkung in das christliche System ein, so dass die einzelnen Dinge von Gott erst in einem bestimmten *ordo* aktiviert werden und eine Möglichkeit sind, wie man das Wirken Gottes narrativ umsetzen kann.

[20] Vgl. Eming (Anm. 18), S. 214. Vgl. auch Sybille Wüstemann: Der Ritter mit dem Rad. Die *staete* des *Wigalois* zwischen Literatur und Zeitgeschichte. Trier 2006 (Literatur – Imagination – Realität. 36), S. 50: „Doch folgt nicht der Sieg im *Wigalois* aus den Wunderdingen, vielmehr gilt umgekehrt, dass die Wunderdinge dem unausweichlichen Sieg entspringen. Ihre tiefere Bedeutung besteht darin, einen psychischen Zustand zu transponieren bzw., wie zuvor schon der Tugendstein, diesem in seiner Gleichförmigkeit zur Anschauung zu verhelfen."

[21] Christoph Schanze: Jorams Gürtel als ‚Ding'. Zur Polysemie eines narrativen Requisits. In: PBB 135 (2013), S. 535–581, hier S. 579. Zum Gürtel vgl. auch Friedrich Michael Dimpel: Fort mit dem Zaubergürtel! Entzauberte Räume im *Wigalois* des Wirnt von Gravenberg. In: Projektion – Refle-

Umgang mit dem Gürtel Auswirkungen auf die Interpretation der kleinen Hilfsgüter hat. Als Geschenk und Aventiureforderung zugleich wird der Gürtel Ginover von Joram angeboten, er wird ausführlich in seinem prächtigen Äußeren aus Gold und Edelsteinen beschrieben (V. 322 ff.), aber vor allem in seiner Wirkung auf Ginover, die ihn probeweise anlegt, ausgeführt. Die vielfältigen magischen Kräfte, die er auf die Königin ausübt, lassen sich unter den beiden Oberbegriffen *vreude* und *wîsheit* (V. 332) zusammenfassen:

> sine truobte deheiner slahte leit,
> die sprâche kunde si alle wol,
> ir herze daz was vreuden vol,
> swaz spils man dâ begunde,
> si dûhte des wie siz kunde;
> deheiner kunst ir niht gebrast.
> (V. 333–338)

Alles Leid verfliegt aus ihrem Herzen, sie kann plötzlich alle Sprachen, versteht sich auf sämtliche höfische Künste. Der als Ratgeber herbeigerufene Gawein und Ginover beratschlagen, wie man sich gegenüber diesem Ding verhalten soll, d. h., sie loten aus, welche Umgangsformen mit dem Wunderding im System der höfischen Interaktionsformen adäquat erscheinen und vor allem Ginovers *êre* nicht beeinträchtigen. Beide entscheiden sich für eine Ablehnung, wobei Gaweins Argumentation an der faszinierenden Zauberkraft des Gürtels vorbei geht: Ginover sei zu reich, um sich durch die Annahme von Geschenken in eine materielle Abhängigkeit zu bringen (V. 376 ff.), d. h., hier wird gerade nicht auf die Zauberwirkung, sondern auf den materiellen Wert des Gürtels fokussiert.

Dass Joram Gawein in der Folge im Kampf besiegt, führt der Erzähler,[22] aber auch Joram selbst ganz demütig allein auf die Kraft des Gürtels zurück:

> wan daz ir siglôs sît ersehen
> daz ist von sîner kraft geschehen.
> ichn zel mirz ze deheiner vrümicheit
> (V. 613–615)[23]

Der Gürtel ist für Joram eine Möglichkeit, die in seinem Land herrschende *fortuna stabilis* auch in andere Gegenden zu übertragen. In der offenen Benennung der

---

xion – Ferne. Räumliche Vorstellungen und Denkfiguren im Mittelalter. Hrsg. von Sonja Glauch, Susanne Köbele, Uta Störmer-Caysa. Berlin/Boston 2011, S. 13–37.

22 Der Erzähler bewertet den Sieg Jorams eindeutig als Wirkung des Zaubergürtels, vgl. V. 566–568: *im wære des lasters niht geschehen / wan durch den gürtel den er truoc: / der steine kraft in nider sluoc.*

23 Um jedes Missverständnis über seine Kampfkraft auszuschließen und die Wirkweise des Gürtels offen zu benennen, formuliert er kurz darauf noch einmal ganz ähnlich, V. 620–624: *daz mir von mîner krefte / diu êre sî gevallen hie, / den gelouben gewan ich nie, / wan daz ist ie âne wân / ezn habe der steine kraft getân.*

Zauberwirkung vollführt Joram hier eine Bescheidenheitsgeste, die die späteren Besitzer des Gürtels nicht mehr üben werden. Bei Joram, Gawein und später bei Wigalois entfaltet der Gürtel seine Wirkung anders als bei Ginover: Bei ihnen steigert er die Kampfkraft, die *manheit*, und lässt seinen Träger unbesiegbar werden. Gawein erkennt die Möglichkeiten des Ruhmerwerbs, die der Gürtel in dem auf *êre* ausgerichteten Artussystem bietet, und weiß zugleich, dass er nur dann einen strategischen Nutzen aus dem Gürtel ziehen kann, wenn der ritterliche Kampfsieg in der öffentlichen Präsentation eben nicht der Kraft des Gürtels, sondern persönlicher *manheit* zugeschrieben wird. Während er Ginover vom Gürtel abgeraten hatte, nimmt er selbst ihn freudig von Joram an:

> mit triuwen neic im dô der helt;
> der gâbe wart er harte vrô.
> er gnâdet im und gurte dô
> den gürtel under sîn îsengwant.
> (V. 628–631)

Gawein schnallt den Gürtel unter seine Rüstung, fortan wird dieser konsequent den Blicken der Öffentlichkeit entzogen und heimlich getragen. Seinem Sohn Wigalois gibt Gawein durch Florie die Anweisung, *du solt den gürtel sô bewarn / daz sîn iemen werde gewar* (V. 1376 f.). Wigalois nimmt den Gürtel, und von nun an sieht ihn tatsächlich niemand mehr, auch nicht der Rezipient, obwohl man davon ausgehen kann, dass Wigalois den Gürtel permanent trägt. Der Gürtel wird nach der ausführlichen Exposition in der Vorgeschichte mit in die Haupthandlung genommen, dort aber erzählerisch stillgestellt, d. h., das auf der Handlungsebene vorgegebene Geheimhalten des Gürtels wird auch narrativ umgesetzt, der Erzähler spielt bei dem von Gawein vorgeschlagenen Versteckspiel munter mit. Er erwähnt den Gürtel erst wieder, als die Fischerin ihn dem ohnmächtigen Wigalois raubt. Die Forschung hat daraus meist geschlossen, dass der Gürtel in der Haupthandlung als blindes Motiv im Raum stehe,[24] doch ist fraglich, warum man beim Verlust eines vermeintlich blinden Motivs so viel narrativen Aufwand betreiben sollte. Als Wigalois den Verlust des Gürtels bemerkt, offenbart er zum ersten Mal, und zwar in *tougenlîche[r]* (V. 5993) Klage, welche Rolle der Gürtel bislang für ihn gespielt hat:

> wâ mit sol ich mich bewarn
> sît ich den gürtel hân verlorn
> den ich ze trôste hêt erkorn
> zallen mînen dingen?
> (V. 5997–6000)

Der Gürtel war Wigalois' Trost in allen Lebensbereichen und hat ihm Zuversicht geschenkt. Die Figur weist dem Gürtel hier eine zentrale Bedeutung zu, doch wurde

---

24 Vgl. etwa Cormeau (Anm. 4), S. 54; Fuchs (Anm. 13), S. 151; oder auch Dietl (Anm. 13), S. 307.

diese dem Rezipienten in der Erzählung der vergangenen Aventiuren nicht vermittelt. Der Schlüsselbegriff *trôst* unterstreicht die existentielle Bedeutung, zumal der Terminus sonst häufig in Zusammenhang mit der göttlichen Hilfe begegnet.[25] Auch wenn Wigalois in den anschließenden Versen wagemutig beschließt, die Aventiure auch ohne den Gürtel und mit Gottvertrauen wagen zu wollen, bleibt doch das Bekenntnis, dass der Gürtel bislang eine größere Rolle in seinem Leben gespielt hat, als die narrative Oberfläche es bis zu dieser Stelle vermuten ließ.

Hoffnung, dass er den Gürtel zurückbekommt, hat Wigalois nicht: Der aktuelle Besitzer wird ihn nicht freiwillig herausgeben, wenn er, so muss man Wigalois' Satz wohl ergänzen, die besondere Kraft des Gürtels erkannt hat:

> ich weiz wol, swer den gürtel hât,
> daz er mirs niht wider gît;
> dâ von sol ich ze dirre zît
> niht vil dar nâch gevrâgen.
> (V. 6007–6010)

Die Forschung sieht im Verlust des Gürtels nach dem Drachenkampf eine Wende vom Magischen zum Christlichen, zuletzt interpretierte Schanze den Verlust des Gürtels als Signal, dass Wigalois dieses magische Requisit für die folgenden, mit göttlicher Hilfe zu bestehenden Aventiuren nicht mehr braucht.[26] Doch ist das, was Wigalois hier formuliert, ja weniger ein programmatischer Verzicht auf magische Hilfe, sondern eher ein Sich-Fügen in das Unabwendbare, ein pragmatischer Umgang mit einem nicht zu ändernden Verlust. Eine bewusste Einstellungsänderung der Figur bezüglich magischer Hilfsgüter ist nicht erkennbar, zumal Wigalois sich wenige Verse später so herzlich über die von Beleare geschenkte Zauberrüstung freut und auch die übrigen Hilfsmittel weiterhin in seinem Gepäck belässt.

Der Erzähler scheint Wigalois bei seinem Ruhmmanagement teilweise zu unterstützen, indem er den Gürtel zwischenzeitlich ausblendet, dennoch tilgt er ihn nicht ganz aus dem narrativen Gedächtnis, denn wenn Dinge mit einem gewissen narrativen Aufwand aus der Handlung ausscheiden, kann man das als Indiz nehmen, dass sie zuvor auch Relevanz hatten.

V Schweigen über die Dinge

Die kleinen Wunderdinge fallen in der Darstellung recht knapp aus: Es gibt anders als beim Gürtel in der Elternvorgeschichte keine ausführlichen Beschreibungen we-

---

25 Der *trôst* ist auch Thema eines kurzen Exkurses (V. 2775 ff.), in dem der Erzähler darüber reflektiert, dass man in Gefahrensituationen einen guten Trost brauche, damit das Herz weiterhin mannhaft sein könne und nicht angesichts übergroßer Aufgaben verzage.
26 Vgl. Schanze (Anm. 21); ähnlich auch Klaus Grubmüller: Artusroman und Heilsbringerethos. Zum *Wigalois* des Wirnt von Gravenberg. In: PBB 107 (1985), S. 218–239, hier S. 235; Eming (Anm. 18), S. 195, 212; Fasbender (Anm. 2), S. 94 ff.; und Dimpel (Anm. 21), S. 31.

der ihres Äußeren, noch ihrer Wirkungsweise, meist beschränkt sich die Funktion auf eine Steigerung der Kampfkraft und das Evozieren von *hôhem muot*. Während der Autor des *Wigalois* sich an anderer Stelle durchaus als Meister der *descriptio* zeigt und Fasbender ihn als „beschreibungsfreudigsten Epiker des frühen 13. Jahrhunderts"[27] bezeichnet, bleiben gerade die magischen Dinge, die aufgrund ihrer Natur mit einer erhöhten Aufmerksamkeit des Rezipienten rechnen könnten, deskriptiv erstaunlich blass. So wird zwar beispielsweise der Geistliche, der Wigalois den Schwertbrief verleiht, mit einer auffällig ausführlichen und im Handlungsgeschehen nicht motivierten Beschreibung seiner kostbaren Kleidung hervorgehoben (V. 4399 ff.), doch wird der Schwertbrief bündig in drei Versen abgehandelt (V. 4427–4429). Einmal in groben Zügen eingeführt, wandern die Requisiten ins Gepäck des Helden und sind dann dem erzählerischen Fokus entzogen. Wenn sie überhaupt eine konkrete Wirkung in einer Gefahrensituation entfalten, wird diese nur kurz skizziert.

Die vielen Wunderdinge erinnern den Rezipienten unterschwellig auch daran, dass sie nicht die einzigen Hilfsgüter des Helden sind, sondern dass er im Verborgenen ja auch noch den Gürtel mit sich führt, von dem man seit der Vorgeschichte nichts mehr gehört hat. Auch im Nichterzählen kann der Erzähler seine Macht demonstrieren, denn die Heldenkonstruktion würde wesentlich verändert, wenn nach jeder Aventiure Wigalois' noch einmal ausführlich an die Wunderkraft des Gürtels erinnert würde. Der Erzähler beschreibt die Wirkkraft des Gürtels durchaus, allerdings nicht an der Stelle, an der es für die Haupthandlung akut wäre. Der Rezipient weiß zwar, wie der Gürtel auf Ginover, Joram und Gawein wirkt, denn in der Vorgeschichte wird die Funktionsweise des Gürtels sogar wiederholt beschrieben, doch gerade für den Haupthelden Wigalois wird eine erneute Wiederholung dieser Beschreibung bewusst verweigert. Der Autor konstruiert das ideale Heldenbild nicht nur im Erzählen, sondern auch dadurch, was er nicht erzählt und für die Figurencharakterisierung explizit macht. Doch auch ohne explizite Verbalisierung ergibt sich aus der schieren Existenz der Dinge ein widerständiger Subtext, kratzen sie auch dann, wenn sie narrativ stillgestellt werden, aus dem erzählerischen Off immer ein bisschen an der glänzenden Fassade des idealen Helden. Sie machen darauf aufmerksam, dass es vielleicht, wenn man mehr auf die Dinge achtet, auch eine alternative Lesart als die vom Erzähler präsentierten glänzenden Erlösungstaten des idealen Helden gibt. Interessant ist, dass der Text selbst auf diese Alternative hinweist, denn Wirnt hätte in seiner lockeren Quellenkompilation ja leicht auf die Wunderdinge verzichten können: Dass er sie trotzdem installiert und an signifikanten Punkten der Handlung wieder auftauchen lässt, ist als bewusste narrative Strategie zu verstehen, die eine verstörende Vielstimmigkeit des Textes evoziert, und so eröffnet gerade die erzählerische Zurückhaltung gegenüber den Wunderdingen ein Deutungspotenzial.

---

27 Vgl. Fasbender (Anm. 2), S. 143.

Tatsächlich ist ein kritischer Subtext, der das ideale Heldenbild unterläuft, von Beginn an auf der Handlungsebene vorhanden: Im ersten Aventiurezyklus sind sich alle Nebenfiguren, die sich wertend über Wigalois äußern, einig, dass er für die Herausforderungen zu schwach und somit ungeeignet sei. Die Reihe beginnt bei Nereja,[28] und der Vorwurf der Schwäche wird nun fast von allen Gegnern und beteiligten Personen gebetsmühlenartig wiederholt: von der Dienerin der Königin von Persien (V. 2608 ff.), von Hojir (*irn habt niht ganzer krefte; / der sinne sît ir gar ein kint*; V. 2912 f.) und auch von Schaffilun (*mich dunket des: ir sît ze kint; / iuwer kraft diu ist ein wint / zer selben âventiure*; V. 3384–3386). Man könnte das als Vorbereitung für das Narrativ von David und Goliath verstehen und als Versuch, den Entscheidungskampf zwischen Roaz und Wigalois spannend zu halten, doch dazu fügt sich nicht, dass die Kritik exakt mit dem Erreichen von Korntin ausfällt und Wigalois plötzlich von allen Figuren als idealer Heilsbringer gehandelt wird. Fortan arbeitet auch der Erzähler mit Kommentaren auffällig eifrig an einem makellosen Heldenbild, indem er immer wieder auf die Gottgefälligkeit und Frömmigkeit des Protagonisten verweist und wiederholt positive Vorausdeutungen macht.[29]

Und die Strategie geht auf der Figurenebene auch auf: Roaz wird besiegt, und zur Krönungsfeier reist die halbe Welt an, um Wigalois zuzujubeln und ihn zu ehren. Lediglich eine Figur zeichnet ein etwas anderes Bild vom neuen Friedensherrscher, nämlich der in der Namur-Episode als Aggressor auftretende Lion, der Wigalois den Einsatz von Zauber im Kampf gegen Roaz vorwirft:[30]

> si wænent des ich sî ez Rôaz.
> deiswâr, ich trûwe verre baz
> mîn lant erweren und die stat.
> der rede wil ich dehein blat
> legen vür mînen munt.
> daz weiz ich wol und ist mir kunt
> daz er [Wigalois; S. L.] den helt mit zouber sluoc
> des hant vil mänlich ellen truoc.
> (V. 10163–10170)

---

28 Vgl. V. 1899 ff. Bei Nereja kommt es allerdings im Laufe der Bewährungsaventiuren zu einer Einstellungsänderung gegenüber Wigalois; vgl. die genaue Analyse von Friedrich Michael Dimpel: Die Zofe im Fokus. Perspektivierung und Sympathiesteuerung durch Nebenfiguren vom Typus der Confidente in der höfischen Epik des hohen Mittelalters. Frankfurt a. Main 2011 (Philologische Studien und Quellen. 232), S. 319 ff.
29 Dies hat Lienert anhand der Erzählerkommentare herausgearbeitet: Elisabeth Lienert: Zur Pragmatik höfischen Erzählens. Erzähler und Erzählerkommentar in Wirnts von Grafenberg *Wigalois*. In: Archiv 234 (1997), S. 263–275.
30 Die Rede Lions analysieren Dietl (Anm. 13), S. 310, und Dimpel (Anm. 21), S. 15 f., die jedoch die Wirkkraft seiner Rede als gering ansetzen und dies damit begründen, dass Lion eindeutig als *ungehiure* Figur charakterisiert sei, deren Rede keine Gültigkeit im göttlichen *ordo* und höfischen Wertesystem beanspruchen könne.

Kurz darauf folgt Lions selbstbewusste Versicherung: *hie enist niht âventiure! / die sol er suochen anderswâ* (V. 10182f.). Lion dreht die Positionen genau um und macht Wigalois zum trickreichen und unfair agierenden Usurpator, der den vorbildlichen Helden Roaz durch den hinterhältigen Einsatz von Zauber von einer wohl als rechtmäßig anerkannten Herrschaft verdrängt hat. Nun spricht hier allerdings weder eine Autorität noch ein Sympathieträger, sondern ein vom Erzähler eindeutig negativ charakterisierter Aggressor, was die Zustimmungsneigung der Rezipienten gegenüber Lions Aussagen klar herabsetzt. Doch trotz der mangelnden moralischen Integrität des Sprechers sticht seine Herausforderungsrede durch eine besondere rhetorische Qualität hervor, steht sie als effektvoll komponiertes Argument eigenartig quer im Erzählraum und erreicht so automatisch eine gewisse Aufmerksamkeitswirkung beim Publikum.[31]

Interessant ist, dass Lion hier mit der Wendung, dass er kein Blatt vor den Mund nehmen will, explizit auf ein Erzählen referiert. Er will eine alternative Erzählung von Wigalois' Siegeszug öffentlich machen, eine, die eben nicht der gängigen offiziellen Version entspricht, sondern im Geheimen liegt, aber zugleich durch eine doppelte Wahrheitsformel autorisiert wird: *daz weiz ich wol und ist mir kunt* (V. 10168). Und man kann nun vermuten, dass in dieser Version des Berichts die von Wigalois mitgeführten Wunderdinge wesentlich stärker zum Tragen kämen. Wenn man übel wollte – und dass Lion übel will, ist kaum zu bezweifeln –, könnte man sagen, dass Wigalois sich mit ein paar aus der Aventiure- und Märchenwelt entlehnten Zauberrequisiten ohne rechtliche Grundlage den Besitz einer höchst realen Landesherrschaft gesichert hat. Der Roman macht hier den Sprung aus der märchenhaften Fiktion in eine als realistisch proklamierte Erzählwelt, in der Wigalois sich zwar ebenfalls bewährt, allerdings nicht im eleganten ritterlichen Zweikampf unter diskretem Rückgriff auf ein paar Wunderrequisiten, sondern mit einem blutigen Krieg.

So avanciert die Scheltrede des Usurpators Lion zu einer metapoetischen Aussage, die vielleicht trotz der negativen Konturierung der Figur eine auf der Erzählebene bewusst eingebaute Widerständigkeit offenlegt: Der Erzähler hat seinem höfischen Publikum eine Version der Wigalois-Geschichte vorgelegt, die auf moralische Erbauung und ein ideales Heldentum ausgerichtet ist, aber man könnte dieselbe Geschichte auch anders, mit weniger Glanz und mehr Zwiespalt erzählen. Dann würden die in der Roaz-Figur durchaus angelegten positiven Züge[32] vielleicht

---

31 Lions prägnanter Ausspruch *hie enist niht âventiure* hat es sogar in die Titelzeile der Forschungsliteratur geschafft, vgl. Horst Brunner: „Hie enist niht âventiure!" Bilder des Krieges in einigen nachklassischen Artusromanen. In: ders.: Annäherungen. Studien zur deutschen Literatur des Mittelalters und der Frühen Neuzeit. Berlin 2008 (Philologische Studien und Quellen. 210), S. 80–92.

32 Dass Roaz durch seine höfische Erscheinung, seine Liebe zur schönen Japhite oder seine kunstvolle Bautätigkeit durchaus positive Züge besitzt und somit trotz seiner Rolle als Hauptgegner ambivalent gezeichnet ist, hat die Forschung wiederholt beschäftigt; vgl. zuletzt Armin Schulz: Das Nicht-Höfische als Dämonisches: Die Gegenwelt Korntin im *Wigalois*. In: Artusroman und Mythos.

auf ein negatives Pendant im positiv konturierten Helden Wigalois treffen. Wigalois ist zwar ein christlicher Heilsbringer; doch offengelegt wird, dass erst das Erzählen ihn zu einem solchen macht: Der ungestüme junge Ritter, der etwa den Burgherrn in einem rituellen höfischen Zweikampf einfach tötet[33] oder den Hundebesitzer, der sein Recht einfordert, mit der Lanze durchbohrt und unbestattet zurück lässt,[34] lässt leise Zweifel an seiner anfänglichen Idealität aufkommen und geht nicht ohne Weiteres mit dem christlichen Friedensherrscher des Schlusstableaus zusammen. Und doch ist Wigalois ein Held ohne innere Entwicklung: Im Roman wird keine Änderung der inneren Einstellung gezeigt, sondern Wigalois entwickelt sich vielmehr, indem er Dinge akkumuliert. Das Ansammeln von hilfreichen Gegenständen wird zur Darstellungsmöglichkeit für die Vervollkommnung eines Helden, der eigentlich von Anfang an als ideal ausgewiesen ist. Nicht eine innere Entwicklung des Protagonisten wird erzählt, sondern Wigalois kann durch die Akkumulation von Besitz seinen persönlichen Handlungsrahmen modifizieren und erweitern.

Lions Äußerung verweist auf die Ambivalenz der Zauberdinge, indem sie den Helden zwar auszeichnen und seine Kraft erweitern, zugleich aber auch auf die Grenzen seiner regulären Möglichkeiten verweisen – über weite Strecken löst der Autor dieses darstellerische Problem durch erzählerische Zurückhaltung gegenüber den magischen Dingen. Jedoch tilgt er den widerständigen Subtext der Dinge eben nicht völlig und lässt ihn ab und an wie hier in der Rede einer Negativfigur auf beunruhigende Weise aufblitzen.

VI Dinge besitzen. Akkumulation als narratives Prinzip

Wigalois' Verhältnis zu den Dingen ist zunächst ein basales: Er besitzt sie; im Sammeln und Akkumulieren von Hilfsgütern bekommt der Dinge-Diskurs im *Wigalois* fast schon kapitalistische Züge, denn die Requisiten werden als eine Art Kapital zur Figur und ihren Fähigkeiten hinzu addiert – und zwar auf eine Weise, wie man

---

Hrsg. von Friedrich Wolfzettel, Cora Dietl, Matthias Däumer. Berlin/Boston 2011 (Schriften der Internationalen Artusgesellschaft. 8), S. 391–407, der S. 406 f. zeigt, dass das Höfische im *Wigalois* nicht mehr automatisch mit dem Guten gleichzusetzen ist, sondern frei für alternative axiologische Setzungen wird.

33 Nereja verurteilt die Tat eindeutig als *mort* (V. 2009), während der Erzähler sich um eine nicht näher begründete Entschuldigung des radikalen Verhaltens seines Protagonisten bemüht: *ez geschach ein teil ân sînen danc* (V. 1999).

34 Vgl. V. 2315 f. Auch hier verfolgt der Erzähler eine Ablenkungsstrategie, indem er den Umgang mit dem toten Gegner unkommentiert lässt und sich stattdessen in einer ausführlichen Zeitklage darüber auslässt, dass man nun das Pferd eines Gegners nicht einfach so am Wegesrand anbinden könne, ohne dass es abhanden komme; vgl. V. 2317 ff.

es aus anderen Romanen der Zeit noch nicht kennt. Natürlich geht es auch im klassischen Artusroman schon darum, etwas zu erwerben, kennt das höfische Erzählen bereits ein von Dingen ausgehendes Begehren,[35] wenn man z. B. an Parzivals Erwerb von Ithers Rüstung denkt, doch ist das nie die zentrale Problemstellung des jeweiligen Romans. Für den *Wigalois* hingegen ist auffällig, dass es in ungewöhnlicher Häufigkeit und Ausführlichkeit um das Thema Besitz, um eigenen und fremden Besitz sowie den Umgang damit geht.

Das Besitzen von Dingen zieht sich als Thema leitmotivisch durch den Roman und wird bereits mit der Exposition, in der darüber beratschlagt wird, wer Jorams Gürtel haben soll, als relevant festgeschrieben. Gawein gibt hier für Ginover und den Artushof die offizielle politische Parole aus, dass sie ihren *hohen muot* nicht von Dingen abhängig machen wollen, auch wenn später sein eigener Umgang mit dem Gürtel freilich anders aussehen wird:

> vrouwe, irn sult niht nider
> lâzen iuwern hôhen muot
> durch deheiner slahte guot:
> ir sît dar zuo ze rîche.
> (V. 376–379)

Und es finden sich weitere Arrangements, in denen der Roman den Besitz von Dingen diskursiviert: In einer der Bewährungsaventiuren fängt Wigalois für Nereja ein im Wald umherlaufendes Hündchen. Als der vom Erzähler als rechtmäßiger Eigentümer ausgewiesene Ritter seinen Hund zurückfordert, bestreitet Wigalois den Anspruch, tötet den Ritter und lässt ihn unbegraben liegen (V. 2207 ff.). Nicht immer ist Wigalois bei diesen Eigentumsfragen im Unrecht: Als der Aggressor Hojir einen Schönheitspreis von der rechtmäßigen Eigentümerin raubt, holt Wigalois den Preis, der unter anderem aus einem sprechenden Papagei besteht, zurück (V. 2514 ff.). Und selbst dieser Papagei thematisiert dann die Eigentumsfrage, wenn er schon vor dem Kampf sagt, dass er von Rechts wegen der schönen Jungfrau gehöre und dieser mit Gewalt entwendet worden sei.[36] Das Fischerehepaar raubt den ohnmächtigen Wigalois aus (V. 5331 ff.), Beleare erwirkt in einer Art Ausgleichsgeschäft die Rückgabe des Diebesguts (V. 5685 ff.), wobei ausgerechnet der Gürtel nicht zu den retournierten Dingen gehört, denn den hatte die Fischersfrau geschickt vor einem Zugriff verborgen. Der Erzähler sieht sich angesichts des diebischen Fischerehepaars zu dem Kommentar veranlasst, dass man, wenn man denn schon mit *tougen dingen* (V. 5507) umgeht, diese gut verstecken soll, damit sie einem nicht abhanden kommen (V. 5505 ff.).

---

[35] Vgl. Barbara Johnson: Persons and Things. Cambridge u. a. 2008, S. 3, die zwischen Person und Dingen drei wichtige Relationen sieht, nämlich Begehren, Materialität und Rhetorik.

[36] Vgl. V. 2766–2773: *Der sitich stuont vor in und sprach / als er die juncvrouwen sach / ,willekomen, liebiu vrouwe mîn! / ich sold et iuwer zerhte sîn; / mit gewalte bin ich iu benomen. / von swelhem dinge daz sî komen, / daz nider got und rihtez hie, / wand er gestuont dem rehten ie.'*

Insgesamt fällt auf, dass Wigalois stets gut auf die ihm verliehenen Dinge achtgibt, seinen Besitz aufmerksam sichert. Dies lässt sich etwa daraus ableiten, dass er Blüte und Brot in die Seidentasche steckt, die einerseits eine Schutzfunktion erfüllt, aber die in ihr untergebrachten Dinge zugleich auch den Blicken entzieht und somit den mit dem Besitz verbundenen Heimlichkeitsdiskurs unterstützt. Die Tasche macht hier eine zusätzliche Grenze zwischen Äußerem und Innerem auf:[37] Wenn Wigalois die Dinge in seine Tasche tut, eignet er sie sich in einem wörtlichen Sinne an, er macht sie zu seinem Eigenen. Zudem arbeitet die Tasche der im Roman recht differenziert ausgeführten Grenze zwischen Sichtbarkeit und Latenz zu, indem sie ausgewählte Dinge in ihrem Inneren in einen Status der Latenz überführt, aus dem sie aber jederzeit wieder hervorgeholt und aktiv in die Handlung eingebracht werden können.[38] Ganz ähnlich handelt übrigens auch die Fischersfrau, wenn sie Jorams Gürtel in ihrer Tasche vor neugierigen Blicken verbirgt und sie sich so trotz der Entdeckung dieses Diebesgut sichern kann.[39]

Wenn er ein Ding einmal nicht benutzt, obwohl die Situation es vorgegeben hätte, bedauert der Held dies ausdrücklich: Als er von Ruel überwältigt wird, weil er sie unterschätzt und sein Schwert nicht gezogen hat,[40] wird er durch ein unentscheidbares Ineinander von Zufall und Gottes Hilfe befreit, dankt nach der Rettung aber nicht Gott, sondern orientiert sich an dieser Schlüsselstelle der Handlung als erstes an den ihm zur Verfügung stehenden Dingen:

---

[37] Dass der Wigaloisroman in der Gestaltung von Aventiuren und Krise signifikante Änderungen der Innen-Außen-Relation gegenüber den klassischen Entwürfen vornimmt, hat Hartmut Bleumer am Beispiel der Ruel-Figur gezeigt, deren Hässlichkeit zeichenhaft für die Wigalois äußerlich begegnende Gefahr steht, auf die aber eine innerliche Reaktion erfolgen muss; vgl. Hartmut Bleumer: *Das wilde wîp*. Überlegungen zum Krisenmotiv im Artusroman und im ‚Wolfdietrich B'. In: Natur und Kultur in der deutschen Literatur des Mittelalters. Colloquium Exeter 1997. In Zusammenarbeit mit Frank Fürbeth und Ulrike Zitzlsperger hrsg. von Alan Robertshaw, Gerhard Wolf. Tübingen 1999, S. 77–89, hier S. 86.

[38] Die Kategorie der Latenz ist im *Wigalois* nicht nur für die Dinge relevant, sondern lässt sich beispielsweise auch auf die Minnehandlung beziehen, indem Wigalois' Bindung zu Larie über weite Strecken des Romans nicht narrativ reflektiert wird, an Schlüsselpunkten dann aber wieder auftaucht und er sich beispielsweise nach dem Verlust des Gürtels mit dem Gedanken an Larie motiviert, die Aventiure doch noch auf sich zu nehmen; vgl. V. 6011 ff.

[39] Vgl. V. 5349–5355: *daz wîp ersach den gürtel sâ; / der vreute harte sêre ir muot, / wand er dûhte et si vil guot; / vor dem manne si in stal; / zesamne want sin als ein bal / daz si ins niht sehen liez; / in ir biutel si in stiez.*

[40] Vgl. die detaillierte Analyse dieser Passage bei Annette Gerok-Reiter: Waldweib, Wirnt und Wigalois. Die Inklusion von Didaxe und Fiktion im parataktischen Erzählen. In: Dichtung und Didaxe. Lehrhaftes Sprechen in der deutschen Literatur des Mittelalters. Hrsg. von Henrike Lähnemann, Sandra Linden. Berlin/New York 2009, S. 155–172, hier S. 164 ff.; und Cordula Böcking: „daz wær ouch noch guot wîbes sit, / daz si iht harte wider strit". Streitbare Frauen in Wirnts *Wigalois*. In: Aktuelle Tendenzen der Artusforschung. Hrsg. von Brigitte Burrichter u. a. Berlin/Boston 2013, S. 363–380, die die Hinwendung zum Schwert als Reaktion auf die „vorangegangene[ ] symbolische[ ] Entmannung" (S. 375) versteht.

> sînen êrsten grif den tet er nider
> nâch sînem swerte, daz nam er wider
> dâ erz bî im ligen sach.
> er kuste daran unde sprach
> ‚ô wol mich, swert, daz ich dich hân!'
> (V. 6510–6514)

Und wenn Wigalois einmal eines der Hilfsgüter zurücklassen muss, kümmert er sich darum, dass es wieder in seinen Besitz gelangt, d. h., die magischen Dinge verschwinden keineswegs nach ihrem erfolgreichen Einsatz wieder von der Bühne, sondern bleiben in einem sehr konkreten Sinn am Mann. Die Dinge sind Wigalois nicht gleichgültig, sondern er achtet genau darauf, dass er sie alle beisammen hält. So bittet Wigalois den Grafen Moral beim Abschied, die Lanze, die im Drachen stecken geblieben ist, für ihn zu bergen (V. 6213 ff.), was dieser auch tut, so dass sie am Ende in der Krönungsprozession Wigalois bzw. seiner Frau zusammen mit dem Schwert vorangetragen werden kann (V. 9369 ff.).[41] Schwert und Lanze sind nun nur noch latent in ihrer Zauberwirkung präsentiert, verweisen vielmehr als Herrschaftssymbole und Memorialzeichen auf die beiden Befreiungsleistungen, nämlich die Kämpfe gegen Roaz und Pfetan. Diese Art der Ding-Präsentation zeigt sofort Wirkung beim Publikum und ist effektives Mittel der Herrschaftsrepräsentation: *des wart der helt geprîset vil* (V. 9385). Die Lanze und das Schwert, die der Rezipient beinahe schon wieder vergessen hatte, werden also noch einmal auf die Bühne geholt und nun gerade nicht in ihrer übernatürlichen Wirkung, sondern als Zeichen realer Landesherrschaft semantisiert.

Besitz und der Schutz desselben sind schließlich auch als politisches Thema präsent, wenn die Zentralaventiure sich aus einer unrechtmäßigen und hinterhältigen Landnahme ergibt und der Roman in der Namur-Episode ebenfalls mit einem Streit um Territorialbesitz endet.[42] Der große Gewinner ist Wigalois, der nicht nur die vielen Wunderdinge, sondern auch zahlreiche Länder und Untertanen, deren Vielfalt die Krönungsfeier betont, in seiner Hand vereint.

Das auffällige Akkumulieren der magischen Hilfsgüter ist also Teil einer größeren Diskussion um Besitz und den Umgang mit Dingen, die im Roman auf allen Diskursebenen geführt wird. Was sich auf der Handlungsebene als ein Ansammeln von Dingen durch den Protagonisten zeigt, findet auf der Kommentarebene seinen Niederschlag als ein kritisches Nachdenken über den vermeintlichen Wert von ma-

---

41 Auch der Papagei aus der Vorgeschichte und ein Pferd, das ebenfalls zu dem zurückeroberten Schönheitspreis der Königin Elamie gehörte, finden am Ende als Erinnerungselemente zur Vorgeschichte noch einmal Beachtung, wenn der Erzähler explizit erwähnt, dass Larie sie auf ihrer Reise zu Wigalois mitführt; vgl. V. 8891 ff.
42 Wie das Thema Territorialbesitz in den Roman eingeführt wird, untersucht in einer gattungsgeschichtlichen Perspektive Volker Mertens: Iwein und Gwigalois – der Weg zur Landesherrschaft. In: GRM 31 (1981), S. 14–31.

teriellem Reichtum, wenn etwa der personifizierte *sin* die Autorfigur Wirnt fragt, ob man in der Welt ohne Besitz zu Ansehen kommen kann.[43]

Das Sammeln als Form der Subordination, bei der die Dinge in einem sehr elementaren Sinn dem Subjekt angeeignet und zu den Eigenschaften der Person hinzuaddiert werden, wird im *Wigalois* als ein narratives Verfahren der Figurencharakteristik produktiv gemacht.[44] Auch in der direkten Beschreibung des Protagonisten arbeitet der Roman mit der summierenden Überlagerung mehrerer Eigenschaften, und so wird auch in der erzählerischen Konstruktion des idealen Helden das Prinzip der Akkumulation angewandt: Wigalois ist Sohn des besten Artusritters Gawein und wird von seinem Vater am Artushof zum Ritter ausgebildet, d. h., schon durch seine Herkunft ist er für den Erfolg prädestiniert. Zusätzlich wird er aber auch noch durch den Sitz auf dem Tugendstein als ideal ausgewiesen, trägt das Sældenrad im Wappen, erhält die Rüstung, die ihm zubestimmt ist, und eine Vielzahl zusätzlicher Auszeichnungssignaturen. Alle Eigenschaften und Zeichen deuten in der Summe auf die Idealität des Helden. Indem er die Akkumulation von Besitz zu einem thematischen Schwerpunkt macht und das Sammeln von Dingen als zentralen Darstellungsmodus in der Figurencharakteristik nutzt, unterscheidet sich der *Wigalois* von anderen Artusromanen. Dass Wigalois ein idealer Held ist, wie die Forschung mehrfach herausgearbeitet hat,[45] soll daher keineswegs angezweifelt werden: Der Erzähler zeichnet einen idealen Helden, aber der Text weist zugleich mit einigen Widerständigkeiten deutlich darauf hin, dass es ein gemachtes Ideal, ein bewusst komponiertes Konstrukt ist.

---

43 Vgl. V. 5753–5762: *dô vrâget mich mîn kranker sin, – / des ich gar âne zwîvel bin – / ‚sag an, Wirnt, ist daz wâr: / mac iemen âne guot gar / al der werlt genæme sîn?' / des antwurt ich dem sinne mîn / ‚zwâre, jâ! des dunket mich.' / entriuwen, anders wæne ab ich; / waz vrumt dir lîp unde muot, / bistu gar âne guot?'* In der Variante eines Fiktionalitätssignals begegnet die Frage nach dem Wert von Gütern auch in einer kurzen Adresse an die Damen im Publikum, in der der Erzähler daran erinnert, dass die kostbaren Kleider, die er Florie zudichtet, kein realer materieller Wert sind, auf den sie neidisch sein könnten, sondern dass es sich ja lediglich um Worte handele; vgl. V. 856–862: *swer daz nu wolde nîden / daz si sô schône was gekleit, / daz wær ein michel tôrheit, / wand ez ist âne ir aller schaden / swaz ich ûf si mac gelâden / von sîden und von borten / und von gezierde, mit worten.*
44 Vgl. Mieke Bal: Telling Objects: A Narrative Perspective on Collecting. In: The Cultures of Collecting. Hrsg. von John Elsner, Roger Cardinal. London 1994, S. 97–115, hier S. 104 f.
45 Vgl. etwa Walter Haug: Über die Schwierigkeit des Erzählens in ‚nachklassischer' Zeit. In: ders.: Brechungen auf dem Weg zur Individualität. Kleine Schriften zur Literatur des Mittelalters. Tübingen 1995, S. 265–287, zum *Wigalois* S. 269.

VII Komplexe Welt. Dinge als Signatur der Mehrfachmotivierung

Während in der Vorgeschichte noch ein Gürtel für alles reicht, nimmt Wigalois in der Hauptgeschichte eine Vielzahl von Hilfsmitteln mit auf den Weg, um sich zu bewähren. Die allgültige Wunderwaffe ist ersetzt durch ein Sammelsurium an kleineren Hilfsmitteln, die sich in ihrem Wirken ergänzen und überlagern können. Die Welt, auf die der Held trifft, ist keine einfache; dies hat wohl auch mit der Entwicklung der Gattung zu tun. Während sich ein einziges Wundermittel bruchlos über eine Märchentradition erklären lässt, bekommt die auffällige Pluralität der hilfreichen Requisiten eine hermeneutische Relevanz und ist vielleicht nicht nur für den engeren Bereich der Wunderdinge und ihrer Wirkungen interessant, sondern verweist auf ein die magischen Dinge übersteigendes Prinzip des Erzählens.

Die Vielzahl der Dinge impliziert eine Überdetermination, d. h., es gibt nun für eine Gefahr immer gleich mehrere Hilfsmittel, die vielen Dinge markieren die Pluralität als ein Gestaltungsprinzip des Erzählens im *Wigalois*. Die Vielzahl lässt sich zudem als Signal dafür lesen, dass in diesem Roman die Mehrfachmotivierung zum narrativen Prinzip erhoben wird: Wigalois' Aventiuren liegen nicht mehr geordnet auf einer strukturell organisierten Reihe wie im klassischen Artusroman, sondern es werden oft mehrere Motivationslinien übereinander gelagert – ein Verfahren, das die frühe Forschung oft als erzählerische Inkonsequenz bemängelt hat.[46] Nur einige Beispiele: Die Aventiuren auf dem Weg nach Korntin haben einen konkreten Anlass, zugleich sind sie auch immer als Bewährungsleistungen gegenüber der zweifelnden Nereja motiviert. Wigalois kämpft gegen Pfetan, weil der Drache Korntin verwüstet, aber zugleich auch, weil er den Grafen Moral entführt hat und dessen Gattin Beleare Wigalois um Hilfe bittet. Es bleibt unklar, ob Wigalois Roaz durch seine ritterliche Kraft, den Schwertbrief, die Minnegedanken an Larie oder die Bitte um göttlichen Beistand besiegt hat oder ob vielleicht auch alles in gleichem Maße wahr sein kann.

Für den Erzähler bedeutet dies, dass er mehrere narrative Stränge gleichzeitig bewältigen muss, doch gerade aus dieser motivationellen Gemengelage, die sich nicht sauber in einzelne Linien auseinanderdividieren lässt, ergibt sich ein besonderer poetischer Reiz und die für den Roman so oft gelobte atmosphärische Dichte.[47] Das Thema der pluralen Bezugssysteme bringt der Autor gleich auf mehreren

---

46 Die frühe Forschung ist in ihrer kritischen Einstellung zum *Wigalois* zusammengefasst bei Fasbender (Anm. 2), S. 43 ff., wobei das Votum von Werner Schröder als Beispiel einer frühen Stilkritik ausführlicher behandelt wird. Christoph Cormeau: Artusroman und Märchen. Zur Beschreibung und Genese der Struktur des höfischen Romans. In: Wolfram-Studien 5 (1979), S. 63–78, hier S. 71 ff., erklärt die aus seiner Sicht unnötigen Doppelmotivierungen durch die Überlagerung der ritterlichen Aventiurenerzählung mit festen Märchenschemata.
47 Zuerst und programmatisch bei Max Wehrli: Wigalois. In: DU 17 (1965), S. 18–35, hier S. 23 f., vor allem in der Analyse der Episode am See, wo in der Suche nach Wigalois eine ausgefeilte Blick-

Ebenen zur Darstellung, sei es in der Vielfalt der neuen Untertanen in Wigalois' Reich oder in der Tatsache, dass die Hauptaventiure nicht einen, sondern mit Pfetan und Roaz gleich zwei Hauptgegner aufweist, an die auch die Krönungsprozession mit Lanze und Schwert noch einmal erinnert. Die Welt ist nicht mehr einlinig auf eine zentrale Auszeichnungsaventiure bezogen, sondern vielfältig und komplex. Das ist von der Forschung bereits gesehen worden;[48] die Analyse der Dinge hat nun gezeigt, dass die Vielzahl der Wunderdinge auf der Handlungsebene zeichenhaft zu verstehen ist und als eine Art metapoetisches Signal auf diese Pluralität im Erzählen hinweist.

In dieser Pluralität kommt das vormoderne Erzählen mit einer geringeren Kohärenz als das neuzeitliche aus, d. h., das Rezipientenbewusstsein akzeptiert viel stärker Brüche und widersprüchliche Gleichzeitigkeiten wie z. B. die Überlagerung mehrerer Motivationsstränge. Das metonymische Erzählen[49] setzt weniger auf die kausale Motivation in einem syntagmatischen Erzählstrang als vielmehr auf Wiederholungsstrukturen und Äquivalenzbeziehungen, achtet auf Korrespondenzen und kann Sinnbezüge auch durch die einfache Nähe verschiedener Elemente herstellen. In diesem Sinne eines lockeren, aber mehrfach wiederholten Bezugs scheinen die kleinen Hilfsmittel in ihrer Verbindung zu Jorams Gürtel im *Wigalois* eine eigene Geschichte zu erzählen, die quer zur Hauptgeschichte um den idealen christlichen Helden liegt und diese – das gilt es festzuhalten – trotzdem nicht sprengt.

Wohin mag die in den Dingen signalisierte Pluralisierung als narratives Prinzip schließlich führen? Vielleicht dazu, dass sich die Undurchsichtigkeit der dargestellten Welt immer mehr steigert, dass sich der Erzähler nicht mehr imstande sieht, die Geschichten um Wigalois' Sohn Lifort Gawanides in eine kohärente Ordnung zu bringen. Seine wilde Aventiure, wie es im Epilog heißt,[50] bringt das Erzählen, das ja auch immer ein ordnendes und systematisierendes Arrangieren lebens-

---

regie zum Tragen kommt; vgl. zur komplexen Stationengliederung dieser Rettung des Helden Fuchs (Anm. 13), S. 154 f., und Christoph Fasbender: Gwigalois' Bergung. Zur Epiphanie des Helden als Erlöser. In: Aktuelle Tendenzen der Artusforschung (Anm. 40), S. 209–222.
48 Vgl. beispielsweise Fuchs (Anm. 13) zum hybriden Helden. Bereits Hans-Jochen Schiewer: Prädestination und Fiktionalität in Wirnts *Wigalois*. In: Fiktionalität im Artusroman. Dritte Tagung der Deutschen Sektion der Internationalen Artusgesellschaft in Berlin vom 13. bis 15. Februar 1992. Hrsg. von Volker Mertens, Friedrich Wolfzettel. Tübingen 1993, S. 146–159, hier S. 152, begreift den *Wigalois* als vielfältige Collage mit mehreren Gattungsansätzen und Rollen.
49 Zum metonymischen Erzählen in der mittelalterlichen Literatur vgl. programmatisch Harald Haferland, Armin Schulz: Metonymisches Erzählen. In: DVjs 84 (2010), S. 3–43. Eine Anwendung der Kategorie auf die Handlungsverknüpfung im *Wigalois* bietet Armin Schulz: Erzähltheorie in mediävistischer Perspektive. Hrsg. von Manuel Braun, Alexandra Dunkel, Jan-Dirk Müller. Berlin/Boston 2012, S. 336 ff.
50 In V. 11628–11633 bezieht sich die Autor-Figur auf Lifort Gawanides, *des âventiure / mir ze wilde wære, / ze krump und ze swære, / von sô wunderlîcher geschiht / daz ichz mit mînem getiht / nimmer triuwe errecken.*

weltlicher Fülle ist, an seine Grenzen. Schon Lion deutet an, dass es mehrere Versionen gibt, die Wigalois-Geschichte zu erzählen. Der Autor und mit ihm der Rezipient stehen einer Pluralisierung der Sinnebenen und Deutungsmöglichkeiten gegenüber – einer Pluralisierung der Welt, von der die Wunderdinge zwar nicht beredt, dafür aber nicht minder eindrücklich sprechen.

Sarah Bowden, London
Dinge und *ars* in *Salman und Morolf*

Nachdem Salme, die schöne heidnische Frau des Königs Salman im mittelhochdeutschen Epos *Salman und Morolf*, entführt worden ist, besucht der Königsbruder Morolf einen alten Juden namens Berman, angeblich um ihn um Rat zu bitten. Der alte Jude führt Morolf in eine Kemenate, aber dort findet keine Ratsszene statt. Ohne Vorwarnung sticht Morolf den Juden ins Herz, weil dieser etwas besitzt, das Morolf braucht – seine Haut:

> Morolff Salmans drut
> oberthalb dem gurtel
> loste er dem juden abe die hut.
> er balsamte sie und leite sie an sinen lip.[1]
> (Str. 162)

Morolf tötet einen Mann, um sich mit dessen Haut zu verkleiden. Auf diese Weise kann er unerkannt in das Land des heidnischen Königs Fore fahren, um nach Salmans Frau Salme zu suchen. Diese Szene ist bemerkenswert nicht nur wegen ihrer Grauenhaftigkeit, sondern auch wegen der Neutralität, mit der sie erzählt wird. Kein Kommentar wird abgegeben und Morolfs Gewalttätigkeit wird weder entschuldigt noch verurteilt. Es gibt, was die spezifische Darstellung angeht, wohl kaum Vergleichbares in der mittelhochdeutschen Literatur.

Ich habe sie aus zwei Gründen an den Anfang dieses Aufsatzes gesetzt. Erstens ist die Haut – ungeachtet ihrer Seltsamkeit – ein Ding in einem Text, in welchem es von Dingen nur so wimmelt. Dinge spielen dabei für den Handlungsverlauf von *Salman und Morolf* eine ganz entscheidende Rolle. Verschiedene Arten von Dingen kommen in fast jeder Szene vor, darunter einerseits Alltagsdinge, andererseits aber auch Zauberdinge wie der Zauberring, mit dem Salme von Fore umworben wird.

Zudem lässt sich die Haut drei unterschiedlichen Kategorien von Dingen zuordnen, die ich im Folgenden zentral diskutieren werde. Erstens ist sie (wie ein Kleidungsstück) ein Mittel der Verkleidung, d. h. ein Gegenstand, der funktional einem bestimmten Handlungsbereich zuzurechnen ist. Morolf benutzt die Haut, um sich zu verkleiden und eine Aufgabe erfolgreich durchzuführen. Die Haut gehört aber auch zu einer zweiten Gruppe von Dingen im Text, die sehr speziell in einer bestimmten Situation mit einem bestimmten Ziel hergestellt werden und deren Herstellung eine besondere, ungewöhnliche, oft technische Fertigkeit demonstriert: mechanisch-technische Dinge wie Morolfs Unterseeboot oder der Ring, mit dem er Salme vom Schachspiel ablenkt. In der oben zitierten Textstelle benutzt Morolf

---

[1] Salman und Morolf. Hrsg. von Alfred Karnein. Tübingen 1979 (ATB. 85). Alle folgenden Textzitate sind dieser Ausgabe entnommen.

ein messer scharff und lang und sticht den alten Mann *durch sin hertz* (Str. 161), wahrscheinlich um zu vermeiden, dass die Haut beschädigt wird. Danach demonstriert er mit dem Einbalsamieren der Haut ein besonders hochgradig spezialisiertes Können. Die dritte Kategorie von Dingen, der die Haut schließlich auch noch zugehört, ist die verdinglichte Person. Die Häutung des alten Juden (s. o.) zeigt, wie leicht eine Person zu einem Ding gemacht oder als ein Ding betrachtet werden kann – ein Thema, auf das ich später in Bezug auf Salme noch einmal eingehen werde.

Der zweite Grund, weshalb ich die Hautszene als Ausgangspunkt gewählt habe, ist ihre Auffälligkeit. Einen Mann zu häuten und seine Haut zu tragen, ist äußerst seltsam und die intendierte Reaktion des mittelalterlichen Publikums kann kaum rekonstruiert werden.[2] Wie schon erwähnt, gibt es keinen Erzählerkommentar zur Hautepisode, und auch sonst gibt es keinen Hinweis darauf, dass die – auch an anderen Stellen scheinbar unnötig gewalttätigen – Aktionen Morolfs negativ zu beurteilen wären.[3] Sollte man Morolfs grauenhafte Gewalttat missbilligen? Jemandem die Haut abzuziehen ist normalerweise negativ konnotiert, wie z. B. im Fall des Heiligen Bartholomäus.[4] Oder zeigen sich in der Szene antisemitische Neigungen? Denn es fällt auf, dass Morolf nur Heiden und Juden tötet und dass alle jüdischen Eigenschaften von der Haut verschwinden, sobald sie von Morolf getragen wird, der sie nur benutzt, um wie ein alter Mann auszusehen – zusätzlich verkleidet er sich auch als Pilger. Oder sollte man ganz einfach den Erfindungsreichtum Morolfs bewundern?

Diese Rezeptionsschwierigkeiten zeigen sich in den Grundproblemen der Forschung zu diesem Text.[5] Man hat immer Schwierigkeiten gehabt, einen morali-

---

[2] Der einzige bekannte Hinweis zur Rezeption dieser Episode kommt aus *Frau Metze*, einem schwankhaften Text des 14. Jahrhunderts vom Armen Konrad: *Wa man von wunderlisten seit, / da gedenket man der listikeit, / wie Marolf einen juden schant / und sich in sine hut verwant, / daz man in niht erkande. / sust vuor er in dem lande / unz daz er aventiure vernam.* Der Arme Konrad. Frau Metze die Käuflerin. In: Neues Gesamtabenteuer. Hrsg. von Heinrich Niewöhner. Erster Band. 2. Aufl. Dublin/Zürich 1967, S. 70–83, V. 1–7.
[3] Später tötet Morolf einen freundlichen alten Heiden, um seine Anwesenheit im Land Fores zu verbergen (Str. 183 f.), und am Ende der Erzählung tötet er Salme, während sie badet (Str. 777). Beide Szenen werden äußerst pragmatisch erzählt – der Erzähler formuliert keinerlei Tadel.
[4] Sarah Kay: Original Skin. Flaying, Reading and Thinking in the Legend of Saint Bartholomew and Other Works. In: Journal of Medieval and Early Modern Studies 36 (2006), S. 35–73. Das Abziehen der Haut ist normalerweise die Strafe für Hochverrat und kann auch – laut Kay – als Akt des Büßens umcodiert werden. Zur Häutung als Strafe vgl. auch W. R. J. Barron: The penalities for treason in medieval life and literature. In: Journal of Medieval History 7 (1981), S. 187–202.
[5] Auf die Gattungs- und Datierungsschwierigkeiten des Textes will ich hier nicht näher eingehen. Für eine ausführliche Diskussion der Problematik der Brautwerbungsepik vgl. Armin Schulz: Morolfs Ende. Zur Dekonstruktion des feudalen Brautwerbungsschemas in der sogenannten ‚Spielmannsepik'. In: PBB 124 (2002), S. 233–249; Sarah Bowden: Bridal-Quest Epics in Medieval Germany. A Revisionary Approach. London 2012 (MHRA Texts and Dissertations. 85); Rabea Kohnen: Die Braut des Königs. Zur interreligiösen Dynamik der mittelhochdeutschen Brautwerbungserzäh-

schen Kern des Texts zu identifizieren.⁶ Wurde ein solcher dennoch proklamiert, so wurde dieser meist in der Warnung vor den Gefahren weiblicher Schönheit und der Mahnung zum Maßhalten in Liebesbeziehungen gesehen.⁷ Fast immer werden aber die Ambiguität und die Verkehrungsstrategien des Texts betont. Zum einen werde das Erzählmuster des Brautwerbungsschemas *dekonstruiert* und *umcodiert*, indem der christliche König seine – in der Tat unpassende – Frau wiederbekommen statt umwerben will und die Heiden die Brautwerbungsfahrt unternehmen.⁸ Außerdem werde gegen soziale und hierarchische Normen verstoßen; besonders gelte das für Morolf, der oft den Schwerpunkt solcher Analysen bildet und als Inbegriff der Inversion oder als problematische Mischung von verschiedenen Typen verstanden wird.⁹ Ich interessiere mich hier im Folgenden für seine Beziehung zu Dingen, die er immer – so der Erzähler – mit *listen* handhabt. In diesem Aufsatz werde ich mich weitgehend auf diesen Aspekt konzentrieren (I.). Danach werde ich kurz die Verdinglichung Salmes analysieren (II.) und in einer Schlussbilanz – wahrscheinlich vergeblich, was aber auch ein aussagekräftiger Befund wäre – über die Dinge nach einer moralischen Kernaussage des Textes suchen (III.). Meine Absicht ist es, durch eine Untersuchung der Rolle von Dingen zu einem kritischen Verständnis der Regeln zu kommen, welche die erzählte Welt des Textes und den

---

lungen. Berlin/Boston 2014 (Hermaea. 133), S. 1–39. Zur Datierungsproblematik – der Text wird nicht mehr ohne Weiteres auf das 12. Jahrhundert datiert – vgl. Sabine Griese: Salomon und Markolf. Ein literarischer Komplex im Mittelalter und in der frühen Neuzeit. Tübingen 1999 (Hermaea. 81), S. 77 f.
6 Schulz (Anm. 5), S. 236: „[D]er Text ist von einer geradezu irritierenden Amoralität geprägt."
7 Lydia Miklautsch: Salman und Morolf – Thema und Variation. In: Ir sult sprechen willekomen. Grenzenlose Mediävistik. Festschrift für Helmut Birkhan zum 60. Geburtstag. Hrsg. von Christa Tuczay, Ulrike Hirhager, Karin Lichtblau. Bern 1998, S. 284–306; Claudia Bornholdt: „in was zu schouwen also not": Salman und Morolf bildlich erzählt. In: Visualisierungsstrategien in mittelalterlichen Bildern und Texten. Hrsg. von Horst Wenzel, C. Stephen Jaeger. Berlin 2006 (Philologische Studien und Quellen. 195), S. 226–47; Griese (Anm. 5), S. 107–132.
8 Vgl. bes. Walter Haug: Brautwerbung im Zerrspiegel. In: Sammlung, Deutung, Wertung. Ergebnisse, Probleme, Tendenzen und Perspektiven philologischer Arbeit. Melanges de littérature médiévale et de linguistique allemande offerts à Wolfgang Spiewok à l'occasion de son soixantième anniversaire par ses collègues et amis. Hrsg. von Danielle Buschinger. Amiens 1988, S. 179–188.
9 Hans-Jürgen Bachorski: Serialität, Variation und Spiel. Narrative Experimente in *Salman und Morolf*. In: Heldensage – Heldenlied – Heldenepos. Ergebnisse der II. Jahrestagung der Reineke-Gesellschaft, Gotha, 16.–20. Mai 1991. Hrsg. von Danielle Buschinger, Wolfgang Spiewok. Amiens 1992 (WODAN. 12), S. 7–29; Otto Neudeck: Grenzüberschreitung als erzählerisches Prinzip. Das Spiel mit der Fiktion in *Salman und Morolf*. In: Erkennen und Erinnern in Kunst und Literatur. Kolloquium Reisensburg, 4.–7. Januar 1996. Hrsg. von Dietmar Peil in Verbindung mit Wolfgang Frühwald. Tübingen 1998, S. 87–114; Schulz (Anm. 5), S. 241–245. Dieser vertritt die These, dass der Epilog in Reimpaarversen, der in manchen spätmittelalterlichen Drucken des Texts zu finden ist und die Reue, den Tod und die Himmelfahrt Morolfs beschreibt, die normsprengenden Tendenzen des Werks korrigiert. Vgl. dagegen Rabea Kohnen, die überzeugend argumentiert, dass dieser Epilog die Ambiguitäten des Textes weiterführt; Rabea Kohnen: *Alternate Endings* und Varianz. Überlegungen zu Morolfs Himmelfahrt. In: Alterität als Leitkonzept für historisches Interpretieren. Hrsg. von Anja Becker, Jan Mohr. Berlin 2012 (Deutsche Literatur. Studien und Quellen. 8), S. 171–195.

Text als Artefakt bestimmen, und damit einige Interpretationsprobleme neu zu perspektivieren.[10]

I Morolfs *list*

Die Morolffigur ist den Mediävisten ein Rätsel. Zunächst ist die Beziehung zwischen dem Morolf unseres Epos' und dem Markolf der Spruchtradition, dem Bauern, der die Weisheit des Königs Salomon mit seiner Schlauheit übertrifft, ungeklärt.[11] Unser Morolf ist kein Bauer, sondern der Bruder des Königs – der nicht mit dem biblischen Salomon identifiziert werden sollte. Sein Adel bleibt trotz der undurchschaubaren Verkleidungen noch präsent (vgl. Str. 195; 236 f.; 650). Einige Elemente seines Verhaltens entsprechen aber dem des Bauern Markolf (s. o.), der oftmals auf schwankhafte Weise seine Gegner täuscht, zum Beispiel in einer Schwankepisode, die in der Spruchtradition und im Epos vorkommt, in der Morolf/Markolf Salomon sein nacktes Hinterteil zeigt.[12] Es wird daher oft so argumentiert, Morolf sei eine hybride, unfassbare, sogar zweideutige Figur (zugleich Adliger und gewalttätiger Anarchist), der seinem Bruder helfe und zugleich die Autorität des Königs unterlaufe, der gegen soziale Normen verstoße und so weiter.[13] Fest steht, dass Morolfs Verhaltensweise innerhalb der mittelalterlichen Literatur außergewöhnlich ist. Es scheint aber auch so zu sein, dass im Falle Morolfs Sein und Tun allzu leicht verwechselt werden können. Meines Erachtens ist die angebliche Hybridität Morolfs nicht so sehr durch eine ihm inhärente Mischung verschiedener Figurentypen bestimmt, wie oft behauptet wird, sondern eher durch seine Fähigkeit, verschiedene Verhaltensweisen anzunehmen – etwas, das also nicht auf eine Hybridität der Figur hindeuten muss. In diesem Sinne lohnt es sich, den Umgang Morolfs mit Dingen zu analysieren.

---

10 In diesem Zusammenhang will ich eine Parallele zwischen meiner Arbeit und derjenigen von Anna Mühlherr zum *Nibelungenlied* ziehen: Anna Mühlherr: Nicht mit rechten Dingen, nicht mit dem rechten Ding, nicht am rechten Ort. Zur *tarnkappe* und zum *hort* im *Nibelungenlied*. In: PBB 131 (2009), S. 461–492. Sie versucht, S. 461, „Dinge in den Erzählwelten des 12./13. Jahrhunderts so zu fokussieren und historisch-kritisch zu erörtern, dass sie zu einer Grundkategorie der Analyse dieser Welten werden und die mittlerweile unhinterfragt gültige und habituell gewordene Perspektive auf die Figuren als hermeneutischem Angelpunkt in Frage stellen oder zumindest ergänzen".
11 Zum Problem des Markolfkomplexes vgl. die ausführliche Arbeit von Griese (Anm. 5).
12 Salomon et Marcolfus. Hrsg. von Walter Benary. Heidelberg 1914 (Sammlung mittellateinischer Texte. 8), S. 43 f.; Salomon und Markolf. Das Spruchgedicht. Hrsg. von Walter Hartmann. Halle 1934 (Die deutschen Dichtungen von Salomon und Markolf. 2), V. 1487–1552.
13 Schulz (Anm. 5), S. 241 f.: „Morolf, die männliche Hauptfigur, tritt einmal in höfischer Vollkommenheit, Feinheit und Großzügigkeit auf, das andere Mal als rasender Heros, listiger Ränkeschmied, furzender Derbling und sogar als feiger Mörder."

Fast jede Aktion im Text wird explizit mithilfe eines Dinges durchgeführt. Die Figuren, ihre Vorgehensweisen und Motivationen werden durch die Dinge, die sie benutzen, bei sich tragen oder geschenkt bekommen, entscheidend geprägt, ja sogar determiniert. Erfolgreiche oder siegreiche Handlungszüge sind meist von Dingen abhängig, oder besser: der richtigen Anwendung von Dingen. Andersherum ausgedrückt: Manche Dinge gewinnen erst dann Macht, wenn sie richtig benutzt werden, d. h. sie sind für den Handlungsverlauf nötig, aber funktionieren erst, wenn eine Figur sie durch irgendeine Fertigkeit ins Spiel bringt. Es überrascht also nicht, dass Morolf – die Figur, die für das Fortschreiten des Handlungsverlaufs und die Lösung des gestellten Problems hauptsächlich verantwortlich ist – auch derjenige ist, der für die Herstellung und Anwendung von Dingen auffällig, ja spektakulär begabt ist.

Keine Aktion Morolfs erfolgt ohne klare Zielsetzung. Alles, was er unternimmt, steht im Dienste der Hauptaufgabe, nämlich dem Wiederfinden und Zurückbringen von Salme; dabei benutzt er Dinge auf äußerst geschickte Weise.[14] Alles, was er mit Dingen tut, wird detailliert und spezifisch erklärt. Das erste Beispiel dafür ist die Anwendung von Verkleidungen, die in ihrer Dinglichkeit beschrieben werden.

Nachdem Salme zum ersten Mal entführt worden ist, verkleidet sich Morolf mehrere Male, um sie wieder zurückzugewinnen, zuerst als Pilger in der oben erwähnten Haut und später – nachdem Salme abermals entführt worden ist – in einer Reihe von verschiedenen Verkleidungen, zuerst als Krüppel und dann, nachdem er ertappt worden ist, als Pilger, Spielmann, Fleischer und Krämer. Es ist nicht zu leugnen, dass diese Episode primär Komik erzeugen soll: Der von Salme identifizierte Krüppel wird von den Männern Princians gesucht, hat sich aber schon als Pilger umgekleidet, der die Männer aus der Stadt auf die Jagd nach dem angeblichen Krüppel schickt. Der Pilger wird später auch als Morolf identifiziert, aber dieser hat sich wieder anders verkleidet, schickt die Männer Princians nochmal aus der Stadt und so weiter. Das Nebeneinander der verschiedenen Verkleidungen betont aber auch das, was wir von den vorherigen Verkleidungen Morolfs schon gewusst haben: dass gelingende Verkleidungen sehr auffällig von der sorgfältig bedachten Handhabung von Verkleidungsdingen (d. h. Kleidungsstücken und Ausstattungen) abhängen. Um Spielmann zu werden, genügt es nicht, eine Harfe und prächtige rote Kleider zu tragen; genauso wichtig ist es, dass die Gebärden stimmen: *er ging in allen den geberden, / als obe er were ein spilman* (Str. 688). Wenn er sich als Fleischer ausgibt, hat Morolf *ein wetzestein / und eine messer, das vil wol sneitt* (Str. 702) bei sich, aber eben nicht als lediglich mitgeführte Verkleidungsrequisiten. Er verwendet sie tatsächlich, wenn er Fleisch schneidet und es den Männern Princians verkauft (Str. 706 f.). Etwas Ähnliches passiert schon bei der

---

14 Henning Wuth: Morolfs Tauchfahrt. Überlegungen zur narrativen Bedeutung von ‚Technik' im *Salman und Morolf*. In: Archiv 235 (1998), S. 328–344, hier S. 342: „Er [Morolf] ist Techniker, der sich der Technik bedient, um zum Ziel zu kommen."

ersten Verkleidung, wenn Morolf die Haut des Juden richtig trägt: *inn der hute ging der ritter lobesan / in allen den geberden, / als were sie im gewachssen an* (Str. 163).

Morolf scheint sich Bruno Latours *Theorie des Kollektivs* sozusagen gut zu Eigen gemacht zu haben, deren Kernsatz von Böhme als „Versammlung des Selbst und des Dings zu einer Einheit zum Ziel" wiedergegeben wird.[15] Morolf erkennt, dass es bei den meisten Handlungen auf „die komplexen Interferenzen materieller und symbolischer, menschlicher und nicht-menschlicher Anteile" ankommt.[16] Am Beispiel des Gewehrs fragt Latour: Wer schießt? Wer ist dafür verantwortlich? Der Mann oder das Gewehr? Er argumentiert, dass in einem solchen Fall Subjekt und Objekt nicht klar differenziert werden sollten, denn „[a]ction is simply not a property of humans *but of an association of actants*", und diese Aktanten bieten einander neue Möglichkeiten und Funktionen.[17] Laut Böhme ist „[d]as Ich [...] auf die Dinge ausgedehnt"; Selbst und Ding verschmelzen ineinander, Subjektivität kann nicht klar definiert werden.[18] Die Dinge, die von diesen beiden Theoretikern hauptsächlich diskutiert werden, sind Dinge der Moderne, Maschinen oder Geräte – das Auto, die U-Bahn. Und obwohl wir zu unserem Text keine Frage wie „Wer fährt? Mann oder Auto?" stellen können, werfen wir ähnliche Fragen auf, zum Beispiel: „Wer agiert? Morolf oder die Haut des alten Juden?" In unserem Text bieten Dinge besondere Möglichkeiten – dies wird von Latour *interference* genannt[19] –, indem sie nicht nur Mittler sind, sondern ihre eigenen Skripte oder Handlungsschemata besitzen. Wie Böhme sagt: „Artefakte sind inkorporierte Handlungsschemata. Sie enthalten [...] Skripte derjenigen Operationen, die ihnen angemessen sind."[20] Morolfs Verkleidungsdinge sollten vielleicht nicht so strikt verstanden werden, weil sie im Gegensatz zu einem Auto oder Gewehr keine eingebauten Funktionen haben, aber ihnen ist zumindest ein Erwartungshorizont von Handlung inhärent – ein Schlachtermesser muss nicht Fleisch schneiden, aber man erwartet von ihm, dass es Fleisch schneiden wird.

Es fällt also auf, dass sich Morolf der Möglichkeiten von inkorporierten Handlungsschemata (oder Erwartungshorizonten) von Dingen äußerst bewusst ist und

---

15 Hartmut Böhme: Fetischismus und Kultur. Eine andere Theorie der Moderne. Reinbek b. Hamburg 2006, S. 81. Latour erklärt das Prinzip selbst im Glossar zu seinem Buch Pandora's Hope; Bruno Latour: Pandora's Hope. Essays on the Reality of Science Studies. Cambridge MA 1999, S. 304: „COLLECTIVE: Unlike society, which is an artifact imposed by the modernist settlement, this term refers to the associations of humans and nonhumans. While a division between nature and society renders invisible the political process by which the cosmos is collected in one livable whole, the word ‚collective' makes this process central. Its slogan could be ‚no reality without representation'."
16 Böhme (Anm. 15), S. 79.
17 Latour (Anm. 15), S. 182.
18 Böhme (Anm. 15), S. 80.
19 Zum Thema *interference* vgl. Latour (Anm. 15), S. 178–180.
20 Böhme (Anm. 15), S. 82.

immer bereit ist, seine eigene Identität mit derjenigen des jeweiligen Verkleidungsdings verschmelzen zu lassen. Er erkennt, dass andere Figuren etwas Bestimmtes von seinen Verkleidungsdingen erwarten, und unterwirft sich deshalb den (An-)Forderungen der Dinge. Diese Unterwerfung ist jedoch bewusst und gezielt und setzt sich insofern von der in der *Theorie des Kollektivs* gegebenen Definition ab. Denn obwohl die anderen Figuren im Text primär auf die Verkleidungsdinge achten, wissen die Leser oder die Hörer immer, dass die Dinge von Morolf bewusst angewendet werden. Der aktive Einsatz des Messers durch Morolf beim Fleischschneiden ist also prominenter als bei einem richtigen Fleischer und Morolfs Identität – obwohl geschickt verkleidet – tritt dadurch immer stärker hervor. Morolfs Geschicklichkeit und seine Fähigkeiten werden auf diese Weise betont.

Darüber hinaus erstreckt sich diese Geschicklichkeit, wie oben erwähnt, auch auf das Herstellen von Dingen. In Fores Land spielt er mit Salme Schach, und wenn sie gewinnt, hat er sein eigenes Haupt verspielt. Er hat jedoch einen Ring mitgebracht, worin *mit listen* eine Nachtigall eingesetzt worden ist, die auftaucht und singt, wenn er den Ring anzieht (Str. 248 f.). Damit kann er Salme vom Spiel ablenken und selbst gewinnen. Später verkleidet Morolf Salman als Pilger in einem Pilgermantel, *dar inne was verwircket mit listen ein stahel hut* (Str. 391), und gibt ihm eine Krücke, worin ein Schwert verborgen ist, das Salman später im Kampf mit den Heiden benutzen kann (Str. 516). Doch das auffälligste Ding, das er herstellt, ist ohne Zweifel das kleine Boot, in dem er zu Fores Land fährt:

> Morolff ime bereiten hieß
> ein schiffelin von leder,
> wann er es uff das mere gestieß,
> das was mit beche wol berant.
> czwei venster gabent im das liecht,
> also machte er es selber mit siner hant.
> (Str. 174)

Später, wenn er aus dem Land fliehen muss, erfahren wir, dass das Boot noch andere Eigenschaften hat. Von den Schiffen Fores umgeben, kann Morolf sein Boot zum Meeresboden tauchen lassen, weil ein Rohr im Boot eingebaut wird, wodurch er atmen kann:

> Ein rore in das schifflin gieng,
> dar durch Morolff den atum enpfing.
> das hat er wol gemachet dar an
> mit einem starcken leder
> Morolff der listige man.
>
> Ein schnür die lag oben dran,
> daz dem tugenthafftigen man
> das ror nit ließ brechen ab.
> er verbarg sich zu dem grunde
> vollichen vierzehen tag.
> (Str. 343 f.)

Morolfs Unterseeboot kann auf aufschlussreiche Weise mit der Tauchfahrt Alexanders verglichen werden, die sowohl in deutschen als auch in lateinischen Alexanderdichtungen beschrieben wird.[21] Im *Alexander* Ulrichs von Etzenbach werden die technische Ausrüstung zur Unterseefahrt und die Details ihrer Herstellung wie bei *Salman und Morolf* sorgfältig – sogar sorgfältiger – beschrieben:

> er hiez machen ein glas:
> ich wil iu sagen wie daz was,
> ob mich des die wârheit mante.
> daz underteil was als ein kante.
> dar ûf was ein überlit
> gar künstlich versmit,
> als die meister daz erdahten,
> die ez veste zesamen brâhten,
> als sie wolden des geniezen.
> dâ die teil zesamen stiezen,
> dâ heten siez alsô zuo brâht:
> listeclich was ez erdâht
> und gevestent gar envollen:
> lîm, öl, zigel, boumwollen,
> dâ mit vermahet daz glas
> alumme an den fuogen was.
> in îsenbant und an keten
> vaste siez gehangen heten.
> ez war gar dicke und doch lieht.
> der meister mir dâ von vergiht
> ez het ein hals offen lanc,
> daz hohe über daz wazzer swanc:
> dâ mit daz glaz vienc den luft.[22]

Die hier beschriebene Fahrt Alexanders wie auch sein Greifenflug haben jedoch keine praktische Funktion. Es geht eher darum, die Grenzen der menschlichen Erfahrung so weit wie möglich zu erweitern. Anders Morolf: Er will nicht beweisen, dass er etwas tun kann, was niemand vorher erreicht hat, und er interessiert sich überhaupt nicht für den Meeresgrund als solchen. Er will nur Fores Männern entfliehen und hat zu diesem Zweck ein Boot hergestellt, mit dem er im Verborgenen reisen kann.

Die Beziehung Morolfs zu Dingen ist also praktischer Natur und wird von ganz spezifischen Fähigkeiten und Fertigkeiten geprägt. Er geht mit Dingen bezogen auf

---

21 Vgl. dazu Wuth (Anm. 14), bes. S. 330 f.
22 Ulrich von Etzenbach: *Alexander*. Hrsg. von Wendelin Toischer. Tübingen 1888 (BLV. 183), V. 24183–24205. Vgl. auch Wuth (Anm. 14), S. 331, der argumentiert, dass der *Alexander* Ulrichs und *Salman und Morolf*, wie auch der *Alexander* Johannes Hartliebs, auf einer Ebene von „Bauplanmentalität" operierten, „die weitab von den sonst üblichen Überfiktionen technischer Errungenschaften liegt".

Handlungsziele sehr geschickt um. Das Wort, das ihm im Text wiederholt zugeschrieben wird, ist *list*: Er unternimmt etwas *mit listen* oder wird als *der listige man* beschrieben. Wenn eine Analyse sich auf Dinge konzentriert, scheint mir, dass die in der Forschung oft unterstrichene Klugheit und Schlauheit in der *list* Morolfs in der Tat der Wissenschaft und dem technischen Können, d. h. der *ars*, zugeordnet sind.[23]

Hier ist nicht der Raum, auf die komplexe und facettenreiche Diskussion um die Geschichte und Rezeption der *artes mechanicae* ausführlich einzugehen. An dieser Stelle beschränke ich mich auf den Hinweis, dass in jüngerer Zeit häufiger argumentiert wird, Handarbeit und Technik seien im Mittelalter – besonders vom 12. Jahrhundert an – positiver bewertet worden als bisher angenommen.[24] Besonders wichtig in dieser Hinsicht ist das *Didascalicon* von Hugo von St. Viktor, worin er sagt, dass – grob zusammengefasst – die *artes mechanicae* eine selbstständige Kategorie des Wissens bilden und als Heilmittel gegen die postlapsarische körperliche Schwäche dienen können.[25] Trotz des Einflusses Hugos von St. Viktor scheint es mir, dass die *artes mechanicae* im Mittelalter ganz unterschiedlich verstanden, definiert und bewertet wurden, und es lohnt sich also, die textspezifische Darstellung der *listen* Morolfs näher zu überprüfen.

Zunächst ist von Bedeutung, dass die *list* Morolfs keine angeborene Eigenschaft, sondern das Ergebnis seiner Reisen und Erfahrungen ist. Seine besonderen Fähigkeiten und Fertigkeiten werden oft dadurch begründet, dass er *hette der lande vil erfarn* (Str. 163).[26] Diese Erfahrung kann nicht auf einen anderen – einen Unerfahrenen – übertragen werden. Das sehen wir besonders gut in der Episode, in welcher Morolf Salman dazu zwingt, sich als Pilger zu verkleiden und sich an

---

23 Vgl. dagegen Bachorski (Anm. 9), S. 16: „Sie [die List Morolfs] fungiert [...] nicht nur zur Rettung der Ehre des Königs Salman und zur Festigung seiner Herrschaft, sondern es liegt in ihr zugleich ein latent bedrohliches Element, durch das die richtige Herrschaft und letztlich jede ‚natürliche' Autorität gefährdet werden kann." Klar ist, dass das Wort *list* nicht nur – oder sogar hauptsächlich – negative Konnotationen besitzt. Vgl. den Eintrag ‚list' in Matthias Lexer: Mittelhochdeutsches Handwörterbuch. 3 Bde. Leipzig 1872–1878, hier Bd. 1.
24 Zur Geschichte der *artes mechanicae* im Mittelalter vgl. Fritz Krafft: Artes mechanicae. In: LexMA. Bd. 1 (1980), Sp. 1063–1065; Alistair Cameron Crombie: Augustine to Galileo. Bd. 1., 2. Aufl. London 1959, S. 183–196; Peter Sternagel: Die artes mechanicae im Mittelalter. Begriffs- und Bedeutungsgeschichte bis zum Ende des 13. Jahrhunderts. Kallmünz 1966 (Münchener Historische Studien. Abteilung Mittelalterliche Geschichte. 2). Ein wichtiger Forschungsüberblick, der die Schwierigkeiten hervorhebt, eine allgemeine Einschätzung der *artes mechanicae* im Mittelalter vorzunehmen, wird von Elspeth Whitney angeboten; Elspeth Whitney: Paradise Restored. The Mechanical Arts from Antiquity through the Thirteenth Century. Philadephia 1990 (Transactions of the American Philosophical Society. NS 80. 1), S. 1–21.
25 Hugo von Sankt Viktor: Didascalicon. De studio legendi. Studienbuch. Hrsg. und übersetzt von Thilo Offergeld. Freiburg i. Breisgau 1997 (Fontes Christiani. 27). Vgl. auch die ausführliche Einführung zum Text: The *Didascalicon* of Hugh of Saint Victor. A Medieval Guide to the Arts. Hrsg. von Jerome Taylor. New York 1961.
26 Vgl. auch ähnliche Formulierungen in den folgenden Strophen: 130, 240, 255, 309, 349.

Fores Hof einzuschleichen; Salman wird schnell ertappt, weil seine Schönheit und sein Adel nicht verborgen werden können.[27] Wie bereits erwähnt, ist es nicht zu leugnen, dass der Adel Morolfs auch nicht völlig verborgen werden kann, aber diese Tatsache lässt seine Verkleidungen interessanterweise nicht fehlschlagen und unterminiert auf keinen Fall seine Meisterschaft des Verkleidens. Sein Adel wird zweimal von Heiden erkannt (Str. 195; 650), die jedoch nie daran zweifeln, dass dieser Mann ein Pilger oder ein Krüppel ist. Das ist überraschend und es ist zu fragen, warum der Adel Morolfs in diesem Zusammenhang überhaupt erwähnt wird. Möglich ist, dass die Erwähnung des Adels das Publikum vor allem darauf hinweisen soll, dass dieser Mann kein Pilger, sondern ein echter Adliger ist und dass seine besonderen Verhaltensweisen auf eine erlernte Wissenschaft, d. h. nicht auf ‚angeborene' Hybridität zurückzuführen sind. Morolf hat also seine *list* gelernt. Es sollte jetzt auch klar sein, dass die *list* Morolfs darin besteht, Dinge intelligent anzuwenden, um ein Problem zu lösen. Es bleibt jedoch in der Schwebe, ob das Publikum diese Fähigkeit als vorbildlich verstehen soll.

Mittelalterliche Diskurse über die *artes mechanicae* sind hauptsächlich religiös geprägt, d. h. die *artes* wurden – grob gesagt – entweder negativ beurteilt, weil sie im Vergleich mit den göttlichen Kräften für überflüssig oder sogar anmaßend gehalten wurden, oder positiv beurteilt, weil sie zur spirituellen Entwicklung beitragen konnten.[28] In unserem Text ist es jedoch schwierig, das technische Können Morolfs in irgendeine religiöse oder philosophische Denktradition einzupassen, und zwar nicht nur weil die Datierung des Texts, wie oben erwähnt, umstritten bleibt. Es fällt auf, dass es in der Tat kaum irgendeinen Hinweis gibt, ob die Aktionen Morolfs positiv oder negativ beurteilt werden sollen. Auf der einen Seite wird ihm nie Hybris vorgeworfen, auf der anderen Seite stellt er sein Unterseeboot nicht her, um Gott durch sein menschliches Talent zu verehren.[29] Wenn er gegen die Heiden kämpft, wird er als *miles christianus* beschrieben,[30] aber es besteht kein Interesse daran, den Zustand der Menschheit als durch die *artes mechanicae* verbesserbar darzustellen. Dennoch ist es möglich, dass die *list* Morolfs die Fähigkei-

---

27 Morolf behauptet, dass sich die Schönheit Salmans gefährlicherweise nicht leicht verbergen lässt: *er sprach: ‚Salman, lieber bruder min, / din schone kan sich verbergen niht. / nu leucke du ir nit lang, / obe dir din ere wurde liep'* (Str. 398).
28 Vgl. Whitney (Anm. 25), S. 75–127, und George Ovitt: The Restoration of Perfection. Labor and Technology in Medieval Culture. New Brunswick/London 1987.
29 Wie auf berühmte Weise im 13. Jahrhundert Roger Bacon, der die Tauchfahrt Alexanders und weitere technologische Erfindungen wegen ihrer Nützlichkeit für die Verehrung Gottes und der Verbreitung des Christentums versteht; Roger Bacon: Epistola Fratris Rogerii Baconis de Secretis Operibus Artis et Naturae, et de Nullitate Magicae. In: Fr. Rogeri Bacon Opera quaedam hactenus inedita. Hrsg. von J. S. Brewer. London 1859 (Rerum Britannicarum Medii Aevi Scriptores. 15), S. 523–551, bes. S. 532 f. Vgl. dazu Crombie (Anm. 25), S. 69–71.
30 Im Kampf gegen Fores Männer wird Morolf – weiß gekleidet – mit einem Engel verglichen (Str. 504–508) und im Endkampf gegen Princian wird er fast besiegt, dann aber durch die Kraft Gottes gerettet (Str. 770).

ten und Leistungen der Menschen verherrlichen soll, wenn auch in keinem explizit religiösen Zusammenhang. Ich habe bereits die detaillierte und praktische Beschreibung der verschiedenen Verkleidungen und der Herstellung des Unterseeboots diskutiert, und eine solche Betonung der praktischen Details hebt nicht nur die Plausibilität, sondern auch die Imitierbarkeit von solchen Situationen und Gegenständen hervor.

Morolfs *list* soll also nicht als geheimnisvolle erscheinen und lässt sich in diesem Zusammenhang nicht mit dem Zauber vergleichen, der nur von Heiden angewendet wird und dessen Verfahrensweise im Text nicht erklärt wird. Fore lässt sich einen Ring herstellen, in den ein zauberkräftiger Stein eingesetzt wird (Str. 93 f.), und schenkt ihn Salme. Diese fragt dann Morolf, ob er in diesem Ring etwas Schädliches finden kann, aber er kann *mit den listen sin* (Str. 98) den Zauber nicht erkennen. Zauber spielt also keine Rolle bei der *list* Morolfs. Es könnte sein, dass Zauber als eine andere Form von Wissenschaft verstanden werden soll, die Morolf nicht gelernt hat. Die Einstellung zur Zauberkunst war im Mittelalter zwar nicht eindeutig negativ geprägt,[31] aber die ausschließliche Verbindung von Zauberei mit den Heiden deutet einen bewussten Gegensatz von zwei Formen des Wissens an. Wenn dieser Gegensatz aber die Plausibilität und Vorbildlichkeit der Wissenschaft Morolfs hervorheben sollte, dann ist er doch zugleich von beschränkter Aussagekraft. Denn obwohl die detaillierte Beschreibung der Herstellung des Unterseeboots oder der Haut als eine Alternative zu Quellenberufungen fungiert, die in *Salman und Morolf* auffälligerweise nicht vorkommen, bleibt die Plausibilität dieser Dinge kompromittiert. Die Häutung eines Mannes wird als etwas Normales und Glaubhaftes dargestellt, ohne dass ihr das Befremdende gänzlich genommen wird. Wie beim Unterseeboot wird das Publikum dazu aufgefordert, die eigene Ungläubigkeit gegenüber den dargestellten Vorgängen abzulegen – was eigentlich unmöglich ist.

Diese Untersuchung hat also manche Ambiguitäten sichtbar gemacht. Morolfs Beziehung zu Dingen kann kaum abschließend beurteilt werden. Das Publikum wird nie dazu ermutigt, Morolf zu missbilligen oder gar zu verabscheuen – es ist aber auch unklar, ob wir seine Verhaltensweise für ein positives Vorbild des menschlichen Könnens halten sollen. Es gibt keine Philosophie der Wissenschaft, sondern nur (funktionale) Pragmatik, denn die geschickte Behandlung von Dingen erlaubt Morolf, sein Ziel zu erreichen.

II Salme als *Ding*

Jetzt lohnt es sich, ein anderes Ding in Betracht zu ziehen, das Ding, nach dem Morolf mit allen seinen technischen Objekten und Verkleidungsdingen sucht: Sal-

---

31 Vgl. Lynn Thorndike: A history of magic and experimental science. Bd. 2. New York/London 1923. In diesem Band sammelt Thorndike unzählige mittelalterliche Quellen, um zu zeigen, dass

me selbst. Frauen werden in der mittelalterlichen Literatur oft auf irgendeine Weise *verdinglicht*, besonders in Texten, die eine Brautwerbung beinhalten, worin die Frau zu gewinnen ist und als ein Prestigeding oder ein Symbol der Macht verstanden werden kann.[32] Eine solche *Verdinglichung* überschreitet vielleicht die theoretische Vorstellung des *Dings*, aber die Dinglichkeit von Salme fällt in unserem Text konkret auf. Zunächst einmal begehren die Männer im Text Salme nur wegen ihrer strahlenden Schönheit und nicht wegen ihrer Gleichrangigkeit wie bei den meisten Brautwerbungen.[33] Gleichrangigkeit ist hier nicht von Bedeutung – Salme ist keine Prinzessin, ihr Vater ist nur ein Vasall Fores und sie ist einfach *ein wip von Endian, / eins heiden dochter her und lobesam* (Str. 2). Salme ähnelt einem wunderschönen Edelstein, strahlend und begehrenswert. Als sie zum ersten Mal im Text erscheint, werden ihr Aussehen, ihre Kleider und ihr Schmuck detailliert beschrieben sowie ein Karfunkelstein in ihrer Krone, womit die Verschmelzung von Frau und Schmuck demonstriert wird:

> Ein kron trug die kunigin,
> die luchte recht als der sonnen schin.
> dar inne lag der liechte karfunckl stein.
> rechte als der morgen sterne
> ir antlitz uz den frauwen schein.
> (Str. 9)

Im Handlungsverlauf wird immer wieder darauf angespielt, dass Salme ein Ding zum Besitzen ist. Sie spielt nicht die soziale Rolle einer Königin – es geht nicht darum, politische Allianzen zu fördern oder das Fortbestehen eines Geschlechts zu sichern –, sondern sie ist ein schönes Ding, das Männer besitzen wollen. Morolf altert so sehr im Lauf des Textes, dass er von Salman einmal wegen der grauen Haare nicht erkannt wird (Str. 348), aber Salme bleibt fast totemistisch beständig. Ziemlich spät im Text wird sie sogar von ihrem zweiten heidnischen Mann, Princian, in eine Einsiedelei auf einem hohen Felsen *verwircket*, weil er so große Angst vor Morolf und dem Verlust seiner Frau hat (Str. 625). Der Ausdruck *verwircket* ist besonders interessant, denn das Wort wird normalerweise dafür benutzt, das

---

der Zauber (trotz einzelner negativer Einstellungen) eine wichtige Position innerhalb der mittelalterlichen Denktradition innehatte. Vgl. auch Bert Hansen: Science and Magic. In: Science in the Middle Ages. Hrsg. von David C. Lindberg. Chicago/London 1978, S. 483–506, der argumentiert, dass Zauber und Wissenschaft im Mittelalter nicht immer klar voneinander unterschieden werden können.

32 Vgl. z. B. Bowden (Anm. 5), S. 42–44, zur politischen Funktionalität der Brautwerbung im *König Rother*.

33 Wie im *König Rother*, wo die Prinzessin von Konstantinopel nicht nur wegen ihrer Schönheit, sondern auch wegen ihrer adligen Geburt ausgewählt wird: *siu ist in midin also smal, / sie gezeme eime herren wol / und mochte von ir adele / gezeme eime koninge: ir dinet aller degelige*. König Rother. Mittelhochdeutscher Text und neuhochdeutsche Übersetzung von Peter K. Stein. Hrsg. von Ingrid Bennewitz. Stuttgart 2000, V. 75–79.

kunstmäßige Verarbeiten von Objekten oder Einsetzen von Edelsteinen zu beschreiben.[34]

Wenn Salme als Ding wahrgenommen wird, dann kann die problematische Frage, wodurch ihr Verhalten motiviert sein könnte, auf einfache Weise ‚gelöst' werden. Salme wird von heidnischen Königen ohne eigenes Zutun entführt, denn sie wird durch Zaubermittel verlockt, die sie dazu bringen, sich in den jeweiligen König zu verlieben. Zwar wird sie nie ausdrücklich als Unschuldige bezeichnet, aber wenn man Salme als Ding versteht, dann wäre die Frage nach ihrer Motivation sekundär oder sogar bedeutungslos. Es ginge dann nicht darum, um die Zustimmung einer Frau zu werben, sondern ein Ding zu bekommen und es dann zu besitzen. Man muss sich ebenso wenig bemühen, das Ding zu behalten, es sei denn, das Ding wird von einem anderen begehrt. In diesem Sinne überrascht es nicht, dass Salme nur in der Interaktion mit Morolf eine aktive Rolle spielt, weil er der einzige Mann ist, der sie nicht besitzen will.

Im Gegensatz zu den Dingen Morolfs, die – wie auch immer wir sie beurteilen – solche Dinge sind, die neue Handlungsspielräume eröffnen, ist Salme ein gefährliches und vernichtendes Ding, durch das Könige angelockt und in Schwierigkeiten, wenn nicht zu Tode gebracht werden. Die Beziehung zwischen dem Mann und dem Ding ist hier negativ geprägt, denn die Männer, die sich in Salme verlieben, sind davon besessen, dieses schöne Ding zu besitzen. Irgendein angeborenes Übel seitens Salme spielt keine Rolle im Vergleich zu den menschlichen Schwächen der Männer, die sie ohne aktiven Einsatz provoziert. Genau ihre Dinghaftigkeit hebt diese Schwächen hervor. Die Asymmetrie zwischen Salmes eigener Passivität und dem Besitzstreben, das sie auslöst, ließe sich also mit ihrer Dinghaftigkeit erklären.

III Schlussbilanz

Es geht in *Salman und Morolf* im Grunde genommen um einen Mann, der Dinge benutzt, um ein Ding wiederzugewinnen. Dabei fällt auf, dass die Beziehung zwischen Dingen und Menschen auf zwei sehr verschiedene Weisen dargestellt wird. Auf der einen Seite demonstriert das technische Können Morolfs die Möglichkeiten der menschlichen Fähigkeiten und Leistungen überhaupt. Auf der anderen Seite wird durch die Dinghaftigkeit Salmes die Schwäche der Menschen akzentuiert, die allzu leicht von einem schönen Ding in den Wahnsinn getrieben werden können. Allerdings geht es nicht um einen klaren Gegensatz zwischen den positiven und negativen Eigenschaften der Menschheit, denn die Beziehung Morolfs zu Dingen

---

34 Vgl. den Eintrag ‚ver-wirken, ver-würken' in Lexer (Anm. 23) – in *Salman und Morolf* auch im Bezug auf den Ring Salmans benutzt, worin eine Reliquie *verwircket* ist (Str. 653). Salman lässt zuvor auch die scheintote Salme in einen Sarg *verwircken* (Str. 143).

wird nicht eindeutig positiv dargestellt, wie bereits erklärt, im Gegenteil: Ihre Vorbildlichkeit ist extrem zweifelhaft.

Die *list* Morolfs wird nie negativ bewertet, aber am Ende ist es äußerst fragwürdig, ob er als vorbildliches Beispiel für die menschlichen Möglichkeiten gelten soll. Wenn man die Fremdheit und mangelnde Imitierbarkeit seiner Beziehung zu Dingen in Betracht zieht, könnte man den folgenden Schluss ziehen: Am Ende genügt es nicht, sich auf Dinge zu verlassen. Erstens ist das Begehren schöner Dinge – wie Salme – ungenügend und sogar gefährlich. Salme wird, als sie in der Badewanne sitzt, schließlich von Morolf wie ein Ding zerstört. In einer idealen Liebesbeziehung geht es nicht um Verlockung und Besessenheit, sondern um Gleichrangigkeit und Mutualität wie in der zweiten Heirat Salmans mit der Schwester Fores. Zweitens reicht die *list* Morolfs – seine intelligente Anwendung von Dingen – nicht aus, seine Aufgabe vollständig zu erfüllen und Salme wiederzubringen. In den beiden heidnischen Ländern kulminieren seine Bemühungen in einem Kampf zwischen Christen und Heiden und im Land Princians muss er zusätzlich die Hilfe einiger Zwerge dafür gewinnen, den Fels aufzugraben, worin Salme in einer Einsiedelei eingeschlossen ist. In den Kämpfen hält Morolf kreuzzugsartige Reden und vertraut auf die Hilfe Gottes, wie z. B.:

> Diß ist ein ungedaufft diet,
> got laßt uns under wegen niht
> umb die kunigin her,
> er lat uns unser truwe geniessen
> und hilffet uns wider uber see.
> (Str. 753)

Dass diese erfolgreichen Kämpfe ausgerechnet am Schluss stehen, könnte als Hinweis darauf verstanden werden, dass am Ende menschliche Kräfte allein ungenügend sind und dass man sich auf ein höheres, überirdisches Können verlassen sollte. Eine solche Deutung kann symbolisch durch die drei verschiedenen Ringe illustriert werden, die im Text vorkommen. Zunächst ist der Zauberring zu nennen, den Fore Salme zum Geschenk macht; dann gibt es den Ring, in den Morolf *mit spehen listen* eine Nachtigall eingesetzt hat (Str. 248) und womit er Salme vom Schachspiel ablenkt; und schließlich besitzt Salman einen Ring, in den eine Reliquie eingebettet ist. Salman gibt diesen Ring Salme, die ihn wiederum an Princian weiterreicht, und Morolf bemüht sich daraufhin, den Ring wiederzubekommen. Als er Salman seinen Ring zurückgibt, schilt er ihn, dass Salme eine solche Reliquie nicht anvertraut werden sollte:

> er sprach: ,here, daz gebe du der kunigin.
> da endehte du nit wißlich an.
> du duchtest mich nit wise,
> wie kunde sie heiltum schone gehan?
> (Str. 723)

Mit der eingearbeiteten Reliquie ist, so legt Morolfs Satz nahe, der Ring als Liebesgabe nicht mehr geeignet.

Diese drei Ringe – so könnte man sie deuten – spiegeln die drei im Text problematisierten Arten von ‚Kraft' wider. Die schlechteste ist die Zauberkraft, die unerklärbar und hier mit dem Heidentum verbunden ist. *List*, die technische Wissenschaft, ist besser, denn sie ist plausibler und könnte sogar die menschlichen Fähigkeiten verherrlichen. Den höchsten Rang aber hat die göttliche Kraft, die nicht zu übertreffen ist.

Eine solche, schlüssige Lösung wäre schön, ist aber leider unmöglich. Am Ende geht es nicht nur um die Hilfe Gottes im Kampf, sondern auch um die Hilfe von Zwergen. Morolf besucht eine Meerfrau, mit der er verwandt ist und die ihm ihre Zwerge leiht. Diese Zwerge bestürmen den Fels und Morolf kann Salme daraufhin endlich zurückgewinnen. Der christliche Glaube ist nicht die einzige Lösung, wenn Dinge nicht ausreichen – auch Zwerge können helfen. Wie schon erwähnt, ist die Vorbildlichkeit Morolfs in Bezug auf Dinge extrem fragwürdig. Es gibt aber keine andere Lösung, die vorbildlicher ist, denn sogar das Vertrauen auf Gott wird mit der Hilfe von Meerfrauen und Zwergen gleichgesetzt. Es überrascht nicht, dass man in der Forschung Probleme damit hat, den moralischen Kern des Texts zu identifizieren: Morolf, der geschickte Techniker, der zugleich christlicher Kämpfer ist, ist überraschenderweise auch mit Meerfrauen verwandt und behält so abschließend seinen fremden Status.

Bedeutung

Udo Friedrich, Köln
Zur Verdinglichung der Werte in den *Gesta Romanorum*

> Es gab einen gewissen König, der ein Gesetz festsetzte, daß ein jeder Richter bei schwerer Strafe gerecht richten sollte, und wenn er dies nicht täte, auf keine Weise Erbarmen finden sollte. Nun trug sich aber der Fall zu, daß ein Richter, durch Geschenke bestochen, ein falsches Urteil fällte. Der Kaiser, als er das gehört hatte, befahl seinen Sklaven, ihn zu schinden, und also geschah es. Seine Haut aber legte er auf den Stuhl, auf welchem der Richter sitzen mußte, daß derselbe daran denken sollte und nicht mehr ein falsches Urteil gäbe: Der König aber machte den Sohn des getöteten Richters zum Richter, indem er zu ihm sprach: „Du sollst auf der Haut deines Vaters sitzen, um über mein Volk zu richten: wenn dir jemand ein Geschenk bringt, damit du vom Wege des Rechten abweichen mögest, so siehe dich nach der Haut deines Vaters um, auf daß dir nicht dasselbe begegne!"[1]

Die kleine Geschichte aus den *Gesta Romanorum* erzählt von der Strenge des Gesetzes. Ganz im Sinne exemplarischen Erzählens bietet sie gleich zu Beginn eine Regel, die durch einen Fall illustriert wird. In knappster Form verhandelt das juristische Exempel die Werte Recht und Unrecht und entwirft ein Erzählschema von Gesetz, Übertretung und Strafe, das den Spannungsbogen der Erzählung öffnet und wieder schließt. Seine Besonderheit erhält das Exempel vom grausamen König, von dem schon Valerius Maximus berichtet und es dem Perserkönig Cambyses zuschreibt, aber dadurch, dass ihm eine Fortsetzung folgt und ein neuer Spannungsbogen eröffnet wird, der durch die Übergabe des Richteramtes an den Sohn und den abschließenden Rat markiert wird.[2] Die natürliche Bindung von Vater und Sohn wird durch den höheren Anspruch des Gesetzes gebrochen, das nun über das Wort hinaus noch verdinglicht wird. Das Gesetz ist nicht mehr nur eine abstrakte

---

[1] Gesta Romanorum. Die Taten der Römer. Ein Geschichtenbuch des Mittelalters. Nach der Übersetzung von Johann Georg Theodor Grässe. Hrsg. und neu bearbeitet von Hans Eckart Rübesamen. München 1962, S. 57 f. (Nr. 29); Gesta Romanorum. Hrsg. von Hermann Oesterley. Berlin 1872. Neudruck Hildesheim 1963, S. 327 f.: *Erat quidam imperator, qui statuit pro lege, quod sub pena gravi quilibet judex recte judicaret, et si contrarium faceret nullo modo misericordiam inveniret. Accedit casus, quod quidam judex muneribus corruptus falsum judicium dedit. Imperator cum hoc audisset, servis suis precepit, ut eum excoriarent. Et sic factum est. Pellem ejus in loco, ubi judex sedere deberet, posuit ad significandum, quod ille judex cogitaret, quod amplius falsum judicium non daret. Rex vero filium judicis defuncti judicem constituit dicens ei: Sedebis super pellem patris tui, ut judices populum meum. Si vero aliquis affert tibi donum ut declines a via recta, ad pellem patris tui respicias, ne tibi hoc idem contingat.* Vgl. Udo Gerdes: Gesta Romanorum. In: ²VL. Bd. 3. 1981, Sp. 25–34; Udo Wawrzyniak: Gesta Romanorum. In: EM. Bd. 4. 1987, Sp. 1201–1212; Brigitte Weiske: Gesta Romanorum. Bd. 1: Untersuchungen zu Konzeption und Überlieferung; Bd. 2: Texte, Verzeichnisse. Tübingen 1992.

[2] *Iam Cambyses inusitatae seueritatis, qui mali cuiusdam iudicis e corpore pellem detractam, sellae intendi in eaque filium eius iudicaturum considere iussit.* Valerii Maximi: Facta et dicta memorabilia. Vol. 1. Hrsg. von John Briscoe. Stuttgart 1998, 6,3, ext. 3 (S. 395 f.).

Regel, über die geschundene Haut schreibt sich die Geschichte des Vaters statt als natürliche Kontinuität als rechtliche Kontrafaktur in die des Sohnes ein, überschreibt die kulturelle Regel die Natur. Wie über die Haut des Vaters das Gesetz sichtbar wird, wird die Geschichte des Vaters auch erinnerbar, so dass über das Ding die Vergangenheit in Gegenwart und Zukunft gleichermaßen eingezogen wird.

Die *Gesta Romanorum* aus dem 14. Jahrhundert zählen zu den berühmtesten Erzählsammlungen nicht nur des Mittelalters. Sie enthalten eine Fülle von Exempeln, die nach Ausweis des Titels historischen Anspruch reklamieren. Unter den narrativen Argumentationsformen der Rhetorik vertreten sie die *historia*, doch finden sich auch zahlreiche Gleichnisse und Fabeln, schließlich Legenden und Allegorien. Die Geschichten sind zum überwiegenden Teil nicht vom Autor erfunden, sondern aus antiken und mittelalterlichen Quellen, aus römischen, jüdischen und englischen Sammlungen kompiliert, und sie greifen auf den gesamten Bereich des sozialen Lebens aus.[3]

Die *Gesta Romanorum* legen nun insofern Zeugnis von einer spezifischen mittelalterlichen Rezeptionsform ab, als sie nicht nur den Wahrheits- und Wirklichkeitsanspruch der rhetorischen Erzählgattungen nivellieren, sondern auch den meisten Exempeln längere allegorische Lesarten abzwingen. Im vorliegenden Fall wird in einer recht gewaltsamen Exegese der Gesetzgeber mit Christus, der Richter mit dem Menschen und die geschundene Haut mit der Seele identifiziert.[4] Was Michel Foucault über die Episteme der Vormoderne, die Ähnlichkeit, schreibt, trifft auch auf die Allegorese zu: Sie erweist sich einmal mehr als reichste und ärmste Denkform zugleich, da sie in immer neuer Variation zum immer gleichen Ergebnis führt.[5] Die Forschung hat diesen Sachverhalt vielfach konstatiert und den Geschichten denn auch einen Eigenwert attestiert.[6] Ihren literaturgeschichtlichen Rang erhält die mittelalterliche Adaptation der Erzählungen nicht aufgrund, sondern trotz ihrer Allegorese, was sich auch daran zeigt, dass nicht erst moderne Leseausgaben auf die *moralisatio* weitgehend verzichten.[7] Befragt man die Exempel auf ihren narrativen Eigenwert, erweisen sie sich als kleine Meisterstücke des

---

3 Vgl. Wawrzyniak (Anm. 1), Sp. 1203.
4 Vgl. Gesta Romanorum lat. (Anm. 1), S. 328.
5 Vgl. Michel Foucault: Die Ordnung der Dinge. Eine Archäologie der Humanwissenschaft. Aus dem Französischen von Ulrich Köppen. 3. Aufl. Frankfurt a. Main 1980, S. 61. Vgl. Hilmar Kallweit: Archäologie des historischen Wissens. Zur Geschichtsschreibung Michel Foucaults. In: Historische Methode. Hrsg. von Christian Meier, Jörn Rüsen. München 1988, S. 267–299, hier S. 274 f.
6 Vgl. Shirley Marchalonis: Medieval Symbols and the Gesta Romanorum. In: The Chaucer Review 8 (1973), S. 311–319; Rolf Sprandel: Die Gesta Romanorum als Quelle der spätmittelalterlichen Mentalitätsgeschichte. In: Saeculum 33 (1982), S. 312–321; und Ella Bourna: Classical Elements in the *Gesta Romanorum*. In: Vassar Mediaeval Studies. Hrsg. von Christabel Forsyth Fiske. London/Oxford 1923, S. 345–376.
7 Vgl. Adalbert von Keller (Hrsg.): Gesta Romanorum. Quedlinburg/Leipzig 1841 (BLV. 23).

Erzählens, die vor dem Hintergrund kurrenter kultureller Narrative ihren Gegenstand profilieren.

Erzählungen transformieren Wertrelationen in Handlungen, Werte werden über Aktanten im wahrsten Sinne des Wortes verhandelt. Am Beispiel des Märchens hat die strukturalistische Erzähltheorie ein Modell entwickelt, wie logische Relationen, etwa der Gegensatz von Gut und Böse, in chronologische Handlungen übersetzt werden.[8] Danach liegt dem Märchen eine logische Axiomatik zugrunde, eine Tiefenstruktur, die über Aktanten organisiert wird und sich auf der Erzähloberfläche in einem Handlungskonflikt der Figuren äußert: Aktanten sind zwar Orte für den Transfer von Werten, über eine vorgegebene Hierarchie der Werte, die so genannte Axiologie, können die Figuren aber eine klare Wertbesetzung und die Geschichte selbst eine ihr eingeschriebene Finalität erhalten.[9] Gut und Böse sind klar unterschieden, und der Gute besiegt am Ende das Böse. Einfache Formen sind diesen Modellen stärker verpflichtet als komplexere.[10] Nicht nur die höfische Literatur operiert häufig mit dem Restitutionsschema von Verlust und Gewinn und vergewissert sich über stabile Wertrelationen ihrer Geltungsansprüche. Noch die *Gesta Romanorum* folgen diesem Programm. Was das Christentum vom Märchenschema geborgt hatte – das Vertrauen auf Heil und Sinn –, projizieren die Verfasser der *Gesta Romanorum* wiederum in den heterogenen Bestand an tradierten Erzählformen, indem sie den historischen Exempeln jenseits der Allegorese eine komplexe Gleichnisstruktur einschreiben. Wie die historischen Personen zu abstrakten Figuren (Helden) typisiert werden, die für elementare Werte und soziale Konstellationen einstehen – z.B. König-Vasall, Mann-Frau, Vater-Sohn/Tochter, Meister-Schüler, Mächtiger-Weiser –, so wird das Erzählprogramm in der Regel final auf ein gerechtes Ende hin ausgerichtet. Während die abschließende Allegorese eine homogene Hermeneutik für die Vielzahl an Erzählungen stiftet, entfalten viele Geschichten dennoch ein komplexes Feld der Verhandlung heterogener Geltungsansprüche. In eine Reihe von Erzählungen zieht sogar ein kasuistisches Element ein.[11]

Konfliktkonstellationen innerhalb von Erzählungen werden auch über den Besitz von Dingen ausgetragen. Dinge werden erworben und verloren, hergestellt

---

8 Vgl. im Anschluss an Vladimir Propp Roland Barthes: Einführung in die strukturale Analyse von Erzählungen. In: ders.: Das semiologische Abenteuer. Aus dem Französischen von Dieter Hornig. Frankfurt a. Main 1988, S. 102–143, hier S. 113, 116f.
9 Vgl. Rainer Warning: Formen narrativer Identitätskonstitution im höfischen Roman. In: Grundriss der romanischen Literaturen des Mittelalters. Hrsg. von Hans Robert Jauß, Erich Köhler. Bd. VI,1: Le Roman jusqu'a la fin du XIIIe siècle. Direction Jean Frappier, Reinhold R. Grimm. Heidelberg 1978, S. 25–59.
10 Vgl. Barthes (Anm. 8), S. 112; vgl. André Jolles: Einfache Formen. Legende/Sage/Mythe/Rätsel/Spruch/Kasus/Memorabile/Märchen/Witz. Halle 1930.
11 Vgl. Nicola Hömke: Seneca Moralizatus – Die Rezeption der *Controversiae* Senecas d. Ä. in den *Gesta Romanorum*. In: Die antike Rhetorik in der europäischen Geistesgeschichte. Hrsg. von Wolfgang Kofler, Karlheinz Töchterle. Innsbruck/Wien/Bozen 2005, S. 157–174.

oder zerstört, nicht zuletzt getauscht, über die Modalitäten des Könnens und Wollens werden sie auf die Handlungsoptionen der Aktanten bezogen.[12] Dinge bilden das Fundament der Subsistenz, des Tauschs, der Technik, des Kults und noch der Ästhetik. In Auseinandersetzung mit Dingen konstituiert sich nicht nur das Subjekt, sondern auch die Gesellschaft. Im Prozess sozialer Interaktion nehmen Dinge dabei ganz unterschiedliche Werte an. Religionssoziologie, Ethnologie, Philosophie und Psychologie haben die Fetischisierung von Dingen vielfältig ausgeleuchtet.[13] Nach der Theorie der Gabe fungieren sie weniger in ökonomischen Äquivalenz-, als in anökonomischen Prestigebeziehungen; entsprechend sind sie auch selten auf ihren rein materiellen Wert reduziert, sie besitzen je nach sozialem Kontext einen komplexen ideellen Wert. Innerhalb der horizontalen syntagmatischen Handlungsfunktion erhalten Dinge einen vertikalen indexikalischen Wert.[14] Getauscht werden nicht nur feste und bewegliche Güter, sondern es werden auch äußere und innere Werte verhandelt.

Schon das einfache Exempel vom ungerechten Richter zeigt, dass der Umgang mit Dingen eine nicht unerhebliche Rolle auch in den *Gesta Romanorum* spielt. Sie entfalten in syntagmatischen und paradigmatischen Operationen die Geltungsansprüche der geistlichen und weltlichen Kultur, sie verhandeln an den dinglichen Objekten religiöse, adelige und ökonomische Werte. Der Abstraktion des Figurenarsenals und der Erzählprogramme im Gleichnis korrespondiert eine Abstraktion der Dinge. Gegenüber einer poetischen oder ästhetischen Einstellung, wie sie in der *descriptio* des höfischen Romans oder in späteren realistischer Beschreibung zum Ausdruck kommt, rücken die Dinge selbst hier nicht in den Fokus, es dominiert ihr indexikalischer Wert. Es sind denn auch in der Regel nur wenige, aber rekurrente Dinge – Ringe, Statuen, Waffen, Kleidung, Edelsteine, Gefäße, Bilder, Särge usw. –, denen ihr Zeichenwert, häufig noch über Schrift oder Auslegung, eingeprägt ist. Aufgrund der heterogenen Quellenlage nehmen Form und Funktion der Dinge dabei ganz unterschiedliche Qualität an. So wird etwa anhand von Spielen (Schach) und Bildern die mittelalterliche Ständeordnung allegorisiert, Statuen und Ringe können mit magischen Effekten versehen und somit zu eigenständigen Aktanten werden, Waffen und Kleidung wird ein sozial oder moralisch differenzie-

---

12 Vgl. Warning (Anm. 9).
13 Vgl. Marcel Mauss: Die Gabe. Form und Funktion des Austauschs in archaischen Gesellschaften. In: ders.: Soziologie und Anthropologie. Übersetzt von Henning Ritter. Bd. 2: Gabentausch, Soziologie und Psychologie, Todesvorstellung, Körpertechniken, Begriff der Person. Hrsg. von Wolf Lepenies, Henning Ritter. Frankfurt a. Main 1978, S. 9–144; Jean Baudrillard: Das System der Dinge. Über unser Verhältnis zu den alltäglichen Gegenständen. Frankfurt a. Main/New York 1991 (zuerst Paris 1968); Jacques Derrida: Falschgeld. Zeit geben I. München 1993; Bruno Latour: Das Parlament der Dinge. Für eine politische Ökologie. Aus dem Französischen von Gustav Roßler. Frankfurt a. Main 2001; sowie Hartmut Böhme: Fetischismus und Kultur. Eine andere Theorie der Kultur. Reinbek b. Hamburg 2006.
14 Vgl. Barthes (Anm. 8), S. 111–116.

render Index eingeschrieben. In der Regel dominiert die paradigmatische (metaphorische) Funktion der Dinge die pragmatische Dimension. Ich möchte in der Folge zeigen, wie in den scheinbar einfachen Exempeln der *Gesta Romanorum* innere Werte wie Gerechtigkeit und Treue, Glück und Wunscherfüllung, Weisheit und Leben nicht nur verdinglicht werden, sondern auch vor dem Hintergrund der Zeitlichkeitsproblematik, des Todes, auf komplexe Weise inszeniert werden.

> Die 56. Geschichte der *Gesta Romanorum* erzählt von einem Kaufmann, der einem Fürsten begegnet und von dessen Schönheit und Reichtum fasziniert ist. Er glaubt, dem Inbegriff des Glücks zu begegnen, wird auf das Schloss gebeten und muss nicht nur erleben, wie zum abendlichen Festmahl das Essen in einem Totenkopf serviert wird, sondern auch in seinem Zimmer, in dem er übernachten soll, zwei Leichen an den Händen aufgehängt sind und ihm die Nachtruhe rauben. Auf Nachfrage erklärt ihm der Fürst am nächsten Morgen die Hintergründe: Der Schädel gehörte einst einem Liebhaber seiner Frau, den er enthauptet habe, so dass er seither seiner Frau zur Schmach als Gefäß fungiere; die beiden Leichen hingegen seien Verwandte, die im Gefolge seiner Tat getötet worden seien und die er nun täglich betrachte, bis seine Rache gestillt sei. Als Rat formuliert der Fürst, man solle seinen Augen nicht trauen, ehe man nicht die ganze Wahrheit kenne.[15]

Erneut ein Rechtsfall, eine Fragmentierung des Körpers und seine Transformation in ein Ding, das eine Memorialfunktion einnimmt. Während der Totenschädel an das Vergehen der Frau im privaten Raum erinnert, gemahnen die toten Körper an die Pflicht zur Blutrache und an die öffentlichen Folgen, d. h. an die aus dem Ereignis resultierende Kette von Gewalttaten. In unterschiedlichen Zeithorizonten sind beide Rechtsfälle nicht beendet, und die Dinge stehen dafür als Zeichen ein. Der Adelige wird als Opfer und Vollstrecker des Rechts vorgeführt. Auch diese Erzählung überführt die Wirkung vergangener Ereignisse in eine Handlungsanweisung für die Zukunft. Die erzählten Ereignisse stehen aber schon nicht mehr für sich, sondern sind in einen anderen Kontext versetzt. Das Skandalon wird auf die übergeordnete Spannung von äußerlichem Glanz und Glück auf der einen und latentem Leid auf der anderen Seite bezogen, so dass sich die Moral der Geschichte vom Recht auf eine allgemeine Lebenslehre verlagert, die auch ein *memento mori* enthält. Indem das Rechtsproblem über das Erzählschema von einer übergeordneten Perspektive aus in den Blick genommen wird, gewinnen die Memorialzeichen einen zusätzlichen Bezugspunkt und eine doppelte Funktion: Sie sind sowohl Indices für eine gestört Familien- und Rechtsordnung als auch für eine gestörte Repräsentationskultur. Sie verweisen auf eine Spaltung des Wirklichkeitsverständnisses, die dem äußeren Schein misstraut. Was dem Zweifelnden in anderen Geschichten der *Gesta Romanorum*, in denen etwa Einsiedler an der grausamen Wirklichkeit irre zu werden scheinen (80, 127), durch metaphysische Eingriffe von Engeln erklärt wird – das Walten einer höheren Gerechtigkeit –, bleibt im vorliegenden Exempel aber gerade offen. Die Spannung von Schein und Sein löst sich syntagma-

---

15 Vgl. Gesta Romanorum lat. (Anm. 1), S. 355 f.; Gesta Romanorum dt. (Anm. 1), S. 85–87 (Nr. 56).

tisch nicht auf. Wie an den toten Relikten sichtbar wird, ist die Geschichte aus dem schönen Schein nicht zu tilgen. Sichtbar wird schon hier eine spezifische Erzählstrategie der *Gesta Romanorum*: die Gegenüberstellung konkurrierender Diskurse mit ihren je eigenen Wertsphären.

> Zwei Exempel erzählen von Frauen, die von tyrannischen Rittern bedrängt und von guten gerettet werden. Im ersten Fall trifft ein Fremder auf eine bedrängte Adelige und bietet ihr seine Hilfe unter der Bedingung an, dass sie im Fall seines Todes seinen Stab und seinen Reisesack in ihrem Gemach verwahren möge, um ihn in Erinnerung zu halten.[16] Im zweiten Fall trifft ein edler Ritter auf eine am Wegrand sitzende vertriebene Königstochter, verliebt sich in sie und bietet ihr Schutz und Ehe an, im Falle seines Todes aber solle sie seine blutige Rüstung zur Erinnerung aufbewahren.[17] Beide Helfer erschlagen ihre Gegner, werden aber gleichfalls tödlich verwundet. Die beiden Frauen, die ihre Herrschaft retten können, sehen sich in der Folge erneut Werbungen mächtiger Ritter ausgesetzt und werden vor eine Entscheidung gestellt: Während die eine rasch Stab und Reisebeutel aus ihrem Schlafgemach entfernen lässt, hält die andere durch die Betrachtung der blutigen Rüstung ihrem Retter die Treue.

Beide Erzählungen greifen mit der bedrohten und befreiten Dame einen klassischen Plot des höfischen Romans auf, verändern aber insofern das Erzählschema, als es in diesem Fall seiner Märchenstruktur, der „Sinnerfüllung des Zufalls", beraubt wird.[18] An die Stelle des prädisponierten Helden und des Märchenglücks tritt jeweils ein edler Helfer, der Bedingungen stellt. Das Märchenschema wird hier nicht nur durch eine realistische Alternative unterminiert, auch die Folgen erweisen sich trotz aller Versprechen als ambivalent. Das Restitutionsschema des Märchens wird auf Alternativen hin durchgespielt und mit anderen Wertansprüchen konfrontiert.

Bei annähernd gleichem Plot und gleichem Erzählschema sowie gleicher Axiologie nehmen die beiden Geschichten einen entgegengesetzten Verlauf, indem über die Erinnerung der Wert der Treue *in bonam* und *in malam partem* inszeniert und damit eine topische Struktur der Argumentation realisiert wird. Auch hier fungieren die Dinge als metonymische Memorialzeichen, ihr Geltungsanspruch aber bezieht sich auf den ethischen Diskurs. Die Markierung des ersten Helfers als Fremder profiliert die Selbstlosigkeit der Hilfe ebenso wie die Form der Vereinbarung mit ihrer seltsamen Bedingung die Kontingenz fahrender Existenz fokussiert. Stab und Reisesack indizieren bereits den transitorischen Charakter der Hilfe und legen mit dem potenziellen Tod des Helfers den blinden Fleck des Märchenschemas frei. Erst vom Standpunkt der Moral her erhält die Geschichte ein negatives Stigma, weil sie aus der Perspektive des Opfers wertet. Demgegenüber entspricht die Entscheidung der Dame für die Genealogie wohl eher den politischen Anforderungen der Zeit,

---

16 Vgl. Gesta Romanorum lat. (Anm. 1), S. 321 f. (Nr. 25).
17 Vgl. ebd., S. 376 f. (Nr. 66); vgl. Weiske (Anm. 1), Bd. 1, S. 66 f.
18 Zur „Sinnerfüllung des Zufalls" vgl. Erich Köhler: Der literarische Zufall, das Mögliche und die Notwendigkeit. München 1973, S. 29.

sie ist sichtbar zukunftsorientiert. Die Geschichte ist sowohl als abgewiesenes Märchenschema wie auch als (politisches und religiöses) Gleichnis lesbar. Gegenüber dieser stärker polar ausgerichteten Erzählung akzentuiert die zweite mit edlem Ritter, Minne und Rüstung sichtbar den Rahmen höfischen Erzählens. Der höfische Kontext verändert aber auch den Wert des Memorialzeichens. Indem dem politisch motivierten Treuebruch der höfische Wert der Treue konfrontiert und dieser sichtbar hypostasiert wird, wird das Thema des Totengedenkens in den höfischen Plot eingezogen, werden mit Opfer und rituellem Gedenken explizit christliche Werte in die höfische Erzählwelt inseriert. Vor dem Hintergrund religiöser Opferlogik ist die blutige Rüstung mehr als nur ein Minnezeichen. Die beiden Erzählungen stehen innerhalb der Erzählsammlung in einem intertextuellen Verhältnis zueinander und sind kontrafaktisch angelegt. Sie demonstrieren aber auch die unterschiedlichen narrativen Optionen, den gleichen Plot unter Rekurs auf tradierte soziale Kontexte, Erzählmuster und Objekte alternativ zu erzählen.

Die narrativen Arrangements zeigen trotz ihrer Kürze eine erhebliche Dichte. Gegenüber der Regel-Fall-Struktur des einfachen Exemplums können weitere axiologische Wertebenen in die Erzählung eingezogen werden, die das Verhältnis zur ritterlichen Repräsentationskultur, aber auch zu ihren Erzählmustern betreffen. Die Konkurrenz der Wertesysteme kann aber nicht nur durch gegenläufige Erzählprogramme oder durch alternative Rahmungen realisiert werden, sie können sich auch innerhalb einer Erzählung überlagern:

> Eine Königin empfing von einem Bauern einen unehelichen Sohn, der sich in der Folge ungebührlich verhält. Der König geht der Ursache der Lasterhaftigkeit nach und erforscht von seiner Frau das Geheimnis. Er verstößt das Kind aber nicht, sondern übergibt ihm den Thron mit der Auflage, „daß er [...] Kleider von verschiedenartigem und verschiedenfarbigem Stoffe" tragen solle: die eine Hälfte aus schlechtem, die andere aus kostbarem Tuche: „auf daß, wenn er das schlechte ansähe, er von Hochmut und jedem Laster zurückgezogen würde, wenn aber das gute Tuch, er sich nicht ganz wegwürfe, sondern nur bescheiden zeige".[19]

Die Erzählung entwirft das Programm eines Herrschaftstransfers mit der ihm konstitutiven Spannung von Legitimität und Illegitimität, Freiheit und Unfreiheit. Sie erzählt von einer doppelten Transgression: einem Ehebruch und einer Ständeüberschreitung. Das soziale Skandalon erklärt sich aus den ständischen und geschlechterspezifischen Normen einer Feudalkultur, denen eine naturgegebene Stratifi-

---

19 Gesta Romanorum dt. (Anm. 1), S. 52; Gesta Romanorum lat. (Anm. 1), S. 322 f. (Nr. 26): *Regina quedam nobilis de servo rustico concepit filium. Filius post hoc viciose et male se habuit in conspectu principis patris sui putativi. Princeps vero a regina diligenter quesivit, an filius suus esset. Qui tandem per confessionem regine inveniens, non esse filium suum, nolens tamen propter hoc eum privare regno, regnum suum dedit sibi, sed sic ordinavit, quod vestimenta sua diversi generis et coloris faceret, medietatem de vili panno et aliam de precioso panno, ut quando vilem respiceret, a superbia et omni vicio quocumque retraheretur, quando vero nobilem pannum, ne omnino dejiceretur, nec nimis humilem se exhiberet.*

kation zugrunde liegt. Wie das Verhalten eines Menschen letztlich in seinen natürlichen Anlagen gründet und sein Benehmen unmittelbar Rückschlüsse auf seine Herkunft zulässt, so basiert Herrschaftsnachfolge auf natürlicher Genealogie.[20] Artenmischung zieht politische Unordnung nach sich. Die Pointe dieser Geschichte besteht nun aber gerade darin, dass das Vergehen nicht nach den Regeln des Gesetzes sanktioniert, sondern akzeptiert, belohnt, erneut aber markiert wird. Durch einen einfachen Registerwechsel wandelt sich die Bewertung des Skandalons, so dass das feudalrechtliche System durch eine andere Wertebene unterlaufen wird. Indem die Geschichte die ständische Asymmetrie auf die Ebene der Ethik überträgt und zum konstitutiven Attribut des Herrschers macht, wird die widernatürliche Herkunft in die Forderung überführt, sich ständig der Spannung widerstrebender Dispositionen inne zu werden. Die mit der Belohnung einhergehende Markierung durch die Kleidung erlaubt auch hier eine doppelte Lesart: Sie ist als Memorialzeichen sowohl Index ständischer Inferiorität als auch der *conditio humana* schlechthin. Der Herrscher wird nicht wie gewöhnlich als Inbegriff der Tugenden inszeniert, sondern als gespaltene Kreatur, als Mensch. Der religiöse Diskurs usurpiert den feudalen, indem er die Strafe durch die Versöhnung und damit das rechtliche und politische Narrativ durch das heilsgeschichtliche ersetzt, so dass das Urteil in die Zukunft verlagert und in die Verantwortung des Delinquenten verschoben wird. Der zum Herrscher mutierte Bauer wird nicht zum Exempel einer verkehrten Welt, sondern zum Zeichen einer grundsätzlichen ethischen Spannung, die die *dignitas* und *miseria hominis* ausbalanciert. Das Erzählprogramm des Herrschaftstransfers vollzieht sich in der Konfrontation zweier Wertsysteme: Feudalkultur und Christentum. Über die poetische Technik der Überblendung, die in der gescheckten Kleidung anschaulich wird, wird die doppelte Lesart der Geschichte als Gleichnis möglich.

Die Exempel der *Gesta Romanorum* lösen mithin ihre Konfliktkonstellationen vor dem Hintergrund unterschiedlicher Wertregister, die in der Regel ein sozialhistorisches Fundament besitzen. Sie greifen auf geltende rechtliche, religiöse und politische Regeln zurück, die eine besondere Beziehung zum Körper und zu den Dingen implizieren. So setzt das mittelalterliche Recht auf drastische Formen der Veranschaulichung durch Körperstrafen: auf öffentliche Folter, theatralische Delinquenz und Zurschaustellung der Hingerichteten. Recht ist kein abstraktes System, das auf Schrift und Dokument beruht, sondern eine Praxis, in der Gesetz und Strafe noch verkörpert und körperlich markiert werden: Strafen werden ‚auf den Leib geschrieben'.[21] Die Sorge um den Leichnam eines Erschlagenen scheint noch im alten

---

20 Vgl. Ulrich Reißer: Physiognomik und Ausdruckstheorie der Renaissance. Der Einfluß charakterologischer Lehren auf Kunst und Kunsttheorie des 15. und 16. Jahrhunderts. München 1997.
21 Vgl. Klaus Schreiner, Norbert Schnitzler (Hrsg.): Gepeinigt, begehrt, vergessen. Symbolik und Sozialbezug des Körpers im späten Mittelalter und in der frühen Neuzeit. München 1992; Wolfgang Schild: Alte Gerichtsbarkeit. Vom Gottesurteil zum Beginn der modernen Rechtsprechung. München 1980.

Recht präsent gewesen zu sein. Nach Marc Bloch rief innerhalb der friesischen Blutrache „der Leichnam selbst nach Rache; er hing im Hause und vertrocknete, bis zu dem Tage, an dem die Verwandten nach beendeter Fehde das Recht auf Bestattung erhielten".[22] Die Häutung des Richters stellt nur einen besonders krassen, indes als historisch bezeugten Fall einer gängigen Strafpraxis dar. Die Religion zelebriert eine Memorialkultur, die auf heilige Dinge wie Kreuz, Reliquie oder Oblate ausgerichtet ist, die Partizipation an einer höheren Sphäre in Aussicht stellen. Die blutige Rüstung wird vor diesem Hintergrund zum feudalen Analogon der Passion Christi umcodiert, das Opfer im Kampf erfährt über das rituelle Gedenken eine analoge Verehrung.[23] Die politische Theologie basiert auf dem Konzept der zwei Körper des Königs, und der vestimentäre Code markiert soziale Differenzierung.[24] Kleidung besitzt nicht nur einen funktionalen, sondern auch einen semantischen Wert. Im Exempel von der Niedrigkeit werden beide Register überblendet. Aus politischer Perspektive ergibt sich der Befund, dass die Auffassung von den zwei Körpern des Königs durch eine alternative Lesart von den ‚zwei Kleidern' des Königs ersetzt wird, die die natürliche und institutionelle Spaltung von Herrschaft durch eine heilsgeschichtliche übercodiert.[25] Das politische Lösungsmodell für das Verhältnis von Diskontinuität und Kontinuität wird in eine zweifache Diskontinuität transformiert. Wenn die *Gesta Romanorum* auf den Memorialwert der Dinge rekurrieren und deren Geltungsanspruch auf institutionalisierte Praktiken beziehen, spiegeln sie nicht einfach ein vormodernes Verhältnis zu den Dingen: etwa die Einschleifung der Grenze von Leben und Tod im fragmentierten oder ausgestellten Leichnam oder der Grenze von Attribut und Person im auratisierten Ding.[26] Über ihren Einsatz und ihre Kombination im narrativen Arrangement werden sie zu komplexen Zeichen und können soziale Regeln, Wertesysteme, Motive und Erzählmuster bestätigen, unterwandern oder ihnen eine alternative Lesart abgewinnen. Wird einmal die Strenge des Gesetzes inszeniert, so das andere Mal die Gnade der Versöhnung.

---

22 Marc Bloch: Die Feudalgesellschaft. Übersetzt von Eberhard Bohm in Zusammenarbeit mit Kuno Böse. Frankfurt a. Main/Berlin/Wien 1982 (zuerst 1939), S. 160.
23 Der Stab fungiert in den *Gesta Romanorum* als Attribut des Hirten (Nr. 178) und als Zeichen der Herrschaft: „und er sprach zu seinem Stock, als wenn er die Person seines Herrn vor sich hätte"; Gesta Romanorum dt. (Anm. 1), S. 218 (Nr. 111); er ist Instrument des Wanderers und Zeichen der *peregrinatio* im Dienste des Herrn Jesus Christus: „Nimm diesen Stab und gehe immer auf dieser Straße fort [...]. Dann zeige ihm deinen Stab und sprich: ‚Derjenige, welcher der Eigentümer dieses Stabes ist, befiehlt dir hiermit, daß du mich hineingehen läßt.'" Ebd., S. 184 (Nr. 101).
24 Vgl. Ernst Kantorowicz: Die zwei Körper des Königs. Eine Studie zur politischen Theologie des Mittelalters. Übersetzt von Walter Theimer. München 1990 (zuerst Princeton 1957); und Andreas Kraß: Geschriebene Kleider. Höfische Identität als literarisches Spiel. Tübingen/Basel 2006 (Bibliotheca Germanica. 50).
25 Vgl. Kantorowicz (Anm. 24).
26 Vgl. hierzu Ernst Cassirer: Philosophie der symbolischen Formen. Zweiter Teil: Das mythische Denken. Darmstadt 1958 (zuerst 1923).

Neben ihrem rein funktionalen Nutzen etwa als Siegel (Ring), Heilmittel oder Währung fungieren Dinge als Gabe, die auf Vergeltung, auf Reziprozität zielen. Narratologisch eröffnet die Gabe eine Spannung, die eine Erwartung hervorruft und auf Schließung ausgerichtet ist, d. h. sie bildet eine eigene Sequenz.[27] Während das Geld aber im ökonomischen Tausch eine konkrete Währung darstellt, bilden Vertrauen im sozialen, Liebe im erotischen und Ehre im politischen Kontext ideelle ‚Währungen'. Wie im Fall der edlen Helfer können in reziproken Handlungen über die Dinge ethische Werte verhandelt werden: Tapferkeit und Minne vs. Memoria. Ringe etwa werden getauscht, um sich der Bindung einer Person auch in deren Abwesenheit zu versichern.

> Die *Gesta Romanorum* enthalten eine weltliche Version der *Alexiuslegende*, in der der Ritter Guido über seine Tapferkeit Frau und Ansehen erwirbt.[28] Als ihm aber Christus den Auftrag gibt, gegen die Feinde des Glaubens zu ziehen, verlässt er seine Frau und zieht mit seinem Gefährten auf den Kreuzzug. Von seiner Frau erhält er beim Abschied einen Ring, um ihrer Treue zu gedenken. Nach langjährigen und vielfältigen Kämpfen und Irrungen kehrt Guido schließlich als Pilger verkleidet nach Hause zurück, wird von Sohn und Frau aber nicht erkannt und zieht sich in die Einöde zurück. Erst im Augenblick seines Todes sendet er den Ring an seine Frau, die jedoch zu spät erscheint und sein und ihr Schicksal beweint.

Der Ring, der im Syntagma formal Anfang und Ende der Erzählung zusammenschließt, verliert in der Spannung weltlicher und geistlicher Werte seinen Status sowohl als reines Minnezeichen wie auch als Schlussstein der Sequenz. Indem er am Ende zurückgegeben wird, wird er zum Zeichen des Abschieds und markiert den Registerwechsel. Nächstenliebe als Dienst am Freund, an den Bedürftigen und an Jesus Christus ersetzt die Bindung an die Familie. Die Erzählung unterläuft die Logik der Gabe, indem sie *sub specie mortis* mit *charitas* und Seelsorge auf höhere Werte rekurriert. Der Schließung der Gabensequenz korrespondiert in Bezug auf den Ring eine semantische Verschiebung.

Die Funktion der Dinge in den *Gesta Romanorum* weist aber über eine reine Memorialfunktion hinaus. Die wohltätige Gabe wird in der Regel vergolten, in letzter Instanz im Jenseits. Als der dänische König, der sich barmherzig der Armen annimmt, den Heiligen Drei Königen goldene Kronen und eine hohe Geldsumme spendet, erscheinen sie ihm nachts im Traum und überreichen ihm Gefäße mit kostbarem Inhalt: Geld, Myrrhe und Weihrauch, die auf die christlichen Tugenden der Weisheit, Buße und Barmherzigkeit hin ausgelegt werden.[29] Als der König erwacht, stehen die Gefäße real vor ihm. Im Wunder materialisieren sich die ideellen Werte, die zugleich als reziproke Gabe sein wohltätiges Leben vergelten. Aber auch umgekehrt kann ganz profan im Diesseits durch Strafe Vergeltung geübt werden.

---

[27] Vgl. Barthes (Anm. 8), S. 109–116.
[28] Vgl. Gesta Romanorum lat. (Anm. 1), S. 563–570; Gesta Romanorum dt. (Anm. 1), S. 363–374 (Nr. 172).
[29] Vgl. Gesta Romanorum lat. (Anm. 1), S. 345 f.; Gesta Romanorum dt. (Anm. 1), S. 74–76 (Nr. 47).

Die 48. Geschichte der *Gesta Romanorum* erzählt von dem Erzkünstler (*artifex*) Perillus, der dem grausamen Tyrannen Fallaris einen ehernen Stier anbietet, dessen Inneres Menschen fassen könne. Wenn diese durch die Schmerzen des äußeren Feuers zu schreien anfingen, hielte man es nicht für menschliche Stimmen, sondern für die des Tiers, „damit so der Kaiser auf keine Weise zum Mitleid bewegt würde."[30] Die Funktion des grausamen Folterinstruments schlägt auf den Erfinder zurück, indem Fallaris an ihm zuerst die Technik ausprobiert: „Denn nichts ist billiger, als daß der Erfinder einer neuen Todesart durch seine eigene Kunst umkommt: Wie Ovidius sagt."[31] Seit je steht der *artifex* als Techniker im Pakt mit der Herrschaft und dient ihr durch Erfindung von Machttechnologien. In den *Gesta Romanorum* erfindet etwa der Zauberer Vergilius verschiedene staatliche Überwachungstechniken.[32] Der Künstler im Pakt mit der Macht geht aber auch ein Risiko ein, denn sein Machtanspruch über die Natur gerät in Konkurrenz mit der politischen Macht. Eine unberechenbare Herrschaft kann statt der Gegengabe auch Willkür eintragen.[33] So wird die Auszeichnung der technischen Erfindung zum Stigma, wenn diese die Grausamkeit des Tyrannen noch zu überbieten sucht. Geber und Nehmer stehen aber nicht auf einer Ebene. Resultat ist, paradoxerweise durch das Urteil des Tyrannen, eine höhere Gerechtigkeit. Die Unberechenbarkeit des Herrschers, der nicht nur im Fall des Tyrannen, in ihm aber besonders evident, jenseits des Gesetzes, d. h. hier der erwartbaren Regel, steht, wird dadurch aufgefangen, dass ihr von Seiten des *artifex* eine Lehre abgewonnen wird. Das Exempel enthält nicht nur eine Aussage über unberechenbare Tyrannen und gerechte Strafe, Rivalität von grausamer Kunst und grausamer Politik, es unterwandert auch die Gabenlogik. Die Ambivalenz ist auch semiotisch markiert: Wie der Stier die Wahrheit durch den äußeren Schein verdeckt, so offenbart die Aussage über die Funktion des Kunstwerks – nämlich die Milde des Herrschers zu suspendieren – erst *ex post* ihre doppelte Wahrheit: Der Ambivalenz des Objekts korrespondiert die der Sprache.

Sowohl aus der Perspektive der Feudalkultur wie der des Christentums wird Geld als minderer, materieller Werte eingestuft. Reines Gewinnstreben und Sparsamkeit erwecken dort Verdacht, wo das Wertesystem auf Statuskonsum oder Nächstenliebe beruht.

---

30 Gesta Romanorum dt. (Anm. 1), S. 76 f.; Gesta Romanorum lat. (Anm. 1), S. 346 (Nr. 48). Zum Traditionshintergrund vgl. Ernst Friedrich Ohly: Sage und Legende in der Kaiserchronik. Untersuchungen über Quellen und Aufbau der Dichtung. Münster 1940, S. 113–119.
31 Gesta Romanorum dt. (Anm. 1), S. 77; Gesta Romanorum lat. (Anm. 1), S. 346: *nulla enim equior est, quam necis artificis arte perire sua, ut dicit Ovidius.*
32 Vgl. Gesta Romanorum dt. (Anm. 1), S. 88 (Säulen), S. 466 (Bilder).
33 Die Kaiserchronik bietet eine entschärfte Version der Geschichte, indem hier der diabolische Künstler auf einen gerechten Herrscher trifft. Vgl. Die Kaiserchronik eines Regensburger Geistlichen. Hrsg. von Edward Schröder. München 2002 (Neudruck der Ausgabe Hannover 1892), V. 5683–5838; vgl. Ohly (Anm. 30), S. 116 f.

Die *Gesta Romanorum* bieten die Erzählung von einem Schmied, der eifrig sein Geld in einem hohlen Baumstamm hütet und in der Nähe der Feuerstelle aufbewahrt.[34] Als eines Nachts das Meer die Werkstatt überschwemmt, treibt der Holzstamm davon und gelangt zu einem mildtätigen Wirt, der den Schatz später, als er ihn für frierende Gäste zerlegt, entdeckt und für den potenziellen Besitzer verwahrt. Als der verzweifelte Schmied auf der Suche nach dem Schatz zu der Herberge kommt, stellt ihn der Wirt auf die Probe. Er präsentiert ihm drei Pasteten zur Auswahl, die jeweils mit Erde, Totengebein und Geld gefüllt sind. Der Schmied wiegt die Pasteten in den Händen und entscheidet sich für die schwerste, hier mit Erde gefüllte, und legt auch die Hand auf die mit Totengebein versehene. Nunmehr überzeugt, dass ihm das Geld nicht zusteht, verteilt es der Wirt in dessen Anwesenheit an Bedürftige.[35]

Wenn der Geiz des Schmieds durch die Mildtätigkeit des Herbergsvaters bestraft wird, besitzt die Erzählung eine klare Axiologie und folgt einem einfachen Erzählprogramm. Die infrage stehende Werterelation wird darüber hinaus aber auch in den Dingen selbst noch einmal ins Bild gesetzt: der Baumstamm als Spardose vor dem Feuer hier und als Brennmaterial für frierende Gäste dort, die Pasteten als Nahrungsmittel – gewissermaßen eine ironische Umkehrung der augustinischen Dichotomie von *uti* und *frui* –, denen elementare negative Zeichenwerte – Erde, Tod, Geld – eingelegt werden. Die Innen-Außen-Relation der Zeichenträger Baumstamm und Pastete ist symmetrisch konzipiert, dem organischen und auf das Leben verweisende Außen (Holz, Pastete) kontrastiert das rein materielle tote Innen. Über die Dinge werden Kontrastrelationen, gewissermaßen dingliche Oxymora, veranschaulicht. Noch in Schmiede und Herberge, ja Feuer und Wasser werden die Gegensätze auf räumlicher und elementarer Ebene greifbar. Der funktionalen Herstellung von Dingen in der Schmiede, ihrem Genießen, wird ihr Gebrauch und sozialer Nutzen in der Herberge konfrontiert. Geld als Mittel der Akkumulation wird stigmatisiert, als Mittel karitativer Zirkulation prämiert. Das gleichnishafte Exempel entfaltet seine Thematik nicht nur syntagmatisch, sondern über den komplexen Zeichenwert der Dinge auch paradigmatisch.[36]

Die *Gesta Romanorum* kennen aber auch einen ironischen Umgang mit dem Geld. In der 103. Erzählung lässt sich der weise und gerechte Kaiser Domitian auf einen Handel mit einem Kaufmann ein, der ihm nützliche Dinge anbietet.[37] Wenn er dem Kaiser aber drei weise Sprüche für je tausend Gulden offeriert, wird die Logik des Handels verkehrt, werden im Tauschhandel ökonomische und ideelle

---

[34] Vgl. Gesta Romanorum lat. (Anm. 1), S. 442–444; Gesta Romanorum dt. (Anm. 1), S. 204 f. (Nr. 109).
[35] Vgl. Gesta Romanorum lat. (Anm. 1), S. 443; Gesta Romanorum dt. (Anm. 1), S. 205 (Nr. 109).
[36] Die Allegorese folgt hier dem theologischen Programm: Der Schmied ist der der Welt verfallene Mensch; der Baumstamm steht für das Herz des Geizigen; das Geld für die verdienstvollen Werke, die er aus Furcht vor Gott versteckt; das Meer steht für die Welt, die dem Geizigen das Herz raubt; und die drei Pasteten verbildlichen die Welt (1), das Fleisch (2), aber auch den Himmel (3), den der Geizige verfehlt. Vgl. Gesta Romanorum lat. (Anm. 1), S. 443 f.
[37] Vgl. Gesta Romanorum lat., S. 431–434 (Anm. 1); Gesta Romanorum dt. (Anm. 1), S. 189–193 (Nr. 103).

Werte gegeneinander ausgespielt. Das weit verbreitete Postulat von Weisheit statt Reichtum erhält noch einmal eine Steigerung, wenn der König innerhalb des ökonomischen Diskurses ideelle Werte ‚einkauft' und über den Tausch die Weisheit des Kaufmanns auf den König übergeht. Der weise Kaiser erkauft den ersten Rat: „Alles, was du tust, tue vorsichtig und sieh auf das Ende."[38] Der Rat verdinglicht sich aber seinerseits wieder, wenn Domitian den Spruch auf Wände, Tischdecken und sein Halstuch sticken lässt. Werden im Handel mit dem Kaufmann materielle Werte in ideelle umgesetzt, so materialisieren sich diese nun in Dingen als Zeichenträgern. In diesem Fall haben die Dinge selbst aber nur über die ihnen aufgetragene Schrift Bedeutung. Als Verräter den Barbier des Kaisers zum Mord anstiften und dieser beim Rasieren schon im Begriff ist, ihm die Kehle durchzuschneiden, liest er den Spruch auf dem Halstuch, beginnt zu zittern und bedenkt Tat und Folgen, so dass er das Messer fallen lässt. Auf Nachfrage gesteht er den Komplott und seine Reue aufgrund der Schriftzeichen. An die Stelle politischer Schutzvorrichtungen tritt die Kraft der Sprache. Die weise Sentenz bestätigt sich erneut über eine exemplarische Erzählung und bewährt so ihren alten Erfahrungsgehalt, wie er etwa schon bei Herodot formuliert wird: „Überall muß man auf das Ende und den Ausgang sehen."[39] Weisheit ist nicht ständisch, auch nicht politisch verortet. Kaiser, Kaufmann und selbst der Barbier können jenseits ihrer funktionalen Rollen Weisheit erlangen.

In der europäischen Erzähltradition nehmen materielle und natürliche Werte gegenüber inneren traditionell einen verdächtigen Rang ein: Salomon wählt denn auch Weisheit statt Reichtum, Paris aber die Liebe gegenüber Macht und Weisheit. Und wo Reichtum gewählt wird wie in der Frühen Neuzeit durch Fortunatus, ist das Ergebnis schon höchst ambivalent.[40] Wo es um normative Setzungen geht wie in der Moralphilosophie oder in den Erzählungen über die Wahl von Glücksgütern, geht es immer um die Privilegierung innerer Werte.

> Die 120. Erzählung der *Gesta Romanorum* bietet eine Erzählung über den Trug der Frauen und die Verblendung der Betrogenen: Der König Dareius hat drei Söhne, und er vererbt dem ältesten seinen Landbesitz und dem mittleren seine beweglichen Güter.[41] Der jüngste erhält drei Dinge: einen Ring, der ihn den Menschen so gewogen macht, so dass er alles von ihnen bekommt; eine Kette, die bewirkt, dass er alles, was er wünscht, auch erhält; drittens ein Tuch, mit dessen Hilfe er sich an jeden gewünschten Ort versetzen kann. Nach dem Tod des Königs schickt die Mutter ihren Jüngsten auf die Hochschule und stattet ihn mit dem Ring aus, warnt ihn aber explizit vor den Tücken der Frauen. Der Königssohn verliebt sich aber sogleich in ein

---

38 Gesta Romanorum dt. (Anm. 1), S. 190; Gesta Romanorum lat. (Anm. 1), S. 431: *Quicquid agas, prudenter agas, et respice finem.*
39 Herodot: Historien. Hrsg. und übersetzt von Josef Feix. Düsseldorf/Zürich 2004, S. 20 (I,32).
40 Vgl. Dieter Kartschoke: Weisheit oder Reichtum. Zum Volksbuch von Fortunatus und seinen Söhnen. In: Literatur im Feudalismus. Hrsg. von Dieter Richter. Stuttgart 1975, S. 213–259.
41 Vgl. Gesta Romanorum lat. (Anm. 1), S. 466–470; Gesta Romanorum dt. (Anm. 1), S. 236–242 (Nr. 120).

schönes Mädchen, das ihm unter Vorspiegelung der Fürsorge den Ring entwendet. Enttäuscht kehrt er heim und erhält unter erneuten Warnungen die Kette. Dreimal wiederholt sich der Betrug, bis der Königssohn alle seine magischen Dinge an das Mädchen verloren hat. Allein und verzweifelt in einer Wüste zurückgelassen, macht sich der Betrogene auf den Weg und gelangt durch Zufall in den Besitz von Wasser und Früchten, die sowohl krank als auch gesund machen. Er kehrt in die Stadt zurück, gibt sich als Arzt aus, heilt einen kranken König und erwirbt weithin Ruhm als Heiler. Mit Hilfe seiner neu gewonnen Utensilien gelangt er schließlich zu dem mittlerweile schwer erkrankten Mädchen, der er um der Gesundung Willen die Beichte abringt und so wieder in den Besitz seiner magischen Dinge kommt. Der Betrügerin aber verabreicht er das gesundheitsschädliche Wasser und die Verderben bringenden Früchte und bestraft sie für ihre Listen mit dem Tode. Abschließend kehrt er heim und verbringt glücklich sein Leben.

Der Plot der Erzählung ist dem modernen Leser vor allem aus dem *Fortunatus* bekannt, er ist hier aber seiner Märchenstruktur beraubt und im feudalen Milieu situiert.[42] Die Erzählung handelt angeblich von der rechten Erbfolge und der Verteilung der Güter auf die Nachkommen, doch bildet sie nur den Ausgangspunkt für den Einstieg in das Betrugsthema. Nicht über eine Wahl, sondern über das Erbe gelangt der jugendliche Protagonist in den Besitz der Glücksgüter und verliert sie schemagemäß durch die Anziehungskraft der Liebe. Aus der machtbewussten und saturierten Perspektive des Adels erweisen sich die Glücksgüter offenbar nur als drittrangig, sie werden überdies über den Handlungsverlauf auch einer sichtbaren Depotenzierung unterworfen. Zwar nehmen die Dinge eine handlungssteuernde Funktion ein, indem der Königssohn etwa durch den Ring die Gunst des Mädchens gewinnt, doch unterliegt die Dingmagie letztlich der Macht der Liebe und der Dummheit. Wunscherfüllung und Mobilität, die die Dinge garantieren, werden nicht eigentlich zum Thema. Es erstaunt, dass der junge Mann dreimal den gleichen Fehler begeht und nicht aus Erfahrung klug wird. Eine solche Schwäche könnte auf den Besitzerwechsel der magischen Dinge zurückgeführt werden, doch entfaltet die Erzählung dieses Motiv gerade nicht. Die Dinge werden nur gewonnen, um wieder verloren zu werden. Der in der Erzählung angelegte Märchenplot wird abgewiesen und zugunsten der Konfrontation falscher und richtiger Güter ersetzt. Erfahrung sammelt der junge Königssohn erst, als er am Tiefpunkt angelangt ist, und es ist die Macht über Krankheit und Gesundheit, die anstelle der Wunscherfüllung in den Vordergrund rückt. Gegenüber den künstlichen Dingen des nur angedeuteten Märchenplots repräsentieren die natürlichen der Heilepisode elementarere Werte: Schon der Wechsel in die Rolle des Arztes verweist auf das Thema der Heilung. Das Restitutionsschema des Märchens, dem die Geschichte analog zu vielen höfischen Romanen folgt, wird über die Spannung von Leben und Tod als der überlegenen Wertrelation distanziert. Was Wunscherfüllung verheißt, wird auf den Wunsch nach Leben reduziert. Dass sich der gleiche Plot auch anders er-

---

42 Vgl. Hannes Kästner: Fortunatus. Peregrinator mundi. Welterfahrung und Selbsterkenntnis im ersten deutschen Prosaroman der Neuzeit. Freiburg i. Breisgau 1990.

zählen lässt, zeigt die 89. Geschichte.⁴³ Hier vererbt der König Land und Reichtum den beiden ältesten Söhnen, während der dritte einen magischen Ring erhält. Da er aber allen drei Söhnen einen Ring vermacht, entsteht Streit über den besonderen. Erst als die Ringe an verschiedenen Kranken erprobt werden, offenbart sich die wundersame Heilkraft des wahren Rings. Auch hier wird die Macht über Leben gegen die Macht des Besitzes in Stellung gebracht, die Auseinandersetzung mit der Wunschökonomie des Märchens fehlt indes vollständig.

Neben den zahlreichen Personifikationen von Tugenden und Lastern nimmt im Mittelalter die Allegorie des Todes als Sensenmann einen prominenten Rang ein, die *ex negativo* den Wert des Lebens hervorhebt. Wenn Guillaume de Lorris im *Rosenroman* Mutter Natur und den Tod konfrontiert und das generative Prinzip ersterer durch die Schmiedekunst, das destruktive des letzteren durch das Waffenhandwerk illustriert (Abb. 1), wird der endlose Prozess von Entstehen und Vergehen als zyklisches Narrativ entworfen, wird die natürliche Spannung des Lebens über handwerkliche, d. h. kulturelle Verrichtungen ins Bild gesetzt.⁴⁴ Ein prägnantes Bild, wie sich über Technik Materialität in Leben und Leben wieder in Materialität transformiert.

> Die 107. Geschichte der *Gesta Romanorum* erzählt von einer Statue in Rom, die auf einen imaginären Ort verweist und auf deren Finger geschrieben steht: „Hier schlage ein!" (*Percute hic!*)⁴⁵ Nachdem über lange Jahre niemand das Geheimnis lüften kann, gelingt es eines Tages einem scharfsinnigen Kleriker, über den Schatten werfenden Finger die Stelle zu finden. Er gräbt und findet einen unterirdischen glanzvollen Palast, in dem ein Fürstenpaar samt Gefolge zu Tisch sitzt. Der Raum wird von einem Karfunkel hell erleuchtet, auf den eine weitere Statue mit einem Bogen zielt, auf dem die Worte geschrieben stehen: „Ich bin, der ich bin, niemand kann meinem Bogen entgehen, und vorzüglich nicht jener Karfunkel, der so herrlich glänzt."⁴⁶ Nachdem der Pfaffe die Säle durchwandert und die Dinge bestaunt hat, will er einen Beweis seines Erlebnisses sichern, da ihm sonst niemand glauben würde. Als er einen Becher und ein Messer vom Tisch nimmt, zerschießt die Statue den Karfunkel und der Saal verdunkelt sich sogleich, so dass der Pfaffe nicht mehr herausfindet und verloren ist.

In einer Variation von Jenseitsreise und Personifikationsdichtung betritt der Protagonist einen Raum zwischen Leben und Tod, der unter einem rätselhaften Tabu

---

43 Vgl. Gesta Romanorum lat. (Anm. 1), S. 416 f.; Gesta Romanorum dt. (Anm. 1), S. 172.
44 „Doch wenn die milde und barmherzige Natur / sieht, wie der neidische Tod / und gemeinsam mit ihm Verwesung / alles vernichten kommen, / was sie in ihrer Schmiede vorfinden, / dann hämmert, dann schmiedet sie immer wieder / und unablässig erneuert sie ihre Einzelwesen / durch neue Erzeugung; / wenn sie sich dabei keinen anderen Rat weiß, / schneidet sie Stempel von solchem Text, / daß sie ihnen echte Formen verleiht / in Prägungen verschiedener Münzen, / aus denen dann die Kunst ihre Vorbilder gemacht hat, / die so echte Formen nicht schaffen kann [...]." Guillaume de Lorris, Jean de Meun: Rosenroman. Übersetzt von Karl August Ott. Bd. 3. München 1979, S. 865 f.
45 Gesta Romanorum lat. (Anm. 1), S. 438–440, hier S. 440; Gesta Romanorum dt. (Anm. 1), S. 198–200 (Nr. 107).
46 Gesta Romanorum dt. (Anm. 1), S. 199; Gesta Romanorum lat. (Anm. 1), S. 438: *Ego sum qui sum, nullus arcum meum vitare potest et praecipue carbunculus ille, qui relucet tam splendide.*

Abb. 1: Natura in ihrer Schmiede. Guillaume de Lorris: Roman de la Rose. Pierpont Morgan Library New York, Ms. M.0948, fol. 156ʳ.

steht. Im Moment des Raubes zerfällt der schöne Schein und erfolgt die Strafe. Der Grenzbereich von Leben und Tod wird nicht nur räumlich indiziert, sondern auch über die Oppositionen von Licht und Dunkelheit sowie Natur und Kultur markiert. Während die anwesenden Personen nicht sprechen und unter ihrer Oberfläche hart wie Stein sind, besitzen die künstlichen Statuen offenbar die Gabe, Mitteilungen zu machen, im zweiten Fall sogar zu agieren: verdinglichte Lebende und lebendige Dinge. Der Tod erscheint als Bogenschütze, der dem Zauber ein Ende setzt. In den Figuren und Statuen wird die Grenze zwischen Leben und Tod sichtbar. Die Erzählung besitzt aber noch eine weitere Wertehierarchie, die syntagmatisch über den

Erzählverlauf entfaltet und paradigmatisch über die beiden Statuen ins Bild gesetzt wird. Sie beginnt mit einem Rätsel, das durch den scharfsinnigen Pfaffen gelöst wird. Sie endet mit einem Missverständnis, da der Pfaffe den Sinn des zweiten Spruches nicht erfasst. Markiert wird die Relation von Wissen und Weisheit, die auf die Grenze der *curiositas* verweist. Vom Rätsel des Wegweisers findet der „scharfsinnige Kleriker" nicht zum Rat des Bogenschützen, weil er von der Neugierde, Kalkulation und Bewunderung nicht zu seiner eigentlichen Aufgabe, der Kontemplation letzter Dinge, vordringt. Die Geschichte verhandelt mithin am Beispiel der Statuen auch die Grenze von Rätsel und Rat. Sobald die kostbaren Dinge zu mehr werden als zu Objekten der Betrachtung überschreitet der Pfaffe eine Grenze: Er ist gebannt von genuin adligen Werten, die seine Wunschökonomie steuern: Gewänder, Frauen, Pferde und Geschirr. Die Lehre des zweiten Rätsels vollzieht sich unfreiwillig und ist gleichzusetzen mit dem Tod.

Die Exempel der *Gesta Romanorum* erzielen ihren Gehalt nicht nur aus der Allegorese und häufig nicht einmal aus ihren Titeln, d. h. nicht aus der Subsumption des Falls unter eine Regel. Ihre komplexe Aussagedimension beziehen sie aus der Überblendung von Motiven, Handlungsmustern, sozialen Diskursen und selbst Erzählformen, die für konkurrierende Wertregister stehen: ein geschichtetes Gefüge von Erzählelementen, in dem die Finalität des Lebens alle anderen Register unterwandert. In seinem Essay über den Erzähler Nicolai Lesskow formuliert Walter Benjamin die These, dass die wahre Erzählung ihre höchste Autorität vom Tod beziehe.[47] Dort, wo die Erzählung sich der Zeitlichkeit widme, komme ihr Wert erst eigentlich zur Geltung. Sich auf Paul Valery berufend, sieht Benjamin selbst im Kunsthandwerk das Bemühen, das unendliche Werk der Natur, wie sie etwa in vollkommenen Edelsteinen, Muscheln und Perlen zum Ausdruck komme, nachzuahmen und auf ein Ideal auszurichten. In entsagungsvoller Arbeit schichte der Kunsthandwerker analog zur Natur Lackarbeiten und Malereien zur höchsten Vollendung.[48] Die Motivation zu solch ausdauernder Arbeit schreibt Benjamin dem Gedanken der Ewigkeit zu, die allein die Zeitlichkeit des Daseins überwinden könne und auch im vollkommenen Kunstwerk angestrebt werde. Die Kunst der Erzählung bildet für ihn denn auch das Komplement zum vollkommenen Handwerk. In der sprachlichen Auseinandersetzung mit den Dingen wird die Grenze von Handwerk und Kunst in der Folge thematisch werden. Es markiert eine epistemologische Grenze, wenn sich einerseits Wirnt von Grafenberg für seine ausladende und stereotype *descriptio* der Kleider Florîes damit entschuldigt, es sei nur ein Kleid aus Worten, andererseits Hubert Fichte als sein Ideal der Kunst formuliert, „einen Stein so lange zu bearbeiten, dass er ganz Stein ist – ‚in Wörtern'".[49] Zwar bildet für das

---

47 Vgl. Walter Benjamin: Der Erzähler. Betrachtungen zum Werk Nikolai Lesskows. In: ders.: Gesammelte Schriften. Hrsg. von Rolf Tiedemann, Hermann Schweppenhäuser. Bd. 2: Aufsätze, Essays, Vorträge. Frankfurt a. Main 1977, S. 438–465, hier S. 449.
48 Vgl. ebd., S. 448.
49 Zum *Wigalois* vgl. Kraß (Anm. 24), S. 1; zu Fichte vgl. Böhme (Anm. 13), S. 86.

Mittelalter Hartmanns von Aue Pferdebeschreibung im *Erec* wohl das berühmteste Beispiel einer virtuos durchgeführten sprachlichen Gestaltung eines Objekts, doch bleibt auch seine Gestaltung einem vormodernen Paradigma verpflichtet.[50] In der modernen Dichtung löst sich die Dichotomie von Wirklichkeit und Sprache nicht nur auf, sondern verkehrt sich geradezu. Sprache eröffnet hier weniger einen mittelbaren als einen unmittelbaren Zugang zur Wirklichkeit: „Mir wurde die einfache, praktische Realität der Tage oft erst durch Sprachbilder bewusst. Ich kann heute noch nicht sagen, wie das funktioniert, bin aber sicher, dass es so war. Ich wurde von Sprachbildern am tiefsten in die Wirklichkeit gezerrt."[51]

Die Erzählungen der *Gesta Romanorum* genügen gewiss nicht einem modernen Kunstanspruch. Und doch demonstrieren sie bereits an einer Kleinform das Prinzip der Schichtung und Relationierung, nach dem komplexe Erzählungen gebaut werden. In den hier aufgeführten Exempeln aus Recht, Religion, Politik, Ethik und Ökonomie wird auf je andere Weise und vor dem Hintergrund konkurrierender kultureller Register der Gedanke der Zeitlichkeit eingezogen und in übergeordnete Reflexionshorizonte gestellt. Das geschieht noch mit den einfachen Mitteln rhetorischer und poetischer Technik, noch nicht vor dem Hintergrund einer modernen Einstellung, wie sie Roland Barthes am Beispiel des Wirklichkeitseffekts für den Realismus beschrieben hat.[52] Die Dinglichkeit selbst spielt in den *Gesta Romanorum*, vermutlich im ganzen Mittelalter noch keine eigne Rolle, zu sehr sind sie durch rhetorische und poetische Muster geprägt. Dennoch verfügt mittelalterliches Erzählen bereits über komplexe Verfahren der Gestaltung. Obgleich die Dinge vor allem Zeichen für etwas anderes sind – Metaphern –, realisieren sie sich nicht nur in verschiedenen dinglichen Medien – Gegenständen, Bildern, Diagrammen, Plastiken, Personifikationen –, sie enthalten darüber hinaus in vielen Geschichten neben ihrer syntagmatischen Funktion auch komplexe paradigmatische Semantiken, die den spannungsvollen Gehalt der Erzählung noch einmal im Objekt verdichten. Erzählkunst ist in den *Gesta Romanorum* weit mehr als geistliche Allegorese.

---

[50] Vgl. Franz Josef Worstbrock: Dilatatio materiae. Zur Poetik des ‚Erec' Hartmanns von Aue. In: FMSt 19 (1985), S. 1–30.

[51] Herta Müller: *Mein Vaterland war ein Apfelkern*. Ein Gespräch mit Angelika Klammer. München 2014, S. 77; Anja Maier: Fremdelnde Dinge. Alltagsgegenstände in Herta Müllers *Der König verneigt sich*. In: Fremde Dinge. Hrsg. von Michael C. Frank u. a. Bielefeld 2007 (Zeitschrift für Kulturwissenschaft. 1), S. 53–60.

[52] Roland Barthes: Der Wirklichkeitseffekt. In: ders.: Das Rauschen der Sprache *(Kritische Essays IV)*. Aus dem Französischen von Dieter Hornig. Frankfurt a. Main 2006, S. 164–172.

Michael Stolz, Bern
Dingwiederholungen in Wolframs *Parzival*

I Einleitung

„Wiederholung ist kein prominenter Begriff der Erzähltheorie."[1] Diese resignative Aussage von Rainer Warning aus den Jahren 2001 bzw. 2003 ist inzwischen namentlich durch Forschungen zur mittelalterlichen Literatur, zu denen Warning selbst beigetragen hat,[2] überholt. Sie war es bis zu einem gewissen Grad schon 2001/03, wenn man den Begriff der *Wiederholung* weit fasst und ihm das *Wiedererzählen* subsumiert. Franz Josef Worstbrock, sein Schülerkreis und weitere Forschende haben aufgezeigt, welch wichtige Funktion das *Wiedererzählen* in der mittelalterlichen Literatur, besonders in der Epik einnimmt.[3] Dabei kamen Formen der Aneignung und – im weiteren Sinn – der Übersetzung bzw. Übertragung von Erzählstoffen in den Blick, die zuvor mit dem umstrittenen Begriff der *Adaptation courtoise*[4] verbunden waren. Der Begriff des *Wiedererzählens* bezog sich aber auch auf Binnenstrukturen in den einzelnen Erzählungen, auf Formen der Wiederholung, die an Phänomene wie die *bele conjointure* und den *doppelten Cursus* geknüpft sind.[5]

---

[1] Rainer Warning: Erzählen im Paradigma. Kontingenzbewältigung und Kontingenzexposition. In: Romanistisches Jahrbuch 52 (2001), S. 176–209, hier S. 176; ders.: Die narrative Lust an der List. Norm und Transgression im *Tristan*. In: Transgressionen. Literatur als Ethnographie. Hrsg. von Gerhard Neumann, Rainer Warning. Freiburg i. Breisgau 2003 (Rombach Wissenschaften. Reihe Litterae. 98), S. 175–212, hier S. 179.
[2] Vgl. z. B. Rainer Warning: Fiktion und Transgression. In: Fiktion und Fiktionalität in den Literaturen des Mittelalters. Jan-Dirk Müller zum 65. Geburtstag. Hrsg. von Ursula Peters, Rainer Warning. München 2009, S. 31–55, bes. S. 46 f.
[3] Vgl. stellvertretend Franz Josef Worstbrock: Wiedererzählen und Übersetzen. In: Mittelalter und frühe Neuzeit. Übergänge, Umbrüche und Neuansätze. Hrsg. von Walter Haug. Tübingen 1999 (Fortuna vitrea. 16), S. 128–142. Nachdruck in: ders.: Ausgewählte Schriften. Hrsg. von Susanne Köbele, Andreas Kraß. Bd. 1: Schriften zur Literatur des Mittelalters. Stuttgart 2004, S. 183–196; Albrecht Hausmann: Struktur, Autorisierung, Autorschaft. Untersuchungen zur Poetik von *Erec*, *Gregorius* und *Tristan*. Habilitationsschrift (masch.) Eichstätt 2009; Ludger Lieb: Ein neuer doppelter Kursus in Hartmanns *Erec* und seine Kontrafaktur in Gottfrieds *Tristan*. In: DVjs 83 (2009), S. 193–217.
[4] Vgl. Michel Huby: L'adaptation courtoise en Allemagne au XIIe et au XIIIe siècle. Paris 1968. Zum Begriff und seiner kontroversen Diskussion in der französisch-deutschen Forschung zuletzt Ricarda Bauschke: Adaptation courtoise als *Schreibweise*. Rekonstruktion einer Bearbeitungstechnik am Beispiel von Hartmanns *Iwein*. In: Texttyp und Textproduktion in der deutschen Literatur des Mittelalters. Hrsg. von Elizabeth Andersen, Manfred Eikelmann, Anne Simon. Berlin/New York 2005 (TMP. 7), S. 65–84; Wolfgang Achnitz: Deutschsprachige Artusdichtung des Mittelalters. Eine Einführung. Berlin/Boston 2012, S. 49 f.
[5] Vgl. Worstbrock (Anm. 3), S. 194 f.; Lieb (Anm. 3); Cornelia Herberichs, Susanne Reichlin (Hrsg.): Kein Zufall. Konzeptionen von Kontingenz in der mittelalterlichen Literatur. Göttingen 2010 (Historische Semantik. 13), darin bes. den einleitenden Beitrag von Susanne Reichlin: Kontingenzkonzep-

Warning seinerseits trug zur theoretischen Beschreibung dieser Binnenstrukturen bei, indem er Theoreme aus Roman Jakobsons Darstellung der poetischen Funktion der Sprache[6] auf Erzählstrukturen anwandte: Wie bei der poetischen Funktion der Sprache das Prinzip der Äquivalenz von der Achse der Selektion auf die Achse der Kombination übertragen werde, so übertrügen auch epische Texte Äquivalenzen von der Paradigmatik (der Auswahlmöglichkeit aus Stoffen, Motiven, Figurentypen) auf die Syntagmatik des Erzählzusammenhangs. Diese Form der Binnenwiederholung nennt Warning *Erzählen im Paradigma* und zeigt auf, dass sie im modernen Roman zur Exposition von Kontingenz genutzt wird.[7] Doch auch in den mittelalterlichen Erzählungen vermochte Warning dieses Prinzip nachzuweisen, so u. a. an den wiederholten Listhandlungen in Gottfrieds *Tristan*[8] und zuletzt an den Inzestwiederholungen in Hartmanns *Gregorius*, die ihrerseits, mit veränderter Akzentuierung, in Thomas Manns *Erwähltem* wiedererzählt und in der ironisierenden Selbstermächtigung des Erzählers einer potenziellen Unendlichkeit zugeführt werden.[9]

Wenn sich im Folgenden der solchermaßen für das Phänomen der Wiederholung geschärfte Blick auf Dingwiederholungen konzentriert, ist zu berücksichtigen, dass *Dinge* zumeist in einer als *metonymisch* beschreibbaren Beziehung stehen, die sie mit erzählten Handlungen und Figuren, mit Erzählmotiven oder mitunter auch mit dem Erzählen selbst verbindet. Ein berühmtes Beispiel ist die *Madeleine* in Marcel Prousts Romanzyklus *A la Recherche du temps perdu*, jenes Gebäck, das der Erzähler in Tee taucht und dabei an seine Kindheit, genauer an die Ferienaufenthalte in dem Provinzstädtchen Combray erinnert wird.[10] Der Geschmack des aufgeweichten Biskuits evoziert die einstmals in Combray genossene Madeleine, aber auch andere *Dinge* in deren Umgebung, etwa den Kirchturm von Combray oder den blühenden Weißdornbusch. Gérard Genette hat die Beziehung dieser *Dinge* als metonymisch beschrieben und deutlich gemacht, dass diese als erinnerte Gegen-

---

tionen in der mittelalterlichen Literatur. Methodische Vorüberlegungen, S. 11–49, v. a. S. 31–34, 46 f., sowie die Abhandlungen von Albrecht Hausmann: Gott als Funktion erzählter Kontingenz. Zum Phänomen der ‚Wiederholung' in Hartmanns von Aue *Gregorius*, S. 79–109, und Elke Koch: Erzählen vom Tod. Überlegungen zur Finalität in mittelalterlichen Georgsdichtungen, S. 110–130.

6 Vgl. Roman Jakobson: Closing Statement: Linguistics and Poetics. In: Style in Language. Hrsg. von Thomas A. Sebeok. Cambridge, Mass. 1960, S. 350–377; deutsche Übersetzung von Heinz Blumensath und Rudolf Kloepfer: Linguistik und Poetik. In: Literaturwissenschaft und Linguistik. Ergebnisse und Perspektiven. Hrsg. von Jens Ihwe. Bd. II/1: Zur linguistischen Basis der Literaturwissenschaft I. Frankfurt a. Main 1971 (Ars poetica. Texte. 8), S. 142–178.

7 Vgl. Warning, Erzählen im Paradigma (Anm. 1), zu Jakobson bes. S. 178–180.

8 Vgl. Warning, Die narrative Lust (Anm. 1), bes. S. 181–184.

9 Vgl. Rainer Warning: Berufungserzählung und Erzählerberufung. Hartmanns *Gregorius* und Thomas Manns *Der Erwählte*. In: DVjs 85 (2011), S. 283–334.

10 Vgl. Marcel Proust: A la Recherche du temps perdu. Vol. 1: Du côté de chez Swann. A l'ombre des jeunes filles en fleurs. Ed. publiée sous la dir. de Jean-Yves Tadié avec, pour ce volume, la collaboration de Florence Callu et al. Paris 1987, S. 44–47.

stände in Bezug zueinander sowie in Verbindung zu Personen und erzählten Motiven der Welt von Combray stehen, etwa zu der bettlägerigen Tante Léonie, zu dem abendlichen Besucher Charles Swann oder zu dem anlässlich dieser Besuche von der Mutter vorenthaltenen Gutenachtkuss (beim Zubettgehen des erinnerten, damals kindlichen Ich).[11] Genette stellt diesen metonymischen Beziehungen auf der Ebene des Erinnerten eine metaphorische Beziehung (der Ähnlichkeit) zwischen dem Erinnern und dem Erinnertem der *verlorenen Zeit* gegenüber. Diese metaphorische Beziehung wird durch den Genuss der Madeleine ausgelöst, welche erst die kindliche Welt von Combray evoziert. Als Erinnerte aber stehen die Dinge und Begebenheiten von Combray in einem metonymischen Zusammenhang (der Nachbarschaft bzw. Berührung).[12]

Im Folgenden sollen Dingwiederholungen in Wolframs *Parzival* unter dem in den vorgängigen Ausführungen eingenommenen Blickwinkel betrachtet werden. Dabei ist vorab ein *Ding* zu betrachten, das im Text auch explizit als solches bezeichnet wird: der Gral. Dieser steht mit anderen *Dingen* wie der blutenden Lanze, den silbernen Messern, dem Gralschwert, aber auch mit Personen wie der Gralträgerin Repanse de Schoye, dem leidenden Anfortas und dem tumben Parzival sowie dem Handlungsgang in metonymischer Nachbarschaft. Durch ausdrücklich in Szene gesetzte Wiederholungsvorgänge wird dabei ein *Erzählen im Paradigma* betrieben, das eine eigenwillige Ambivalenz zwischen Kontingenzbewältigung und Kontingenzexposition aufweist. Es ist ein Erzähler am Werk, der mit *Dingen* wie dem Gral oder dem Gralschwert Kohärenzen einerseits stiftet, diese aber andererseits auch destabilisiert. Dabei bleibt mitunter eigenwillig offen, ob der Autor an seiner Stoffbewältigung wenn nicht scheitert, so sich doch an ihr abmüht, oder aber ob er eben dieses Mühen als solches inszeniert.[13] Das derart ausgestellte Erzählen ist

---

11 Gérard Genette: Métonymie chez Proust. In: ders.: Figures III. Paris 1972 (Poétique), S. 41–63.
12 Vgl. ebd., S. 63: „c'est la métaphore qui retrouve le Temps perdu, mais c'est la métonymie qui le ranime, et le remet en marche".
13 Vgl. zum Erzählverfahren in Wolframs *Parzival* stellvertretend Michael Curschmann: Das Abenteuer des Erzählens. Über den Erzähler in Wolframs *Parzival*. In: DVjs 45 (1971), S. 627–677; Ulrike Draesner: Wege durch erzählte Welten. Intertextuelle Verweise als Mittel der Bedeutungskonstitution in Wolframs *Parzival*. Frankfurt a. Main u. a. 1993 (Mikrokosmos. 36); Cornelia Schu: Vom erzählten Abenteuer zum Abenteuer des Erzählens. Überlegungen zur Romanhaftigkeit von Wolframs *Parzival*. Frankfurt a. Main u. a. 2000 (Kultur, Wissenschaft, Literatur. 2); Fritz P. Knapp: Subjektivität des Erzählers und Fiktionalität der Erzählung bei Wolfram von Eschenbach und anderen Autoren des 12. und 13. Jahrhunderts. In: Wolfram von Eschenbach – Bilanzen und Perspektiven. Eichstätter Kolloquium 2000. Hrsg. von Wolfgang Haubrichs, Eckart C. Lutz, Klaus Ridder. Berlin 2002 (Wolfram-Studien. 17), S. 10–29; Joachim Bumke: Wolfram von Eschenbach. 8. Aufl. Stuttgart/Weimar 2004 (Sammlung Metzler. 36), S. 215–218, mit weiterer Literatur. Gegenüber den komplexen Erzählsituationen in Wolframs *Parzival* eher blass bleiben die knappen Ausführungen bei Rainer Warning: Narrative Hybriden. Mittelalterliches Erzählen im Spannungsfeld von Mythos und Kerygma (*Der arme Heinrich/Parzival*). In: Präsenz des Mythos. Konfigurationen einer Denkform in Mittelalter und Früher Neuzeit. Hrsg. von Udo Friedrich, Bruno Quast. Berlin/New York 2004 (TMP. 2), S. 19–33, hier S. 25–33.

dabei stets auch auf vorhandene oder nur behauptete Vorlagen verwiesen, namentlich auf Chrétiens de Troyes *Roman de Perceval ou le Conte du Graal* und den geheimnisvollen Gewährsmann Kyot.[14] Damit ist das Phänomen des authentischen bzw. fiktional inszenierten Wiedererzählens Teil dieser an erzählte *Dinge* wie etwa den Gral geknüpften Stoffbewältigung.

II *ein dinc der Gral*

Die Untersuchung soll mit einer an Überlieferungsbefunde geknüpften Textbeobachtung eingeleitet werden: In Dreißiger 454 aus Buch IX des *Parzival* findet sich der berühmte Abschnitt, in dem der Gewährsmann eines Gewährsmanns den Gralnamen in den Sternen erblickt (vgl. die Edition im Anhang).[15] Der Heide Flegetanis, dessen Aufzeichnungen Kyot, wie es kurz davor heißt, in Toledo *verworfen ligen vant* (V. 453,12), sah den geheimnisvoll verborgenen Gralnamen *mit seinen Augen* (V. 454,17/19).[16] Diese Vision aber geht simultan mit einem *scheuen* Sprechen einher, bei dem Flegetanis den in den Sternen gelesenen Gralnamen auch ausspricht: Das beschreibt der in das phraseologische Syntagma (er) *sach* [...] *mit sînen ougen*[17] eingebundene Nebensatz *dâ von er blûclîche sprach* (V. 454,18). Was Flegetanis bei diesem Sprechakt sagt, wird folgendermaßen zum Ausdruck gebracht: *er jach, ez hiez ein dinc der Grâl* (V. 454,21).

---

14 Vgl. Chrétien de Troyes: Le Roman de Perceval ou Le Conte du Graal. Edition critique d'après tous les manuscrits par Keith Busby. Tübingen 1993 (im Folgenden zitiert). Zu Chrétien und Kyot vgl. die Überblicksdarstellungen bei Bumke (Anm. 13), S. 237–239 (dazu ausführliche Vergleiche mit Chrétien in den Handlungsanalysen S. 61–111) und S. 244–247 („Das Kyotproblem"), jeweils mit weiterer Literatur; zu Kyot auch Michael Stolz: Kyot und Kundrie. Expertenwissen in Wolframs *Parzival*. In: Wissen, maßgeschneidert. Experten und Expertenkulturen im Europa der Vormoderne. Hrsg. von Björn Reich, Frank Rexroth, Matthias Roick. München 2012 (HZ Beihefte NF. 57), S. 83–113.
15 Alle anderen Zitate aus Wolframs *Parzival* folgen der Ausgabe: Wolfram von Eschenbach: Parzival. Studienausgabe. Mittelhochdeutscher Text nach der sechsten Ausgabe von Karl Lachmann. Übersetzung von Peter Knecht. Mit Einführungen zum Text der Lachmannschen Ausgabe und in Probleme der *Parzival*-Interpretation von Bernd Schirok. 2. Aufl. Berlin/New York 2003.
16 Vgl. zur Stelle auch Stolz (Anm. 14), S. 94–96, 100–102; ders.: Von der Überlieferungsgeschichte zur Textgenese. Spuren des Entstehungsprozesses von Wolframs *Parzival* in den Handschriften. In: Grundlagen. Forschungen, Editionen und Materialien zur deutschen Literatur und Sprache des Mittelalters und der Frühen Neuzeit. Hrsg. von Rudolf Bentzinger, Ulrich-Dieter Oppitz, Jürgen Wolf. Stuttgart 2013 (ZfdA Beihefte. 18), S. 37–61, hier S. 47f.
17 Dieses begegnet beispielsweise auch am Beginn der zweiten (nach Handschrift BC) bzw. dritten (nach Handschrift A) Strophe des Reichstons Walthers von der Vogelweide: *Ich sach mit mînen ougen*; zit. nach Walther von der Vogelweide: Leich, Lieder, Sangsprüche. 15., veränderte und um Fassungseditionen erweiterte Auflage der Ausgabe Karl Lachmanns. Aufgrund der 14., von Christoph Cormeau bearbeiteten Ausgabe neu hrsg., mit Erschließungshilfen und textkritischen Kommentaren versehen von Thomas Bein. Edition der Melodien von Horst Brunner. Berlin/Boston 2013, S. 13.

So lautet zumindest die Textversion von Handschrift D (St. Gallen, Stiftsbibliothek, Cod. 857, 2. Drittel des 13. Jahrhunderts), welche dem edierten Text zugrunde liegt.[18] In der angefügten Musteredition[19] werden neben dem konstituierten Text die Varianten der übrigen Textfassungen in verkleinertem Schriftgrad und normalisierter Form mit der jeweiligen Sigle angegeben.[20] In einer ersten Apparatetage sind die berücksichtigten Textzeugen verzeichnet. Eine zweite Apparatetage dokumentiert Gliederungsmittel der erwähnten Handschriften (wie Initialen, Überschriften Illustrationen). In der dritten Apparatetage sind die Abweichungen der Leithandschrift D vom konstituierten Text (z. B. das fehlende Wort *heiden* in V. 454,1) zusammengestellt. Ferner werden hier (nur von den in der ersten Apparatetage angegebenen Textzeugen) die aussagerelevanten Binnenvarianten der Fassungstexte *m *G *T aufgeführt. Wenn sich die Fassungsvarianten nur in einem Teil der den Fassungen zugeordneten Textzeugen finden, werden diese einzeln angegeben; zudem werden fassungsinterne Varianten dokumentiert, wenn einzelne Textzeugen vom konstituierten Text oder den daneben angeführten Fassungsvarianten abweichen. Wie ein Blick in die Musteredition zeigt, weisen die Fassungen *G und *T in Vers 454,21 eine kleine, jedoch nicht unbedeutende Variante auf: Das Verbum *hiez* ist durch *wære* ersetzt. Dieser Befund ist zunächst unter überlieferungsgeschichtlichen Aspekten bemerkenswert, denn der im neunten Buch befindliche Dreißiger 454 gehört jenem, die Bücher VIII bis XI umfassenden Bereich an, in dem der Gegensatz der Hauptfassungen *D und *G nahezu inexistent ist.[21] Der Lesart *wære* aber folgen hier mit der Ausnahme eines stark kontaminierten Manuskripts

---

18 Vgl. zu den Handschriftensiglen die Übersichten bei Robert Schöller: Die Fassung *T des *Parzival* Wolframs von Eschenbach. Untersuchungen zur Überlieferung und zum Textprofil. Berlin/New York 2009 (Quellen und Forschungen zur Literatur- und Kulturgeschichte NF. 56 [290]), S. 57–59; und Klaus Klein: Beschreibendes Verzeichnis der Handschriften (Wolfram und Wolfram-Fortsetzer). In: Wolfram von Eschenbach. Ein Handbuch. Hrsg. von Joachim Heinzle. 2 Bde. Berlin/Boston 2011, Bd. 2, S. 941–1002, hier S. 943.
19 Vgl. zu den Editionsprinzipien des Parzival-Projekts, in dem eine Neuausgabe des Textes vorbereitet wird, Michael Stolz: Chrétiens *Roman de Perceval ou le Conte du Graal* und Wolframs *Parzival* – ihre Überlieferung und textkritische Erschließung. In: Wolframs Parzival-Roman im europäischen Kontext. Hrsg. von Klaus Ridder, Susanne Köbele, Eckart Conrad Lutz. Berlin 2014 (Wolfram-Studien. 23), S. 431–478, hier S. 465–471; zu der vorliegenden Musteredition bes. ders.: Von den Fassungen zur Eintextedition. Eine neue Leseausgabe von Wolframs *Parzival*. In: Überlieferungsgeschichte transdisziplinär. Neue Perspektiven auf ein germanistisches Forschungsparadigma. In Verbindung mit Horst Brunner und Freimut Löser hrsg. von Dorothea Klein. Wiesbaden 2016 (Wissensliteratur im Mittelalter. 52), S. 353–388, vgl. bes. die „Erläuterungen zur Einrichtung des Lesetextes", S. 387 f.
20 Zu den vier Textfassungen, die alle noch aus dem 13. (*m evtl. aus dem frühen 14.) Jh. stammen und von denen sich jeweils *D und *m bzw. *G und *T näher stehen, ausführlich Stolz, Chrétiens *Roman de Perceval* (Anm. 19), S. 457–459.
21 Dazu Bernd Schirok: *Parzival* III.1. Die Handschriften und die Entwicklung des Textes. In: Wolfram von Eschenbach. Ein Handbuch (Anm. 18), Bd. 1, S. 308–334, hier S. 320 f.; Stolz (Anm. 16), S. 46, mit weiterer Literatur.

(Hs. Z) sämtliche zu Fassung *G gehörenden Handschriften sowie alle die Fassung *T konstituierenden Textzeugen. Insgesamt handelt es sich um 11 von insgesamt 16 diesen Vers überliefernde Manuskripte, die in ihrer Gesamtheit den markanten Gegensatz der Fassungen *D und *m einerseits, *G und *T andererseits dokumentieren.

Worin aber besteht der Unterschied der beiden Textversionen von Vers 454,21? Beide Male wird mit dem von *jach* abhängigen Nebensatz die Aussage des Flegetanis in indirekter Rede festgehalten: Gemäß dem Text der Fassungen *D (repräsentiert durch Handschrift D) und *m sagt Flegetanis, dass ein *dinc der Grâl* hieß. Hier erfolgt also im Sprechakt des heidnischen Gewährsmanns die Benennung des Grals. Anders verfährt die Textversion der Fassungen *G und *T: Dort geht es in den Worten des Flegetanis nicht um den Namen, sondern um die Existenz des Grals: *er jach, ez wære ein dinc, der Grâl*. Die Aussage, dass *das Ding* in der einen Version Gral *heißt* (*D *m), in der anderen der Gral *ist* (*G *T), könnte beinahe an Positionen des hochmittelalterlichen Universalienstreits angebunden werden. Dort ging es bekanntlich um die Frage, ob den Dingen ihre Namen bzw. Begriffe *real*, d. h. wesenhaft, oder nur *nominell*, d. h. durch Konvention, zukommen.[22] Aber die Variante auf diese Dimension hin zu öffnen, würde wohl zu weit führen.

Wichtig ist vielmehr, dass der divergent überlieferte Vers nahezu wörtlich eine Stelle aus dem fünften Buch aufgreift, die im Kontext der von Parzival unverständig beobachteten Gralzeremonie steht. Dort heißt es von dem geheimnisvollen Gegenstand, den Repanse de Schoye auf einem *grüenen achmardî* (V. 235,20), wertvollem Seidenstoff aus Arabien,[23] trägt: *daz was ein dinc, daz hiez der Grâl* (V. 235,23). In diesen Worten klingt der in indirekter Rede stehende Sprechakt des Flegetanis nahezu wörtlich an, diesmal jedoch im Modus einer direkten Aussage seitens des Erzählers: Der kurz zuvor als *wunsch von pardîs* („paradiesische Vollkommenheit"; V. 235,21) bezeichnete Gegenstand *war ein Ding, das der Gral hieß*. Der Erzähler gewährt der Imagination seiner Zuhörer damit einen gleichsam unverstellten Blick auf den Gral, der gleichwohl an die Vermitteltheit dichterischer Rede gebunden ist. Die Suggestion der dem Publikum ermöglichten Teilhabe an der Gralzeremonie wird in den umgebenden Versen durch eine Häufung von Imperativen verstärkt, welche an die sinnliche Wahrnehmung appellieren, etwa *seht* (V. 233,12) oder *hœrt* (V. 232,12; 234,30; 238,2).

Im Blick auf den in Buch V enthaltenen Vers können auch die Textversionen des Korrespondenzverses in Buch IX nochmals genauer beschrieben werden. Die

---

[22] Vgl. stellvertretend Alain de Libera: La querelle des universaux. De Platon à la fin du Moyen Age. Paris 1996 (Des Travaux), bes. S. 136–141; deutsche Übersetzung von Konrad Honsel: Der Universalienstreit. Von Platon bis zum Ende des Mittelalters. München 2005, S. 142–148.

[23] Dazu ausführlicher Michael Stolz: „A thing called the Grail". Oriental *Spolia* in Wolfram's *Parzival* and its manuscript tradition. In: The Power of Things and the Flow of Cultural Transformations. Art and Culture between Europe and Asia. Hrsg. von Lieselotte E. Saurma-Jeltsch, Anja Eisenbeiß. München/Berlin 2010, S. 188–216, hier S. 189 f.

Version der Fassungen *D und *m (*er jach, ez hiez ein dinc der Grâl*) rückt das Verbum des im Vers von Buch V enthaltenen Relativsatzes (*ein dinc, daz hiez der Grâl*) in die als indirekte Rede wiedergegebene Aussage des Flegetanis. In direkter Rede wiedergegeben, würde diese lauten: *ein dinc hiez der Grâl*. Demgegenüber steht die Version der Fassungen *G und *T (*er jach, ez wære ein dinc, der Grâl*) der Erzählerrede von Buch V näher. Hier weist die in indirekter Rede formulierte Aussage des Flegetanis eine Ellipse gegenüber dem die Gralzeremonie beschreibenden Vers auf: Es entfällt das aus Relativpronomen und Verbum bestehende Syntagma *daz hiez*. In direkte Rede übertragen würden die Worte des Flegetanis lauten: *ez was ein dinc, der Grâl* – nämlich – so wäre sinngemäß zu ergänzen – *ein dinc, das der Grâl* hieß.

In beiden Textversionen liegt dabei gegenüber dem aus der Beschreibung der Gralzeremonie stammenden Vers ein Prinzip der Äquivalenz vor, das hier – im Sinne Jakobsons – von der paradigmatischen auf die syntagmatische Achse des Erzählablaufs übertragen ist. Es kommt zu einer Wiederholungsstruktur, die sich im Sinne Warnings als *Erzählen im Paradigma* fassen lässt. Überträgt man diesen auf einer synchronen Ebene angesiedelten Befund in eine diachrone, werkgenetische Dimension, so lässt sich vermuten, dass die beiden Verse mit ihrer auffälligen klanglichen Ähnlichkeit vom Autor korrespondierend zueinander angelegt worden sein dürften. Womöglich rechnete der Autor damit, dass sich sein Publikum anlässlich der Ausführungen zu Flegetanis im neunten Buch der Formulierung des fünften Buchs bewusst oder unbewusst erinnerte.[24] Dann wäre ein Rezeptionsvorgang angezielt, der ähnlich wie die von Proust beschriebene *unwillkürliche Erinnerung* (*mémoire involontaire*) einen quasi metaphorischen Bezug herstellt: Das von Flegetanis benannte *Ding der Gral* gemahnt an die den Hörern bereits bekannte Gralzeremonie mit all den ihr zugehörigen Komponenten wie Gralträgerin, Lanze, silbernen Messern und Gralschwert. Die hierbei assoziativ hergestellten Beziehungen zu den *Dingen* und Personen wären – in Genettes Terminologie – metonymischer Natur. Vielleicht ist der für den Rezeptionsvorgang wenn nicht notwendig intendierte, so doch naheliegende Wiedererkennungseffekt auch der Grund dafür, dass sich die

---

24 In diese Richtung zielt auch, ausgehend von einer grundlegenden Studie zur Zeitstruktur, die Argumentation von Hermann J. Weigand: Die epischen Zeitverhältnisse in den Graldichtungen Crestiens und Wolframs. In: Publications of the Modern Language Association 53 (1938), S. 917–950; englische Übersetzung vom Verf.: Narrative Time in the Grail Poems of Chrétien de Troyes and Wolfram von Eschenbach. In: ders.: Wolfram's *Parzival*. Five essays with an Introduction. Hrsg. von Ursula Hoffmann. Ithaca/London 1969, S. 18–74, hier S. 73: „Wolfram ingeniously inserts some necessary data as early as Book V [...] he indulges his pleasure in a game of hide and seek by teasing the reader's curiosity regarding the revelations to come." Ders.: A Jester at the Grail Castle in Wolfram's *Parzival*. In: Publications of the Modern Language Association 67 (1952), S. 485–510, Nachdruck in ders.: Wolfram's *Parzival*. Five essays, S. 75–119, sieht die Bezüge zwischen Buch V und IX kompositorisch „as an organic whole" angelegt (S. 94), muss dabei aber selbst die „possibility of revision, of changes and interpolations" (S. 95) seitens des Autors einräumen. Dazu ausführlicher unten, S. 276, 288 f. mit Anm. 85.

zwischen den beiden Textversionen bestehende Variante von *hiez* vs. *wære* gehalten hat, obwohl die Unterschiede der Hauptfassungen *D und *G in diesem Bereich sonst nahezu verschwinden. Zu erwähnen bleibt schließlich, dass in der Abfolge der beiden weit auseinander liegenden Verse Erzählzeit und erzählte Zeit, *Discours-* und *Histoire*-Ebene gegenläufig angelegt sind:[25] Der Erzähler macht bei der ersten Erwähnung des *Dings* Gral anlässlich der Gralzeremonie im fünften Buch eine Aussage, die zeitlich nach der Vision des Flegetanis und dem darin eingebundenen Sprechakt liegt. Der von Flegetanis ausgesprochene Gralname und dessen Niederschrift *in heidenischer schrifte* (V. 453,13) bzw. *in latînschen buochen* (V. 455,4) sind ja Voraussetzungen dafür, dass der Erzähler über die Vermittlung des Kyot den Gral nun seinerseits beim Namen nennen kann. Der auf der *Discours*-Ebene erst später, im neunten Buch, erfolgende Visionsbericht geht damit auf der *Histoire*-Ebene voran.

Diese gegenläufige Bewegung ist Teil jener Erzählstrategie des *Parzival*-Romans, bei der dem Publikum Informationen vorbehalten und thematische Zusammenhänge erst allmählich aufgedeckt werden.[26] Der Rezipientenschaft wird auf diese Weise die Perspektive Parzivals aufgezwungen, der die Geheimnisse des Grals – *verholenbæriu tougen*, wie es im Kontext der Flegetanis-Vision heißt (V. 454,20) – seinerseits erst nach und nach durchschaut. Eine besonders konsequente Korrelation besteht dabei gerade zwischen dem fünften Buch, das Parzivals ersten Besuch auf der Gralburg und die unterlassene Mitleidsfrage beinhaltet, und dem neunten Buch, in dem Parzival durch Trevrizent über die Gralgeheimnisse aufgeklärt wird.

In einem einschlägigen Aufsatz, der Wolframs *Parzival* „als Lesemysterium" deutet, hat Harald Haferland gezeigt, dass die stets aufgeschobene Suche nach den Geheimnissen des Grals ein konstantes Thema in den *Conte du Graal*-Dichtungen sowohl auf der *Histoire*- als auch auf der *Discours*-Ebene darstellt, dies besonders in Texten, die sich als Fortsetzungen an Chrétiens de Troyes *Conte du Graal* anlagern: „Man darf von dem oder den Gralgeheimnis(sen) nicht sprechen, solange die Erzählung nicht selbst bis zu diesem Punkt gelangt ist."[27]

---

25 Die Begriffe *Histoire* und *Discours* folgen Tzvetan Todorov: Les catégories du récit littéraire. In: *Communications* 8 (1966), S. 125–151, bes. S. 126, übernommen von Gérard Genette: Discours du récit. In: ders.: Figures III (Anm. 11), S. 65–273, hier S. 71f., als „histoire" und „récit".

26 Zum Verfahren prägnant Bumke (Anm. 13), S. 210–215, hier v. a. S. 215: „Zu begreifen, wie das Nicht-Zusammenhängende zusammenhängt und das Nicht-Zusammenpassende zusammenpasst, scheint das Ziel des Erkenntniswegs zu sein, auf den der *Parzival*-Erzähler seine Zuhörer (und seine späteren Interpreten) geschickt hat."

27 Harald Haferland: Die Geheimnisse des Grals. Wolframs *Parzival* als Lesemysterium? In: ZfdPh 113 (1994), S. 23–51, hier S. 47. Vgl. zu den *Conte du Graal*-Fortsetzungen die Überblicksdarstellungen bei Albert Wilder Thompson: Additions to Chrétien's *Perceval* – Prologues and Continuations. In: Arthurian Literature in the Middle Ages. A Collaborative History. Hrsg. von Roger Sherman Loomis. Oxford 1959, S. 206–219; Matilda Tomaryn Bruckner: Chrétien Continued. A Study of the *Conte du Graal* and its Verse Continuations. Oxford 2009, S. 4f.; Thomas Hinton: The *Conte du Graal*-

So möchte Perceval beispielsweise gemäß der altfranzösischen, wenige Jahre vor Wolframs *Parzival* entstandenen *zweiten Fortsetzung* (des Wauchier de Denain, Ende des 12. Jahrhunderts) vor seinem zweiten Besuch auf der Gralburg wissen, was für ein *Ding* (*chose*, der Terminus begegnet also auch hier) der Graal sei, den er vormals in der Gralburg gesehen hatte: *Quel chose li Graaux estoit, / Que il leanz veü avoit* (V. 32061 f.). Von dem wertvollen und kostbaren Gral (*Li riches Graaux precïeux*; V. 32064) heißt es, dass niemand über ihn sprechen solle, wenn er dazu nicht die Befugnis – umschrieben als alle Güter oder Gnaden der Welt – habe (*Que nus hom parler n'an devroit / Se toz les biens dou mont n'avoit*; V. 32065 f.).[28]

In der (bald?) nach der *zweiten Fortsetzung* abgefassten *Elucidation*, einer prologartigen, in ihren Aussagen dunkel bleibenden Erläuterung der Gralthematik,[29] wird betont, dass niemand vor der rechten Zeit über die Gralsgeheimnisse berichten dürfe (*nus ne doit / Le secret dire ne chonter; / [...] ains qu'il fust tos dis*; V. 4–7).[30] Mehrfach wird dabei „auf erst später zu Erzählendes" verwiesen,[31] ähnlich wie dies im fünften Buch des *Parzival* im Kontext des Bogengleichnisses geschieht, wenn es von dem greisen Titurel heißt: *Wer der selbe wære, / des freischet her nâch mære* (V. 241,1 f.).[32]

Mit der Erwähnung der Flegetanis-Vision im neunten Buch ist eben jener Moment erreicht, an dem es der Erzähler unternimmt, die Geheimnisse des Grals im

---

Cycle. Chrétien de Troyes' *Perceval*, the Continuations, and French Arthurian Romance. Cambridge 2012 (Gallica. 23), S. 244 (Appendix 2, Inhaltsangaben ebd., S. 229–243, Appendix 1); Leah Tether: The Continuations of Chrétien's *Perceval*. Content and Construction, Extension and Ending. Cambridge 2012 (Arthurian studies. 79), S. 1; sowie Stolz, Chrétiens *Roman de Perceval* (Anm. 19), S. 437–440, mit weiterer Literatur.

28 Zit. nach: William Roach (Hrsg.): The Continuations of the Old French *Perceval* of Chretien de Troyes. 4 Bde. Philadelphia 1949–1971, Bd. 4, S. 492 f.

29 Sie geht in der Handschrift Mons, Bibliothèque de l'Université de Mons-Hainaut, 331/206 (4. Viertel des 13. Jh., picardisch) Chrétiens *Perceval ou le Conte du Graal* und dessen Fortsetzungen voraus. Ausgabe der Handschrift (textkritisch unzureichend): Chrestien de Troyes: Perceval le Gallois. Publié d'après le manuscrit de Mons par Charles Potvin. 6 Bde. (Publications de la Société de Bibliophiles Belges, séant à Mons. 21). Mons 1865–1871. Dazu die Angaben in der *Conte du Graal*-Ausgabe von Busby (Anm. 14), S. XXIII–XXV; und bei Terry Nixon: Catalogue of Manuscripts. In: Les Manuscrits de Chrétien de Troyes. The Manuscripts of Chrétien de Troyes. Hrsg. von Keith Busby u. a. 2 Bde. Amsterdam 1993 (Faux titre. 71/72), Bd. 2, S. 1–85, hier S. 54–56; Stolz, Chrétiens *Roman de Perceval* (Anm. 19), bes. S. 440, mit weiterer Literatur.

30 Albert Wilder Thompson (Hrsg.): The Elucidation. A Prologue to the Conte del Graal. New York 1931, S. 86. Zur Datierung Thompson (Anm. 27), S. 207–209, hier S. 208: „The only clue to the date of composition of the *Elucidation* is the fact that its author knew the first two continuations."

31 Haferland (Anm. 27), S. 47, Anm. 88.

32 Vgl. zum Bogengleichnis die Ausführungen bei Weigand, Narrative Time (Anm. 24), S. 70–72, und Bumke (Anm. 13), S. 205 f., 212, mit weiterer Literatur. Erwägungen im Hinblick auf die Fassungsproblematik (Varianten in Fassung *T) bei Schöller (Anm. 18), S. 284–294; und im Hinblick auf mögliche Entstehungsbedingungen (*T als die mutmaßlich älteste Fassung) bei Michael Dallapiazza, Alessandra Molinari: Wolframs *Parzival* und das Problem des festen Textes. Die Varianten des Bogengleichnisses. In: Filologia germanica 3 (2011), S. 47–70.

Verweis auf die Mittlerinstanzen Flegetanis und Kyot sowie in den erzähllogisch daran anschließenden Ausführungen Trevrizents zu lüften. In gewisser Weise ist dafür Ausgangspunkt jener Sprechakt, in dem Flegetanis *das Ding* mit dem Namen Gral benennt, als er die Sternenschrift entziffert. Der mit Scheu ausgesprochene Name ermöglicht es dem Erzähler, den Namen seinerseits im fünften Buch zu einem Zeitpunkt auszusprechen, als er im Zuge einer Fokalisierung auf Parzivals Wahrnehmung die Gralgeheimnisse noch nicht zu offenbaren vermag.[33] Die Wiederholung des ähnlich lautenden Verses deutet, zumal mit den Überlieferungsvarianten in den Textfassungen, auf Alternativen eines Verständnisses des Grals als *Ding*, das *ist*, bzw. als *Ding*, das *heißt*, indem es mit einem bestimmten Namen benannt wird. Zugleich weist die Wiederholung auf Phänomene des Wiedererzählens in der *Conte du Graal*-Tradition hin: Die Strategie des Vorenthaltens von Informationen zu den Gralgeheimnissen findet sich auch in den französischen Anlagerungen an Chrétiens *Perceval*-Roman. Es ist nicht gänzlich auszuschließen, dass Wolfram von Texten wie der *Elucidation* oder der *zweiten Fortsetzung* Kenntnis hatte, was von deren Entstehungszeit her wohl möglich wäre. Wolfram hätte in diesem Fall rezentes Material der französischen Tradition zur Verfügung gehabt und bearbeitet.[34] Auf methodisch sicherem Boden bewegt sich freilich die Annahme, dass die erwähnten Fortschreibungen der *Conte du Graal*-Tradition und Wolframs *Parzival* unter vergleichbaren, auf der Basis von Chrétiens Ausgangstext beruhenden Voraussetzungen, zu ähnlichen Erzählstrategien gelangten.

Ausgehend von diesen Überlegungen soll nun im zweiten Teil des Beitrags die metonymische Nachbarschaft des *Dings* mit dem Namen Gral betrachtet werden.

III Das Gralschwert und seine metonymischen Kontexte

In den Blick geraten dabei jene Gegenstände, die Parzival sieht, als er beim ersten Besuch auf der Gralburg die geheimnisvolle Gralzeremonie (mit Prozession und

---

[33] Vgl. zum Begriff der *Fokalisierung* („focalisation") Genette (Anm. 25), S. 214 f.: „C'est en général le ‚point de vue du héros' qui commande le récit, avec ses restrictions de champ, ses ignorances momentanées." Dazu im Hinblick auf die höfische Epik ausführlich Gert Hübner: Erzählform im höfischen Roman. Studien zur Fokalisierung im *Eneas*, im *Iwein* und im *Tristan*. Tübingen/Basel 2003 (Bibliotheca Germanica. 44).
[34] Vgl. zum umstrittenen Grad von Wolframs Kenntnissen der französischen Sprache und Literatur stellvertretend Eberhard Nellmann: Zu Wolframs Bildung und zum Literaturkonzept des *Parzival*. In: Poetica 28 (1996), S. 327–344, und Weigand, A Jester (Anm. 24), S. 87–90; zusammenfassend Bumke (Anm. 13), S. 8 f., und Heiko Hartmann: Darstellungsmittel und Darstellungsformen in den erzählenden Werken. In: Wolfram von Eschenbach. Ein Handbuch (Anm. 18), Bd. 1, S. 145–220, hier S. 147–149.

Speisewunder) verfolgt. Bei Wolfram sind das die blutende Lanze, diverse Leuchter sowie Tisch- und Geschirrvorrichtungen, die silbernen Messer, der Gral und das Gralschwert (V. 231,15–240,12).[35] Letzteres erhält Parzival von Anfortas zum Abschluss der Gralzeremonie als Geschenk; an die Gabe knüpft sich, wie einem Klageruf des Erzählers (*ôwê daz er niht vrâgte dô!*; V. 240,3) zu entnehmen ist, die von Parzival erwartete Frage.

In Chrétiens *Conte du Graal* (V. 3190–3319) sind die Komponenten der Gralzeremonie, der auch dort etwas Geheimnisvolles anhaftet, anders geordnet: Hier steht die Schwertgabe am Beginn, wobei das Schwert hier von der Nichte des Fischerkönigs stammt, was bei Wolfram nicht erwähnt wird. Anschließend erfolgt die Prozession mit der blutenden Lanze, goldenen Leuchtern, dem *graal*, silbernen Tellern und diversen Tischvorrichtungen für die Mahlzeit. Neben der veränderten Ordnung wären nun Unterschiede in zahlreichen Erzähldetails erwähnenswert und ausführlich zu erläutern, was jedoch im Folgenden aus Platzgründen und im Hinblick auf die spezifische Frage nach den Dingwiederholungen unterbleiben soll. Nur *en passant* seien die allgemein bekannten Tatsachen erwähnt, dass der Gral bei Chrétien als eine mit Edelsteinen verzierte Goldschale, bei Wolfram als wertvoller Edelstein beschrieben wird, dass bei Chrétien von einem Mahl zu zweit, bei Wolfram von einem allgemeinen Festmahl mit Speisewunder die Rede ist, dass bei Chrétien von Perceval erwartet wird, dass er nach der Funktion der Lanze und des Grals fragt, während er bei Wolfram nach dem Leiden des Gralkönigs fragen soll.[36] Wolframs silberne Messer, die auch im neunten Buch nochmals eine wichtige Rolle spielen, dürften zudem auf einem Missverständnis beruhen: Ihnen entspricht bei Chrétien ein silberner Teller (*tailleoir d'argant*; V. 3231) – Wolfram oder ein ihn beratender Vermittler hat das altfranzösische Wort *tailleoir* wohl von *taillier*, „schneiden", abgeleitet.[37]

Anstelle dieser Besonderheiten soll im Folgenden das Gralschwert näher betrachtet werden, welches sowohl bei Chrétien als auch bei Wolfram ein rätselhafter Gegenstand ist, dessen änigmatischer Charakter an den Gralgeheimnissen teilhat, ohne je ganz aufgelöst zu werden.[38] Möglicherweise stellt das Schwert ein unbe-

---

[35] Vgl. die tabellarische Übersicht in: Wolfram von Eschenbach: Parzival. Nach der Ausgabe Karl Lachmanns revidiert und kommentiert von Eberhard Nellmann. Übertragen von Dieter Kühn. 2 Bde., Frankfurt a. Main 1994 (Bibliothek des Mittelalters. 8,1/2), Kommentarteil, Bd. 2, S. 574; zum Erzählverfahren Johannes Maczewski: Wolframs Erzähltechnik im ersten Munsalvaesche-Abschnitt des Parzival. In: Seminar 20 (1984), S. 1–26.
[36] Vgl. zusammenfassend den Kommentar von Nellmann (Anm. 35), S. 574–585; und Bumke (Anm. 13), S. 70 f., 135–139.
[37] Vgl. den Kommentar von Nellmann (Anm. 35), S. 578 f.; ders.: Produktive Missverständnisse. Wolfram als Übersetzer Chrétiens. In: Übersetzen im Mittelalter. Cambridger Kolloquium 1994. Hrsg. von Joachim Heinzle, L. Peter Johnson, Gisela Vollmann-Profe. Berlin 1996 (Wolfram-Studien. 14), S. 134–148, hier S. 140–142.
[38] Vgl. dazu Weigand, A Jester (Anm. 24), S. 92 f. mit Anm. 22; Walter Mersmann: Der Besitzwechsel und seine Bedeutung in den Dichtungen Wolframs von Eschenbach und Gottfrieds von Straß-

wältigtes Relikt aus einer älteren Tradition dar.[39] Aber gemäß dem zuvor eingeschlagenen Weg, Texte miteinander zu vergleichen, ohne schon von vornherein diachrone Zusammenhänge zu postulieren, erscheint es problematisch, hier auf nicht mehr rekonstruierbare *Ursprünge* zu rekurrieren. Unabhängig von solchen Überlegungen ist das Gralschwert ein Musterbeispiel für Dingwiederholungen in dem eingangs beschriebenen Sinne, denn es begegnet bei Chrétien und Wolfram intratextuell an verschiedenen Stellen und es lässt in einer intertextuellen Perspektive erkennen, dass an dem Motiv erzählend weitergearbeitet wurde, so in diversen Interpolationen und Fortsetzungen von Chrétiens *Conte du Graal*.[40]

Bei Chrétien wird das Schwert von einem Knappen (*vallés*; V. 3131 u. ö.) vor den Fischerkönig gebracht, woraufhin dieser es feierlich an Perceval übergibt, welcher im Roman, so auch anlässlich der Gralzeremonie, seinerseits als Knappe bzw. junger Mann (*vallet*; V. 3166 u. ö.) bezeichnet wird (V. 3131–3186). Diese begriffliche Überschneidung sowie eine Häufung von im Hinblick auf das Subjekt unscharf bestimmter Verben im Kontext der Übergabe[41] tragen ihrerseits dazu bei, die metonymischen personellen Bezüge, in welchen das Schwert steht, zu verschleiern. Soviel aber scheint klar zu sein, dass das Schwert eine Aufschrift mit Angaben zu seiner Herkunft trägt: *Car en l'espee estoit escrit* (V. 3137). Das *hat er gesehen*, wie es im altfranzösischen Text heißt: *i vit* (V. 3138; ähnlich: *Si vit*; V. 3136). Die wahrnehmende Person – vermutlich der Fischerkönig – *sieht* offenbar bei Lektüre der Inschrift, dass das aus Edelstahl gefertigte Schwert nicht zerbrechen kann, außer in einer großen Gefahr – *par .i. tot seul peril* –, von der nur der Hersteller weiß (V. 3141–3143).

Wolfram bringt die Schwertgabe wie erwähnt am Schluss der Gralzeremonie, ohne an dieser Stelle eine Inschrift zu erwähnen. Damit entfällt auch der Hinweis auf das Risiko, dass das Schwert zerbricht. Der deutsche Text enthält jedoch eine ergänzende – wie sich zeigen wird problematische – Angabe mit dem Hinweis des Anfortas, dass er dieses Schwert vor seiner Verletzung im Kampf oft mit sich geführt habe: ‚*hêrre, ich prâhtz in nôt / in maneger stat*' (V. 239,25 f.). Nach der

---

burg. München 1971 (Medium Aevum. 22), S. 135–137; Werner Schröder: Parzivals Schwerter. In: ZfdA 100 (1971), S. 111–132; Petrus W. Tax: Nochmals zu Parzivals zwei Schwertern. Ein nachdenklicher und narrativ-kombinatorischer Versuch über Schwerter und Kampfstrategien, Segen und Impotenzen in Wolframs *Parzival*. In: ZfdA 135 (2006), S. 275–308; Friedrich E. Grünzweig: Das Schwert bei den *Germanen*. Kulturgeschichtliche Studien zu seinem *Wesen* vom Altertum bis ins Hochmittelalter. Wien 2009 (Philologica Germanica. 30), S. 299–304, 403; sowie den Kommentar von Nellmann (Anm. 35), S. 584 f.

39 So Schröder (Anm. 38), S. 117.
40 Dazu Stolz, Chrétiens *Roman de Perceval* (Anm. 19), S. 437 f., 472 f.; und unten, S. 287 f.
41 Vgl. z. B.: *Si vit bien ou ele fu faite* (V. 3136), *i vit / Qu'ele estoit de si bon achier* (V. 3138 f.), Subjekt ist wohl jeweils der Fischerkönig, Objekt (*ele*) das Gralschwert (*espee*); *Celui qui ses armes gardoit / I vit, et si li comanda / L'espee, et cil la li garda* (V. 3182–3184), Subjekt ist Perceval, der das Schwert nunmehr seinem Knappen übergibt.

Schwertgabe ist Parzival jedenfalls im Besitz zweier Waffen: des Gralschwerts und jenes Schwerts, das er bereits zuvor dem toten Ither geraubt hat.[42]

Näheren Aufschluss über das Schwert erhält der Protagonist sowohl bei Chrétien als auch bei Wolfram erst anlässlich der Begegnung mit seiner Cousine, die im deutschen Text den Namen Sigune trägt. Angesichts ihres Verwandtschaftsverhältnisses zu Perceval/Parzival wäre es sogar möglich, dass es sich bei der Cousine um die Nichte des Fischerkönigs handelt, von der nach Chrétien – nicht aber nach Wolfram – das Schwert stammt.[43] Jedenfalls weiß die Cousine erstaunlich gut über das Schwert Bescheid: Sie kennt den Hersteller sogar mit seinem Namen Triboët (V. 3679).[44] Sie erwähnt, dass das Schwert – anders als dann bei Wolfram – noch nie in Gebrauch war. Und sie warnt Parzival davor, sich auf die Waffe zu verlassen, denn sie werde im Kampf in Stücke brechen: *en grant bataille, / [...] ele vos volera en pieces* (V. 3662 f.). Eine Reparatur des Schwerts könne nur der Schmied Triboët leisten, der am See von Cothoatre wohne (*Au lac qui est soz Cothoatre*; V. 3675).[45] Weiter hat Chrétien das Motiv des Gralschwerts in seinem Roman nicht mehr behandelt.

Wolfram hingegen gestaltet es zu einem Netzwerk von Dingwiederholungen aus, das sich nahezu über die gesamte Dichtung des *Parzival* erstreckt. In der an den Besuch auf der Gralburg Munsalvæsche anschließenden Sigune-Szene – bei Wolfram der zweiten Begegnung mit der Cousine – spielt das Schwert eine zentrale Rolle. Bereits unmittelbar davor erwägt Parzival, als er den Spuren der Gralritter folgt, dass er das Schwert unverdient mit sich führe (*ungedient ich daz trage*; V. 248,29).

---

[42] Vgl. die Schilderung der Szene am Morgen nach der Gralprozession und der verpassten Mitleidsfrage: *Ufem teppech sach der degen wert / ligen sîn harnasch und zwei swert: / daz eine der wirt im geben hiez, / daz ander was von Gaheviez* (V. 246,1–4), *zwei swert er umbe gurte* (V. 246,26). Bei Gaheviez handelt es sich um die Heimat Ithers (vgl. V. 145,15 f.: *ez was Ithêr von Gaheviez: / den rôten rîter man in hiez*).
[43] So sagt der Knappe zum Fischerkönig in Bezug auf das herbeigebrachte Gralschwert: ,Sire, la sore pucele, / Vostre niece qui tant est bele, / Vos a envoié cest present' (V. 3145–3147).
[44] Nach anderen Handschriften *Trabuchet, Trebucet* u. ä.; vgl. das Variantenverzeichnis zur Stelle in: Kristian von Troyes: Der Percevalroman (Li contes del Graal). Unter Benutzung des von Gottfried Baist nachgelassenen handschriftlichen Materials hrsg. von Alfons Hilka. Halle a. d. Saale, S. 1932 (Christian von Troyes. Sämtliche erhaltene Werke. 5), S. 166.
[45] Damit dürfte Scottewatre, der alte Name für den schottischen, in die Nordsee mündenden Fluss und anschließenden Meeresarm Firth of Forth (Ästuar nördlich von Edinburgh) gemeint sein. Die Präposition *soz* würde nahelegen, dass es sich bei Cothoatre um eine Burg handelt (so auch in der Fortsetzung des Gerbert de Montreuil); die in einer Vielzahl von Handschriften überlieferte Präposition *sur* deutet hingegen auf einen Wasserlauf hin. Vgl. den Kommentar in der Ausgabe von Busby (Anm. 14), S. 476. Zur Deutung von Cothoatre als Scottewatre auch Alexander Bell: Zu Perceval 3675: Cotöatre. In: ZfrPh 54 (1934), S. 753–755; Chrétien de Troyes: Le Roman de Perceval ou le Conte du Graal. Publié d'après le ms. fr. 12576 de la Bibliothèque Nationale par William Roach. Genève/Lille 1956. 2ᵉ édition revue et augmentée Genève/Paris 1959 (Textes Littéraires Français. 71), S. 282; G. D. West: An Index of Proper Names in French Arthurian Verse Romances 1150–1300. Toronto 1969 (University of Toronto Romance Series. 15), S. 46 a.

Bei Sigune angekommen, erhält Parzival von seiner Verwandten Auskünfte über die Gralfamilie und eben auch über das Schwert (Dreißiger 253 und 254, vgl. wiederum die Edition im Anhang). Sigune erwähnt das von dem Gralkönig Anfortas stammende Schwert erstmals in Vers 253,24 (*dû vüerest ouch umbe dich sîn swert*) und knüpft daran sofort den Hinweis, dass es im Kampf genutzt werden könne, sofern Parzival den *Segen* des Schwerts kenne (V. 253,25 f.). Von Segensworten spricht Sigune auch später nochmals (V. 254,15). Zuvor aber erläutert sie die Eigenart des Schwerts: Es wurde von dem Schmied Trebuchet hergestellt (V. 253,28 f.). Als dessen Aufenthaltsort nennt Wolfram – im Gegensatz zu dem bei Chrétien erwähnten See von Cothoatre – die Quelle von Karnant, also die Heimat Erecs (V. 253,30 f.). Er erlaubt sich den Witz, den Namen von Erecs Vater, der gemäß Hartmann von Aue „Lac" heißt (*Êrec fil de roi Lac*; V. 2 u. ö.),[46] von dem entsprechenden französischen Wort für See abzuleiten, das Chrétien an dieser Stelle (V. 3675) verwendet.[47] In Vers 254,8 wird der Name Lac dann auch für die Quelle beansprucht (*der selbe brunne heizet Lac*; so gemäß den Fassungen *m *G *T, in *D fehlt das Wort *brunne*). Im Kontext dieser Namensnennungen gibt Sigune eine Gebrauchsanweisung für den Fall, dass das Schwert zerbricht. Dabei spielt das Quellwasser von Lac eine wichtige Rolle, denn es erlaubt zum rechten Zeitpunkt, vor Sonnenaufgang, die Zusammenfügung des Schwerts (V. 254,4-14). Dabei würden, so Sigune, auch *valz* und *ecke* – die Vertiefung an der Längsseite des Schwerts und der Schneidenrand – wieder hergestellt (V. 254,12 f.). Und *diu mâl*, womit wohl die auch bei Chrétien (V. 3137) erwähnte Inschrift gemeint ist,[48] würden ihren Glanz (*schîn*) und damit ihre Lesbarkeit nicht verlieren: *und vliesent niht diu mâl ir schîn* (V. 254,14).[49] In diesem Zusammenhang kommt Sigune nun in Vers 254,15 erneut auf die Segensworte zu sprechen, deren das Schwert zu seiner Wiederherstellung bedarf (*daz swert bedarf wol segens wort*) – es handelt sich dabei wohl um einen auf dem Schwert eingravierten Segen.[50]

---

46 Vgl. Erec von Hartmann von Aue. Mit einem Abdruck der neuen Wolfenbütteler und Zwettler Erec-Fragmente. Hrsg. von Albert Leitzmann, fortgeführt von Ludwig Wolff. 7. Auflage besorgt von Kurt Gärtner. Tübingen 2006 (ATB. 39), S. 1.
47 Vgl. den Kommentar von Nellmann (Anm. 35), S. 593; zur Stelle auch Stolz (Anm. 16), S. 45 f.
48 Vgl. Schröder (Anm. 38), S. 125, 130.
49 In dem zu Fassung *m gehörenden Fragment 69 aus der ersten Hälfte des 14. Jh. fehlt die Verneinung *nicht*, was ermöglichen würde, für diese Fassung eine die Verse 254,14 f. umgreifende Syntax anzunehmen: „wenn die Inschrift ihren Glanz verliert, bedarf das Schwert der Segensworte". Zu diesem Textzeugen ausführlich Thomas Franz Schneider, Gabriel Viehhauser: Zwei Neufunde zu Wolframs von Eschenbach ‚Parzival'. Teil 2: Das dreispaltige Solothurner Fragment F 69. Ein Vertreter der ‚Nebenfassung' *m. In: Reflexion und Inszenierung von Rationalität in der mittelalterlichen Literatur. Blaubeurer Kolloquium 2006. Hrsg. von Klaus Ridder, Wolfgang Haubrichs, Eckart Conrad Lutz. Berlin 2008 (Wolfram-Studien. 20), S. 457–525 und Abb. 5–40.
50 Die Gebrauchsanweisung wird dabei mit einem zweifach negierten Konditionalsatz zum Ausdruck gebracht (*Sint diu stucke niht verrêrt / [...] und vliesent niht diu mâl ir schîn*; „wenn die Stücke nicht verstreut sind [...] und die Inschrift nicht ihren Glanz verliert"; V. 254,9/14).

Dass das Gralschwert tatsächlich einen Segensspruch trägt, deutet eine auf Trebuchet bezogene Äußerung Trevrizents im neunten Buch an: *den list tet im [Trebuchet] ein segen kuont, / der an des küneges swerte stuont* (V. 490,23 f.). Allerdings bezieht sich dieser Segen auf die Herstellung der silbernen Messer durch Trebuchet und nicht auf die Restitution des Gralschwerts. Im Hinblick auf den auf dem Schwert eingravierten Segensspruch (*diu mâl*; V. 254,14) ist davon auszugehen, dass Parzival diesen nicht lesen kann, denn es gibt keinerlei Anzeichen dafür, dass er vor seinem ersten Besuch in Munsalvæsche lesen gelernt hat, weder in Soltane noch bei Gornemanz noch bei anderer Gelegenheit.[51] Damit kann Parzival die Segensworte nicht entziffern und Sigune, die zumindest gemäß den Angaben in Wolframs *Titurel*-Bruchstücken lesen können sollte,[52] wird wohl nach den Regeln der Gralgemeinschaft nicht bereit sein, Parzival den Spruch vorzulesen. Dass derjenige, der den Spruch kennt, das Zerbrechen des Schwerts im Kampf erst gar nicht zu befürchten braucht – darauf deuten Sigunes Ausführungen in Vers 253,25 f.: *bekennestû des swertes segen, / dû maht ân angest strîtes pflegen.*[53]

Wie Vers 254,16 belegt, ahnt Sigune jedoch, dass Parzival die Segensworte auf Schloss Munsalvæsche *gelassen* hat: *ich vürhte, diu hâstû lâzen dort.*[54] Dieses *lâzen* kann als „Unterlassen" verstanden werden; dann würden die Segensworte eng an die verpasste Mitleidsfrage angebunden, ja mit dieser identifiziert werden.[55] Es kann aber auch als „dort lassen", im Sinne von „nicht erfahren" aufgefasst werden.[56] Auf diese Vereindeutigung zielt die in Fassung *T (und einigen *m- und *G-Textzeugen wie Fragment 69 und Handschrift L) belegte Form *gelâzen*. In diesem

---

51 Vgl. auch Tax (Anm. 38), S. 287 f. – Parzivals Analphabetismus ist seinerseits Thema in der modernen Version des Romans von Adolf Muschg, wo Parzival während der Einkehr beim Einsiedler Trevrizent anhand einer Fibel mit alliterativen Einträgen zu jedem einzelnen Buchstaben lesen und damit auch seine Identität zu begreifen lernt. Vgl. Adolf Muschg: Der Rote Ritter. Eine Geschichte von Parzivâl. 6. Aufl. Frankfurt a. Main 1995, S. 648–660.
52 Im Hinblick auf das verlorene Brackenhalsband verlangt Sigune *nâch der schrift an dem seile* (Strophe 168,4). Vgl. Wolfram von Eschenbach: Titurel. Hrsg., übersetzt und mit einem Kommentar und Materialien versehen von Helmut Brackert und Stephan Fuchs-Jolie. Berlin 2002, S. 152; bzw. Wolfram von Eschenbach: Titurel. Mit der gesamten Parallelüberlieferung des ‚Jüngeren Titurel'. Kritisch hrsg., übersetzt und kommentiert von Joachim Bumke und Joachim Heinzle. Tübingen 2006, S. 435 (als Strophe 157,4, gemäß der an Handschrift G, München, Bayerische Staatsbibliothek, Cgm 19, orientierten Zählung).
53 So der Text gemäß den Fassungen *D *m; in den Fassungen *G *T beginnt das Verspaar mit den Worten: *hâstû gelernt* [...]. Die Interpretation, dass die Kenntnis des Segens das Zerbrechen des Schwerts verhindert, auch bei Weigand, A Jester (Anm. 24), S. 93, Anm. 22, und im Kommentar von Nellmann (Anm. 35), S. 593.
54 Woher Sigune ihr Wissen über die Geschehnisse auf Munsalvæsche am Vortrag bezieht, bleibt unklar. Vgl. zur Problematik beispielsweise Weigand, A Jester (Anm. 24), S. 111–113 („it is possible to assume [...] that she saw in her mind's eye the scene enacted on the night before"; S. 113) und den Kommentar von Nellmann (Anm. 35), S. 594 f.
55 So Schröder (Anm. 38), S. 125.
56 So der Kommentar von Nellmann (Anm. 35), S. 594.

Fall wären die auf Munsalvæsche *gelassenen* Segensworte weniger eng mit der versäumten Mitleidsfrage verbunden. Sie wären dann allenfalls eine Folge des Versäumnisses.

Wenn die auf dem Schwert eingravierten Segensworte auf Munsalvæsche bekannt sind, dürften sie auch Anfortas vertraut sein. In diesem Fall (und nur in diesem) hätte es eine Logik, wenn Anfortas sagt, er habe das Gralschwert im Kampf benutzt (*hêrre, ich prâhtz in nôt / in maneger stat*; V. 239,25 f.). Auch eine spätere Stelle, in der es heißt, Trebuchet habe Frimutels Schwert (mit einem Segen?) graviert, wäre dann auf das Gralschwert beziehbar (*Trebuchet der smit, / der Frimutels swert ergruop, / dâ von sich starkez wunder huop*; V. 643,18–20). Es würde deutlich, dass dieses vom Großvater Frimutel über den Oheim Anfortas auf Parzival übergeht.[57] Allerdings hat es den Anschein, dass Wolfram der Kampfkraft des Schwerts nicht recht traut. Auffällig ist auch der in der Überlieferung unterschiedlich gestaltete Versuch, die Dauer jener Phase, ehe das Schwert zerbricht, auszudehnen: Gemäß der Mehrzahl der Fassungen tritt dieser Moment nicht beim ersten, sondern erst beim zweiten Schlag ein: *daz swert gestêt ganz einen slac, / am andern ez zevellet gar* (V. 254,2 f.). Laut Fassung *T währt die aufrechterhaltene Intaktheit gar *einen tac* (V. 254,2).[58]

Im Anschluss an die in Vers 254,16 geäußerte Befürchtung, dass Parzival den Segen auf Munsalvæsche verpasst haben könnte, kommt Sigune in Vers 254,17 auf die alternative Möglichkeit zu sprechen, dass Parzival – genauer: sein *muot* bzw. sein *munt* (so die Fassungen *m *G *T) – die Segensworte *gelernet* haben könnte. Damit leitet sie nun auf die heilbringenden Folgen der Mitleidsfrage über, vorausgesetzt, dass diese gestellt worden wäre. Auf diese Weise stehen die auf dem Schwert eingravierten Segensworte und die Mitleidsfrage erneut in einem engen Zusammenhang. Nicht nur den Schwertsegen, sondern alles Glück auf Erden hätte Parzival erworben, wenn er nur die Frage gestellt hätte: *niemen ist sô rîche, / der gein dir koste mege hân, / hâstû vrâge ir reht getân* (V. 254,28–30).

Auch an anderen Stellen erfolgt diese Rückbindung des Gralschwerts an die unterlassene Mitleidsfrage, so, wie bereits erwähnt, wenn der Erzähler kurz nach der Schwertübergabe beklagt, dass Parzival die Frage nicht gestellt habe (V. 240,3),[59] ja suggeriert, dass die Schwertgabe geradezu eine Ermahnung zur Frage gewesen sei (*wan do erz enpfienc in sîne hant, / dô was er vrâgens mit ermant*;

---

57 Vgl. ebd., S. 738 f.; anders Schröder (Anm. 38), S. 129 f.
58 Dazu Tax (Anm. 38), S. 279 f.; Schöller (Anm. 18), S. 363 f. Tax versucht den in den meisten Fassungen begegnenden Wortlaut zu retten, indem er dem Gralschwert eine „Erstschlagkapazität" (Tax [Anm. 38], S. 279 u. ö.) zuschreibt, die den Kampf mit einem einzigen Schlag entscheiden würde. In Fassung *T wäre diese *Erstschlagkapazität* „einem *Eintagesschwert* gewichen" (Schöller [Anm. 18], S. 364). – Die Variante könnte freilich auch auf eine Augenabirrung ([...] *ê in beschîne der tac*; V. 254,7) zurückgehen.
59 Vgl. oben, S. 277.

V. 240,5 f.).⁶⁰ Ähnlich ist auch der von Verfluchungen begleitete Tadel, den Parzival wegen der unterlassenen Frage durch Sigune und später durch Kundrie erfährt, thematisch mit dem Gralschwert verbunden.⁶¹ Dabei werden, jeweils repetitiv, der Anblick des Grals, ferner die zur Prozession gehörenden silbernen Messer und die blutende Lanze (*snîdnde silbr und bluotec sper*)⁶² sowie die unterlassene Frage erwähnt. Hier zeigt sich also auch eine Rekurrenz der mit dem Gral metonymisch verbundenen *Dinge*. Zugleich lässt sich eine Rückkoppelung an Chrétiens Text erkennen, denn dort wird von Perceval – anders als bei Wolfram – nicht erwartet, dass er sich nach dem Befinden des Gralkönigs erkundigt, sondern dass er nach der Eigenart der blutenden Lanze, des silbernen Tellers und des Grals fragt. Eben diese Versäumnisse erwähnt der französische Text ausdrücklich.⁶³

Die nächsten, das Gralschwert betreffenden Dingwiederholungen finden sich erst im neunten Buch, das in den vorausgehenden Ausführungen zur Erleichterung des Textverständnisses bereits verschiedentlich herangezogen worden ist. Das Verfahren, dunkle Stellen aus einem Abschnitt der Dichtung durch solche aus einem anderen, weit entfernten Abschnitt zu erläutern, ist dabei methodisch nicht ganz unproblematisch, da es impliziert, dass durch die Beziehbarkeit solcher Passagen Kohärenz gestiftet werden kann.⁶⁴ Die bislang hergestellten und im Folgenden noch herzustellenden Bezüge erfolgen dementsprechend mit Vorbehalt und dem Eingeständnis, dass es vielleicht angemessener wäre, die Widersprüchlichkeit der Aussagen als solche offenzulegen.

Erwähnt wird das Gralschwert im neunten Buch an prominenter Stelle, nämlich im Anschluss an das Gespräch mit der personifizierten *frou âventiure*, das den Erzähler auf Parzivals Spuren zurücklenkt.⁶⁵ In der Folge ist mehrfach davon die Rede, dass die *âventiure* uns, also wohl dem Erzähler und seinem impliziten Publikum, *bekant* gibt (V. 434,11) bzw. *kündet* (V. 435,2), was Parzival erlebt habe. Dabei bleibt offen, ob hier noch die personifizierte *frou âventiure* spricht oder von der

---

60 Später erklärt Trevrizent freilich, dass es wirkungslos gewesen wäre, wenn Parzival eine ihm nahegelegte Frage gestellt hätte: V. 483,24–28.
61 In der Sigune-Szene schließt der entsprechende Abschnitt (V. 255,1–20) unmittelbar an die Ausführungen zum Gralschwert an. Bei der Verfluchung durch Kundrie (V. 316,21–317,2) wird der Abschnitt eingeleitet durch das Verspaar: *iu gap iedoch der wirt ein swert, / des iwer wirde wart nie wert*; V. 316,21 f.
62 Identisch im Wortlaut von V. 255,11 u. 316,27.
63 *Si s'est de demander tenus* (V. 3204 in Bezug auf die in V. 3196–3201 erwähnte *blutende* Lanze: *Le lance blanche et le fer blanc – S'issoit une goute de sanc*). – *Ne n'osa mie demander/ Del graal cui l'en en servoit* (V. 3244 f.; nachdem kurz davor der *tailleoir d'argant* und *li graals, qui aloit devant* erwähnt worden sind; V. 3231 f.). – *Ne li vallés ne demanda / Del graal cui on en servoit* (V. 3292 f.). – Vgl. zur *blutenden* Lanze auch unten, S. 286 f. mit Anm. 78, und S. 289, Anm. 85.
64 So verfährt im Prinzip Weigand (Anm. 24), vgl. die dort angeführten Stellen.
65 Stellvertretend für die Fülle von Forschungsliteratur sei auf Bumke (Anm. 13), S. 207, und die in Anm. 13 genannten Arbeiten verwiesen.

âventiure als Erzählung bzw. Quelle die Rede ist. In diesem Zusammenhang erfolgt in den Versen 434,25–30 ein kurzer Hinweis auf das Gralschwert:

> sîn swert, daz im Anfortas
> gap dô er bîme grâle was,
> brast sît dô er bestanden wart:
> dô machtez ganz des brunnen art
> bî Karnant, der dâ heizet Lac.
> das swert gehalf im prîss bejac.

Das von Anfortas verliehene Schwert soll also tatsächlich zerbrochen sein, als Parzival angegriffen wurde. Doch die Zauberkraft der Quelle Lac bei Karnant habe es, wie von Sigune angekündigt, wiederhergestellt. Das Schwert habe Parzival zu Ruhm (*prîs*) verholfen. Mit der launigen Bemerkung *Swerz niht geloubt, der sündet* (V. 435,1) leitet der Erzähler sodann zu Parzivals dritter Begegnung mit Sigune über. Es hat den Anschein, als solle das sperrige, aus dem fünften Buch übrig gebliebene Motiv vom Gralschwert abgehandelt werden, ehe die nächste Sigune-Szene eröffnet wird.[66]

Die Möglichkeit, das Schwert in einem der vorausgehenden oder folgenden Zweikämpfe, die Parzival ausficht, zum Einsatz zu bringen, hat der Autor nicht genutzt.[67] Erst spät, anlässlich von Parzivals Zweikampf mit Feirefiz, wird dann tatsächlich das Zerbrechen eines Schwerts beschrieben, doch handelt es sich dabei um Ithers Waffe: *von Gaheviez daz starke swert / mit slage ûfs heidens helme brast* (V. 744,10 f.). Das Versagen der Waffe führt dazu, dass der Kampf endet und das gegenseitige Morden der Brüder verhindert wird.[68]

Ausführlichere Erwähnung findet das Gralschwert zuvor in der Rede Trevrizents (Dreißiger 501, vgl. wiederum die Edition im Anhang). Am Ende des Karfreitags, an dem er Parzival die Gralgeheimnisse offenbart, kommt der Einsiedler auf das Schwert zu sprechen.[69] Dabei lehnt sich der Wortlaut des Eingangsverses *Din*

---

[66] Möglicherweise handelt es sich textgenetisch um einen späteren Einschub; vgl. Stolz (Anm. 16), S. 44–47, mit weiterer Literatur, und unten, S. 288 f., Anm. 85.
[67] Eine Liste der Möglichkeiten bei Schröder (Anm. 38), S. 129.
[68] Vgl. zu Gaheviez, der Heimat Ithers, oben, Anm. 42; zur Stelle den Kommentar von Nellmann (Anm. 35), S. 760.
[69] Die Zeitangabe Karfreitag erschließt sich aus der Rede des grauen Ritters, dem Parzival vor der Einkehr bei Trevrizent begegnet: ‚*ez ist hiute der karfrîtac*' (V. 448,7). Darauf, dass Trevrizents Rede in Dreißiger 501 am Ende des Karfreitags stattfindet, deuten die nachfolgenden Zeitangaben *sus was er dâ vünfzehen tage* (V. 501,11) und *Eines tages vrâgt in Parzival* (V. 501,19) hin. Allerdings weist Fassung *T in Vers 501,19 die Variante *Aber sprach dô P.* auf, was damit zusammenhängt, dass die mit einer Zeitangabe verbundene inquit-Formel hier bereits in Vers 500,23 erfolgt: *Eines tages vrâget in P.* (gegenüber *dô sprach aber P.* in *D *G bzw. *Aber sprach P.* in *m). Trevrizents Ausführungen zum Gralschwert sind in Fassung *T also bereits auf einen späteren Zeitpunkt nach dem Karfreitag verschoben. – Zum Zeitgerüst des Romans grundlegend Weigand, Narrative Time (Anm. 24).

œheim gap dir ouch ein swert (V. 501,1) auffallend eng an einen Korrespondenzvers in der Rede der Sigune an, wo es heißt: *dû vüerest ouch umbe dich sîn swert* (V. 253,24). Anschließend erfolgt die bereits aus den vorausgehenden Passagen bekannte Anbindung des Schwerts an die versäumte Mitleidsfrage: Parzival habe eine große Sünde begangen, als er die Frage nicht stellte (*dâ mit dû sünden bist gewert*; V. 501,2). Wie im Kontext des von Sigune erwähnten Schwertsegens (V. 254,17) wird dabei Parzivals *munt* erwähnt (V. 501,3). Zugleich macht Trevrizent mit der Aussage *die sünde lâ bî den andern stên!* (V. 501,5) deutlich, dass die unterlassene Frage zu den beiden anderen, zuvor erwähnten Sünden – dem Verwandtenmord an Ither, dem Tod der Mutter Herzeloyde beim Abschied aus Soltâne (V. 499,20–25) – hinzukommt, von diesen möglicherweise sogar übertroffen wird.[70]

Die Szene enthält zugleich eine Verdichtung der eingangs entwickelten Phänotypik von Dingwiederholungen im *Parzival*, die an das *Erzählen im Paradigma*, an die metonymischen Beziehungen und an die verzögerte Mitteilung von Informationen geknüpft ist. In dem mit Vers 501,19 beginnenden Abschnitt spricht Parzival seinen Oheim Trevrizent mit einer Frage an und demonstriert damit ausgerechnet gegenüber dem Bruder des Anfortas, dass er es gelernt hat, seinen mütterlichen Verwandten Fragen zu stellen. Die Frage lautet: *wer was ein man, lac vorme Grâl?* (V. 501,20)[71] Die in der Frage zum Ausdruck gebrachte lokale Position des Greises ist beispielhaft für die metonymische Beziehung, welche die in der Gralzeremonie erwähnten *Dinge* mit den Figuren der Dichtung, namentlich den Angehörigen der Gralfamilie, eingehen. Wenn Trevrizent Parzivals Frage in Vers 501,22 dahingehend beantwortet, dass es sich bei dem Greis um Titurel handelt, löst er den vom Erzähler anlässlich des Bogengleichnisses (V. 241,1 f.) angekündigten Aufschub ein.[72] Die Textstelle ist damit symptomatisch für die Wolframs Erzählen eigene Verzögerung in der Aufdeckung der Gralgeheimnisse. In Handschrift T (Textgrundlage von Fassung *T) erhält diese Verschiebung in der Gewährung von Informationen dadurch eine besondere Akzentuierung, dass Trevrizent in seiner Antwort anstelle des Präteritums (*daz was Titurel*) das Präsens wählt: *Der wirt sprach: ‚daz ist Tyturel, / der ist al grâ bî liehtem vel'* (V. 501,21 f., so der neben dem konstituierten Text stehende Fassungstext).[73]

An der Stiftung solcher Bezüge aber, dies zeigt der Kontext, sind *Dinge* wie der Gral und das Gralschwert ganz wesentlich beteiligt. In ihrer Wiederholung trans-

---

70 Vgl. stellvertretend zur Diskussion der jeweiligen Versabschnitte in der Forschung den Kommentar von Nellmann (Anm. 35), S. 700–702, sowie Bumke (Anm. 13), S. 87, 91, 126–128.
71 In den für die Fassungen G bzw. T konstitutiven Handschriften GI und T ist vor *lac* das Relativpronomen *der* eingefügt.
72 Vgl. zum Bogengleichnis oben, S. 275.
73 Hierbei ist die in den übrigen Handschriften (und damit Fassungen) Parzivals Frage angefügte (und dort im Präteritum ausgedrückte) Charakterisierung des Titurel als *der was al grâ bî liehtem vel* (dort V. 501,21) aufgrund einer Vertauschung der Verse 501,21/22 der Rede des Trevrizent zugeteilt.

portieren sie wichtige, ihnen metonymisch angelagerte Bestandteile der Erzählung, wie Parzivals Versagen auf der Gralburg und das damit zusammenhängende Nichtverstehen der Geheimnisse der Gralzeremonie. Den *Dingen* haftet damit menschliche Schwäche, menschliche Krankheit, menschliches Versagen regelrecht an. Selbst die im Erzählvorgang offenbar werdenden Unzulänglichkeiten lassen sich unter dieser metonymischen Relation fassen: Die Schwierigkeiten, die Geheimnisse des Grals einem kohärenten Konzept zu integrieren, werden gerade an *Dingen* wie dem Gralschwert offenkundig.

Die einem solchen Erzählen eigenen Kontingenzen werden auch auf *Histoire*-Ebene zum Ausdruck gebracht, so prominent in Trevrizents spätem Eingeständnis *ich louc durch ableitens list / vome grâl, wiez umb in stüende* (V. 798,6 f.), das sich wohl, wie vielfach betont wurde, auf seine Aussage zu den neutralen Engeln bezieht.[74] Doch ist Trevrizents Bekenntnis symptomatisch für ein Versagen, zu dem sich bis zu einem gewissen Grad auch der Erzähler und der hinter diesem stehende Autor bekennen. Die handschriftliche Überlieferung bezeugt übrigens Irritationen mit dieser Textstelle und reagiert mit Tilgungen (Hss. L, V') und Zuschreibungen des Satzes an andere Personen wie Feirefiz.[75]

So weit, Dinge wie das Schwert als „Herrschaftszeichen"[76] oder als „Dingsymbol verscherzter Königswürde und versäumter Menschlichkeit"[77] zu interpretieren, wie es die ältere Forschung tat, muss man dabei gar nicht gehen. Es erscheint angemessener, den *Dingen* im *Parzival* eine Funktion auf der Ebene des Bezeichnenden, weniger des Bezeichneten zuzusprechen – eines Bezeichnenden, welches in einer repetitiven Paradigmatik das Ingangkommen und die Fortsetzung des Erzählvorgangs auf der syntagmatischen Linie vorantreibt.

IV Ausblick

Unter diesem Aspekt wären weitere *Dinge* der *Conte du Graal*-Tradition in den Blick zu nehmen. Zu erinnern wäre an die blutende Lanze aus Chrétiens *Perceval* und

---

[74] Vgl. dazu die Textstellen V. 471,15–29; 798,11–15, 24–26, sowie Weigand, A Jester (Anm. 24), S. 93 f.; ferner die Kommentare zu V. 798,6 f. von Nellmann (Anm. 35), S. 776, Bumke (Anm. 13), S. 119 f., und Michaela Schmitz: Der Schluss des *Parzival* Wolframs von Eschenbach. Kommentar zum 16. Buch. Berlin 2012, S. 97–101.
[75] Versausfälle in den Handschriften L (zu Fassung *G gehörig, Fehlverse 798,1–30) und V' (hier zu Fassung *m gehörig, Fehlverse 797,13–798,30), Zuschreibungen an Feirefiz in den Handschriften m n o (zu Fassung *m gehörig), an Trevrizent *und* Parzival in Handschrift R (hier zu Fassung *T gehörig).
[76] Schröder (Anm. 38), S. 122; danach der Kommentar von Nellmann (Anm. 35), S. 584; vgl. auch Meersmann (Anm. 38), S. 135: „Standes- oder Amtszeichen".
[77] Schröder (Anm. 38), S. 126.

deren widersprüchliche Gestaltung in Wolframs Text.[78] Zu erinnern wäre an den buntgefärbten Speer von Troys, der in der Nähe von Trevrizents Klause herumsteht, als Parzival vor Orilus auf einer Reliquienkapsel einen Eid ablegt und versichert, dass er dessen Frau Jeschute nicht vergewaltigt habe; später spielt dieser Speer in der Blutstropfenszene, Parzivals Herausfallen aus der Zeitlichkeit, und bei der Psalterszene in Trevrizents Klause, Parzivals Zurückfinden in die Zeitlichkeit, eine wichtige Rolle.[79] Zu erinnern wäre an den zweimal erwähnten Seidenstoff, der König Artus' Tafelrunde markiert.[80] Zu erinnern wäre schließlich an Interpolationen in Handschriften mit Chrétiens *Conte du Graal*, wo (nach Vers 3926) das Motiv des zerbrochenen Gralschwerts anlässlich Percevals Kampf mit dem Ritter li Orgueilleus (bei Wolfram: Orilus) weiter ausgestaltet wird.[81] Dabei gelangt (in den *Conte du Graal*-Handschriften P und H) ein von der Gralburg ausgesandter Bote auf den Kampfplatz, um die Splitter des im Kampf mit Orgueilleus zerborstenen Gralschwerts wieder aufzusammeln und in die Gralburg zurückzubringen. In den *Conte du Graal*-Fortsetzungen wird das Motiv dann mehr oder weniger konsequent in weiteren Erzählzusammenhängen aufgegriffen.[82] Manche Erzähldetails dieser Interpolationen stimmen dabei mit solchen in Wolframs *Parzival* überein, auch wenn dieser das Gralschwert im Kampf Parzivals mit Orilus nicht nennt. Als Parallelen wären Jeschutes banges Verfolgen des Kampfes (Wolframs *Parzival*, V. 262,25–27), der Zorn des Orilus (Wolframs *Parzival*, V. 264,1–3; vgl. dazu die Interpolation P, V. 44–53), und die Tatsache zu nennen, dass in den Interpolationen im Gegensatz zu Chrétiens vagen Angaben mehrfach von einem Zerbrechen des Schwerts beim ersten Schlag die Rede ist (*a cele premiere envaïe*, Interpolation P, V. 3; *au premier estor*, ebd., V. 75; *au premier cop*, ebd. V. 88 u. 138; ähnlich Interpolation H, V. 30,

---

78 Vgl. Wolframs *Parzival*, V. 255,11 (zweite Sigune-Szene in Buch V); 316,27 (Verfluchung durch Kundrie in Buch VI); 489,30–490,2; 492,19–493,8 (Unterredung von Trevrizent und Parzival in Buch IX). In Chrétiens *Conte du Graal* blutet die Lanze (vgl. Anm. 63), bei Wolfram ist sie gemäß Trevrizents Ausführungen in Buch IX blutig. Dazu Weigand, A Jester (Anm. 24), S. 96–98; Maczewski (Anm. 35), S. 17–19; den Kommentar von Nellmann (Anm. 35), S. 575 f., mit weiterer Literatur; sowie ders. (Anm. 37), S. 142–144, und ders.: *Parzival* (Buch I–VI) und *Wigalois*. Zur Frage der Teilveröffentlichung von Wolframs Roman. In: ZfdA 139 (2010), S. 135–152, hier S. 148 f.; ferner unten, S. 288 f., Anm. 85.
79 Vgl. Wolframs *Parzival*, V. 268,28–30; 271,10–13 (beide Stellen im Kontext der Schwurszene von Buch V); 288,16–20 (Bluttropfenszene in Buch VI); 459,24–460,27 (bes. 460,16–21, Einkehr bei Trevrizent in Buch IX in Zusammenhang mit der Psalterszene, dazu auch Stolz [Anm. 16], S. 48–50). Dies wiederum mit einem wörtlichen Anklang in den Versen 271,12 und 460,20: *des vergaz der wilde* [460,20: *mîn friunt*] *Taurîân*.
80 Vgl. Wolframs *Parzival*, V. 309,12–22 (Buch VI) und die Dreißiger 775–777 (Buch XV). Dazu die Kommentare von Nellmann (Anm. 35), S. 615, 766, und den Beitrag von Bruno Quast im vorliegenden Band.
81 Dazu ausführlicher Stolz (Anm. 16), S. 41 f., und ders., Chrétiens *Roman de Perceval* (Anm. 19), S. 472 f., Texte in der Ausgabe von Busby (Anm. 14), S. 395–415.
82 Vgl. Stolz, Chrétiens *Roman de Perceval* (Anm. 19), S. 437–440.

124, 207), was mit dem von Sigune in Vers 254,2f. (Buch V) erwähnten *andern* [*slac*] (also: dem *zweiten Schlag*) besser kompatibel wäre.[83] Da der wie Perceval als *valet* bezeichnete Bote auf seinem Weg zum Kampfplatz auch bei Percevals Cousine vorbeikommt, wäre in diesem Typus von Interpolation eine mehrfache Sigune-Begegnung, wie sie Wolfram im Gegensatz zu Chrétien gestaltet, zumindest angelegt.[84] Methodisch sollte man sich bewusst sein, dass es sich bei der Analyse solcher an das Gralschwert gebundenen Bezüge um nicht mehr als Textvergleiche handelt. Wenn man diese prinzipiell synchrone Betrachtung in eine diachrone Linie zu bringen vermöchte, würde sich dabei auch die Frage stellen, welchen Typus von Textvorlagen Wolfram bei seiner Arbeit am *Parzival* benutzte und ob es dabei womöglich zu Vorlagenwechseln kam. Die Frage, welche Methodik für ein solches Vorgehen angemessen und ob dabei angesichts der Überlieferungssituation der Chrétien-Handschriften je sicheres Terrain zu gewinnen ist, müsste in weiteren Studien geklärt werden.[85]

---

83 Die erwähnten Textstellen in der Ausgabe von Busby (Anm. 14), S. 396, 398, 400, 406–409. – Dazu wiederum ausführlicher Stolz (Anm. 16), S. 42, mit Verweis auf Jean Fourquet: Wolfram d'Eschenbach et le *Conte del Graal*. Les divergences de la tradition du Conte del Graal de Chrétien et leur importance pour l'explication du texte du *Parzival*. Paris 1938 (Publications de la faculté des lettres de l'Université de Strasbourg. 87). Überarbeitete Neuauflage. Paris 1966 (Publications de la Faculté des lettres et sciences humaines de Paris-Sorbonne. Série „Etudes et Méthodes". 17), hier S. 98 f., und weitere Literatur.
84 Dazu ausführlicher mit Belegstellen Stolz (Anm. 16), S. 50.
85 Einen Versuch, Möglichkeiten einer textgenetischen Betrachtungsweise aufzuzeigen, bietet der Beitrag von Stolz (Anm. 16). Dort wird in Bezug auf Fourquet (Anm. 83) und die daran anschließenden Forschungen von Nellmann (Anm. 37), bes. S. 145, und ders. (Anm. 78), bes. S. 144–146, ein Weg aufgezeigt, wie ein textgenetischer Ansatz verfahren könnte. Fourquet ging davon aus, dass Wolfram (auf der Grundlage einer der *Perceval*-Handschrift R nahestehenden Vorlage) zunächst an den Büchern III–VI und vermutlich auch an Teilen von Buch IX gearbeitet habe. In einer zweiten Arbeitsphase habe Wolfram dann eine andere *Conte du Graal*-Vorlage zur Verfügung gestanden, welche eine Version der *ersten Fortsetzung* und eine Interpolation (nach V. 3926, wie sie in den *Perceval*-Handschriften P, H fassbar ist) beinhaltet habe; daraus habe Wolfram eine Überarbeitung der Bücher III–VI und die Gawan-Partien des *Parzival* hergestellt. Denkbar wäre, dass auch eine Überarbeitung von Entwürfen zu Buch IX im Hinblick auf die neue Vorlage erfolgt ist. Folgende Textanteile könnten beispielsweise dieser zweiten Überarbeitungsphase angehören:
– Teile der detaillierten Beschreibung der Fertigung des Gralschwerts durch Trebuchet mitsamt der Erwähnung der Quelle Lac und der damit verbundenen Wiederherstellung in der Rede der Sigune (V. 253,24–254,19, Buch V), vgl. oben, S. 279 f.;
– das mit hoher Wahrscheinlichkeit einen Einschub darstellende *Waffenregister* des Orilus, in dem eingangs erwähnt wird, dass Trebuchet den Helm des Ritters hergestellt habe (V. 261,1–30, Buch V), dazu mit weiterer Literatur Stolz (Anm. 16), S. 51 mit Anm. 50;
– die ebenfalls als Einschub geltenden Ausführungen zu Bruch und Wiederherstellung des Gralschwerts (V. 434,25–30, Beginn von Buch IX), dazu oben, S. 283 f., und ausführlicher Stolz (Anm. 16), S. 44–47;
– der in Zusammenhang mit Parzivals Zurückfinden in die Zeit in der Unterredung von Parzival und Trevrizent erwähnte Speer von Troys (V. 460,16–23, Buch IX), mit Bezugnahme auf V. 268,28–30; 271,10–13 (Buch V), einschließlich wörtlichen Entsprechungen zwischen den Ver-

sen 460,20 und 271,12, dazu oben S. 287 mit Anm. 79, und Stolz (Anm. 16), S. 48–50 (mit dem Hinweis, dass die Verse 460,22 f. mit der entscheidenden Zeitangabe in Handschrift T fehlen), skeptisch gegenüber einer Überarbeitung (aber damit nicht durchweg überzeugend) ist Weigand, Narrative Time (Anm. 24), S. 58, Anm. 35, S. 69 f. u. ö.;
- Trevrizents Ausführungen zur in Anfortas Wunde gestoßenen und deshalb *blutigen* Lanze (*daz sper bloutec rôt*; V. 490,2, Buch IX), welche im Rahmen der Gralprozession (entsprechend Chrétien) als *blutende* Lanze beschrieben wird (*an der snîden huop sich pluot*; V. 231,20), dazu oben, S. 283 mit Anm. 63 und S. 286 f. mit Anm. 78, sowie Nellmann (Anm. 37), S. 142–144, und ders. (Anm. 78), S. 148 f.;
- Trevrizents Erläuterungen zu den von Trebuchet verfertigten Silbermessern, mit denen die vergiftete Lanzenspitze gereinigt wird (V. 490,13–24, Buch IX), dazu Nellmann (Anm. 37), S. 141 f., und ders. (Anm. 78), S. 149 (Hinweis auf einen missglückten Überarbeitungsvorgang gegenüber der Funktion der Silbermesser in der Gralzeremonie: *zwei messer snîdende*; V. 234,18; *snîdnde silber und bluotec sper*; V. 255,11; jeweils Buch V).

Weiterer Prüfung bedürfte die Frage, ob sich in der für Fassung *T konstitutiven Handschrift T Textschichten finden, die einen älteren Bearbeitungszustand repräsentieren; darauf könnte beispielsweise der Ausfall der die Zeitangabe zu Parzivals Irrfahrten enthaltenden Verse 460,22 f. (s. o.) hindeuten. Eine ausführliche Untersuchung zu textgenetischen Fragen, in die auch die Überlieferungsvarianten von Chrétiens *Conte du Graal* und dessen Fortsetzungen einbezogen werden, bereitet Dr. Stefan Abel (Bern) vor.

*D

253 Des ist dîn houbet blôz getân.   gestân *G
zem fôrest in Prizlian   in dem f. ze Br. *G
sah ich dich dô vil minneclîch,   vil om. *m
swie dû wærest jâmers rîch.
5 dû hâst verlorn varwe und kraft.   und om. *T
dîner herten geselleschaft
verdrüzze mich, solt ich die haben.   die] si *G *T
wir sulen disen tôten man begraben.«   disen] den *G Fr69
Dô nazzeten diu ougen ir die wât.   ir diu oug. ir wât *G   ir oug. die wât *T
10 ouch was vroun Lunetten rât   enwas *T
ninder dâ bî ir gewesen.
diu riet ir vrouwen: »lât genesen   diu r.: »vrouwe *G
disen man, der den iweren sluoc.   der iu den iw. sl. *G
er mac ergetzen iuch genuoc.«   er mac es erg. i. gen. *m   er mac iu sîn erg. gen. *T
15 Sigune gerte ergetzens niht   sine g. *G
als wîp, die man bî wanke siht,
manege, der ich wil gedagen.   maneger *G   genuoge *T   ·   wil ich *T
hœret mêr Sigunen triwe sagen.   von S. sag. *G   von S. tr. sag. *T
diu sprach: »sol mich iht gevröun,   si spr. *G *T   ·   und sol *T
20 daz tuot ein dinc, ob in sîn töun   daz ist *G *T   ·   in om. *G
læzet, den vil trûrigen man   der vil getriwe man *G   den vil getriuwen man *T (L)
schiede dû helflîche dan,
sô ist dîn lîp wol prîses wert.   lîp] prîs *m
dû vüerest ouch umbe dich sîn swert.
25 bekennestû des swertes segen,   hâstû gelernt *G (*T)
dû maht ân angest strîtes pflegen.
Sîn ecke ligent im rehte.
von edelem geslæhte
worht ez Trebuchetes hant.
30 ein brunne stêt bî Karnant.

---

*D: D – *m : m Fr69 (253.8–10, 13–15, 21–22)
*G: G I O L Z – *T: T U V W Fr26 (253.16–27)

1 *Initiale D G*   9 *Majuskel D   Initiale m Fr69 O (unausg.) L
Versal T*   15 *Initiale Z   Versal T*   19 *Initiale I   Majuskel T*   27
Initiale D W (vorgez.) Fr26   Majuskel T

1 gestan *GIOL*   2 in dem voreis ze (in *L*) Br. *G(IL)*   zů Br. *W*   3
vil *om. m*   ·   dô] doch *Z   om. W*   5 und] *om. T*   6 dines hertzen g.
L   7 die] si *G T(UW)*   ·   haben] sehe *U*   8 begrab *Z*   9 ir div
ǒgen ir wat *G*   ir ovgen div wât *T*   ·   diu *om. O*   ·   die *om. I U*   10
en was *T(UW)*   11 Mender do *m*   ·   ir *om. W*   12 div riet fröwe *G*
13 der den iren sl. *m*   der iv den iwern sl. *G(I)*   ·   man] wann *W*   ·
den *om. O*   14.15 da von ir herze iamer trûc / er mach ergezzen
evch sin nih *I*   ·   iŭ sin erg. gn. *T(UV)*   ·   sein eůch erg. gn. *W*   ·
sine gerte *G*   ·   S. gerte ergetzendes n. *V*   S. vergessens gerte n. *W*
16 jez wip *Z*   al wip *T*   17 manger *GIO*   gnv̊ge *T(W)*   gnv̊gen die
U   18 h. mere *OZ*   vnd mere *L*   ·   von S. sag. *G*   von S. tr. sag.
IOLZ TUV   20 daz ist *G TUWFr26*   ·   ob] daz *O*   ·   in] *om. GI*   ·
mich *L*   im *W*   21 laszen *L*   ·   der vil getriwe m. *G*   den vil
getriuwen m. *T(U L)*   22 helfekliche *Fr69 (GL TU)V*   hvfslichen *O*
23 lîp] pris *m*   24 ouch] doch *WFr26*   ·   vmb mich *m*   26 so maht
du *I*   so maht *O*   dů můst *U*   ·   wol str. pfl. *Z*   27 im ligent *I*   ·
schlechte *W*   28 ich sage dirs mit rechte *W*   29 wortes. *U*   es
worchte *W*

Abb. 1: Musteredition des Dreißigers 253 (Parzival-Projekt).

*D

254 dâr nâch der künec heizet Lac.
　　daz swert gestêt ganz einen slac,　　bestêt g. *G W　　stât g. *T　·　e. tac *T
　　am andern ez zevellet gar.
　　wil dûz denne wider bringen dar,　　wider om. *m *G *T
5　ez wirt ganz von des wazzers trân.　　des] dem *G
　　dû muost des urspringes hân
　　underem velse, ê in beschîne der tac.　u. einem (ein m) v. *m　·　u. dem v. *G　·　von dem v. *T　·　in bescheine *m
　　der selbe heizet Lac.　　　　　　　　der s. brunne h. Lac *m *G *T　　　　　　　　　　　　　　[ez besch. *G
　　Sint diu stucke niht verrêrt,
10　der si rehte zein ander kêrt,　　　　rehte om. *m
　　sô si der brunne machet naz,
　　ganz und sterker baz　　　　　　　　vester *T
　　wirt im valz und ecke sîn　　　　　　werdent *T
　　und vliesent niht diu mâl ir schîn.　diu mâl niht *G
15　daz swert bedarf wol segens wort.
　　ich vürhte, diu hâstû lâzen dort.　　dû hâst diu l. *m　　diu habestû l. (gel. *T L) *G *T
　　Hâts aber dîn muot gelernet,　　　　hât es a. *m　　hât si a. *G *T　·　dîn munt *m *G *T
　　sô wehset und kernet
　　immer sælden kraft bî dir.　　　　　an dir *G
20　lieber neve, geloube mir,
　　sô muoz gar dienen dîner hant,
　　swaz dîn lîp dâ wunders vant.
　　ouch mahtû tragen schône　　　　　　sô mahtû *G　　dû maht ouch *T
　　immer sælden krône　　　　　　　　　i. der s. (selben m) kr. *m (V) *G
25　hôhe ob den werden.
　　den wunsch ûf der erden
　　hâstû vollenclîche.　　　　　　　　 gewalteclîche *G
　　niemen ist sô rîche,
　　der gein dir koste mege hân,
30　hâstû vrâge ir reht getân.«　　　　 der vr. *T (L)

---

*D: D – *m: m Fr69 (254.11–18)
*G: G I O L Z – *T: T U V W Fr26 (254.5–13, 27–30)

---

7 Initiale I　　9 Majuskel D　Initiale O (unausg.)　　17 Majuskel D
27 Initiale I

---

1 d. der kunig von h. lag m　der kúnig darnach h. lag W　·　hitzet U
2 stat T　　bestûnt U　·　gest. gang m　·　gest. ganz (von sp. Hand
korrigiert aus gan:) V　·　e. tac T (UW)　3 Min and. m　·　zû vellet
ez L　iz zu vellet U　zeruellet vil W　4 wider om. *m GI T　5 von
des vaters tr. m　·　des] dem GZ (Fr26)　·　tram G　stran UWFr26
7 vnder den brun v. I　von dem v. TU　von dirme v. Fr26　·　ez
besch. (beschein O) G(O)L　9 stocke U　·　verseret W　10 zv
samne k. Z　11–13 Ganz vnd stercher baz / so si der brunne ie baz /
machet im diu ekke sin I　·　sterker] strecket m　·　heltze vnd egge
s. L　14 div mal niht G　auch nih I　·　niht om. Fr69　15 senens
w. U　16 dv habst l. O　·　hastû U　·　gelaszen Fr69　verlassen W
17 hatz Fr69　hats Z　·　hat auer (aber U) si I (U)　aber om. L　18
so wahset (verbessert aus gewurzet) G　·　gernet D m Fr69 (Z) TUV
(in V nachträglich verbessert zu kernet)　bernt O　vernet L　·
schermet W　20 gloude bir m　nun volge mir W　21 d. dir mein
hand W　22 dâ om. L　23.24 so machtû jemmer schone / tragen der
salden crone L　·　tragen] targen m　·　i. der s. (selben m) kr. *m V
GZ　25 ob] of U　27 gewaltchliche G(IOL)　29 kosten m　30 der
vr. T(U)V (L)

Abb. 2: Musteredition des Dreißigers 254 (Parzival-Projekt).

*D

454 *E*r was ein *heiden* vaterhalp,   Ez *G
Flegetanis, der an ein kalp
bette, als ob ez wære sîn got.   ob *om.* *G   ·   sîn] ein *m
wie mac der tievel sölhen spot   tiefel] vâlant *T   ·   sînen sp. *G *T
5 gevüegen an sô wîser diet,
daz si niht scheidet ode schiet
dâ von, der treit die hôhsten hant
unt dem elliu wunder sint bekant?
Flegetanis, der heiden,
10 kunde uns wol bescheiden   uns *om.* *m
iesliches sternen hinganc
unt sîner künfte widerwanc,   künste *m *G (W)
wie lange ieslîcher umbe gêt,   hine gêt *T
ê er wider an sîn zil gestêt.
15 mit der sternen umbereise vart
ist geprüefet aller menneschlîcher art. iegliches menschen art *m (V)   a. mennischen art *G   a. menschlîch art *T
Flegetanis, der heiden, sach,
dâ von er blûclîche sprach,   blœdeclîchen *m (V)   blûclîchen *G *T
inme gestirne mit sînen ougen
20 verholenbæriu tougen.
er jach, ez hiez ein dinc der Grâl.   ez wære *G *T
des namen las er sunder twâl
inme gestirne, wie der hiez.   er h. *m Z V
»ein schar in ûf der erden liez,
25 diu vuor ûf über die sterne hôch,
ob die ir unschult wider zôch.
sît muoz sîn pflegen getouftiu vruht
mit alsô kiuschlîcher zuht.   kiuscher *T (L)
diu menscheit ist immer wert,   daz diu m. *m (V)
30 der zuo dem Grâle wirt gegert.«   diu *T   ·   begert *m   ·   gewert *T

---

*D: D – *m: m [n: 454.17]
*G: G I O L Z – *T: T V W

---

1 *Initiale D (unausg.) G I O (unausg.) L Z*   17 *Initiale I*

1 Ez *GI*   heiden *om. D*   3 als wer es *W*   ·   ob *om. GIL*   ·   sîn] ein
m *om. L*   4 tiefel] valant *T*   ·   sinen sp. *GIZ TV*   5 g. an do so w.
m   ·   gefv̂get *Z*   geruͤgen *T*   ·   werder d. *L*   7 der do tr. *V*   der
treg *W*   8 den *m*   ·   sin *Z*   12 sinen *G*   ·   widerswanc *I*   wider
vanc *Z*   13 wie angeslich er *I*   ·   hine gêt *T*   15 vmbkraiße *W*   16
ist gepv̂fel *D*   ·   a. mennischen art *G(I)*   a. menslicher art *O(LZ)*   a.
menslich art *T(W)*   17 der meister *n* 📖   18 er] *om. L*   ê *T*   ·
blv̂ecliche *D*   blvcheliche *G(IOL TW)*   blv̂deklichen *V*   19 im
den *G*   andem *O*   20 verholn bere *m*   verholneberne *V*   verholne
berre *W*   21 er sprach *W*   ·   ez wære *G(IOL) *T*   22 d. n. iach vnd
las er *m*   ·   erlaz er *L*   23 an dem g. *I*   ·   das h. *W*   25 ûf *om. O W*
·   vf vur die st. h. *I*   26 ir *om. O*   27 must *I(O)*   ·   getrv̂we vr. *V*
·   28 kv́scher (*T*)*V* (*L*)   30 div *T*   ·   ist *I*   ·   gewert *T*

Abb. 3: Musteredition des Dreißigers 454 (Parzival-Projekt).

*D

501 *D*în œheim gap dir ouch ein swert,
dâ mit dû sünden bist gewert,
sît daz dîn wol redender munt wol geborner m. **m*
dâ leider niht tet vrâge kunt. vrâgen **m* **G*
5 die sünde lâ bî den andern stên!
wir ouch tâlanc ruowen gên!« wir suln o. (**m*) **T* · dar umb t. slâfen gân **m*
wênec wart in bette und kulter brâht. bett oder kultern wart in wênec br. **m* · kultern und bette br. **T*
si giengen êt ligen ûf ein bâht. in ein b. **G* **T*
daz leger was ir hôhen art ir *om.* **m*
10 gelîche ninder dâ bewart.
sus was er dâ vünfzehen tage.
der wirt sîn pflac, als ich iu sage:
krût unde wurzelîn, wurze und krütelîn **T*
daz muose ir bestiu spîse sîn. daz *om.* **T*
15 Parzival die swære der sw. **m*
truoc durch süeze mære, liebiu m. **T*
wand in der wirt von sünden schiet
unt im doch rîterlîchen riet.
Eines tages vrâgt in Parzival: Aber sprach dô P. **T* · sprach P. **m*
20 »wer was ein man, lac vorme Grâl? man, der lac **G* **T*
der was al grâ bî liehtem vel.« Der wirt sprach: »daz ist Tyturel **T*
der wirt sprach: »daz was Titurel. der ist al grâ bî liehtem vel **T*
der selbe ist dîner muoter an. ist] was **G*
dem wart alrêst des Grâles van wart] was **T*
25 bevolhe*n* durch schermens rât. schermes **G* (**T*)
ein siechtuom, heizet pôgrât, siechtage **m* **T*
treit er, die lem helfelôs. die leme treit (tet *m*) der h. **m*
sîne varwe er iedoch nie verlôs, doch **T*
wand er den Grâl sô dicke siht,
30 dâ von er mac ersterben niht. mag er **m* **G* **T*

**D*: D Fr11 (501.1–11, 22–30) – **m*: m
**G*: G I L Z – **T*: T V W O Fr39 (501.1–28)

---

1 *Initiale* D G I L Z O *(unausg.)* *Versal* T **7** *Initiale* Fr39 **11** *Majuskel* T **15** *Initiale* I W *(vorgez.) Versal* T **19** *Majuskel* D *Initiale* m *Versal* T **21** *Versal* T

---

1 Min Öh. *D* **3** wol geborner m. *m* **4** vrâgen **m* (*GZ O*) **6** wir suln o. (**m*) (*ILZ*) **T* · ouch *om.* W · dar vmb talig sl. g. *m* **7** w. w. in beiden br. *I* · wênec] wen ich *L* donoch *Fr39* · im] im *Z* · kvtern *V* kulter *WFr39* golter *O* · bet *W* **8** noch gulter si leiten sich in ein b. *I* · êt *om. Fr11* · in ein b. *Fr11 GIL T* einen *WFr39* **9** ligen *I* · ir *om. m* · hôcheriv art *Fr11* **10** dâ *om. O* **11** dâ *om. Fr39* **13** wrcelin *D* wirttelin *m* wurzelen *V* **14** mûs *m* · ir beder sp. *I* **15** din sw. *G* div sw. *OFr39* **18** im *om. O* **19** sprach P. *m* **20** man der lac *GI TFr39* **21.22** Der wirt sprach daz ist Tyturel / der ist al gra bi liehtem vel *T* al *om. I* **23** ist] was *GIZ* **24** dem wartet allez *I* der w. alr. *L* wart] was *T* **25** wan er wart im b. d. shermes rat *I* · bevolhens *D* · schermes *G*(*IL* **T*) **26** einen *O* · siechtage **m* (*T*)*V* · der h. prograt *V* **28** doch *Fr11 IL* **T* **29** dicke *om. W* **30** (*add.* so *V*) mag er *Fr11* **m* **G* **T*

Abb. 4: Musteredition des Dreißigers 501 (Parzival-Projekt).

Valentin Christ, Tübingen
vile dikke dâ flogen schefte unde phîle
Pfeile in der *Aeneis* und im *Eneasroman*

Im *Eneasroman* Heinrichs von Veldeke wimmelt es geradezu von Pfeilen. Sie begegnen in verschiedenen Sequenzen der Erzählung in unterschiedlichsten Formen und Funktionen. Der handlungstechnische Vorteil dieser Waffe im Vergleich zu anderen liegt auf der Hand. Anders als dem Schwertkämpfer ist es dem Pfeilschützen möglich, aus der Entfernung anzugreifen. Das Moment der Distanzüberbrückung, verbunden mit der potenziellen Entkopplung von ‚Sender' und ‚Empfänger', erlaubt interessante literarische Verhandlungen.

Weitgehend unmarkiert erscheinen Pfeile als in der kriegerischen Auseinandersetzung genutzte Waffe. Einige gehen jedoch auffällig über diese handlungstechnische Funktion hinaus und gewinnen merkliches Eigengewicht. Am stärksten im Fokus der Forschung zum *Eneasroman* steht das Motiv im Rahmen der Liebesentfaltung zwischen Lavinia und Eneas, wo der Pfeil auf unterschiedlichen ontologischen Ebenen angesiedelt ist. Er ist zum einen innerhalb der erzählten Welt ein realer Gegenstand: ein Pfeil, in welchem kunstvoll Lavinias Liebesbrief verborgen ist. Dieser wird in der Forschung unter anderem als „Reflex veränderter Auffassung von Kommunikation im Zeichen der Schrift" betrachtet, gleichzeitig ist er ein „narratives Element, das den Fortgang der Handlung maßgeblich bestimmt".[1] Allegorische Verwendung findet aber gleichzeitig der Amor-Pfeil; das Motiv wird sowohl vom Erzähler als auch von den handelnden Figuren verwendet. Monika Schausten und Bruno Quast haben gezeigt, dass Veldeke im Gegensatz zur altfranzösischen Vorlage mit diesem Nebeneinander von optischer und mythisch-allegorischer Liebesentfachung einen „neue[n] Raum" der „Remythisierung der Minne" konstituiert.[2]

Solche Formen der Aufwertung von Dingen sind bereits in Vergils *Aeneis* angelegt. Hier sind mehrere Pfeile in den Austausch zwischen Olymp und Erzählwelt eingebunden, andere weisen über die erzählte Welt hinaus in die realhistorische Gegenwart. Die mittelalterlichen Erzählungen reduzieren bekanntermaßen den antiken Götterhimmel erheblich; entsprechend fehlen viele dieser Pfeile, oder sie

---

[1] Henning Wuth: *was, strâle unde permint*. Mediengeschichtliches zum *Eneasroman* Heinrichs von Veldeke. In: Gespräche – Boten – Briefe. Körpergedächtnis und Schriftgedächtnis im Mittelalter. Hrsg. von Horst Wenzel. Berlin 1997 (Philologische Studien und Quellen. 143), S. 63–76, hier S. 65–67.
[2] Bruno Quast, Monika Schausten: Amors Pfeil. Liebe zwischen Medialisierung und Mythisierung in Heinrichs von Veldeke *Eneasroman*. In: Schrift und Liebe in der Kultur des Mittelalters. Hrsg. von Mireille Schnyder. Berlin u. a. 2008 (TMP. 13), S. 63–82, hier S. 76.

verlieren an Komplexität.[3] Auf der anderen Seite fällt auf, dass bei Veldeke und entsprechend auch schon in seiner altfranzösischen Vorlage manche Pfeile erscheinen, die in der *Aeneis* nicht vorhanden sind.[4] Hierbei werden, so die These des vorliegenden Beitrags, insbesondere bei Lavinias Brief-Pfeil mythologische Muster aus Vergils Epos in Teilen funktional aufgegriffen und spezifisch umgedeutet. Damit einher geht eine strukturelle Aufwertung des Motivs, die antik-mythischen Einbettungen dieses Erzählelements teilweise auffallend nahekommt.

Im Folgenden werden daher anhand von drei Szenen Ähnlichkeiten und Differenzen der Verhandlung bestimmter Pfeile zwischen dem *Eneasroman* und der *Aeneis* zur Sprache kommen. Zu fragen ist, wie diese jeweils mit dem weiteren Geschehen verknüpft sind und welche Bedeutung sie für die Struktur der Erzählung besitzen. Ergänzend füge ich Illustrationen des Geschehens bei, aus denen sich die Relevanz der erzählten Gegenstände zusätzlich verdeutlichen lässt: für den lateinischen Text die Holzschnitte aus Sebastian Brants Straßburger Vergil-Ausgabe von 1502, für den *Eneasroman* die Illustrationen der Berliner Bilderhandschrift.

Theoretische Grundlage des Textvergleichs ist die *narratologische Differenzierung* von kausaler, finaler und ästhetischer Motivierung.[5] Wo die erste sich auf die kausallogische Verknüpfung der Geschehensmomente bezieht, sucht die finale Motivierung binnenliterarische Zusammenhänge anhand eines gesetzten Endzustandes (wie beispielsweise das Fatum in der *Aeneis*) zu erklären. Die ästhetische bzw. kompositorische Motivierung begründet demgegenüber das Dargestellte anhand von Faktoren wie Rezeptionserwartung oder Produktionsästhetik. Ergänzt wird dieses Modell durch das Konzept der „unzeitliche[n] Verknüpfung",[6] das Interpretations- und Verständnismuster anhand von Äquivalenzstrukturen zu untersuchen erlaubt. Hier stellt der Pfeil ein in der Erzählung mehrfach wiederkehrendes Motiv dar, das „in unterschiedlichen Sinnperspektivierungen einen jeweils neuen Gehalt bereithält".[7]

---

[3] Für die grundlegenden Unterschiede zwischen den einzelnen Erzählungen sei verwiesen auf Ingrid Kasten: Heinrich von Veldeke: Eneasroman. In: Mittelhochdeutsche Romane und Heldenepen. Hrsg. von Horst Brunner. Stuttgart 2007, S. 75–96.
[4] Die meisten der hier untersuchten Differenzen der Dichtung Veldekes zu Vergils *Aeneis* gehen bereits auf den altfranzösischen *Roman d'Eneas* zurück: Le Roman d'Eneas. Übersetzt und eingeleitet von Monica Schöler-Beinhauer. München 1972 (Klassische Texte des Romanischen Mittelalters in zweisprachigen Ausgaben. 9). Dieser wird nur da in die Betrachtung einbezogen, wo es bemerkenswerte unterschiedliche Akzentuierungen zwischen der altfranzösischen und der mittelhochdeutschen Dichtung gibt. Die beiden im Zentrum stehenden Texte werden nach den folgenden Ausgaben zitiert: Heinrich von Veldeke: Eneasroman. Mittelhochdeutsch/Neuhochdeutsch. Nach dem Text von Ludwig Ettmüller ins Neuhochdeutsche übersetzt, mit einem Stellenkommentar und einem Nachwort von Dieter Kartschoke. 2. Aufl. Stuttgart 1997; Vergil: Aeneis. Lateinisch/Deutsch. Übersetzt und hrsg. von Edith Binder, Gerhard Binder. 5 Bde. Stuttgart 1994.
[5] Matías Martínez, Michael Scheffel: Einführung in die Erzähltheorie. 4. Aufl. München 2003, S. 111–119.
[6] Wolf Schmid: Elemente der Narratologie. 2., verbesserte Aufl. Berlin/New York 2008, S. 22.
[7] Ebd., S. 23.

Im ersten Beispiel scheinen die Pfeile zunächst wenig oder sogar nichts miteinander gemein zu haben. Zuerst zur *Aeneis*. Hintergrund der folgenden Erzählpassage ist, dass der Held an die Küste Siziliens gelangt, Aeneas' Vater ist hier begraben, ein Teil des Gefolges wird sesshaft und stiftet Siedlungen, die als mythische Begründungen realer zeitgenössischer Städte zu betrachten sind. So berichtet Vergil vom sizilischen (aber aus Troja stammenden) Herrscher Acestes, nach dem die Siedlung Acesta genannt wird.

Auf Sizilien werden Wettkämpfe veranstaltet. Beim Bogenschießen dient eine an einem Mast befestigte Taube als Ziel. Vier Schützen treten an, darunter auch der genannte Acestes, der als letzter an der Reihe ist. Der erste Wettbewerber verfehlt das Ziel völlig, der nächste trifft nur die Schnur und befreit damit die Taube. Als Vorletzter schießt dann Eurytion, er trifft die Taube im Flug und gewinnt damit den Wettbewerb (Aeneis V, 485–518). Dennoch schießt Acestes anschließend seinen Pfeil in die Luft. Die Begründung des Erzählers, dass er damit „seine Kunstfertigkeit" demonstrieren möchte (*ostentans artemque*; Aeneis V, 521), leuchtet wenig ein. Rein handlungstechnisch scheint der Schuss sinnlos, denn der Sieger steht ja schon fest, es ist noch nicht einmal mehr ein Ziel vorhanden. Doch ist dies anscheinend kein Anlass zur Irritation, niemand stellt die eigentlich zwecklose Aktion in Frage. Es lässt sich also schnell erkennen, dass die Handlung vom bisherigen Wettkampf-Rahmen auffällig entkoppelt ist. Diese Exponiertheit findet umgehend ihre Bestätigung in dem Pfeil, der seiner konventionellen Nutzung völlig enthoben ist und eine Verwandlung erfährt:

> hic oculis subitum obicitur magnoque futurum
> augurio monstrum; [...]
> namque volans liquidis in nubibus arsit harundo
> signavitque viam flammis tenuisque recessit
> consumpta in ventos, caelo ceu saepe refixa
> transcurrunt crinemque volantia sidera ducunt.
> (Aeneis V, 522–528)

> Da bietet sich ihren Augen unvermutet ein Zeichen, das von großer Vorbedeutung sein sollte [...]. Denn auf seinem Flug durch das lichte Gewölk fing der Pfeil Feuer, zeichnete flammend seine Bahn und entschwand, ein Strich nur, verzehrt in den Winden: wie oftmals vom Himmel gelöste Sterne dahineilen und im Flug einen Schweif hinter sich herziehen.

Wie ein Komet zieht der Pfeil seine Bahn und verschwindet schließlich. Die Augenzeugen sind zunächst wie paralysiert, dann wird das Wunder als göttliches Zeichen erkannt – so begründet Aeneas dann auch die Geschenke für Acestes (vgl. Aeneis V, 533 f.). Hinsichtlich des Pfeils lässt sich also ein Schwebezustand zwischen irdischer und göttlicher Zugehörigkeit bzw. Herkunft ausmachen. Diese Spannung lässt sich auch am Holzschnitt Sebastian Brants erkennen, auf dem nicht nur der eine Pfeil des Acestes, sondern tatsächlich zwei Pfeile dargestellt sind. Seinen Abschluss findet die Szene in der Einsetzung des Acestes als Herrscher über die nach ihm benannte trojanische Siedlung auf Sizilien (vgl. Aeneis V, 746–761).

Abb. 1: Acestes beim Wettkampf. Sebastian Brant: Publij Virgilij Maronis Opera, Straßburg 1502, Bl. 242ᵛ.

Solche Prodigien sind in der *Aeneis* häufig anzutreffen als punktuelle Eingriffe der Götter, mit denen diese dem weltlichen Handlungspersonal Signale geben, um das Geschehen in die gewünschten Bahnen zu lenken. Der Pfeil als Erzählmotiv steht hier, wie bei Vergil mehrfach zu beobachten, in einem auffällig engen Verbindungsverhältnis zwischen irdischer Figurenebene und Olymp. Für die untersuchte Szene lässt sich jedenfalls festhalten, dass die menschliche Aktion (Acestes' Abschießen des Pfeils) seltsam erscheint, der Pfeil ist kein ‚eigentlicher' Pfeil, und am Ende der Szene ist eine deutliche Veränderung der Ausgangssituation zu erkennen.

Der Acestes-Pfeil hat im *Eneasroman* (wie die gesamten Wettkämpfe auf Sizilien) kein Pendant. Die Art und Weise, wie er verhandelt und narrativ eingebettet wird, scheint aber in einer anderen Szene, die wiederum in der *Aeneis* nicht zu finden ist, eine Entsprechung zu haben. Während der Entfaltung der Liebe zwischen Lavinia und Eneas – einer der wesentlichen neu eingefügten Komplexe der mittelalterlichen Erzählungen im Vergleich zur *Aeneis* – wird das Motiv des Pfeils in einem Verhältnis wechselseitiger Anreicherung auf verschiedenen ontologischen Ebenen situiert. Dem Sinnbild des Verwundungspotenzials der Liebe, Amors Pfeil, gesellt sich ein realer Brief-Pfeil hinzu, der hier im Fokus stehen soll. Wie beim brennenden Acestes-Pfeil lassen motivationale Unebenheiten auf die Anstrengungen schließen, das Motiv erzählerisch zu nutzen.

Die Verbindung des Helden mit Lavinia, die im antiken Epos lediglich als Endzustand gesetzt und nicht ausgestaltet ist, wird im *Eneasroman* nicht nur als zentraler Bestandteil neben die Kriegshandlungen gestellt, sondern vor allem auch aus den Figuren selbst heraus begründet.[8] Entsprechend bedeutsam sind die ‚Minnegespräche' zwischen Tochter und Mutter, führen sie doch dazu, „dass Lavinia, wenn sie sich in Eneas [...] verliebt, um ihre Verwundung durch die Liebe wissen kann".[9] Hierbei verwendet Lavinias Mutter das explizit allegorisierte Motiv der auf Ovid zurückgehenden Amor-Pfeile, das hier teilweise auch auf Venus als ‚Schützin' bezogen wird.[10] Kurz darauf erblickt Lavinia Eneas; da ereilt sie das, worüber sie die Mutter zuvor aufgeklärt hatte: *dô schôz si frouwe Vênûs / mit einer scharphen strâle* (V. 267,24 f.). Nicht nur der Erzähler, auch sie selbst nimmt anschließend gedanklich auf Amors Pfeile Bezug: ‚*Amôr hât mich geschozzen / mit dem goldînen gêre*' (V. 269,18 f.). Bis hierhin wird das Motiv des Pfeils, wenn auch allegorisch, als Gegenstand verstanden, der eine (emotionale) ‚Verletzung' herbeiführt. Das ändert sich paradoxerweise an dem Punkt der Erzählung, wo ein tatsächlicher Pfeil ins Spiel kommt.

Lavinia entschließt sich, Eneas einen Brief zukommen zu lassen. Dieser ist hier nicht nur „reines Medium der Nachricht", sondern wird zum „Kommunikationspartner" und ist in dieser erzählerischen Darstellung „geeignet, auch emotionale Informationen [...] wie ein vernünftiges Wesen wahrzunehmen, zugleich [...] bleibt er als *dinc* unfähig, *valsch* zu berichten",[11] da er, anders als der menschliche Bote,

---

[8] Gert Hübner: Erzählform im höfischen Roman. Studien zur Fokalisierung im *Eneas*, im *Iwein* und im *Tristan*. Tübingen/Basel 2003 (Bibliotheca Germanica. 44).
[9] Quast/Schausten (Anm. 2), S. 73.
[10] Aus der Rede der Mutter an die Tochter: *ein gêr is von golde, [...] swer sô eine wunde / dâ mite gewinnet, / vil starklîch er minnet / und lebet mit arbeite. [...] der ander gêr is blîen, [...] swer dâ mite wirdet wunt [...] der is der rehten minnen / iemer ungehôrsam, / her hazet unde is ir gram* (V. 264,28–265,2).
[11] Wuth (Anm. 1), S. 67.

keine Fähigkeit zu intentionalem Handeln hat.[12] Darauf wird zurückzukommen sein.

Das Abfassen des Briefs wie das zeitlich davor liegende Geständnis gegenüber der Mutter waren jeweils das Ergebnis intensiver mentaler Auseinandersetzungen. Im Gegensatz dazu scheint der Königstochter die räumliche Übermittlung des Briefs relativ unproblematisch: Sie besorgt sich kurzerhand *eine strâle* (V. 287,2). Langes Nachdenken ist offenbar nicht nötig, der Pfeil ist plötzlich einfach da – auch der Erzähler weiß von seiner Herkunft nichts: *ich ne weiz wâ sie si nam* (V. 287,3). Bereits durch diese markierte Plötzlichkeit des Vorhandenseins bekommt der Pfeil einen besonderen Status. Lavinia versteckt den Brief so geschickt, *daz daz nieman ne sach, / daz der brief drunder lach* (V. 287,11 f.). Die beiden Gegenstände verschmelzen, zumindest temporär, zu einem ‚besonderen' Ding. Gleichzeitig wird damit eine Waffe zum Nachrichtenträger. Unter dieser Spannung steht der weitere Verlauf.

Eneas reitet vor die Burg; Lavinia muss einen Weg finden, ihm den Brief-Pfeil zukommen zu lassen. Wie schon der Pfeil aus dem Nichts auftauchte, so erblickt sie nun auch scheinbar zufällig *einen junkhêren*, mit einem *bogen [...] in der hant* (V. 287,36 f.). Der Komplementärgegenstand zum Pfeil bewirkt hier ein Erkennen, das sich zeichenhaft lesen lässt. Unter dem Vorwand, er solle einen Warnschuss auf die scheinbaren Spitzel abgeben, trägt sie ihm den Schuss auf. Trotz massiver Bedenken gehorcht er schließlich: *die strâle her hin abe schôz, [...] vor die hêren an eine stat* (V. 289,20–22).

Da der Rezipient bereits eingehend in Lavinias Gedankenwelt Einblick bekommen hat und der Verlauf der Erzählung mehr oder weniger fraglos auf die Verbindung der beiden Protagonisten zusteuert, scheint die Skepsis des Schützen von hier aus betrachtet ‚dysfunktional'. Doch wird man eines Besseren belehrt.

Betrachten wir, wie Eneas und seine Leute auf den Abschuss reagieren.

> Ênêas sach si vallen.
> done was under in allen
> nieman der wiste wannen si quam.
> (V. 289,23–25)

Wohl nicht zufällig gibt es keinen Zeugen, der sagen könnte, von woher der Pfeil angeschwirrt ist. Er zeigt sich (zunächst) entkoppelt von einer intentionalen Handlung eines menschlichen Verursachers. Das Ding steht für sich – es ist plötzlich da, so wie Acestes' Pfeil unvermittelt Feuer fängt; es ist die gleiche gebannte Ratlosigkeit spürbar, was die Zurechenbarkeit zu intentionalem Handeln angeht. In der *Aeneis* wird dann aber umgehend klar, dass es sich um ein göttliches Zeichen handelt. Das ist hier nicht der Fall. Dennoch bleiben weiterhin Ähnlichkeiten.

---

[12] Hierzu grundlegend Horst Wenzel: Boten und Briefe. Zum Verhältnis körperlicher und nichtkörperlicher Nachrichtenträger. In: Gespräche – Boten – Briefe (Anm. 1), S. 86–105.

Einer der Männer nimmt den Gegenstand und übergibt ihn Eneas, der den *brief* [...] *dar ane vant*, wodurch *im sîn herze wart al beweget* (V. 289,28–30). Aus dieser Reaktion lässt sich Folgendes schließen: Eneas erkennt sofort, dass der Pfeil Träger einer Botschaft ist, oder er ahnt zumindest, dass es sich hier um keinen regulären Angriff handelt. Dennoch – ein Grund dafür wird nicht ersichtlich – bricht er *den zein* [...] *enzwei* und beklagt den vermeintlichen Bruch des Waffenstillstands (V. 289,31–37), wohlgemerkt *nachdem* er sich darüber im Klaren sein muss, dass es sich um keinen kriegerischen Akt handelt. Es ist nicht völlig eindeutig zu bestimmen, ob es sich um Verärgerung oder improvisiertes Schauspiel vor dem Gefolge handelt.[13] Wir haben es also hier genaugenommen mit zwei Botschaften zu tun, dem geschriebenen Wort sowie dem ‚Gesamtkomplex Brief-Pfeil', dessen Botschaft zweiwertig ist: Der Pfeil ist Bote und er bedeutet zugleich Angriff (der erstens im Kriegskontext verstanden werden kann und zweitens in dem Sinne, dass Eneas von der Minne/Venus angegriffen wird).

Zum Ausagieren des potenziellen kriegerischen Konflikts kommt es freilich nicht. Denn schließlich *versinn[et]* sich Eneas und spricht die seltsam anmutenden Worte: ‚*ez wirt gût rât / umb sus getâne missetât*' (V. 289,39 f.). Lesern und Hörern bleibt verschlossen, was in ihm vorgeht. Anschließend trennt er das Schriftstück *geswâslîche* vom Pfeil und liest den Inhalt, *dô wart her frô unde sweich* (V. 290,1– 5); am Ende der Szene – die beiden nicken sich vielsagend zu – ist der Grundstein für die gegenseitige Liebe gelegt (vgl. V. 290,6–13).[14]

Kommen wir zurück zu den Punkten, die mit der *Aeneis* vergleichbar sind. Eneas' Zerbrechen des Pfeils ist eine handlungslogisch eigentlich ähnlich merkwürdige Handlung wie Acestes' Pfeilschuss (mit dem Unterschied, dass der Rezipient final gesehen schon im Bilde ist); auch hier ist der Pfeil kein Pfeil im eigentlichen Sinne, am Ende entsteht mit dem Liebesglück eine gänzlich veränderte Konstellation. Dass Veldeke nichts unterlässt, um das Motiv des Pfeils erzählerisch präsent zu halten, zeigt sich insbesondere in der Szene unmittelbar nach dem Schuss. Eneas zerbricht den Pfeil, von dem er bereits erkannt hat, dass er keine eigentliche Waffe darstellt, und moniert einen Angriff, obwohl er schon überzeugt sein muss, dass es sich nicht um einen solchen handelt. Auf Leser und Hörer wirkt das ähnlich befremdlich wie die Begründung der *Aeneis*, dass Acestes mit einem Schuss in den freien Himmel Kunstfertigkeiten demonstrieren will. Zudem scheint, wenigstens für

---

13 Hierzu eingehend Anna Mühlherr: *Offenlîche unde stille*. Die Liebe des Herrschers im *Roman d'Eneas* und bei Heinrich von Veldeke. In: Impulse und Resonanzen. Tübinger mediävistische Beiträge zum 80. Geburtstag von Walter Haug. Hrsg. von Gisela Vollmann-Profe u. a. Tübingen 2007, S. 115–130.

14 Wenig später greift der Erzähler das allegorische Pfeil-Motiv wieder auf (*dô schôz in Amôr sâ ze stunt / mit dem goldînen gêre / eine wunden sêre*; V. 291,12–19); und auch in Eneas' Rede wird das in der Wendung deutlich, Amor habe ihn *dorch daz ouge in daz herze* geschossen (V. 296,29). Speziell der Brief wird als Ursache für die ‚Wunde' ins Zentrum gerückt und an mythische Vorstellungen rückgebunden.

einen kurzen Moment, eine potenzielle Konfliktsituation auf (vgl. V. 289,38–40), die jedoch nicht ausagiert wird: Dieser Pfeil soll keine Kriegswaffe sein – genauso wie Acestes' Pfeilschuss nie als Wettkampfbeitrag gedacht war.

In Wirkung und erzählerischer Funktionalisierung hat der Brief-Pfeil also große Ähnlichkeiten mit dem brennenden Pfeil des antiken Stadtvaters in der *Aeneis*. So plötzlich Acestes' Geschoss Feuer fängt, so unvermittelt taucht der Pfeil (zunächst als solcher, dann als Brief-Pfeil vor Eneas) auf. Damit gewinnt er jeweils einen weitgehend eigenständigen *Aktantenstatus*.[15] Sehr eindrücklich lässt sich das auch an den Illustrationen der Berliner Handschrift erkennen: Sowohl bei Lavinia als auch bei Eneas wird der Pfeil ins Zentrum der Darstellung erhoben und es entsteht ein Spannungsfeld zwischen den Figuren und dem exponierten Gegenstand.

Dem Zerbrechen im *Eneasroman* korrespondiert das Verglühen im antiken Epos. In beiden Fällen ist danach eine höhere Ebene erreicht. Diese ist bei Vergil in der mythologischen Fundierung der Stadt zu finden, bei Veldeke ist es die in der wechselseitigen Zuneigung gründende Verbindung zwischen Lavinia und Eneas. Man kann hierin Überschneidungspunkte zwischen kausaler, finaler und ästhetischer Motivation erkennen. Der *Eneasroman* nimmt, wie zu sehen war, sowohl auf der ‚horizontalen' Ebene der handelnden Figuren als auch in der ‚vertikalen' Funktionalisierung – bei Vergil im Austausch von Erde und Olymp, bei Veldeke durch die ‚emotionale Aufladung' des Gesamtkomplexes Brief-Pfeil sowie durch die mythisch-allegorischen Amor-Pfeile – den Pfeil als paradigmatisches Motiv und als besonders hervorgehobenes Erzählelement auf.

Das nächste lateinische Beispiel nun findet tatsächlich in der deutschen Adaption seine Entsprechung. Die Grundkoordinaten in der *Aeneis* sind folgende: Während der Vorbereitungen zum Zweikampf mit Turnus bricht plötzlich unter den Truppen ein Tumult aus. Aeneas will schlichten und wird dabei verwundet:

> has inter voces, media inter talia verba
> ecce viro stridens alis adlapsa sagitta est,
> incertum qua pulsa manu, quo turbine adacta,
> quis tantam Rutulis laudem, casusne deusne,
> attulerit; pressa est insignis gloria facti,
> nec sese Aeneae iactavit vulnere quisquam.
> (Aeneis XII, 318–323)
>
> Während dieser Worte, mitten in solche Ermahnungen hinein, sieh, da traf den Helden surrend ein geflügelter Pfeil, ungewiss ist, welche Hand ihn abgeschossen, welcher Wirbel ihn hergetrieben, wer den Rutulern, ob Zufall oder ein Gott, so hohe Ehre verschafft hat; im Dunkeln liegt der Ruhm dieser herausragenden Tat, und niemand brüstete sich mit der Verwundung des Aeneas.

---

15 Der Begriff geht zurück auf die Überlegungen von Algirdas Julien Greimas: Strukturale Semantik. Methodologische Untersuchungen. Autorisierte Übersetzung aus dem Französischen von Jens Ihwe. Braunschweig 1971 (Wissenschaftstheorie, Wissenschaft und Philosophie. 4). Er differenziert zwischen Subjekt (dem Protagonisten), Objekt (des Begehrens), Adressant, Adressat, Adjuvant (Helfer) und Opponent (Widersacher). Die einzelnen Rollen sind dabei nicht auf jeweils eine Erzählfigur

Abb. 2: Lavinia mit dem Brief-Pfeil. Heinrich von Veldeke: Eneasroman, Berliner Bilderhandschrift, Ms. germ. 2° 282, fol. 71ʳ.

Auch hier ist im Pfeil eine Verbindung von Götterhimmel und Erzählwelt angelegt: Die Göttin Juno hat im Vorfeld Turnus' Schwester zu einer Verzögerung oder Verhinderung des Zweikampfs bewogen (Aeneis XII, 57 f.). Gleichwohl ist eine *unmittelbare* Einflussnahme gerade nicht zu erkennen: Noch nicht einmal der Erzähler, der normalerweise sowohl die Geschehnisse im Olymp als auch auf der Erde im Blick hat, weiß um die Herkunft des Pfeils, der durch diese Verdunkelung Eigenständigkeit gewinnt. Der Versuch einer eindeutigen Zuordnung zu erzähl-

---

begrenzt, diese kann mehrere Rollen einnehmen, so wie auch ein Aktant (z. B. Helfer) auf mehrere Entitäten ‚verteilt' sein kann (vgl. ebd., S. 162 f.). Vgl. Valentin Christ: Bausteine zu einer Narratologie der Dinge. Der *Eneasroman* Heinrichs von Veldeke, der *Roman d'Eneas* und Vergils *Aeneis*. Berlin 2015 (Hermaea. 137).

Abb. 3: Eneas mit dem Brief-Pfeil. Heinrich von Veldeke: Eneasroman, Berliner Bilderhandschrift, Ms. germ. 2° 282, fol. 71ʳ.

theoretischen Motivierungsarten (kausal, final, ästhetisch) kommt hier an seine Grenzen.

Auch im *Eneasroman* wird der Held beim Versuch, die Auseinandersetzung zu beenden, getroffen: *ein schutze im dorch den arm schôz / mit eime geluptem phîle* (V. 313,22 f.). Das Charakteristische der Waffe – nämlich dass ihre Zweckbestimmung die Schädigung, die Verletzung ist – wird hier verdoppelt. Denn erstens wird Eneas tatsächlich schwer verwundet, zum anderen wird die zugefügte Verwundung noch entscheidend dadurch verstärkt, dass der Pfeil vergiftet ist. Dieses Motiv des Giftes gibt es übrigens nur bei Veldeke. Interessanterweise lässt sich der Erzähler weder über die Art des Gifts noch über die Herkunft des Pfeils aus. Zwar ist hier ein Schütze genannt, dessen Identität bleibt jedoch im Dunkeln; es ist nicht einmal auszumachen, ob er den gegnerischen oder den eigenen Reihen angehört. Eine intentionale Handlung wird in diesem Faktenbericht nicht erkennbar.[16] Anders als bei Vergil kommt der Pfeil zwar nicht wie aus dem Nichts, dennoch ist er auffällig entkoppelt von einem menschlichen Verursacher. In den Vordergrund rückt umgehend der Wirkungsgrad des Treffers: *ûz zuckete her den zein: / dô bleib daz îsen in dem bein / sô wundern vast dar inne, / daz herz niht mohte gewinnen* (V. 313,29–32). Die Tatsache, dass er bei Veldeke vergiftet ist, verleiht ihm zusätzlich etwas Mysteriös-Unheilvolles. All das lässt erkennen, dass auch hier der Pfeil kaum (oder zumindest nicht schwerpunktmäßig) als eigentliche Waffe in die kriegerische Auseinandersetzung zwischen Trojanern und Turnus' Männern eingelagert ist, sondern seine Bedeutung einzig in der Ausrichtung und Wirkung auf den Helden liegt.

Wie für die *Aeneis* ist daher auch hier die handlungsfunktionale Einbettung schwer zu bestimmen: Für das finale Handlungsziel wäre dieser Pfeil sicherlich entbehrlich, zudem ist der antike Götterkontext bei Heinrich von Veldeke vollständig getilgt. Die spezifische Aufnahme des Motivs wird bei Veldeke jedoch mit den Folgen des Pfeils deutlich. Der Held im antiken Epos reagiert auf die Verwundung mit rasendem Zorn; fast außer sich versucht er, die abgebrochene Pfeilspitze aus der Schulter zu bekommen:

> saevit et infracta luctatur harundine telum
> eripere auxilioque viam, quae proxima, poscit:
> ense secent lato vulnus telique latebram
> rescindant penitus, seseque in bella remittant.
> (Aeneis XII, 387–390)
>
> Er wütet und müht sich, den Pfeil, dessen Spitze abgebrochen, herauszuziehen, auch verlangt er nach umgehender Hilfeleistung: Man solle mit breiter Klinge die Wunde öffnen und die Stelle, wo der Pfeil festsitzt, tief aufschneiden und ihn dann wieder in den Kampf gehen lassen.

Das gelingt aber erst mit heimlicher Unterstützung seiner Mutter, die dem Arzt eine Essenz aus Heilkräutern unterschiebt; wie von Zauberhand fliegt die Pfeilspitze aus dem Arm und Aeneas ist stark wie zuvor (Aeneis XII, 416–429).

Bei Veldeke ist diese Szene anders gestaltet. Zunächst reagiert Eneas zwar auch mit *zorne* (V. 313,33), was seine Lage nicht verbessert. Sein Arm schwillt an, *von dem bûche unz an die hant* (V. 313,35). Verwundung und Gift scheinen sich wechselseitig in ihrer Wirkung zu verstärken. Das *ervorhte der wîgant*, er zeigt sich hilflos und überfordert: *Hern wiste waz her solde tûn* (V. 313,36 f.). Von der Vitalität der lateinischen Fassung ist der Held hier weit entfernt. Der Pfeil bringt Veldekes Eneas in eine physische und mentale Grenzsituation; er ist dieser – wie der Erzähler explizit macht – nicht gewachsen und nicht mehr Herr seines Handelns. Entsprechend

---

[16] Im *Roman d'Eneas* wird explizit betont, dass der Bogenschütze kein bestimmtes Ziel treffen will: Le Roman d'Eneas (Anm. 4), V. 9468–9471: „Ein Bogenschütze schießt durch Zufall, er zielte nicht, er wusste es nicht, er trifft ihn in den Arm, den er bewegte, der Pfeil steckt im Knochen."

erfolgt hier die Heilung. Der Eingriff der Venus fehlt, dafür zeigt Veldeke nun eine „Therapie, der Wissen um psychosomatische Zusammenhänge zugrunde liegt".[17] Denn neben Heilkräutern und manueller Behandlung ist es speziell die zwischenmenschliche Zuwendung, die die Genesung befördert. In dieser Hinsicht unterscheidet sich Veldekes Darstellung auch stark vom *Roman d'Eneas*, der das ‚Wunder' der schnellen und plötzlichen Heilung, d. h. das Wissen und die Kunst des Arztes, ins Zentrum stellt.[18] Bei Veldeke heißt es dagegen:

> her [d. h. ein Arzt] heilde im die wunde
> mit pigmente vile gût
> unde trôste im sînen mût
> dem hêren âne laster.
> her machete im ein phlaster,
> den arm her im dâ mite bewant
> von der asseln her unz an die hant,
> dâ von her vil schiere genas.
> (V. 314,18–25)

Man erkennt hier eine deutliche Veränderung der ‚Wirksamkeit' des identischen Motivs. In beiden Fällen wird der Held durch einen Pfeil verletzt, dessen Abschuss intentionaler Handlung auffällig entzogen ist und offenbar zu nichts anderem da ist, als den Helden in eine Grenzsituation zu bringen, die er zu überwinden hat. Dabei fördert der Pfeil gänzlich unterschiedliche Reaktionen zutage und generiert damit ein jeweils spezifisches Heldenbild.[19] Aus erzähltheoretischer Sicht zeigt sich darin ein Spannungsverhältnis von kausaler und ästhetischer Motivierung.

Kommen wir zum dritten Beispiel. Eindeutig auf ein Handlungsziel ausgerichtet ist ein weiterer in den Austausch von Olymp und Erzählwelt eingeflochtener Pfeil in der *Aeneis*. Ihn hat die Göttin Diana als Rache für den Tod der Amazone Camilla ausgewählt, indem sie der Nymphe Opis – wobei sie auch die Herkunftsgeschichte der Amazone erzählt, die deren fundamentale Verbindung zu Waffen im Allgemeinen und Pfeilen/Speeren im Besonderen begründet – Folgendes aufträgt: *haec cape et ultricem pharetra depromme sagittam* (Aeneis XI, 590: „Dies nimm und zieh aus dem Köcher den rächenden Pfeil").[20] Dadurch, dass dieses Geschehen dem Eingriff Camillas ins Kampfgeschehen vorgelagert ist, wird ihr Tod für den Rezipienten klar absehbar, ja zieht dieser Pfeil seine erzählerische Existenzberech-

---

[17] Barbara Haupt: Heilung von Wunden. In: An den Grenzen höfischer Kultur. Anfechtungen der Lebensordnung in der deutschen Erzähldichtung des hohen Mittelalters. Hrsg. von Gert Kaiser. München 1991, S. 77–113, hier S. 81.
[18] Le Roman d'Eneas (Anm. 4), V. 9559–9574.
[19] Vgl. hierzu Annette Gerok-Reiter: Die Angst des Helden und die Angst des Hörers. Stationen einer Umbewertung in mittelhochdeutscher Epik. In: Das Mittelalter 12 (2007), S. 127–143.
[20] Ihr Vater Metabus überwindet auf der Flucht den reißenden Fluss, indem er Camilla „an die Mitte seines Speeres [bindet]", in ihrer frühesten Jugend „bewaffnete er die Hände der Kleinen mit einem spitzen Speer, hängte Pfeile an ihre Schultern und einen Bogen" (Aeneis XI, 540–584).

tigung einzig daraus. Die explizite Handlungsanweisung der Göttin macht unmissverständlich klar, dass dieser Pfeil zum Einsatz kommen wird, was Camillas Schicksal im Voraus besiegelt.

So geschieht es dann auch: Der Trojaner Arruns tötet sie mit einem Speerwurf (Aeneis XI, 794–819). Danach beschreibt der Erzähler sehr genau die Anwendung des göttlichen Gegenstands durch die Nymphe: Opis „zog sogleich den schnell fliegenden Pfeil aus dem vergoldeten Köcher, spannte erbittert den Bogen und zog dabei die Sehne weit zurück, bis die gekrümmten Enden sich trafen" (Aeneis XI, 858–861). Im Gegensatz zur Verwundung des Eneas ist für das Publikum der Pfeil auf den ersten Blick klar einer intentionalen Handlung zuzuordnen. Allerdings lässt sich diese Verbindung gerade nicht von allen Beteiligten leisten, denn innerhalb der erzählten irdischen Welt ist die Schützin Opis für Arruns nicht auszumachen, weil sie sich auf einem nahen Grabhügel versteckt hält. Insofern lässt sich hier durchaus erkennen, wie der Pfeil nicht nur das Werkzeug göttlicher Sanktionierung ist, sondern auf der irdischen Figurenebene die Instanz des Olymps vollständig substituiert. Für Arruns schießt hier kein göttliches Wesen – dieser Pfeil *ist* für ihn der nahende Rachegott:

> extemplo teli stridorem aurasque sonantis
> audiit una Arruns haesitque in corpore ferrum.
> (Aeneis XI, 863 f.)
>
> Unverzüglich vernahm das Schwirren des Geschosses und zugleich das Zischen der Luft Arruns, und schon haftete in seinem Körper das Eisen.

Veldeke setzt bei der Camilla-Episode eigene Schwerpunkte, die Verbindungen zur Göttin Diana sind nahezu vollständig getilgt, entsprechend fehlt auch der ‚rächende Pfeil' der *Aeneis*, Arruns wird von einer Kämpferin aus Camillas Heer totgeschlagen. Deshalb ist es bei diesem Handlungszug sinnvoll, von einer rationalisierenden Tendenz zu sprechen. Jedenfalls geht die Reduktion des göttlichen Handlungsrahmens mit dem Verschwinden des Dings einher, das bei Vergil auffällig oft in einem Zwischenraum zwischen Olymp und Erde positioniert ist und dabei punktuell einen figurenähnlichen Aktantenstatus gewinnt. Dabei geht in der mittelhochdeutschen Erzählung bei dieser Episode auch ein Großteil der Komplexität im Vergleich zur *Aeneis* verloren.

Es ließen sich noch weitere Belege für die spezifische Exponiertheit des paradigmatisch verwendeten Pfeil-Motivs in der *Aeneis* wie in Veldekes *Eneasroman* (und d. h. auch im *Roman d'Eneas*) anführen. Pfeile zählen zu den markantesten Dingen in diesen Texten. Ausgewählt wurden für diesen Beitrag diejenigen Fälle, an denen sich exemplarisch und zentral eine Grundgegebenheit aufweisen lässt. Die gezeigten Beispiele machen nicht nur deutlich, wie komplex manche dieser Gegenstände in das Handlungsgeschehen eingeflochten sind, sondern auch, welche rezeptionslenkenden Strategien die Autoren jeweils daran knüpfen können. Das tritt besonders bei Unterschieden in Wirkung und Funktionalisierung bestimmter Pfeile zutage, so bei Eneas' Verwundung. Noch interessanter ist die Aufnahme von an diesen Gegenstand gebundenen narrativen Funktionalisierungen aber bei den Pfeilen, die zwischen lateinischer Vorlage und mittelalterlicher Adaption gerade keine Entsprechung haben. Die Gegenüberstellung des brennenden Acestes-Pfeils und des Brief-Pfeils Lavinias macht gerade solche Parallelen deutlich. Das Ding erscheint in beiden Fällen weitgehend als eigenständiger Aktant – was zur Folge hat, dass dem erzählten Geschehen ‚höhere' Bedeutsamkeit zugesprochen werden kann. Bei Vergil ist der Pfeil ein zentraler Gegenstand der Vermittlung zwischen irdischer Figurenebene und Götterhimmel. Das wird nicht zuletzt bei der Camilla-Episode deutlich, wo das göttliche Geschoss das zugrundeliegende Handeln einer göttlichen Figur nahezu vollständig substituiert. Im *Eneasroman* fehlt dieser göttliche Kontext weitgehend, entsprechend reduziert ist dieses Erzählmotiv an manchen Stellen. Das wird aber von Veldeke im Brief-Pfeil kompensiert, der ebenso einen eigenständigen Status gewinnt und mit der Entzündung der Liebe ein ‚göttliches Element' in die erzählte Welt transponiert. Dies bildet ein Gegengewicht zu Momenten der Rationalisierung. Bei Vergil wie im *Eneasroman* zeugen ‚motivationale Unebenheiten' vom Bemühen, das Motiv des Pfeils maximal ins Spiel zu bringen. Insbesondere bezogen auf ontologisch unterschiedliche Ebenen hat es sich als äußerst ‚bewegliches' Erzählelement erwiesen.

Sophie Marshall, Stuttgart
Fundsache Gregorius

Paradigmatisches Erzählen bei Hartmann

I Ding, *imago*, *memoria*

Den zweimal erzählten Inzest im *Gregorius* Hartmanns von Aue betrachtet Warning als Teil einer bis zum Epilog sich fortsetzenden paradigmatischen Konfliktstruktur ungelöster Inzest-Wiederholung, die in Spannung zur Teleologie der syntagmatischen Achse verlaufe.[1] Wenngleich sich die im Folgenden dargelegten Beobachtungen der scheinbar zwingenden Annahme von Stagnation in einem solchen paradigmatischen Erzählen widersetzen werden – das hier fokussierte Paradigma wird in einer ganz eigenen Dynamik auch eine *Lösung* entwickeln und syntagmatische Zusammenhänge sichtbar machen[2] –, bietet Warnings Ansatz, den auf Äquivalenz beruhenden paradigmatischen Strukturen dieses Textes Gewicht und Eigenwert beizumessen, eine ertragreiche Perspektive. Zentrale Textmomente fordern sie geradezu ein.

Dem ersten Inzest folgt die Aussetzung des aus der Geschwisterverbindung hervorgegangenen Kindes auf dem Meer, dem zweiten das Sich-Aussetzen desselben, nun erwachsen, auf einen Felsen im Meer.[3] Die Seefahrt des Kindes wird sorgfältig vorbereitet:

---

[1] Warning nennt die Inzestwiederholung des *Gregorius* eine paradigmatische Struktur, die für ihn sogar zuletzt noch mit der Wiederbegegnung von Mutter und (nun päpstlichem) Sohn in Rom „unterhalb des teleologischen Spannungsbogens der Legende" weiterlaufe – ein „unausgetragene[r] Konflikt mit offener Paradigmatik" –, da die Mutter in Hartmanns Text anders als in der französischen Vorlage nicht mehr von der Seite ihres Sohnes aus Rom entfernt werde; Rainer Warning: Berufungserzählung und Erzählerberufung. Hartmanns *Gregorius* und Thomas Manns *Der Erwählte*. In: DVjs 85 (2011), S. 283–334, hier S. 291 u. S. 298–300 (Zitate auf S. 299 f.); vgl. den Beitrag von Michael Stolz in diesem Band, der in Anlehnung an Warning Dingwiederholungen im *Parzival* als ein *Erzählen im Paradigma* zur Kontingenzbewältigung und -exposition beschreibt.

[2] Da kaum eine Wiederholung exakt dem Wiederholten gleicht, wird über die „unzeitliche Verknüpfung" der Äquivalenz (nach Wolf Schmid im Sinne von Ähnlichkeit oder Kontrast) ein Zustand des *Vorher* und *Nachher*, und das heißt: ein Sichtbarwerden von nicht direkt Geschildertem der syntagmatischen Achse, suggeriert; Wolf Schmid: Elemente der Narratologie. 2., verbesserte Aufl. Berlin/New York 2008, S. 25; ders.: Thematische und narrative Äquivalenz. Dargelegt an Erzählungen Puskins und Cechovs. In: Russische Erzählung. Utrechter Symposium zur Theorie und Geschichte der russischen Erzählung im 19. und 20. Jahrhundert. Hrsg. von Rainer Grübel. Amsterdam 1984, S. 79–118, hier S. 87–89.

[3] Die Parallelstruktur ist offensichtlich; vgl. etwa K. Dieter Goebel: Untersuchungen zu Aufbau und Schuldproblem in Hartmanns *Gregorius*. Berlin 1974 (Philologische Studien und Quellen. 78), S. 14–25. Auch die beiden Inzest-Vorfälle sind ähnlich strukturiert; vgl. ebd., S. 91–95.

> der wirt huop sich verstolne
> und gewan vil verholne
> ein väzzelîn vil veste
> und hie dar zuo daz beste
> daz deheinez möhte sîn.
> dâ wart daz schœne kindelîn
> mit manigen trahen in geleit
> (V. 703–709)⁴

Zu dem Kind ins *vaz* werden kostbare Kleider, 20 Mark Gold und eine beschriftete Tafel gegeben:

> dô wart diu tavele geleit
> zuo im in daz kleine vaz.
> dô besluzzen si daz
> mit selher gewarheit
> daz deheiner slahte leit
> geschæhe dem kinde
> von regen noch von winde
> noch von der ünden vreise
> ûf der wazzerreise
> ze zwein tagen oder ze drin.
> (V. 768–777)

Das *vaz*, dessen besondere Stabilität betont wird (V. 705: *ein väzzelîn vil veste*), wird so sorgsam (V. 771: *mit selher gewarheit*) verschlossen, dass das Kind sicher vor *der ünden vreise / ûf der wazzerreise* (V. 775 f.) geschützt ist (V. 770–777). Diese Versicherung weckt die Erwartung, das *vaz* werde wie Moses' harz- und pechverklebtes Kästchen (Ex 2) und die *fiscella* oder *cistula* der Judasvita⁵ ins Wasser gesetzt. Doch fährt der Text fort: *dâ vunden si eine barke / ledige unde starke, / dâ leiten si mit jâmer an / disen kleinen schefman. [...] si stiezen an, hin vlôz daz kint* (V. 781–788; später wird in V. 1327–1329 akkurat daran erinnert, wie das Kind *wart vunden / in ein vaz gebunden / in einer barke ûf dem sê*). Mit der ins Spiel gebrachten Barke⁶

---

4 Hier und im Folgenden zitiert nach der Ausgabe: Hartmann von Aue: Gregorius. Der Arme Heinrich. Iwein. Hrsg. und übersetzt von Volker Mertens. Frankfurt a. Main 2004 (Bibliothek des Mittelalters. 6).
5 In allen Vitenvarianten, welche die Aussetzung auf dem Meer aufweisen (also alle außer Typus A nach Baum), wird Judas' Kästchen oder Körbchen direkt auf dem Meer ausgesetzt; Paull F. Baum: The Medieval Legend of Judas Iscariot. In: PMLA 31 (1916), S. 481–632; Paul Lehmann: Judas Ischariot in der lateinischen Legendenüberlieferung des Mittelalters. In: ders.: Erforschung des Mittelalters. Ausgewählte Abhandlungen und Aufsätze. 2 Bde. Stuttgart 1959, Bd. 2, S. 229–285; Franz J. Worstbrock: ‚Judaslegende'. In: ²VL. Bd. 4. 1983, Sp. 882–887.
6 Für Ernst verweist diese Barke auf „den hölzernen Nachen, die *navicula* bzw. *navicella* des Petrus (Lk 5,3), die schon bei den Kirchenvätern als Sinnbild der Kirche gilt"; Ulrich Ernst: Der *Gregorius* Hartmanns von Aue. Theologische Grundlagen – legendarische Strukturen – Überlieferung im geistlichen Schrifttum. Köln 2002 (Ordo. 7), S. 102 f. Auch wenn mittelalterliche Bibelhermeneutik

erscheint die Betonung der rundum schützenden Wasserdichte und Stabilität des Fasses übermotiviert. In der Motivtradition des Ausgesetztseins auf dem Meer reicht sonst ein einfaches Boot (z. B. beim verwundeten Tristan) oder eben ein einfaches Kästlein (Moses, Judas) aus. Den kleinen Gregorius, genauer gesagt: das Ensemble aus Dingen (Seide, Tafel, Goldmark) und Mensch, umfasst *ein Ding zu viel*.

Für seine zweite Aussetzung wählt Gregorius einen von Wasser umschlossenen Felsen, einen gängigen Rückzugsort asketisch-eremitischer (Literatur-)Tradition also.[7] Zusätzlich aber, und damit wird die Tradition überschritten, lässt Gregorius sich hier die Füße mit einer Fußfessel binden (nicht, wie manchmal in der Forschung missverständlich formuliert, ‚am Stein anketten'[8] – es handelt sich um ein tragbares, nicht am Felsen befestigtes Fußeisen). Mangels jeglicher Parallele kann eine solche Fessel kaum als „typisches Bußwerkzeug wie Ketten und Kettenhemden"[9] bezeichnet werden.[10] Das Anlegen des Fußeisens wird im Text als zweckdienliches Mittel eingeführt, um ihren Träger am Verlassen seiner *eremus* zu hindern:

[Fischer:] [,] ich weiz hie bî uns einen stein,
ein lützel über disen sê:
dâ mac dir wol werden wê.
swie wir daz erringen

---

mitunter nach punktuellen Übereinstimmungen vorgeht, sind doch die Umstände um das Boot des Gregorius so verschieden, dass ein etwaiger Symbolgehalt als Kirchenschiff nicht befriedigt.
7 Vgl. die Beispiele bei Volker Mertens: Gregorius Eremita. Eine Lebensform des Adels bei Hartmann von Aue in ihrer Problematik und ihrer Wandlung in der Rezeption. Zürich u. a. 1978 (MTU. 67), S. 58 f.
8 So Warning (Anm. 1), S. 284, 295.
9 Mertens (Anm. 4), S. 870. Beispiele oder Verweise nennt Mertens hier nicht, dafür in Mertens (Anm. 7), S. 59, und zwar Robert von Arbrissel, Gerlach von Houthem und Wilhelm von Malavalle. Fesseln oder gar Fußketten trug allerdings keiner von ihnen: Gerlach trug über seinem Bußgewand aus Ziegenhaar stets „sein eisernes Panzerhemd [...], bis die verrosteten Ketten zerbrachen"; Herbert Grundmann: Zur Vita S. Gerlaci eremitae. In: Deutsches Archiv 18 (1962), S. 539–554, hier S. 542; Wilhelm soll auf seinem Rückweg von Jerusalem drei Ketten um den Hals getragen haben (Art. ‚S. Guilielmus Magnus Erem.' In: Vollständiges Heiligenlexikon. Hrsg. von Johann E. Stadler, Franz J. Heim. 5 Bde. Nachdruck der Ausgabe Augsburg 1858–1882. Hildesheim 1975, Bd. 2, S. 552) und pflegte unter dem Bußgewand „seine Rüstung auf dem bloßem Leib" zu tragen (Grundmann [s. o.], S. 543), ähnlich offenbar Robert (Stadler/Heim [s. o.], Bd. 5, S. 105 f.). Weitere Beispiele finden sich bei Kaspar Elm: Beiträge zur Geschichte des Eremitenordens. Köln/Graz 1962 (Münstersche Forschungen. 14), S. 24, Anm. 36; die dort aufgeführten Eremiten, wie Stephan von Muret (Tragen des Kettenhemdes) und Rainer von Osnabrück (netzartiger Umhang aus Eisenketten; vgl. Michael Zozmann: Rainer von Osnabrück. Wiedergeboren im Dienste der kirchlichen Erneuerung. In: Heiliges Westfalen. Heiliges, Reliquien, Wallfahrt und Wunder im Mittelalter. Hrsg. von Gabriela Signori. Bielefeld 2003, S. 151–161, hier S. 151), geben ebenfalls kein Beispiel für Fußketten. – Offenbar ist von Fußketten bei Büßern und Eremiten nichts bekannt.
10 Vgl. Anm. 9.

> daz wir dich dar bringen,
> dâ mahtû dich mit swæren tagen
> dînes kumbers wol beklagen.
> er ist dir genuoc wilde.
> wart des ie dehein bilde
> daz dîn muot ze riuwe stât,
> sô tuon ich dir einen ganzen rât.
> ich hân ein îsenhalten
> nû lange her behalten:
> die wil ich dir ze stiure geben,
> daz dû bestætest dîn leben
> ûf dem selben steine.
> die sliuz ze dînem beine.
> geriuwet dich danne der wanc,
> sô muostû sunder dînen danc
> doch dar ûfe bestân.
> ez ist der stein alsô getân,
> der joch ledige vüeze hât,
> daz er unsanfte dar abe gât. [...]
> [ich] hilfe dir ûf den stein
> und behefte dir dîniu bein
> mit der îsenhalten,
> daz dû dâ muost alten
> und daz dû wærlîche
> ûf disem ertrîche
> mich niemer gedrangest:
> des bin ich gar âne angest.'
> (V. 2978–3014)

Dass der Felsen im Meer ohnehin ohne Boot nicht zu verlassen (V. 2998–3000) und selbst mit Boot schwer zu erreichen (V. 2981 f.) ist, lässt diese Notwendigkeit der Fußfessel allerdings gegenstandslos erscheinen. Auch angesichts Gregorius' ernster Reue ist die vom Fischer gegebene Begründung, die Fußfessel müsse dafür sorgen, dass Gregorius in seinem Bußwillen standhaft bleibe (V. 2995–2997), nicht schlüssig. Die im Text gegebene Bestimmung der Fußfessel macht sie zu einem überschüssigen Objekt.

So sind in beiden Parallelstellen die Mittel der Aussetzung bzw. des Ausstiegs gedoppelt (*barke* + *vaz*; *stein* + *îsenhalte*); Gregorius wird jeweils von einem *zusätzlichen* Gegenstand *beslozzen* (V. 770; V. 3622). Dieses parallel exponierte Auftauchen von Dingen, deren funktionelle Notwendigkeit fraglich ist, lässt aufhorchen; in mittelalterlicher Hermeneutik, die vornehmlich Bibelhermeneutik war, sind es gerade die irritierenden, unverständlichen Textstellen (ihre *obscuritas*), die als Fingerzeig auf einen höheren Sinn und als Anreiz zur Erforschung desselben gedeutet werden.[11] Auf der Grundlage von Strohschneiders Interpretation des *Gregorius* „auf

---

11 Vgl. schon Augustinus in *De doctrina christiana* 2,7 ff.: Avrelii Avgvstini opera. Bd. 4.1 (CCSL. 32); Augustin Handbuch. Hrsg. von Volker H. Drecoll. Tübingen 2007, S. 382 f.

der Ebene seiner mythischen Struktur"[12] profiliert die hier vorgenommene Lektüre Aspekte der Materialität und ihres Verhältnisses zu den Figuren; die Textebene aber, auf der sich dieses Verhältnis greifen lässt, ist (im Gegensatz zur mythischen Tiefenstruktur) die der *Bilder* oder gar der *bildlichen Oberfläche*.

Dass „Sprache und Literatur [...] als Medien von Bildern anzusehen" sind,[13] war im Mittelalter im Anschluss an Aristoteles bereits grundlegend theoretisiert. Kognitives Erfassen von Sinneswahrnehmungen aller Art wurde als Operation der *imaginatio* bzw. des *sensus communis* verstanden: Dieser im vorderen Hirn angesiedelte Bereich setzt alles Wahrgenommene, also auch Texte, in Bilder (*imagines*) um.[14] Nur in Form solcher Bilder wird alles sensuell Erfasste in der Kammer der *ratio* verarbeitet und in der der *memoria* gespeichert.[15] Vor dem Hintergrund eines solchen, dem *inneren Bild* zugeschriebenen Gewichts scheint ein besonderes Augenmerk auf die Textebene, auf der Bilder angelegt sind, geboten.

In den beiden genannten Textstellen ist das *imago*-hafte augenfällig verschärft. Was mit dem Mensch-Ding-Ensemble im Meer jeweils vermittelt wird, ist nicht Handlung, sondern ein einprägsames, da auffälliges *Bild*.[16] Für einen intradiegetisch längeren Zeitraum (der auch genau angegeben wird; vgl. V. 939: zwei Nächte

---

[12] Peter Strohschneider: Inzest-Heiligkeit. Krise und Aufhebung der Unterschiede in Hartmanns *Gregorius*. In: Geistliches in weltlicher und Weltliches in geistlicher Literatur des Mittelalters. Hrsg. von Christoph Huber, Burghart Wachinger, Hans-Joachim Ziegeler. Tübingen 2000, S. 105–133, hier S. 133. Strohschneider liest den Inzest als Krise der genealogischen Unterschiede, „in welchen soziale Ordnung ihren Grund hat" (ebd., S. 125), als Kollaps kultureller Struktur (vgl. ebd., S. 118). Die Figur Gregorius verkörpere somit das absolut Andere zur Ordnung der Gesellschaft (vgl. ebd., S. 127–133). Dieses inkommensurable Jenseits treffe sich strukturell mit der Konzeption vom Heiligen, das sich als das Inkommensurable, aus der Immanenz Ausgeschlossene und von ihren Strukturen nicht Erfassbare definiere (vgl. ebd., S. 105 f., 130–133).
[13] Haiko Wandhoff: Zur Bildlichkeit mittelalterlicher Texte. Eine Einführung. In: Das Mittelalter 13 (2008), S. 3–18, hier S. 10.
[14] Vgl. ebd., S. 6–10; Mario Klarer: Spiegelbilder und Ekphrasen. Spekulative Fiktionspoetik im *Pfaffen Amis* des Strickers. In: Das Mittelalter 13 (2008), S. 80–106, hier S. 90 f. u. S. 93; Mary J. Carruthers: Mental Images, Memory Storage, and Composition in the High Middle Ages. In: Das Mittelalter 13 (2008), S. 63–79, hier S. 64. Zeugnis von diesem Diskurs geben – um nur zwei Beispiele zu nennen – etwa Hugo von St. Viktor: Kleine Texte. V. Über die Weise zu reden und zu betrachten. In: Die Viktoriner. Mystische Schriften. Ausgewählt, übertragen aus dem Lateinischen und eingeleitet von Paul Wolff. Wien 1936, S. 76–81, hier S. 79; Konrad von Megenberg: Das Buch der Natur. Die erste Naturgeschichte in deutscher Sprache. Hrsg. von Franz Pfeiffer. Stuttgart 1861, S. 4 f.
[15] Vgl. Anm. 14.
[16] Damit wird auch Jolles' Begriff des „Augenblicks" überstiegen, mit dem er das konstitutive Merkmal von Legenden beschreibt, die keinen Zusammenhang des menschlichen Lebens als Kontinuum und Bewegung bieten wollten; André Jolles: Einfache Formen: Legende/Sage/Mythe/Rätsel/Spruch/Kasus/Memorabile/Märchen/Witz. 2., unveränderte Aufl. Darmstadt 1958, S. 29 f.; als solchen *Augenblick* nennt Jolles z. B. das Zerspringen der falschen Götterbilder vor dem heiligen Märtyrer oder seine Folter, bei der Gottes Wunder eintreten (vgl. ebd., S. 42 ff.), also *Ereignisse*; was wir hier im *Gregorius* vorfinden, sind dagegen zwei angehaltene, zum Bild erstarrte und ereignis-lose Augenblicke.

und einen Tag; dann V. 3139: 17 Jahre) muss sich der Rezipient das immer gleiche, ereignislose Bild vorstellen; auch in der realen Lesezeit bleibt es für ihn als *Hintergrundbild* länger präsent – der Erzähler nutzt nämlich dessen Statik für Einschübe anderer Berichte (V. 789–923: weiteres Ergehen der Eltern; V. 3143–3230: Ereignisse in Rom) und kommt dann wieder darauf zu sprechen, sodass das Bild mit dieser Technik auch ohne ausführliche Ekphrasis zerdehnt wird. (Auch innerhalb der erzählten Zeitstruktur wird so das Zwei-Nächte-Bild des Kindes scheinbar auf einige Wochen oder länger gedehnt, denn dies ist der Zeitraum, der sich hier mit dem Bericht über seine Eltern einschiebt.) Durch das *Umschlossensein* von einem Ding sind das Baby und dann der Eremit zur bildhaften Statik gezwungen; die Dinge sind an der Verwandlung von Handlung und eigentlich zur Bewegung fähiger Figur in ein Bild konstitutiv beteiligt.

Dem Leser drängt sich bei der zweiten Darstellung des Mensch-Ding-Arrangements im Meer das erste Bild auf – eine Binnenwiederholung nicht unähnlich den „Dingwiederholungen", die Stolz als Mittel eines *Erzählens im Paradigma* für den *Parzival* untersucht.[17] Die beschriebene Äquivalenz stellt gegen die syntagmatisch-zeitliche Sukzessivität des Textes eine „unzeitliche Verknüpfung"[18], eine Simultaneität syntagmatisch voneinander entfernter Elemente her, welche gemäß Schmid allerdings die Logik der „zeitlichen Verknüpfung" zugänglich machen kann.[19] Die zeitgenössischen Kognitionsmodelle machen es wahrscheinlich, dass die mittelalterlichen Texte mit der hier noch zu begründenden Eindruckstiefe ihrer Bilder auf solches Rezeptionsverhalten, das Bild später wieder präsent zu haben und es mit dem neuen zu verbinden, abzielen. Die in der Hirnkammer der *imaginatio* visualisierten Sinneseindrücke, die *imagines*, werden demnach an einem Platz im hinteren Teil des Hirnes, der Kammer der *memoria*, abgelegt.[20] Zur sicheren Wiederauffindung ist demgemäß auf eine vorzugsweise räumlich geordnete Erinnerungsstruktur zu achten,[21] wie mnemotechnische Arche Noah-, Amphitheater-

---

17 Im Anschluss an Warnings *Erzählen im Paradigma* geht Stolz den Dingwiederholungen v. a. in ihrer metonymischen Beziehung zu anderen Dingen, an die sie *erinnern*, nach; Stolz (Anm. 1). – Nicht an Dingen und ihren bildhaften Inszenierungen, sondern am Inzest selbst hat Warning (Anm. 1) eine paradigmatische Wiederholungsstruktur für den *Gregorius* herausgearbeitet.
18 Schmid, Elemente (Anm. 2), S. 22–26; Schmid, Äquivalenz (Anm. 2), S. 87–90.
19 So werde ein Ereignis oft nicht in einzelnen Schritten explizit entfaltet, sondern lasse sich über unzeitliche Verknüpfungen mit Kontrastbeziehung (als Suggestion von verschiedenem Ausgangs- und Endzustand) identifizieren: Schmid, Elemente (Anm. 2), S. 25; Schmid, Äquivalenz (Anm. 2), S. 87–89.
20 Vgl. Wandhoff (Anm. 13), S. 6–10; Klarer (Anm. 14), S. 90 f. u. S. 93; Carruthers (Anm. 14), S. 64.
21 Die mnemonische *loci*-Theorie wurde von lateinischen Rhetorikern systematisiert; vgl. Mary J. Carruthers: The Book of Memory. A Study of Memory in Medieval Culture. Cambridge 1990 (Cambridge Studies in Medieval Literature. 10), S. 71 f.; Johannes Fried: Der Schleier der Erinnerung. Grundzüge einer historischen Memorik. München 2004, S. 144; Michael Curschmann: Epistemologisches am Schnittpunkt von Wort und Bild. In: ders.: Wort – Bild – Text. Studien zur Medialität des Literarischen in Hochmittelalter und früher Neuzeit. 2 Bde. Baden-Baden 2007, Bd. 1, S. 21–67, hier S. 25.

sitzreihen- oder Garten-Modelle bezeugen.²² Solche räumlichen Strukturen lassen sich sogar auch in handschriftlichen Textgliederungen und -illustrationen feststellen, die Carruthers als „artificial memory systems"²³ versteht.²⁴ Vielleicht ist dies aber nicht nur bei der Optik der Manuskripte der Fall. Aufmerksamkeit beansprucht jedenfalls die gleichartige räumliche Strukturierung der besprochenen Gregorius-Bilder, die sich wie konzentrische Kreismodelle²⁵ darstellen: Außen befindet sich jeweils das Meer, den zweiten *Ring* bildet der *locus* Barke/Felsen, und darin befindet sich der von einem Ding *beslozzene* Mensch. Diese identische *Memorialordnung* würde nach der mittelalterlichen Vorstellung einen Grund für die besondere Einprägsamkeit dieser Bilder und ihrer Gegenstände wie für ihre mnemonische Verknüpfung darstellen. Einen anderen bilden die Dinge selbst. Die Arrangements sind einerseits übersichtlich – sie überschreiten nicht die Höchstzahl (sieben) der gleich einzuprägenden und erinnerbaren Gegenstände²⁶ –, andererseits besitzen sie eben *ein Ding zu viel*, was die Aufmerksamkeit, wie beschrieben, auf die Gegenstände lenkt. Die räumlich äquivalent strukturierten Ding-Arrangements sind auf Erinnerung angelegt, und wie Carruthers beschreibt, dient in mittelalterlicher Schulbildung gerade die *memoria rerum*, das Einprägen von Dingen oder Schlagworten statt des wörtlichen Auswendiglernens (*memoria verborum*), der investigativen Kombinationsleistung.²⁷ Demnach müsste durch die Hervorhebung der Dinge das Zusammenspiel von *memoria* und *ratio*²⁸ noch verstärkt werden. Der Rezipient, wie ihn sich die mittelalterlichen Kognitionstheorien vorstellen, wird die beiden Mensch-Ding-Komplexe im *Gregorius* in einen paradigmatischen Zusammenhang (wie ihn Stolz für Dingwiederholungen und Schmid schlechthin für „unzeitliche" Äquivalenzverknüpfungen annehmen)²⁹ stellen und er wird zu investigativer Betrachtung (auch die syntagmatische Textachse betreffend)³⁰ angeregt. Dies nach-

---

22 Vgl. Carruthers (Anm. 14), S. 67.
23 Ebd., S. 64.
24 Vgl. ebd., S. 68–79.
25 Zur mittelalterlichen Vorstellung von konzentrischer Kreisförmigkeit der uns umgebenden Welt vgl. den Beitrag von Frank Fürbeth in diesem Band.
26 Dies ist offenbar altes Erfahrungswissen antiker und mittelalterlicher Mnemotechnik und wurde von modernen Psychologie-Studien bestätigt; vgl. hierzu Carruthers (Anm. 14), S. 65 f., mit Verweis auf die psychologische Arbeit von George A. Miller: The Magical Number Seven, Plus or Minus Two. Some Limits on Our Capacity for Processing Information. In: Psychological Review 63 (1956), S. 81–97.
27 Vgl. Carruthers (Anm. 14), S. 65–68.
28 Dieses Zusammenspiel hat auch Bumke beschrieben: „Die *memoria* vergleicht das Bild mit anderen Bildern, die sie bewahrt, und identifiziert das Bild mit einem ihr schon bekannten. Dieses Begreifen setzt eine Tätigkeit der *ratio* in Gang: Ein Nachdenken über das Gesehene." Joachim Bumke: Die Blutstropfen im Schnee. Über Wahrnehmung und Erkenntnis im *Parzival* Wolframs von Eschenbach. Tübingen 2001 (Hermaea. 94), S. 36 f.
29 Vgl. Anm. 1, 17, 18.
30 Wie beschrieben macht die „unzeitliche Verknüpfung" die Logik der syntagmatisch-zeitlichen Sukzessivität durchsichtig, indem sie durch Kontrastsuggestion von Anfangs- und Endzustand viele nur implizit vorhandene Ereignisse erst fassbar werden lässt; vgl. Anm. 2 u. 19.

zuvollziehen ist somit Ziel der vorliegenden Lektüre, die sich auf die Spuren der materiellen Dinge und der mit ihnen erzeugten Bilder begibt.

II *guot – schaz – marke*

Die Dinge im *Gregorius*, die den Besitz der Familie ausmachen, durchlaufen zunächst eine Konkretisierung – und damit eine Entwicklung vom Indifferenten hin zum prägnanten Bild. Nachdem die Schwester vom Bruder geschwängert wurde, setzt der hinzugezogene Ratgeber den denkbar allgemeinen Begriff *guot* als etwas, von dem sich der Bruder fortan völlig zu trennen habe. Er solle, so empfiehlt der Vasall, eine entbehrungsreiche Bußfahrt zum Heiligen Grab antreten (V. 571–598). Doch die werdende Mutter solle im Land und beim *guot* bleiben (V. 606–622). *Muot* und *guot* bzw. *muot*, *lîp* und *guot* der Mutter werden in dieser Rede[31] als Handlungseinheit mit bestmöglicher Aussicht auf Erfolg vor Gott dargestellt. Offenbar soll sie mit dem *guot* Gutes tun, was Almosen impliziert (V. 606: *sie mac den armen grüezen*; V. 621 f.: *sô rihte gote mit muote, / mit lîbe und mit guote*);[32] im Vordergrund der Rede steht jedenfalls ihr Bleiben beim Besitz (V. 608: *bestât si bî dem guote*), ja das ‚Behalten': *sô dunket mich daz guot, / si behabe guot unde muot* (V. 617 f.). Ganz anders stellt es sich bei der Buße nach dem zweiten Inzest dar:[33] Dort rät Gregorius der Mutter deutlich zum Verzicht auf materielles Gut (V. 2708–2720); es wird von Spenden und Stiftungen gesprochen (V. 2728–2735) und – durch die gleiche Wortwahl vielleicht eine negierende Rekurrenz auf die erste Beraterrede – von der vollständigen Aufgabe des *lîp-guot-muot*-Komplexes: *ich hân mich bewegen gar / lîbes unde guotes, / vreuden unde muotes / gelîch einem armen wîbe* (V. 3902–3905).

Der erste Rat zur Buße mit dem *guot* bei gleichzeitigem Behalten erscheint spannungsvoll bis inkonsequent. Zu einer ähnlichen Spannung kommt es auf Seiten des Bruders. Er soll sich von Schwester und *guot* – denn das soll ja bei ihr bleiben – trennen. Nun geschieht zweierlei: Die Bezeichnung des *guotes* ändert sich und die Trennung wird unterlaufen. Im Moment des Scheidens wird plötzlich

---

31 V. 606–622: *si mac den armen grüezen / mit guote und mit muote, / bestât si bî dem guote. / gebristet ir des guotes, / sô enhât si niht wans muotes: / nû waz mac danne ir muot / gevrumen iemen âne guot? / waz touc der muot âne guot / oder guot âne muot? / ein teil vrumet muot âne guot, / noch bezzer ist guot unde muot. / von diu sô dunket mich daz guot, / si behabe guot unde muot: / sô mac si mit dem guote / volziehen dem muote. / sô rihte gote mit muote, / mit lîbe und mit guote.*
32 Ausdrücklich wird hier das Miteinander von *guot* und *muot* höher bewertet als der alleinige *muot* (V. 615 f.). In Goebels Augen stellt dies „den geistlichen Charakter der Mahnung zur Buße in Frage", indem nahegelegt werde, „daß bußfertige Gesinnung (*muot*) ohne Geld kaum etwas wert sei" – es handele sich um ein „Almosengeschäft"; Goebel (Anm. 3), S. 38.
33 Vgl. auch die Gegenüberstellung ebd., S. 36–39, die auf den „viel größeren Bußernst" des Gregorius zielt; Zitat ebd., S. 39.

von *de[m] schaz* gesprochen, ohne dass es eine zuvor genannte konkrete Textreferenz gäbe.³⁴

> dem alten [= Ratgeber] bevalh er [= der Bruder] dâ
> sîne swester bî der hant.
> sus gedâhte er rûmen daz lant.
> den schaz den in ir vater lie,
> der wart mit ir geteilet hie.
> sus schieden si sich beide.
> (V. 632–637)

Der Bruder entsagt dem *guot* also keinesfalls, sondern nimmt einen Teil des Schatzes an sich. Das Auftauchen des Schatzes steht sogleich im Zusammenhang seiner Teilung. Anklingen könnte in diesem signifikanten Motiv die sakrosankte Integrität von Schätzen, die in mittelalterlicher Epik nicht selten eine Rolle spielt;³⁵ im Rahmen der Idee dynastischen Reichtums, wo als Gegengehalt zu zirkulierenden Gaben ein nicht in die Zirkulation eingehendes *sacrum* besteht, auf dem die Macht beruht,³⁶ scheint hier die Zerstörung des *sacrum* einer Familie, d. h. ihr frappanter Machtverlust, angedeutet. Die von den Geschwistern vorgenommene Schatzteilung ist in eine weitere Teilung von zuvor als Einheit Behandeltem eingebettet: die Trennung der Geschwister, die als unzertrennbare Einheit, als *ungescheiden* (V. 292), beschrieben wurden (V. 286–295). Als sie sich nun trennen müssen (und dabei, einleitend, auch der Schatz geteilt wird: V. 635–637, s. o.), wird dies mit fünfmaliger Aufnahme des Wortes *scheiden* (V. 637, 641, 647, 652, 655) und der Topik der Scheidung vom eigenen Herzen (V. 651–654) als unerträglich schmerzvoll dargestellt (V. 637–656). Die Schatzteilung mit ihren unterschwelligen epischen und feudalen Evokationen wird hier mit einer Trennung verbunden, die letztlich unterlaufen wird: Es kommt zum Herztausch, dem Verweilen des Herzens beim verlassenen

---

34 Zu Beginn der Handlung, in der Sterberede des Vaters, wird von dem Erbe der Geschwister nur als *lant* und *êre* gesprochen (V. 234 f.: *jâ gevellet dir nû / mîn lant und michel êre*). Das Erbe ist feudale Herrschaft, die sich auf Landbesitz und Ansehen gründet; Materielles wie ein Goldschatz wird nicht genannt.

35 Neben dem Schatz der Nibelungentradition (vgl. zur jüngsten Diskussion mit weiterer Literatur: Anna Mühlherr: Nicht mit rechten Dingen, nicht mit dem rechten Ding, nicht am rechten Ort. Zur *tarnkappe* und zum *hort* im *Nibelungenlied*. In: PBB 131 [2009], S. 461–492, hier S. 483–492) gibt es weitere Schätze, bei denen Separation der Einzelteile zu Unglück führt, z. B. im *Beowulf*, wo dem Schatz des Drachen (dazu grundlegend Heike Sahm: Unversöhnte Motivierungen. Der Schatz als Hindernis kohärenten Erzählens im *Beowulf*. In: PBB 131 [2009], S. 442–460) ein Prunkbecher entwendet wird, was zum Untergang der Gauten führt.

36 Vgl. Maurice Godelier: Das Rätsel der Gabe. Geld, Geschenke, heilige Objekte. Aus dem Französischen übersetzt von Martin Pfeiffer. München 1999, S. 50–52: Die *sacra*, d. h. die Schätze, die nicht zirkulieren dürfen, sondern behalten werden müssen – Godelier führt als Beispiele Familienbesitz bei Naturvölkern wie Goldreserven moderner Banken auf –, konzentrierten (im Verhältnis zu den Gaben) „in sich die größte imaginäre Macht und infolgedessen den größten symbolischen Wert".

Partner (V. 653 f.: *sîn herze volgete ir von dan, / daz ir bestuont bî dem man*). Wie beim undurchsichtigen Verhältnis der Schwester zum *guot*, das zur Buße eingesetzt und doch auch behalten werden soll, wie auch dem Verhältnis des Bruders zum *guot*, dem er auf seiner Bußfahrt offenbar nicht entsagt, wird also die Trennung der Geschwistereinheit unterminiert. Episch konsequent entfaltet wird das scheiternde Aufgeben dieser Bindung im Minnetod des Bruders (V. 830–852 – statt im heilbringenden Tod an den Härten und eigentlich geforderten materiellen Entbehrungen der Bußfahrt, wie es der Berater beschrieb: V. 579–598).

In diese Zusammenhänge eingebettet (nämlich nach Schatz- und Geschwisterteilung, aber vor dem Minnetod des Bruders) wird abermals im Zuge einer Trennung (nämlich der Mutter/Tante vom Inzestkind) etwas von dem Schatz separiert und an das Kind weitergegeben. Das Wort *schaz* wird dabei von der Mutter verwendet und in Gregorius' Tafel eingemeißelt (V. 745); konkret handelt es sich nun um 20 Mark Gold. Der Schatz[37] wird hier mess- und zählbar, genormt – wird Geld[38].

Es findet also, verschachtelt erzählt, eine zweifache Motivkoppelung von Trennung einer inzestuösen Familienverbindung und Schatzteilung statt. Schatzmotive mit ihrer Eigenschaft als *sacrum* von imperativer Integrität wie auch mit ihrem Sinnbezirk des Sammelns, *Hortens* und Versteckens, der sich (häufig negativ konnotiert) in mittelhochdeutschen Redensarten und Dichtungen niederschlägt,[39] entziehen sich tendenziell der gesellschaftskonstituierenden Tausch- und Gabenstruktur. Von daher ist ihre Motivverbindung zum Inzest nachvollziehbar, der sich mit Strohschneider als verweigerte kulturelle Zirkulation verstehen lässt (Tochter bzw.

---

37 Zur herkömmlichen Gegenstandsvielfalt von Schätzen, bei denen es nicht nur auf das Rohmaterial, sondern auf besondere Stücke ankam, vgl. den Beitrag von Matthias Hardt in diesem Band.
38 *mark*: „stück goldes oder silbers von bestimmtem gewichte"; Deutsches Wörterbuch. Begründet von Jakob Grimm und Wilhelm Grimm. 16 Bde. Leipzig 1854–1971. Neudruck München 1984, Bd. 12, Sp. 1635. Zunächst eine *Gewichtseinheit*, kennzeichnet *marke* v. a. die *Werteinheit*: Den abgewogenen Mengen von Edelmetall kam *Geldfunktion* zu; Sigrid Engeler, Ralf Wiechmann: Art. ‚Mark'. In: RGA. Bd. 19. 2001, S. 277 f.; Heiko Steuer: Art. ‚Geld. §10. Gewichts-G.'. In: RGA. Bd. 10. 1998, S. 633 f. „Der Terminus spiegelt in seiner Bedeutungsbreite die geldgeschichtl[iche] Entwicklung vom Konkreten, dem abgewogenen Edelmetall, hin zum Übergeordneten, der Werteinheit [...]. Dieser Schritt war zu der Zeit, aus der Schriftqu[ellen] von dem Wort Zeugnis ablegen, bereits vollzogen"; Wiechmann (s. o.), S. 277. Schon in der Mehrzahl der altnordischen Quellenbelege bezeichnet ‚Mark' eine Wert- oder Rechnungseinheit (vgl. ebd.). Auch Gregorius' *marke* werden in diesem Sinne verhandelt, etwa bei ihrer Auszahlung an die Fischer (V. 1095–1100) oder ihrer geldwirtschaftlichen Vermehrung durch den Abt: *vünfzic und hundert marke / hân wir dir gewunnen, / swie übele wirz kunnen, / von sibenzehen sît den stunden / daz wir dich êrste vunden. / ich gap in drî und niht mê / die dich mir brâhten abe dem sê* (V. 1766–1772). Zu diesem Geldgewinn bei Umgehung des kanonischen Zinsverbots vgl. Mertens (Anm. 4), S. 861.
39 Vgl. z. B. BMZ. Bd. II/2, 89a–b: „begraben schatz, verborgen sin, von den hât nieman gewin *Vrid.* 147,5. verborgen schatz und wîstuom diu sint ze nutze kleine frum *krone* 1. a *Sch.* [...] daz wir unsen scaz beginnen hine samenen in di himelischen kameren *glaube* 2599. swâ der hêrre gar vertuot, daz ist niht hêrlîcher muot; sament er ab schaz ze sêre, daz sint och unêre *Parz.* 171,11. [...] swer mit schatze umbe gât, der tuot der armen kleinen rât *das.* [*Vrid.*] 147,3."

Schwester sind Gaben – beachte im *Gregorius* die Zusammengehörigkeit der Schwester mit dem *guot* – für andere). Schon dass ein *schaz* eine Vergangenheit des *Hortens* (d. h. der Nicht-Verteilung) impliziert, macht sein Auftauchen am Ende der ersten Inzesthandlung strukturell schlüssig. Geld hingegen dynamisiert Zirkulation. Die Modifizierung des *schazes* in Goldmark[40] wäre somit ein Schritt in Richtung Austausch, Ausbruch aus der strukturell *inzestuösen* Hort-Eigenschaft. Tatsächlich ist ja auch das erste, das mit Gregorius' Goldmark geschieht, die Bezahlung der Fischer – der Familienschatz geht in die gesellschaftliche Zirkulation ein, während der Text zuvor nur von Gaben des Bruders an die Schwester, nicht dem *milte*-Auftrag seines Vaters (V. 249) entsprechend an seine Mannen, berichtet hat (V. 279–285): Inzest ist strukturgleich mit innerfamiliärer Pseudo-Zirkulation von Gaben. So wäre auf dieser Symbolebene, mit der Modifizierung des *schazes* zu Geld im Moment von Gregorius' Aussetzung, Gregorius' Schritt in die (exogam strukturierte) Gesellschaft abgebildet, während das Motiv des *gehorteten Schatzes* und das Motiv seiner prekären Teilung das Scheitern der Lösung der Geschwister voneinander (zumindest auf Seiten des Bruders) bildhaft begleitet. Konsequent ist es dann, wenn Gregorius seine Goldmark, die er zur Mutter mitnimmt (V. 1812), während seiner inzestuösen Ehe nicht wie in der französischen Vorlage an einen seiner treuen Bürger weitergibt,[41] sondern sie offenbar im Familienbesitz belässt.

Ganz auf Strohschneiders Linie lässt es sich auch lesen, wenn mit der Öffnung des Fasses eine Differenzierung von zuvor Indifferentem einhergeht: Als das Kind mit den Goldmark, der Seide und der Tafel in ein Ding, das *vaz*, eingeschlossen ist, erscheint dieses Mensch-Ding-Konglomerat als ein einziges Ding, als ‚Fundsache' (V. 974: *vundene sache*), wobei auch syntaktisch-semantisch die Differenz verschwimmt.[42] Währenddessen werden beide Fischer, deren Gier das Fass weckt, un-

---

40 Vgl. Anm. 38. Übrigens wird auch im *Nibelungenlied* der Hort als solcher nicht in Mark bemessen, im Gegenteil wird an ihm Mark-Wert und Geld(zahlungs)prinzip *ad absurdum* geführt (wie viel man von ihm auch auszahlen würde, er wäre keine Mark weniger wert): Das Nibelungenlied. Nach der Ausgabe von Karl Bartsch hrsg. von Helmut de Boor. 22., revidierte und von Roswitha Wisniewski ergänzte Aufl. Mannheim 1988, Str. 1123; erst im Zusammenhang seiner Destruktion und Umfunktionierung zur Gabe für die Zirkulation unter Gernots Hand wird er zu Mark – in dem Moment also, wo er nicht mehr Hort ist (Str. 1277).
41 La vie du pape saint Grégoire ou La legend du bon pécheur. Text nach der Ausgabe von Hendrik Bastiaan Sol mit Übersetzung und Vorwort von Ingrid Kasten. München 1991 (Klassische Texte des Romanischen Mittelalters in zweisprachigen Ausgaben. 29), V. 1639 f.
42 Bei der Auffindung verweist die Deixis so fließend auf das Kind, auf die Einheit von Kind und Fass, auf das Fass, dass im Einzelnen (s. Hervorhebungen) keine differenzierte Zuordnung der pronominalen Referenz möglich ist: *daz gewant warf er [der Abt] abe / und sach daz wênige vaz. / er sprach: ‚wâ nâmet ir daz?' / nû gedâhten si maniger lügen, / wie si den abbet betrügen / [...]. dô erweinde daz kint vil lûte / [...] ‚hie ist ein kint inne. / saget mir in der minne, / wâ habet irz genomen? / wie ist ez iu zuo komen? / daz wil ich wizzen, crêde mich.' / dô bedâhten si sich / und sageten im als ich iu ê, / wie si ez vunden ûf dem sê. / nû hiez erz heben ûf den sant / unde lœsen abe diu bant. / dô sach er ligen dar inne / seltsæne gewinne, / ein kint* (V. 1006–1033).

terschiedslos als *arme liute* bezeichnet (V. 1003); sie bilden eine undifferenzierte Handlungseinheit (V. 945: *der [abbet] gebôt zwein vischæren*; Pronomen und Verben fortan stets im Plural), und es scheint, als teilten sie dasselbe Zuhause (V. 972: *sô siz [die Fischer das Fass] ze hûse hæten brâht*); ihre (verwandtschaftliche?) Beziehung zueinander bleibt undefiniert. Als mit der Öffnung des Fasses der Geldschatz, das Kind, die Seide und die Tafel ans Licht kommen, die ‚Fundsache' in ihre Einzelteile differenziert wird und das Geld seiner Bestimmung dient, werden aus den *armen* Fischern plötzlich ein reicher und ein armer Bruder (V. 1056–1064; ihr Unterschied wird in V. 1063 f. betont: *Die bruoder wâren ungelîch, / der eine was arm, der ander rîch*), die räumlich distanziert (V. 1065–1067: *der arme bî dem klôster saz, / der rîche wol hin dan baz / wol über einer mîle zil*) und in unterschiedlichen Familienverhältnissen leben (V. 1068–1070: unterschiedlich viele Kinder; ein Schwiegersohn). Als würde mit der Öffnung des Fasses, mit dem Eintritt von Gregorius und seinem Geld in die Gesellschaft, das, was Strohschneider als kulturkonstituierend betrachtet: die Differenzierung,[43] eingeführt, kommen unmittelbar eine finanzielle und räumliche Differenzierung zuvor Gleicher und die Einführung von Verwandtschaftsbeziehungen und exogamen Verbindungen ins Spiel.

III Gregorius' Verhältnis zum Materiellen

Das Geld, die *zweinzic marke von golde* (V. 715), ist ein anonymisiertes Gut.[44] Dem Zweck des Verbergens der genauen Herkunft des Kindes ist dies natürlich dienlicher als ein Schatz, der etwa aus einem einmaligen Edelsteingürtel o. Ä. besteht. So bilden die Goldmark unter den drei Gregorius mitgegebenen Besitztümern den zur Tafel entgegengesetzten Pol: Die Tafel ist mit Gregorius' außergewöhnlicher Lebensgeschichte beschriftet. Der kostbare alexandrinische Stoff mit seinem Wiedererkennungswert, jedoch mangelnder Einzigartigkeit (V. 1951–1953: *ez wære benamen daz selbe gewant, / oder daz si von einer hant / geworht wæren beide*), steht in der Mitte zwischen Goldmark und Tafel. In genau dieser Reihenfolge der Skalierung verlieren die Dinge auch ihre Bedeutung im Text: Das Geld ist im ersten Teil

---

43 Ausgehend von strukturalistischen Kulturtheorien (insbesondere Girards) sowie den Arbeiten Luhmanns definiert Strohschneider Kultur grundlegend als „Differenzierung, Ordnung der – [...] wesentlich familiaren, genealogischen – Unterschiede"; Strohschneider (Anm. 12), S. 107 f. Diese Differenz breche nicht nur im Inzest, sondern schon mit den Zwillingen zusammen: „Auch die ungleichgeschlechtlichen Zwillinge negieren zunächst eine Differenz, die für die Konstruktion feudaler genealogischer Ordnungen zentral ist, sie können nicht als Erst- und Zweitgeborene differenziert werden"; ebd., S. 120. Das – wie der Inzest – für viele primitive Verwandtschaftssysteme kritische Problem der von Zwillingen verkörperten Unterschiedslosigkeit wird nach Strohschneider diskursiv auch in Hartmanns Text bearbeitet.
44 Als Gewichtsgeld diente Rohmetall in Form von Münzen, Barren oder zerschnittenen Stücken (Hackgold), hierzu Steuer (Anm. 38), S. 633 f.; generell zum Begriff *marke* vgl. Anm. 38.

(Leben bei Fischern und Abt) zentral, der Stoff im mittleren Teil (Mutter-Inzest), die Tafel bleibt bis zuletzt von entscheidendem Gewicht. Interessanterweise ist es aber nicht die höchst individuelle Tafel, die den Anstoß für Gregorius' Identitätsentdeckung gibt, sondern ausgerechnet das Geld: Die brennende Frage nach der Herkunft der doch scheinbar nicht-individuellen Goldmark lässt der Fischersfrau keine Ruhe (V. 1212–1227). Die unstillbare Wissensgier nach der Herkunft des Geldes, nach seiner ‚Geschichte', scheinen ihm geradezu eine individuelle Identität zuzusprechen. Bezeichnenderweise nennen Handschiften A und K in V. 1224 statt *golt* das Wort *chint*:

> dô im [dem Fischer] wurden gegeben
> von golde zwô marke,
> dô bezzerten sich starke
> alle sîne sache
> an getregede und an gemache.
> nû enlie sîn ungewizzen wîp
> nie geruowen sînen lîp
> von tägelîcher vrâge.
> si sazte im manige lâge:
> ir liste kêrte si dar zuo
> beidiu spâte unde vruo
> wie si daz vernæme
> von wanne daz golt kæme.   golt] chint
> vil manigen eit si im swuor
> unz daz si an im ervuor
> von wanne im daz golt was komen
> (V. 1212–1227)

Die Frage nach der Herkunft des Geldes lässt sich, erst recht vom Ergebnis her, als Metonymie oder Substitution der Frage nach der Herkunft des Kindes verstehen. Übrigens heißt es nach den beschriebenen Nachforschungen der Fischersfrau über die *zwô marke* (V. 1213) von dem Kind: *nû hete diu vrouwe Sælikeit / allen wîs an in geleit / ir vil stætigez marc* (V. 1235–1237). Der Begriff *marc* ‚(eingehauenes/-gegrabenes/-gebranntes) Zeichen' steht in engem Bezug zur *marke*, die offenbar „mit einem zeichen versehen" wurde.[45] Wenn diese bildliche Rede nach den zeitgenössischen Kognitionstheorien beim Rezipienten *imago* wird, erscheint Gregorius wie ein Goldstück mit dem Zeichen der *Saelikeit* geprägt, und dieses Bild schließt sich den Nachforschungen über die Herkunft des Geldes als Substitut für die des Kindes an. – Im Gegensatz zu den Mark, die Gregorius auf die Spur seiner Identität führen, bewirkt der alexandrinische Stoff, der doch Seltenheitswert besitzt, kein Erkennen bei der Mutter, obwohl sie diesen Schluss ziehen müsste (der Teufel scheint es

---

[45] Grimm/Grimm (Anm. 38), Bd. 12, Sp. 1635; zu *mark* allgemein ebd., Sp. 1633 ff.; Engeler/Wiechmann (Anm. 38), S. 277: Ob diese *Markierung* ursprünglich an der Waage oder dem genormten Metallstück angebracht war, ist unklar.

zu verhindern: V. 1960–1962). Erst die Tafel beseitigt hier jeden Zweifel. Trotz der scheinbaren Skala von Anonymität und Erkennungswert haben also alle Güter des Gregorius die Eigenschaft von potenziellen Hinweisen auf die Identität der Figur. Es scheint, als sei der Mensch geradezu als Verbindung mit Materiellem konzipiert, das seine Identität für ihn trägt und konstituiert – und zwar nicht nur Tafel und Kleidung, die bislang im Fokus der Forschung[46] standen.

Bei seiner Fahrt auf den Felsen lässt Gregorius alles zurück. Und doch ist er auch dort innigst mit Materiellem von individueller Ausprägung (einem sonst für Büßer nicht belegten Attribut; s. o., Abschnitt I.) verbunden: Die îsenhalte, die ausdrücklich als seine ‚Aussteuer' (V. 2991: *ze stiure*) bezeichnet wird (die Erinnerung an die Ausstattung auf seiner ersten Fahrt wird also geweckt), gräbt sich in sein Fleisch bis auf den Knochen (V. 3449–3457). Dem Losgelöstsein von allem Materiellen im Jenseits der Felseninsel wird dieses Bild eines an Metall behafteten, mit dem Material eins werdenden Menschen entgegengestellt. Das für die Fessel gewählte Kompositum enthält (verbaliter in den fast ausschließlich erscheinenden obliquen

---

46 Zur Tafel vgl. v. a. Edith Wenzel, Horst Wenzel: Die Tafel des Gregorius. Memoria im Spannungsfeld von Mündlichkeit und Schriftlichkeit. In: Erzählungen in Erzählungen. Phänomene der Narration in Mittelalter und Früher Neuzeit. Hrsg. von Harald Haferland, Michael Mecklenburg. München 1996 (Forschungen zur Geschichte der älteren deutschen Literatur. 19), S. 104–114; sie betrachten die Tafel als symbolischen Zweitkörper des Gregorius (S. 104 ff., 112), als Statussymbol und Spiegel der Mutter (S. 105 f., 108), in Anlehnung an Platon als latent in den Menschen eingegrabenes Wissen bzw. Ur-Memoria (S. 107), als poetisches Strukturmittel (S. 112) und als „Zeugnis für die Selbstreferentialität der Schrift" (S. 113). Weitere Interpretationen: Tafel als mosaisches Gesetz: Ute Schwab: Lex et gratia. Der literarische Diskurs Gottfrieds von Straßburg und Hartmanns *Gregorius*. Messina 1967, S. 49 u. 67 (übernommen von Ernst [Anm. 6], S. 111, 117, 125, 172 ff.); dagegen Oliver Hallich: Poetologisches, Theologisches. Studien zum *Gregorius* Hartmanns von Aue. Frankfurt a. Main u. a. 1995 (Hamburger Beiträge zur Germanistik. 22), S. 163 f.: Die Tafel fungiere nur als Erinnerung an die geerbte Sünde; ähnlich Harold D. Dickerson, Jr.: Hartmann's *Gregorius*. An Alternate Reading. In: Wege der Worte. Festschrift für Wolfgang Fleischhauer. Hrsg. von Donald C. Riechel. Köln u. a. 1978, S. 178–188, hier S. 185. Tafel als Symbol unzerstörbarer Erbsünde: Brian Murdoch: Hartmann's Legends and the Bible. In: A Companion to the Works of Hartmann von Aue. Hrsg. von Francis G. Gentry. Rochester 2005, S. 141–160, hier S. 153. Zur *sîdîn wât* als Bereitstellung verschiedener Karrieremöglichkeiten: Mertens (Anm. 4), S. 847; zur Kleidersymbolik der verschiedenen Lebensphasen des Gregorius: Alois Wolf: Gnade und Mythus. Zur Gregorius-Legende Hartmanns von Aue und Thomas Manns. In: WW 1962, S. 139–209, hier S. 202; Alois Wolf: Gregorius bei Hartmann von Aue und Thomas Mann. Interpretation. München 1964, S. 34–36; Hallich (s. o.), S. 177, und Ernst (Anm. 6), S. 66–83; zum *Kleider-Beweis* der Rittertauglichkeit des Gregorius und zum Konzept der Kongruenz von Innen und Außen: Kerstin Schmitt: Körperbilder, Identität und Männlichkeit im *Gregorius*. In: Genderdiskurse und Körperbilder im Mittelalter. Eine Bilanzierung nach Butler und Laqueur. Hrsg. von Ingrid Bennewitz, Ingrid Kasten. Münster/Hamburg 2002 (Bamberger Studien zum Mittelalter. 1), S. 135–155, hier S. 141; Bernward Plate: Lehnsrecht in Hartmanns *Gregorius*. In: Mediävistik 10 (1997), S. 219–236, hier S. 233 f.: Plate macht darauf aufmerksam, dass die Kleider bei Gregorius an die Stelle einer richtigen Schwertleite gerückt werden. – Es fällt allerdings auf, dass sich der Text nach der Auffindung des Kindes lange Zeit intensiver mit den Goldmark als mit Kleidern und Tafel beschäftigt.

Kasus)⁴⁷ das Lexem *halten*, ‚aufbewahren, besitzen, behalten, festhalten',⁴⁸ und das *îsen* kann mit der Subjekt- wie auch der Objektposition assoziiert werden (entsprechend der gefesselte Mensch).

Wie in Abschnitt I. dargelegt, verweist dieses Bild zurück auf das Bild des im Fass mit den Goldmark, dem Stoff und der Tafel eingeschlossenen Kindes. Einen direkten Bezug stellt nun Gregorius auch wörtlich selbst her, wenn er bei seiner Auffindung auf dem Felsen behauptet:

> ‚ich was ein vollez vaz
> süntlîcher schanden
> dô ich mit disen banden
> bestatet wart ûf disen stein,
> diu ir hie sehent um mîniu bein.[']
> (V. 3596–3600)

Dass sich Gregorius als ‚Fass' bezeichnet, soll hier nicht für „marginal"⁴⁹ gehalten werden. Mit den *banden* dieses Fasses meint Gregorius die *îsenhalte* an seinen Beinen. Dies kann an die Beschreibung des fest verschlossenen Fasses seiner frühen Kindheit erinnern, von dessen Aussehen man nichts erfährt, außer dass es mit *banden* gebunden ist – wobei dies zumindest in Handschrift E zugleich auf das Kind *im* Fass zutrifft.⁵⁰ Diese *Zusammenbindung*, das Ineinander von Mensch und

---

47 Als Subjekt erscheint die *îsenhalte*, als sie sich in das Fleisch schneidet: *Dâ im diu îsenhalte lac / beidiu naht unde tac, / dâ hete si im ob dem vuoze / daz vleisch harte unsuoze / unz an daz bein vernozzen, / sô daz si was begozzen / mit bluote zallen stunden / von den vrischen wunden* (V. 3449–3456). Das aktivische *vleisch verniezen*, ‚Fleisch verzehren, verbrauchen' (Matthias Lexer: Mittelhochdeutsches Handwörterbuch, 3 Bde., Leipzig 1872–1878, Neudruck Stuttgart 1974, Bd. 3, Sp. 187), lässt die *îsenhalte* als Lebewesen erscheinen, das mit dem Büßer eine parasitäre Verbindung bildet. – Der einzige weitere Beleg für das aktivische *verniezen* in BMZ. II/1, 393a–b, betrifft ebenfalls kein Lebewesen, sondern die *erde*, die das Gebein *vernozzen* hat.
48 Übrigens wird *îsenhalten* mehrfach auf Wörter mit der Bedeutung ‚behalten, aufbewahren' gereimt, so schon bei seinem ersten Auftauchen, als der Fischer sagt: *ich hân ein îsenhalten / nû lange her behalten* (V. 2989 f.); dann heißt es von Gregorius: *dô leite er gehalten / sîne îsenhalten* (V. 3043 f.).
49 Hallich (Anm. 46), S. 108: „Für den ‚Gregorius' insgesamt wird man die Bedeutung der Gefäßmetapher als marginal bezeichnen, was nicht an ihrer mangelnden Originalität liegt [...], sondern vielmehr daran, daß die Gefäßmetapher [...] nicht resonant ist, d. h. sie eignet sich nicht zur Entwicklung der Implikationen ihres Bildspenders." Die Metapher als solche sei biblischen Ursprungs (Ps 30,13) und bezeichne „in religiösem Zusammenhang oft den sündhaften Körper"; ebd., S. 17.
50 In der Auffindungsszene heißt es: *nû hiez erz* [der Abt das Fass] *heben ûf den sant / unde lœsen abe diu bant* (V. 1029 f.). Die Fischersfrau sagt in ihrem Wutausbruch über Gregorius, *daz er sô jæmerlîch wart vunden / in ein vaz* [E: *in eynem vaz*] *gebunden / in einer barke ûf dem sê* (V. 1327–1329). In dem Gros der Handschriften ist nicht ganz eindeutig, ob die Bande außen um das Fass geschnürt sind oder ob das Kind selbst innen ins Fass gebunden ist; eine Illustration zur Judaslegende von 1330/40 zeigt das Kind bei der Aussetzung auf dem Meer mit Bändern, die Kopf und Körper wie ein Netz überspannen, ins (offen dargestellte) Gefäß gefesselt: Stadtbibliothek Schaffhausen Ms. Gen. 8, bl. 223v; Abbildung: http://www.e-codices.unifr.ch/en/sbs/0008/223v/large,

Fass, wiederholt sich nun im Kognitionsprozess des Rezipienten, indem das Bild des auf dem Felsen gefesselten Gregorius mit der durch seine Metapher produzierten *imago* vom gebundenen Fass überblendet wird. Die Vergegenwärtigung des früheren Bildes lädt zu investigativem Vergleich ein: Nicht nur das Motiv des Fasses, das hier mit der bildlichen Rede, dort mit dem Gegenstand für den Rezipienten innere *imago* wird, sondern auch das Metall, das Gregorius jeweils als Aussteuer mitgegeben wird, findet eine Entsprechung (Gold vs. *îsen*). An die Goldmark kann auch mit einem Zeitverweis erinnert werden, denn die 17-jährige Buße dauert so viele Jahre, wie ihm nach der Bezahlung der Fischer an Goldmark geblieben war – wenn der Mensch alles Wahrgenommene in Bilder (*imagines*) umsetzt, muss er auch eine bezifferte Jahreszahl in irgendeiner Weise an Sichtbares festbinden, und die *memoria* hält hier schon ein gespeichertes Bild bereit. Sogar für den Stoff, der dem Kind Gregorius mitgegeben wird, gibt es auf der Ebene der vom Text erzeugten *imagines* eine Entsprechung:

Als die Fischer das Fass an Bord gebracht haben, können sie sich *ir vundene sache* (V. 974) wegen des Unwetters noch nicht näher ansehen:

> Daz wintgestœze wart sô grôz
> daz si ûf dem sê verdrôz.
> diu state enmohte in niht geschehen
> daz si hæten besehen
> waz in dem vazze wære.
> daz was in aber unmære:
> wan si hâten des gedâht,
> sô siz ze hûse hæten brâht,
> sô besæhen si mit gemache
> ir vundene sache.
> si wurfen drüber ir gewant
> und zugen vaste an daz lant.
> (V. 965–976)

Sie werfen der ‚Fundsache' ihr Gewand über (V. 975). Die Motivation dieser *Einkleidung* oder des Zudeckens ist nicht ganz deutlich; es erscheint jedenfalls nicht als das Nächstliegende, einem Fundstück auf hoher See in einem Sturm das eigene Gewand überzuwerfen und selbst leicht bekleidet die Heimfahrt anzutreten. Das würde man eher beim Fund eines Schiffbrüchigen erwarten – dass sie tatsächlich einen Menschen gefunden haben, wissen die Fischer ja nicht. Erst am Ufer, als sie bei der Frage des Abtes nach dem, was sich unter dem Gewand befindet, unwillig murren (V. 1000), wird die wahrscheinliche Motivation einer Verheimlichung des Fundes aus Besitzgier nachgeschoben – auf See ist dies aber noch nicht nötig. Wie

---

letzter Zugriff am 19. 6. 2015; Lehmann (Anm. 5), S. 248 f. Zur Datierung: Alfred Stange: Eine österreichische Handschrift von 1330 in Schaffhausen. In: Jahrbuch der kunsthistorischen Sammlungen in Wien 6 (1932), S. 55–76, hier S. 66 u. 76.

schon von der Barke wird das Fass erneut von einem vermeintlich überschüssigen Gegenstand umgeben. Der Abt fragt also nach dem Fass:

> der abbet im dô sagen bat,
> er sprach, waz ez möhte sîn:
> dâ meinde er daz väzzelîn
> daz mit dem gewande was gespreit. [...]
> dô reichte er dar mit dem stabe,
> daz gewant warf er abe
> und sach daz wênige vaz.
> (V. 996–1007)

Der Ausdruck *gespreit* (V. 999) wurde schon bei der Eindeckung des Säuglings in edle Kleidung innerhalb des Fasses verwendet: *under unde über gespreit / alsô rîchiu sîdîn wât* (V. 710 f.). Das Kind ist also innerhalb und außerhalb des Fasses mit einem Gewand *gespreit*; innen mit sehr edler *wât*, außen mit schlichter Fischerkleidung. Hieran lassen sich Gedanken zum Auseinandergehen von Innen und Außen knüpfen, wie es beim Fischerkind und Klosterschüler Gregorius, der im Geiste ein adliger Ritter ist, auf verschiedenen Ebenen thematisiert wird. In der Bildlichkeit der Einkleidung durch die Fischer erscheint das Fass als äußerer Bestandteil des Kindes, als seine zweite Haut (ein Eindruck, der vielleicht auch durch die Barke, die das Fass als Transportmittel überflüssig macht, geweckt wird). – Die Einkleidung des hilfsbedürftigen Gregorius[51] wiederholt sich bei seiner zweiten Auffindung auf der Felseninsel: Dort beschreibt der Erzähler den abgemagerten Gregorius *als der ein lîlachen / über dorne spreite* (V. 3460 f.),[52] und dieses mit einem Tuch *gespreite* Skelett wird dann von den römischen Geistlichen, die ihn finden, mit ihrem Gewand eingekleidet (V. 3654–3657) – wie das Kind im Fass erscheint er damit auf Bildebene ebenfalls zweifach, *innen und außen*, mit Stoff bedeckt.

In dem ‚Fass' werden Kind und Wertgegenstände zusammenge*fasst*, werden ein Ding, eine *vundene sache* (V. 974), deren Behandlung das Schillern zwischen materiellem Gegenstand und Mensch zum Ausdruck bringt, indem das Zudecken der Fundsache durch die Fischer der kausalen (d. h. psychologischen) Motivation nach materielle Gier bezeugt, dem Bild nach aber die Bekleidung eines Mensch-Ding-Komplexes evoziert, ja zugleich an die – ethisch gebotene – Behandlung ei-

---

51 Das Einkleiden kann auch an das Gleichnis des Barmherzigen Samariters im Prolog des *Gregorius* erinnern (V. 97 ff.): Im Gegensatz zum Gleichnis bei Lukas werden hier dem von Räubern beraubten, nackt daliegenden Mann – eindeutig Gregorius (V. 142 f.) – von Gott metaphorische Kleider gebracht. Zur Diskussion um die allegorische Bedeutung dieser Kleider vgl. z. B. Anke Bennholdt-Thomsen: Die allegorischen *kleit* im ‚Gregorius'-Prolog. In: Euphorion 56 (1962), S. 174–184; Mertens (Anm. 7), S. 168–171; Hallich (Anm. 46), S. 172–184.
52 Dass diese Darstellung auf eine Christusanalogie abzielt, halten z. B. Schmitt (Anm. 46), S. 151, und Ernst (Anm. 6), S. 77, für wahrscheinlich; eine solche – allegorische – Ebene kann durchaus anklingen, ohne die hier verfolgten Äquivalenzbeziehungen auf materieller und struktureller Ebene zu berühren.

nes (hier anwesenden) schutzlosen Kindes gemahnt, das der Retter aus der Seenot mit seinem Gewand zudeckt. Das Verhältnis von Mensch und Ding, das hier ein Innen-Außen-Verhältnis ist – äußerer Anblick: Fass (Holz mit Tuch bedeckt); innen: Mensch (mit Tuch bedeckt) –, ist im zweiten Auffindungsbild geradezu umgekehrt inszeniert: Gregorius wird als Mensch mit Tuch bekleidet, während er darunter ohne alles Fleisch wie lebloses Material beschrieben wird: als Dornen und Laken (Holz mit Tuch bedeckt) bzw. skelettartige Haut und Knochen; *bleich unde kalt* (V. 3438; vgl. auch V. 3434) wie ein Toter. Das unter dem Stoff liegende pralle, runde Fass voller Reichtümer und einem immerhin bis jetzt gut genährten, wunderschönen Baby (V. 674–682; V. 1033 f.) stellt ohnedies ein Gegenbild zum über Dornen gebreiteten Laken dar, wie die hilfreichen, versorgenden *marke von golde* (V. 715) dem Eisen der *îsenhalte*, die das Fleisch ihres Besitzers ‚verzehrt' (V. 3453), kontradiktorisch opponieren. Doch nicht nur die Gegensätze von Fülle und Mangel, Reichtum und Wertlosigkeit werden hier ausgespielt. Während die Dinge im ersten Bild tatsächlich alle buchstäblich da waren, werden sie nun teilweise *bildlich* (Fass als Metapher, Tuch und Dornen als Vergleich) und (im Falle der Goldmark) evtl. zeitlich (17 Jahre statt 17 Mark). Auch wenn die unmittelbare Vergleichbarkeit aufgrund der im (zeitgenössisch so vorgestellten) Kognitionsvorgang erzeugten, letztlich gleichwertigen *imagines* gegeben ist, findet eine Tendenz der Entmaterialisierung statt. Die Tafel schließlich fehlt Gregorius auf dem Felsen ganz, ist als nur abwesende gedacht, und Gregorius leidet unter dieser Abwesenheit. Darauf wird gleich zurückzukommen sein.

Nicht Nahrung wird dem Kind im Fass mitgegeben, sondern Dinge. Entsprechend entbehrt Gregorius auf dem Felsen ebenfalls aller Nahrung (V. 3114–3131). In beiden Fällen wird also nicht nur die Handlung ausgesetzt, indem sie zu einem Bild erstarrt; was dem Kind im Fass kurzfristig gezwungenermaßen entzogen wurde (die primäre Bedürfnisbefriedigung), ist auf der Felseninsel von Gregorius radikalisiert: die Aufgabe dessen, was das Leben antreibt, des (lebensnötigen) Begehrens. Und doch: Begehren hat er auch dort, allerdings nicht nach Nahrung, sondern nach einem Ding, das ihn bei seiner ersten Aussetzung begleitet hat: nach der Tafel. *[daz] er der tavele vergaz: / die wîle er ûf dem steine saz, / sô gemuote in nie mêre / dehein dinc alsô sêre* (V. 3683–3686). Die Tafel ist das einzige, das er bei seiner Rückkehr in die Gesellschaft verlangt, und er stellt ihr Wiedererlangen über seinen göttlichen Auftrag, Papst zu werden (s. u.).

Sein Dasein auf dem Felsen erlebt Gregorius also als Mangel. Er verzehrt sich nach der Tafel, wie er von der *îsenhalte vernozzen* (‚verzehrt'[53]) wird (V. 3453): Dies sind ausdrücklich seine zwei Hauptleiden (V. 3449–3458; V. 3683–3686); er leidet also an zwei materiellen Dingen und ‚ihrem' (Genitivus subiectivus und in anderem Fall obiectivus) Verlangen. Die Tafel findet der *vernozzene* Gregorius trotz der vergangenen Zeit und eines Brandes in strahlender Unversehrtheit wieder (V. 3734 f.).

---

53 Vgl. Lexer (Anm. 47), Bd. 3, Sp. 187.

Bei dieser Wiederbegegnung stehen sich das Bild des Mangels und das Bild vollkommener Pracht schroff gegenüber.

Die Figur des Büßers und die Tafel sind aufeinander bezogen, und dies nicht nur als antithetische Bilder von Pracht und Mangel. Gregorius' Körper ist geradezu im Auflösen begriffen; der Vergleich mit dem Tuch über Dornen macht das fehlende Fleisch anschaulich, dessen Verlust allenthalben hervorgehoben wird (V. 3432 f.; V. 3443–3465), zuletzt: *man möhte im sam gereite / allez sîn gebeine / grôz unde kleine / haben gezalt durch sîne hût* (V. 3462–3465). Man sieht also nur die Haut, unter der sich wie Dornen (V. 3461) die Knochen (V. 3463) abzeichnen, aber aus Gnade Gottes behält Gregorius seinen inneren Wissensschatz aus Büchern und Lehren: *daz im niht was entwichen, / er enhæte sîn alten / kunst unz her behalten / von worten und von buochen* (V. 3472–3475). So erscheint er fast als dinghaftes, lebloses *Buchwissen*. In der bildlichen Kognition der genannten Körperbeschreibungen entsteht die *imago* einer Haut, durch die stabähnliche Muster, Schraffuren, sichtbar sind – wie einem Analphabeten ein beschriebenes Pergament erscheinen muss? Durch Gregorius' *hût* kann man alle kleinen und großen Knochen zählen (V. 3465; *gezalt* ist gleichbedeutend mit ‚erzählt', so in V. 3676 verwendet); wie beschriftetes Pergament (= *hût*) mit *buochstaben* (in dem Wortteil *stabe* ist die germanische Doppelbedeutung von ‚Stab/Zweig' und ‚Buchstabe' noch enthalten)[54] gibt diese Haut einen optisch lesbaren Bericht seiner Leidenszeit. Als Bild erscheint er damit wie die reliefartige Negativform einer eingemeißelten Inschrift, wie ihr Stempelabdruck; an seinem Körper hat sich der in die Tafel eingemeißelte Auftrag, die Sünde der Eltern allzeit zu büßen (V. 756–762), erfüllt. Trug er als Kind die Prägung der *Saeligkeit*, ihr *marc*, wie ein gemarktes Goldstück (s. o.), ist sein Körper nun von dem Auftrag der Tafel, ihrer Schrift ‚geprägt'. Zu ihrem Negativ wird er durch den *mangel* (V. 3440), den er selbst vor allem als Mangel der Tafel spürt.

Gregorius stellt nun Gott zweimal eine Probe, die sich durch das Wiederfinden von Dingen vollzieht: Für seinen Gang nach Rom macht er das Wiederfinden des Schlüssels für die Fußfessel (V. 3612–3623) und der Tafel (V. 3723–3725) zur Bedingung. Dies lässt sich zunächst zeichenhaft verstehen: Das Wiederfinden des Schlüssels *bedeutet* die Vergebung (ist für Gregorius *wortzeichen* [V. 3617] dafür) – das Auffinden der Tafel ist auf Zeichenebene aber schon schwieriger zu verstehen. Ist es Zeichen für Gottes Zuneigung zum „gute[n] Sünder"?[55] Ist dies aber nach der Papsterwählung und dem Schlüsselfund wirklich noch nötig? Kann die Tafel nach der im Schlüsselfund *bewiesenen* Vergebung (V. 3617) noch Symbol für den „Sün-

---

54 Vgl. Friedrich Kluge: Etymologisches Wörterbuch der deutschen Sprache. 23., erweiterte Aufl. Bearbeitet von Elmar Seebold. Berlin/New York 1999, S. 142.
55 Wenzel/Wenzel (Anm. 46), S. 112. Für Wenzel und Wenzel ist die Tafel unter anderem „symbolischer Zweitkörper des jungen Fürsten" durch ihre „Bewahrung dessen, was sozial ausgelöscht erscheint: die sündhafte/inzestuöse Herkunft"; ebd., S. 104, 112; zu weiteren Deutungen vgl. Anm. 46.

der" sein? Oder bedeutet sie *memoria* und Identität?⁵⁶ Warum ist dies dann zwingend an ein materielles Ding gebunden? Für Gregorius bleibt bis zuletzt ein Ding Hauptsache, dessen Notwendigkeit sich nicht einfach in symbolischer Bedeutung erklärt. Wieder erscheint ein Ding-Motiv (hier sein unverzichtbares Wiederauftauchen) überschüssig gedoppelt, wie es sich bei Gregorius' Ding-Ensemblen schon mehrfach beobachten ließ. Der Schlüssel, den Gregorius von Gott einfordert (V. 3620–3623: [,] *er muoz mir wider senden / den slüzzel [...] / oder ich gerümez niemer hie'*), ist auch auf materieller Ebene notwendig, damit Gregorius überhaupt gehen kann. Interessanterweise reagiert er aber auf den scheinbaren Verlust der Tafel durch den Brand in gleicher Weise: Er könne (oder wolle) ohne sie „nicht von der Stelle": *got er im sô helfen bat, / er enkæme niemer von der stat, / ob er ir niht vunde* (V. 3723–3725). Die Tafel hält ihn fest, wie zuvor die *îsenhalte*. Gregorius *hängt* an Materiellem, bis ganz zuletzt. Und dass Gott ihm diese Bitte erfüllt und ihn seine kostbare Tafel, deren Material (V. 721–723: Elfenbein, Gold, Edelsteine) sie durchaus zu einem Schatz macht, unversehrt wiederfinden lässt, bewertet der Text als *ein vil grôzez zeichen* (V. 3732). Eine radikale Loslösung von der materiellen Welt wird hier nicht erzählt.

Überraschend mag dies scheinen, wenn man die Beschreibung von Gregorius' Reue vor Beginn seines Bußlebens einbezieht. Ein Blick auf die anspielungsreiche Einbettung des Büßerbildes soll deshalb angeschlossen werden (IV.), bevor die Beobachtungen insgesamt perspektiviert werden können (V.).

IV Das Blut an den Dingen

Nach der Entdeckung ihres Inzests werden Gregorius und seine Mutter biblischen Gestalten verglichen, deren Schmerz nicht größer gewesen sein könne als ihrer:

> Ich weiz wol daz Jûdas
> niht riuwiger was
> dô er sich vor leide hie
> danne den zwei hie.
> ouch entrûrte Dâvît
> nihtes mêre zuo der zît
> dô im kâmen mære
> daz erslagen wære
> Saul unde Jônathas
> und Absalôn der dâ was
> sîn sun, der schœniste man

---

56 Für Wenzel/Wenzel (Anm. 46), S. 113, reflektiert die Tafel, die Gregorius „durch die verschiedenen Stadien seiner Vita" begleitet, „als ‚Spiegel der Memoria' den Wechsel seiner Lebensstadien"; zu weiteren Deutungen vgl. Anm. 46.

den wîp ie ze sun gewan.
(V. 2623–2634)

Gregorius' Reue über seine Sünde wird zunächst mit der des Judas verglichen. Mit Blick auf die *desperatio* des Judas wurde Gregorius in der Forschung vielfach und zu Recht als *Anti-Judas* gesehen.[57] Hartmann weist hier aber nicht auf den *zwîfel* des Judas hin, sondern auf seine *riuwe* (V. 2624), welche er ausdrücklich mit der des Gregorius gleichstellt. Schon im Mittelalter wurde dies offensichtlich als anstößig empfunden, wie die veränderte Hartmann-Übertragung Arnolds von Lübeck wahrscheinlich macht.[58] Hafner bezieht den Verweis auf den in der Judasvita beschriebenen Inzest und Vatermord,[59] den Judas *vor* seiner Nachfolge Jesu begeht und bereut. Dieser Inzest wird hier wohl *auch* assoziiert, doch Hartmanns Textstelle nimmt ganz eindeutig auf Judas' Ende, d. h. auf den biblisch begründeten Teil der Judas-Tradition, Bezug, als er sich aus Verzweiflung erhängt (V. 2626). Judas, schon in den Evangelien Prototyp eines geldgierigen Menschen,[60] hatte Christus für Geld verraten und das *guot* damit höher geschätzt als seinen Gott:

---

[57] Auf Parallelen der *Gregorius*-Handlung zur Judasvita hat die Forschung immer wieder aufmerksam gemacht; vgl. z. B. Hallich (Anm. 46), S. 137 f.; Erhard Dorn: Der sündige Heilige in der Legende des Mittelalters. München 1967 (Medium Aevum. 10), S. 133–141; Friedrich Ohly: Der Verfluchte und der Erwählte. Vom Leben mit der Schuld. Opladen 1976, S. 7–42. Einmütig wird in Gregorius ein *Anti-Judas* gesehen.

[58] Arnold von Lübeck führt an dieser Stelle bezeichnenderweise nur David als Beispiel gleicher Reue auf (lib. III, cap. XV, 11 ff.) und nennt Judas erst im Epilog als Gegenbeispiel zu Gregorius' Hoffnung (Epilog I, 10 ff.); Arnold von Lübeck: Gesta Gregorii Peccatoris. Untersuchungen und Edition von Johannes Schilling. Göttingen 1986 (Palaestra. 280). Dass Arnold die Gleichstellung Gregorius' mit dem Verräter Jesu bei Hartmann problematisch fand, vermuten auch Johannes Mey: Zur Kritik Arnolds von Lübeck. Leipzig 1912, S. 87 f.; Hildegard Nobel: Schuld und Sühne in Hartmanns ‚Gregorius' und in der frühscholastischen Theologie. In: ZfdPh 76 (1957), S. 42–79, hier S. 64; Markus Euringer: Der gute Sünder – Gregorius Peccator. Eine vergleichende Untersuchung zur lateinischen Übersetzung des „Gregorius" Hartmanns von Aue durch Arnold von Lübeck. München 1987, S. 172.

[59] Vgl. Susanne Hafner: Maskulinität in der höfischen Erzählliteratur. Frankfurt a. Main 2004 (Hamburger Beiträge zur Germanistik. 40), S. 103.

[60] Mit Geld und Habgier wird die Judasfigur im Neuen Testament schon vor dem Verrat verbunden: Er wird als diebischer Kassenwart der Jünger gezeichnet, etwa bei der Salbung Jesu in Bethanien mit kostbarem Nardenöl: „Da sprach einer seiner Jünger, Judas Iskariot, der ihn hernach verriet: Warum ist dieses Öl nicht für dreihundert Silbergroschen verkauft worden und den Armen gegeben? Das sagte er aber nicht, weil er nach den Armen fragte, sondern er war ein Dieb, denn er hatte den Geldbeutel und nahm an sich, was gegeben war." (Joh 12,5 f.) Die 300 Silbergroschen könnten einen Bezug zu den 30 Silbergroschen herstellen, für die Judas Jesus verrät. Auch beim Abendmahl wird Judas' Position als Kassenwart der Jünger angesprochen: „Da sprach Jesus zu ihm [Judas Iskariot]: Was du tust, das tue bald! Aber niemand am Tisch wußte, wozu er ihm das sagte. Einige meinten, weil Judas den Beutel hatte, spräche Jesus zu ihm: Kaufe, was wir zum Fest nötig haben!, oder daß er den Armen etwas geben sollte." (Joh 13,27–29) Bibelübersetzung hier und im Folgenden: Lutherbibel, revidierter Text 1982.

> Da ging einer hin von den Zwölfen, mit Namen Judas Iskariot, hin zu den Hohenpriestern und sprach: Was wollt ihr mir geben? Ich will ihn euch verraten. Und sie boten ihm dreißig Silberlinge. Und von da an suchte er eine Gelegenheit, daß er ihn verriete.
> (Mt 26,14–16)

Im Mittelalter wurde den 30 *Judasgroschen* besondere Bedeutung beigemessen; dies zeigen mittelalterliche Legenden über ihre mythische Zirkulation, die das Geld zur Haupt- und die Judasfigur zur Nebensache machen.[61] Mit der Figur Judas müssen also das Blutgeld und seine Geldgier assoziiert worden sein. Judas' Ende, auf das der Erzähler des *Gregorius* anspielt, ist verzweifelter Selbstmord und Ekel vor dem angenommenen Geld:

> Als Judas, der ihn verraten hatte, sah, daß er zum Tode verurteilt war, reute es ihn, und er brachte die dreißig Silberlinge den Hohenpriestern und Ältesten zurück und sprach: Ich habe Unrecht getan, daß ich unschuldiges Blut vergossen habe. Sie aber sprachen: Was geht uns das an? Da sieh zu! Da warf die Silberlinge in den Tempel, ging fort und erhängte sich.
> (Mt 27,3–5)

Judas will in seiner Reue um jeden Preis das Geld loswerden, das ihn schuldig gemacht hat. Auch Gregorius sagt sich in seiner Buße von allem *guot* los und empfiehlt seiner Mutter dasselbe (V. 2708–2750). Auch wenn an seinem Geld kein Blut klebt, kann der Analogiebezug zu Judas auf die Rolle des *guotes* in Gregorius' Geschichte aufmerksam machen.

Die in der Textstelle aufgeführte Trauer Davids bei der Nachricht vom Tod Sauls und dessen Sohn Jonathan sowie Absalons scheint zunächst nicht recht in die Reihe zu passen, da hier oberflächlich betrachtet keine Schuld bereut wird. Die Übermittlung der Todesnachricht (V. 2629: *dô im kâmen mære*) vollzieht sich allerdings dadurch, dass dem getöteten Saul von seinem Mörder Krone und Armreife abgenommen und David gebracht werden – der sie dann übernimmt, indem er selbst König wird. Zwar lässt er den *Dieb* dieser Königsinsignien totschlagen (2. Sam 1,15 f.), doch profitiert er von diesem neuen Besitz. Seine übermäßige Trauer lässt sich daher auch als Trauer über die (ungewollte) Schuld verstehen, dass er die Krone des getöteten Saul an sich nimmt, an der noch *Blut klebt*. Es ist die Übergabe dieser Gegenstände, welche die Trauer bei David auslöst.[62] Der Tod des Absalon[63] ist wiederum mit dem Thema der Geldgier verknüpft, und wieder profi-

---

[61] So etwa das Gedicht Gottfrieds von Viterbo aus dem 12. Jh., das den Weg der 30 Denare vom sagenhaften Assyrerkönig Ninus über Abraham bis hin zu Judas und den an der Kreuzigung beteiligten Soldaten nachzeichnet; vgl. Lehmann (Anm. 5), S. 231–234.

[62] 2. Sam 1,10 f.: „Da trat ich zu ihm [Saul] und tötete ihn, denn ich wußte, daß er nicht leben könnte nach seinem Fall; und ich nahm die Krone von seinem Haupt und Armgeschmeide von seinem Arm und habe es hergebracht zu dir, meinem Herrn. Da faßte David seine Kleider und zerriß sie."

[63] Hafner bezieht den Absalon-Verweis darauf, dass dieser nach ödipaler Konstellation den Platz des Vaters eingenommen habe, indem er mit dessen Konkubinen geschlafen und ihn seiner Herrschaft beraubt habe; vgl. Hafner (Anm. 59), S. 101–103.

tiert David bei aller Trauer davon. Er zieht gegen seinen aufständischen Sohn Absalon zu Felde, befiehlt allerdings, ihn zu schonen. So soll Absalon mittels Bestechung ermordet werden: Bevor Davids Heerführer Joab den hilflos an einer Eiche hängenden Absalon tötet, behauptet er, dass er dem Mann, der ihm Absalons Unfall berichtete, Geld für den Mord gezahlt hätte:

> Und Joab sprach zu dem Mann, der's ihm kundgetan hatte: Wenn du das gesehen hast, warum schlugst du ihn nicht gleich zu Boden? So hätte ich dir zehn Silberstücke und einen Gürtel gegeben. Der Mann sprach zu Joab: Wenn du mir tausend Silberstücke in meine Hand gewogen hättest, so hätte ich dennoch meine Hand nicht an des Königs Sohn gelegt.
> (2. Sam 18,11 f.)

So übernimmt Joab, der andere dafür bezahlen wollte, selbst den Mord und löst damit letztlich Davids Problem. Dieser Zusammenhang um *blutiges Geld*, das an Judas' Geld erinnert, kann bei der Anspielung auf Absalons Ende ebenfalls anklingen.

Der Tod des Absalon löst wahrscheinlich noch wegen eines anderen Aspektes so große Trauer aus, der auch im Hinblick auf die menschliche Beziehung zum Materiellen von Bedeutung ist: Nach seinem Tod, bevor Davids Trauer um ihn geschildert wird, wird von Absalons fehlenden Nachkommen[64] berichtet (im Alten Testament geradezu eine Sinnverfehlung des Lebens) und davon, dass er sich für diese einen steinernen Ersatz geschaffen hat:

> Absalom aber hatte sich eine Säule aufgerichtet, als er noch lebte; die steht im Königsgrund. Denn er sprach: Ich habe keinen Sohn, der meinen Namen lebendig erhält. Und er nannte die Säule nach seinem Namen, und sie heißt auch bis auf diesen Tag ‚Absaloms Mal'.
> (2. Sam 18,18)

Es ist davon auszugehen, dass Davids Trauer um Absalon wegen dessen Kinderlosigkeit besonders stark ist (von ihm bleibt David bzw. den Israeliten nichts als ein Stein) und dass Hartmanns Nennung von Davids Trauer um Absalon diese Tatsache stillschweigend einbezieht. Statt lebendiger Söhne schafft sich Absalon einen rein materiellen Namensträger – ein Ding tritt an die Stelle des Menschen und übernimmt die Funktion der sonst exogamen Reproduktion. Nicht unähnlich *versteinert* der ding-hafte Gregorius zu einem Bild, zum Denkmal. Als Pendant zur Tafel (s. o., Abschnitt III.) ist er ein Denkmal von missglückter Genealogie.

Gregorius' Reue wird also mit der Reue des Judas, der Christus für Geld verraten hat, und der Trauer Davids, der den Besitz seines Vorgängers von dessen Mörder entgegennimmt und dessen Sohn (von dem ihm nur eine Säule bleibt) für Geld ermordet werden sollte, verglichen. Mit den biblischen Figuren werden Schuld und

---

64 In 2. Sam 14,27 wird zwar von zwei Söhnen Absalons berichtet; in der Szene des Denkmals im Königsgrund, auf die Davids Trauer folgt, ist er jedoch kinderlos (Schichten-Problem des 2. Buches Samuel).

Verstrickung in missglückte Genealogie unausgesprochen in den Kontext von problematischem Verhältnis zu materiellen Dingen gestellt. Das Blut, das allzeit an Gregorius' *îsenhalte* klebt (V. 3454 f.), haftet bildlich auch am Besitz Judas' und Davids, deren Gewissen unter diesem *Gewinn* ebenso leidet, wie Gregorius von der Fessel *vernozzen* (V. 3453) wird (was nicht nur ‚verzehrt', sondern auch ‚reumütig, zerknirscht' heißt)[65]. Gleichzeitig, in die Darstellung dieses 17 Jahre währenden Bildes von Gregorius und der blutigen *îsenhalte* eingeschoben, wird der Verfall der Geistlichkeit in Rom beschrieben, wo nur noch Besitzgier die Motivation zum Erstreben geistlicher Ämter ist (V. 3145–3154); einen Rahmen bildet die Figur des Fischers, der erst Gregorius und anschließend die Römer zum Felsen bringt und an dem die Sorge ums Gut und die Geldgier abstoßende Ausprägung finden (V. 2787–2811; V. 3255–3295) – er ruft wiederum die *memoria* der besitzgierigen Fischer mit dem Fass-Fund wach. Das Bild des blutig an Materielles geketteten Gregorius ist in menschliche Schuldhaftigkeit bezüglich ihrer materiellen Bindungen eingebettet.

V Perspektiven und Synthesen

Was mit Gregorius erzählt und auf der Bildebene veranschaulicht wird, ist nicht das Loslösen des Menschen aus der materiellen Welt. Vielmehr erscheinen das menschliche Leben und Begehren, auch in äußerster Entsagung und Vergeistlichung, ans Materielle unlösbar und schmerzhaft gebunden – und darin von Gott gnädig angenommen. Hier scheinen eine milde Sicht auf den Menschen und der Glaube an einen barmherzigen Gott inmitten einer Zeit der Sündenabrechnung und Entsagungsforderung nicht als Gegenprogramm, aber als Gnadenzeichen ins Bild gesetzt. Wenn Gregorius so als Sündenbock (in seiner ursprünglichen religionsgeschichtlichen Bedeutung) erscheint, dann im Sinne dieses gnädigen Angenommen-Werdens.

Dies wäre eine theologische Sicht. Eine andere wäre die Verbindung von Bildebene und mythischer Tiefenstruktur. Der Inzest lässt sich mit Strohschneider als verweigerte kulturelle Zirkulation verstehen (s.o., Abschnitt II.). Das eindrückliche Bild des Inzestkindes in einem fest verschlossenen Schatzkistchen bringt so gesehen die *inzestuöse* Strukturanalogie des Unter-Verschluss-Haltens von Familie und Schätzen (s.o., Abschnitt II.) zum Ausdruck. Die Fischer wollen aus materieller Gier diesen *Schatz* für sich behalten. Die Zirkulation kommt zunächst durch den Eingriff des Abtes mit der Öffnung des Fasses in Gang – das Geld wird zur Bezahlung der Fischer benutzt, und Gregorius wird außerhalb der Familie (also in exogamer Umgebung) großgezogen. Das erneute Motiv des Verschlossen- und Versteckt-werdens durch den in diesem Zusammenhang als *schatzgîre*, ‚schatzgierig',

---

[65] Vgl. Lexer (Anm. 47), Bd. 3, Sp. 187.

bezeichneten (V. 3294) Fischer ist strukturlogisch an den zweiten Inzest gebunden – hier wiederholt sich das erste Bild konsequent. Das Inzestkind Gregorius, eine konstitutiv mit Materiellem verbundene Figur (s. o., Abschnitt III.), wird nach dem mit der Mutter begangenen Inzest biblischen Figuren verglichen, die sich im Hinblick auf materielles Gut schuldig wissen und in misslungene Genealogie verstrickt sind (Judas, David; s. o., Abschnitt IV.). Absalons Nachkommensersatz, ein materieller Namensträger anstelle von Söhnen, bringt die exogame Reproduktion anschaulich zum Erstarren und ist daher im Zusammenhang mit Inzest ein treffendes Bild. Die zerstörerische *îsenhalte*, die Gregorius ‚gebunden hält' und das ‚Behalten' im Namen trägt, kann hier eingeordnet werden – Gregorius hat strukturell (ohne seinen Willen) auf anti-soziale Weise am Besitz (weiblicher Verwandten) festgehalten. Als Bildwiederholung der Kindheit regressiv, als Bußlogik (in Art einer spiegelnden Strafe) aber konsequent erscheint Gregorius' Lösungsversuch: nicht die Losbindung von Materiellem, im Gegenteil; in seiner Buße lässt er sich, mit ihm eins werdend und von ihm *vernozzen* (V. 3453), an ein Ding ketten und begibt sich nun selbst in die passive Strukturposition der Frau, die exogam als *Gabe* vergeben oder inzestuös als *Schatz* behalten wird. Er lässt sich selbst der Zirkulation entziehen: bildlich als *abgeschlossener* (V. 3298), im Meer versteckter Schatz von dem gierigen Fischer, erzähltechnisch als ein alle Handlung einfrierendes *Bild*.

Der Fischer, der den Schlüssel der *îsenhalte* ins Meer geworfen hat, schließt Gregorius zuletzt wieder frei, und in diesem Zusammenhang findet seine Bekehrung statt (V. 3280–3349; V. 3624–3653). In dem Moment, als er den Schlüssel findet, was seine Umkehr auslöst, wird er als *schatzgîre* bezeichnet (V. 3294 f.: *dô vant der schatzgîre man / den slüzzel*); den Schlüssel zu einem *schatz* scheint er nun auch in den Händen zu halten: So erscheint Gregorius als *geistlicher* Schatz und mit dem Himmelsschatz der Gleichnisse (Mt 6,20; Mt 13,144) verbunden. Damit wird das Bild des Gregorius-Schatzes zuletzt auf religiöser Ebene sinnvoll lesbar. Die im Paradigma erzählte *inzestuöse Schatzstruktur* scheint, über Gregorius' Annahme der strukturell weiblichen Ding-Position, gnadenhaft in das Heilsbild des Seelenschatzes verwandelt – das häufig negative Assoziationsfeld des asozialen Schatz-Hortens in mittelalterlichen Sprüchen[66] (s. o., Abschnitt I.) trifft hier auf das positive des geistlichen Schätze-Sammelns der Bibel (Mt 6,20). Auch dem Bildbereich des verschlossenen Fasses mit Schatz und Inzestkind, an das Gregorius mit dem ihn selbst bezeichnenden Bild des ‚Fasses voller Sünde' erinnert (V. 3596 f.), fügt sich nun ein neues Bild mit Verwandlungskraft an: Eines der ersten Wunder des neuen Papstes besteht darin, dass seine Reisegesellschaft auf Nahrung in Fülle zugreift, da *ir vaz ie wâren vol, / swie vil si drûz genâmen* (V. 3750 f.) – aus dem Fass-Bild der Anti-Gabenstruktur und Sünde wird ein Bild der Gnadengabe.

Von daher lässt sich ein neuer Blick auf Gregorius' *Anhänglichkeit* an die Tafel werfen, die sich in seiner sogar körperlich-identifizierenden Bezogenheit auf sie

---

66 Vgl. Anm. 39.

ausprägt (s. o., Abschnitt III.). Gregorius übte mit seiner Mutter Inzest aus, während er den Inzest auf der Tafel täglich meditierte (V. 2277–2294) – schon hier lässt sich eine identifizierende Internalisierung der auf der Tafel festgehaltenen Inzeststruktur beobachten. Auf der Felseninsel wird diese Identifizierung existenzieller. Die Tafel aus kostbarem Elfenbein, Gold und Edelsteinen (V. 721–723) ist ein Ding, dessen Qualität noch eher als das Geld den Begriff *schaz* rechtfertigen würde (s. o., Abschnitt II.), ein Schatz, der explizit zum Aufheben, zum Familienbesitz, ja zum Verstecken bestimmt und keinesfalls wie das Geld für Zirkulation geeignet ist. Was so kulturstrukturell ihrer Dingseite schon inhärent ist, ist der Tafel medial mit der Inzest-Inschrift eingeschrieben. Die Tafel, Ding gewordenes Inzestzeugnis und Schatz, stammt von der Mutter, die strukturell gesehen eine von ihrem Bruder der Zirkulation entzogene Gabe ist. Diesem Ding entspricht nun der fleischlose, fast dinghaft gewordene *Gregorius-Schatz*, dessen Körperrelief wie ein Schriftstempel von der Erfüllung des auf der Tafel eingemeißelten Bußauftrags berichtet (s. o., Abschnitt III.). Hier greift die göttliche Gnade heilsam ein und macht – alles auf Bildebene erzählt – Gregorius, der in seiner zirkulationsentzogenen Hortposition und *Ding*haftigkeit das Potenzial der strukturell weiblichen Gabe annimmt, zum geistlichen *schaz* und zur *Gabe* für die Christenheit. Wenn Gregorius seine Tafel für so nötig hält, dass er ohne sie nicht als Papst der Gesellschaft dienen kann, wird so gesehen deutlich, dass es auf die (Strukturlogiken zum Implodieren bringende) Doppelfunktion von Gabe und Hort ankommt.

Sichtbar werden diese Zusammenhänge auf der Ebene der Bildoberfläche. Die Hinzuziehung mittelalterlicher Kognitionstheorie, die Kognition grundsätzlich als Herstellung innerer *imagines* und ihrer investigativen Kombination versteht, ermöglicht eine Argumentation auf der Ebene von paradigmatischen Bildbezügen, die sich zwischen dinghaften Gegenständen und bildlicher (metaphorischer, vergleichender) Rede des Textes ebenso herstellen lassen wie zwischen größeren, gleichsam erstarrten Bildkomplexen der Makrostruktur. Dass mittelalterliche Texte auf derartiges Bildverstehen abzielten, lässt sich in dieser Analyse von durch Bilder erzeugten Strukturen, Korrespondenzlogiken und Sinnhorizonten wahrscheinlich machen. Die Dinge, die sich in Hartmanns Text keiner notwendigen Funktion ganz unterordnen und damit nach mittelalterlicher Hermeneutik Achtung heischende, Verstehensarbeit fordernde *obscuritas* evozieren, konstituieren diese Bilder nach Art von (mnemonisch organisierten) Stillleben, in denen sie den Menschen sich beiordnen, und können so als die Generatoren der hier nachgezeichneten kognitiven Bildprozesse betrachtet werden. Mit den Dingen, die sich im Gegensatz zu Lebewesen durch ihr unverändertes Bestehenbleiben, durch tendenzielle Statik auszeichnen, entsteht hier eine paradigmatische Textstruktur jenseits des syntagmatischen Handlungsverlaufs; doch die paradigmatische Stagnation trügt, entwickelt doch gerade das *paradigmatische Erzählen* im Mensch-Ding-Bild auch das gnadenhafte Erlösungsbild und scheint damit die auf der syntagmatischen Achse nur noch einzuholende Lösung aus unlösbarer Schuldverstrickung sichtbar zu machen – wenn nicht zu begründen.

Ästhetik

Silke Tammen, Gießen
Tierische Behälter

Funktionen, Bedeutungen und Dinglichkeit spätmittelalterlicher Reliquiare

I Einleitung

In einer schier unfassbaren Pluralität architektonischer, anthropomorpher, symbolischer und szenisch-narrativer Formen auftretend, gestalteten mittelalterliche Reliquiare das Verhältnis zwischen Reliquie, Gefäß und Bild immer wieder neu. Durch sie wurde Heiligkeit inszeniert und sinnlich erfahrbar gemacht. Einige Reliquiare zeigen sich auch in tierischer Form. Während die Reliquiarforschung ein intensives Verständnis von kreuz-, bursen-, haus- und körperteilförmigen Reliquiaren erarbeitet hat,[1] ist eine Geschichte der Reliquie im tierförmigen Behälter noch nicht geschrieben, so dass die folgenden Überlegungen einen vorläufigen Charakter besitzen. Die Frage nach dem Verhältnis von Tierform und Reliquiarfunktion geht über die hier zu behandelnde Dingproblematik hinaus, da sie eine breitere Einbindung in eine Diskussion des Tiers als Bedeutungsträger im Mittelalter benötigen würde.[2] Mein Fokus wird im Folgenden enger sein und auf einigen wenigen Reliquiaren des 14. und 15. Jahrhunderts liegen. Sie weisen eine dem *Ding* gerne zugesprochene Überschüssigkeit und Eigen-Sinnigkeit sowohl auf der Ebene der Bildidee als auch auf der ihrer Materialität auf. Damit scheinen sie ideale Untersuchungsgegenstände im Sinne der aus ethnologischer Perspektive erhobenen Forderung im Sammelband *Thinking through things* von Amiria Henare, Martin Holbraad und Sari Wastell zu sein, dass man nämlich Dinge nicht weiter von Bedeutungen separieren solle, sondern man Dinge als „sui generis meanings"[3] behandeln könnte.

---

[1] Stellvertretend für eine Fülle jüngerer Publikationen zu Reliquiaren seien hier genannt: Bruno Reudenbach, Gia Toussaint: Die Wahrnehmung und Deutung von Heiligen. Überlegungen zur Medialität von Reliquiaren. In: Das Mittelalter 8 (2003), S. 34–40; Bruno Reudenbach, Gia Toussaint (Hrsg.): Reliquiare im Mittelalter. Berlin 2005; Martina Bagnoli u. a. (Hrsg.): Treasures of Heaven. Saints, Relics, and Devotion in Medieval Europe. Ausstellungskatalog The Cleveland Museum of Art, The Walters Art Museum, The British Museum 2010–2011. London 2010; Cynthia Hahn: Strange Beauty. Issues in the Making and Meaning of Reliquaries, 400–ca. 1204. University Park, PA 2012.
[2] Seit ca. 20 Jahren steigert sich das Interesse am Tier in den Kulturwissenschaften und in der Mediävistik kontinuierlich. Vgl. Gerhard Jaritz, Alice Choyke (Hrsg.): Animal Diversities. Krems 2005; Joyce E. Salisbury: The Beast Within. Animals in the Middle Ages. 2. Aufl. New York 2011.
[3] Amiria Henare, Martin Holbraad, Sari Wastell: Introduction. Thinking through things. In: Thinking Through Things. Theorizing Artefacts in Ethnographic Perspective. Hrsg. von Amiria Henare, Martin Holbraad, Sari Wastell. London/New York 2007, S. 1–31, hier S. 5.

II Doppelbelichtung: Schmetterling und Kreuzigung

Die in farbigem Email schillernde Außenseite eines um 1310/20 wohl in Frankreich gefertigten kleinformatigen Reliquiaranhängers präsentiert einen christophoren Schmetterling.[4] (Abb. 1). Auf seiner Rückseite aber wird diese Illusion gebrochen, indem sich reliquiengefüllte, aus aufgelöteten Silberstreifen bestehende Fächer dem Blick öffnen (Abb. 2): Das zentrale kreuzförmige Fach korrespondiert mit einem Holzpartikel in Kreuzform; Knochensplitter von unbekannten Heiligen sind mit Wachs fixiert. Vermutlich besaß der Schmetterling einen Verschlussdeckel an seiner Rückseite, worauf ein wohl noch originaler Haltestift an einer Kordel deutet, der durch zwei Löcher am Schwanzende des Schmetterlings zu führen ist. Das kleine Format des ‚Passionsfalters' – er misst knappe 4 cm × 5 cm – legt die Annahme nahe, dass die Preziose am Körper getragen wurde.

Nach dem Erhaltenen zu urteilen, sind Reliquiaranhänger dieser Qualität und Raffinesse exzeptionell. Weniger originelle Formen als der Schmetterling scheinen verbreiteter gewesen zu sein: In Inventaren werden neben Flaschen- und Fässchenformen auch herzförmige Anhänger erwähnt; im 14. und 15. Jahrhundert sind wie Diptychen zu öffnende Anhänger mit szenischem Schmuck, Heiligenfiguren und Wappen gerade in Frankreich und England beliebt.[5] Selten werden tierförmige Anhänger erwähnt: So ist im 1358 abgefassten Testament der Königin Beatriz von Portugal von einer Schlange aus emailliertem Silber mit Reliquien in einem Kristallbehälter die Rede.[6] Auch fischförmige fatimidische Parfümflakons aus Bergkristall konnten in Reliquiaranhänger umgeformt werden.[7]

---

[4] Der Schmetterling ist derzeit im Regensburger Domschatz als eine Leihgabe des Priesterseminars St. Wolfgang an das Diözesanmuseum Regensburg (Inventar-Nr. L 1994/1) zu sehen. Rupert Karbacher: Ein unbekanntes Reliquiar im gotischen Kruzifixus des Regensburger Schottenklosters. In: Jahrbuch der bayerischen Denkmalpflege 14 (1990/1995), S. 29–33, hat auf den Fund aufmerksam gemacht, der bis dato von der Reliquiar- und Schmuckforschung unbeachtet blieb. Der Schmetterlingsanhänger wurde in zwei Ausstellungen und ihren Katalogen gezeigt: L'art au temps des rois maudits. Philippe le Bel et ses fils, 1285–1328. Hrsg. von Danielle Gaborit-Chopin. Ausstellung im Grandpalais, Paris 1998, Nr. 143, S. 233–234; und Ludwig der Bayer – Wir sind Kaiser! Hrsg. von Peter Wolf. Ausstellung Regensburg 2014, Nr. 6.13, S. 318–319. Für die folgenden Überlegungen vgl. Silke Tammen: Bild und Heil am Körper. Reliquiaranhänger. In: Kanon Kunstgeschichte. Einführung in Werke, Methoden und Epochen. Hrsg. von Kristin Marek, Martin Schulz. 4 Bde. Paderborn 2015, hier Bd. 1: Mittelalter, S. 299–324.

[5] Sie werden als *Täfelchen* (*tablets, tableaux, tabulae*) beschrieben. Vgl. Ronald W. Lightbown: Medieval European Jewellery, with a catalogue of the collection in the Victoria & Albert Museum. London 1992, S. 214.

[6] Vgl. ebd., S. 225.

[7] Im Victoria & Albert Museum befindet sich ein zwischen 900 und 1000 entstandener fischförmiger Parfümflakon, der um 1300 einen Schraubverschluss mit einem Ring zum Aufhängen erhielt. Der niellierte Verschluss trägt die verbreitete Inschrift AVE MARIA GRACIA PLENA; vgl. ebd., S. 223.

Abb. 1: Reliquiaranhänger in Schmetterlingsform, um 1310/20. Silber und transluzides Email, 39 mm × 50 mm × 5 mm, Domschatz Regensburg. Vorderseite: Kreuzigung.

Abb. 2: Reliquiaranhänger in Schmetterlingsform, um 1310/20. Silber und transluzides Email, 39 mm × 50 mm × 5 mm, Domschatz Regensburg. Rückseite: Reliquienfächer.

Der Zauber dieser kleinen Anhänger besteht nicht nur darin, dass sie Bild sind und Bilder tragen und damit zu einem mehrschichtigen Blicken einladen, dass ihr kleines Format von hoher Kunstfertigkeit spricht, sondern auch darin, dass ihre Wahrnehmungssphäre vom menschlichen Körper beschränkt ist und sie einen starken haptischen Reiz entwickeln. Derartigen Schmuck trug man mit Ketten aus Edelmetall oder Seide entweder am Hals und unter dem Hemd oder aber in Täschchen am Gürtel.⁸ Am Körper getragen und damit sehr wahrscheinlich auch der Sicht entzogen, entfaltete der Schmetterling seine Wirkung als *phylacterium*, d. h. als Amulett.⁹ In die Hände genommen und mit einem konzentrierten Blick bedacht, wandelte er sich zu einem Medium der Andacht.¹⁰ Im Folgenden sei der Anhänger einer solchen – idealtypischen – Betrachtung unterzogen.

Der Schmetterling besteht aus feuervergoldetem Silber, auf das fünf bis sechs farbige Glasschichten aufgebracht wurden.¹¹ Die Technik des transluziden Emails evoziert das Schillern realer Schmetterlingsflügel, deren Grundfarbe ein tiefes Blau mit einigen violetten Zonen bildet, über das grüne Bänder und zahlreiche goldfarbene und schwärzliche Punkte (einige mit einer weißen Innenzone) verlaufen. Auf dem Schmetterling liegt eine Kreuzigungsszene auf: Maria steht unter dem linken Kreuzesbalken, ihre Linke hält sie vor der Brust, die Rechte klagend oder weisend weit ausgestreckt. Johannes auf der anderen Seite stützt sein Haupt trauernd in die Rechte und hält ein Buch. Während das zur Seite gesunkene Haupt Christi einen dunkelblauen Kreuznimbus hat, sind die Häupter Mariens und Johannes' mit hellroten Nimben ausgezeichnet, die farblich mit dem aus den Handwunden Christi spritzenden Blut korrespondieren. Das Blut aus der Seiten- und den Fußwunden Christi scheint übrigens abgerieben – vielleicht durch häufige Berührungen der Besitzerin oder des Besitzers des Anhängers. Das Verhältnis zwischen *Bild* der Kreuzigung und *Körper* des Schmetterlings erscheint merkwürdig: Das Bild und seinen Trägerkörper kann man nur nach einiger Übung gleichzeitig vor dem inneren Auge halten. Das visuelle Befremden steigert sich noch dadurch, dass sich der nicht emaillierte Körper des Gekreuzigten golden schimmernd aus der tierisch-bildlichen Oberfläche hervorzuheben scheint. Damit wirkt er präsenter als die bekleideten Gestalten von Maria und Johannes, die sich in die Musterung der Flügel

---

8 „We know little of how such containers were worn, but St Isabel of Portugal wore her crystal reliquary pendant suspended from a gold chain." Ebd., S. 224.
9 Eine primäre Amulettfunktion wird den meisten Anhängern unterstellt; vgl. etwa Edina Bozoky: Les moyens de la protection privée. In: Cahiers de recherches médiévales et humanistes [en ligne] 8 (2001), S. 16, mis en ligne le 13 mars 2008, http://crm.revues.org/397 (letzter Zugriff am 21.12.2012).
10 Simone Husemann macht die Andachtsfunktion kleinformatiger Bildmedien generell sehr stark: „Sein kleines Format verlangte vom Betrachter unmittelbare Nahsicht und ungeteilte Aufmerksamkeit. Es war allein für das intime Gespräch des einzelnen mit Gott bestimmt. Paternoster, Pilgerzeichen und verschiedenste Formen von Anhängern, kostbarer wie weniger wertvoller Art, hielten für den Rezipienten ein reiches, der *anedâht* förderliches Potenzial bereit, das nicht allein aus den auf ihnen gezeigten Bildthemen, sondern aus der *komplexen Struktur der gesamten Objektgestalt* [Hervorhebung S. T.], einschließlich des verarbeiteten Materials, und seiner funktionalen Bestimmung schöpfte." Simone Husemann: Pretiosen persönlicher Andacht. In: Spiegel der Seligkeit. Privates Bild und Frömmigkeit im Spätmittelalter. Hrsg. von Frank Matthias Kammel. Ausstellungskatalog Germanisches Nationalmuseum Nürnberg. Nürnberg 2000, S. 54–68, hier S. 54.
11 Genauere Ausführungen zur Technik bei Karbacher (Anm. 4), S. 31–32. Vgl. außerdem Danielle Gaborit-Chopin: Les émaux translucides parisiens dans la première moitié du XIVe siècle. In: Archeologia 162 (1982), S. 32–37.

einfügen und dadurch stärker in die Fläche zurücktreten. Dieser Effekt wird durch die senkrecht (also parallel zu Maria und Johannes) verlaufenden Streifen an den Flügelspitzen verstärkt. Auf den ersten Blick sieht es so aus, als wäre Christus auf die Flügel und den Körper des Schmetterlings geheftet, bei genauerem Hinsehen erkennt man aber, dass das sehr schmale Kreuzesholz auf dem Schmetterlingskörper aufruht. Ist hier noch klar zwischen Christus und dem ihm gegenüber unnatürlich groß erscheinenden Schmetterling als seinem Träger und ‚Bildgrund' und damit dem Ort, der das Bild zum Erscheinen bringt, unterschieden, verwischt sich an den Rändern des Anhängers diese Grenze: Die Querarme des Kreuzes gehen nämlich im durchgehenden Rahmen der Flügel auf, die diese an ihren Grenzen unorganisch und bildfeldhaft erscheinen lassen. Hier fallen Bildträger bzw. sein Rahmen und Bild in eins und scheint es so, als sähe man ein aufgeklapptes Diptychon. Überhaupt irritiert dieser tierische Christophore, dessen schillernd-farbfrische Lebendigkeit in einem Widerspruch zur Kreuzigung als Bild des (vorläufigen) Todes steht, auch durch den Anschein einer unnatürlichen Vieläugigkeit. Sein Kopf ist dreipassartig gestaltet: In der linken und rechten Ausbuchtung befinden sich die blaugrünlich schimmernden Augen; zwei kurze eingravierte Linien in der mittleren Ausbuchtung wirken wie schlitzartige Nüstern in einer Schnauze. Auf Höhe dieser Nasenlöcher setzen zwei geschwungene Fühler aus Silberdraht an, die jeweils in einer echten Perle enden. Auf den ersten Blick mag man jene irrtümlich für Augen halten, die anatomisch falsch an Fühlern sitzen und milchig-blicklos erscheinen. Mit den emaillierten Augen am Kopf aber und den die Blicke immer wieder auf sich ziehenden Perlen konkurrieren die betüpfelten, mehräugigen Flügel, auf denen besonders die roten Heiligenscheine und Köpfe von Maria und Johannes hervorstechen, die ja *Augen*zeugen der Kreuzigung waren. Diese Bild-Augen *betreffen* (im Sinne des „regarder" Georges Didi-Hubermans[12]) den Betrachter weitaus stärker als die weiter oben sitzenden und nach außen gerichteten Augen des Tieres und führen den Blick des Betrachters gleichsam auf den Schwingen des Schmetterlings zurück in die Vergangenheit der Heilsgeschichte. Indem er Christus mitsamt Kreuz trägt und die Zeugen seines Leidens im Schmelz der Flügel aufgehoben sind, versinnbildlicht der Schmetterling im Verein mit den auf seiner Rückseite geborgenen Reliquien des Kreuzes und (unbekannter) Heiliger die in Christus erfüllte Auferstehungshoffnung: die Entpuppung der menschlichen Seele als schillernd schön, flugfähig und obendrein mit dem Bild des Gekreuzigten samt Assistenzfiguren *bezeichnet*.[13]

---

[12] Georges Didi-Huberman: Ce que nous voyons, ce qui nous regarde. Paris 1992. Vgl. auch James Elkins: The Object Stares Back. On the Nature of Seeing. San Diego 1997.
[13] „Die ant. Symbolik des S. [Schmetterlings für die Psyche/Seele] wurde v. Christentum als Auferstehungssymb. übernommen; vgl. Basil, Hexameron VIII 8 (PG 29, 184s); die Raupe repräsentiert das Leben, die Puppe den Tod, der S. die Auferstehung." Gerhard Seib: Schmetterling. In: LCI. Bd. 4. 1972, Sp. 96.

Die Metamorphose der Raupe war – ebenso wie die des Phönix – schon im Frühchristentum als Bild für die Auferstehungshoffnung und Verklärung des Leibes bekannt.[14] Ungefähr zur Entstehungszeit des Schmetterlingsanhängers lässt Dante Vergil im Purgatorio seiner *Göttlichen Komödie* (canto 10) sagen, dass die Menschen Würmer oder *larvae* seien, geboren, um den engelhaften Schmetterling zu formen, der nackt zu seinem Urteil fliege.

Doch der Schmetterling war im frühen 14. Jahrhundert noch keinesfalls ein eindeutig theologisch determiniertes und verbreitetes Symbol. Er taucht erst im frühen 14. Jahrhundert, also zur Entstehungszeit des Reliquiaranhängers, in den Randzonen von Andachtsbüchern auf.[15] Den frühesten mir bekannten Fall stellt ein um 1320/30 in Gent entstandener Psalter (Oxford, Bodleian Library, Ms. Douce 5) dar, in dem der ganzseitigen Miniatur einer Engelspietà auf fol. 60ᵛ eine Textseite mit Psalm 21 gegenübersteht.[16] Unterhalb der Blüten einer zur rechten oberen Ecke hinstrebenden Ranke segelt ein erstaunlich naturalistisch wirkender Schmetterling (vielleicht ein Admiral). Hier passt das tierische Motiv zu dem halbfigurigen, mit Wundmalen bedeckten Christus, der die Augen wie im Todesschlaf geschlossen hält und sich nicht etwa aus einem Sarkophag, sondern aus einer eigentümlichen grünen kokonartigen Höhle erhebt. In einem franko-flämischen Stundenbuch aus dem zweiten Viertel des 14. Jahrhunderts[17] schwebt ein Schmetterling in der Mitte des linken Randbereichs (Abb. 3). Seine Nachbarschaft erscheint ebenso merkwürdig wie aufschlussreich: Während in der oberen Randzone ein kopulierendes Menschenpaar von einem phallischen Schnabelwesen bedrängt wird, sieht man unterhalb des Schmetterlings zwei tonsurierte Mensch-Schnecken-Hybriden und einen weiteren Geistlichen, dessen Kopf und Arme anscheinend von der *recto*-Seite her durch das Pergament hindurchgestoßen sind. Die Nachbarschaft von Tieren, Hybriden und Menschen wirkt wie eine Illustration der den *Ovidischen Metamorphosen* zugrunde liegenden Idee einer sich im permanenten Wandel befindlichen fruchtbaren Schöpfung[18] – eine Idee, die sich über den (mit dem

---

[14] Zum Vergleich von Phönix und Schmetterling: Roelof van den Broek: The Myth of the Phoenix According to the Classical and Early Christian Tradition. Leiden 1972, S. 219.

[15] Im 15. Jh. gehören Schmetterlinge neben Blumen und Insekten zum erwartbaren Inventar der Marginalzonen von Stundenbüchern. Das schönste Beispiel stellt die Schmetterlingsbordüre dar, die den Hl. Vincent rahmt, im Suffragienteil des Stundenbuchs der Katharina von Cleve (um 1440): Unter den allesamt wohl auf einem direkten Naturstudium basierenden Schmetterlingen befindet sich ein Admiral, in dessen braungetönter Flügelunterseite das Gesicht eines wie verwesend wirkenden Totenkopfes erscheint. Vgl. Das Stundenbuch der Katharina von Kleve. Hrsg. von Anne M. W. As-Vijvers. Stuttgart 2009, S. 146–147 mit Farbabbildung.

[16] Abbildung bei Maurits Smeyers: Flämische Buchmalerei. Stuttgart 1999, S. 142, Abb. 44.

[17] New York, Pierpont Morgan Library, Ms. M.0754, fol. 16ᵛ. Zur Handschrift vgl. Paula Gerson: Margins for Eros. In: Romance Languages Annual 5 (1993), S. 47–53.

[18] Vgl. Carolyn Walker Bynum: Metamorphoses and Identity. New York 2005; dies.: Christian Materiality. An Essay on Religion in Late Medieval Europe. New York 2011. Zur Ovid-Rezeption in Mittelalter und Renaissance vgl. Ovid in the Middle Ages. Hrsg. von James G. Clark, Frank T. Coulson, Kathryn L. McKinley. New Haven 2001; ein vager Bezug zwischen den Hybriden des berühmten

Abb. 3: Franko-flämisches Stundenbuch, 2. Viertel 14. Jh. Pierpont Morgan Library New York, Ms. M.0754, fol. 16ᵛ.

Portail des Libraires der Kathedrale von Rouen und Ovids *Metamorphosen* bei Franck Thénard-Duvivier: Hybridation et métamorphoses au seuil des cathédrales. In: Images *re*-vues [en ligne] 6 (2009), document 2, mise en ligne le 1 juin 2009, http://imagesrevues.revues.org/686 (letzter Zugriff am 21.12.2012).

Schmetterlingsanhänger zeitgenössischen) *Ovide moralisé* (um 1317–1328) durchaus aber wieder in den Horizont einer christlichen Deutung überführen ließe.[19] Auch der christophore Schmetterling lädt zu einem Bedenken des Verhältnisses von Tier, Mensch und Gott, menschlichem wie göttlichem Schöpfertum ein. In seinen aufgeschlagenen Flügeln offenbart sich Gottes Wille wie im metaphorischen *Buch der Natur*. An diesem Punkt meiner Überlegungen bin ich unwillkürlich wieder auf die Ebene der Bedeutungsproduktion zurückgekehrt. Mit dieser ganz auf den devotionalen bzw. theologischen Gehalt setzenden Deutung, die den Reliquiaranhänger nicht nur zum christophoren, sondern zum bedeutungsschwangeren „semiophoren"[20] Gegenstand macht und ihn damit im Sinne des oben zitierten Sammelbandes von Amiria Henares, Martin Holbraads und Sari Wastells[21] gerade nicht in seiner eigenständigen Dingbedeutsamkeit sichtbar werden lässt, würde ich also die Bedeutung gegenüber dem Gegenstand privilegieren. Lasse ich das Pendel meiner Aufmerksamkeit wiederum dingtheoretisch ausschlagen, dann muss ich folgenden Aspekte anerkennen: Der Schmetterlingsanhänger wurde als Luxusartikel für einen adeligen Träger angefertigt, der ihn sicherlich nicht nur als Amulett oder kleines Andachtsbild nutzte und ihn unter dem Hemd verbarg. Er dürfte den Schmetterling vorgezeigt und sich mit ihm gezeigt haben. Stellt man sich den Anhänger als auf der Brust offen getragen vor, dann dürfte der Schmetterling auf leichte Distanz die Illusion des schillernd Lebendigen entfaltet haben, dessen Fragilität und Beweglichkeit bei näherer Betrachtung in die Erkenntnis metallener Starre und in eine doppelte Todesbildlichkeit umschlägt, in der der Schmetterling mit seinen aufgeschlagenen Flügeln wie gekreuzigt auf der Trägerbrust ruht und zugleich das Bild des Gekreuzigten offenbart. Das Objekt wird Neugier und den Genuss des Staunens in einem höfischen Umfeld erweckt haben, in dem die vielförmigen und modischen Schmuckanhänger wichtige Distinktions- und Ausdrucksmittel eleganten Auftretens sowie beliebte Gaben waren.[22] Das Schillern des Anhängers zwischen Schmetterling und auflagerndem Bild, seine irritierende Vieläugigkeit, das also,

---

19 Der anonyme Autor, der sein Werk der französischen Königin Jeanne de Bourgogne widmete, übersetzte die *Metamorphosen* ins Französische und versah sie mit Auslegungen nach dem mehrfachen Schriftsinn. Die Hypothese erscheint verführerisch, dass der Anhänger für ein Mitglied des französischen Hofes angefertigt wurde und einen Reflex auf den *Ovide moralisé* darstellt. Hierzu müsste aber der Text auf den Gedanken der Inkarnation hin genauer überprüft werden.
20 Krzysztof Pomian: Pour une histoire des sémiophores. A propos des vases des Medicis [1986]. In: Der Ursprung des Museums. Vom Sammeln. Hrsg. von Krzysztof Pomian. Berlin 1988, S. 73–91.
21 Vgl. S. 337 in vorliegendem Beitrag.
22 Mancher Anhänger wird am Neujahrstag als *étrenne* verschenkt worden sein; vgl. Jan Hirschbiegel: Étrennes. Untersuchungen zu höfischen Geschenken im spätmittelalterlichen Frankreich zur Zeit König Karls VI. (1380–1422). München 2003. Zur Freude an ausgefallenen Formen, die nach Christine de Pizan mit Blick auf weniger kostspielige Gaben *estrange* sein sollten, Brigitte Buettner: Past Presents. New Year's Gifts at the Valois Courts, ca. 1400. In: The Art Bulletin 83 (2001), S. 598–625, hier S. 604 f. mit Verweis auf *Le livre des trois vertus*. Hrsg. von Charity Cannon Williard. Paris 1989, S. 79.

was den Betrachterblick immer wieder von Neuem reizt, ihn mit seinen vielen Augen förmlich bannt, passt ganz hervorragend in diese auf die Dialektik des Erscheinens und Verbergens und den Blickbann des geschmückten Körpers setzende Kultur.

Um Missverständnissen vorzubeugen: Ich will mit diesen gleichsam pendelnden Denkbewegungen keinesfalls religiöse Funktionen und theologische Bedeutungsebenen von einer das Reliquiar zum Ding freisetzenden Kunst abtrennen.[23] Sie durchdringen sich.

Als Gabe gelangte der Schmetterlingsanhänger spätestens sechzig Jahre nach seiner Herstellung auf uns unbekannten Wegen wie so viele Schmuckstücke und andere Gegenstände der Goldschmiedekunst in die Hände der Kirche: 1994 fand man ihn nämlich zusammen mit zwei Reliquienbündeln bei Restaurationsarbeiten im Hinterkopf eines um 1380 entstandenen lebensgroßen Holzkruzifixus unklarer Provenienz.[24] Der Anhänger lag in einem ovalen Lederetui von ca. 7 cm Durchmesser, in das eine Kreuzigung mit Maria und Johannes eingeritzt ist. Der Schmetterling war nun doppelt verpuppt, begraben, in einem die Kreuzigung duplizierenden Behältnis, das wiederum im *Bildleib* des Gekreuzigten selbst ruht und diesen gleichsam als Heilsbatterie auflud. Den Anhänger mag man ab diesem Zeitpunkt vielleicht tatsächlich als *Ding* in einem gesteigerten Sinne bezeichnen, als er nicht mehr ihn determinierenden Blicken und dem Spiel der Deutungen und Funktionen ausgesetzt war, sondern es nur noch auf seine stumm und blind wirkende Präsenz im Wissen und der Erinnerung sicherlich weniger Menschen ankam.

Haben mich hier an diesem Objekt vor allem das Nebeneinander und Ineinander von säkularen und religiösen Funktionen und seine bildliche ‚Doppelbelich-

---

23 Eine solche Tendenz, die die Reliquie im Reliquiar als eine Art Hindernis zur frühneuzeitlichen Emanzipation der religiösen Artefakte zum Kunstobjekt (oder nun eben *Sammlungsding* genannt) betrachtet, ist sowohl bei Diedrichs als auch bei Laube festzustellen: Christof Diedrichs: Andacht – Neugier – Kunstgenuss. Sehen im Reliquienkult in Mittelalter und Früher Neuzeit. In: Vom Körper zur Schrift. Hrsg. von Maria Schnitter Diedrichs. Sofia 2007, S. 165–193; Stefan Laube: Von der Reliquie zum Ding. Heiliger Ort – Wunderkammer – Museum. Berlin 2011, S. 196, geht von einer „dinggeschichtlich bedeutsamen Trennung des Reliquiars von den Reliquien" aus und sieht in den (verlorenen) Objekten der Heiltumssammlung Kardinal Albrechts von Brandenburg, in denen Naturalien wie Schnecken und Hörner und deren künstlerische Fassung teilweise gewagt erscheinende Hybriden produzieren, einen Umschlagpunkt von der (vermeintlich zur Nebensache degradierten) Reliquiarfunktion zum säkularen Sammlungsobjekt der Wunderkammer. Zur Sammlung Albrechts vgl. Eva-Maria Brockhoff, Wolfgang Jahn, Rainhard Riepertinger: Das Halle'sche Heiltum. Reliquienkult und Goldschmiedekunst der Frührenaissance in Deutschland. Regensburg 2001/2002 [CD-ROM].
24 Das 173 cm hohe Kruzifix befand sich im Besitz des Pfarrers Matthaeus Forster († 1916), der das „große historische Kruzifix, vom Pfarrhof in Donaustauf stammend", dem Regensburger Diözesanmuseum vermachte; Karbacher (Anm. 4), S. 30. In dem *sepulcrum* lagen außerdem zwei in Textilien eingewickelte Reliquienbündel, deren *cedulae* die Namen der Hl. Ursula und des Hl. Achatius nennen; ebd., S. 32, hält das Etui für zeitgleich mit dem Schmetterling entstanden.

tung' interessiert, die es zu einem ebenso wörtlich wie im übertragenen Sinne schillernden Ding machen, das den Blick anzieht und diesen von einer Sinnsuche immer wieder auf seine Form und Oberfläche zurückwirft, will ich im Folgenden einen Blick auf ein Reliquiar werfen, das formal wie inhaltlich wesentlich sperriger als der Schmetterlingsanhänger wirkt.

III Stelzenfisch

Um 1400 entstand ein groteskes Tier, dessen mit einem einfachen Kopf und drei Stelzenbeinen versehener Bergkristallkörper Reliquien Maria Magdalenas in einem gebohrten Zylinder einschließt (Abb. 4).[25] Offenbar wurde ein auf das 10. bis 11. Jahrhundert zu datierender Bergkristallbehälter – nach Gerard Lemmens „ein orientalisches Parfümfläschchen in Gestalt eines Fisches",[26] nach Henk van Os genauer einer der begehrten fatimidischen Flakons[27] – umgearbeitet. Es scheint, als wären seitlich die Flossen des Flakons ein wenig heruntergeschliffen worden, um die zwei gedrehten Metallkordeln der Halterung an Rücken und Bauch enger entlang führen zu können. Für die Montage fatimidischer Bergkristallflakons in christliche Reliquiare und die daraus resultierende Ästhetik des bewussten Ausstellens von Kontrasten zwischen integriertem ‚fremden', muslimischem Objekt und christlicherseits erfolgter Montage hat Avinoam Shalem den Begriff der „Bi-Visualität" geprägt.[28] Eigentlich wäre hier sogar von einer Tri-Visualität zu sprechen, insofern die Montage eine tierische Form produziert, die sich zwischen die Wahrnehmung von Flakon und Montage eines Reliquienostensoriums schiebt.

Das Kristallbehältnis wirkt eigentümlich belebt, dadurch dass es ein Gesicht mit weit geöffneten Augen, einem fest geschlossenen Maul sowie Beine erhielt und mit ihnen eine Gerichtetheit erfuhr, die spielerisch nach dem Woher und Wohin des Tieres, nach Moment und Grund für die *Verschlingung* der Reliquien fragen lässt. Anders als die lebendig verschlungenen und wieder entkommenen Heiligen Jona im Bauch des Leviathan oder Dorothea im Drachen liegen die Gebeinpartikel

---

25 Schatzkammer von St. Martini in Emmerich. Höhe: 9 cm, Breite 8,5 cm; Gerard Lemmens: Emmerich und Elten – Münster und Stift. In: ders.: Die Schatzkammer Emmerich. Die Kirchenschätze von St. Martini Emmerich und St. Vitus Hochelten. Emmerich 1983, S. 7–33; Henk van Os: The Way to Heaven. Relic Veneration in the Middle Ages. Ausst.-Kat. Amsterdam/Utrecht 2001, S. 161.
26 Lemmens (Anm. 25), S. 116.
27 Vgl. van Os (Anm. 25), S. 159.
28 Avinoam Shalem: Islamische Objekte in Kirchenschätzen der lateinischen Christenheit. Ästhetische Stufen des Umgangs mit dem Anderen und dem Hybriden. In: Das Bistum Bamberg in der Welt des Mittelalters. Hrsg. von Christine van Eickels, Klaus van Eickels. Bamberg 2007, S. 163–176; Gia Toussaint: Blut oder Blendwerk? Orientalische Kristallflakons in mittelalterlichen Kirchenschätzen. In: Das Heilige sichtbar machen. Domschätze in Vergangenheit, Gegenwart und Zukunft. Hrsg. von Ulrike Wendland. Regensburg 2010, S. 107–120.

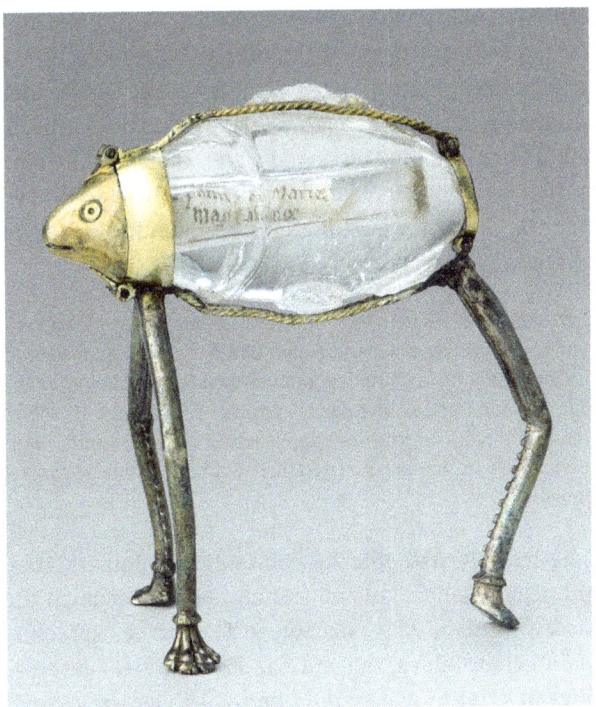

Abb. 4: Reliquiar aus St. Vitus in Hochelten, um 1400. Bergkristall, vergoldetes Silber, Höhe: 9 cm, Breite 8,5 cm, Schatzkammer von St. Martini in Emmerich.

Magdalenas aber geborgen in einem Leib, der in jeder Hinsicht widersprüchlich erscheint: Das Material Bergkristall, das man für versteinertes Wasser hielt, wurde als besonders geeignet empfunden, auf den reinen Glanzleib der Heiligen im Jenseits zu verweisen.[29] Dieses edle Gefäß, ein Ostensorium und damit im Dienst der visuellen Kommunikation von Heiligkeit stehend,[30] wird aber durch die Bildlichkeit seiner metallenen Zutaten, deren erste und ganz banale Funktion es ist, das Reliquiar standfähig zu machen und es mit einer Verschlusskappe zu versehen, in ein absurdes Tier verwandelt. Sollte ein Fisch gemeint sein und damit vielleicht das Symbol des die Gemeinschaft der Heiligen einschließenden mystischen *corpus Christi*? Oder sollte es der Ambivalenz einer so wandelbaren Heiligen, wie sie die

---

[29] Gia Toussaint: Heiliges Gebein und edler Stein. Der Edelsteinschmuck von Reliquiaren im Spiegel mittelalterlicher Wahrnehmungen. In: Das Mittelalter 8 (2003), S. 41–66.

[30] Die Überlegungen von Anca Vasiliu: Le mot et le verre. Une définition médiévale du *diaphane*. In: Journal des savants (1994), S. 135–162, legen es nahe, Bergkristall im Sinne eines Mediums zu verstehen, das nicht nur sich selbst zu Anschau bringt und einen symbolischen Verweis auf den *corpus spiritale* eines Heiligen trägt, sondern in dem sich transzendentes Licht und menschlicher Augenstrahl treffen können – und damit ein *anderes* Sehen in dieser Zone ermöglicht wird.

Sünderin, Christusliebende, Mittelmeerfahrende und am Ende ‚verwildert-behaarte' Wüstenbüßerin Magdalena ist, eine angemessene Gestalt geben – ironisch, als *unähnliches* Bild eines Fischs auf Stelzenbeinen? Nur am Rande sei auf den Begriff der Unähnlichkeit aus dem Gedankengut der negativen Theologie verwiesen, nach der Gott angemessener in unähnlichen Bildern (*dissimilia signa*) als in ähnlichen, also mimetischen Bildern erfahrbar sei. Christel Meier hat auf die im pseudo-dionysischen Schrifttum bis zu Hugo von St. Victor aufzufindende Schöpfung und Verwendung unähnlicher Bilder hingewiesen:

> Aus dieser [pseudo-dionysischen Konzeption einer] theologisch-philosophischen Bildtheorie lassen sich für die Bildgestaltung sowohl in Texten wie in realen Bildwerken Schlüsse ziehen. Auch hier sind ähnliche und unähnliche Bildvorstellungen (*imaginationes, formationes*) realisiert worden [...]. Kategorien der Darstellung sind hier das Unnatürliche, Tierische, Häßliche und Dysproportionale, ferner das Unorganische in seiner doppelten Erscheinungsform, dem Fragmentarischen und dem unorganisch Zusammengesetzten (d. h. aus dem aus nicht zusammenpassenden Teilen Bestehenden).[31]

Vielleicht gilt dies auch für die hybride Ästhetik des Stelzenfischreliquiars? Der Gedanke erscheint mir verführerisch, seine Plausibilisierung stößt aber auch an Grenzen. Es müsste nachgewiesen werden, dass eine solche Theorie des sprachlichen und des materiellen, unähnlichen Bildes, das auf das Problem der Gotteserkenntnis bezogen ist, auf Heiligkeitserfahrung generell übertragen werden kann.[32] Ein bewusster Einsatz eines solchen Denkens wäre überdies nur in einem recht eingeschränkten Kontext geistlicher intellektueller Milieus zu erwarten.

Nach diesem spekulativen Höhenflug in das von der Dingforschung misstrauisch betrachtete Reich der Bedeutungen zurück auf den Boden erfassbarer Tatsachen! Das Reliquiar stammt aus dem adeligen Damenstift St. Vitus auf dem rechtsrheinischen Eltenberg.

---

[31] Christel Meier: Per visibilia ad invisibilia? Mittelalterliche Visionsikonographie zwischen analoger, negativer und ‚analytischer' Ästhetik. In: Nova de veteribus. Mittel- und neulateinische Studien für Paul G. Schmidt. Hrsg. von Andreas Bihrer, Elisabeth Stein. München 2004, S. 476–503, hier S. 483 f.

[32] Umständlich und letztlich in der Auswahl der Fallbeispiele nicht überzeugend erscheint mir der Vorschlag von Debra Higgs Strickland: The Holy and the Unholy. Analogies for the Numinous in Later Medieval Art. In: Images of Medieval Sanctity. Hrsg. von Debra Higgs Strickland. Leiden 2007, S. 101–120, den von Rudolf Otto 1917 geprägten Begriff des *Numinosen* (eine Eigenschaft des Göttlichen, den Gläubigen zu überwältigen) mit Vorstellungen der negativen Theologie bzw. Mystik nach Pseudo-Dionysius zu kombinieren und so zu untersuchen „how artists transcended the limits of iconography and language to communicate the more profound aspects of holiness and unholiness in their renderings of the divine and the damned"; ebd., S. 105. Das disparate Bildmaterial versammelt Darstellungen der *visio Dei* ebenso wie des Antichristen. Die Beobachtung, dass in derlei v. a. der Buchkunst entnommenen Beispielen das Otto'sche „Unnamed Something that resists verbal description" kommuniziert werde, trifft dort, wo es eine unmittelbare Nähe zu Texten gibt, gerade nicht zu.

Mit Godelindis (1270–1301) beginnt eine Reihe von Äbtissinnen, die sich – soweit dies aus erhaltenen Stücken geschlossen werden kann – besonders für die Bildung eines Kirchenschatzes für die Abtei eingesetzt haben. Unter den Äbtissinnen Irmgard von Bergh (1334–1365), Elisabeth von Holsaten (1365–1402), Lucia von Kerpen (1403–1443) und Agnes von Bronckhorst (1443–1475) kam der kostbare Schatz in der Hauptsache zusammen.[33]

Neben dem Magdalenenreliquiar enthält der Schatz zwei weitere Reliquiare, für die früher entstandene Kristallgefäße umgearbeitet wurden: ein Ostensorium mit liegendem, walzenförmigen Zylinder und ein mit Fialentürmchen geziertes Zylinderreliquiar mit Maria und St. Vitus, das wie das Magdalenenreliquiar auf bis zu den Knien behaarten Stelzenbeinen steht, die in Pfoten enden:

> Dies [das Vorhandensein gleich dreier Kristallostensorien; S. T.] kann man gewiß nicht mit einem Zufall erklären: solche Gegenstände aus Kristall sind zu selten, als daß sie um 1400 noch im Umlauf waren und es ist deshalb sehr verführerisch zu vermuten, daß wir es hier mit einer Modernisierung der Reliquiare im Eltener Schatz zu tun haben. Man wird also die Gläser der alten romanischen und frühgotischen Reliquienbehälter [...] aufbewahrt und in eine neue Montur gesetzt haben. Eine derartige großzügige Modernisierung könnte dann zwischen 1375 und 1424 geschehen sein; es ist die Zeit, aus der die meisten Stücke stammen.[34]

Den Stiftsdamen und den von ihnen beauftragten Silberschmieden ging es also um eine gewisse Varianzbreite der Reliquiarformen, in der die Tierform gegenüber abstrakteren, mit Architekturformen spielenden Ostensorien heraussticht.

> Zweck dieser exzentrischen Form des Reliquiars ist es wahrscheinlich nicht, damit etwas über den Inhalt auszusagen, wie dies bei einem Kopf- oder Armreliquiar der Fall ist, sondern vielmehr der, damit den außergewöhnlichen Charakter des Reliquienschatzes aufzuzeigen.[35]

Radikaler noch als Lemmens beurteilt van Os das Magdalenenreliquiar als „object combining to perfection the curious, the religious and the precious", mithin als Vorläufer der Sammlungsgegenstände von Wunderkammern und als Ausdruck der freien künstlerischen Entscheidung eines unbekannten Silberschmieds, der sich durch die Form des vorgefundenen Flakons dazu inspirieren ließ, dessen Fisch-

---

33 Lemmens (Anm. 25), S. 20 f. Lemmens unterliegt einem immer noch verbreiteten Irrtum, dass Körperteilreliquiare über ihren Inhalt wahrheitsgemäß *sprechen* würden. Nicht immer sind Form und Inhalt kongruent. Zur Begriffsproblematik des durch seine Form vermeintlich über seinen Inhalt *redenden* Reliquiars vgl. Cynthia Hahn: The Voices of the Saints. Speaking Reliquaries. In: Gesta 36 (1997), S. 20–31.
34 Lemmens (Anm. 25), S. 27. Das walzenförmige Reliquiar wird um 1400 datiert und hat einen emaillierten Wappenschild angehängt mit dem Wappen von Kerpen und „möglicherweise" dem Wappen der Familie de Sombreff; ebd., S. 118. Etliche Stiftsdamen aus der freiherrlichen Familie Kerpen aus der Eifel gehörten im 14. und 15. Jh. dem Stift an. „Alles scheint darauf hinzuweisen, daß die Damen von Kerpen es waren, die in den letzten Dezennien des 14. und in den ersten des 15. Jahrhunderts die Vergrößerung des Eltener Schatzes kräftig gefördert haben." Ebd., S. 29.
35 Ebd., S. 116.

form durch ein Gesicht zu verstärken und ihm – der Tradition, Reliquiare auf Füße zu setzen, folgend – buchstäblich Beine machte.[36] Letzteres lässt sich sogar genauer belegen, denn auch das zylinderförmige Maria-Vitus-Reliquiar aus dem Eltener Schatz steht auf tierischen Beinen, ebenso das im frühen 16. Jahrhundert montierte Horn mit Annareliquien.[37] Dies ist nicht ungewöhnlich und mag sich einer früheren Tradition verdanken, die Beine von Thronen und *faldistorien* derart zu gestalten und damit das Tier der menschlichen Gewalt zu unterwerfen. Einem Reliquiar *Beine zu machen* kann auf unterschiedliche Weise geschehen: Mal werden Sockelplatten von Reliquiaren von ganzen Tieren, meist Greifen und Löwen, getragen, mal – und dies ist der gestalterisch interessantere Fall, da das Resultat absurder wirkt – sind es nur (meist) kurze Beine mit Pfoten: Hierbei muss nochmals unterschieden werden zwischen der Entscheidung, den Sockel eines Reliquiars mit Pfoten zu versehen,[38] oder die tierischen Gliedmaßen dicht an das eigentliche Behältnis zu montieren, was u. a. für die Reliquiare aus dem Eltener Schatz gilt.[39] Einmal für diese auch schon früher[40] anzutreffende Inszenierung sensibilisiert, lässt sich konstatieren, dass es offenbar ein verbreitetes Bedürfnis gab, hybride Objekte zu gestalten, in denen Belebtes und Unbelebtes zusammentritt, und mit dem Anschein zu kokettieren, das mit Beinen versehene Artefakt könne weglaufen und werde nur durch die Macht und das Gewicht des auf oder in ihm Lastenden kontrolliert.

Von diesen geläufigen Montagen hebt sich die Konstruktion des Magdalenenreliquiars noch einmal insofern ab, als es zwar als Kreuzung aus Flakon, Fisch, Insektenbeinen und Säugetierpfoten erscheint, aber dem Betrachter doch auf den ersten Blick als *Tier* entgegenzutreten scheint, in dessen Bauch die Magdalenenreliquie liegt. Vergleichbare Gestaltungen scheinen rar: Das einzige mir derzeit bekannte Vergleichsbeispiel ist ein löwenförmiges Reliquiar aus dem ehemaligen Klosterschatz von Pfäfers, dessen Leib eine frühmittelalterliche Glaslampe bildet (Abb. 5). Zwischen 1100–1200 wurden aus vergoldetem Kupfer ein aufklappbarer Löwenkopf, stämmige Beine und ein Hinterteil angesetzt.[41] Vielleicht wurde hierfür

---

36 Van Os (Anm. 25), S. 159. Zur Problematik dieser Sichtweise einer säkularen Emanzipation des Kunstwerks vgl. S. 345 in vorliegendem Beitrag und Anm. 23.
37 Abb. 189 in van Os (Anm. 25): Schatz von St. Martini in Emmerich, permanente Leihgabe aus St. Vitus.
38 Ein Beispiel stellt das um 1200 gefertigte (und um 1300 ummontierte) Armreliquiar des Hl. Cosmas aus dem Essener Münsterschatz dar.
39 Das ergibt besonders bei dem um 1220 entstandenen Ostensorium, in dem die Hand der Hl. Attala (Straßburg, Collège Saint-Etienne) aufrecht zu schweben scheint, einen merkwürdigen Kontrast zwischen menschlichem und tierischem Körperteil.
40 Aus dem Goldschatz von Nagyszentmiklós (Rumänien) sind zwei ovale Schalen (7.–9. Jh.) überliefert, die auf jeweils drei kurzen Löwenfüßen stehen und einen nach hinten und damit zur Schalenöffnung umgewandten Kopf eines Mischwesens aus Stier und gebissfletschendem Löwen tragen; Kunsthistorisches Museum, Wien.
41 Die Reliquien sind verloren; Schweizerisches Nationalmuseum Zürich, Inventar-Nr. 7012. Höhe: 24,3 cm, Breite: 15 cm; vgl. Dora F. Rittmeyer: Der Kirchenschatz des einstigen Klosters Pfäfers und die Kirchenschätze im Sarganserland. St. Gallen 1945, S. 17 u. Abb. 2 im Anhang.

Abb. 5: Reliquiar aus Pfäfers, 1110–1200. Glas, vergoldetes Kupfer, Höhe: 24,3 cm, Breite: 15 cm, Schweizerisches Nationalmuseum Inventar-Nummer 7012.

ein Löwenaquamanile auseinandergenommen. Auch hier entsteht eine merkwürdige Situation, in der ein Tierleib als durchsichtig erscheint und seine ursprüngliche Objektfunktion – im Falle des Fisches, Duft aufzubewahren, im Falle der Lampe, Licht zu spenden – mit der des Tiers und seinem in den Vordergrund gestellten Hunger nach Einverleibung, in eine starke Spannung tritt. Transparenz, Kostbarkeit, Duft und Licht sind aber Assoziationen, die sich mit dem *corpus spiritale* des Heiligen im Jenseits verbinden, während der tierische Körper sein ganz und gar der Natur verhaftetes Gegenteil bedeutet. Wollen derartige Reliquiare vielleicht nicht allein Heiligkeit aus dem größtmöglichen Kontrast zur *animalitas* heraus inszenieren, sondern womöglich auch der alten Furcht vor dem Zersprengt- und Verdautsein der sterblichen Körperreste durch Tiere ein hoffnungsstiftendes Bild entgegenstellen, das das Aufgehobensein des kleinsten Partikels bis zur vollständigen Auferstehung des Fleisches am Jüngsten Tage beschwört?[42]

Welche Motivationen den Silberschmied bei der Gestaltung des Magdalenenfischs tatsächlich umtrieben und was die Eltener Stiftsdamen in ihm sahen, liegt im Dunkel der Geschichte. Leider lassen sich Rezeptionsformen und -bedingungen des Magdalenenreliquiars nicht mehr klären. Erwartbar wäre seine Aussetzung auf einem Altar an Festtagen. Heiltumsweisungen sind in Elten allerdings nicht bezeugt: „Mehr als normales Interesse scheint für die Kostbarkeiten nicht bestanden zu haben, und die Stiftsdamen haben sich niemals auf den Besitz von besonderen

---

[42] Zu dieser Angst vgl. Caroline Walker Bynum: The Resurrection of the Body in Western Christianity, 200–1336. New York 1995 (Lectures on the history of religions. 15).

Heiligenreliquien, die eigene Verehrung oder Pilgerfahrten auf sich hätten ziehen können, berufen."⁴³ In einer jenseits des liturgischen Geschehens, jenseits auch einer Heiltumsweisung oder einer Prozession erfolgenden, konzentrierten und prolongierten Betrachtung hätten sich theoretisch die dem Magdalenenreliquiar inhärenten Ambiguitätseffekte entfalten können, die die Aufmerksamkeit fesseln und zur Reflexion über das Artefakt, seine Bildlichkeit und ein Bild*jenseits* anregen konnten. Staunen über das Produkt einfallsreicher Kunstfertigkeit und Erstaunen angesichts der Macht einer hybriden und unnatürlichen Bildschöpfung, Bedeutungsspielräume zu eröffnen, müssen sich keinesfalls ausschließen: Ein in Erkenntnis nicht aufzulösendes Staunen kann sowohl eine religiöse als auch eine ästhetische Erfahrung sein. Gemeint ist mit Aleida Assmann die „transzendierende Aufmerksamkeit", auf deren Verstetigung in ihrer religiösen, mittelalterlichen Spielart Andachtspraktiken zielen und die „nicht auf Ermächtigung des Selbst, sondern auf Übersteigung des Gegebenen im Dienste der Vertiefung von Bedeutung angelegt ist".⁴⁴

IV Dinge oder Blickwinkel? Dingtheoretische Konzeptionen

Es wird der Leserschaft nicht verborgen geblieben sein, dass ich für die Ausführungen zu Schmetterlings- und Stelzenfischreliquiar weitgehend ohne dingtheoretisches Rüstzeug ausgekommen bin. Abschließend seien daher Gedanken aus der Dingtheorie aufgegriffen und auf ihre Produktivität für ein Verständnis mittelalterlicher Reliquiare und deren Ästhetik der Montage hin befragt.

Dingtheorien sind in der mediävistischen Kunstgeschichte bis dato nicht systematisch diskutiert worden und werden von der Kunstgeschichte im Allgemeinen erst neuerdings intensiver rezipiert.⁴⁵ Auf den ersten Blick erscheint es inspirie-

---

43 Lemmens (Anm. 25), S. 25.
44 Aleida Assmann: Einleitung. In: Aufmerksamkeiten. Hrsg. von Aleida Assmann, Jan Assmann. München 2001 (Archäologie der literarischen Kommunikation. 7), S. 11–23, hier S. 22.
45 Michael Camille: The Medieval Art of Love. Objects and Subjects of Desire. New York 1998, S. 7, war vielleicht der erste Vertreter der mittelalterlichen Kunstgeschichte, der Objekte der Minnekultur als „powerful things in their own right" bezeichnete, dabei allerdings auf eine tiefergehende theoretische Diskussion von Dinglichkeit verzichtete. Im selben Jahr erschien Alfred Gell: Art and Agency. An Anthropological Theory. Oxford 1998, dessen Begriff der „agency" von Artefakten so breit und bereitwillig rezipiert wurde, dass Lieselotte Saurma-Jeltsch zwölf Jahre später ohne jeden Einwand konstatiert: „Things, normally understood as inanimate objects, as mirrors against which we reflect wishes, meanings, social signs, economic value and even obscure forms of religious power, now become agents in their own right." Lieselotte E. Saurma-Jeltsch: About the Agency of Things, of Objects and Artefacts. In: The Power of Things and the Flow of Cultural Transformations. Art and Culture between Europe and Asia. Hrsg. von Lieselotte E. Saurma-Jeltsch, Anja Eisenbeiß. Berlin 2010, S. 10–22, hier S. 15. Selten findet sich Kritik wie bei Whitney Davis: A General Theory of

rend, dass Martin Heidegger ein Gefäß – zwar kein Reliquiar, sondern einen einfachen Krug[46] – zum Ausgangspunkt seiner Gedanken über das seine reine Funktionalität übersteigende Ding *an sich* nahm, das als raumhaltiges Behältnis nach Stefan Laube eine „universale Mittlerfunktion" übernimmt.[47] Auf einen zweiten Blick tut sich jedoch eine kaum überbrückbare Kluft zu einer kunsthistorisch nahsichtigen und historisch kontextualisierenden Beschäftigung mit konkreten Objekten auf.

Können vielleicht weniger hermetische Ansätze als die assoziative und am etymologischen Spiel interessierte Ding*meditation* Heideggers zu einem veränderten Verständnis von Reliquiaren beitragen? Wie eingangs festgestellt, scheinen Reliquiare, zumal derart schillernde Objekte wie Schmetterling und Stelzenfisch, ideale Untersuchungsgegenstände im Sinne der aus ethnologischer Perspektive erhobenen Forderung Amiria Henares, Martin Holbraads und Sari Wastells zu sein, dass man nämlich Dinge nicht weiter von Bedeutungen separieren solle, sondern man Dinge besser als „sui generis meanings"[48] behandele. Übertragen auf Reliquiare hieße dies: Aus der kritisierten herkömmlichen Sichtweise heraus beherbergen sie mit den materiellen Reliquien zugleich Bedeutung, indem sie auf den zwar absenten, aber als vollständig imaginierten *corpus spiritale* des Heiligen im Jenseits verweisen. Mit ihrer – in unserem Falle – tierförmigen und doch hybriden Gestaltung tragen sie darüber hinaus weitere Bedeutungen im Sinne einer Thematisierung von Hoffnungen (die Entpuppung der Seele etwa, die beruhigende Unverdaulichkeit des Körperpartikels) und Heiligkeitskonzepten im Kontrast zur tierischen Körperlichkeit. Das ist keineswegs falsch, aber im Sinne der zitierten AutorInnen wäre hier immer noch zwischen Dingen und Bedeutungen unterschieden. Eine Wahrnehmungsebene, auf der ein Reliquiar nicht mehr allein als Bedeutungs*träger*, sondern als *Bedeutung in sich* erscheint, ist möglicherweise dann beschritten, wenn Form und Materialität des Reliquiars so weit in den Vordergrund rücken, dass es

---

Visual Culture. Princeton 2011, S. 184 f., gegen eine „self-directed intentionality" von Bildern bzw. Bildmedien. Die Schriftensammlung The Object Reader. Hrsg. von Fiona Candlin, Raiford Guins. New York 2009 berücksichtigt das Mittelalter nicht. Die rund 400 Beiträge des 33. internationalen Kunstgeschichtskongresses mit dem Titel The Challenge of the Object/Die Herausforderung des Objekts. Hrsg. von Ulrich Großmann, Petra Krutisch. Anzeiger des Germanischen Nationalmuseums. Wissenschaftlicher Beiband 32. Nürnberg 2014 konnten für vorliegenden Beitrag nicht mehr rezipiert werden. Neue Impulse verspricht die von Philippe Cordez geleitete Nachwuchsforschergruppe „Vormoderne Objekte. Eine Archäologie der Erfahrung" an der Universität München; vgl. Philippe Cordez: Die kunsthistorische Objektwissenschaft und ihre Forschungsperspektiven. In: Kunstchronik 67 (2014), S. 364–373, der u. a. auch das Schmetterlingsreliquiar knapp erwähnt.

46 Martin Heidegger: Das Ding. In: Martin Heidegger. Gesamtausgabe. III. Abteilung. Unveröffentlichte Abhandlungen. Bd. 79: Bremer und Freiburger Vorträge. Vorträge 1940 und 1957. Hrsg. von Petra Jaeger. 2. Aufl. Frankfurt a. Main 2005, S. 5–23.

47 Laube (Anm. 23), S. 15, der sich für Dinge in ihrer „Gefäßstruktur" interessiert, die mit der „Containerfunktion des Raumes" verknüpft sind.

48 Henare/Holbraad/Wastell (Anm. 3), S. 5.

nicht mehr nur als Medium einer sinnlich vermittelten, durch Edelmetalle und Edelsteine wirkenden Heiligkeitserfahrung erscheint, sondern als ein komposites, durchaus eigen-sinniges Objekt der Schatzkunst betrachtet werden kann, in dessen auratisch-materieller Präsenz sich eine Vielzahl von Bedeutungsschichten schillernd überlagern und der Blick des Betrachters doch immer wieder vom Objekt selbst angesogen wird. Die unabhängig vom Diskurs um das Ding entwickelte Differenzierung Georges Didi-Hubermans zwischen dem *Sichtbaren* (ikonographisch Lesbaren) und seinem unbewussten Anderen, dem *Visuellen*, bietet sich für ein besseres Verständnis des Gemeinten an.[49] Das *Visuelle* bestünde hier in der zusammengesetzten Materialität, Ambiguität[50] und Hybridität unserer Reliquiare und meint deren Überschüssigkeit gegenüber ihrer Funktionsbestimmung, Ostensorien, also Schaugefäße zu sein. Damit wäre die Dinglichkeit eines Reliquiars umschrieben. Auch eine Bild- und Medientheorie, die zwischen Transparenz (auf einen Bildsinn hin) und Opazität des Mediums als etwas Gemachtem, mit einer die Wahrnehmung prägenden Form und Materialität, unterscheidet, hat meines Erachtens einiges mit Dingtheorien gemeinsam. Nehme ich also die verwirrende Hybridität und Materialität dieser Reliquiare – bild- und medientheoretisch gesprochen also ihre Opazität – in den Blick und blende ihre sowieso nicht immer in einen eindeutigen Sinn ausmünzbaren Ikonographien aus – gerät dann das *Ding* in den Blick? Man ahnt hier schon ein Ergebnis dieser und der folgenden Erwägungen: Ein Dingstatus ist abhängig vom Betrachtungswinkel und -kontext.

Einer der in Frage kommenden Kontexte ist dann gegeben, wenn wir Reliquiare als Gegenstände liturgisch-performativen Handelns betrachten, auf einem Altar stehend, getragen während einer Prozession oder vorgezeigt bei einer Heiltumsschau.[51] Sie erscheinen dann *opak*, als auratische Dinge, insofern nur noch ihre generelle Form und prächtige Materialität in räumlich distanzierter und zeitlich beschränkter Weise vom Betrachter wahrzunehmen sind. Reliquiare werden inmitten einer drängelnden Menschenmenge geschaut, ihre Bildprogrammatik nicht studiert bzw. ‚gelesen' oder gemächlich reflektiert, das ihnen innewohnende Heil wird stattdessen *erfahren*. Um zu den zitierten Henare, Holbraad und Wastell zurückzukehren, wäre das Reliquiar in einer solchen Situation als ein *Ding* zu adressieren, das nicht nur auf Bedeutsames *per visibilia ad invisibilia* verweist, sondern zugleich selbst höchst präsente Bedeutung *ist*. (Diese Trennung zwischen Bedeutung und

---

49 Vgl. Georges Didi-Huberman: Vor einem Bild. Aus dem Französischen von Reinold Werner. München 2000.
50 Erste Überlegungen zu dieser Problematik bei Silke Tammen: Stelzenfisch und Bildnisse in einer Baumkrone, Unähnlichkeit und Montage: Gedanken zur Ambiguität mittelalterlicher Bilder. In: Ambiguität in der Kunst. Hrsg. von Verena Krieger. Wien/Köln 2009, S. 53–71.
51 Vgl. Hartmut Kühne: Ostensio reliquiarum. Untersuchungen über Entstehung, Ausbreitung, Gestalt und Funktion der Heiltumsweisungen im römisch-deutschen Regnum. Berlin 2000 (Arbeiten zur Kirchengeschichte. 75); Christof L. Diedrichs: „Man zeigte uns den Kopf des Heiligen". Bausteine zu einer Ereigniskultur in Mittelalter und Früher Neuzeit. Berlin 2008.

Ding dürfte einem mittelalterlichen Betrachter möglicherweise seltsam vorgekommen sein.)

Nun sind für Reliquiare und andere Bildmedien aber auch intimere oder konzentriertere Betrachtungssituationen anzunehmen, in denen sich sowohl das Objekt übersteigende Ideen und Visionen offenbaren können – den berühmtesten Fall stellt wohl Abt Suger dar, der in Betrachtung seines Schatzes eine *raptus*-Erfahrung beschreibt – als auch opake Dinglichkeit in den Vordergrund rücken kann. Das Schmetterlingsreliquiar konnte als Andachtsmedium betrachtet werden und war zugleich als Schmuckstück konzipiert, das an den Tastsinn appellierte und dessen Funktion sich schon allein, gleichsam blind, als Amulett im Hautkontakt erfüllen konnte. Die buchstäblich eigen-sinnigen Formen des Stelzenfischs mögen wiederum gerade einen nachdenklich-langen Blick, dabei aber einen schwerlich abschließbaren, mit Aleida Assmann: „wilden" Semiosevorgang[52] angeregt haben, der immer wieder zum rätselhaft zusammengesetzten Ding zurückkehrt. Jenseits eines kultischen Funktionskontextes erscheinen diese Reliquiare eben nicht als auratisch-distanzierte Dinge, sondern eher als das, was Lorraine Daston in ihrer Einführung zum Sammelband *Things that talk* beschreibt. Die Vorstellung von *talkative things* verdankt sich einer ganz anderen Dingkonzeption als diejenige von Henares, Holbraads und Wastells, die Dinge als „sui generis meanings"[53] verstehen wollen. Dastons Dinge bedeuten weniger aus sich heraus, sondern werden im Gegenteil konzipiert als „nodes at which matter and meaning *intersect* [Hervorhebung S. T.]. Entities that lie precisely at the fault line of a great metaphysical divide tend to appear paradoxical for just that reason."[54] Es fällt nicht schwer, gerade den Stelzenfisch auf diese (immer noch sehr allgemeine) Definition zu beziehen. Er verschleiert seine Materialität, seinen Kompositcharakter keinesfalls; sowohl Reliquienpartikel als auch der kostbare Bergkristall wurden als Materialien verstanden, die auf der Grenze zwischen dem Irdischen und dem Wunderbaren liegen. Doch dieser in sich ja noch sinnerfüllt erscheinende Kernbereich des Reliquiars wird grotesk gerahmt, zum Tier gemacht, einem Tier überdies, das weder Fisch, noch Insekt oder Vierfüßler ist. *Talkative things* „beunruhigen" nach Daston Kategoriengrenzen, sie haben in ihrem kompositen, „chimären"-artigen Charakter „verschwommene Umrisslinien" im Gegensatz zu „prosaic things":

> All these banal certainties begin to unravel when the process by which things come into being are scrutinized more closely; especially when the things in question are talkative. Things that

---

52 Aleida Assmann: Die Sprache der Dinge. Der lange Blick und die wilde Semiose. In: Materialität der Kommunikation. Hrsg. von Hans Ulrich Gumbrecht, K. Ludwig Pfeiffer. Unter Mitarbeit von Monika Elsner. Frankfurt a. Main 1988, S. 237–251. Assmann entwickelt diese Gedanken anhand von Lektüreerfahrungen, in denen das flüssige Lesen in eine Wahrnehmung der Bildlichkeit und Materialität der schriftbedeckten Seite umschlagen kann.
53 Henare/Holbraad/Wastell (Anm. 3), S. 5.
54 Lorraine Daston: Speechless. In: Things that Talk. Object Lessons from Art and Science. Hrsg. von Lorraine Daston. New York 2008, S. 9–24, hier S. 16.

talk are often chimera, composites of different species; the composites in question don't just weld together different elements of the same kin (for example, the wood, nails, glue, and paint struck together to make a chair); they straddle boundaries between kinds. Art and nature, persons and things, objective and subjective are somehow brought together in these things, and the fusions result in considerable blurring of outlines.[55]

Daston legt überdies einen weiteren, nicht leicht zu erfüllenden Maßstab an derartige Objekte an: Sie dürfen nicht zu sehr als zusammengebastelte Fragmente erscheinen. „It is precisely the tension between their chimerical composition and their unified gestalt that distinguishes the talkative thing from the speechless sort."[56] So reizvoll das Schlagwort von den redseligen Dingen wirken mag, so verschwommen ist es aber im Grunde, und problematisch erscheint mir die Rhetorik der Beredsamkeit. Dinge reden außerhalb von Wundern normalerweise nicht; Inschriften und auch die Beschriftungen der in ihnen mit den Reliquien geborgenen Authentiken benötigen einen Betrachter, der ihren Botschaften eine Stimme verleiht.[57]

Dinge sind nicht redselig, aber sie können zum Denken anregen. Kurz verweist Daston selbst auf Claude Lévi-Strauss als eine ihrer Inspirationsquellen, der von Dingen geschrieben habe, mit denen sich gut denken lasse („good to think with"). Tatsächlich bezog er sich auf (Totem-)Tiere, mit denen sich „gut denken lasse".[58] Ihm ging es um Tiere als Vorstellungskonstrukte, mit Hilfe derer Menschsein und menschliche Belange durch Abgrenzung erst definierbar erscheinen. Die tierische, hier die unwahrscheinliche Tierform, in dem die Magdalenenreliquien geborgen ruhen, oder der etwas weniger beunruhigende, stämmige Löwe mit dem Leib einer Lampe, sollte vielleicht auf ein ebenso wundersames Mensch-Sein, nämlich Heiligkeit verweisen? Auch der christophore Schmetterling lädt zu einem Bedenken des Verhältnisses von Tier, Mensch und Gott, menschlichem wie göttlichem Schöpfertum ein. Der Schmetterling also, in dessen diptychonal aufgeschlagenen Flügelseiten wie im großen *Buch der Natur* Gottes Wille offenbart wird? Interessant finde ich die Frage nach dem Ding als etwas, mit dem *gedacht werden kann* auch des-

---

55 Ebd., S. 20 f.
56 Ebd., S. 24.
57 Zur Begriffsproblematik des durch seine Form vermeintlich über seinen Inhalt *redenden* Reliquiars vgl. Hahn (Anm. 34).
58 Daston (Anm. 55), S. 20; Claude Lévi-Strauss: Totemism. Boston 1963, S. 89. – Vgl. auch Esther Pasztory: Thinking with Things. Toward a New Vision of Art. Austin 2005; sie generalisiert und erweitert den Denkanstoß von Lévi-Strauss auf den menschlichen Umgang mit gemachten Dingen (inklusive Kunstobjekte) auf eine sehr allgemeine Ebene. Der Mensch empfinde nicht nur Freude am Besitzen und Betrachten von Dingen, sondern am Denken mit ihnen: „Some objects are made largely to think with. They are all meant to be experienced visually (or to have descriptions given of them) at least some of the time, but touch and sound may be just as significant. Visuality, however, even with its pleasures, is a means to a cognitive end. The pleasure is also to think with." Ebd., S. 21.

halb, weil diese Funktion in mittelalterlichen Bildtheorien nicht thematisiert wird. Dort wird gemeinhin die funktionale Trias von Erinnern, Belehren und Rühren diskutiert, nicht aber die spezifische *Intelligenz* der Bilder, deren Gestaltung eben nicht so ohne weiteres mit Sprache/Schrift zu verrechnen ist.[59]

Worin liegt nun der Mehrwert von Dingtheorien für die mittelalterliche Kunstgeschichte? Die theoretischen Debatten um Dinge erlauben es, die Eigenarten von Bildmedien wie den hier diskutierten Reliquiaren, ihre zusammengesetzte Materialität und Eigen-Sinnigkeit stärker zu fokussieren, indem sie dazu zwingen – zumindest *for the sake of argument* – herkömmliche, etwa ikonologische und theologische Aspekte in einem ersten Analyseschritt zur Seite zu stellen. Eine Beleuchtung dieser Facette eines Artefakts lässt sich, wie oben beschrieben, allerdings auch mit den Begriffen des Huberman'schen *Visuellen* oder dem medientheoretischen *Opaken* leisten.[60] Kritisch ist zu bewerten, dass das Ding bei den von mir rezipierten AutorInnen einerseits vage (Dinge etwa als *sui generis meanings*) erscheint, andererseits mit recht komplizierten Forderungen belastet wird. So soll das *redselige Ding* Dastons chimärisch, dabei aber nicht zu komposit sein. Problematisch erscheint auch die belehrende Aufforderung von John Plotz, sich weniger mit der kulturellen Bedeutung von Dingen zu beschäftigen. Stattdessen solle man „*failures* [Hervorhebung S. T.] of meaning, or [...] *slippages* [Hervorhebung S. T.] that occur between the intended meaning and the actually embodied substances"[61] reflektieren. Müssen wir denn ernsthaft wählen zwischen der Erforschung kultureller Bedeutungen und deren Scheitern? Und privilegieren wir mit der Suche nach „slippages" und „failures" von Bedeutung nicht die Erforschung bestimmter Dinge – *sexy things* sozusagen – gegenüber anderen Dingen, die Daston etwas herablassend „prosaic" nennt?

Vielleicht nicht die Dinge, aber die Dingtheorien bedürfen einer Entzauberung. Material und Bedeutung, Transparenz und Opazität, Semiophore und Ding, Sinn, Eigensinn und Unsinn, das Sichtbare und das Visuelle – sie lassen sich in Bild-, Medien- und nun Dingtheorien immer nur um des Argumentes willen trennen, sind tatsächlich aber gleichzeitig vorhanden, liegen im Auge des Betrachters, können einander hervorbringen und treten in ihrer Präsenz oder Latenz nur durch die Umstände ihrer Wahrnehmung hervor oder zurück.

---

59 „Art's work [...] is to provide an implicit theory of the image where medieval texts provide none." Jeffrey Hamburger: The Medieval Work of Art. Wherein the „Work"? Wherein the „Art"? In: The Mind's Eye. Art and Theological Argument in the Middle Ages. Hrsg. von Jeffrey Hamburger, Anne-Marie Bouché. Princeton 2006, S. 374–412, hier S. 406. Dieser grundsätzlichen Feststellung ist nicht zu widersprechen, aber die Beiträge des Sammelbandes sind m. E. immer noch zu sehr mit Fragen der Ikonographie als mit denen der Medialität und Materialität der mittelalterlichen Bilder beschäftigt.
60 Vgl. Didi-Huberman (Anm. 49).
61 John Plotz: Can the Sofa Speak? A Look at Thing Theory. In: Criticism 47 (2005), S. 109–118.

Ulrich Hoffmann, Münster
Griffel, Ring und andere *ding*

Fetischisierung und Medialisierung der Liebe in Floris-Romanen des Mittelalters und der Frühen Neuzeit

Das Plakat zu Stephen Daldrys Film *Der Vorleser* zeigt frontal die beiden Hauptdarsteller Kate Winslet und David Kross unbekleidet auf dem Bett liegend bei der Lektüre eines Buches. Wer den Film gesehen oder auch die Romanvorlage von Bernhard Schlink[1] gelesen hat, weiß, dass Hanna Analphabetin ist, weshalb es sich Michael zur Aufgabe macht, ihr aus Klassikern der Weltliteratur vorzulesen. Der Roman erzählt die Geschichte einer Liebe, die sich über die gemeinsame Lektüre immer neu aktualisiert und selbst unüberbrückbar geglaubte Grenzen zu überwinden vermag. Noch ins Gefängnis schickt Michael Hanna Tonbänder, auf denen sie ihn vorlesen hört. Bernhard Schlink entfaltet mit dem fragil-leidenschaftlichen Verhältnis der in den Holocaust verstrickten Täterin und des Nachgeborenen nicht nur ein Stück bundesrepublikanischer Nachkriegsgeschichte; Schlink schließt auch mit ihrer Geschichte an eine lange literarische Tradition lesender Liebespaare an. Der Titel des Buches, das auf dem Filmplakat zu sehen ist, ist am rechten Bildrand zwar abgeschnitten, doch kann man noch erkennen, dass es sich um *Emilia Galotti* handelt. Lessings Drama, das mit dem ausweglos-tragischen Tod der Geliebten endet, hat seinen besonderen Platz nicht nur in der Literaturgeschichte, auch in der Literatur selbst entfaltet es seine ganze Wirkung: Als man den todwunden Werther in seiner Stube entdeckt, findet sich aufgeschlagen auf dessen Pult ebendieses Drama. Goethes Briefroman mag geradezu als Paradigma dafür gelten, wie Literatur auf Liebende wirkt. Das sogenannte Wertherfieber fehlt in kaum einer Darstellung zur Literatur des 18. Jahrhunderts und im Roman selbst beweist sich die Wirkung von Literatur, wenn Werther und Lotte am Rande des abendlichen Balls gemeinsam aus dem Fenster blicken, dem Schauspiel des abklingenden Gewitters zusehen und mit dem unvermittelten Ausspruch „Klopstock" ihre Liebe entdecken.[2] Das gemeinsame Nacherleben von Literatur ermöglicht eine Kommunikation über die Liebe, gipfelnd im innigsten Augenblick. Es eröffnet einen eigenen Diskurs über die Liebe, und nicht von ungefähr war der *Werther* dann auch die maßgebliche Quelle Roland Barthes' für seine *Fragmente einer Sprache der Liebe*.[3] Lektüren der

---
[1] Bernhard Schlink: Der Vorleser. Zürich 1995.
[2] Vgl. Johann Wolfgang von Goethe: Die Leiden des jungen Werther. In: Goethes Werke. Bd. VI: Romane und Novellen I. Textkritisch durchgesehen von Erich Trunz. Kommentiert von Erich Trunz, Benno von Wiese. 14., überarbeitete Aufl. München 1996, S. 7–124, hier S. 27.
[3] Vgl. Roland Barthes: Fragmente einer Sprache der Liebe. Übersetzt von Hans-Horst Henschen. Frankfurt a. Main 1984, hier S. 22.

Liebe legen nicht nur die Grundlage für eine Kommunikation zwischen Liebenden, sie figurieren in der Literatur mitunter selbst als Initiator der Liebe.[4] Ob nun Hanna und Michael, Werther und Lotte – die über Literatur sich in ihrer Liebe erkennenden Paare stehen in einer Tradition, die prominent schon in Dantes *Divina Comedia* ausgeprägt ist: Im Inferno trifft Dante auf die Ehebrecher Paolo und Francesca, die ihm auf seine Fragen Auskunft darüber geben, wie die Liebe in ihnen erwacht sei:

> Wir lasen eines Tages zum Vergnügen von Lanzelot, wie den die Liebe packte; wir waren allein und wir ahnten noch nichts. Ein paar Male ließ dies Lesen uns schon gegenseitig in die Augen blicken, und wir waren blass dabei geworden. An einer Stelle aber war es um uns geschehen: Als wir lasen, wie der lächelnde, begehrte Mund von einem solchen Liebhaber geküsst wurde, da hat auch er, der nun nie mehr von mir getrennt ist, mich heftig bebend auf den Mund geküsst. Den Mittler dabei spielte für uns das Buch und der's geschrieben hat.[5]

So eindrucksvoll die Schilderung sein mag, so wenig bietet sie doch eine monokausale Erklärung für die Entstehung der Liebe. Ist es die sinnliche Wahrnehmung des anderen bei der Lektüre, seine Stimme, sein Blick? Ist es das gemeinsame Nacherleben des Gelesenen? Oder ist es gar die Verbindung des Sinnlichen und Imaginären, eine Verbindung, die erst das in Händen gehaltene Buch ermöglicht?

Im Folgenden möchte ich diesen Fragen nach den Bedingungen für die Liebe nachgehen, einer Liebe, die ich im Anschluss an Niklas Luhmann als Form der Kommunikation zwischen Liebenden verstanden wissen möchte.[6] Von daher richtet sich mein Interesse zunächst auf das Buch und zwar im ganz konkreten Sinn auf das Buch als Ding. Die Forschung zu Dingen in der Kultur hat immer wieder herausgestellt, dass diese nur in ihrer Beziehung zu den Menschen erfasst werden können. Jede Kultur hat ihre Dinge: kostbare, unscheinbare, vermeintlich unbedeutende, auch heilige Dinge, die erst innerhalb eines Beziehungsgeflechts, das sie mit dem Menschen eingehen, eben als kostbare, unscheinbare, unbedeutende oder heilige Dinge erkannt und eingestuft werden können. Nimmt die ethnologische Forschung die eigentümliche „Macht der Dinge" in den Blick, die diese über den Menschen haben und auch ausüben,[7] entwerfen Soziologen eine eigene Theorie eines Netzwerks, innerhalb dessen Dinge wie Menschen ihren Platz einnehmen und handeln.[8] Auf die Literatur bezogen geht es somit um Beziehungen, die nicht nur Figuren untereinander eingehen, es geht vielmehr auch um die Position und

---

4 Vgl. Gerhard Neumann: Lektüren der Liebe. In: Über die Liebe. Ein Symposion. Hrsg. von Heinrich Meier, Gerhard Neumann. München 2001, S. 9–79, hier S. 29–44.
5 Dante Alighieri: La Commedia. Die Göttliche Komödie. I. Inferno/Hölle. Italienisch/Deutsch. In Prosa übersetzt und kommentiert von Hartmut Köhler. Stuttgart 2010, S. 87. Vgl. auch den Kommentar zur Übersetzung von ital. *Galeotto* ebd., S. 86 f.
6 Niklas Luhmann: Liebe als Passion. Zur Codierung von Intimität. 4. Aufl. Frankfurt a. Main 1998.
7 Karl-Heinz Kohl: Die Macht der Dinge. Geschichte und Theorie sakraler Objekte. München 2003.
8 Bruno Latour: Eine neue Soziologie für eine neue Gesellschaft. Einführung in die Akteur-Netzwerk-Theorie. Aus dem Englischen von Gustav Roßler. Frankfurt a. Main 2007.

Funktion, die Dinge innerhalb solcher Relationen einnehmen.[9] Damit ist gezielt nach dem Status der Dinge als Dinge zu fragen, nach ihrem Status innerhalb erzählter Liebeskommunikation. Mein Interesse richtet sich im Folgenden daher nicht allein auf das Buch, dem eine initiale Funktion in Liebesgeschichten zukommen mag, auch andere Dinge, die eine fortwährende Kommunikation der Liebenden garantieren können, sollen in den Blick genommen werden.

Untersuchen möchte ich verschiedene Fassungen der sogenannten Floris-Romane des Mittelalters und der Frühen Neuzeit, in erster Linie Konrad Flecks höfischen Versroman *Flore und Blanscheflur* sowie den Prosaroman *Florio und Bianceffora*.[10] Hierbei handelt es sich um Vertreter verschiedener Traditionslinien desselben Stoffkomplexes, die die Forschung zu rekonstruieren versucht hat.[11] Gemeinhin wird angenommen, dass der mittelhochdeutsche Roman um 1220 eine frühe Ausarbeitung der sogenannten *version aristocratique* ist, die in die Jahre um 1150/60 angesetzt wird. Davon hat sich vermutlich schon im frühen 13. Jahrhundert eine sogenannte *version populaire* abgesetzt, an die Boccaccio mit seinem *Filocolo* von 1336–38 angeschlossen hat, der schließlich Grundlage für die deutsche Prosaübersetzung war, die erstmals 1499 von Kaspar Hochfeder in Metz gedruckt wurde. Der Prosaroman erfuhr bald weitere Auflagen, schon ein Jahr später in Metz, dann in Straßburg und Frankfurt, bis ihn schließlich Sigmund Feyerabend in sein *Buch der Liebe* aufnahm.

Im Folgenden werde ich also nach den Dingen in diesen Erzählungen fragen, nach ihren jeweiligen Ausprägungen als Objekte der Liebeskommunikation im Moment der Liebesentstehung – die gerade anhand der Dinge in den Romanen unterschiedlich begründet wird – und dann in je eigenen Abschnitten in Phasen der Trennung der beiden Liebenden. Anhand der mitunter sehr voneinander abweichenden Realisierungen der doch selben Geschichte möchte ich aufzeigen, wie unterschiedlich mit Dingen eine Liebesgeschichte erzählt werden kann, indem an je-

---

9 Vgl. Anna Mühlherr, Heike Sahm: Eigen-Sinn von Dingen in älterer Erzählliteratur. In: Vielheit und Einheit der Germanistik weltweit. Hrsg. von Franciszek Grucza. Frankfurt a. Main 2012 (Publikationen der internationalen Vereinigung für Germanistik. 5), S. 235–244.

10 Flore und Blanscheflur. Eine Erzählung von Konrad Fleck. Hrsg. von Emil Sommer. Quedlinburg/Leipzig 1846 (Bibliothek der gesammten deutschen National-Literatur. 12); Florio und Biancefora. Ein gar schone newe hystori der hochen lieb des kuniglichen fursten Florio vnnd von seyner lieben Bianceffora. Mit einem Nachwort von Renate Noll-Wiemann. Hildesheim/New York 1975 (Deutsche Volksbücher in Faksimiledrucken. 3). Anders als dort angegeben handelt es sich nicht um den Nachdruck der Ausgabe Metz 1500, sondern der Ausgabe Metz 1499; vgl. die vom Drucker Kaspar Hochfeder angegebene Datierung ebd., Bl. cxxv^v; das Exemplar der Bayerischen Staatsbibliothek der Ausgabe Metz 1500 ist vollständig digitalisiert einsehbar unter: http://daten.digitale-sammlungen.de/bsb00025853/image_1 (Datum des Zugriffs: 12.12.2013).

11 Vgl. im Folgenden Johan H. Winkelman: Florisromane. In: Höfischer Roman in Vers und Prosa. Hrsg. von René Pérennec, Elisabeth Schmidt. Berlin/New York 2010 (Germania litteraria mediaevalis Francigena. 5), S. 331–367; ferner Elisabeth Frenzel: Floire et Blancheflor. In: EM. Bd. 4. 1984, Sp. 1310–1315.

weils äquivalenter Position der Geschichte von je anderen Dingen erzählt wird: von kostbaren und getauschten Griffeln, von einem jahrhundertelang weitergegebenen Ring und nicht zuletzt von Liebesbriefen – Dinge, die in der Kommunikation in Sachen Liebe als Medium fungieren oder gar als Fetisch begegnen können.

I Lektüren der Liebe

Vielleicht angeregt durch sein großes Vorbild Dante hat Giovanni Boccaccio sich der Frage nach der Entstehung der Liebe über die Buchlektüre schon früh zugewandt. In seinem ersten Roman, dem *Filocolo*, den er noch während seiner Zeit in Neapel verfasst hat, erzählt er die Geschichte von Florio und Biancifiore, die – beide am selben Tag geboren – gemeinsam am spanischen Königshof aufwachsen, wo sie schon im kindlichen Alter unterrichtet werden und in Lektüre vertieft ihre Liebe zueinander entdecken.[12] Um nun zunächst der Frage nach der Liebesentstehung nachzugehen, möchte ich jedoch nicht auf Boccaccio, dafür aber auf die deutsche Prosaübersetzung seines Romans von 1499 zurückgreifen, die am Ende einer intensiven Boccaccio-Rezeption im 15. Jahrhundert steht und durchaus als eigenständiger Roman gelesen werden kann.[13]

Wie bei Boccaccio setzt die Liebesgeschichte von Florio und Bianceffora auch im frühneuhochdeutschen Prosaroman mit dem Lesen eines Buches ein. Auf Wunsch des Königs Felice werden die beiden Kinder schon früh unterrichtet. Ihr emsiger Lehrer Racheo hat ihnen schnell alle Buchstaben beibringen können und gibt ihnen bereits Ovid zu lesen – eine Lektüre mit Folgen, denn beide Schüler vertiefen sich eifrig in das Buch, bis Florio es endlich zuklappt, um Bianceffora anzublicken:

> Alſo allein vñ ſchweygent die lieb ir liebhaber ließ bey ain ander anſehen / Florio von erſt ſein buch zu that / vñ ſprach. O Biãceffore was newer ſchõ hat dich vmgeben / dein hab ich mer gefallen dañ vor nie / mein augẽ dich zuſehen / ſich nit benůgen mögen. Banceffore antwurt / deßſelbengleychen ich vonn dir ſprich. On zweyfel ſprach Florio / ich glaub die tugent der hayligen verſ / ſo wir ſtatz bißher gelernet habẽt / vnſer gemůt mit newem fewr erzundt vñ wöllent in vns wurckñ / alls ſie mit andern vil perſonen gethon haben / dañ du liebſt mir ob allen dingen diſer welt. Dar zu Bianceffore antwurt. So liebſtu mir nit minder. Nun als ſie der maß in lieblichem zuchtigem geſprecht mitt zugethonen buchern / vor einander ſtunden. Ra-

---

12 Zum *Filocolo* im Kontext des frühen Werks Boccaccios siehe Wilhelm Theodor Elwert: Die italienische Literatur des Mittelalters: Dante, Petrarca, Boccaccio. München 1980, S. 204–212; Manfred Hardt: Geschichte der italienischen Literatur. Von den Anfängen bis zur Gegenwart. Düsseldorf/Zürich 1996, S. 148–163.
13 Zum mitunter freien Umgang mit der Vorlage siehe Silke Schünemann: *Florio und Bianceffora* (1499). Studien zu einer literarischen Übersetzung. Tübingen 2005 (Frühe Neuzeit. 106), zusammenfassend S. 232–237.

> cheo ir maifter inen ein neweler zegeben in die kamer gegangen kam Sie hefftiglichen ftraffet / vñ fprach. Was newes bedewt das / das ich vor euch fich ewer gefperte bucher / wa ift ewer fleyffig ftudieren hingeflochen Florio vñ Bianceffore fcham halbñ bayde weiffer angeficht / alls die rotten roßen wurden / folcher ftraff vngewonet waren Bald ir bucher wider auff tetten. Aber ir augen mer begirig zu dienen einander anzefehen dañ zelernen waren. Racheo der ein fubtil mañ was / bald vernam durch ir weyß vñ geberde das new angezund fewer inn ir bayder hertzen / des er groß mißfallen het / doch mit mer hoffnung der warhayt / der fach baß vernemē wolt / fich an ein haimlich end verbarg / do er fie gefehen mocht / vñ fie fein nicht. So bald er an das v̂borgen ende / vñ von in kam / fie baide ire bucher wider zufparten / fich aber zefamen fatzten mitt liepplichem gefprech
> (Bl. xiij^r)

Florio und Bianceffora lesen in ihren Büchern heilige Verse und sie erfahren ihre Liebe, wie sie schon viele andere Liebespaare zuvor erfahren haben. Sie lernen gleichsam einen Liebescode, der sich geradezu idealtypisch und offensichtlich als – mit Luhmann gesprochen – symbolisch generalisiert darstellt.[14] Entsprechend stellen sich sogleich aus der Liebesliteratur altbekannte Symptome ein: Das Feuer der Liebe ist entfacht, die Schamröte breitet sich über die blassen Gesichter der Liebenden aus, ja selbst ihre Gebärden können von ihrem Lehrer Racheo, dem subtilen Beobachter, gedeutet werden, dem der Code ebenso bekannt sein dürfte, war er es schließlich, der ihnen Ovid zu lesen gab. Doch stellt sich damit nur umso nachdrücklicher die Frage, wie die Liebe über die Lektüre überhaupt entstehen mag, wie konkret *die tugent der hayligen verß* – so Florio – *in vns wurckñ* kann. Die Erzählung bietet hierfür unmittelbar vorab eine Räume wie Zeiten überbrückende Erklärung:

> Nun als fie bayde in iren erften kindlichen iaren / die zuchtige vers ouidio bald lernten. Die hayllig gôttin ein mutter der fliegenden irem fun Cupido des eyllends zuerkennen gabb / den fie fond new ftrall der lieb ze temperieren inn dem waffer zu im alfo fprach. O mein liebfter Sun / Es find zwo iung creaturen in der alten ftat Sibilla / die dein gefungen verß lernen vñ ftudieren / die felben iungen mit keufchem hertzen vñferm namen rûffen in irer lernûg Darumb laß vom dißem werck vñ gedenck an größere / zeuch ab dein fligel alls du gethō haft in der ftat Cartagine do du an dich nameft des iungen Afchanio form / dem gleych nym ytzo an dich / die geftalt des alten kônigs Felicie. vñ nayg dich an die ftat do die zwo iungen creaturen find / thu nach aller gewonhayt / alls der kônig gegen inen pfligt zethū / inn vmbfachen / gewß in ein die verborgen flamen / das hinfur kains ane das ander feinn vnd geleben mûg / vnnd dein nam in irem gemût vñ hertzen nyemer erlefchen fey
> (Bl. xij^v)

Genannt wird die heilige Göttin, die als Venus zu identifizieren kaum Schwierigkeiten bereitet. Venus registriert die beiden Verse rezitierenden Schüler und hört sie ihren Namen rufen. Sie wendet sich an Cupido, ihren Sohn. In Erinnerung an Ascanius, dessen Gestalt er einst in Karthago angenommen habe, um – dies ist hinlänglich bekannt von Vergil und nicht zuletzt aus Heinrichs von Veldeke *Eneasro-*

---

14 Zur symbolischen Generalisierung des Liebescodes siehe Luhmann (Anm. 6), S. 21–39.

*man*¹⁵ – die Liebe zwischen Dido und Aeneas anzufeuern, beauftragt sie ihn, auch in diesem Fall ebenso zu handeln. Cupido kommt dem Wunsch seiner Mutter nach, tritt in Gestalt des Königs Felicie zwischen die beiden Kinder, umarmt sie und entfacht das Feuer der Liebe in ihren Herzen. Der Roman wechselt gleichsam das Register und bietet mit der mythologischen Erzählung eine Erklärung: Die Entstehung der Liebe wird nach der Metamorphose des Gottes konkret als Berührung durch den Gott gedacht. Das Rufen des göttlichen Namens erscheint damit als performativer Sprechakt mit unumkehrbarer Folge, wenn der Name des Gottes im Herzen niemals mehr erlöschen soll. Das Lesen der heiligen Verse kann also die Liebe evozieren – hier über den Sprechakt, gefolgt von Metamorphose und Berührung. Dem Buch kommt somit eine wesentliche Funktion als Medium zu, das über die heiligen Verse zwischen den Göttern und den Liebenden vermittelt. Doch das Buch tritt gegenüber der göttlichen Begegnung und der sich anschließenden unmittelbaren Begegnung auch der Liebenden offensichtlich zurück, es scheint geradezu auf seine Eigenschaft als Datenträger reduziert zu sein. Dies wird anlässlich der getauschten Blicke zwischen Florio und Bianceffora immer wieder hervorgehoben, wenn auch das Buch immer wieder geschlossen wird. Das Buch markiert letzthin ebendiesen Wechsel von der an das Medium gebundenen und mythologisch gerechtfertigten Vermittlung des allgemeinen Liebescodes hin zur unmittelbaren Kommunikation der Liebenden über Sprache und Blicke. An eben dieser Grenze zwischen dem offenen und geschlossenen Buch, zwischen Lektüre und Blick, bemüht nun der Erzähler die ebenso traditionelle wie ambige Figur der Personifikation: *Alſo allein vñ ſchweygent die lieb ir liebhaber ließ bey ain ander anſehen / Florio von erſt ſein buch zu that* (Bl. xiijʳ). Die personifizierte Liebe tritt auf im Moment der Realisierung ihrer Wirkkraft in der Geschichte; die Ununterscheidbarkeit von *discours* und *histoire* im vorangegangenen mythischen Geschehen, die Berührung von Gott und Figur, erscheint damit gleichsam überwunden, wenn die Ebenen des Erzählens in uneigentlicher Sprache transparent gemacht sind.¹⁶ Die Erzählung bedient sich hier aller Mittel, den unergründbaren Moment der Liebesentstehung zu motivieren, und sie fokussiert das Buch, das sie letzthin als Medium (offen) und als Ding (geschlossen) in jeglicher Argumentation ins Zentrum rückt.¹⁷

---

15 Vgl. Heinrich von Veldeke: *Eneasroman*. Mittelhochdeutsch/Neuhochdeutsch. Nach dem Text von Ludwig Ettmüller ins Neuhochdeutsche übersetzt, mit einem Stellenkommentar und einem Nachwort von Dieter Kartschoke. Durchgesehene und bibliographisch ergänzte Aufl. Stuttgart 1997, V. 37,23 ff.
16 Zum Aufdecken der Erzählebenen mittels der Personifikation am Beispiel der Âventiure vgl. Katharina Philipowski: Die Grenze zwischen *histoire* und *discours* und ihre narrative Überschreitung. Zur Personifikation des Erzählens in späthöfischer Epik. In: Grenze und Grenzüberschreitung im Mittelalter. 11. Symposium des Mediävistenverbandes vom 14. bis 17. März 2005 in Frankfurt an der Oder. Hrsg. von Ulrich Knefelkamp, Kristian Bosselmann-Cyran. Berlin 2007, S. 270–284, hier S. 282.
17 Der Fokus auf das Buch wird im Straßburger Druck von 1530 schließlich nochmals verstärkt, wenn das mythologische Argument getilgt wird, indem die insgesamt 17 Zeilen der Erzählung von

Vergleichbar, doch gänzlich anders als im Prosaroman stellt sich der Befund in Konrad Flecks Versroman *Flore und Blanscheflur* dar, der in analoger Situation vom Beginn der Liebe erzählt. Auch hier sorgt der König bereits früh für eine umfassende Ausbildung der beiden Kinder und setzt sie bald, im Alter von fünf Jahren, *zen buochen* (V. 639). In diesen Büchern lesen sie von der Liebe; und sie lernen den Liebescode nicht nur kennen, sondern diesen ihrerseits bereits anzuwenden und sogar zu verkörpern:

> nû begunden sie lesen
> diu buoch von minnen allezan.
> dâ funden sie geschriben an
> von minnen vil manegen list,
> der uns an den buochen ist
> von wîsen pfaffen verliben.
> (V. 712–717)

Sie lesen vom Feuer der Liebe, von Mühsal und von Glück, von Trauer und von Freude, von erfüllter und auch unerfüllter Liebe, gerade so, wie es *ir nâtûre* (V. 732) ist, bis *den kinden wart / ze rehte kunt der Minnen art* (V. 743 f.). Angeleitet durch die Lektüre finden sich die Liebenden und küssen sich, nicht ohne das eigene Handeln dabei als Bestätigung des Gelesenen zu erfahren: *dâ von wart in schiere kunt / swaz sie von minne vernâmen* (V. 754 f.). Ihr weiteres Verhalten folgt entsprechend dem gelernten Liebescode, sodass man ihnen ihre Liebe auch schon bald am Hof ansehen kann: *die liute begunden nemen war / der grüeze und der âmûr / zwischen Flôren unde Blanscheflûr* (V. 854–856).

Margreth Egidi hat dargelegt, wie hier im Wechsel von Lesen und Lieben das eine jeweils die Bestätigung des anderen ist, wie „Liebe und Liebesliteratur, literarische und eigene ‚Erfahrung' ineinander projiziert werden".[18] Die Erzählung hebt

---

Venus und Cupido aus dem Druck von 1500 (Bl. xij^v f.) nicht übernommen werden, wodurch sich ein in diesem Kontext aufschlussreicher Satzanschluss ergibt: *Nun als fie beide in irē erften kindlichen iaren die züchtige vers Ouidio bald lernetē. nam fein weg für* (Bl. XII^r). Auch scheint der Redaktor Schwierigkeiten mit der personifizierten Liebe gehabt zu haben, wenn er im entsprechenden Satz gar das Subjekt ersatzlos tilgt: *Alfo allein vnd fchweigent die liebhaber lis beieinander anfehen* (Bl. XII^r).

18 Margreth Egidi: Schrift und ‚ökonomische Logik' im höfischen Liebesdiskurs: *Flore und Blanscheflur* und *Apollonius von Tyrla*. In: Schrift und Liebe in der Kultur des Mittelalters. Hrsg. von Mireille Schnyder. Berlin/New York 2008 (TMP. 13), S. 147–163, hier S. 152 f.; vgl. dagegen Werner Röcke: Liebe und Schrift. Deutungsmuster sozialer und literarischer Kommunikation im deutschen Liebes- und Reiseroman des 13. Jahrhunderts (Konrad Fleck, *Florio und Blanscheflur*; Johann von Würzburg, *Wilhelm von Österreich*). In: Mündlichkeit – Schriftlichkeit – Weltbildwandel. Literarische Kommunikation und Deutungsschemata von Wirklichkeit in der Literatur des Mittelalters und der frühen Neuzeit. Hrsg. von Werner Röcke, Ursula Schaefer. Tübingen 1996 (ScriptOralia. 71), S. 85–108, hier S. 92 f.: Indem die Liebe „zur literarischen Geste und zum literarischen Zitat stilisiert" und somit „formelhaft und außerordentlich topisch" sei, ergebe sich eine Distanz zwischen den Liebenden.

damit weniger auf die Explikation des konkreten Falls ab, als sie vielmehr den allgemeinen Sachverhalt zur Anschauung bringt, der dann auch im anschließenden Dialog der Liebenden diskursiv verhandelt wird.[19] Flore und Blanscheflur versichern sich gegenseitig ihre Liebe und fragen nach den genaueren Umständen. Florio: *wie kumet daz iuwer minne / mir tegelich ist sô niuwe?* (V. 778 f.) – und darauf Blanscheflur: *doch wundert mich sêre / waz mir sî und wâ von* (V. 790 f.). Die in rhetorischer Manier letzthin unbeantwortet bleibenden Fragen nach dem Entstehen der Liebe zielen ebenso auf den allgemeinen Sachverhalt, der über den einzelnen Moment hinausweist und sich nicht nur täglich neu, sondern – so ließe sich ergänzen – auch in anderen Fällen bewahrheiten mag. Eine monokausale, mithin chronologisch nachvollziehbare Entwicklung vom Lesen hin zum Lieben steht somit kaum im Fokus der Erzählung. Es geht um Exemplarität der symbolisch generalisierten Liebeserfahrung und -kommunikation.[20] Von daher bleibt es nicht bei der Lektüre von Liebesliteratur, die Liebenden schreiben sich selbst in die Tradition ein, beim Verfassen von Liebesgedichten in einem als *locus amoenus* topisch stilisierten Minnegarten:

> an ir tävelîn sie schriben
> von den bluomen wie sie sprungen,
> von den vogelen wie sie sungen,
> von minnen vil und anders niht;
> dâ von was gar ir getiht:
> von minnen was in sorgen buoz,
> von minnen was ir unmuoz.
> der flîz was in gemeine.
> (V. 820–827)

Anders als im Prosaroman, wo das Lesen des Buches im Fokus der Frage nach dem Liebesbeginn steht und von dem aus die Liebesgeschichte auch ihren Anfang nimmt, dreht sich die Richtung gleichsam um: Die Exemplarität der Liebe wird hier unterstrichen auch durch die Produktion, das Fortschreiben des Liebescodes im Gedicht.[21] Die Lektüre der Liebe stellt sich somit nicht nur als rezeptive Handlung

---

[19] Dies deckt sich damit, dass sich die Szene als „eine auffallend ‚sujetlose' Erzählung" darstellt; Margreth Egidi: Der Immergleiche: Erzählen ohne Sujet. Differenz und Identität in *Flore und Blanscheflur*. In: Literarische Leben. Rollenentwürfe in der Literatur des Hoch- und Spätmittelalters. Festschrift für Volker Mertens zum 65. Geburtstag. Hrsg. von Matthias Meyer, Hans-Jochen Schiewer. Tübingen 2002, S. 133–158, hier S. 136.
[20] Vgl. Egidi (Anm. 18), S. 152. Ein vorreflexiver Liebesbeginn, wie er in den Versen 606–609 vom Erzähler angedeutet ist, mag vor dem von Egidi dargelegten Hintergrund nicht weiter irritieren, zumal es nicht um den augenblickhaften Moment der Liebesentstehung geht. Ein „Eingreifen des Liebesgottes" – so ebd., S. 149 – erfolgt auch nicht innerhalb der Geschichte; der *minnen got* (V. 610) wird vom Erzähler offensichtlich metaphorisch erwähnt.
[21] Eine Richtungsänderung mag insofern nachvollzogen werden, als der Prosaroman vom allgemeinen kodifizierten Liebescode ausgeht, um von der Begegnung der Liebenden im Speziellen zu erzählen, während im Versroman diese Voraussetzung dafür ist, den allgemeinen Sachverhalt zur

dar, sondern ebenso als produktive, und sie erfolgt konsequent auch nicht nur in der Schule, sondern ebenso im Minnegarten.²² Im Zentrum steht hier nicht das Buch als Ding und Medium, von dem sich Florio und Bianceffora im Prosaroman gleichsam abwenden, wenn sie es immer wieder schließen, um einander anzublicken. Im Zentrum stehen hier Griffel, Schreibgeräte als Instrumente ihrer Liebe, die neben den Schrifttafeln entsprechend als je kostbares Ding und Kleinod beschrieben werden:

> ir tävelîn was von helfenbeine,
> schœniu griffelîn von golde.
> si hâte der künic alsô holde
> daz er in ze minnen
> sölch cleinôt hiez gewinnen
> (V. 828–832).

Den beiden Griffeln wird nicht nur in der Geschichte ein Wert zugeschrieben, ihnen kommt auch für die Diskursivierung der Liebe ein eigener Stellenwert zu. In ihnen mag sich „symbolisch die enge Verflechtung von Liebe und Kommunikation über Liebe" durchaus verdichten,²³ doch sie erschöpfen sich kaum nur in dieser symbolischen Funktion im Fortgang der Erzählung. Dem Status der Griffel soll im Folgenden daher weiter nachgegangen werden.

II Fetischisierung im Versroman

Die Nachricht von der unstandesgemäßen Liebe zwischen dem zum Erbe vorgesehenen heidnischen Königssohn Flore und der zwar zunächst gern geduldeten, doch christlich getauften Sklaventochter Blanscheflur verbreitet sich schnell am spanischen Hof, bis selbst dem König *disiu leiden mære* (V. 861) zu Ohren kommen. Gemeinsam mit der Königin wägt er Alternativen ab, wie die beiden getrennt werden könnten, wie sie dafür sorgen könnten, ihre Liebe zu verhindern, damit sie

---

Darstellung zu bringen. Es geht hier somit nicht um das Nacherleben des Vermittelten, sondern gerade auch um das Vorleben des zu Vermittelnden. Dass Liebe und Literatur hier geradezu in Deckung geraten, resümiert dann auch Florian Kragl: Fragmente einer Liebe der Sprache. Von einem Fetisch der höfischen Literatur am Beispiel von Konrad Flecks Floreroman und Wolframs *Titurel*. In: Euphorion 107 (2013), S. 269–299, hier S. 276 f.

22 Die Schule, genannt in den Versen 742 und 749, scheint tatsächlich räumlich gedacht, wenn die *wege* (V. 751) dorthin erwähnt werden, von denen die *schuolgenôzen* (V. 645) dann zum *boumgarten* (V. 758) abzweigen.

23 Egidi (Anm. 18), S. 154 f.; vgl. auch Margreth Egidi: Die höfischen Künste in *Flore und Blanscheflur* und *Apollonius von Tyr*la. In: Interartifizialität. Die Diskussion der Künste in der mittelalterlichen Literatur. Hrsg. von Susanne Bürkle, Ursula Peters. Berlin 2009 (ZfdPh. 128, Sonderheft), S. 37–48, hier S. 39.

weiterhin *weder tihten noch lesen* (V. 946) würden. Sie beschließen, Flore zu Verwandten nach Montore zu schicken, wo er unterrichtet werden und Ablenkung bei anderen Mädchen finden soll. Bestürzt über die Nachricht des Vaters eilt Flore zu Blanscheflur, um sie von der Absicht seiner Eltern in Kenntnis zu setzen, sie seiner Liebe zu versichern und Abschied zu nehmen. Ebenso bestürzt reagiert Blanscheflur und fordert vom Geliebten Standhaftigkeit gegenüber anderen Frauen in Erinnerung an die gemeinsame Liebe:

> lânt mich iur stæte schouwen:
> swaz iu von andern frouwen
> iemer liebe widervar,
> sô vergezzent doch niht gar
> der liebe die wir hâten,
> wie wir lebeten unde tâten
> sô rehte geselleclîche.
> (V. 1305–1311)

Blanscheflur erinnert an ihre Liebe, von der sie gelesen, die sie gelebt hätten im Schreiben ihrer Gedichte – die sie *lebeten unde tâten*. Die Liebe wird als gemeinsames Erleben und auch gemeinschaftliches Handeln aufgerufen, und Blanscheflur bestärkt ihre Forderung gegenüber Flore mit dem Wunsch, eben die Instrumente ihrer Liebe zum Abschied noch zu tauschen. Der Tausch der Griffel mag die Erinnerung an die Liebe durchaus befördern, doch ändert sich mit dem Tausch der Griffel auch deren Status. So wird der Tausch nicht nur anlässlich der Trennung der beiden Liebenden erzählt, er basiert selbst auf der Separierung eben der beiden Griffel:

> Dô nâmen sie ir griffelî,
> beidiu er unde sî,
> und gap er ir daz sîne;
> ,nû nement ouch daz mîne'
> sprach diu vil getriuwe.
> ,mir muoz iemer niuwe,
> friunt, iuwer minne sîn.'
> ,und ir mîn stætiu friundîn.'
> sprach Flôre wider sî.
> dô nam sî daz griffelî
> (V. 1321–1330).

Ist zunächst summarisch noch von ihren beiden Griffeln die Rede, von *ir griffelî*, stehen auch die Personalpronomina *er* und *sî* im Folgevers über die Konjunktion in noch enger Verknüpfung. Der Tausch der beiden Griffel erfolgt sprachlich umgesetzt nun als Übergabe je eines Griffels in je eigenem Vers, hier im Wechsel auch zu den substantivisch gebrauchten Possessivpronomina *sîne* und *mîne*. Und im Anschluss an die Wechselrede ist es schließlich *daz griffelî*, das angenommen wird, der einzelne Griffel, dem nun ein neuer Status zugeschrieben und dem auch ein neuer Status im Fortgang der Erzählung zukommen wird. Mit dem einzelnen Griffel kann die gemeinsame Vergangenheit dem Vergessen entzogen werden, indem sich die Liebe des jeweils anderen (*iuwer minne*) mit ihm aktualisieren soll (*iemer niuwe*). Der Griffel ist damit mehr als nur ein Memorialobjekt, das an die Liebe des anderen – mithin symbolisch – erinnert. Der Griffel garantiert vielmehr die fortwährende Liebe, die sich mit ihm erfüllt, nicht im Erinnern an Vergangenes, sondern in stets neuer Erfahrung.

Der französische Soziologe Marcel Mauss hat in seinem berühmten Essay *Die Gabe* dargestellt, wie der Austausch von Gaben Gesellschaft als exklusive Beziehung zwischen voneinander separierten Gruppen oder Personen konstituiert.[24] Indem jede Gabe zu einer Gegengabe verpflichtet, wechseln im agonalen Verhältnis von Geber und Empfänger Obligationen, über die nicht zuletzt auch Hierarchien stetig ausgehandelt werden und zu fortwährender Gemeinschaft geradezu nötigen. In der Gabe findet diese Form des Agons schließlich ihre materielle Grundlage, insofern der Geber sich mit seiner Gabe dem Empfänger förmlich ausliefert, sich gleichsam verausgabt. Denn so „gibt man beim Geben", in der Formulierung von Mauss, „*sich* selbst, indem man gibt, und wenn man *sich* gibt, dann darum, weil man *sich* selbst – sich und seine Besitztümer – den anderen *schuldet*".[25] Die Gabe firmiert sodann weniger als Repräsentant des Gebers, als dieser im Ding vielmehr unmittelbar präsent ist:

> Im Grunde handelt es sich um Vermischungen. Man mischt die Seelen unter die Dinge; man mischt die Dinge unter die Seelen. Man mischt die Leben ineinander und so verlassen die miteinander vermischten Personen und Sachen ihre jeweilige Sphäre: das eben ist die Bedeutung von Vertrag und Tausch.[26]

Infolge dieser Vermischungen begegnen die Personen einander geradezu verdinglicht, während dem Ding selbst eine eigentümliche Kraft zukommt, die es – in der von Mauss gewählten Begrifflichkeit – zum „beseelten Ding" werden lässt.[27] Das von Mauss auf Grundlage ethnologischer Forschungen entwickelte und bis heute Theorien der Gabe unterschiedlichster Fachrichtungen maßgeblich bestimmende

---

[24] Vgl. Marcel Mauss: Die Gabe. Form und Funktion des Austauschs in archaischen Gesellschaften. In: Marcel Mauss: Soziologie und Anthropologie. Übersetzt von Henning Ritter. Bd. 2: Gabentausch, Soziologie und Psychologie, Todesvorstellung, Körpertechniken, Begriff der Person. München/Wien 1975, S. 9–144. Vgl. hierzu Iris Därmann: Theorien der Gabe. Zur Einführung. Hamburg 2010, S. 12–35, hier S. 24, zum chiastischen Verhältnis von Separierung und Vergesellschaftung: „Aus Sicht von Mauss ist es daher die eigentümliche Funktion des Gabentausches, eine Beziehung *zwischen* einander fremden Gesellschaften, Personen und Individuen zu stiften, und das heißt, einen Zwischenraum zu eröffnen, der die Gabenpartner chiastisch voneinander trennt und zugleich miteinander verbindet. Die Gabe ist die inter-subjektive, inter-generative, inter-kulturelle und inter-nationale Praxis des getrennten Zusammenlebens." Vgl. ferner mit Beispielen Kohl (Anm. 7), S. 132–143.
[25] Mauss (Anm. 24), S. 93.
[26] Ebd., S. 39.
[27] Vgl. ebd., S. 29, ferner das Kapitel „Die Kraft der Dinge", ebd., S. 80–87.

Modell ist auch aus der höfischen Literatur des Mittelalters bekannt, was verschiedene Studien der letzten Jahre aufgezeigt haben.[28] Nicht zuletzt sind es Liebesgaben, von denen die Literatur erzählt und anhand derer ein Diskurs auch über die Liebe verhandelt wird.[29] Und auch mit Blick auf Flore und Blanscheflur bestärkt im Moment personaler Separierung der Austausch ihrer Griffel eine Beziehung, die auf Ausschließlichkeit zwar zielt, insofern gegenseitige *triuwe* und *stæte* betont werden und Flore ausdrücklich keine andere Frau nehmen soll und wird; doch basiert die Beziehung hier nicht auf einer andauernden, mithin agonal fortgeführten Zirkulation der Gabe. Es sind ausdrücklich gleiche Griffel, die zu keiner gesteigerten Verausgabung nötigen; die Liebe erfüllt sich in ihrer nicht angezweifelten Reziprozität, ohne weitere hierarchisierende Obligationen. Im Griffel ist dann auch nicht der jeweils andere als ausschließlich präsent anzunehmen, dafür die Grundlage ihrer Beziehung: Im Griffel ist über das Erinnern an die gemeinsam erlebte Liebe hinaus die Möglichkeit der je aktuell erfahrbaren Liebe präsent in ihrer Vergangenheit, Gegenwart und auch Zukunft verbindenden und damit Zeitlosigkeit implizierenden Idealität. Der Griffel ist – in Anlehnung an Hartmut Böhme – somit Projektionsfläche und infolge des Gabentauschs auch Inkorporierung der sozialen Beziehung, hier der Liebe, und er ist damit in klassischer Weise ein Fetisch.[30]

Fetische vermitteln stets zwei Elemente: die geistige Potenz, die Wirkmacht, die von ihnen ausgeht, und das materielle Objekt, das Ding, in dem diese Macht enthalten ist.[31] Sie brauchen dabei nicht notwendigerweise in einem wie auch immer zu denkenden kontiguitären oder mimetisch-sympathetischen Zusammenhang mit der in ihnen präsenten Person oder einem abstrakten Ideal zu stehen; deshalb weisen sie oftmals auch keine spezielle, mithin figurale Form auf. Es können natürliche Objekte ebenso sein wie willkürlich herangezogene Artefakte, die mit der Wirkmacht erst ein Ganzes ergeben und meist in besonderer Weise verehrt und aufbewahrt werden.[32] Es ist der Umgang mit den Dingen, der diese erst zu Feti-

---

28 Exemplarisch seien hier genannt Marion Oswald: Gabe und Gewalt. Studien zur Logik und Poetik der Gabe in der frühhöfischen Erzählliteratur. Göttingen 2004 (Historische Semantik. 7); Susanne Reichlin: Ökonomien des Begehrens, Ökonomien des Erzählens. Zur poetologischen Dimension des Tauschens in Mären. Göttingen 2009 (Historische Semantik. 12).
29 Vgl. hier zuletzt: Margreth Egidi u. a. (Hrsg.): Liebesgaben. Kommunikative, performative und poetologische Dimensionen in der Literatur des Mittelalters und der Frühen Neuzeit. Berlin 2012 (Philologische Studien und Quellen. 240).
30 Vgl. Hartmut Böhme: Fetischismus und Kultur. Eine andere Theorie der Moderne. Reinbek b. Hamburg 2006, S. 295; vgl. auch die Einleitung in: Hartmut Böhme, Johannes Endres (Hrsg.): Der Code der Leidenschaften. Fetischismus in den Künsten. Paderborn/München 2010, S. 9–29. Als Projektionsfläche für die Liebe kann das Schreibgerät fungieren, da die Liebe als über Literatur vermittelte Form der Kommunikation gefasst wird.
31 Vgl. hier und im Folgenden Böhme (Anm. 30), v. a. S. 187–198; Kohl (Anm. 7), v. a. S. 191–203.
32 Häufig bilden Fetische in Bündel zusammengefügte Dinge, fast immer aber werden sie gesondert aufbewahrt, ob in Tierpanzern oder Muscheln, in Schachteln oder Töpfen, in Textilien oder Beuteln; vgl. Böhme (Anm. 30), S. 189. Beispiele für sakral verehrte Bündel bietet auch Kohl (Anm. 7), S. 164–173.

schen macht. Denn Fetische – so Hartmut Böhme – „wirken nicht einfach von sich aus. Die Kraft, die sie entfalten sollen, wird ihnen implementiert, und erst dann sind sie, was sie sollen: mächtig und wirksam."[33] Die Herstellung von Fetischen erfolgt kulturübergreifend in meist ritualisierten Vorgängen, die verschiedenste Formen der Implementierung und Aktivierung der Wirkmacht kennen, seien es magische Rituale, zeremonielle Sprechakte oder nicht zuletzt der Gabentausch, über den das Ding im konkreten Sinn „Wohnstatt der Macht" wird: „Ein Ding ist immer dann zum Fetisch geworden, wenn die Kraft, zu der man sich in Beziehung setzen will, ihre Wohnung in dem Gegenstand nimmt und damit ‚handhabbar' wird."[34] Im Weiteren ist es ebendiese Handhabbarkeit der Wirkkraft im Fetisch, über die diesem eine auch performative Struktur zukommt: Fetische „haben eine eigene *Agency*, kraft deren sie die eingeschlossenen Mächte zur Entfaltung bringen".[35] Der Fetisch will schließlich in der ihm eigenen Weise genutzt und verwendet werden, will man seine Wirkmacht erfahren.

Der hier im Roman über den Gabentausch, bei sprachlicher Evokation seiner implementierten regenerativen Wirkmacht als Fetisch aktivierte Griffel ist als solcher handhabbar; und seine Wahrnehmung als Fetisch bestätigt sich konsequent, wenn Flore ihn später zur Hand nimmt: Als der König und die Königin einsehen müssen, dass ihr ursprünglicher Plan zur Verhinderung der Liebe der beiden Kinder gescheitert ist, verkaufen sie heimlich Blanscheflur an fremde Kaufleute, um so eine dauerhafte Trennung zu erreichen. Um zugleich auch dem Leid ihres Sohnes entgegenzuwirken, lassen sie überdies ein Grab errichten, das ihm den angeblichen Tod der Geliebten vor Augen führen soll. An diesem Grab nun klagt Flore um seine vermeintlich tote Geliebte, er beklagt ihr Schicksal und wünscht sich selbst den Tod. Doch dann holt er den goldenen Griffel aus seinem Futteral hervor, zieht das *guldîn griffelîn / ûz sînem griffelfuoter* (V. 2358 f.), und spricht ihn weinend an:

> owê griffel hêre,
> nû hân ich niht mêre
> von mîner lieben friundîn
> wan herzeleides unde dîn.
> (V. 2365–2368)

Neben dem Liebesschmerz ist es einzig der Griffel, der ihm jetzt noch bleibt. Der Griffel dient ihm zunächst als Memorialobjekt der Liebe,[36] und als solches steht er zu dieser in symbolischer Relation, die auf der beim Abschied gemeinsam verein-

---

[33] Böhme (Anm. 30), S. 188.
[34] Ebd., S. 187 f.
[35] Ebd., S. 190.
[36] Als „Memorialzeichen der Liebe" fasst ihn Klaus Ridder: Ästhetisierte Erinnerung – erzählte Kunstwerke. Tristans Lieder, Blanscheflurs Scheingrab, Lancelots Wandgemälde. In: LiLi 27 (1997), S. 62–85, hier S. 72.

barten Konvention beruht. In dieser Eigenschaft nimmt ihn Flore zur Hand, wenn er sich der Abschiedsworte seiner Geliebten erinnert: *ich wil dir ze minnen / geben diz schœne griffelîn, / daz dû dâ bî gedenkest mîn* (V. 2372–2374). Doch wird anhand des Memorialobjekts gerade nicht die gewünschte Präsenz der Geliebten hergestellt,[37] als vielmehr infolge der Erinnerung an ihre letzten Worte ihre Absenz noch unterstrichen wird: *nû bin ich hie, sô ist sî dort. / daz ist ungeselleclich* (V. 2378 f.). Flore bleibt nichts anderes übrig, als sich erneut an den in Händen gehaltenen Griffel zu wenden:

> ei griffelîn, nû füere mich
> ze Blanscheflûr, swâ diu ist;
> wan dû ein urkünde bist
> der liebe die wir hâten.
> (V. 2380–2383)

Flore spricht den Griffel wiederholt und direkt an. Er nimmt ihn als „beseeltes Ding" nicht nur wahr, sondern überdies als eigenständig handelndes Ding, von dem er sich Hilfe erhofft. Und gerade weil der Griffel ein *urkünde* der Liebe ist, ein Zeuge der vergangenen Liebe, *der liebe die wir hâten*, doch ebenso zur Geliebten führen soll, verkörpert er – gleichsam an der Grenze von Erinnerung hier und Erfahrung dort – die Zeit und Raum nur in ihrer Idealität überwindende Liebe. Denn dass es ausgerechnet der Griffel ist, der an die Liebe sowohl erinnert als auch diese erst ermöglichen kann, schließt nicht nur an das gegebene Versprechen der Liebenden beim Tausch ihrer Griffel an, sondern ebenso an die früher erfahrene Liebe im Garten beim Lesen und Schreiben von Liebesdichtung. Anhand des Griffels bestätigen sich somit nicht nur *triuwe* und *stæte* Flores und Blanscheflurs, anhand des Griffels bestätigt sich ebenso der ihrer Beziehung zugrunde liegende allgemeine Code der Liebe, wenn Flore ihn auch jetzt in Sachen Liebe anruft. Indexikalisch verweist der Griffel auf Beginn und Erfüllung ihrer Liebe und er ist zugleich als Objekt des Gabentauschs deren Materialisierung. Als indexikalisch gleichsam beschriebene Projektionsfläche und Inkorporierung der Liebesbeziehung bestätigt sich der Griffel somit als Fetisch, nicht zuletzt auch in der direkten Anrufung als handlungsfähiges Ding durch Flore. Liebe erscheint damit aber letzthin und durchaus im Wortsinn objektivierbar.

---

[37] Margreth Egidi: Implikationen von Literatur und Kunst in *Flore und Blanscheflur*. In: Geltung der Literatur. Formen ihrer Autorisierung und Legitimierung im Mittelalter. Hrsg. von Beate Kellner, Peter Strohschneider, Franziska Wenzel. Berlin 2005 (Philologische Studien und Quellen. 190), S. 163–186, hier S. 184, geht zwar zunächst von einer wahrgenommenen Präsenz aus, nimmt dann aber die Unterscheidung „‚reale' (des [Grab]Kunstwerks) und imaginierte bzw. erinnerte Präsenz (der ‚realen' Geliebten)" vor. Auf den Griffel geht sie nicht ein. Röcke (Anm. 18), S. 96, möchte im „Prozeß der Distanzierung" der Liebenden eine Unterbrechung ausmachen, wenn „gerade die Instrumente der Schriftlichkeit und der *memoria* [Griffel und Schreibtafel; U. H.] in das Liebesdrama zurückgeführt werden".

Die Objektivierung der Liebe im Fetisch[38] reflektiert dann geradezu das Scheingrab Blanscheflurs. Denn dem Griffel als Materialisierung der Liebe und beseeltes Ding steht das Grab gegenüber, das ebendiese chiastische Struktur von Verlebendigung und Verdinglichung geradezu konterkariert, wenn es als Automat und auffällig auf den Fetisch hin gestaltet ist. Markiert ein Grab gemeinhin schon die Grenze von Leben und Tod,[39] ist auch die Grabanlage hier in entsprechender Weise ausgeführt:[40] Umsäumt von herrlichsten Bäumen, auf denen Vögel mit ihrem Gesang jegliches Leid zu vertreiben vermögen, ist das Grab *aus marmelsteine / gelîche helfenbeine* (V. 1949 f.) errichtet. Es ist verziert mit Bildern von allerlei Tieren, die aus Gold gefertigt sind und daher wie lebendig wirken:

> diu selben bilde
> diuhten iuch sô lobelich
> daz ir swüert sie regeten sich
> und daz sie lebeten garwe.
> daz kam von maneger varwe
> und von des goldes rîcheit.
> (V. 1968–1973)

Zuoberst stehen Skulpturen von Flore und Blanscheflur, die aufgrund eines komplexen, von Winden angetriebenen Mechanismus sprechen können und sich einander Blumen reichend ihrer Liebe gegenseitig versichern:

> swer sie sach, und erkander
> wie diu kint geschaffen wâren,
> der sach diu zwei gebâren
> jenen zwein gelîche.
> Flôre höveschlîche
> sîner friundîn eine rôse bôt
> gemachet ûzer golde rôt.
> dâ wider bôt im sîn friundîn
> ein gilje, diu was guldîn.
> (V. 1998–2006)

Das in der Grabanlage inszenierte Gartenidyll rekurriert offensichtlich auf den Garten, in dem sich Flore und Blanscheflur zuvor auch ihre Liebe gestanden haben.[41]

---

[38] Die nur Fetischen zukommende Möglichkeit der Objektivierung von Liebe betont Barthes (Anm. 3), S. 177.
[39] Dies betont schon Haiko Wandhoff: „sie kusten sich wol tusent stunt". Schrift, Bild und Animation des toten Körpers in Grabmalbeschreibungen des hohen Mittelalters. In: Totenkulte. Kulturelle und literarische Grenzgänge zwischen Leben und Tod. Hrsg. von Patrick Eiden u. a. Frankfurt a. Main 2006, S. 53–79.
[40] Vgl. die Beschreibung des Grabmals in V. 1947–2122 und V. 2208–2226.
[41] Vgl. ausführlich Haiko Wandhoff: Ekphrasis. Kunstbeschreibungen und virtuelle Räume in der Literatur des Mittelalters. Berlin/New York 2003 (TMP. 3), S. 302–309; vgl. hierzu auch Egidi (Anm. 23), S. 39 f. mit Anm. 6.

Zudem fällt auf, dass nicht nur die Materialien des Grabes – elfenbeingleicher Marmor und Gold – bereits die aus demselben Material gefertigten Instrumente ihrer Liebeserfahrung – Schreibtafel und Griffel – aufrufen. Auch der Gabentausch selbst erscheint symbolisch umgesetzt, substituiert durch den Austausch der Blumen, die als goldene Blumen die goldenen Griffel ikonisch repräsentieren. Und schließlich sprechen die bereits lebendig wirkenden, da ihrerseits aus Gold gefertigten Bilder, das von Flore: *Flôren bilde sprach alsus* (V. 2030) – und auch das von Blanscheflur, das (oder: die) metonymisch nurmehr als Gold bezeichnet wird: *dô sprach das ander golt* (V. 2036).[42] Über die konkrete Anlage als Garten hinaus werden im Grabmal in symbolischer, ikonischer, nicht zuletzt in metonymischer Relation nicht nur die Liebenden wie auch die Stationen ihrer Liebe aufgegriffen; die gesamte Anlage und selbst noch deren rhetorische Inszenierung zielt förmlich auf die Aufhebung des Gegensatzes von Subjekt und Objekt, von Leben und Tod im goldenen Ding. Damit setzt das Grab die Liebe von Flore und Blanscheflur stetig und zeitlos ins Bild[43] und es firmiert zugleich – wie auch der Griffel – als Objektivierung eines Liebesideals, wenn es als Denkmal der Liebe im öffentlichen Raum steht, wenn es *vor eines münsters tür* (V. 2049) angelegt ist, sodass *ez mohten schouwen glîche / beidiu arme und rîche* (V. 2053 f.). Letzthin ist und bleibt es aber ein Scheingrab, das Falsches vorgibt und auch eine falsche, da nicht intendierte Wirkung zeitigt.[44] Und als ebenso falsch erweist sich vor diesem Grab dann auch die weitere Handhabung des Fetischs durch Flore. Flore greift zum Griffel und will sich damit töten:

> er kêrte gegen den brüsten
> den griffel an der spitze.
> er pflac niht guoter witze.
> er wolte hân erstochen sich
> (V. 2388–2391).[45]

---

[42] Die Anlage des Grabes kulminiert förmlich in einer kaum zu überbietenden Engführung von Signifikant und Signifikat im doppelt semantisierten Bildbegriff, der das immaterielle wie das materielle Bild stets umfasst. Vgl. hierzu W. J. T. Mitchell: Bildtheorie. Hrsg. und mit einem Nachwort von Gustav Frank. Frankfurt a. Main 2008.
[43] Vgl. Egidi (Anm. 23), S. 40 f. Verwiesen sei auf die den Zusammenhang von Bildbeschreibung, Figurendarstellung und Erzählsituation aufzeigenden Ausführungen von Moritz Wedell: *Flore und Blanscheflur* im „bilde". Bild-Erzeugung und Bild-Übertragung in Konrad Flecks Floreroman. In: Das Mittelalter 13 (2008), S. 42–62.
[44] Vgl. Ridder (Anm. 36), S. 72; ferner Florian Kragl: Bilder-Geschichten. Zur Interaktion von Erzähllogiken und Bildlogiken im mittelalterlichen Roman. Mit Beispielen aus *Flore und Blanscheflur* und *Parzival*. In: Erzähllogiken in der Literatur des Mittelalters und der Frühen Neuzeit. Akten der Heidelberger Tagung vom 17. bis 19. Februar 2011. Hrsg. von Florian Kragl, Christian Schneider. Heidelberg 2013 (Studien zur historischen Poetik. 13), S. 119–151, hier S. 134, der seine Beobachtungen zum Verhältnis von Bildbeschreibung und Handlungsmotivation hieran anschließt.
[45] Dass es sich infolge des Tauschs um eben den Griffel handelt, mit dem zuvor Blanscheflur sich hat umbringen wollen (V. 1244–1251), unterstreicht nochmals die Reziprozität der Liebe; vgl. Egidi (Anm. 18), S. 154.

Erscheint die Liebe im Fetisch präsent und handhabbar, spricht Flore den Griffel als beseeltes Ding konsequent an, um ihn auch zur Hand zu nehmen. Doch folgt die Handhabung des Fetischs nicht gemäß seiner Agency, die Anwendung des Griffels nicht gemäß dem diesem eingeschriebenen Skript. Handlung und Ding – so ließe sich dingtheoretisch formulieren – stehen nicht in rechter „*Passung*".[46] Ein Griffel will aufgrund seiner gegenständlichen Beschaffenheit – von seiner *spitze* ist hier konkret die Rede – benutzt werden, der Fetisch entsprechend der in ihm präsenten Möglichkeit der Liebeserfahrung verwendet werden, eben so wie die Liebe Flores und Blancheflurs sich über das Schreiben der Gedichte im Garten auch erst bestätigt und erfüllt hat. Flores Wahrnehmung des Griffels folgt zwar dessen Fetischstruktur, doch erfüllt er mit dessen Anwendung nicht das diesem inkorporierte Ideal. Folgerichtig muss seine Tat verhindert werden – und so ist es die anwesende Mutter, die *im den griffel genam; / anders er wære tôt gewesen* (V. 2394 f.).

Die Mutter kann ihren Sohn vom Selbstmord abhalten, indem sie ihm den Griffel abnimmt, indem sie ihn im Weiteren aber vor allem an das zu lebende Ideal der Liebe gemahnt. Und sie beruft sich hierfür – konsequent mit Blick auf den im Roman literarisch vermittelten Liebescode – auf bekannte Beispiele aus der Literatur: Die Königin erinnert an die Schicksale von Dido, Biblis, Pyramus und Thisbe und führt mit ihnen allesamt von Ovid her bekannte Liebende an, die sich aus Verzweiflung selbst getötet haben. Sie fungieren hier als Beispiele einer unbedingten Liebe, die jedoch aufgrund des tragischen Endes zur Ermahnung dienen, so dass die Mutter ihren Sohn letztlich überzeugen kann. Anschließend erst öffnet sie das leere Grab, deckt den Automaten als Scheingrab auf, und vom fetischisierten Griffel ist weiter nicht mehr die Rede. Im Rekurs auf Literatur zielt die Königin somit auf ein Ideal, nach dem die Liebe zu leben ist, wie sie auch von Flore und Blancheflur gelebt worden ist, eine Liebe, die sie *lebeten unde tâten* (V. 1310), ausgehend vom *lesen* und vom *tihten* (V. 946). Es ist einzig diese Liebe, die Flore anspornt, sich auf die Suche nach Blancheflur zu begeben, *wan er von minne gereizet wart* (V. 2574). Es ist eben diese Liebe, die vom Ding gelöst sich in der Erzählung bestätigt,[47] ge-

---

46 Vgl. hierzu Böhme (Anm. 30), S. 82 f., der das Beispiel des Hammers ausführt, der an seinem Griff genommen und in einer bogenförmigen Bewegung angewandt werden möchte. Weitere Beispiele bietet Bruno Latour: Der Berliner Schlüssel. Erkundungen eines Liebhabers der Wissenschaften. Aus dem Französischen von Gustav Roßler. Berlin 1996, v. a. S. 15–84.
47 Haiko Wandhoff: Bilder der Liebe – Bilder des Todes. Konrad Flecks Flore-Roman und die Kunstbeschreibungen in der höfischen Epik des deutschen Mittelalters. In: Die poetische Ekphrasis von Kunstwerken. Eine literarische Tradition der Großdichtung in Antike, Mittelalter und früher Neuzeit. Hrsg. von Christine Ratkowitsch. Wien 2006 (Sitzungsberichte der Österreichischen Akademie der Wissenschaften, philosophisch-historische Klasse. 735), S. 55–76, hier S. 69 f., stellt eine vergleichbare Beobachtung anhand des mit Bildern von Paris und Helena verzierten Pokals an, den Flore am Hof des Amirals eintauscht, um zu Blancheflur zu gelangen: „Das materielle Substitut wird also regelrecht zurückgetauscht gegen die lebendige Geliebte – und fortan nicht wieder erwähnt." Er fungiert hier ähnlich wie der Griffel, wenngleich er – anders als der Griffel – die Liebe lediglich im Bild repräsentiert und die Geliebte bestenfalls symbolisch substituiert. Zum Pokal siehe Ingrid Kasten: Der Pokal in *Flore und Blancheflur*. In: Erzählungen in Erzählungen. Phänomene

nauer: im Erzählen. Denn schon von Beginn an ist die Geschichte von Flore und Blancheflur als intradiegetische Erzählung stilisiert. Im Anschluss an den Prolog, in dem der Erzähler von seiner eigenen Unkenntnis in Sachen Liebe berichtet, weshalb er sich ganz an seine französische Vorlage halten müsse, ist eine mündliche Erzählsituation entworfen, die ideale Bedingungen für das Erzählen von Liebe bereithält:[48] Inmitten eines herrlichen Gartens versameln sich über tausend Ritter und Damen, um sich paarweise über die Liebe auszutauschen, bis schließlich eine der Damen dazu anhebt, von Flore und Blancheflur zu erzählen, wie sie *mit liebe lebeten manege zît* (V. 300). Indem Konrad Fleck über Prolog und Rahmenerzählung seine Erzählung als Wiedererzählung auf verschiedenen Ebenen des Erzählens ausstellt, bindet er diese an Bedingungen von Rezeption und Produktion an, gerade so wie sich auch die Liebe als ein an Lesen und Dichten gebundenes Handeln im Erzählen realisiert – nicht im Ding, nicht im Automat oder Fetisch.

III Medialisierung im Prosaroman

Auch im Prosaroman ist die Phase der Trennung der beiden Liebenden von Dingen geprägt, die Distanz überwinden und Nähe herstellen sollen. Doch anders als im Versroman begegnen hier keine Griffel, dafür ein eigentümlicher Ring, ein verheißungsvoller Ölzweig, nicht zuletzt ein kostbares Seidentuch – allesamt Dinge, die in der Erzählung kritisch überprüft zueinander in Konkurrenz geraten, wodurch ihr jeweiliger Status als Ding wie ihre Funktion innerhalb der Liebeskommunikation geradezu ausgestellt und reflektiert werden.

Florio eilt zu Bianceffora, um sie über den Plan seines Vaters, er solle bei Verwandten in Montorio studieren, in Kenntnis zu setzen, und sie klagen sich ihr Leid ob der anstehenden Trennung. Bianceffora sorgt sich um die eigene Sicherheit am fremden heidnischen Hof, wo sie den Intrigen von König und Königin schutzlos ausgeliefert sei. Florio will sie besänftigen, versichert sie seiner unbedingten Liebe und erhält im Gegenzug von der Geliebten zur Bestärkung des gegenseitigen Treueversprechens einen außergewöhnlichen Ring. Doch bevor vom eigentlichen Akt des Gebens erzählt wird, fokussiert die Erzählung zunächst die Gabe selbst: In harter Fügung ereignet sich der Wechsel von den Klagen der beiden Liebenden hin zur Geschichte *Von dem gulden ring der Cipione affricano von Alchimede inn feinem*

---

der Narration in Mittelalter und Früher Neuzeit. Hrsg. von Harald Haferland, Michael Mecklenburg. München 1996 (Forschungen zur Geschichte der älteren deutschen Literatur. 19), S. 189–198.
48 Vgl. den Prolog V. 1–146, die Rahmenerzählung V. 147–272 mit dem intradiegetischen Prolog V. 273–358; vgl. hierzu auch Egidi (Anm. 37), S. 167–179; Ludger Lieb, Stephan Müller: Situationen literarischen Erzählens. Systematische Skizzen am Beispiel von *Kaiserchronik* und Konrad Flecks *Flore und Blanscheflur*. In: Wolfram-Studien 18 (2004), S. 33–57, hier S. 46–56; Kragl (Anm. 21), S. 295–298.

tod gegeben ward – so die eingezogene Kapitelüberschrift.⁴⁹ Erzählt wird die Geschichte eines wunderbaren Rings, den Alchimedes aus dem Gefolge des karthagischen Heerführers Hannibal von dessen Bruder Hasdrubal erhalten hat und ihn nun nach verlorenem Kampf im Zweiten Punischen Krieg selbst seinem römischen Gegner Scipio Africanus überantwortet, damit seine geheimnisvolle Eigenschaft, die er ihm sterbend noch mitteilen kann, nicht vergessen werde:

> Niem ab die wappen von meynem wundtotten arme vñ den guldin ring den du an meiner hand findeſt den hab dir / vñ biß iñ lieb hŏn / dañ er vil manche edle tugent iñ im hat / vñ welcher perſon du den ring gibſt / vñ die dar ein ficht / zehand erkennt ob dir icht arges zu ſten fulle oder zugeſtandñ ſey / Die farb des ſtains ſich dañ verkeret vñ dückel wirt / doch zuſtūd nach dem ſehen wider ſein erſte farb vberkomet.

Scipio nimmt ihn an und von ihm gelangt *der genant ring iñ dem geſchlecht von ainem zu dem andern / alſo das er dem edeln iungen lellio zeteil ward*, dem Vater Biancefforas, selbst Nachkomme Scipios⁵⁰ und in römischen Diensten stehend. In Spanien nun gibt Lellio ihn seiner Frau Julia, damit diese sich nicht um ihn sorgen müsse; und nach seinem Tod gibt sie ihn weiter an ihre Magd Gloricia, von der ihn schließlich Bianceffora erhält und den sie *auch langzeyt bewaret / Vñ zu der ſtund alls ſie mitt Florio claglichen waynet / ir der ring zu gedechnuß kā deñ ſie bald Florio bracht*. Ihm gibt sie nun diesen Ring und teilt ihm ihr Wissen von ihm mit, damit er ihr bei Gefahren beistehen könne und sie stets in Erinnerung behalte, dass er – so Bianceffora – sie aus seiner *gedechtnuß nymer laſſen komen*. Daraufhin fällt Bianceffora in Ohnmacht, nach der ihr Florio schließlich verspricht, dass er *diſē gegenwurtigen ring vmb deinet willen bewaren / vnd ob allen dingen lieb hon wolle* (Bl. xviij^v).

Bianceffora übergibt Florio den Ring zunächst aus Sorge um die eigene Situation, doch damit auch umso nachdrücklicher als Zeichen der Erinnerung an die Geliebte. Der Status des Rings erschöpft sich damit allerdings nicht in bloß zugeschriebener Memorialfunktion und er ist mehr als nur symbolischer Repräsentant des Anderen. Der Ring steht in einem offensichtlich kontiguitären Verhältnis zur gebenden Person, deren etwaig gefahrvolle Situation er im sich trübenden Stein momenthaft und sichtbar anzeigt. Der Ring firmiert hier über den Akt des Gebens geradezu – im Sinne Marcel Mauss' – als „beseeltes Ding",⁵¹ dessen besondere Eigenschaft überdies mittels der als ätiologische Erzählung fungierenden Geschichte narrativ begründet wird,⁵² während die zugeordnete Illustration im Druck (Abb. 1)

---

49 Bl. xvij^v. Die folgenden Zitate, sofern nicht anders angegeben, Bl. xviij^r.
50 Die Abstammung Lellios aus dem Geschlecht Scipios wird schon zu Beginn des Romans erwähnt (Bl. i^r).
51 Mauss (Anm. 24), S. 29; zum Gabentausch siehe auch die obigen Ausführungen.
52 Die in die Erzählung eingeschobene Geschichte des Rings kann geradezu als prototypische Ätiologie bezeichnet werden, gibt sie nicht nur eine Erklärung des gegenwärtig wahrnehmbaren Sachverhalts über den Rückgriff auf eine lang zurückreichende Vergangenheit des Gegenstands, sondern ist als in sich geschlossene Erzählung überdies deutlich markiert: Die eingezogene Überschrift

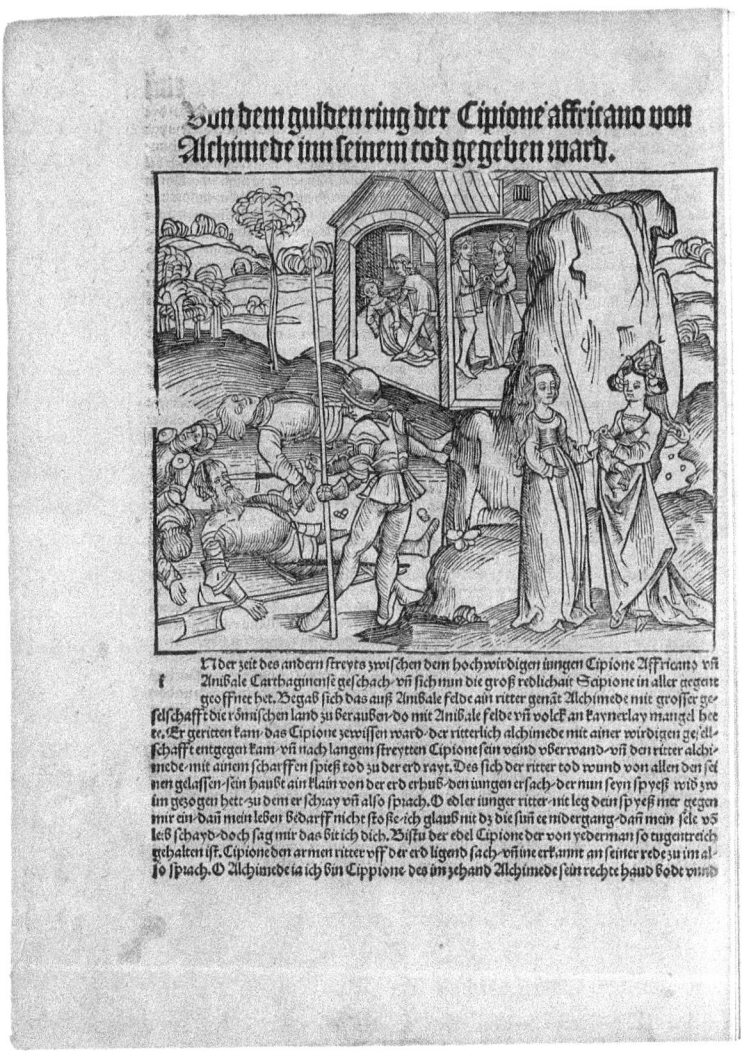

Abb. 1: Übergabe des Rings. Florio und Bianceffora, Metz 1499, Bl. xvij^v.

bekräftigt nochmals die temporale Eingangsphrase zu Beginn (*iN der zeit des andern ſtreyts ...*), während der Abschluss im Druck mittels eines Paragraphenzeichens hervorgehoben wird. Eindrucksvoll steht der harten Fügung des Anfangs dabei der über das Paragraphenzeichen hinausreichende Anschluss in Form des Wechsels von Erzählerrede und Figurenrede gegenüber (*... vñ zu im alſo ſprach ¶ Nun wes newen ſich vnſere hende ...*), der die Kontinuität bis in die erzählte Zeit des Romangeschehens unterstreicht. Zur Ätiologie vgl. Hildegard Cancik-Lindemaier: Ätiologie (Aitiologie). In: Handbuch religionswissenschaftlicher Grundbegriffe. Hrsg. von Hubert Cancik, Burkhard Gladigow, Matthias Laubscher. Bd. I. Stuttgart u. a. 1998, S. 391–394.

in vier Stationen die Momente der wiederholten Übergabe des Rings zeigt, kreisschlüssig besetzt mit dem sterbenden Alchimedes und der in Ohnmacht fallenden Bianceffora, deren Leben Florio mit dem Ring gleichsam in Händen hält. Und so erinnert sich Florio in Montorio nicht nur an die Liebe Biancefforas, sondern sie erscheint ihm im Ding geradezu gegenwärtig, wenn er *den lieben guldin ring / den im Bianceffora geben hett / Stet anfahe vnd lieblich kůffet* (Bl. xxv^v).

Doch anders als im Fall der getauschten Griffel handelt es sich hier nicht um einen auf Gleichwertigkeit beruhenden Gabentausch. Mit Mauss ist folglich von einer Hierarchie unter den Partnern auszugehen, mithin von einer Bringschuld Florios.[53] Und dies wird dann auch im Folgenden relevant, wenn Florio nicht nur seiner Schuldigkeit nachkommen möchte, sondern offensichtlich gerade an der Wechselseitigkeit der Beziehung zweifelt. Bringt der Gabentausch der beiden Griffel im Versroman Konrad Flecks die Reziprozität der Liebe idealtypisch zur Anschauung, liegt in der einseitig erfolgten Übergabe des Rings im Prosaroman – an äquivalenter Position der Geschichte – dagegen eine narrative Motivation für weitere Handlungen begründet, die auch nur hier in der sogenannten *version populaire* erzählt werden. Es handelt sich im Wesentlichen um zwei Handlungsstränge, die Listen der Eltern betreffen. In einer ersten List versuchen die Eltern mittels eines vergifteten Pfaus, Bianceffora des Mordversuchs zu bezichtigen, sodass Florio sie unerkannt bei einem Gerichtskampf befreien muss; in einer zweiten List soll ein zweiter Werber, der Ritter Fileno, Bianceffora von der Liebe zu Florio ablenken. Und in beiden Handlungen wird nun der Ring als ein von Bianceffora beseeltes Ding einer kritischen Prüfung unterzogen.

Zunächst zur Pfauenlist: Während Bianceffora am spanischen Hof des Mordanschlags beschuldigt wird – die genaueren Umstände können hier außer Acht gelassen werden –, erfährt Florio durch eine göttliche Vision von der Gefahr für seine Geliebte. In einem geradezu apokalyptischen Traum von einem über die Heimatstadt hereinbrechenden Unwetter erscheint ihm Venus, die ihn über die Intrige gegen Bianceffora in Kenntnis setzt; und sie überlässt ihm ein Schwert aus Vulkans Schmiede, mit dem er für ihre Unschuld im Gerichtskampf einstehen solle. Wie anlässlich der Liebesentstehung kommt der Göttin eine maßgebliche Rolle für den Fortgang der Handlung zu; und wie dort die Ebenen des Erzählens in Gestalt Cupidos überschritten werden, narrativ markiert nicht zuletzt auch über die Personifikation, realisiert, ja materialisiert sich das göttliche Eingreifen hier im Ding, im Schwert, das Florio nach dem Erwachen aus seinem Traum neben sich findet, so-

---

[53] Als Auszeichnung des Helden deutet dagegen den vormals im Besitz Scipios gewesenen Ring Antonio Enzo Quaglio unter Hinweis auf die Tradition heroischer Stilisierung Scipios in der Geschichtsschreibung seit Livius, die Boccaccio von Dante her bekannt gewesen sein dürfte; vgl. Giovanni Boccaccio: *Filocolo*. A Cura di Antonio Enzo Quaglio. Milano 1967 (Tutte le Opere di Giovanni Boccaccio. A Cura di Vittore Branca. Vol. I), S. 769. Auf mögliche Quellen Boccaccios für diese Erzählung vom Ring geht Quaglio nicht ein.

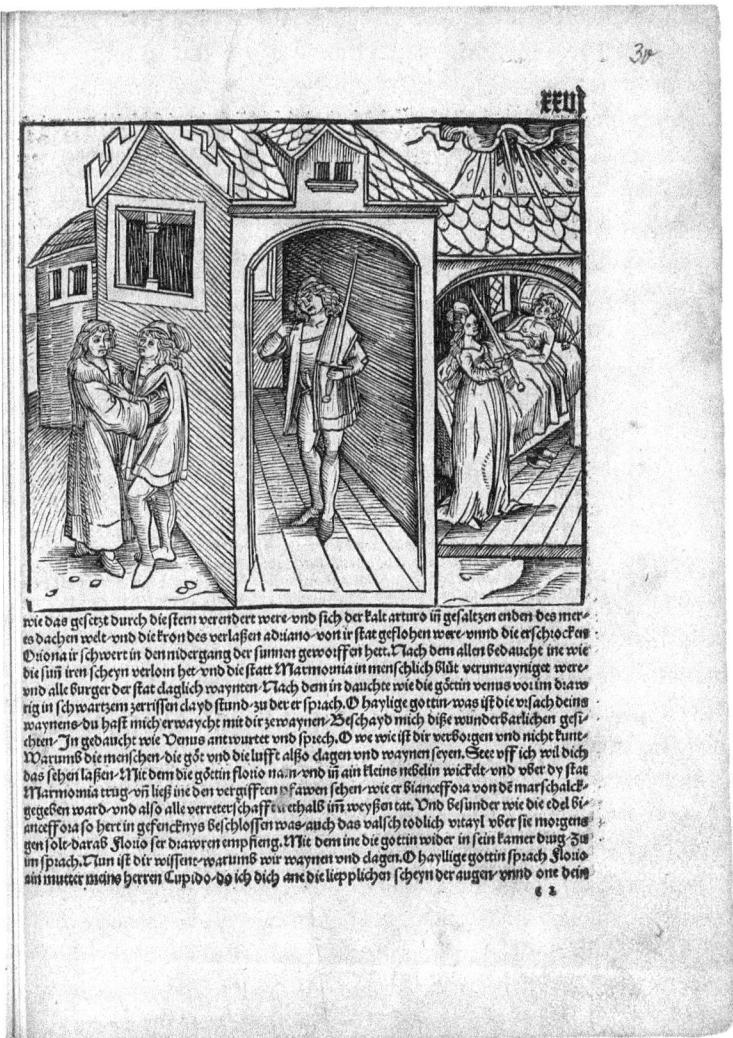

Abb. 2: Florio mit Ring und Schwert. Florio und Bianceffora, Metz 1499, Bl. xxvj^r.

dass er *bey dem fchwert wol erkant alles das er im fchlaff vnd drawme gefehen het war was* (Bl. xxvj^v). Doch damit nicht genug: Zwar zweifelt Florio in Anbetracht des Schwerts kaum an dem Traumgesicht, dennoch sucht er weitere Bestätigung, jetzt diesseits göttlicher Manifestation im kritischen Blick auf den Ring der Geliebten (Abb. 2). Denn – so heißt es im unmittelbaren Anschluss – um es

> bas zeuernemen gedacht / er an den guldin ring / den er von bianceffora empfangē hett / Zehād den fur fich nam / vnd fleyßiglich anfach / den er betrůbt vnd on alle clarhayt fandt. Aller erſt von im̄ das groſt waynen vnd clagen erhůb / das von mannes bild ye erhört ward (Bl. xxvj^v)

Der Ring erst gibt ihm letzte Sicherheit, der sich seinerseits sichtbar in der überlieferten Eigenschaft zur Anzeige einer bestehenden Gefahr bewährt. Ring und Gott bestätigen sich gleichsam wechselseitig, sodass ein Zweifel dem einen oder anderen gegenüber ausgeschlossen ist und Florio nach Unterrichtung seines Gefährten Aschelon eilends aufbricht, seine Geliebte zu retten.

Hinsichtlich des Rings ist aber vor allem die zweite List der Eltern aufschlussreich, insofern seine Wirkkraft jetzt nicht nur kritisch hinterfragt wird, sondern seine Eigenschaft als Liebesgabe im Rahmen der Fileno-Handlung auch grundsätzlich in Frage gestellt wird. Nachdem die List mit dem vergifteten Pfau gescheitert ist, setzen die Eltern auf ein altbekanntes Rezept: Ein neuer Werber soll Bianceffora von ihrer Liebe zu Florio ablenken. Auf einem eigens veranstalteten Turnier qualifiziert sich hierfür ein jugendlicher Ritter aus Montorio und Freund Florios mit Namen Fileno, dem Bianceffora auf Anraten der Königin ein Zeichen ihrer Zuneigung geben soll, den sie mit einem *clainet begaben* solle, eben so wie es Brauch sei, *alls der liebhaber gewonhayt ist* (Bl. xlvj^r). Widerwillig kommt sie der Aufforderung nach und überlässt dem Ritter ihren seidenen Schleier. Nach dem Turnier und zurück in Montorio berichtet Fileno nun Florio von seiner neuen Liebe und nennt dem Freund auch gleich *Drey ding*, die ihn zuversichtlich machten, die Erwiderung seiner Liebe geradezu *beweyssend*. Es sind dies: ihr schamerfüllter Blick, seine Freude sie zu sehen und nicht zuletzt eine *wirdige gab [...] die furwar on große liebe von edeln frawen / nit gegeben werden* und die er sogleich auch stolz präsentiert: *Mit den worten den seydin wenden auß dem ermel zoch / vñ florio sehē lyeß / [...] Bedückt das euch nit offne zaychen / gedrewer lieb. Furwar ia sprach florio / ir mūgt on zweyffel von ir großers hoffen* (Bl. xlvij^r). Als Florio schließlich den Namen der Geliebten – seiner Bianceffora! – erfährt, hält er sich zwar bedeckt, doch ermahnt er den Freund immerhin zum Maßhalten, damit er nicht ebenso enttäuscht würde wie er, der von seiner Geliebten eines anderen Mannes wegen verlassen worden sei, womit er spontan auf die neue Situation reagiert. Einzig bleibe ihm, so fährt Florio fort, ihr Ring, den er Fileno zum Beweis einst aufrichtiger Liebe noch zeigt: *zu ainē zaichen rechter lieb / sie mir dißen guldin ring gab / deñ ich stetz an meinē vinger vñ iret willen trag* (Bl. xlvij^r).

Zu den Blicken, die von Beginn des Romans an den Liebescode prägen, tritt das in gleicher Weise die Gewohnheit bestimmende Liebespfand als sichtbares Zeichen der Liebe, da präsentierbarer Beweis der Liebesgabe. Als scheinbar hoffnungsvolles Zeichen hält Fileno Bianceforas Schleier in Händen, als scheinbar trügerisches Zeichen Florio dagegen ihren Ring. In Anbetracht der Konkurrenz, von Werber *und* von Zeichen,[54] bestätigt sich nicht nur der bloß repräsentative Charakter der Dinge, sondern zugleich – und dies folgenschwer – deren Unzuverlässigkeit als Garant dauerhafter Liebe. Während Fileno später aus Angst vor dem Konkur-

---

54 Die Konkurrenz ist auch bildlich festgehalten in der zugeordneten Illustration, in der sich Florio und Fileno mit ihrem jeweiligen, von Bianceffora erhaltenen Liebespfand gegenübersitzen (Bl. xlvj^v).

renten und wahren Geliebten die Flucht ergreifen und sich weinend im Wald in einen Brunnen verwandeln wird, zieht Florio sich von Eifersucht gequält zunächst zurück, um seine Klage an den Ring zu richten, was seine Verunsicherung diesem gegenüber offenkundig macht:

> der iung furst florio den guldin ring anfach / vnd alfo fprach. O du edeler fchoner ringe ain anfang aller meiner trůbßal / vñ ende meines lebens fein wirft. Got woll dz die baß zemůt fey / die mir dich gab / dañ ich bin / warumb verkerftu itz dein farb nicht. Seyttenmal dein fraw ir hertz verkert hat
> (Bl. xlviij^r)

Sah Florio im Ring zuvor mehr als nur ein Zeichen der Liebe, spricht er ihn als scheinbar beseeltes Ding auch jetzt noch an, letztlich aber um sich vom Ende seiner Wirkmacht doch zu überzeugen; so verfärbt der Stein sich nicht, was Florio aufgrund der von Fileno präsentierten Beweise aber erwartet.[55] Seine Wahrnehmung des Rings deckt sich nicht mit dem Wissen um die (nur scheinbar) neuen Umstände, weshalb Florio diesen verwerfen und seine Hoffnung für Biancefforas einzig Gott überlassen muss. Wähnt sich Florio vom klaren Ring betrogen, kann er diesen als Auslöser seiner Trübsal anklagen, im Moment scheinbarer Gewissheit dagegen als sein Ende bezeichnen.[56] Vom Selbstmord kann ihn dann nurmehr Venus selbst abhalten.

Und dieser Aufgabe kommt Venus nach, indem sie ihm im Traum von der Treue Biancefforas zu überzeugen versucht, deren Erscheinung ihm zur Hoffnung auf Errettung aus wogender See *ain grůn krentzlin von ŏlbaum in fein hand gibt* (Bl. xlviij^v). Florio erwacht, findet *in feiner hand den grůn zweig vom ŏlbaum*, den er als *zaychen ains zukunfftigē frides* zwar deutet (Bl. xlviij^v f.), doch nach längerem Überlegen nur zum Anlass nimmt, Biancefforas zu schreiben, um letzte Zweifel auszuräumen. In einem Brief schreibt er von Fileno, von ihrem Schleier und seinem Schmerz. Er versichert sie seiner unbedingten Treue und Liebe und erbittet eine schnelle Antwort (Bl. xlix^r f.). Ein Bote überbringt den Brief der Geliebten, die ihn überschwänglich in Empfang nimmt, liest und umgehend beantwortet. Auch sie bekräftigt ihre Liebe und sie unterrichtet Florio vom Zwang der Königin, Fileno den Schleier zu geben:

> Aber furwar meins hertzen will nicht dar bey was / Sunder von deiner mutter der kŏgin willen ich das zethůn ward gezwungen / des felben im willeycht der ritter troft nam vñ vmait feinen

---

[55] Der Schleier dient ihm während der Klage nachhaltig als Beweismittel: *wie wol ich ftetzs gedenck in deinem hertzñ ich dir vergeffen fey / můß ich brieffen bey dem feydin wenden / mir fileno gezaygt hat* (Bl. xlvij^v).
[56] Der Text reizt hier ein Spiel mit Klarheit und Trübung förmlich aus, wenn der klare Ring Anfang und Ende von Florios *trůbßal* ist, während er hierfür doch nach Ausweis Biancefforas *betrůbt* und ansonsten *clare vñ fchône* sein müsste (Bl. xviij^r). Über den Ring ist am Ende nichts weiter ausgesagt; von einer Trübung des Steins ist nicht notwendig auszugehen, schließlich hat Biancefforaa lediglich den Schleier vergeben und ist nicht bedroht.

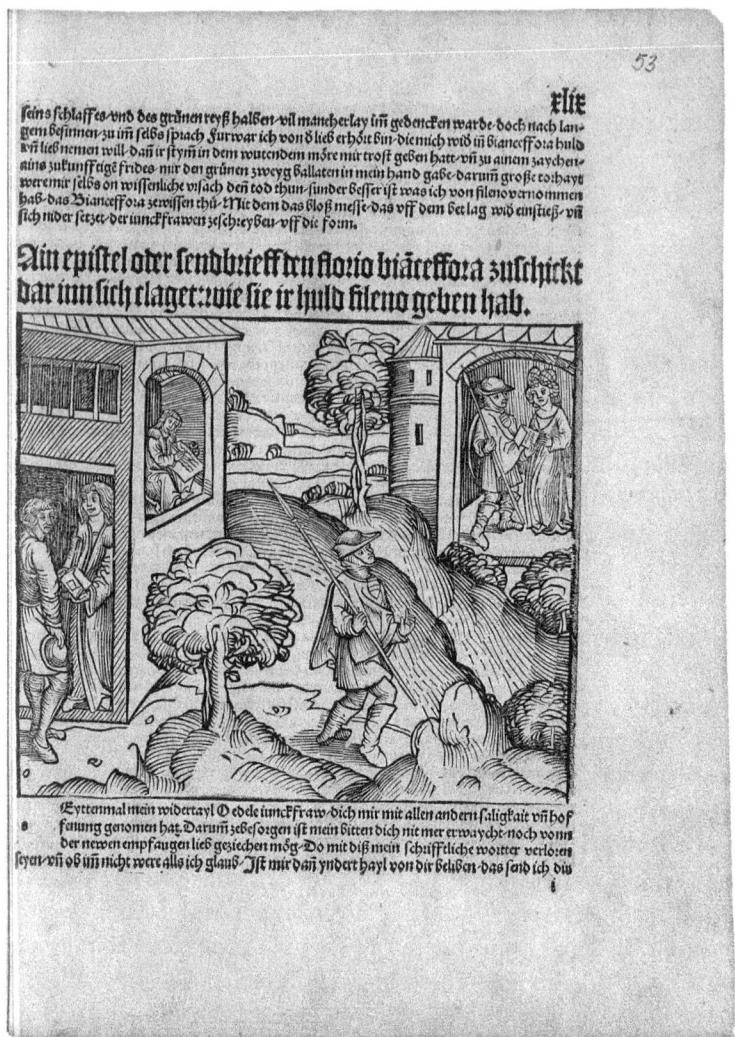

Abb. 3: Florios Brief an Bianceffora. Florio und Bianceffora, Metz 1499, Bl. xlix^r.

> willen ain genůgen zethůn / des villeycht deiner mutter maynung wol gewesen were / dz ich
> im̄ huld vn̄ lieb trůg / vn̄ vm̄ der felben feydin wenden mich von dir vn̄ zu im̄ keren mainet /
> aber vngleublich ift / das in̄ ainer feydin wenden oder anderm claynet rechte ware getrewe
> lieb můg befchloßen fein / funder allain in den̄ hertzen ligt vn̄ wonung hat / des ich mer dan̄
> ye iunckfraw thet empfinden / vn̄ mit warhayt gefprechen mag / das ich nyemāt dan̄ allain
> dich lieb hab / des ich alle gothayt der nicht verborgen ift zu gezeugen neme
> (Bl. l^v)

Allein also um der Königin und Filenos Willen habe sie ihren Schleier gegeben, schließlich könne darin wahre Liebe nicht enthalten sein – weder im Schleier, noch

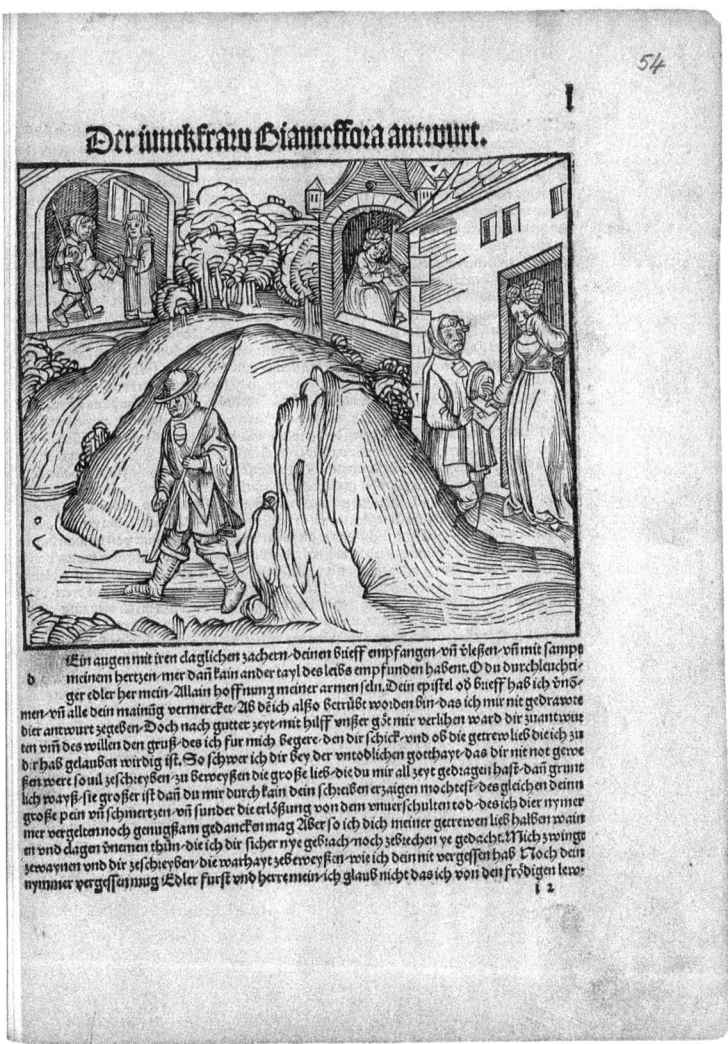

Abb. 4: Biancefforas Brief an Florio. Florio und Bianceffora, Metz 1499, Bl. l^r.

in irgendeinem anderen Ding.⁵⁷ Bianceffora weist damit jegliche Vorstellung einer Präsenz des Anderen und auch Unmittelbarkeit der Liebe im Ding ab zugunsten einer nur symbolischen, auf Konventionen (*gewonhayt*) beruhenden Repräsentati-

---

57 Bezugnehmend auf die Fileno-Handlung stellt Werner Röcke einen Zusammenhang mit der später im Roman verhandelten *Causa amoris* her: „Den logischen Zusammenhang zwischen Romangeschehen und *Causa amoris* sehe ich deshalb darin, daß im theoretischen Diskurs noch eine Eindeutigkeit und Gewißheit behandelt wird, die im Handeln der Figuren nicht mehr gegeben ist. Hier sind die Zeichen nicht mehr eindeutig, sondern können auf die unterschiedlichste Weise gedeutet werden: Sie könnten Zeichen der Sympathie sein, aber auch der bloßen Konvention, ja sogar der

on, die sprachlich von uneigentlicher Rede eingeholt wird: Nur so kann die Liebe eine Heimstatt im Herzen finden. Und nicht von ungefähr sind es Briefe, traditionelle Medien der Liebeskommunikation,[58] die – nach den konkurrierenden und sich als unzuverlässig erwiesenen Zeichen der Liebe – Klarheit verschaffen sollen und die auch mit je eigener Kapitelüberschrift und Illustration in den Erzählfluss integriert sind, wodurch ihr Stellenwert in geradezu doppelter Ausführung gegenüber der einfach illustrierten Gabenkette des Rings noch hervorgehoben wird. Denn so zeigen die beiden zugeordneten Illustrationen (Abb. 3 und 4) in gleichfalls vier Stationen jeweils den bzw. die zurückgezogene Schreibende sowie den von Szenen der Briefübergabe eingerahmten und den Vordergrund des Bildes einnehmenden Boten.[59]

Als Distanz überwindender Garant der Liebe firmiert letztlich die Schrift, firmiert eine an Schriftmedien gebundene Kommunikation.[60] Die Liebe erfüllt sich auch hier im Lesen und im Schreiben, doch nicht wie im Versroman Konrad Flecks im undifferenzierten, mithin entdifferenzierenden Moment des Zugleich, sondern im Zuge der Reflexion differenzieller Zeichenfunktion konkurrierender Medien. Damit erscheint die Liebe weniger zu einem zeitenthobenen Ideal stilisiert, als vielmehr konkret an das Schriftmedium und damit an die schreibende wie lesende Person gebunden, an ein das Medium codierendes wie decodierendes Subjekt.[61] Vor dem Hintergrund so erfahrener Liebe kann daher Bianceffora sich von allen anderen Frauen abgrenzen, insofern sie *mer dañ ye iunckfraw thet empfinden*.[62]

Abwehr." Werner Röcke: Liebe und Melancholie. Formen sozialer Kommunikation in der *Historie von Florio und Bianceffora* (1587). In: Variationen der Liebe. Historische Psychologie der Geschlechterbeziehung. Hrsg. von Thomas Kornbichler. Tübingen 1995 (Forum Psychohistorie. 4), S. 129–148, hier S. 145. Eine zumindest eindeutige Abwehr der Zeichen durch Bianceffora ist hier offensichtlich.
58 Als „zweite Säule der sprachlichen Liebeskommunikation" bezeichnet sie Manuel Braun: Ehe, Liebe, Freundschaft. Semantik der Vergesellschaftung im frühneuhochdeutschen Prosaroman. Tübingen 2001 (Frühe Neuzeit. 60), S. 210.
59 Die jeweiligen Überschriften rücken entsprechend den Brief in den Fokus: *Ain epiftel oder fendbrieff den florio biäceffora zufchickt da inn fich claget / wie fie ir huld fileno geben hab.* (Bl. xlix^r) – *Der iunckfraw Bianceffora antwurt.* (Bl. l^r) Martin Muschick diskutiert anhand des *Wilhelm von Österreich* Johanns von Würzburg, inwiefern sich der – auch hier im Bild festgehaltene – „Dreischritt – Schreiben, Vermitteln, Lesen – auch als Einheit eines Gabenverhältnisses verstehen lässt"; Martin Muschick: Der Brief als Liebesgabe. Zur symbolischen Gestaltung der Briefvermittlung im *Wilhelm von Österreich* des Johann von Würzburg. In: Egidi u. a. (Anm. 29), S. 201–216, hier S. 205. Will man im Briefwechsel Florios und Biancefforas auch hier einen Gabentausch sehen, würde sich die Reziprozität der Liebe somit erst im Austausch der beschriebenen Medien erfüllen und dementsprechend angemessen auf den über das Medium Buch zu Beginn vermittelten Liebescode rekurrieren.
60 Dass dabei eine gewisse Unsicherheit dennoch bestehen bleibt, insofern sich im Medium der Schrift eine „Verschiebung der *memoria* ins Imaginäre" ereigne, gibt Röcke (Anm. 57), S. 137, zu bedenken.
61 Vgl. dabei die Grenzen auch der Schrift betonend Barthes (Anm. 3), S. 65–67, 189–192; im Anschluss daran mit Bezug zur Szene Braun (Anm. 58), S. 236.
62 Zum Subjektstatus Jutta Eming: Geschlechterkonstruktionen im Liebes- und Reiseroman. In: Manlîchiu wîp, wîplîch man. Zur Konstruktion der Kategorien ,Körper' und ,Geschlecht' in der deut-

Ein abschließender Blick auf das Scheingrab bestätigt ebendieses auf die konkrete Person hin ausgerichtete Liebeskonzept, das sich gegen jede Präsenz und Objektivierung der Liebe im Ding stemmt:

Die Handlung um den verhinderten Selbstmord Florios verläuft im Prosaroman kaum anders als im Versroman. Die Eltern verkaufen Bianceffora an fremde Kaufleute, die sie an den Amiraglio von Alexandria ausliefern. Florio soll hiervon nichts erfahren, dafür von ihrem angeblichen Tod überzeugt werden. Zu diesem Zweck beauftragt der König Handwerker zum Bau eines Grabes, das – und hierin liegt nun ein entscheidender Unterschied zur Fassung bei Konrad Fleck – als echtes Grab ausgeführt werden kann, denn:

> Des ſelbigen tags / ain iunckfraw in der ſtat tod was / die ſelben der konig verborgen nemen ſchuff / vnd ir bianceffora clayder anleget / vnd mit großem clagen Alls ob ſie biăceffora wer / begraben thett / Dz in der ſtil geſchach / dz nie menſch in der ſtat vernam / Sunder on allen zweyffel mainten / dz biăceffora were
> (Bl. lxij^v)

Weiters erhält man kaum Informationen zum Aussehen des Grabes,[63] nicht einmal dann, wenn Florio mit seiner Mutter in den Tempel kommt, wo ihm das Grab gezeigt wird. Denn es ist bezeichnenderweise nicht ein falsches Grab, das als Beweis für den Tod der Geliebten dienen soll, sondern eine auf dem echten Grab angebrachte *valſche geſchrifft*, die *iṁ weyſet / wie die ſchŏn iůckfraw dar vnder leg* (Bl. lxiiij^r). Der Fokus liegt damit weniger auf dem Ding als vielmehr auf der Schrift, die eine vorausgegangene falsche Handlung nunmehr bekräftigen soll. Das Grab visualisiert dann auch keine Scheinidealität wie im Versroman, in dem es als ein die Zeit überdauerndes Denkmal der Liebe angelegt ist; das Grab gibt eine scheinbare Realität vor im Modus des Als-ob, vermittelt über die Schrift, die in gleicher Weise falsch ist wie das Begräbnis der namenlosen Jungfrau, die bestattet wurde, *Alls ob ſie biăceffora wer*. Damit objektiviert es auch nicht die Liebe, sondern es fingiert den Tod der Geliebten und bleibt so einzig auf die Person bezogen, auf die es vorgeblich verweist. Folgerichtig wendet sich Florio in seiner Klage demnach

---

schen Literatur des Mittelalters. Hrsg. von Ingrid Bennewitz, Helmut Tervooren. Berlin 1999 (Beihefte zur ZfdPh. 9), S. 159–181, hier S. 170–175; siehe ebenso Jutta Eming: Die Maskierung von Emotionen in der Literatur des Spätmittelalters: *Florio und Biancefora* und *Eurialus und Lucretia*. In: LiLi 35 (2005), S. 49–69.

63 Während bei Konrad Fleck eine umfassende Descriptio gegeben wird, erfährt man hier lediglich, dass das Grab aus Marmor neben dem Grab der Mutter Julia errichtet ist (Bl. xlxij^v). Ob das Grab ein Bild der Toten zeigt, so wie auch in der Illustration (Bl. lxiij^v), geht aus dem Text nicht eindeutig hervor, ist aber wahrscheinlich. Vgl. hierzu im Vergleich zu Konrad Fleck und zur Vorlage von Boccaccio sowie vor dem Hintergrund der mittelalterlichen Grabkulturen nördlich und südlich der Alpen Ulrich Hoffmann: *O inanimato Corpo*. Transformazioni e duplicazioni del corpo nell'immagine amata del *Filocolo* boccaccesco e negli adattamenti tedeschi della storia di Flore e Blanscheflur. In: Le immagini vive. Bd. I/2: L'età medievale. Hrsg. von Carmelo Occhipinti. Rom 2015 (Horti Hesperidum. 5), S. 47–94.

nicht an ein die Liebe substituierendes Ding, sondern direkt an Bianceffora, die er vom Ding selbst noch verborgen glaubt:

> Florio vff fein fuß ftūd / Erbarmlich anhub zewainen / vñ alfo fprach. O du mein liebe biāceffora Nū wa biftu / welche gegēt befucht ytzo deyn edle fele / die mit irē lieblichē geficht allen vnßern balaft erleuchtet / vñ nū in den vinftern marbelftainen befchlofen bift.
> (Bl. lxiiij^r)

Florio wähnt sich schuldig am Tod der Geliebten und will sich mit dem Schwert das Leben nehmen, damit sich ihre Seelen vereinen mögen. Die Mutter kann den Sohn gerade noch rechtzeitig vom Selbstmord abhalten und versichert ihm, dass Bianceffora noch am Leben und an ihrer Stelle ein anderes Mädchen begraben worden sei. Zum Beweis lässt sie das Grab öffnen, sodass *yderman offenlich fach / das es ain andere vñ nit Biāceffora was* (Bl. lxiiij^v). Und Florios umgehend gestellte Frage, *Nun wa ift dañ mein Bianceffora*, bestimmt dann die weitere Handlung des Romans, wenn er sich auf die Suche nach der Geliebten macht.

Das Grab vergegenwärtigt Florio nicht die Liebe und es zeigt nur aufgrund der falschen Schrift den scheinbaren Verlust der Geliebten an. Der im geöffneten Grab aufgefundene Körper des namenlosen Mädchens deckt geradezu als *corpus delicti* diese Scheinhaftigkeit auf, indem er ausgerechnet die Realität des Grabes als bloßes Artefakt beweist und die Schrift als falsch überführt. Eine zuverlässig selbstredende Aussage des Dings ist damit wie schon zuvor durch Bianceffora letztgültig abgewiesen, das Grab ist ein Grab, die Schrift im besten Fall willkürlich modifizierbar. Im Ding ist weder die Liebe noch die Geliebte gegenwärtig, Dinge sind allenfalls Medien, die zwischen die Personen treten und richtig zu lesen sind, entsprechend dem vermittelten Liebescode, doch immer auch im Kontext der konkreten Situation.

IV Zusammenfassung

Die untersuchten Floris-Romane erzählen die Geschichte einer Liebe, die sich über lange Phasen der Trennung hinweg bewähren muss, um sich schließlich doch zu erfüllen; und sie diskutieren Fragen nach der Möglichkeit von Dingen, ein Zeiten und Räume überbrückender Garant für die Liebe zu sein. Dabei partizipieren sie auf eindringliche Weise an einem Liebescode, der immer schon (literarisch) vermittelt ist und – unweigerlich – auch vermittelt wird.

Als prototypisch kann hier der Versroman Konrad Flecks gelten, in dem – als intradiegetische Erzählung stilisiert – Flore und Blanscheflur im Zugleich von Lesen und Schreiben von Liebesdichtung ihre Liebe zueinander entdecken. In einem von seiner Umwelt abgegrenzten und geradezu Zeit negierenden topischen Lustort erfüllt sich ihre Liebe so in einer Exemplarität, wie sie den Liebesdiskurs im Roman auch nachhaltig prägt. Es ist diese zeitlose Idealität der erfahrenen Liebe, die ihre

Materialisierung im gleichfalls Zeit überdauernden Ding befördert. Und nicht von ungefähr ist es ein Griffel, der eine adäquate Projektionsfläche dieser sozialen Beziehung bietet, der sich infolge des Gabentauschs als „beseeltes Ding" im Sinne Marcel Mauss' erweist und damit als ein die Liebe vergegenwärtigender und stets aktualisierender Fetisch wahrgenommen werden kann. In dieser Funktion soll er Flore auch dann noch dienen, wenn er vom angeblichen Tod seiner geliebten Blanscheflur erfährt. Dabei ist es weniger der Griffel selbst als vielmehr seine Wahrnehmung als Fetisch, die im Scheingrab einen diesen geradezu konterkarierenden Widerpart findet und die Grenzen einer Objektivierung der Liebe im Ding diesseits zeichenhafter Repräsentation anzeigt. Der Scheinhaftigkeit des Grabes korrespondiert die falsche Anwendung des Fetischs durch Flore, und am Ende bleibt einzig der Hinweis auf die Literatur, die der Liebe – wie zu Beginn – den Weg weist. Der Status des Griffels bleibt am Ende bestenfalls ambivalent, seine Funktion innerhalb der Liebeskommunikation sowie für das Erzählen von Liebe hat sich mit seinem Verschwinden aus der Erzählung zumindest erschöpft, wenn nicht gar verloren.

Ähnlich ambivalent ist auch der Ring im Prosaroman zu sehen. Bereits seine mittels der ätiologischen Erzählung nur umständlich begründete Wirkkraft sowie seine nur einseitig erfolgte Übergabe an äquivalenter Position der Geschichte motivieren von Beginn an eigene Handlungen, in denen der Ring einer kritischen Überprüfung unterzogen und mit dieser die grundsätzliche Frage nach einer Präsenz der Liebe im Ding gestellt wird. In Konkurrenz zu anderen Zeichen der Liebe und der Zuversicht (Seidentuch, Ölzweig) büßt er seine ihm zugewiesene Funktion als Liebespfand ein, er kann Florio die Geliebte nicht vergegenwärtigen und er vermag ihm auch nicht die Liebe dauerhaft zu garantieren. Nicht zuletzt bewährt sich die Kommunikation über Liebe im Brief, in dem die Abwehr jeglicher Präsenz explizit gemacht wird, der dafür aber die adäquate Möglichkeit bietet, mittels der Schrift Liebe zu behaupten. Die Liebe, die vom Buch als dem zwar in seiner Materialität präsentierten, doch damit auf seine Eigenschaft als Datenträger von Schrift reduzierten Ding ihren Ausgang genommen hat, bestätigt sich schließlich im Schreiben von Briefen. An die Stelle einer Objektivierung von Liebe im Ding tritt hier eine Medialisierung der Liebe über die Schrift, die somit weniger in ihrer Idealität vorgeführt als vielmehr an ein konkretes Subjekt gebunden wird.

Beide Romane diskutieren die Frage nach der Präsenz von Liebe im Ding. Doch während der Versroman einen Diskurs über Möglichkeiten artifizieller Darstellung der über Literatur vermittelten Liebe führt, um letztlich das Erzählen ins Zentrum zu rücken, bleibt der Prosaroman konkreter noch auf Dinge bezogen, die zueinander zwar in Konkurrenz geraten, sich damit aber umso nachdrücklicher als differenzielle Zeichen und nicht zuletzt als schriftgestützte Medien behaupten. Hier wie dort dienen Dinge der Darstellung von Liebe, die sich aber erst im Erzählen beziehungsweise Lesen und somit jenseits der Dinge und doch in Auseinandersetzung mit diesen realisiert. Insofern ist die Liebe zwar bedingt, doch immerzu *be-dingt*.

Bruno Latour hat das bekannte Diktum aufgestellt, nach dem wir nie modern gewesen sein. Gerade die Erforschung von Dingen könne Aufschluss darüber geben, wie noch in unserer Gegenwart ein auch frühere Zeiten prägender prekärer Umgang mit den Dingen vorherrsche. Selbst die „Geburt des Menschen" im Humanismus, dem vermeintlichen Ende einer Vormoderne, sei ihrerseits begleitet gewesen von der „Nicht-Menschheit" im Ding.[64] Hartmut Böhme pflichtet ihm bei, wenn er eine „andere Theorie der Moderne" – so der Untertitel seines Buches – entwerfen möchte, nach der er Thesen einer Modernisierung auf Grundlage scheinbar linearen Rationalitätszuwachses verabschieden möchte zugunsten einer Offenlegung fetischistischer Mechanismen noch in gegenwärtiger Kultur.[65] Die gewählten Beispiele könnten dies vor Augen geführt haben. Ob nun im Film, ob im Briefroman des 18. Jahrhunderts oder auch in Romanen des Mittelalters und der Frühen Neuzeit, Dingen kommt innerhalb menschlicher Beziehungen ein kaum zu überschätzender Stellenwert zu. In Bernhard Schlinks *Vorleser* genügen Michael die Texte, die er vorliest, und ihm genügen die Kassetten, die er Hanna ins Gefängnis schickt. Hat er doch einen Recorder, mit dem er seine von Liebe erzählende Stimme aufzeichnen und aus der Hand geben kann: „Ich habe auf den Kassetten keine persönlichen Bemerkungen gemacht, nicht nach Hanna gefragt, nicht von mir berichtet. Ich las den Titel vor, den Namen des Autors und den Text. Wenn der Text zu Ende war, wartete ich einen Moment, klappte das Buch zu und drückte die Stop-Taste."[66]

---

[64] Bruno Latour: Wir sind nie modern gewesen. Versuch einer symmetrischen Anthropologie. Aus dem Französischen von Gustav Roßler. Frankfurt a. Main 2008, S. 22.
[65] Vgl. Böhme (Anm. 30), S. 25.
[66] Schlink (Anm. 1), S. 176.

Mark Chinca, Cambridge
Hochzeitsdinge, Zeichenbegängnis

I Uneinholbare Dinge

Dinge haben momentan in der Literaturwissenschaft, nicht nur und nicht einmal vornehmlich in der mediävistischen, Hochkonjunktur.[1] Besonders in der Amerikanistik und neueren Anglistik haben sich die Positionen und Publikationen seit den späten 1990er Jahren derart stark vermehrt, dass sie inzwischen auch zum Gegenstand jener bewährten wissenschaftlichen Bewältigungsmittel der Sammelbesprechung und des Forschungsberichts geworden sind.[2] Ein gewaltiger Impuls zur Theoriebildung ging von dem Amerikanisten Bill Brown aus, der in einem 2001 erschienenen Aufsatz den Begriff der *thing theory* in den Methodendiskurs der kulturwissenschaftlich arbeitenden Literaturwissenschaft einführte.[3] Auf die Phäno-

---

[1] Dabei hat es an dingorientierten Beiträgen aus der Mediävistik in den letzten zehn Jahren mitnichten gefehlt, wie die folgende, keineswegs Vollständigkeit beanspruchende Liste eindrucksvoll belegt: Marion Oswald: Gabe und Gewalt. Studien zur Logik und Poetik der Gabe in der frühhöfischen Erzählliteratur. Göttingen 2004 (Historische Semantik. 7); Erin Mullaly: The Cross-Gendered Gift. Weaponry in the Old English *Judith*. In: Exemplaria 17 (2005), S. 255–284; dies.: Hrethel's Heirloom. Kingship, Succession, and Weaponry in *Beowulf*. In: Images of Matter. Essays on British Literature of the Middle Ages and Renaissance. Hrsg. von Yvonne Bruce. Newark 2005, S. 228–244; Andrew Galloway: Layamon's Gift. In: PMLA 121 (2006), S. 717–734; Andrea Schallenberg: Gabe, Geld und *Gender*: Ein Beitrag zur Poetik der Geschlechterdifferenz in der mittelhochdeutschen Verserzählung. In: Mittelalterliche Novellistik im europäischen Kontext. Kulturwissenschaftliche Perspektiven. Hrsg. von Mark Chinca, Timo Reuvekamp-Felber, Christopher Young. Berlin 2006 (Beihefte zur ZfdPh. 13), S. 76–107; Kellie Robertson: Medieval Things. Materiality, Historicism, and the Premodern Object. In: Literature Compass 5 (2008), S. 1060–1080; Anna Mühlherr: Nicht mit rechten Dingen, nicht mit dem rechten Ding, nicht am rechten Ort. Zur *tarnkappe* und zum *hort* im Nibelungenlied. In: PBB 131 (2009), S. 461–492; dies.: Zwischen Augenfälligkeit und hermeneutischem Appell. Zu Dingen im „Straßburger Alexander". In: Dichtung und Didaxe. Lehrhaftes Sprechen in der deutschen Literatur im Mittelalter. Hrsg. von Henrike Lähnemann, Sandra Linden. Berlin/New York 2009, S. 11–21; dies., Heike Sahm: Eigen-Sinn von Dingen in älterer Erzählliteratur. In: Akten des XII. Internationalen Germanistenkongresses Warschau 2010. Vielheit und Einheit der Germanistik weltweit. Hrsg. von Franciszek Gruczka. Frankfurt a. Main 2012 (Publikationen der internationalen Vereinigung für Germanistik. 5), S. 235–244; Heike Sahm: Unversöhnte Motivierungen. Der Schatz als Hindernis kohärenten Erzählens im Beowulf. In: PBB 131 (2009), S. 442–460; Stephan Fuchs-Jolie: *stainwant*. König Ortnits Tod und die heterotope Ordnung der Dinge. In: Projektion – Reflexion – Ferne. Räumliche Vorstellungen und Denkfiguren im Mittelalter. Hrsg. von Uta Störmer-Caysa, Sonja Glauch, Susanne Köbele. Berlin/New York 2011, S. 39–59.

[2] Vgl. John Plotz: Can the Sofa Speak? A Look at Thing Theory. In: Criticism 47 (2005), S. 109–118; Rita Felski: Object Relations. In: Contemporary Women's Writing 1 (2007), S. 185–191; Jennifer Sattaur: Thinking Objectively. An Overview of „Thing Theory" in Victorian Studies. In: Victorian Literature and Culture 40 (2012), S. 347–357.

[3] Vgl. Bill Brown: Thing Theory. In: Critical Inquiry 28 (2001), S. 1–22.

menologie Heideggers und Merleau-Pontys rekurrierend definiert Brown *thingness* nicht als Essenz oder Attribut von Dingen, sondern als Relation zwischen Subjekt und Objekt: Die Dinghaftigkeit ist derjenige Aspekt der Gegenstände, der sich dem Bewusstsein erst unter Störung ihrer reibungslosen Verwendung in zweckbestimmten Sinn- und Nutzungszusammenhängen aufdrängt. Diese Störung wird Brown zufolge nirgendwo so absichtlich und dringlich herbeigeführt wie in der Kunstpraxis der Moderne und Postmoderne, die auf Verfremdung und Dekontextualisierung der dargestellten Objekte einerseits und Entautomatisierung der subjektiven Wahrnehmung andererseits ausgerichtet ist.[4]

Browns Thesen, die in verschiedenen Studien zu den Beziehungen zwischen Menschen und Objekten in der Literatur und anderswo ihren Niederschlag gefunden haben,[5] sind neuerdings von einem *object-oriented literary criticism* aufgegriffen und radikalisiert worden.[6] Den Wortführern dieses neuheideggerianischen Ansatzes, Graham Harman und Timothy Morton, geht es weniger um die Dinghaftigkeit als Aspekt, der in einer besonderen Relation von Subjekt und Objekt in Erscheinung tritt, als um die Dinge selbst. Diese seien prinzipiell nicht ableitbare Entitäten, deren eigentliches Sein sich jenseits aller Relationen ihrer praktischen oder theoretischen Aneignung durch die Menschen entfalte; von diesem unergründlichen Sein der Dinge, das man sich übrigens als kein unveränderliches und in sich ruhendes, sondern vielmehr als ein gärendes und konfliktbeladenes vorzustellen habe, könne das literarische Kunstwerk immerhin eine Ahnung vermitteln, insofern es vom menschlichen Subjekt als Ding erfasst werde, das seine eigene Zeichenhaftigkeit stets überschreite, weil es weder in seinem Entstehungskontext noch in seiner Wirkungsgeschichte gänzlich aufgehe und sich weder von den Intentionen des Autors noch von den Sinnzuschreibungen des Lesers vollständig einholen lasse.[7]

Mit der *thing theory* und der objektorientierten Literaturkritik scheint der Ansatz, den ich im Folgenden an einem mittelhochdeutschen allegorischen Gedicht erproben möchte, auf den ersten Blick wenig gemeinsam zu haben, ist er doch in erster Linie auf die Funktionalisierung der im Text vorkommenden Dinge für die hermeneutischen Anliegen des sie deutenden Subjekts fokussiert. Dennoch wird

---

4 Vgl. ebd., S. 3 f.
5 Um nur einige wichtige Monographien und Sammelbände seit dem Erscheinen von Browns Aufsatz zu nennen: Bill Brown: A Sense of Things. The Object-Matter of American Literature. Chicago 2003; Lorraine Daston (Hrsg.): Things that Talk. Object Lessons from Art and Science. New York 2004; Peter Schwenger: The Tears of Things. Melancholy and Physical Objects. Minneapolis 2006; Barbara Johnson: Persons and Things. Cambridge, Mass. 2008; Katharina Boehm (Hrsg.): Bodies and Things in Nineteenth-Century Literature and Culture. New York 2012.
6 Vgl. Graham Harman: The Well-Wrought Broken Hammer. Object-Oriented Literary Criticism. In: New Literary History 43 (2012), S. 183–203, und Timothy Morton: An Object-Oriented Defense of Poetry. In: New Literary History 43 (2012), S. 205–224.
7 Vgl. Harman (Anm. 6), S. 187 f., 199–202, und Morton (Anm. 6), S. 207–209.

sich zeigen, dass die vielfältigen interpretatorischen Operationen, durch die die Dinge zu Zeichen gemacht werden und für die der Dichter den mittelhochdeutschen Ausdruck *diu zeichen begân* („mit Zeichen hantieren", lit. „die Zeichen begehen") prägt, auch Effekte zeitigen, die weniger vom Bedeutungspotenzial der Dinge zeugen als vielmehr von dem, was Graham Harman die prinzipielle Nichtüberführbarkeit der Dinge in ihre Relationen nennt.[8] Zwar wird einerseits die Zeichenhaftigkeit der Dinge durch die hermeneutischen Anstrengungen des Dichters und in seiner Nachfolge auch des Rezipienten des Gedichts fast bis zur Sättigung gesteigert, andererseits führt eben diese semiotische Überdetermination jedoch zu keiner näheren Kenntnis der Dinge selbst, die vielmehr hinter die ihnen zugeschriebenen Bedeutungsrelationen zurücktreten und sich dem epistemischen Zugriff gänzlich entziehen. Somit ruft der Prozess des „Zeichenbegehens" auch ein „Zeichenbegängnis" hervor, in dem ein tragender Gedanke der Allegorie, nämlich dass jedes Ding entweder seiner äußerlichen Form oder seinem inneren Wesen nach bedeutsam sei, mächtig untergraben wird.[9]

II Zeichenhaftes Erzählen

Die Hochzeit ist ein mittelhochdeutsches geistliches allegorisches Gedicht, das wohl um 1160 entstanden und einzig in der um 1200 oder im frühen 13. Jahrhundert geschriebenen Millstätter Handschrift erhalten ist.[10] Gleich in den eröffnenden Versen kündigt der anonyme Dichter in direkter Publikumsanrede sein Thema an und weist dabei auf die Zeichenhaftigkeit des Inhalts hin:

---

[8] Vgl. Harman (Anm. 6), S. 198: „this absolute untranslatability of things into their relations".
[9] Hugo von St. Viktor zufolge sind nicht nur die Worte (*voces*) der Heiligen Schrift, sondern auch die damit bezeichneten Dinge (*res*) bedeutsam (*significativae*) und daher auslegungsbedürftig. Zur *significatio rerum* fährt er fort: *Res autem in hoc loco intelligimus in materia quacunque, vel substantia inanimata coelestium sive terrestrium, constitutas: ut sunt lapides, ligna, herbæ, et cætera hujus modi, quæ in elementis vel ex elementis sunt. Omnis autem res quæ ad significandum proponitur in Scriptura sacra, aut secundum exteriorem formam, aut secundum interiorem naturam significat* (De scripturis et scriptoribus sacris 14; PL 175,21).
[10] Klagenfurt, Landesarchiv, Cod. GV 6/19, Bl. 142r–154v. Zur Handschrift allgemein vgl. Millstätter Genesis und Physiologus Handschrift. Vollständige Facsimileausgabe der Sammelhandschrift 6/19 des Geschichtsvereines für Kärnten im Kärntner Landesarchiv, Klagenfurt. Einführung und kodikologische Beschreibung von Alfred Kracher. Graz 1967 (Codices selecti. 10); Fidel Rädle: Art. „Millstätter Handschrift". In: ²VL. Bd. 6. 1987, Sp. 531–534; Karin Schneider: Gotische Schriften in deutscher Sprache I: Vom späten 12. Jahrhundert bis um 1300. Wiesbaden 1987. Bd. 1, S. 85–88; Barbara Gutfleisch-Ziche: Die Millstätter Sammelhandschrift: Produkt und Medium des Vermittlungsprozesses geistlicher Inhalte. In: Die Vermittlung geistlicher Inhalte im deutschen Mittelalter. Hrsg. von Timothy R. Jackson, Nigel F. Palmer, Almut Suerbaum. Tübingen 1996, S. 79–96. Überblicksdarstellungen des Gedichtes bieten Peter F. Ganz: Art. „Die Hochzeit". In: ²VL. Bd. 4. 1983, Sp. 77–79; Ernst Hellgardt, Art. „Die Hochzeit". In: KLL. Bd. 5. 2009, S. 470 f.

> Nu mugent ir horen zellen
> von einem heren spelle
> umbe einen chunich richen,
> umbe manich schone zeichen,
> da michil sin an stat.
> (V. 1–5)[11]

Nun könnt ihr eine vortreffliche Geschichte hören von einem mächtigen König, von vielen schönen Zeichen, die große Bedeutung in sich tragen.

Die Sprache dieser Eingangsverse ist nicht ganz eindeutig. Die Syntax der gleichgeordneten Präpositionalphrasen mit *umbe* legt nahe, dass der Dichter eine Geschichte zum Besten geben will, in der es sowohl *umbe einen chunich richen* (V. 3) als auch *umbe manich schone zeichen* mit *michil sin* (V. 4 f.) gehen wird, eine Geschichte also wie etwa die des Belsazar im Buch Daniel, die von der verhängnisvollen Begegnung eines mächtigen Herrschers mit hintergründigen Zeichen erzählt. In der *Hochzeit* wird jedoch nicht von Zeichen und ihrer Bedeutung für einen König oder sonst eine Figur der Handlung erzählt, sondern von einem König, der um eine edle Jungfrau wirbt und sie auch heiratet. Diese Brautwerbungsgeschichte erhält dann eine symbolische Bedeutung für die Zuhörer des Gedichts, indem die Begegnung von Braut und Bräutigam in einem ausgedehnten, an die zeitgenössische Hoheliedexegese und Homiletik angelehnten Kommentar des Dichters als zeichenhaftes Geschehen gedeutet wird, und zwar nicht ein-, sondern zweimal: zunächst als Allegorie der Heimholung der Seele durch Christus (V. 325–776), dann, in einem erneuten exegetischen Durchgang, als Allegorie der Erlösungsgeschichte der Menschheit (V. 787–1061).[12]

Aufgrund dieser ausführlichen Exegesen, die fast zwei Drittel des gesamten Textumfangs ausmachen, hat die Forschung das einleitende Wort des Dichters vom *heren spelle* [...] *umbe manich schone zeichen, / da michil sin an stat* (V. 2–5) nicht als Angabe des Inhalts, sondern als Beschreibung der Poetik des Gedichts aufgefasst: Die letzten Herausgeber, Walter Haug und Benedikt Konrad Vollmann, stehen für viele andere, wenn sie zu dieser Stelle anmerken: „*zeichen*, die *sin* in sich

---

[11] Zit. nach: Kleinere deutsche Gedichte des 11. und 12. Jahrhunderts. Nach der Auswahl von Albert Waag neu hrsg. von Werner Schröder. Bd. II. Tübingen 1972 (ATB. 72), Nr. IX, S. 132–170.

[12] Zur Gliederung des Gedichts vgl. Hugo Kuhn: Allegorie und Erzählstruktur. In: Formen und Funktionen der Allegorie. Hrsg. von Walter Haug. Stuttgart 1979 (Germanistische Symposien Berichtsbände. 3), S. 206–218, bes. S. 213–217. Eine direkte Quelle für die Erzählung und ihre Auslegung ist nicht bekannt; auf Parallelen in zeitgenössischen Hoheliedkommentaren, z. B. von Honorius Augustodunensis und Philipp von Harvengt, und in der Predigtliteratur verweisen Carl Kraus: „Vom Rechte" und „die Hochzeit". Eine litterar-historische Untersuchung. Wien 1891 (Sitzungsberichte der Kaiserlichen Akademie der Wissenschaften, philosophisch-historische Classe. Bd. 123, Abh. 4), S. 62–69; sowie Peter F. Ganz: „Die Hochzeit": *fabula* und *significatio*. In: Studien zur frühmittelhochdeutschen Literatur. Cambridger Colloquium 1971. Hrsg. von L. Peter Johnson, Hans-Hugo Steinhoff, Roy Albert Wisbey. Berlin 1974, S. 58–73, hier S. 62–67.

tragen: das signalisiert eine Erzählung mit einer zweiten, allegorischen Sinnebene."[13] Von einem so verstandenen poetologischen Programm des zeichenhaften Erzählens geht die – zugegebenermaßen nicht reichliche – neuere Forschung zur *Hochzeit* fast ausnahmslos aus, die Positionen differieren hauptsächlich in der Einschätzung des literar- oder kulturhistorischen Stellenwerts der im Text realisierten Verbindung von Erzählung und allegorischer Auslegung.[14] Hugo Kuhn erblickte darin „ein extremstes Beispiel" für eine in der volkssprachlichen Literatur verbreitete, keineswegs nur auf geistliche Dichtungen beschränkte Kombination von „programmatisch-normative[m] Erzählen" und „allegorische[m] Zeigen der Norm-Systeme", die er auch in weltlichen höfischen Epen wie etwa Hartmanns *Erec* und Gottfrieds *Tristan* festzustellen meinte.[15] Peter Ganz beschrieb die allegorisch ausgedeutete Brautwerbungshandlung als „geistliche Kontrafaktur [...] zu weltlicher Heldendichtung" und sah in dieser Leistung des unbekannten Dichters einen schlagkräftigen Beweis für „das Nebeneinander, die Gleichzeitigkeit und das Ineinanderspielen geistlicher und weltlicher Dichtung" in der frühmittelhochdeutschen Periode.[16] Schließlich bewertet Klaus Gantert das „,Zitat' der weltlichen Brautwerbungsdichtung" in einer geistlichen Allegorie als Beleg für die „De-Institutionalisierung von oralen Erzählschemata" mit dem Zweck, ein laikales „Publikum der Vokalität" in die Inhalte und hermeneutischen Verfahren klerikaler Schriftkultur einzuführen.[17]

---

13 Walter Haug, Benedikt Konrad Vollmann (Hrsg.): Frühe deutsche Literatur und lateinische Literatur in Deutschland 800–1150. Frankfurt a. Main 1991 (Bibliothek des Mittelalters. 1), S. 1516, Kommentar zu V. 4 f. So oder ähnlich wird die Stelle interpretiert bei Ganz (Anm. 12), S. 59; Kuhn (Anm. 12), S. 210–213; Ernst Hellgardt: Zur Poetik frühmittelhochdeutscher Dichtung. In: Geistliche Denkformen in der Literatur des Mittelalters. Hrsg. von Klaus Grubmüller, Ruth Schmidt-Wiegand, Klaus Speckenbach. München 1984 (Münstersche Mittelalter-Schriften. 51), S. 131–138, hier S. 136; Dietrich Schmidtke: Bemerkungen zu den Varianten allegorischen Gestaltens in der frühmittelhochdeutschen Literatur. In: Deutsche Literatur und Sprache von 1050–1200. Festschrift für Ursula Hennig zum 65. Geburtstag. Hrsg. von Annegret Fiebig, Hans-Jochen Schiewer. Berlin 1995, S. 221–234, hier S. 227; Klaus Gantert: Erzählschema und literarische Hermeneutik. Zum Verhältnis von Brautwerbungsschema und geistlicher Tradition im *Wiener Oswald* und in der *Hochzeit*. In: Poetica 31 (1999), S. 381–414, hier S. 405; Maria Grimaldi: Immagini e temi in *Vom Rechte* e *Die Hochzeit*. Analogie e divergenze. In: Annali. Sezione Germanica 12 (2002), S. 101–124, hier S. 109.
14 Bis 1995 erschienene Forschungsliteratur verzeichnet der Lexikonartikel von Hellgardt (Anm. 10); vgl. außerdem die bibliographischen Angaben in Anm. 13 oben und Anm. 18 unten.
15 Kuhn (Anm. 12), S. 210.
16 Ganz (Anm. 12), S. 71, 73.
17 Gantert (Anm. 13), S. 403, 414. Die entgegengesetzte Position vertritt Reske, der für die *Hochzeit* ein Publikum voraussetzt, das für die Feinheiten der allegorischen Technik bereits geschult war; vgl. Hans-Friedrich Reske: *Jerusalem caelestis* – Bildformeln und Gestaltungsmuster. Darbietungsformen eines christlichen Zentralgedankens in der deutschen geistlichen Dichtung des 11. und 12. Jahrhunderts, mit besonderer Berücksichtigung des *Himmlischen Jerusalem* und der *Hochzeit*. Göppingen 1973 (GAG. 95), S. 158, 210 f.

Als wie auch immer zu bewertende Kombination von *spel* und *zeichen* lässt sich die Poetik des Gedichts jedoch kaum adäquat beschreiben, weil der Sinn des Textes nicht nur durch die auktorialen Sprechhandlungen des Erzählens und Auslegens, sondern darüber hinaus durch eine Schicht von Ding-Rekurrenzen konstituiert wird, in denen der Zuhörer oder Leser des Gedichts weitere, die Aussagen des *spels* und der *zeichen* teils unterstützende und weiterführende, teils aber auch konterkarierende Botschaften zu entdecken vermag. Die Erkenntnis dieser zusätzlichen Bedeutungsimplikationen und -komplikationen setzt voraus, dass der Rezipient die wiederholt erscheinenden Dinge als äquivalent oder identisch auffasst; auf diese Weise setzt er in sinnstiftender aktiver Lektüre den vom Dichter begonnenen Prozess der Verknüpfung von bedeutenden Relationen fort.[18]

III Allegorie und Äquivalenz

Die allegorische Auslegungsmethode des Dichters bezieht die vordergründigen Elemente der Erzählung nach dem bekannten Prinzip des *aliud verbis, aliud sensu ostendit* auf etwas anderes als das, was sie buchstäblich sind: auf ihren verborgenen geistigen Zweit- oder Hintersinn.[19] So *bezeichent* z. B. der Bote, der den Heiratsantrag des Königs überbringt, den Priester, der das Wort Gottes mitteilt (V. 359–370); das Singen der königlichen Diener, die die Braut zur Hochzeit führen, *bezeichent*, dass der Geistliche (*gotes man*) das Lob des Herrn jederzeit singen soll (V. 801–806); die Zuhausegebliebenen, die auf die Ankunft der Braut warten, *bezeichent* die Menschen der fünf Weltalter, die auf ihre Rettung durch Christi Höllenfahrt warten müssen (V. 807–812). An diesen wenigen Beispielen lässt sich die Abhängigkeit des Dichters von der gelehrten exegetischen Tradition sowohl im Terminologischen als auch im Konzeptuellen erkennen: Der Gebrauch des mittelhochdeutschen Verbs *bezeichnen* zur Einführung der einzelnen Deutungen ent-

---

18 Vgl. neuerdings auch Sarah Bowden: Zur Poetik des mehrsinnigen Verstehens. Der allegorische Stil der *Hochzeit*. In: Literarischer Stil. Mittelalterliche Dichtung zwischen Konvention und Innovation. XXII. Anglo-German Colloquium Düsseldorf. Hrsg. von Elisabeth Andersen, Ricarda Bauschke-Hartung, Silvia Reuvekamp. Berlin/Boston 2015, S. 305–322. Bowden macht auf die vielen vom Autor nicht gedeuteten thematischen und bildlichen Rekurrenzen im Text aufmerksam, die den Rezipienten zu einer aktiven, zusätzliche Sinndimensionen aufdeckenden Lektüre einladen.
19 Vgl. Quint. inst. VIII, 6.44. Zit. nach: Quintilian: Institutio oratoria. Hrsg. von Ludwig Radermacher. Leipzig 1965. Über Begriff und Geschichte der Allegorie seit der Antike informiert umfassend Wiebke Freytag: Art. „Allegorie, Allegorese". In: HWRh. Bd. 1. 1992, Sp. 330–393. Spezieller auf das Mittelalter konzentriert sind Christel Meier: Überlegungen zum gegenwärtigen Stand der Allegorie-Forschung. Mit besonderer Berücksichtigung der Mischformen. In: FMSt 10 (1976), S. 1–69; Hartmut Freytag: Die Theorie der allegorischen Schriftdeutung und die Allegorien in deutschen Texten besonders des 11. und 12. Jahrhunderts. Bern/München 1982 (Bibliotheca Germanica. 24).

spricht dem des lateinischen *significari* bzw. *figurari*,[20] die allegorischen Deutungen lassen sich gemäß der im 12. und 13. Jahrhundert weit verbreiteten Lehre vom mehrfachen Schriftsinn entweder dem *sensus allegoricus* im engeren, d. h. christologisch-ekklesiologischen Sinne, oder dem moralischen *sensus tropologicus*, oder wiederum dem eschatologischen *sensus anagogicus* zuordnen.[21]

Bei der exegetischen Herausstellung des Bezugs auf das jeweils gemeinte Andere tritt zugleich die Ähnlichkeit in der Differenz hervor, ohne die die Allegorese für den Rezipienten weder nachvollziehbar noch einprägsam wäre. Gold, um noch ein Beispiel aus dem Gedicht aufzugreifen, ist etwas anderes als die Weisheit, auf die es verweist (V. 43–50); zwischen Edelmetall und außergewöhnlicher Geistesgabe besteht jedoch insofern eine Ähnlichkeit, als beide etwas sehr Wertvolles und Attraktives für den Menschen darstellen. Diese gemeinsamen Prädikate bilden das *tertium comparationis*, das es erlaubt, die disparaten, in diesem Fall sogar völlig wesensverschiedenen Elemente der Auslegung als äquivalent wahrzunehmen. Generell lässt sich sagen, dass das Prinzip der allegorischen Auslegungsmethode in der Entdeckung bisher unvermuteter Äquivalenzen von Bezeichnendem und Bezeichnetem besteht.[22] Die Äquivalenz schützt die Auslegung vor dem Einwand der Beliebigkeit;[23] die Überraschung der Entdeckung macht ihrerseits jene eigentümliche Verbindung von Erkenntnisvermittlung und ästhetischem Reiz aus, die für die Allegorie prägend ist und auf die Augustinus hinweist, indem er im Hinblick auf die dunkle, auslegungsbedürftige Sprache der Bibel bemerkt, dass der erst mühsam entdeckte Hintersinn größeres Vergnügen bereite und sich bei den Menschen größerer Wertschätzung erfreue als der Sachverhalt, der sich ohne jede Anstrengung herausfinden lasse.[24]

---

[20] Vgl. Ganz (Anm. 12), S. 59, 67 f.; gelegentlich wird die Allegorese durch die Kopula *sîn* angegeben, die dem lat. *esse* entspricht, z. B. V. 376, 1054.

[21] Einen Überblick über die verschiedenen seit Origenes entwickelten Konzepte eines mehrfach abgestuften geistigen Sinns des literalen Bibeltextes gibt Rudolf Suntrup: Art. „Allegorese". In: RLW. Bd. 1. 1997, S. 36–40, hier S. 37 f.

[22] Augustinus zufolge bedeutet die *figurata locutio* der Bibel *per similitudinem*, und die Aufgabe des Exegeten besteht darin, die zum jeweiligen Kontext passende *similitudo* zu finden; vgl. z. B. Aug. doctr. christ. III,24.34–25.36. Zit. nach: Augustinus: De doctrina christiana. Hrsg. von Joseph Martin. Turnhout 1962 (CCSL. 32). Zu diesem in der Allegorie waltenden Ähnlichkeitsprinzip vgl. außerdem H. Freytag (Anm. 19), S. 39–42; W. Freytag (Anm. 19), Sp. 341 f.

[23] Vgl. Hugo von St. Viktor, der zur Zeitangabe in Jo 10,22 f. anmerkt, dass es die gemeinsame *qualitas* von *res significans* und *res significata* sei, die den Bezug des Winters auf den moralischen Zustand der Juden ermögliche: *Jesus erat in porticu Salomonis, et hiems erat. Ideo de hieme habita est mentio, ut per qualitatem temporum designaretur qualitas animorum, id est torpor et infidelitas Judaeorum* (De scripturis et scriptoribus sacris, 14; PL 175,23).

[24] Aug. doctr. christ. II,6.7–8: *Quod totum* [sc. die vielen *obscuritates* und *ambiguitates* der Bibelsprache] *prouisum esse diuinitus non dubito ad edomandam labore superbiam et intellectum a fastidio reuocandum, cui facile inuestigata plerumque uilescunt* [...] *Nunc tamen nemo ambigit et per similitudinem libentius quaeque cognosci et cum aliqua difficultate quaesita multo gratius inueniri.* Vgl. dazu Hellgardt (Anm. 13), S. 133.

IV Äquivalenzen des Goldes

Nun fallen von den vielen allegorisch bedeutsamen Elementen der *Hochzeit* gerade Gold und goldene Schmuckstücke wegen ihres vermehrten Auftretens in allen Partien und Schichten des Textes besonders auf. Außer dem Gold der Weisheit, das in einer unmittelbar auf den Prolog folgenden Parabel vorkommt, erscheinen der Reihe nach: eine Goldbrosche im Prolog (V. 9–14), Armreife, Ring und Brosche in der Parabel (V. 18–24), Verlobungsring, Spangen und Brosche in der Brautwerbungserzählung (V. 226 f., 282 f.). Einige, jedoch nicht alle dieser Schmuckstücke werden auf ihren geistigen Sinn bezogen, wobei einmal mehr die Qualität des Goldes, etwa seine Reinheit oder Kostbarkeit, ein anderes Mal mehr die Qualität seiner Bearbeitung als äquivalenzbegründendes *tertium comparationis* in den Vordergrund gerückt wird: Die Brosche im Prolog steht für das Gedicht, dessen allegorische Sinnebene mit genauso viel Kunst und Verstand herausgearbeitet werden muss wie ein zierliches Kleinod (V. 7 f.); der Verlobungsring bezeichnet das Taufkleid, das das Kind auch bei seiner Auferstehung tragen wird, wenn es mit Gott nicht mehr nur verlobt, sondern für immer und ewig vermählt sein wird (V. 353–358); die Brosche schließlich, die die Braut am Hochzeitskleid trägt, und ihre Verzierung bezeichnen die rechtzeitige Beichte bzw. die Liebe des reuigen Sünders zu Gott (V. 696–703).[25]

Diese Deutungen machen jedoch nur einen Teil der Äquivalenzrelationen aus, an denen das Gold und die Goldgegenstände beteiligt sind. Anders als die exegetisch hervorgerufenen Äquivalenzen von Ding und Bedeutung werden diese weiteren Relationen nicht sprachlich, durch Anwendung der Formel „X bezeichnet Y", sondern vielmehr ereignishaft, durch die bloße Rekurrenz des Goldes im Text, erzeugt. Die goldenen Hochzeitsdinge treten wiederholt in ähnlichen Verweiszusammenhängen und narrativen Konstellationen auf, und sie sind Gegenstand von Handlungen, die sich an anderen, personhaften Objekten wiederholen. Diese Rekurrenzen drängen sich der Wahrnehmung derart massiv auf, dass der Zuhörer bzw. Leser des Gedichts nicht umhin kann, sie als hermeneutische Herausforderung zu empfinden und ihren Implikationen für das Verständnis des Textes nachzuspüren. Tatsächlich ergibt sich aus der Apperzeption der Wiederholungen und der dadurch suggerierten Äquivalenzen von Ding und Ding bzw. Ding und Figur ein unterschwelliger Diskurs von Gleichnissen, Beispielen und Analogien, die die Aussagen des an der Textoberfläche artikulierten allegorischen Diskurses um zusätzliche Dimensionen ergänzen und perspektivieren.

Poetologische Gleichnisse

Nach dem einleitenden Wort von dem *heren spelle* und dessen Zeichenhaftigkeit fährt der Dichter mit einem Vergleich fort, der sein exegetisches Vorhaben anhand

---

[25] Zu diesen Auslegungen, die auf theologischem Gemeingut beruhen, vgl. Ganz (Anm. 12), S. 66 f.; Kraus (Anm. 12), S. 70, 113.

der bildhaft-konkreten Beschreibung eines Handwerksvorgangs erläutern und präzisieren soll:

> Swer diu zeichene wil began,
> der sol guoten list haben,
> also der smit vil guot
> die wiere in daz golt tuot.
> daz insigele er fur leit,
> als ers gelernt hat,
> deiz vil herlichen stat
> unde niht zergat.
> (V. 7–14)[26]

> Wer mit Zeichen hantieren will, bedarf guter Kenntnisse und Fertigkeiten, so wie der tüchtige Schmied die Drähte auf das Gold lötet. Er gestaltet die Verzierung, wie er es gelernt hat, so dass sie sehr prächtig aussieht und nicht entzweigeht.

In der lateinischen allegorischen Literatur des 12. Jahrhunderts wird der Goldschmied gelegentlich mit Gott gleichgesetzt, der die Welt auf elegante Weise *tanquam [...] faber aurarius* geschaffen hat, oder der Leib und Blut seines Sohns vereint und teilt *sicut faber aurum suum*.[27] Der Zusammenhang und die herkömmliche Assoziation von *ars ferraria* und *ars poetica* machen jedoch deutlich, dass der Goldschmiedvergleich in diesem Fall nicht auf Gott, sondern auf den Dichter zu beziehen ist, der *guoten list*, d. h. gute Fachkenntnisse, besitzen muss, um sein wertvolles Material kunstgemäß zu bearbeiten.[28] Was den Bearbeitungsvorgang selbst betrifft, wird die Anwendung der exegetischen Kunst mit der Herstellung einer Goldbrosche mit dekorativem Muster oder Emblem (*insigele*) verglichen. Diese Verzierung wird durch das Löten von Golddrähten oder -streifen (*wiere*) auf eine ebenfalls aus Gold angefertigte Platte gebildet, und zwar so, dass sie prachtvoll glänzt und auch fest bleibt.[29] Auf den Vorgang des „Zeichenbegehens" (V. 7: *Swer*

---

[26] Die Ausgabe von Waag/Schröder (Anm. 11) emendiert das handschriftliche *fur leit* zu *fur blat* (V. 11), um den Reim auf *hat* im folgenden Vers herzustellen. Die Entscheidung hängt des Weiteren davon ab, wie man sich die Herstellung der Brosche vorstellt; dazu ausführlicher in Anm. 29 unten.
[27] Alanus ab Insulis: De Planctu Naturae. In: The Anglo-Latin Satirical Poets and Epigrammatists of the Twelfth Century. Hrsg. von Thomas Wright. London 1872. Bd. 2, S. 468; Hildegard von Bingen: Scivias. Hrsg. von Adelgund Führkötter. Turnhout 1978 (CCCM. 43–43A), 2,6.5, S. 236.
[28] Zu dieser Stelle vgl. H. Freytag (Anm. 19), S. 47; Hellgardt (Anm. 13), S. 136 f. Zur Schmiedemetaphorik in mittelalterlicher Dichtung vgl. Hans Günther Bickert: Der Dichter als Handwerker. Zu Herkunft und Bedeutung einiger Begriffe der Dichtungstheorie. In: Sprache in Vergangenheit und Gegenwart. Hrsg. von Wolfgang Brandt. Marburg 1988 (Marburger Studien zur Germanistik. 9), S. 1–14, bes. S. 10 f.; Sabine Obermaier: Von Nachtigallen und Handwerkern. „Dichtung über Dichtung" in Minnesang und Sangspruchdichtung. Tübingen 1995 (Hermaea. 75), S. 321 f. – allerdings mit Beispielen aus dem 13. und 14. Jahrhundert.
[29] Die Passage bietet einige Schwierigkeiten für das genaue Verständnis des technischen Vorgangs. Wenn es sich um die Herstellung einer Brosche mit Filigranverzierung handelt, muss mit dem Einsetzen der *wiere* [...] *in daz golt* (V. 10) das Löten der Golddrähte auf eine ebenfalls aus Gold angefertigte Platte gemeint sein; zur Bedeutung *wiere* = „Gold- oder Silberdraht" vgl. BMZ. Bd. III,

diu zeichene wil began) übertragen besagt der Vergleich, dass der allegorische Sinn mit großer Kunst und Sorgfalt herausgearbeitet werden muss, damit er den literalen Basistext für den Leser sowohl attraktiver macht als auch überzeugend erklärt.[30]

Unmittelbar auf den Schmiedvergleich folgt eine parabelartige Erzählung, in der Gold wieder von zentraler Bedeutung ist. Eine adlige Frau verliert ein nicht näher bestimmtes Stück von ihrem geliebten Goldschmuck und kehrt es nach langem vergeblichen Suchen mit dem Unrat auf dem Fußboden zur Tür hinaus (V. 15–39). Diese kurze narrative Abfolge bietet die erste Gelegenheit zur Anwendung der exegetischen Kunst, um die es im Schmiedvergleich ging, und tatsächlich meldet sich der Dichter prompt mit der Ankündigung einer nützlichen Botschaft für das Publikum: *da mugent ir lernen liste, / swelhir so welle, / von einem heren spelle* (V. 40–42: „Von einer so trefflichen Geschichte könnt ihr euch belehren lassen, wenn ihr wollt"). Die angebotene allegorische Deutung ist wie die Erzählung selbst ein negatives Kontrafaktum des Gleichnisses vom verlorenen Groschen im Lukasevangelium.[31] Dort gilt die Interpretation vor allem der Besitzerin des Wertgegenstands: Die Freude der Frau, die ihren Groschen nach gründlichem Fegen des Hauses wiederfindet, wird mit der Freude der Engel über den umkehrenden Sünder verglichen. In der *Hochzeit* stehen dagegen der Gegenstand selbst und sein Hersteller im Mittelpunkt, und die Geschichte mit ihrem unglücklichen Ausgang wird als Allegorie der ewigen Verdammnis gedeutet. Das verlorene Gold *bezeichent* die Weisheit (V. 47), der Unrat, unter dem es so tief begraben ist, dass man es nicht wiederfinden kann, und mit dem es schließlich zur Tür hinausgekehrt wird, *bezeichent* (V. 51) den Menschen, den Gott mit Weisheit begabt hat und der diese anderen trotzdem vorenthält, also den kompetenten Exegeten, der sich vor seiner Verpflichtung und seiner Aufgabe drückt: Wegen dieser Unterlassung werde er am Jüngsten Tag verdammt und von der Himmelspforte weggefegt werden *also der*

624a–b; Wolfgang P. Rohde: Überlegungen zur Syntaxtheorie mit besonderer Berücksichtigung eines alten Textes. Hamburg 1971 (Geistes- und sozialwissenschaftliche Dissertationen. 13), S. 27 f.; das Verb *fur leit* (V. 11; < *verlegen*, „abschließen, absperren") hätte dann die erweiterte Bedeutung von „abgrenzen, mit einem festen Umriss verleihen, bilden, gestalten" (vgl. ebd., S. 28) und bezöge sich auf das Formen des Emblems aus den Golddrähten. Denkbar ist aber auch, dass das *insigele* in Cloisonné-Technik ausgeführt wird. In diesem Fall bezeichnet *wiere* die ebenfalls auf eine Goldplatte gelöteten Goldstreifen oder -stege, die die Felder für die Emaileinlagen eingrenzen; je nachdem, ob man bei dem überlieferten *fur leit* bleibt oder die Emendation zu *fur blat* („schmilzt, brennt" < *verblæjen*) akzeptiert (vgl. Anm. 26 oben), wird entweder auf das Abgrenzen des Musters durch die Goldstreifen oder auf die Herstellung der Glasflüsse im Schmelzverfahren angespielt; vgl. die Übersetzung der Stelle und den Kommentar dazu in der Ausgabe von Haug/Vollmann (Anm. 13), S. 785, 1516 f.

30 Zur Auffassung, dass die Allegorie nicht nur belehren und erklären, sondern auch ästhetisches Vergnügen bereiten soll, vgl. Hellgardt (Anm. 13), S. 131–134, 136.

31 Lk 15,8–10. Vgl. Haug/Vollmann (Anm. 13), S. 1517, Kommentar zu V. 27–36.

mist [...] *den man fur das hous chert* (V. 51–54: „wie der Unrat, den man vors Haus kehrt").³²

Durch die Allegorese gerät das verlorene Gold in zwei Äquivalenzrelationen: zwischen Ding und Bedeutung (Gold ist ebenso wertvoll und attraktiv für die Menschen wie die Weisheit) und zwischen Ding und Ding (das verlorene Schmuckstück der Edelfrau verweist genauso wie die vom Schmied verfertigte Brosche auf das gehaltvolle Produkt exegetisch-poetischen Könnens). Dieser Doppelbezug hat die paradoxe Wirkung, das Gold deutlicher und zugleich ambivalenter zu machen, denn einerseits wird es eindeutig auf seinen geistigen Sinn festgelegt, andererseits wird seine Zuordnung zu einer bestimmten Ebene der Textkonstitution schwankend. Die Ankündigung der Allegorese mit einer Formel, die die Eingangsverse des Gedichts variiert (V. 1 f.: *Nu mugent ir horen zellen / von einem heren spelle*; V. 40–42: *da mugent ir lernen liste, [...] von einem heren spelle*), erweckt den Eindruck, dass der Prolog bereits geendet hat und mit dem Anfang der Geschichte vom abhanden gekommenen Schmuckstück schon der Übergang zur Haupterzählung, zum *heren spel*, vollzogen worden ist. Demnach wäre das verlorene Gold der *histoire*-Ebene des Textes, der narrativ entworfenen Welt von Figuren, Objekten, Raum- und Zeitverhältnissen und deren Interagieren in einem Plot zuzuordnen und aus diesem Grund kategorial verschieden von der Goldbrosche des exordialen Vergleichs zu betrachten. Die Applikation der Allegorese auf den pflichtvergessenen Exegeten weist die Geschichte jedoch als Fortsetzung dieses Vergleichs aus, mit der Folge, dass das verlorene Gold als *theoretisches Objekt*, d. h. als Setzung und Gegenstand theoretischer Betrachtung, an die Seite der kunstvollen Brosche gestellt wird und zusammen mit ihr das Bildrepertoire eines in Gleichnissen sprechenden poetologischen Diskurses über Methode und Verantwortung des „zeichenbegehenden" Dichters ausmacht.

Moralische Beispiele

Die Edelfrau der Parabel besitzt Armreife (*bouge*), einen Ring (*vingerlin*) und eine Brosche (*gewiere*) aus Gold und verliert einen *teil* davon im Unrat auf dem Fußbo-

---

32 Die Passage ist nicht ohne Verständnisschwierigkeiten. Ich beziehe die männlichen Pronomina *in* (V. 44, 45) und *der* (V. 47) auf das Maskulinum *wistuom* (V. 43), lasse die Ergänzung zum Indefinitpronomen *swer* (V. 43) erst beim Demonstrativ *der* (V. 51) beginnen und übersetze die Verse 43–51 folgendermaßen: „Wer die Weisheit besitzt (*Swer den wistuom treit*; V. 43), sie (*in*; V. 44) aber niemandem sagt und sie (*in*; V. 45) auch niemanden lehrt, wo er auch hinkommt – diese Weisheit (*der*; V. 47) wird durch das Gold bezeichnet, das tief unter dem Unrat begraben ist [...] –, dieser Mann (*Der man*; V. 51) wird durch den Unrat bezeichnet." Haug/Vollmann (Anm. 13), S. 787, fassen dagegen *der* (V. 47) als Ergänzung zu *swer* auf: „Wer Weisheit besitzt und niemandem etwas davon sagt und sie niemanden lehrt, wenn er irgendwo hinkommt: auf den verweist das Gold, das begraben ist tief unter dem Unrat [...] Der Unrat [...] verweist auf den Mann." Diese Übersetzung liest sich zwar einfacher und geradliniger als meine, weil sie ohne die bei V. 47 beginnende Parenthese ausden (V. 19, 23, 28–30). Die edle Jungfrau der darauf folgenden Brautwerbungsgeschichte vermehrt dagegen ihren Besitz an Goldschmuck, indem ihr zunächst ein Ring (*vingerlin*), später dann auch Fibeln (*spangen*) und eine Brosche (*wiere*) geschenkt werden (V. 226f., 282f.). Beiden Erzählungen liegt offenbar dieselbe Konstellation von Gold und adliger Besitzerin zugrunde, und in beiden liegt der Fokus auf der Bedeutung des Verlusts bzw. Gewinns für die dadurch Betroffene. Für die Edelfrau der Parabel ist der Verlust von einem Teil ihres Goldschmucks ein *unheil* (V. 27), für die Jungfrau verweist jede neue Gabe auf ihre künftige Vermählung mit dem König: Der Ring, der von dem Boten des Königs überreicht wird, ist ein Verlobungsring (V. 226f.: *vingerlin, / daz was rehte gemahelin*), die Fibeln und die Brosche gehören zum Brautstaat, mit dem die Jungfrau von ihrem Vater an ihrem Hochzeitstag geschmückt wird (V. 277–284).

Die Wiederholung der Konstellation bei gegenläufiger Narrativierung weist auf eine latente Exemplarität der Geschichten hin, die als negative und positive Veranschaulichung eines allgemeinen Satzes „Gold bedeutet für seine Besitzerin Glück" verstanden werden können. Der Satz impliziert seinerseits, dass die Besitzerin gut daran tut, ihr Gold zu verwahren, und ferner, dass die Frau der Parabel, die mit ihren treuen Dienern *spate unde vruo* nach dem verlorenen Gold sucht (V. 31), mit ihrer Sorge doch zu spät ist. Diese moralischen Implikationen treten jedoch weder narrativ noch exegetisch aus der Latenz heraus. Keine der beiden adligen Frauen handelt auf eine Weise, die man ihr etwa als Sorglosigkeit bzw. Sorgsamkeit ihrem Goldschmuck gegenüber auslegen könnte, und die Allegorese, die die Golddinge durchgängig mit den kirchlichen Heilsgütern und Sakramenten Weisheit, Taufe, Beichte und Reue in Verbindung bringt,[33] fokussiert überhaupt nicht auf die Besitzerin – weder die Edelfrau noch die Braut werden mit einer Deutung bedacht[34] –, sondern vielmehr auf den geistlichen Vermittler des vom Gold Bezeichneten: auf den gelehrten Exegeten, der wegen seiner fehlenden Bereitschaft, die Weisheit weiterzugeben, sein eigenes Seelenheil verwirkt (Bedeutung des Unrats), und auf den Priester, der mit in der liturgischen Messfeier zwischen Gott und Menschen vermittelt (Bedeutung des Boten, der die *manunge* des Königs überbringt; V. 359–370).[35]

Heilsgeschichtliche Analogien

Die Verurteilung des seine Pflicht versäumenden Exegeten wird in Analogie zum Auskehren des Unrats als Entfernung von etwas Verabscheuungswürdigem präsentiert:

---

kommt, sie hat jedoch zur Folge, dass das Gold sowohl für die Weisheit als auch für denjenigen, der sie unterschlägt, stehen muss.

33 Vgl. S. 396.

34 Die Ausstrahlung der Braut (eine Eigenschaft der Figur also, nicht die Braut selbst) wird auf Maria bezogen (V. 791–800).

35 Der Bote, der die *manunge* (V. 361) des Herrn seiner Braut überbringt, wird zunächst auf den *ewarte / mit dem gotes worte* bezogen (V. 365f.); die pauschale Gleichsetzung von *manunge* und

> Der man bezeichent den mist –
> wan er got leit ist –,
> den man fur daz hous chert.
> also wirt er geschert
> von der himelischen porte
> mit dem gotes worte.
> (V. 51–56)

Auf diesen Mann verweist, weil er Gott verhasst ist, der Unrat, den man vors Haus kehrt. Genauso wird er durch Gottes Urteil von der Himmelspforte fortgejagt.

Im Verlauf des Gedichts erscheinen nun weitere Personen als Gegenstand einer dem Auskehren vergleichbaren Handlung des Wegfegens und Fortschleuderns. Als Auftakt zur Brautwerbungsgeschichte wird erzählt, dass der Herr auf dem hohen Gebirge – so heißt der Sitz des mächtigen Königs des Prologs (V. 148) – zunächst seine ungetreuen Dienstmannen in einen tiefen, mit grässlichen Schlangen und quälenden Flammen gefüllten Kerker unter dem Gebirge hinabschleuderte (V. 172: *dar undir swief*) und dann andere, von den bereits Verurteilten zum Aufstand verführte Menschen auch in den tiefen Abgrund fegte (V. 186 f.: *verswief / in daz apgrunde tief*).

Weggefegter Kehricht, weggefegte Sünder, weggefegte Aufrührer und Rebellen: Die Bedeutung der Analogienreihe liegt nicht in erster Linie darin, dass sie es dem Rezipienten erlaubt, die vorläufig nicht ausgelegten Vergeltungsmaßnahmen des Herrn auch als Allegorien von Verdammnis aufzufassen, in diesem Fall vom Sturz Luzifers und der rebellischen Engel und vom Sündenfall der Menschheit. Diese Deutungen werden ohnehin durch die unüberhörbaren Anklänge der Passage an das Buch Jesaja nahegelegt und überdies im Schlussteil des Gedichts, wo die Ereignisse im Kontext der Höllenfahrt Christi rekapituliert werden, explizit nachgeliefert (V. 1001–1017).[36] Vielmehr liegt die Bedeutung der Reihe darin, dass sie es dem Rezipienten ermöglicht, Eigenschaften des Kehrichts in der Parabel auf die weggefegten Personen der Haupterzählung zu übertragen. Der Kehricht ist eigentlich eine Zusammensetzung aus etwas, dem Unrat, das man loswerden will, und etwas, dem Gold, das man für wertvoll hält und gern zurückbekommen möchte –

---

gotes wort wird alsbald mit einer Anspielung auf die Messeliturgie präzisiert: *in dem chore / vor dem vrone altare / da ist diu sine zunge / diu rehte manunge* (V. 367–370: „Vor dem Hochaltar im Chor ist seine Zunge die rechte Mahnung").

36 Vgl. Jes 2,2: *erit in novissimis diebus praeparatus mons domus Domini in vertice montium*; 14,12–15: *quomodo cecidisti de caelo lucifer [...] ad infernum detraheris in profundum laci*; außerdem 14,23: *scopabo eam* [sc. Babylonem] *in scopa terens dicit Dominus exercituum*. Jesaja wird in der Hochzeit namentlich erwähnt, und zwar in Verbindung mit der Tätigkeit des Fegens (V. 572–575: *uns ratet Ysaias, / daz wir cherigen daz hus, / ob got dar zuo chome / daz im dar inne gezeme*); da die Aufforderung zum Kehren des Hauses sich nicht bei Jesaja, sondern in dem apokryphen *Hirten des Hermas* (2. Jh.) findet, handelt es sich vielleicht um eine Verballhornung von diesem Namen; vgl. A. C. Dunstan: Sources and Text of the Middle High German Poem *Die Hochzeit*. In: MLR 20 (1925), S. 310–316, und 21 (1926), S. 178–186, hier S. 310.

deshalb suchen die Frau und ihre Diener eifrig nach dem verlorenen Schmuck (V. 31–39). Damit wird ein bedeutsamer Interpretationshorizont für die Strafaktionen des Herrn eröffnet. Die weggefegten Personen bilden, so legt die Analogie zum Kehricht nahe, keine homogene Gruppe: Unter den unratähnlichen Hinabgeschleuderten, d. h. Luzifer und den rebellischen Engeln, die Gott von seinem Erlösungsangebot für immer und ewig ausgeschlossen hat, befinden sich auch einige goldähnliche, über deren Rückgewinnung Gott sich freuen würde. Somit wird im Vorgriff auf die noch zu erzählende Brautwerbungsgeschichte und ihre heilsgeschichtliche Auslegung eine Deutungsperspektive eröffnet, in der die Notwendigkeit von Verlust und Verdammnis – es heißt in der Parabel, die Frau habe ihr verlorenes Gold „notgedrungen" (V. 37: *noten*) aufgeben müssen – bereits im Horizont der Möglichkeit von Wiederherstellung und Erlösung erscheint.

Diese Möglichkeit wird in der Brautwerbungshandlung narrativ verwirklicht, denn auf die Geschichten vom Absturz in die Tiefe folgen weitere, in denen die Richtung umgekehrt wird. Der Herr *ouf dem gebirge* (V. 207) erfährt von der makellosen Jungfrau in dem *tal* (V. 194) und schickt seinen Boten zu ihr hinab, zunächst mit dem Heiratsantrag, dann um die Braut zum Aufbruch in die Heimat zu mahnen. Diese Ereignisse sind, wie bereits erwähnt, Gegenstand einer doppelten Allegorese, in der Verlobung und Vermählung zunächst auf die Erlösung der individuellen Seele und sodann auf die kollektive Erlösung der Menschheit bezogen werden. In diese längeren Exegesen werden außerdem zwei kleine Geschichten eingebettet, in denen die Bewegung von oben nach unten ebenfalls ihre Umkehrung erfährt. Die wohl vom *Physiologus* übernommene, vom Dichter der *Hochzeit* als Allegorie der Wiederherstellung des Sünders durch Reue und Beichte gedeutete Geschichte vom Adler erzählt, wie dieser, alt und kahl geworden, in einen Wald abstürzt (V. 586: *er vellet in einen walt*), dort in einer Quelle badet und dadurch verjüngt wird, so dass er mit neuem Gefieder *ouf in diu lufte* emporfliegt (V. 594).[37] Das Muster wiederholt sich zum Schluss des Gedichts in der universaleschatologisch signifikanten Geschichte von der Höllenfahrt Christi, des Sohns der Jungfrau, der nach seinem Opfertod zu dem *tieffe in der helle not* sitzenden Adam hinunterfährt (V. 1029), um ihn und die anderen Gerechten und Frommen zu befreien und zu seinem Hochzeitsfest im Himmel hinaufzuführen (V. 986–1051).[38] Brautwerbung, Adler, Höllenfahrt: Sämtliche Geschichten erzählen den Abstieg als Auftakt zum triumphalen Aufstieg und lösen somit die bereits durch die Analogien des Kehrichts erweckte Hoffnung auf die Wiederherstellung des prälapsarischen Zustands ein.

---

37 Vgl. Der altdeutsche Physiologus. Die Millstätter Reimfassung und die Wiener Prosa (nebst dem lateinischen Text und dem althochdeutschen Physiologus). Hrsg. von Friedrich Maurer. Tübingen 1967 (ATB. 67), S. 54–57 (dt.), 86 (lat.). Zum Umgang des Dichters mit dieser und möglicherweise anderen Quellen vgl. Kraus (Anm. 12), S. 77 f.; Dunstan (Anm. 36), S. 178–181; Haug/Vollmann (Anm. 13), S. 1524 f., Kommentar zu V. 578–581, 580–601, 587, 596, 605–617.
38 Zu den möglichen vom Dichter benutzten Quellen vgl. Kraus (Anm. 12), S. 84.

V Identität des Goldes

Die goldene Brosche des Schmiedes und das im Unrat begrabene Gold, die kleiner werdende Goldschmucksammlung der Edelfrau und die anwachsende der Braut, das ausgefegte Gold und die weggefegten Rebellen: Diese Äquivalenzen im Bezug auf Vermittelnswertes, Schonenswertes und Rettungswürdiges liegen einem Diskurs zugrunde, der sich in Gleichnissen, Beispielen und Allegorien äußert und dessen Aussagen bei gelegentlichem Verwischen der oberflächlichen Textgliederungsmarkierungen doch immer mit den vom Dichter allegorisch gesetzten Bedeutungen konform gehen. Zu einer wesentlichen Störung der Allegorie kommt es dagegen, wenn man nicht die Äquivalenz, sondern die Identität der Goldgegenstände voraussetzt.

Eine goldene Brosche erscheint als Requisit von drei Akteuren des Gedichts: als kunstvolles Erzeugnis des Schmieds, der seinen *guoten list* anwendet, um *die wiere in daz golt* zu setzen und das prächtige *insigele* der Brosche zu formen (V. 8–12); als Schmuck der Edelfrau, die neben Armreifen und Ring ein ebenfalls *mit listen* hergestelltes goldenes *gewiere* besitzt (V. 21–23); als Zierde der Braut, die *die guldinen wiere* an ihrem Hochzeitskleid trägt (V. 283).[39] Ob es sich dabei um drei ähnliche Goldbroschen oder ein und denselben Gegenstand in wechselnden Besitzverhältnissen handelt, lässt sich aufgrund der ambivalenten Aussagen des Textes nicht endgültig entscheiden. Gegen die Identitätshypothese spricht vor allem der Gebrauch des unbestimmten Artikels in V. 23: Die Edelfrau trägt *ain guldin gewiere* an ihrem Kleid, also wohl eine andere Brosche als die vom Schmied verfertigte. Dieser scheinbar eindeutige Befund wird jedoch durch weitere semantisch-syntaktische Merkmale gleich verunklärt: Die Parabel vom verlorenen Gold beginnt mit der Aussage *Die vrowen zieret daz golt* (V. 15; „Das Gold schmückt die Edelfrau"), als würde das mit Definitartikel versehene Subjekt des Satzes auf das bereits erwähnte *golt* verweisen (V. 10), aus dem der Schmied die Brosche herstellt; auch der bestimmte Artikel in V. 283 f. (*die guldinen wiere / fuort die maget here*; „die edle Jungfrau trägt die goldene Brosche") erweckt den Eindruck, dass es sich um einen bereits bekannten Gegenstand handelt.

Des Weiteren ist nicht auszuschließen, dass die Edelfrau ihre Brosche und nicht sonst einen *teil* ihres Goldschmucks, etwa ihren Armreif oder Ring, verliert; auf jeden Fall ist es wahrscheinlicher, dass ein mit Anstecknadel an der Kleidung

---

39 Der Plural des starken Femininums *wiere* in V. 10 hat die Bedeutung „Golddrähte" (vgl. Anm. 29 oben). Der Singular *daz gewiere* (V. 23) bzw. *diu wiere* (V. 283, 698) bedeutet dagegen eine aus *wieren* hergestellte Brosche oder Broschenverzierung. Vgl. Matthias Lexer: Mittelhochdeutsches Handwörterbuch. Nachdruck der Ausgabe Leipzig 1872–1878 mit einer Einleitung von Kurt Gärtner. 3 Bde. Stuttgart 1992, Bd. 1, Sp. 990, und Bd. 3, Sp. 877, der als Interpretamenta zu *gewiere* und *wiere* „geschmeide mit eingegrabener oder eingelegter arbeit" bzw. „geläutertes feinstes gold, schmuck aus solchem" angibt.

befestigtes Schmuckstück sich ablöst und auf den Boden fällt als ein eng an der Haut anliegendes (vgl. V. 18–23: [*Diu vrowe*] *treit an barer liche / die bouge joch daz vingerlin* [...] *Siu spannet fur ir bruste* [...] *ain guldin gewiere*; „Die Edelfrau trägt die Armreife und auch den Ring auf bloßer Haut [...]. Sie befestigt eine goldene Brosche über der Brust"). Wenn man diese zweite Identitätshypothese auch akzeptiert, lässt sich aus den vereinzelten Auftritten der Brosche auf verschiedenen, in poetologischer und auch narratologischer Hinsicht nicht zusammengehörigen Ebenen des Gedichts eine kontinuierliche Erzählung gewinnen, die in ihren Details zwar nicht rekonstruierbar, in groben Umrissen jedoch als Geschichte von der Herstellung und Zirkulation eines Dings erkennbar ist: Vom geschickten Goldschmied verfertigt, wird die Brosche von der schmuckliebenden Edelfrau erworben und verloren, im Kehricht ausgefegt, von einem anderen gefunden und, in den Besitz der Braut gelangt, an ihrem Hochzeitskleid getragen.

Die durch Identitätshypothesen implizierte Geschichte der Brosche, die bereits mit dem Schmiedvergleich im Prolog einsetzt und sich wie ein Schemen durch die darauf folgenden Erzählphasen des Gedichts hindurchzieht, ist wie die sprachlich und textuell ausgeformte Geschichte vom mächtigen König, der seine abtrünnigen Diener in den Abgrund stürzt und dann seine Braut zu sich auf den hohen Berg holt, auch eine Erzählung von Verlust und Gewinn. Sie verbindet allerdings die Modalitäten von Notwendigkeit und Möglichkeit auf andere Weise als die Geschichte vom König, wie sie in der Perspektive der sie deutenden und kommentierenden Allegoresen, Analogien und eingebetteten Geschichten vom Adler und von der Höllenfahrt erscheint. Diese stellen die Notwendigkeit des Verlusts in den Horizont der möglichen Wiederherstellung: Ein Teil von dem, was verloren gehen musste, war es von vornherein wert, gerettet zu werden und ist seit dem Eheentschluss des Herrn auch zu retten. In der Geschichte der Brosche verhalten sich die Dinge umgekehrt: Die Möglichkeit des Gewinns steht im Horizont der Notwendigkeit des Verlusts, denn damit einer das Gold besitzen kann, muss der Vorbesitzer es schon verloren haben. In die Sprache des Heils übersetzt würde dies besagen, dass die Erlösung des einen die vorausgehende Verdammung des anderen erfordert. Dieser Gedanke legt das Gold zwar noch immer auf die Bedeutung „Heil, Heilsgut" fest, rückt diese Bedeutung allerdings in eine völlig andere Perspektive als der ausdrückliche und theologisch orthodoxe Kommentar des Dichters. Dieser wiederum erklärt in einem längeren, der Allegorese der Brosche und ihrer Verzierung unmittelbar vorgeschalteten Exkurs über die verschiedenen Arten der Beichte nicht die Verdammung des anderen, sondern die persönliche Buße und Reue zur Voraussetzung der individuellen Erlösung (V. 618–726).[40]

---

[40] Die dem Kommentar zugrunde liegende Abstufung zwischen der kupfernen, d. h. zur Todesstunde aufgeschobenen, der silbernen, noch bei Gesundheit abgelegten, und der goldenen, rechtzeitig nach jeder begangenen Sünde vollzogenen Beichte hat keine exakte Parallele in der theologischen Literatur; siehe Kraus (Anm. 12), S. 79 f.

Die tiefgreifende Irritation, die die Geschichte der Brosche auszulösen vermag, rührt jedoch weniger von der heterodoxen Bedeutungsimplikation her als von der grundsätzlichen Unbeweisbarkeit der sie tragenden Identitätshypothesen. Dass die Edelfrau ihre Brosche und nicht etwa ihren Ring oder Armreif im Unrat auf dem Fußboden verliert, ist zwar wahrscheinlich, lässt sich jedoch nicht mit Bestimmtheit sagen; dass es nur eine Brosche mit verschiedenen Besitzern gibt, ist möglich, muss aber nicht der Fall sein. Es bleibt bei der insistierenden Wiederholung des Wortes *(ge)wiere*, das man ebenso gut auf ein und denselben Gegenstand als auf mehrere Exemplare derselben Gattung beziehen kann, ohne dass eine letztgültige Entscheidung über Einzahl oder Mehrzahl, Identität oder Äquivalenz der mit dem Wort bezeichneten Brosche oder Broschen möglich wäre.[41] Der mehrmals erscheinende und im Verlauf des Gedichts auch mehrfach Bedeutung akkumulierende Schmuckgegenstand löst sich für denjenigen, der nach dem Ding selbst fragt, in lexikalische Rekurrenz ohne stabile Referenz auf. In der Erfahrung der unergründlichen Wiederholung schlägt sich der vom Dichter begonnene und vom Rezipienten fortgesetzte Prozess des „Zeichenbegehens", des Aufdeckens bedeutungsstiftender Relationen, in ein „Zeichenbegängnis" um, das das bezeichnende Ding verdeckt wie der Unrat der Parabel, unter dem das glänzende Gold der Weisheit begraben liegt.

---

41 Nimmt man die Existenz mehrerer Broschen an, so lässt sich ihre genaue Anzahl immer noch nicht ermitteln: Es kann sich ebenso gut um drei Broschen handeln (Schmied, Edelfrau und Braut haben je eine) als um zwei (die Brosche der Edelfrau ist die vom Schmied hergestellte, oder die Brosche der Braut ist die von der Edelfrau verlorene).

Frank Fürbeth, Frankfurt am Main
rinc und *vingerlîn* in der deutschen Literatur des Mittelalters

Unter besonderer Berücksichtigung des *Guldein vingerlein* des Mönchs von Salzburg und Heinrich Wittenwilers *Ring*

> Where is the ring?
> The Beatles, Help

I Der *Ring* Heinrich Wittenwilers

Der um 1410 entstandene lehrhafte Versroman von der Liebe des Bauernpaares Bertschi Triefnas und Mätzli Rüerenzumph wird im Prolog als Der Ring benannt.[1] Ist eine Titelgebung durch den Autor an sich schon für die deutsche Literatur des Mittelalters eher ungewöhnlich,[2] so ist es der Titel selbst noch mehr.[3] Bis über die Mitte des 15. Jahrhundert sind authentische Titel, worunter nur solche verstanden werden, die vom Verfasser und nicht von einem späteren Abschreiber stammen, „weder häufig noch beständig";[4] wenn, dann geben vor allem Autoren der lehrhaften Literatur ihren Werken Titel, die insbesondere auf die Funktion der Texte verweisen.[5] Dabei nehmen sie eine Tradition der lateinischen didaktischen Literatur

---

[1] Im Folgenden wird die immer noch grundlegende Ausgabe von Edmund Wießner benutzt: Heinrich Wittenwilers Ring nach der Meininger Handschrift. Leipzig 1931. Unveränderter reprografischer Nachdruck Darmstadt 1973. Die Neuausgabe von Werner Röcke: Heinrich Wittenwiler: Der Ring. Text – Übersetzung – Kommentar. Nach der Münchener Handschrift herausgegeben, übersetzt und erläutert. Mit einem Abdruck des Textes nach Edmund Wießner. Berlin/Boston 2012, bietet einen diplomatischen Abdruck der heute in München befindlichen Handschrift, die allerdings bislang schon in einem vollständigen Faksimile vorlag: Heinrich Wittenwiler: Der Ring. In: Abbildung der Meininger Handschrift. Hrsg. von Rolf Bräuer, George F. Jones, Ulrich Müller. Göppingen 1990.
[2] Vgl. Edward Schröder: Aus den Anfängen des deutschen Buchtitels. In: Nachrichten aus der Neueren Philologie und Literaturgeschichte 2 (1937/39), S. 1–48; Ergänzungen dazu bei Ludwig Denecke: Rezension zu Edward Schröders „Anfänge des deutschen Buchtitels". In: Zentralblatt für Bibliothekswesen 56 (1939), S. 129–134; Paul Lehmann: Mittelalterliche Büchertitel. München 1949; ders.: Mittelalterliche Büchertitel. Zweites Heft. München 1953; Wolfgang Milde: Deutschsprachige Büchertitel in mittelalterlichen Bibliothekskatalogen. In: Latein und Volkssprache im deutschen Mittelalter 1100–1500. Regensburger Colloquium 1988. Hrsg. von Nikolaus Henkel, Nigel F. Palmer. Tübingen 1992, S. 52–61.
[3] „Höchst eigenwillig gewählt ist DER RING des Heinrich Wittenwiler." Schröder (Anm. 2), S. 40.
[4] Ebd., S. 46.
[5] z. B. *Lucidarius*; Thomasin von Zirklaere, *Der welsche Gast*; Freidank, *Bescheidenheit*; *Spiegel der Sassen*; Ulrich Boner, *Edelstein*.

auf, in der entsprechende Titel wie *Speculum*, *Clavis*, *Gemma* oder *Scala* wesentlich häufiger verwendet werden;[6] ein Vorbild für den *Ring* ist in der lateinischen Literatur allerdings nicht zu finden.[7] Edmund Wießner hatte den Titel 1936 in seinem Kommentar interpretiert als „eine Allegorie, die mit zwei verschiedenen Bedeutungen des Wortes spielt: a) mit der abstrakten = *orbis*, die sich aus den Worten *der welte lauff ... ze ring umb* ergibt [...] und b) mit der sinnlichen = *anulus, vingerli* [...], auf die auch das Bild in der Initiale verweist". Aus dem zugrunde gelegten *orbis* leitete er dann ab, dass mit der Titelgebung als *Ring* ein ‚Kompendium des Wissens', ein *orbis doctrinae* oder εγκύκλιος παιθεια gemeint sei.[8] Auf der Basis dieser Überlegungen Wießners hat sich dann im weiteren Fortgang der Forschung die *communis opinio* entwickelt, dass es sich hier nicht allein um eine lehrhafte, sondern geradezu um eine enzyklopädische Dichtung handele.[9] Neuerdings ist diese Auffassung dergestalt modifiziert worden, dass zwar „ein enzyklopädischer Anspruch für den Roman artikuliert" werde, der sich „im Titel des Buchs" verdichte, der aber gleichzeitig durch ein „Spiel mit der Erzählerrolle und [durch] die Invisibilisierung intertextueller Konstitution und Kompilation im Prolog" problematisiert werde.[10] Freilich: Auch eine solche Relativierung des vermeintlich enzyklopädischen Charakters des Romans stützt sich auf die Interpretation des Titels, wie sie von Wießner vorgelegt wurde: „[A]uch der Titel weist in den Bereich des Enzyklopädischen. In den Ausführungen zur Ringsymbolik, zu denen noch der Hinweis auf den Wert des *vingerli* (*Ring*, V. 13) zu zählen ist, werden – bereits Wießner vermerkte dies – ganz unterschiedliche Vorstellungsbereiche zusammengeführt. Gegeben ist zunächst das Bild eines Fingerrings (*annulus*) mit eingefasstem Edelstein, angespielt aber ist gleichzeitig die Vorstellung des Weltkreises (*orbis mundi*)."[11]

Dass allerdings tatsächlich der Titel des *Ring* eine Enzyklopädie ankündigt und damit das im Folgenden gebotene Wissen und dessen intendierten Gebrauch – ob nun ernsthaft oder problematisierend, sei dahingestellt – im Sinne einer umfassenden Lehrsumme perspektiviert, scheint mir aus mehreren Gründen fraglich zu sein. Zum einen kann sich *ring* im Sinne von *orbis* nicht auf *orbis doctrinae* oder εγκύκλιος παιθεια beziehen, weil diese Termini zu Zeiten Wittenwilers noch nicht ge-

---

[6] Vgl. Lehmann 1953 (Anm. 2), S. 30 ff., 46, 48 ff.
[7] Allenfalls zu nennen wäre das *Enchiridion sive Anulus b. Sixti episcopi et martyris*, „eine von Rufinus aus dem Griechischen ins Lateinische übersetzte Gnomensammlung eines Sextus"; Lehmann 1949 (Anm. 2), S. 23.
[8] Edmund Wießner: Kommentar zu Heinrich Wittenwilers Ring. Leipzig 1936, S. 8.
[9] Einen Überblick gibt Ortrun Riha: Die Forschung zu Heinrich Wittenwilers ‚Ring'. 1851–1988. Würzburg 1990, S. 93–95. Zur neueren Forschung vgl. Frank Fürbeth: Die Forschung zu Heinrich Wittenwilers ‚Ring' seit 1988. In: Archiv 245 (2008), S. 350–390.
[10] Tobias Bulang: Enzyklopädische Dichtungen. Fallstudien zu Wissen und Literatur in Spätmittelalter und früher Neuzeit. Berlin 2011, S. 276–294, hier S. 288.
[11] Ebd., S. 277.

bräuchlich waren. Der Begriff der Enzyklopädie etabliert sich bekanntlich erst im beginnenden 16. Jahrhundert,[12] und auch wenn man davon ausgeht, dass es die Sache schon lange *avant la lettre* gab, so hat keiner der entsprechenden Texte ein *rinc* oder *orbis* im Titel; die von der Forschung als Enzyklopädien aufgefassten Werke heißen *Liber floridus* (Lambert von St. Omer), *Speculum, Imago mundi* (Honorius Augustodunensis), *Lucidarius* oder *Trésor* (Brunetto Latini).[13] Wenn der Terminus aber noch nicht existiert, kann darauf auch nicht angespielt werden. Zum zweiten aber, und das scheint mir noch wesentlicher, arbeitete schon Wießner mit weiteren Vorannahmen bei der Deutung des Titels, die vom dokumentierten Begriffsumfang von *rinc* nicht, oder zumindest nicht in der Hauptsache getragen werden: Während *orbis* in den meisten Wörterbüchern des Mittelalters und der frühen Neuzeit als *runt vnd hoel, welt, vmkreiß, vmb ganck* oder *vmfanck* glossiert wird, findet man *rinc* als Übersetzung von *orbis* nur in dessen Bedeutung als *creiß* oder *cirkel*.[14] Dies wird bestätigt durch die Übersetzung von *circulus*; hier steht *rinc* in etwa gleicher Verteilung neben *circkel, rayff* und *krengel*. Der Hauptaspekt in der Wortbedeutung von *rinc* ist also die Eigenschaft der Rundheit oder Kreisförmigkeit; nur durch diese Eigenschaft als *tertium comparationis* kann er sich auch auf die Welt beziehen, insofern diese als kreisförmig, als ‚Umkreis' oder ‚Umgang', vorgestellt wird. Genau das scheint im Prolog des *Ring* ausgedrückt zu werden:

> Ein puoch, daz ist „DER RING" genant
> (Mit einem edeln stain bechlait),
> Wan es ze ring umb uns beschait
> Der welte lauff und lert auch wol,
> Was man tuon und lassen schol.
> Chain vingerli ward nie so guot
> Sam ditz, gehabt in rechter huot.
> [...]

---

12 Vgl. Jürgen Henningsen: „Enzyklopädie". Zur Sprach- und Bedeutungsgeschichte eines pädagogischen Begriffs. In: Archiv für Begriffsgeschichte 10 (1966), S. 271–356, hier S. 277, § 10: „Zwischen 1497 und 1524 ist das von uns gesuchte Wort also in die Wörterbücher gelangt." Ulrich Dierse: Enzyklopädie. Zur Geschichte eines philosophischen und wissenschaftstheoretischen Begriffs. Bonn 1977, S. 4 ff., 9 ff.; Christel Meier: Grundzüge der mittelalterlichen Enzyklopädik. Zu Inhalten, Formen und Funktionen einer problematischen Gattung. In: Literatur und Laienbildung im Spätmittelalter und in der Reformationszeit. Symposion Wolfenbüttel 1981. Hrsg. von Ludger Grenzmann, Karl Stackmann. Stuttgart 1984, S. 467–500, hier S. 469 f.
13 Vgl. Christel Meier: Wissenskodifikation und Informationsbedarf in der vormodernen Gesellschaft. Neue Forschungsansätze zu einer pragmatischen Gattungsgeschichte der mittelalterlichen Enzyklopädie. In: Pragmatische Dimensionen mittelalterlicher Schriftkultur. Akten des internationalen Kolloquiums 26.–29. Mai 1999. Hrsg. von Christel Meier. München 2002, S. 191–210.
14 Lorenz Diefenbach: Glossarium Latino-Germanicum Mediae et Infimae Aetatis. Frankfurt a. Main 1857, s. v. orbis.

Also leit des ringes frucht
An hübschichait und mannes zucht,
An tugend und an frümchät.
(V. 8–14 u. 29–31)

Zuallererst wird also nur angekündigt, dass das folgende Buch den Lauf der Welt um uns herum erzählend darstellt; es trägt deshalb den Titel *Ring*, weil die Erzählung selbst die Kreisförmigkeit des Weltlaufs, in dessen Mittelpunkt wir als Rezipienten (*ze ring umb uns*) stehen, abbildet. Von einer Lehre, schon gar einer enzyklopädischen, wird hier nichts gesagt; *bescheiden* kann zwar, muss aber nicht mit ‚belehren' übersetzt werden, es meint ebenso ‚berichten' oder ‚erzählen'.[15] Dazu kommt jedoch ein zweiter Teil des Rings, der Edelstein, mit dem der Ring ausgestattet ist (*bechlait*); die zwanzig Verse später erfolgende Erklärung von *des ringes frucht*, die aus „höfischem Wesen, männlicher Erziehung, Tugend und Tüchtigkeit"[16] bestehen soll, lässt vermuten, dass damit der Edelstein gemeint ist. Der Blick in die lateinische Tradition der Titelgebung als *gemma*[17] stützt diese Vermutung; wie etwa im *Lucidarius* der Wert des Buches darin liegt (und damit die Benennung als *aurea gemma* rechtfertigt), dass es über die in dem Buch verborgenen Dinge unterweist,[18] so besteht der Wert (die *frucht*) des *Ring* darin, dass aus der erzählten Geschichte über *der welte lauff ze ring umb uns* auf den darin verborgenen Sinn, eben das richtige Verhalten in Bezug auf *hübschichait und mannes zucht, tugend und frümchät* geschlossen werden kann.

Beides zusammen, nämlich der *ring* als Erzählung über den ‚Lauf der Welt' und der *edel stain* als die daraus zu ziehende Lehre, wird nun aber im weiteren

---

15 Schon in den Übersetzungen wird hier eine Vorinterpretation vorgenommen. So übersetzt Helmut Birkhan (Heinrich Wittenwiler: Der Ring. Nach der Ausgabe Edmund Wießners übertragen und mit einer Einleitung versehen von Helmut Birkhan. Wien 1983, S. 43) mit „über den Weltenlauf Bescheid gibt", George Fenwick Jones (Wittenwiler's *Ring* and the Anonymous Scots Poem Colkebie Sow. Two Comic-Didactic Works from the Fifteenth Century. Translated by George Fenwick Jones. Chapel Hill 1956, S. 1*) mit „will inform us of the course of the world", und Werner Röcke (Anm. 1), S. 3, mit „dieses Buch erklärt den Lauf der Welt". Neutralere Übersetzungen geben nur Rolf Bräuer (Heinrich Wittenwiler: Der Ring oder Wie Bertschi Triefnas um sein Mätzli freite. Hrsg. und übertragen von Rolf Bräuer. Berlin 1983, S. 29; „es [...] zeigt das Sein der Welt") und Horst Brunner (Heinrich Wittenwiler: Der Ring. Frühneuhochdeutsch/Neuhochdeutsch. Nach dem Text von Edmund Wießner ins Neuhochdeutsche übersetzt und hrsg. von Horst Brunner. Stuttgart 1991, S. 9: „das Buch stellt den Weltlauf ringsum vor uns hin").
16 *Also leit des ringes frucht / An hübschichait und mannes zucht, / An tugend und an frümchät* (29–31). Übersetzung nach Brunner (Anm. 15), S. 9.
17 Vgl. Lehmann 1953 (Anm. 2), S. 48–50.
18 Vgl. die Verse 1–12 des Prologs des *Lucidarius* (Red. I): *Diz buoch heizet Lucidarius, / Daz wirt getützet [sic!] alsus: / Daz ist ein luthere. / An dem buoche vindet man zuare / manic tovge dinc, / Die an den buochen verborgen sint. / Der underwiset diz buochelin. / Von der gescrifth gewinnen wir den geistlichen sin. / Diz buoch ist genant aurea gemma. / Daz kit guldine gimme, / Bezeiget uns hie bi, / Wie ture diz buoch si.* Lucidarius. Aus der Berliner Handschrift hrsg. von Felix Heidlauf. Berlin 1915.

Fortgang des Prologs als *vingerli* bezeichnet. Damit wäre zu fragen, einerseits, was denn genau mit *der welte lauff ze ring umb uns* gemeint ist, dem der *Ring* seinen Titel verdankt, ob also tatsächlich der ‚Lauf der Welt' im Sinne einer neuzeitlichen Vorstellung des Gangs der Zeit und der damit zusammenhängenden geschichtlichen Ereignisse[19] gebraucht wird, und andererseits, ob *ring* und *vingerli* hier synonym gebraucht werden oder ob sie unterschiedliche Aspekte bezeichnen sollen. Da *vingerli* als Wort seit dem 16. Jahrhundert verschwindet,[20] müssen seitdem beide Termini im Neuhochdeutschen mit „Ring" übersetzt werden; eine mögliche semantische Differenz der beiden Wörter wird so, auch und gerade in den Übersetzungen des *Ring*,[21] eingeebnet und ist deshalb bislang noch nicht in den Blick gekommen. Dies soll im Folgenden versucht werden; untersucht werden sollen also die zur Zeit des *Ring* möglichen Bedeutungen von *rinc*, insbesondere in Hinsicht auf den für die Titelgebung als Begründung herangezogenen *welte lauff ze ring umb uns*, sowie von *vingerli*, und weiterhin, ob es einen signifikanten Bedeutungsunterschied zwischen beiden Termini in der deutschen Literatur des Mittelalters tatsächlich gegeben hat, auf den der Verfasser des *Ring*-Prologs hätte zurückgreifen können. Zu diesem Zweck soll eine repräsentative Auswahl literarischer Werke vom 12. bis 15. Jahrhundert ausgewertet werden;[22] vorgreifend auf den *Ring* soll außerdem eine vergleichbare Doppelverwendung der beiden Termini im *Guldein vingerlein* des Mönchs von Salzburg untersucht werden.

Die von mir ausgewerteten Wörterbücher und Lexika führen zu den im Folgenden aufgeführten Werken, zu denen ich, soweit solche vorlagen, auch jeweils die Übersetzungen herangezogen habe. Um die Anmerkungen nicht zu überlasten, folgen hier die bibliographischen Angaben in Kurzform, die Angaben zu den Übersetzungen stehen in eckigen Klammern.

> Meister Albrants Roßarzneibuch. Hrsg. von Gerhard Eis. Konstanz 1960. – Albrecht von Halberstadt: Metamorphosen. Hrsg. von Karl Bartsch: Albrecht von Halberstadt und Ovid im Mittelal-

---

[19] Vgl. Grimm: Dt. Wörterbuch, s. v. Lauf, 8: *„von dem treiben der welt (wie es in der welt ‚hergeht')"*. Die ältesten von Grimm beigebrachten Belege stammen aus dem 16. Jahrhundert. Vgl. auch Anm. 162.
[20] Vgl. ebd., s. v. Fingerlein: *„wie aber* LUTHERS *bibelübersetzung diesen Ausdruck [sc. fingerlein für anulus] nicht festhielt, sondern dafür fingerreif oder ring setzte, verschwand er allmälich im sprachgebrauch und dauert blosz in dem volkslied und hin und wieder unter dem volk."*
[21] Übersetzt wird *ring* (V. 8 u. 29) mit „Ring" (Jones, Bräuer, Birkhan, Brunner, Röcke); *vingerli* (V. 13) mit „Fingerring" (Jones, Brunner, Röcke) oder nur mit „Ring" (Birkhan); Bräuer hilft sich mit dem Diminutiv „Ringlein".
[22] Neben den einschlägigen Wörterbüchern habe ich ausgewertet: Handwörterbuch des deutschen Aberglaubens. Berlin/Leipzig 1927. Nachdruck Berlin/New York 1987, s. v. Finger (Ring-Finger), Ring; Klaus Graf: Ring. In: EM 11 (2004), Sp. 688–696; Motif-Index of German Secular Narratives from the Beginning to 1400. Under the direction of Helmut Birkhan edited by Karin Lichtblau, Christa Tuczay. Berlin/New York 2006, s. v. Ring, Magic Objects; Mittelhochdeutsche Begriffsdatenbank an der Universität Salzburg (http://mhdbdb.sbg.ac.at/).

ter. Quedlinburg/Leipzig 1861. – Albrecht [...]: Jüngerer Titurel. Hrsg. von Werner Wolf (Bd. 1), Kurt Nyholm (Bd. 2 u. 3). Berlin 1955–92. – Annolied. Hrsg. und übersetzt von Eberhard Nellmann. 6. Aufl. Stuttgart 2005. – Deutsche Kaiserchronik. Hrsg. von Edward Schröder. Hannover 1895. – Deutschenspiegel. Hrsg. von Karl August Eckhardt, Alfred Hübner. Hannover 1930. – Egenolf von Staufenberg: Die Geschichte vom Ritter Peter Diemringer von Staufenberg. Hrsg. von Erich von Rath. Berlin 1934. – Eilhart von Oberg: Tristrant. Hrsg. von Franz Lichtenstein. Straßburg 1877 [Danielle Buschinger, Wolfgang Spiewok. Greifswald 1993]. – Eustachius-Legende. Hrsg. von Karl Roth: Denkmähler der deutschen Sprache. München 1840, S. 56–61. – Fastnachtspiele aus dem fünfzehnten Jahrhundert. Hrsg. von Adelbert von Keller. 4 Bde. Stuttgart 1853–58. – Konrad Fleck: Flore und Blanscheflur. Hrsg. von Emil Sommer. Quedlinburg/Leipzig 1846. – Gottfried von Straßburg: Tristan. Hrsg. von Karl Marold. 5. Aufl. Berlin/New York 2004 [Peter Knecht. Berlin/New York 2004]. – Das Häslein. Hrsg. und übersetzt von Klaus Grubmüller: Novellistik des Mittelalters. Frankfurt a. Main 1996, S. 590–617. – Hartmann von Aue: Der arme Heinrich. Hrsg. von Ursula Rautenberg. Übersetzt von Siegfried Grosse. Stuttgart 2005. – Hartmann von Aue: Iwein. Hrsg. und übersetzt von Rüdiger Krohn. Stuttgart 2012. – Heinrich von dem Türlin: Die Krone (Verse 1–12281). Hrsg. von Fritz Peter Knapp, Manuela Nieser. Tübingen 2000 [John Wesley Thomas. Lincoln/London 1989]. – Heinrich von Freiberg: Tristan. Hrsg. von Alois Bernt. Halle 1906. – Heinrich von Veldeke: Eneasroman. Hrsg. und übersetzt von Dieter Kartschoke. Stuttgart 1989. – Die Historia von den sieben weisen Meistern. Hrsg. von Ralf-Henning Steinmetz. Tübingen 2001. – Moriz von Craûn. Hrsg. von Ulrich Pretzel. 3. Aufl. Tübingen 1966 [Dorothea Klein. Stuttgart 1999]. – Hugo von Trimberg: Der Renner. Hrsg. von Gustav Ehrismann. 4 Bde. Tübingen 1908–11. – Johannes von Tepl: Der Ackermann. Hrsg. und übersetzt von Christian Kiening. 2. Aufl. Stuttgart 2002. – Jans Enikel: Weltchronik. Hrsg. von Philipp Strauch. Hannover/Leipzig 1900. – Johannes von Würzburg: Wilhelm von Österreich. Hrsg. von Ernst Regel. Berlin 1906. – Karlmeinet. Hrsg. von Adelbert von Keller. Stuttgart 1858. – Konrad von Megenberg: Deutsche Sphaera. Hrsg. von Francis B. Brévart. Tübingen 1980. – Konrad von Würzburg: Pantaleon. Hrsg. und übersetzt von Thomas Neukirchen. Berlin 2008. – Konrad von Würzburg: Herzmaere. Hrsg. und übersetzt von Klaus Grubmüller: Novellistik des Mittelalters. Frankfurt a. Main 1996, S. 262–295. – Konrad von Würzburg: Silvester. Hrsg. von Paul Geseke. Halle 1925. – Konrad von Würzburg: Der Trojanische Krieg. Hrsg. von Adelbert von Keller. Stuttgart 1858 u. 1877. – Kudrun. Hrsg. von Karl Stackmann. Tübingen 2000 [Bernhard Sowinski. Stuttgart 1995]. – Laurin. Hrsg. von Karl Müllenhoff. 2. Aufl. Berlin 1886. – Lohengrin. Hrsg. von Thomas Cramer. München 1971. – Lochamer Liederbuch. Faksimile hrsg. von Konrad Ameln. Kassel 1972. – Mai und Beaflor. Hrsg. und übersetzt von Albrecht Classen. Frankfurt a. Main 2006. – Hans Mair: Das Buch von Troja. Hrsg. von Hans-Josef Dreckmann. München 1970. – Die Minneburg. Hrsg. von Hans Pyritz. Berlin 1959. – Der Mönch als Liebesbote. Hrsg. und übersetzt von Klaus Grubmüller: Novellistik des Mittelalters. Frankfurt a. Main 1996, S. 524–543. – Mönch von Salzburg: Die geistlichen Lieder. Hrsg. von Franz Viktor Spechtler. Berlin/New York 1972 [Franz Viktor Spechtler. Klagenfurt 2004]. – Der Münchner Oswald. Hrsg. von Michael Curschmann. Tübingen 1974. – Neidhart: Lieder. Hrsg. von Moriz Haupt, Edmund Wießner. 2. Aufl. Leipzig 1923 [Helmut Lomnitzer. 2. Aufl. Stuttgart 1984]. – Nibelungenlied. Hrsg. und übersetzt von Siegfried Grosse. Stuttgart 1997 [Helmut Brackert. Frankfurt a. Main 1971]. – Ortnit und Wolfdietrich A. Hrsg. von Walter Kofler. Stuttgart 2009. – Oswald von Wolkenstein: Lieder. Hrsg. von Karl Kurt Klein. 2. Aufl. Tübingen 1975 [Burghart Wachinger. Stuttgart 1967]. – Der Pleier: Garel von dem Blüenden Tal. Hrsg. von Michael Walz. Freiburg 1892 [John Wesley Thomas. New York/London 1992]. – Der Pleier: Meleranz. Hrsg. von Karl Bartsch. Stuttgart 1861. – Prosa-Lancelot. Hrsg. von Reinhold Kluge. 3 Bde. Berlin 1948–74. – Reinbot von Durne: Der heilige Georg. Hrsg. von Ferdinand Vetter. Halle 1896. – Rosengarten D. Hrsg. von Georg Holz. Halle 1893. – Rudolf von Ems: Alexander. Hrsg. von Victor Junk. Leipzig 1928. – Rudolf von Ems: Barlaam und Josaphat.

Hrsg. von Franz Pfeiffer. Leipzig 1843. – Rudolf von Ems: Der guote Gêrhart. Hrsg. von Johan A. Asher. 2. Aufl. Tübingen 1971. – Salman und Morolf. Hrsg. von Alfred Karnein. Tübingen 1979. – Rüdiger der Hünkhover: Der Schlegel. Hrsg. von Klaus Grubmüller: Novellistik des Mittelalters. Frankfurt a. Main 1996, S. 112–177. – Der Stricker: Daniel von dem Blühenden Tal. Hrsg. von Michael Resler. 2. Aufl. Tübingen 1995. – Der Stricker: Karl der Große. Hrsg. von Karl Bartsch. Quedlinburg/Leipzig 1857. – Der Stricker: Der Pfaffe Amis. Hrsg. und übersetzt von Michael Schilling. Stuttgart 2007. – Tandareis und Flordibel. Hrsg. von Ferdinand Khull. Graz 1885. – Thomasin von Zirklaere: Der welsche Gast. Hrsg. von Raffaele Disanto. Trieste 2002 [Eva Willms. Berlin/New York 2004]. – Tristan als Mönch. Hrsg. von Betty C. Bushey. Göppingen 1974. – Ulrich von Liechtenstein: Frauendienst. Hrsg. von Reinhold Bechstein. Leipzig 1888 [Franz Viktor Spechtler. Klagenfurt 2000]. – Ulrich von Türheim: Rennewart. Hrsg. von Alfred Hübner. Berlin/Zürich 1964. – Ulrich von Zatzikhoven: Lanzelet. Hrsg. und übersetzt von Florian Kragl. Berlin/New York 2009. – Walther von der Vogelweide: Werke. Hrsg. und übersetzt von Günther Schweikle. 2 Bde. Stuttgart 2003. – Priester Wernher: Maria. Hrsg. von Carl Wesle. 2. Aufl. Tübingen 1969. – Wigamur. Hrsg. und übersetzt von Nathanael Busch. Berlin/New York 2009. – Wirnt von Grafenberg: Wigalois. Hrsg. und übersetzt von Sabine Seelbach, Ulrich Seelbach. Berlin/New York 2005. – Wolfram von Eschenbach: Parzival. Hrsg. von Eberhard Nellmann, Frankfurt a. Main 1994 [Dieter Kühn. Frankfurt a. Main 1994]. – Wolfram von Eschenbach: Willehalm. Hrsg. und übersetzt von Dieter Kartschoke. Berlin 1989.

II *rinc* in der deutschen Literatur des Mittelalters

rinc geht zurück auf das germanische **hrenga*, das ‚Ring', ‚Kreis' oder ‚Rundung' bedeutet; es ist etymologisch verwandt mit **hrengan*, das ‚drehen', ‚bewegen' oder ‚biegen' meint.[23] In der mittelhochdeutschen Literatur können in diesem Sinne zwei Hauptbedeutungen unterschieden werden: zum einen der durch eine biegende Herstellungsmethode produzierte Ring, der als Hals-, Arm- oder allgemein Körperring sowie als Harnischring vorgestellt werden kann, zum anderen der um einen tatsächlichen oder nur gedachten Mittelpunkt konzentrierte Ring, der aus im Umkreis stehenden Menschen oder aus materiellen Ringelementen gebildet wird; im Extremfall wird dieser Ring nur imaginiert, dient aber nach wie vor in der Vorstellung als gedachter Umkreis eines Geschehens.

Am häufigsten vertreten für den ersten Fall sind die Harnischringe, die durchgehend als *ringe* bezeichnet werden;[24] die heutigen Übersetzungen wählen dafür „Kettenhemd" (*Kudrun*, 25, 3; 89, 3), „Kettenpanzer" (*Kudrun*, 653, 2), „Rüstungs-

---

[23] Gerhard Köbler: Germanisches Wörterbuch. 2. Aufl. Gießen 1982, s. v. **hrenga*, **hrengan*.
[24] Der Stricker, *Daniel von dem blühenden Tal*, 3624; Der Pleier, *Garel*, 5580; 6404 (synonym zu *harnasch*); Albrecht, *Jüngerer Titurel*, 124, 3; 352, 1; 931, 2; 1255, 4; 1256, 1; 3322, 3; 3531, 3; 3607, 4; 3661, 4; 3712, 3; 4403, 1; *Klage*, 708; *Kudrun*, 25, 3; 89, 3; 510, 4; 512, 2; 653, 2; 692, 3; 714, 3; 1416, 2; 1419, 2; 1423, 3; 1464, 3; 1531, 3; Ulrich von Zatzikhoven, *Lanzelet*, 1408; 1998; 2589; 2921; 4501; 5313; 6433; *Nibelungenlied*, 214, 4; 457, 2; 460, 1; 494, 2; 1625, 2; 1841, 3; 1849, 1; 1938, 4; 1943, 2; 1968, 3; 2043, 2; 2057, 1; 2058, 2; 2072, 2; 2100, 3; 2218, 2; 2226, 3; 2278, 1; 2284, 3; 2288, 2; 2297, 4; *Prosa-Lancelot*, II, S. 607, 3; II, S. 652, 7; II, S. 821, 14; *Rosengarten D*, 533, 3.

ringe" (Ulrich von Zatzikhoven, *Lanzelet*, 2589), „Ringe der Rüstung" (*Nibelungenlied*, 1938, 4), „Panzerringe" (*Lanzelet*, 1408), „Ringpanzer" (*Nibelungenlied*, 2210, 3) oder auch nur „Panzer" (*Kudrun*, 1423, 3) oder „Ringe" (*Lanzelet*, 4501). In der Kampfsituation wird das Aufschlagen des Schwertes mit dem Bild des Funkenschlags oder Schmiedens beschrieben: *daz fiwer stoup ûz ringen alsam ez tribe der wint*;[25] ein besonders harter Schlag bewirkt, *daz die ringe vil verre draeten dan*.[26] Indefinit wird *rinc* gerne gebraucht, wenn die im Kampf erfolgte Beschädigung der Rüstung beschrieben werden soll (*Kudrun*, 510, 4: *dâ wart manic rinc gerüeret*; übersetzt als „Panzerring"), insbesondere auch zur Darstellung der Kampfkraft des Helden, der *vil manegen rink schart gemachet gemachte het*.[27] Seltener kommen andere Formen des materialisierten (Eisen)Rings vor: als Kettenring[28], Halsring[29], Fußfessel[30], Ringe (Ringwulste?) auf dem Schild[31] und als Türklopfer[32].

Für die zweite Bedeutung als Umkreis lassen sich vier Hauptverwendungen feststellen: *rinc* als Turnier- oder Kampfplatz, als Lagerform bzw. Zeltkreis, als Menschenkreis und schließlich als kosmologischer Umlauf. Den Turnierplatz beschreibt Ulrich von Liechtenstein sehr anschaulich:

Di banir wâren gestôzen sô,
daz ich sîn was ze sehen vrô.
Dar umbe gezogen was aldâ
Ein snuor vil schône gel und blâ,
geflohten dêswâr meisterlîch.
Von sîden was sî kosterîch,
den wîten rinc si gar umbvie.
Dar nach gestôzen dort und hie
Wâren schône nach mîner ger

---

[25] *Nibelungenlied*, 460, 1; vgl. auch 457, 2; 1841, 3; 2043, 2 (*daz fiwer ûz den ringen er houwen im began*); 2278, 1; Ulrich von Zatzikhoven, *Lanzelet*, 2588–2590 (*er sluog mit sölher degenschaft / ûf die herten ringe, / als fiurin ursspringe / dâ waeren ensprungen*); Der Stricker, *Daniel von dem blühenden Tal*, 3624.

[26] *Nibelungenlied*, 2288, 2. Die Übersetzung von Grosse („daß sich die Ringe sehr weit wegdrehten") trifft nicht das Gemeinte und ist auch unverständlich; *dræjen* meint außer ‚sich drehend bewegen' auch ‚wirbeln'. Vorzustellen ist also, dass der Hieb den Kettenpanzer mit einer solchen Wucht trifft, dass die einzelnen Ringe durchtrennt und durch die Luft gewirbelt werden (vgl. Brackert: „daß man die Panzerringe weithin durch die Luft wirbeln [...] sah").

[27] *Klage*, 708; vgl. auch *Rosengarten D*, 533, 3.

[28] In Albrechts *Jüngerem Titurel* wird eine goldene Ringkette (ein Ringnetz?) um eine Zeltstadt gelegt (3393, 2f.).

[29] *Albrants Roßarzneibuch*, S. 17, 26.

[30] *Prosa-Lancelot*, II, S. 763, 17. Vgl. zu Ringen und Ketten als Körper- und Fußfesseln Otto Holzapfel: Zur Phänomenologie des Ringbrauchtums. In: Zeitschrift für Volkskunde 64 (1968), S. 32–51.

[31] *Prosa-Lancelot*, II, S. 821, 14.

[32] Der Stricker, *Daniel von dem blühenden Tal*, 2022; Heinrich von Veldeke, *Eneasroman*, 2455 („Türklopfer", „Türring"); Albrecht, *Jüngerer Titurel*, 6225, 1; Konrad von Würzburg, *Silvester*, 801.

Gestôzen reht zwei hundert sper,
an ieslich sper ein vanelîn
gevar reht nach dem schilde mîn.
(V. 1515, 1–1516, 4).

Die Verwendungen von *rinc* für den Turnierplatz sind ungefähr so häufig wie für den Panzerring; ein Unterschied zwischen Turnierplatz im Besonderen und Kampfplatz im Allgemeinen ist dabei oft nicht zu machen. Kennzeichen ist die Abgrenzung durch entsprechende Absperrungen, wie es Ulrich von Liechtenstein schildert,[33] oder auch durch umstehende oder -sitzende Menschen;[34] in den meisten Fällen wird allerdings von einer Abgrenzung nicht explizit gesprochen, so dass davon ausgegangen werden kann, dass der Terminus *rinc* für einen kreisförmig umgrenzten Turnier- oder Kampfplatz für jeden Kampfplatz gebräuchlich wird.[35] Übersetzt wird dies als „arena" (Heinrich von dem Türlin, *Krone*, 708), „Feld" (Ulrich von Liechtenstein, *Frauendienst*, 629, 2), „Platz" (*Frauendienst*, 514, 7), „Ring" (Ulrich von Zatzikhoven, *Lanzelet*, 1911), „Kampfplatz" (*Lanzelet*, 5165). Ebenso wird in Einzelfällen das Wort *rinc* für den Kampfplatz auf den Kampf selbst übertragen.[36]

Eine zweite Bedeutung von *rinc* im Sinne einer kreisförmigen Begrenzung betrifft das Lager eines Ritters (vorzustellen wohl als Umkreis seines Zeltes) oder insgesamt den Zeltkreis, der das Zelt des Fürsten bzw. Heerführers umgibt.[37] Auch

---

[33] Vgl. auch *Nibelungenlied*, 433, 1: *der rinc der was bezeiget, dâ solde daz spil geschehen* („Der Kampfplatz war abgesteckt"). Eine bildliche Darstellung eines dergestalt abgesteckten Turnierplatzes findet sich in einer Handschrift des *Willehalm von Orlens*; Abb. bei Lotte Kurras: Ritter und Turniere. Ein höfisches Fest in Buchillustrationen des Mittelalters und der frühen Neuzeit. Stuttgart/Zürich 1992, S. 30.

[34] *nu sceiden wir den strît sus, / daz man ain rinch stelle: / swederen die frowe welle, / der habe daz rîche dar zuo.* Kaiserchronik, 11393–11396; vgl. auch 11408; Ulrich von Zatzikhoven, *Lanzelet*, 5218. Entsprechende bildliche Darstellungen habe ich nicht finden können; vergleichbar ist vielleicht eine Abbildung aus der *Romfahrt Kaiser Heinrichs VII.*, die einen (Teil-)Kreis von Zuschauern um zwei Turnierkämpfer zeigt. Allerdings sitzen die Zuschauer auf einer Balustrade. Abb. bei Kurras (Anm. 33), S. 32.

[35] Heinrich von dem Türlin, *Krone*, 708; 836; 868; 6372; Der Stricker, *Daniel von dem blühenden Tal*, 1627; Ulrich von Liechtenstein, *Frauendienst*, 207, 1; 253, 8; 514, 7; 618, 7; 629, 2; 630, 2; 693, 7; 725, 6; 861, 5; 1515, 7; 1516, 5; 1517, 1; 1517, 3; 1520, 6; 1528, 1; 1529, 5; 1538, 5; 1542, 4; 1552, 4; 1558, 7; 1570, 2; Der Pleier, *Garel*, 20071; Albrecht, *Jüngerer Titurel*, 1669, 3; 1998, 1; 2094, 1; 2099, 1; 2122, 1; 2124, 2; 2168, 2; 5676, 1; 5678, 2; 5728, 2; 5732, 1; *Kaiserchronik*, 9877; 11394; Ulrich von Zatzikhoven, *Lanzelet*, 1744; 1911; 1939; 5165; 5255; *Nibelungenlied*, 449, 2; Konrad von Würzburg, *Pantaleon*, 1444 („Ring").

[36] *Nibelungenlied*, 466, 2.

[37] Der Pleier, *Garel*, 273 (*chuenigez ring*, „circle of tents"); 10362; 10648; 11121; 17284; 18868; 19181; 19886; Albrecht, *Jüngerer Titurel*, 1605, 4; 1738, 1; 1820, 1; 2286, 2; 2336, 2; 3375, 2; 3390, 1 (*an sinem ringe lagen hoher kunige zweinzik*); 3404, 1; 3929, 2; 5622, 4. Bildliche Darstellungen finden sich beispielsweise in einer französischen Handschrift des *Roman d'Eneas*, in der das Rundzelt des Eneas von mehreren anderen Rundzelten kreisförmig umstellt ist (Abb. in: Le prince et le peuple. Images de la société du temps du duc de Bougogne 1384–1530. Hrsg. von Walter Prevenier. Anvers

dadurch ergibt sich eine metonymische Übertragung, indem das Gefolge, das im Lager den Führer ringförmig umgibt, selbst als *rinc* bezeichnet wird.[38] Eng damit verwandt ist die dritte Bedeutung, der kreisförmige Menschenring. Dieser findet sich im Kontext von Rechtshandlungen, wobei der Zeugenkreis in Rechtsfindung und -entscheidung oder bei Verlobung und Heirat gemeint sein kann,[39] aber auch als Tanzkreis;[40] schließlich bezeichnet *rinc* hier auch die kreisförmige Lagerung des Gefolges beim Essen,[41] wobei der prominenteste Essenskreis sicherlich die Tafelrunde des König Artus ist.[42] Zu beachten ist allerdings, dass in der deutschen Literatur nicht die runde Tafel selbst, sondern nur die Sitzordnung der Teilnehmer des Festmahls als *rinc* bezeichnet wird; im *Parzival* etwa sollen bei der ersten Beschreibung der Rundtafel, die hier behelfsweise aus einem Seidentuch hergestellt worden ist, die *werde rîtr und werde frowen* sich so niederlassen, dass man sie *an dem ringe müese schouwen*.[43] Deutlicher noch wird dies bei der zweiten Beschreibung im *Parzival*, in der um die wieder in gleicher Weise hergestellte seidene Tafel[44] in einem Radius einer Anrittstrecke (*poynder*) man *drumbe nam den rinc* [...] *vome sedel an tavelrunder*.[45] Nötig wird diese Konstruktion offenbar, weil der über Nacht auf diese

---

1998, S. 334) oder in einer Handschrift des *Hug Schapler* (Abb. in: Romane des 15. und 16. Jahrhunderts. Hrsg. von Jan-Dirk Müller. Frankfurt a. Main 1990, Abb. 6). Weitere Darstellungen bei Maurice Keen: Medieval Warfare. A History. Oxford 1999, S. 184 u. 229; Hansjoachim W. Koch: Illustrierte Geschichte der Kriegszüge im Mittelalter. Augsburg 1998, S. 214.
38 Albrecht, *Jüngerer Titurel*, 3883, 3; 4030, 3.
39 *Kudrun*, 1648, 1; 1649, 1; *Mai und Beaflor*, 3431 (*da wart ein rinch gemachet wit*, „bildete man einen großen Ring"); *Nibelungenlied*, 614, 3; 1683, 1.
40 Neidhart, c, 101, 6 (Haupt, S. 301); Lochamer Liederbuch, Nr. 42, 1, 1 (*Ich spring an disem ringe*).
41 *wol zwelf hundert recken an dem ringe sîn / dâ ze tische sâzen* („saßen im Kreis bei Tisch zusammen"; *Nibelungenlied*, 803, 1 f.); *und doch an einem ring zu vreuden schalle* (Albrecht, *Jüngerer Titurel*, 2432, 2); 3254, 2; *Ze ringe sâze wir alle sâ* (Ulrich von Liechtenstein, *Frauendienst*, 1151, 1).
42 Von der Sitte schon der Kelten, sich bei Festgelagen zu einem Kreis zusammenzusetzen, berichtet der Stoiker Poseidonius (Athenaeus, The Deipnosophists. Übersetzt von C. D. Yonge. London 1854, Kap. 152). In der Forschung zur Entstehung des Bildes der Tafelrunde, das bekanntlich erstmals 1155 von Wace in seinem *Roman de Brut* erwähnt wird und dort auf keltische Erzählungen zurückgeführt wird (Le Roman de Brut de Wace. Bd. 2. Hrsg. von Ivor Arnold. Paris 1940, hier 9751 f.: *Fist Artur la Roünde Table / Dunt Bretun dient mainte fable*), wird Poseidonius als Stützung einer solchen keltischen Herkunft herangezogen. Vgl. Hildegard Eberlein-Westhues: König Arthurs ‚Table Ronde'. Studien zur Geschichte eines literarischen Herrschaftszeichens. In: Der altfranzösische Prosaroman. Funktion, Funktionswandel und Ideologie am Beispiel des *Roman de Tristan en prose*. Kolloquium Würzburg 1977. Hrsg. von Ernstpeter Ruhe, Richard Schwaderer. München 1979, S. 184–263, hier S. 188.
43 Wolfram von Eschenbach, *Parzival*, 309, 26 f. Die Übersetzung „König Artus wünschte weiter, daß edle Damen, Adels-Ritter hier in seinem Kreis erschienen" formuliert hier missverständlich, weil sie die ‚Ring'-Förmigkeit der Festmahlgesellschaft ersetzt durch ein formunspezifisches „Kreis" im Sinne von Festgesellschaft.
44 Die *tavelrunde* selbst, was an dieser Stelle die Rundtafel meint, wird hier nicht als *rinc*, sondern als *sinewel*, also ‚rund', *rotundus*, bezeichnet (*Parzival*, 775, 12).
45 Wolfram von Eschenbach, *Parzival*, 775, 12–15.

Weise verfertigte *rinc*⁴⁶ eine besonders große Zahl von Rittern zusammen mit ihren Damen aufnehmen musste: *dâ was ein wît gesamentiu diet: / durch daz ir site sich underschiet. / swelch frowe was sunder âmis, / diu getorste niht decheinen wîs / über tavelrunder komn. / het si dienst ûf ir lôn genomn / und gap si lônes sicherheit, / an tavelrunder rinc si reit* (776, 15–22).⁴⁷ Die Rundtafel selbst dient dabei nur als Mittelpunkt des *ringes* der Tafelrunder: *sie stuont dâ mitten sunder, niht durch den nutz, et durh den namn* (775, 17 f.).⁴⁸ Eine solche Unterscheidung von ‚Rundtafel' und ‚Tafelrunde' findet sich schon durchgängig in der französischen Artusliteratur:⁴⁹ ‚Tafelrunde' meint die Gemeinschaft der Artusritter, während die Rundtafel nur als Konstruktionshilfe für die kreisförmig sich zu formierende Tafelrunde fungiert.⁵⁰

Ein solches Verhältnis von Rundtafel als Mittelpunkt des enger oder weiter gezogenen Ring-Kreises der Tafelrunde (*rinch der tavelrunder*⁵¹) legte es offenbar nahe, hier eine Analogie zu der mittelalterlichen Kosmos-Vorstellung zu sehen.

---

46 Der Terminus *rinc* wird hier auffälligerweise insgesamt vier Mal gebraucht (*Parzival*, 775, 12; 775, 21; 775, 25; 776, 22), nie aber für die Rundtafel selbst.

47 Die Zahl der Teilnehmer kann ungefähr berechnet werden; wenn man die Länge der Anrittstrecke (*poynder* aus frz. *poindre*, von lat. *pungere*, das Anrennen des Reiters mit gefällter Lanze) mit 120 Schritten ansetzt (so der Stellenkommentar) und das Längenmaß eines ‚Schrittes' mit 75 cm bemisst, so wäre der Radius des Kreises 90 Meter und der Umfang 565 Meter. Je nach Umfang und Platzbedarf der Ritter und ihrer Damen kann also mit rund 500 Gästen gerechnet werden. Dies wäre nicht außergewöhnlich; die Zahl der Gäste an der Tafelrunde schwankt zwischen 12 und 366 (Eberlein-Westhues [Anm. 42], S. 263, Tabelle); in der englischen Bearbeitung des *Brut* durch Layamon (um 1200/15) wird sogar erzählt, dass wegen akuten Platzmangels und eines daher drohenden Ritteraufstands ein Zimmermann Artus anbietet, einen zusammenlegbaren Tisch zu bauen, an den mehr als 1600 Gäste passen könnten. Im *Erec* nehmen genau 140 Ritter an der Rundtafel Platz (1697); da auch die Damen an dem Rundtisch sitzen, was zumindest aus der Platzierung Enites und der Königin neben König Artus zu schließen ist (1745–1749), hätten dort 282 Gäste gesessen. – Deutlich zu sehen ist dieses Problem des erhöhten Platzbedarfs bei vergrößerter Teilnehmerzahl in den bildlichen Darstellungen der Artusrunde (Abb. in: Beate Schmolke-Hasselmann: The Round Table: Ideal, Fiction, Reality. In: Arthurian Literature II. Hrsg. von Richard Barber. Cambridge 1982, S. 41–75, hier Abb. 3–5, 8–11, 13; King Arthur's Round Table. An archaeological investigation. Hrsg. von Martin Biddle. Woodbridge 2000, S. 18 f., 36, Tafel I–II). Entweder werden nur wenige Gäste dargestellt, wobei, entgegen den Angaben der Literatur, sich nur zwischen fünf und 21 Teilnehmer finden, oder es drängen sich diejenigen Teilnehmer, die nicht an der Tafel Platz gefunden haben, stehend um die Sitzenden herum. Vgl. etwa das Fresko der Tafelrunde zum *Garel* auf Schloß Runkelstein (Abb. in: Schloss Runkelstein. Die Bilderburg. Ausst.-Kat. Bozen 2000, S. 132, Abb. 184).

48 Die Übersetzung von *namen* mit „Zeichen" legt eine Bedeutung bei, die dem Text so nicht zu entnehmen ist; Wolfram zielt nur darauf ab, dass der *rinc* der Gäste seinen Namen als *tavelrunder* von eben dieser Rundtafel hat.

49 Vgl. Eberlein-Westhues (Anm. 42), S. 213 (zu Wace), S. 213 (zu Chrétien), S. 229 („Die übrigen Versionen des Artusstoffes im 13. Jahrhundert liefern für das Motiv der ‚table ronde' keine wesentlichen neuen Aspekte. ‚Table ronde' wird meist nur noch in der Bedeutung ‚Tafelrunde' verwendet.").

50 Vgl. ebd., S. 248.

51 Der Pleier, *Garel*, 19881; vgl. auch 19398–19400 (*Deu edel chueniginne reiche / Hiez einen rinch besunder / Machen, ein tavelrunder*); 19405; 19409.

In der *Queste del Saint Graal* aus dem 13. Jahrhundert heißt es, dass die *Table Reonde* von Merlin erstmals hergestellt worden sei, und zwar als dritte Rundtafel nach der Abendmahlstafel und der Gralstafel.⁵² Sie heiße aber ‚Rundtafel', weil darin die Rundheit (*reondece*) der Welt und der Umkreise (*circonstances*) der Planeten sowie der Elemente des Fixsternhimmels (*firmament*) gesehen werden könne, so dass man zu Recht sagen könne, dass die *Table Reonde* die Welt bezeichne.⁵³ Schon vorher hatte Beroul in seinem Tristanroman (um 1180) geschrieben, dass die Rundtafel sich drehe wie die Welt.⁵⁴ Ob diese Analogisierung von *Table Ronde* und Welt sich dem französischen Reim von *reonde* und *monde* verdankt⁵⁵ oder ob hier die Vorstellung eines kosmographischen ‚Herrschertisches' zugrunde liegt, wie er in der Biographie Karls des Großen überliefert ist, auf dem die Welt *ex tribus orbibus connexa* dargestellt gewesen sein soll,⁵⁶ kann in diesem Zusammenhang offen bleiben; wesentlich ist, dass die Rundheit der arthurischen Tafel und der sie umgebenden Tafelrunde auf der einen Seite und die Struktur des Kosmos auf der anderen über das *tertium comparationis* nicht nur ihrer Zirkulari-

---

52 Zur These von der Artustafel als Nachbildung der Abendmahlstafel vgl. Eberlein-Westhues (Anm. 42), S. 193–202; zur Analogisierung von Abendmahls-, Grals- und Artustisch im Mittelalter vgl. Beate Schmolke-Hasselmann (Anm. 47), S. 58.
53 La Queste del Saint Graal. Roman du XIIIᵉ siècle. Hrsg. von Albert Pauphilet. Paris 1972, S. 76, 24–30: *Aprés cele table fu la Table Table Reonde par le conseil Merlin, qui ne fu pas establiez sanz grant senefiance. Car en ce qu'ele est apelee Table Reonde est entendue la reondece del monde et la circonstances des planetes et des elemenz el firmament; et es circonstances dou firmament voit len les estoiles et mainte autre chose; don't len puet dire que en la Table Reonde est li mondes senefiez a droit.*
54 Beroul: Tristan und Isolde. Hrsg. und übersetzt von Ulrich Mölk. München 1962, hier 3379 f.: *Ja verroiz la Table Reonde, / Qui tornoie conme le monde.* Zit. nach Eberlein-Westhues (Anm. 42), S. 215. Dies kann nicht die Erde meinen, sondern nur den Kosmos oder das Universum, „because in the twelfth century the *orbis terrae*, being the centre of the *mundus*, did not turn"; Schmolke-Hasselmann (Anm. 47), S. 60.
55 So der Hinweis ebd., S. 47 u. 60.
56 *Tertiam* [sc. *mensam*], *quae ceteris et operis pulchritudine et ponderis gravitate multum excellit, quae ex tribus orbibus connexa, totius mundi descriptionem subtili ac minuta figuratione complectitur.* Einhardi Vita Karoli Magni. Hrsg. von Oswald Holder-Egger. 6. Aufl. Hannover 1911, S. 40, 23–26 (Kap. 33). Die Bedeutung von *ex tribus orbibus connexa* ist nicht eindeutig; es könnte sich um die Darstellung der drei Erdteile handeln, aber auch, wie der Terminus *orbis* als Bezeichnung eines Kreises nahelegt, um ein Bild von Erde, Sternen- und Planetenhimmel sowie des göttlichen Himmels. Eberlein-Westhues (Anm. 42), die erstmals auf die mittelalterlichen Herrschertische als Vorbild der Tafelrunde aufmerksam gemacht hat (S. 232–238), übersetzt in diesem Sinne mit „war in drei konzentrischen Kreisen die Welt dargestellt" (S. 232).

tät, sondern darüber hinaus auch ihrer konzentrischen Faktur um einen Mittelpunkt herum[57] miteinander verglichen werden können.[58]

Damit ist die vierte Verwendung des Terminus *rinc* im Sinne eines konzentrischen Umkreises im Weltenlauf angesprochen; *rinc* benennt in der deutschsprachigen Kosmologie des Mittelalters die Erde ebenso wie den Umlauf der Planeten und des Fixsternhimmels. Der Priester Wernher erzählt in seinem um 1170 entstandenen dritten *Liet von der maget*, wie die Jungfrau Maria wegen ihrer Schwangerschaft von den Hohepriestern angeklagt wird und sich durch die Anrufung Gottes von dieser Anschuldigung befreien kann; danach befürchten die Priester, *daz daz selbe dinc* [die falsche Anklage] / *uber allen irdischen rinc / hernâch erschulle / unt allem Israhele gewurre*.[59] In gleicher Bedeutung, also als die gesamte Erde, als ‚Weltkreis', gebraucht auch wenig später (1190/1210) Albrecht von Halberstadt das Wort in seiner *Metamorphosen*-Übersetzung, als es um die Ernährungslehre des Pythagoras geht: *û hât der wîten erde rinc / gegeben manger hande dinc*.[60] Albrecht übersetzt hier *prodiga tellus*, die fruchtbare Erde, fügt also erst in seiner Übersetzung den Aspekt der Ringgestalt des Erdkreises hinzu. Entweder bezieht sich *wîten erde rinc* bzw. *irdischen rinc* dabei auf die Kreisförmigkeit der bewohnten Welt der nördlichen Hemisphäre, bei der die drei Erdteile der Ökumene als Gesamtheit kreisrund erscheinen,[61] wie sie etwa auch in den T-O-Karten des Mittelalters darge-

---

57 Was oder wer allerdings dieser Mittelpunkt ist, wird nicht genau klar. König Artus nimmt in der französischen Literatur nicht an der Rundtafel selbst, sondern außerhalb Platz, während er in der deutschen Artusliteratur mit *am* Tisch sitzt; vgl. Schmolke-Hasselmann (Anm. 47), S. 70 f. Damit entspricht die Tafelrunde *nicht* dem von Poseidonius (Anm. 42), Kap. 152, referierten keltischen Brauch, wonach der tapferste Krieger in der Mitte des (Essens-)Kreises sitzt. Unter Berücksichtigung der Aussage Berouls, der die Artustafel mit dem Kosmos vergleicht (vgl. Anm. 54), der Zahl der Tafelritter in *Li Chevaliers as Deus Espees*, die mit 366 (Eberlein-Westhues [Anm. 42], S. 222) genau der Anzahl der Jahrestage unter Hinzuzählung eines Schalttages entspricht, sowie der Analogie der Artustafel mit den Sphären von Planeten und Fixsternhimmel in der *Queste del Saint Graal* (vgl. Anm. 53) kann das Zentrum der Artustafel eigentlich nur identisch sein mit dem Zentrum der Welt, und das heißt, dem Mittelpunkt der Erde. Dies ist nach mittelalterlicher Auffassung bekanntlich die irdische Stadt Jerusalem (vgl. Anm. 64), die selbst auf das himmlische Jerusalem verweist, was wiederum eine Analogisierung von Artus- und Gralstafel nahelegt. Entsprechend werden in den spätmittelalterlichen bildlichen Darstellungen Artus- und Gralstafel ineinander geblendet, so dass der Gral in der Mitte der Artusrunde schwebt. Vgl. etwa die Abbildung bei Emmanuèle Baumgartner: La couronne et le cercle. Arthur et la table ronde dans les manuscrits du Lancelot-Graal. In: Texte et Images. Actes du Colloque international de Chantilly (13 au 15 octobre 1982). Paris 1984, S. 190–200, Abb. IL.

58 Ein ähnlicher Vergleich findet sich im *Jüngeren Titurel*, 3171, 3 (*iz lit an dinem ringe sam daz gestirne*).

59 Priester Wernher, *Maria*, 3037–3040.

60 Albrecht von Halberstadt, *Metamorphosen*, 39 f.

61 Vgl. auch Hugo von Trimberg, *Renner*, 18666 ff., bei dem die ‚Berner Pfennige' *ein ringelîn um ir kriuzelîn* haben; Hugo von Trimberg allegorisiert diesen Ring als die *werlde, sô juden und heiden ûf erden / In unserm gelouben gevangen werden / als das kriuzelîn in dem rinc*.

stellt werden,⁶² oder es meint die Kugelgestalt der Erde, in welche bewohnter und unbewohnter Teil der Erde je halbkreisförmig eingeschrieben sind.⁶³ Beiden Vorstellungen ist gemeinsam, dass sie die Landmassen jeweils als Kreisfläche darstellen; der abschließende Doppel-Ring, der das umgebende Meer einschließt, erscheint wie mit dem Zirkel gezogen. Dies verweist gleichzeitig auf den Mittelpunkt des Kreises, der in den T-O-Karten von Jerusalem gebildet wird.⁶⁴ In den hemisphärischen Weltkarten dagegen liegt der geometrische Mittelpunkt genau im Äquatorialmeer, das nördliche und südliche Halbkugel voneinander trennt, und wird deshalb darstellerisch nicht markiert; da es sich hier allerdings, deutlicher noch als bei den T-O-Karten, um eine zweidimensionale Kartenprojektion der Kugelgestalt der Erde, die ja auch für das Mittelalter nicht in Frage stand, handelt, ist das geometrische Zentrum im Mittelpunkt der Erde vorzustellen.⁶⁵ Die Vorstellung von der Kreisförmigkeit der Erde im doppelten Sinne, also sowohl in Bezug auf ihre Landmasse in der nördlichen Hemisphäre als auch in Bezug auf ihre Kugelgestalt, ist dabei der Tatsache geschuldet, dass die Kugel als vollkommener geometrischer Körper gilt, weil sie, in gleicher Weise wie der Kreis, über den sie definiert wird, von jedem Punkt ihrer Oberfläche dieselbe Entfernung zu ihrem Mittelpunkt besitzt, wie es schon bei Platon formuliert wurde⁶⁶ und entsprechend auch in der Übernahme der geometrischen Axiome des Euklid im grundlegenden astronomischen Werk des Hoch- und Spätmittelalters, dem *Tractatus de sphaera* des Johannes de Sacrobosco, heißt.⁶⁷ Weil sie außerdem, wiederum wie der Kreis, weder

---

62 Vgl. Evelyn Edson, Emilie Savage-Smith, Anna-Dorothee von den Brincken: Der mittelalterliche Kosmos. Karten der christlichen und islamischen Welt. Darmstadt 2005, S. 54 (T-O-Karte aus der Inkunabelkarte der *Etymologien*. 1472), S. 56 (Oxforder Ökumene-Modell, ca. 1110).
63 Vgl. ebd., S. 60 (Freisinger Macrobius-Karte), S. 63 (Hemisphärische Weltkarte zum *Liber Floridus*). Selbst einige Portolankarten werden in eine kreisförmige Darstellung der Welt eingeschrieben; vgl. John Goss: Kartenkunst. Die Geschichte der Kartographie. Braunschweig 1994, S. 36, Tafel 2.6.
64 Vgl. etwa die Psalterkarte von London (Edson [Anm. 62], S. 66; ca. 1262), auf der Jerusalem in der Mitte der Karte durch eine zweifarbige rotbraune Kreisfläche und eine weitere konzentrische Kreislinie als Mittelpunkt der bewohnten Erde hervorgehoben wird. In der Ebstorfer Weltkarte (ebd., S. 68; ca. 1300) ist Jerusalem zwar auch im Mittelpunkt dargestellt, allerdings nicht selbst kreisförmig; hier hat es die Form eines Quadrats, die durch die Stadtmauern gebildet werden (Abb. des Ausschnitts ebd., S. 69).
65 Als Mittelpunkt des Globus wird entweder nur, entsprechend der Verteilung der vier Elemente Feuer, Luft, Wasser und Erde von außen nach innen, Erde im elementarischen Sinn vorgestellt, oder aber die Hölle wird hier lokalisiert: *Infernus ideo dicitur inferus, quia inferius est positus. Sicut enim terra est in medio aere: ita est infernus in medio terrae.* Honorius Augustodunensis, *Imago mundi*, lib. I, cap. 36 (PL 172, Sp. 133).
66 Vgl. Platon, *Parmenides*, „Rund ist doch wohl dasjenige, dessen Enden von der Mitte überall gleich weit abstehen?" Platon: Sämtliche Werke. Hrsg. von Erich Loewenthal. Bd. 2. Berlin [1940], S. 485–561, hier S. 503.
67 *Sphera igitur ab Euclide sic describitur. Sphera est transitus arcus circumferentie dimidij circuli quotiens sumpto lineaque dyametri fixa quousque ad locum suum redeat arcus ipse circumducitur. Id est sphera est corpus rotundum et solidum quod describitur ab arcu semicirculi circumducto. Sphera igitur a Theodosio describitur. Est corpus solidum vna superficie contextum in cuius medio es punctus,*

Anfang noch Ende hat, wird die Kugel in einer bis auf die Antike zurückreichenden Tradition mit dem Göttlichen selbst gleichgesetzt.[68] Im Verein mit der geometrischen Konstruktionsart der Kugel führt dies zu der geläufigen mittelalterlichen Vorstellung des *deus geometra*, der Erde und Kosmos mit dem Zirkel hergestellt habe, wobei die Spitze des Zirkels genau in der Mitte des Erdkreises steckt.[69] Die Idee von der gottgeschaffenen Vollkommenheit der Welt in Kugelgestalt korrespondiert wiederum mit dem aristotelischen Sphärenmodell, nach dem die sieben Planeten und der Fixsternhimmel in konzentrischen Kugeln um die Erde kreisen;[70] auch für Aristoteles stand dabei die Überzeugung im Vordergrund, dass die Sterne eine vollkommene Kreisbewegung vollführen müssen, denn nur diese umfasse die unvollkommenen, die eine Grenze und ein Ende haben. Mittelpunkt der Sphären und damit des ganzen Kosmos ist die Erde;[71] den hierarchischen Aufbau der sieben Planetensphären, des Fixsternhimmels und eines aristotelischen ‚ersten Bewegers' ergänzt Konrad von Megenberg in seiner Übersetzung des *Tractatus de sphaera* schließlich noch: *Und ob dem [ersten Beweger] setzen die kristen und die juden ainen himel, der haizzet der feurein himel, davon, daz er an im selber zemal leuhtend und prehend ist. Und der hat kainen lauf, sunder got ruot mit seinen lieben darinne.*[72] Insgesamt hat für Konrad von Megenberg der Kosmos so zehn Sphären, von denen

---

a quo omnes linee ducte ad circumferentia sunt equales. Et iste punctus dicitur centrum sphere. Linea vero recta transiens per centrum sphere applicans extremitates suas ad circumferentiam ex vtraque parte dicitur axis. Duo vera puncta axem terminantia dicuntur poli mundi. Opus spheriacum Johannis de sacro busto [sic] figuris et perutili commento illustratum. Köln 1500, f. [4v]. („Eine Kugel wird folgendermaßen von Euklid beschrieben: Eine Kugel ist der Umgang des Bogens eines Halbkirkels um einen feststehenden Durchmesser, bis er wieder zu seiner Ursprungsposition kommt. Das heißt, eine Kugel ist ein fester und runder Körper, wie er durch die Umdrehung eines halbkreisförmigen Bogens entsteht. Durch Theodosius wird eine Kugel folgendermaßen beschrieben: Eine Kugel ist ein fester Körper mit einer einzigen Oberfläche, wobei in seiner Mitte ein Punkt ist, von dem aus alle die zu dem Umfang gezogenen geraden Linien gleich lang sind, und dieser Punkt wird Zentrum der Kugel genannt. Weiterhin: eine gerade Linie, die durch den Mittelpunkt der Kugel geht und deren Enden den Umfang in gegenüberliegenden Richtungen berührt, wird die Achse der Kugel genannt. Und die beiden Enden der Achse werden Pole der Welt genannt.")
68 *Facta est enim mundus sensibilis ad similitudinem et exemplar mundi intellectualis archtypi et ideal mentis divinae: in quo nec principium nec finis.* Gregor Reisch, *Margarita philosophica.* Zit. nach Otto Brendel: Symbolik der Kugel. Archäologischer Beitrag zur Geschichte der älteren griechischen Philosophie. In: Mitteilungen des Deutschen Archäologischen Instituts. Römische Abteilung 51 (1936), S. 1–95, hier S. 30, Anm. 2. Zu den mittelalterlichen Vorstellungen der Kugel vgl. ebd., S. 28–33.
69 Vgl. Johannes Zahlten: Creatio mundi. Darstellungen der sechs Schöpfungstage und naturwissenschaftliches Weltbild im Mittelalter. Stuttgart 1979, Abb. 118, 167, 180, 269 f., 283 f., 286–290.
70 Vgl. dazu David C. Lindberg: Von Babylon bis Bestiarium. Die Anfänge des abendländischen Wissens. Stuttgart/Weimar 1994, S. 57–66 u. 272–285; Rudolf Simek: Erde und Kosmos im Mittelalter. Das Weltbild vor Kolumbus. München 1992, S. 16–26.
71 *Est enim terra tanquam mundi centrum.* Johannes de Sacrobosco (Anm. 67), f. [2r].
72 Konrad von Megenberg: *Deutsche Sphaera*, S. 7, Z. 16–19.

sich aber nur die ersten neun bewegen; der göttliche Himmel außerhalb sowie die Erde als Mittelpunkt stehen still. Die Bewegung der neun Sphären wird von Konrad *lauf* genannt, er übersetzt damit *motus* bei Johannes.

Eben diese Sphären und ihre Bewegungen werden nun ebenfalls in der mittelhochdeutschen Literatur als *rinc* bezeichnet. So schreibt Albrecht von Halberstadt in der einleitenden Schöpfungsgeschichte der *Metamorphosen* nach der Teilung des Chaos von den *himeles ringe*,[73] womit er *regio orba* übersetzt; er bezeichnet damit den ständigen Wandel der irdischen Dinge: *sich verkêrent alle dinc / swaz der himelîsche rinc / an sînem kreize umbegât: der deheinez stille stât*,[74] und in der Eustachius-Legende beschreibt Gott selbst seine Schöpfung: *Ich bin der, der gemachet hat / Der werlde rinc, der vmbe gat, / Vnd daz firmamente, / Di planeten an ir rente.*[75] Der *werlde rinc* meint hier also nicht die Kreisförmigkeit der bewohnbaren Erde, sondern die der „Himmelsringe", der Sphären, deren konzentrische Bewegung um die Erde als ihr Mittelpunkt als der *umbegang* der *himelîsche* bzw. der *werlde ring* bezeichnet wird; Konrad von Megenberg drückt dies im Prolog der *Deutschen Sphaera* so aus: *Daz über mazz gib ich nü auf / Und pind mich in der himel lauf: / Aller ir chrais und aller ir ring / In täutscher sprach ich hie versling.*[76]

Zusammenfassend lässt sich sagen, dass *rinc* – mit Ausnahme des Panzerkettenrings, dessen Bezeichnung sich wohl eher aus der Herstellungsweise durch Drahtbiegung bzw. -wicklung[77] ableitet – in der mittelhochdeutschen Literatur immer den Kreis benennt. Dabei sind zwei semantische Merkmale bestimmend: zum einen seine absolute Rundheit und zum anderen seine Konzentrik, die sich aus seiner Konstruktion um einen geometrischen Mittelpunkt herleitet. Die Bedeutung von *rinc* kann dabei ebenso auf den Mittelpunkt zielen – die Turnierkämpfer, die Subjekte und Objekte einer Rechtshandlung, das Zelt eines Herrschers oder Heerführes, die Erde als Zentrum des Kosmos oder Jerusalem als Zentrum der Erde – wie auf die Kreisförmigkeit. Letztere steht für die Ununterscheidbarkeit der einzelnen Elemente des Kreises – die Ritter der Tafelrunde – oder als Folge der Ununterscheidbarkeit für seine Gleichförmigkeit; diese kann wiederum als Zeichen der

---

[73] Albrecht von Halberstadt, *Metamorphosen* (Prolog), 133–135: *nu die himeles ringe / von irdischem dinge / gesûberet wâren*.

[74] Zitiert im Wortregister bei Karl Bartsch: Albrecht von Halberstadt und Ovid im Mittelalter. Quedlinburg/Leipzig 1861, S. 475, s. v. rinc, 153a.

[75] Eustachius-Legende, 38–40. Vgl. auch die *Minneburg*, wo der Meister Neptanaus dem Minnekind die Macht der Liebe erklärt; das Minnekind bedankt sich: *Du hast mich under wyset / Waz sy daz nutzest, edelste dink, / So ez begriffet himels rink* (926–928).

[76] *Deutsche Sphaera* (Prolog), 59–62. Vgl. auch ebd., S. 6, Z. 19–21: *In dem vierden haubtstŭkke wolle wir sagen von den kraizzen und von den ringen der planeten oder der aigenleuffigen stern, und von der selben lauf und von irem scheingeprechen*.

[77] Vgl. dazu Karl-Heinz Ludwig, Volker Schmidtchen: Metalle und Macht. 1000 bis 1600. Berlin 1992, S. 184: „Spätestens im 13. Jahrhundert wurde ein runder oder kantiger Draht heiß auf eine Eisenstange mit dem für die Ringe gewünschten Durchmesser in Spiralform aufgewickelt, so daß eine den Windungen entsprechende Anzahl offener Ringe entstand."

Vollkommenheit oder, im Fall des kosmischen *rings* der Planeten- und Sternenumläufe, als Zeichen der gleichförmigen und weder Anfang noch Ende besitzenden Bewegung des Kosmos gesehen werden. Über die Drehung des kosmischen *rings* um die Achse der Erde ergibt sich wiederum eine Analogie zu der Vorstellung des Rades,[78] und hier insbesondere des Rads der Fortuna,[79] womit astronomisch-astrologische Theorien über die Einflüsse des Himmels auf den Menschen mit der Vorstellung von dem Kreislauf des Schicksals verbunden werden können.[80] Der Gegensatz von dem außerhalb der kosmischen Sphären feststehenden Himmel, in dem *got ruot mit seinen lieben*, wie es Konrad von Megenberg (s. o.) ausdrückt, und dem Lauf der Sphären unterhalb dieses Himmels führt zu der Frage, wo hier der Mensch zu situieren ist. Strebt er in der *vita contemplativa* zu der ewigen *immutabilitas* Gottes, dann entfernt er sich von dem *cursus mundi*, der sich immer bewegt

---

[78] Diese Analogie wird etwa von Konrad von Megenberg in didaktischer Absicht fruchtbar gemacht, wenn es ihm darum geht, die gegenläufige Bewegung von Firmament und Planetensphären zu erklären. Er fügt hier gegenüber Johannes de Sacrobosco ein: *Und die aht himel widerfleizzend sich dem lauf in iren aigen lauffen, reht als ein mŭlrat wer, daz wiltz von der rehten hant zu der linken, und ein omaizz kruech in dem selben rad von der linken hend zu der rehten* (*Deutsche Sphaera*, S. 11, Z. 2–5). Der Vergleich geht zurück auf Vitruv; vgl. Georg-Karl Bauer: Sternkunde und Sterndeutung der Deutschen im 9.–14. Jahrhundert unter Ausschluß der reinen Fachwissenschaft. Berlin 1937, S. 27.

[79] Das Rad der Fortuna wird verschiedentlich auf „ein altes Himmels- oder Sonnensymbol" zurückgeführt, „das die Einspannung des Menschenschicksals in den kosmischen Zusammenhang ermöglichte und allmählich moralisch-pädagogische Bedeutung gewann"; Alfred Doren: Fortuna im Mittelalter und in der Renaissance. In: Vorträge der Bibliothek Warburg 1922–1923, 1. Teil, hrsg. von Fritz Saxl. Leipzig/Berlin 1924, S. 71–144, hier S. 81 mit Anm. 31. Explizit gemacht wird dieser Zusammenhang in einem der Losbücher Konrad Bollstätters (Molitor) in einem Spruch über *Die welt vnd des gelückes rad*, wo es heißt: *Das ist des glückes rädlin vnd verwandelt sich nach dem rad des monnes / scheyn wann der mon nympt ab / vnd zuo*. Zit. nach Irmgard Meiners: Rota Fortunae. Mitteilungen aus cgm 312. In: PBB 93 (1971), S. 399–414, hier S. 400. Zum Vergleich der Fortuna mit dem Mond vgl. auch Howard R. Patch: The Goddess Fortuna in Mediaeval Literature. New York 1967. Reprint der Ausgabe Harvard 1927, S. 50, Anm. 6; zu Fortuna als „Dienerin" der planetarischen Einflüsse ebd., S. 78; zur Verbindung des Rads der Fortuna mit den sieben Lebensaltern und den sieben Planeten ebd., S. 173, Anm. 3. Eine Verbindung von Sphärenumlauf und Rota Fortunae wird dagegen in bildlichen Darstellungen nicht vorgenommen; eine eher indirekte Bezugnahme findet sich in einer Handschrift des *Jüdischen Krieges*, in der das Glücksrad von vier Figuren eingerahmt ist, welche die vier Jahreszeiten darstellen. Abb. bei Michael Schilling: Rota Fortunae. Beziehungen zwischen Text und Bild in mittelalterlichen Handschriften. In: Deutsche Literatur des späten Mittelalters. Hamburger Colloquium 1973. Hrsg. von Wolfgang Harms, L. Peter Johnson. Berlin 1975, S. 293–313, Abb. 3.

[80] Eine interessante Parallelisierung zeigt John F. Fleming: The Round Table in literature and legend. In: King Arthur's Round Table (Anm. 47), S. 5–30, hier S. 25–28, bezüglich der hölzernen, zwischen 1250 und 1350 hergestellten, heute in Winchester Castle hängenden ‚King Arthur's Round Table'. Während die Artusritter nur mit ihren Namen an ihrem jeweiligen Platz auf der (technisch wie ein Rad gebauten) Tafel eingeschrieben sind, ist als einzige Person König Artus auf einem Thron bildlich dargestellt; sein Bild nimmt dabei eine außergewöhnliche Position an der Spitze der Tafel ein. Fleming vermutet hier einen Einfluss von Abbildungen der Rota Fortunae.

und deshalb veränderlich und instabil ist;[81] in dieser moralisch-geistigen Bewegung ‚nach oben' hat er Anteil an der *staete* Gottes selbst. Liefert er sich aber in der *vita activa* dem *cursus mundi* aus, so nähert sich sein Leben in ewiger Erneuerung und Wachsen diesem Lauf, *quasi in circulis existentiae semper rotantur*,[82] wie die von Konrad von Megenberg genannte Ameise auf dem Mühlrad[83] wird er von der Bewegung der Planetensphären mitgerissen, so dass sein Leben in dem Wechsel von Aufstieg und Fall dem Rad der Fortuna gleicht.

III *vingerlîn* in der deutschen Literatur des Mittelalters

Das Wort *vingerlîn*[84] ist entstanden aus dem erstmals im 9. Jahrhundert nachweisbaren althochdeutschen *fingirî(n)* bzw. *fingirlî(n)*.[85] Unter den herangezogenen Texten kommt es in der ersteren Form nur noch im *König Rother* (*vingerin*, 398) und im *Karlmeinet* (*vingeryn*, 488, 56; 489, 25; dagegen *vyngerlin*, 490, 57 u. 1) vor. Es meint immer den Fingerring, wobei allerdings auch hier semantische Unterschiede festzustellen sind, die im Wesentlichen davon abhängen, ob das *vingerlîn* tatsächlich am Finger getragen wird oder nicht.

Der Fingerring[86] konnotiert in der Überzahl der Fälle eine Eigenschaft des Trägers. Als Schmuckring ist dies dessen Schönheit, Macht oder Reichtum; infolgedes-

---

[81] Hugo von St. Victor, De vanitate mundi. Liber secundus, zit. nach Doren (Anm. 79), S. 96, Anm. 51: *Contemplate ergo Deum, quasi sursum in summo, mundum autem hunc deorsum in imo. Illum in eodem semper aeternitatis suae statu consistere, hunc autem cursu mutabilis suae semper fluere atque instabilem esse. Deinde considera humanum animum quasi in quodam medio collocatum, qui quadam conditionis suae excellentia et huic quae deorsum est mutabilitati supereminat et ad illam quae sursum est apud Deum verum immutabilitatem necdum pertingat.*
[82] Honorius Augustodunensis, De cognitione vitae, Kap. 27, zit. nach Doren (Anm. 79), S. 96, Anm. 51: *Item quaeritur, si Deus in omni creatura et omnis creatura in Deo est, quomodo aliquid deficiat et non potius totum in uno statu permaneat praesertim cum immutabilis Deus cuncta contineat. Sed sciendum est, quod per hoc creator a creatura discernitur, dum hic immutabilis, haec autem multum instabilis cernitur; cuncta autem aeternitatem imitantur, dum reficiendo et iterum recrescendo quasi in circulis existentiae semper rotantur.*
[83] Vgl. Anm. 78.
[84] Fallweise findet sich Attribuierung mit *clein*, welches nicht in erster Linie die Größe, sondern Zierlichkeit, feine Ausarbeitung meint; vgl. etwa Wolfram von Eschenbach, *Parzival*, 438, 3: *ein kleinez vingerlîn*.
[85] Etymologisches Wörterbuch des Althochdeutschen. Hrsg. von Albert L. Lloyd, Rosemarie Lühr. Bd. 3. Göttingen 2007, Sp. 258 f.
[86] Zur Geschichte des Fingerrings im Mittelalter vgl. John Cherry: Der Ring im Mittelalter. In: Der Ring im Wandel der Zeit. Hrsg. von Anne Ward u. a. Erlangen 1987, S. 51–85; Athanasios A. Fourlas: Der Ring in der Antike und im Christentum. Der Ring als Herrschaftssymbol und Würdezeichen. Münster 1971; Alfred Stern: Der Ring in der Sage, im Märchen, in der Novelle, im Drama, im Recht. In: Hessische Blätter für Volkskunde 29 (1930), S. 106–125.

sen ist das *vingerlîn* meistens aus Gold und wird nicht selten in topischen Verbindungen wie *vürspan und vingerlîn*[87] oder *boug und vingerlîn*[88] genannt. Ebenso bezeichnet das *vingerlîn* die Herrschaftsgewalt des Trägers als Königs-, Fürsten- oder Bischofsring,[89] wobei es auch als Siegelring dienen kann;[90] in dieser Funktion kann es auch im Besitz anderer „Herrscher" wie etwa der Zauberkunst genannt werden.[91] Es ist weiterhin Zeichen der Frauenehre und -treue, wie es in den bekannten Szenen des *vingerlîn*-Raubs im *Parzival*[92] und im *Nibelungenlied*[93] dargestellt wird, wobei in diesem Kontext auch die übertragene Bedeutung von *vingerlîn* für das weibliche Genital zu nennen ist, die sich auf eine alte Tradition dieses Gebrauchs der Ring-Metapher stützen kann.[94] Neidhart macht dies explizit, wenn er von dem *hærîn vingerlîn* spricht, in das *ein kneht den vinger dranc*.[95] Über seine

---

87 Rudolf von Ems, *Alexander*, 5484 (*nû gâben alsô liehten schîn / krône vürspan vingerlîn / daz ich sîn niht prüeven wil, / wan rîchheit dar an was sô vil.*); Rudolf von Ems, *Der Guote Gerhart*, 784 ff. (*der mantel was gefurrieret / von hermîn wîzer dan ein swan. / Vingerlîn und fürspan / mit manigem guoten steine / truog der getriuwe reine / und einen gürtel rîche*); 3576 f. (*schappel, fürspan, vingerlîn / und einen borten guot genuoc*); 6496 (*ein fürspan und ein vingerlîn*); 3576 f. (*schappel, fürspan, vingerlîn / und einen borten guot genuoc*).
88 Heinrich von dem Türlin, *Krone*, 557; Heinrich von Veldeke, *Eneasroman*, 785; 1368 f.; Ulrich von Liechtenstein, *Frauendienst*, 367, 2 (*gürtel, vingerl, heftelin*).
89 *Barlaam*, 14764 (*des künicrîches vingerlîn*); *Deutschenspiegel*, S. 16, 14 (*küniglîch vingerlîn*, Übersetzung von *annulum*, Gen 31, 42); S. 54, 1; Heinrich von Veldeke, *Eneasroman*, 3862 f. (Eneas sendet Latinus *ein sceptrum und ein crône / ein mantel und ein vingerlîn*); 8238 (*ein zeptrum und ein crône / und ein goldîn vingerlîn*); *Kaiserchronik*, 10458; *Lohengrin*, 5101. Vgl. dazu Fourlas (Anm. 86), S. 98–113, mit zahlreichen Nachweisen aus der lateinischen Literatur (dort jeweils bezeichnet als *anulus*); Verena Labhart: Zur Rechtssymbolik des Bischofsringes. Köln 1963.
90 *Deutschenspiegel*, S. 54, 1 (*versigelte si mit des küniges vingerlîne*, Übersetzung von *signavit eas annulo*). Vgl. auch Fourlas (Anm. 86), S. 110 f.
91 Johannes von Tepl, *Ackermann*, Kap. 26, 34 (*fingerlein* als Siegel der Nigromantie).
92 Wolfram von Eschenbach, *Parzival*, 130, 26; 131, 16; 132, 10; 133, 19; Heinrich von dem Türlin, *Krone*, 24621 (*Da er* [Parzival] *ein vingerlin nam / Einer frawen vnd sie kuszte*); Wirnt von Grafenberg, *Wigalois*, 6331 (*er* [Parzival] *zôch ir abe ein vingerlîn / und nam ir vürspan âne ir danc*).
93 *Nibelungenlied*, 679, 3 (*er zoch ab ir hende ein gvldin vingerlin*); 854, 2.
94 Vgl. Hans-Heinrich Baumann: Des Gyges Ring und die verbotene Tür. In: Fabula 41 (2000), S. 229–243, bes. S. 234 f. – Die Darstellung des Rings bei der Übergabe des zauberkräftigen *vingerlîn* durch Lunete an Iwein in den Rodenegger *Iwein*-Fresken entspricht eher dieser Bedeutung als der eines Fingerrings, wie eine eigene Inaugenscheinnahme ergab; vgl. die (leider sehr kleinen) Abbildungen bei Helmut Stampfer: Schloss Rodenegg. Geschichte und Kunst. 2. Aufl. Bozen 2008, S. 26 u. 28. Alternativ könnte allerdings auch daran gedacht werden, dass nicht der Fingerring, sondern die Finger Lunetes dargestellt werden; der Ring selbst wäre dann entsprechend seiner magischen Eigenschaft als ‚unsichtbarer Ring' gemalt (bzw. eben nicht gemalt).
95 Neidhart, Wl 34, VIII, 9 („In dein härenes Ringlein hat ein Bauernbursch seinen Finger gezwängt"); IXa, 7. Die Übertragung scheint auch deshalb nahezuliegen, weil im Mhd. das *vingerlîn* an den Finger ‚gestoßen' wird (Wolfram von Eschenbach, *Parzival*, 270, 10; *stiez daz vngerlîn wider an ir hant*). Im *Ring* macht Wittenwiler aus diesem Doppelsinn einen Dreifachsinn, wenn er Mätzli nach dem Schwankmotiv der unersättlichen Frau Bertschi *zuor dritten stund* aufwecken lässt und diese auf dessen Vorwurf antwortet: ‚*Ich han mein fingerli verlorn* [...] *Und han gesuocht bis an den tag: / Der macht, daz ich es funden hab.*' / *We, wie schier do ward vollpracht, / Des so ir Mätzli hiet*

Zeichenhaftigkeit für die Frauenehre hinaus ist das *vingerlîn* überhaupt grundlegendes Freundschafts-, Minne- und Treuezeichen.[96] Als solches trägt es allerdings nicht mehr der Besitzer selbst, sondern dieser gibt es dem Gegenüber. Das *vingerlîn* wird so zum Pfand der Minne oder Freundschaft,[97] auch und gerade für den Fall, dass der Schenkende nicht oder nicht mehr anwesend ist;[98] es ist Garant der *triuwe*-Verpflichtung des Schenkenden. Prominentes Beispiel ist das *vingerlîn*, das Pallas von Eneas geschenkt bekommen hatte und das ihm von Turnus nach seinem Tod gestohlen wurde; gerade deshalb ist Eneas verpflichtet, Turnus keine Gnade zu gewähren.[99] Das durch das *vingerlîn* ausgedrückte *triuwe*-Versprechen findet schließlich seinen institutionalisierten Ausdruck in den Verlobungs- und Ehefingerringen.[100] Da das *vingerlîn* Signifikant der Eigenschaften seines Trägers ist, kann es als *pars pro toto* auch den Träger als solchen bezeichnen; es wird dann, wie im Fall des Siegelrings, zum Beglaubigungs- und Identitätszeichen des Besitzers. Wohl am häufigsten ist das einem Brief oder einer Botenrede als Authentifizierung

---

gedacht (7118–7123). Die Übersetzung mit „Ringlein" überdeckt das Wortspiel, denn hier meint *fingerli* sowohl den Fingerring wie auch das Fingerlein; als Letzteres ist es wiederum in der Bedeutung des ‚elften Fingers' Bezeichnung für das männliche Genital. Zum ‚elften Finger' vgl. Karl Friedrich Wander: Deutsches Sprichwörter-Lexikon. Bd. 1. Leipzig 1867, Sp. 1024, Nr. 189, und Rüdiger Krohn: Der unanständige Bürger. Untersuchungen zum Obszönen in den Nürnberger Fastnachtsspielen des 15. Jahrhunderts. Kronberg/Ts. 1974, S. 225. Vgl. auch das *Spil von dem einliften Finger* (Fastnachtspiele. Hrsg. von Keller, 18).
96 *Moriz von Craûn*, 605; 1623; Heinrich von Veldeke, *Eneasroman*, 12989; Ulrich von Liechtenstein, *Frauendienst*, 519, 8; 784, 2; 785, 1; 785, 6; 786, 3; 799, 4; 830, 7; 835, 3; Rudolf von Ems, *Der Guote Gerhart*, 3973; *Gauriel von Muntabel*, 2976; Konrad von Würzburg, *Herzmaere*, 181; Hartmann von Aue, *Iwein*, 3193; Der Stricker, *Karl*, 2251 (Genelun schickt angesichts des Todes seiner Frau ein *vingerlîn*); *Lohengrin*, 7215; Ulrich von Zatzikhoven, *Lanzelet*, 944; 955 (*durch friuntschaft nim ditz vingerlîn*); *Rosengarten A*, 20, 1; Gottfried von Straßburg, *Tristan*, 18311; Heinrich von Freiberg, *Tristan*, 654; 766; 778; 3943; Wirnt von Grafenberg, *Wigalois*, 11357; *Wilhelm von Österreich*, 3024.
97 Heinrich von dem Türlin, *Krone*, 13857 f. (*Gynouer gab ein vingerlin / Gasozein zü mynne pfant*). Vgl. zur Sache Karl Meisen: Liebespfänder in mittelalterlicher und neuerer Zeit. In: Rheinisches Jahrbuch für Volkskunde 4 (1953), S. 142–204, zum mittelalterlichen Ring als Liebespfand S. 149, 158, 159 f. (mit Nachweisen aus dem *Eneasroman*, *Wigamur*, dem frz. Roman *Athis und Prophilias*, der Ring hier bezeichnet als *anel d'or*).
98 Im *Ritter von Staufenberg* wird dieses Liebespfand darüber hinaus auch zum magischen Ring (*Vnd do nym trût das fingerlein / Dar in do leit ein edel stein / Des krafft die ist nit clein*; f. [5v]), der aber im Fortgang der Erzählung blindes Motiv bleibt.
99 Heinrich von Veldeke, *Eneasroman*, 7602; 7624; 12249; 12574; 12578; 12581; 12589; 12592; 12597.
100 Reinbot von Durne, *Der Heilige Georg*, 4552 (*diz vingerlîn, / daz was unser mahelschaz*); *Kaiserchronik*, 13127 (*gemâhelscaz*); 13223; 13249; *Kudrun*, 1649, 2; Wirnt von Grafenberg, *Wigalois*, 9425; *Sieben weise Meister*, S. 48, Z. 48. Vgl. zur Sache Ruth Schmidt-Wiegand: Hochzeit, Vertragsehe und Ehevertrag in Mitteleuropa. In: Die Braut: geliebt, verkauft, getauscht, geraubt. Zur Rolle der Frau im Kulturvergleich. Hrsg. von Gisela Völger, Karin von Welck. Bd. 1. Köln 1985, S. 264–273, hier S. 269 f., mit einer Abbildung aus dem *Sachsenspiegel*, in der die „Erwachsenen als Zeichen ihrer rechtmäßigen Eheschließung ihre Trauringe" hochhalten. Die Ringe sind jeweils mit einem Edelstein besetzt.

beigefügte *vingerlîn*;[101] daneben kann das *vingerlîn* aber auch den Träger als solchen in seiner wahren Identität überhaupt erst erkennbar machen.[102]

Wird das *vingerlîn* nicht mehr in Bezug auf seinen Träger bzw. Besitzer gesehen, so treten seine eigenen Qualitäten in den Vordergrund. Dies ist zuallererst sein Wert; infolgedessen dient es als *guldîn vingerlîn* als Vermögen, das insbesondere verschenkt werden kann.[103] Bezeichnend ist, dass hier häufig das *vingerlîn* nicht mehr in seiner Individualität, sondern als Menge (*driu pfunt vingerlîn*) gesehen wird. Als Wertgegenstand dient es dann wiederum zum Ausweis der Macht und des Reichtums des Besitzers, nun aber nicht mehr nur am Finger, sondern an der Kleidung[104] getragen oder auf Schnüre gezogen[105]. Ebenfalls als Wertgegenstand

---

101 Heinrich von dem Türlin, *Krone*, 21619 f. (*Dis vingerlin vil gut / Zu einem wortzeichen bringent ir*); 22915; 24875 f.; Eilhart, *Tristrant*, 7513; Hartmann von Aue, *Iwein*, 2945 f. (*diz vingerlîn / einen geziuc der rede sîn*); *Kaiserchronik*, 13264 (*daz urkundet ouch daz vingerlîn*); *Lohengrin*, 6864; *Münchner Oswald*, 586; 1094; 1138; 1212; 1214; 1252; 1266; 1270; 1276; 1278; 1282; 1285; 1289; 1372; Gottfried von Straßburg, *Tristan*, 4285; *Tristan als Mönch*, 2221 ff.; 2324–2328 (*siu nam den brieff do zuo stunt / und brach sines gebendes rigel / und nam das liebe ingesigel, / das vingerlin do mite er was / versigelt*); Wirnt von Grafenberg, *Wigalois*, 8703–8707 (*der selbe brief besigelt was / under einem adamas / in ein guldîn vingerlîn; / der stein solde ein zeichen sîn / sîner staeten minne*); Wilhelm von Österreich, 2928–2931 (*ein brief der wart geswinde / getithet und geschriben drat: / der wart in einen bal genat / und ein vingerlin dar zuo*); 2983.
102 Rudolf von Ems, *Der Guote Gerhart*, 4589; 4594; 4596; Konrad von Würzburg, *Herzmaere*, 308; 371; 397; 475; *König Rother*, 3876; Heinrich von Freiberg, *Tristan*, 4126; 4128; 4153; 4176. Zu dem Motiv des Rings als Erkennungszeichen in mhd. und orientalischer Literatur vgl. Alev Tekinay: Materialien zum vergleichenden Studium von Erzählmotiven in der deutschen Dichtung des Mittelalters und den Literaturen des Orients. Frankfurt a. Main u. a. 1980, S. 102–104.
103 Hartmann von Aue, *Der Arme Heinrich*, 335–338 (*er gewan ir, swaz er veile vant: / spiegel und harbant, / und swaz kinden liep sollte sîn, / gürtel unde vingerlîn*); Heinrich von Veldeke, *Eneasroman*, 12993; *Häslein*, 90 f. (*driu pfunt vingerlîn und zehen bickelsteine und einen borten kleine, sîdin, mit golde wol durchslagen*); Hugo von Trimberg, *Renner*, 22696–22699 (*Golt, silber, pfeller, baldekîn, / Edel gesteine und vingerlîn, / Manec kleinôt, mete und wîn / Wart im denne geschenket*); Ulrich von Zatzikhoven, *Lanzelet*, 4940; *Mönch als Liebesbote*, 141–144 (*so will ich euch sagen, was sie mir gab: / gar hübsch und auch raine / von gold und edelm gestaine / auch ein vingerlein*); 185; Ulrich von Türheim, *Rennewart*, 7936 (*manic fuerspan und vingerlin*); *König Rother*, 396–398 (*Da inne was daz golt rot / cleine gewierot / nuskele vnde vingerin*); Gottfried von Straßburg, *Tristan*, 10826 f. (*schapel und vürspan, / seckel unde vingerlin*); Heinrich von Freiberg, *Tristan*, 1529–1531 (*er gap ouch den helden wert / gürtel, heftel, vingerlîn, / hûben und biutel sîdîn*); Thomasin von Zirklaere, *Der Welsche Gast*, 1338–1341 (*Ich lêrt waz einer vrouwen zeme / daz si von ir vriunde neme; / hantschuoch, spiegel, vingerlîn, / vürspangel, schapel, blüemelîn*); *Wigamur*, 927–930 (*Alles gutes han ich nit mere / Wan als ich hye standent pin, / Und ain gulden fingerlin, / Das ich hie an der handt han*); Ulrich von Türheim, *Willehalm*, 307, 12–14 (*ouch gap Kyburg, diu künigin, / vingerlîn und rîchiu fürspan, / wol tûsent mark und dennoch mêre*); 308, 25.
104 *Wigamur*, 2021–2023 (*An seinem wappenrock / Hing manig fingerlin, / Die warn alle guldin*; übers. als „Schmuckringe"); 2031–2034 (*an ainem yeglichen knotten / Ain fingerlin gestecket; / Also was es bedecket, / der wappenrock pfellin*; „Schmuckring"); 2079–2081 (*Das was ain schappel von gold rot, / Das fuort er auf dem helm sin, / Vnd ain rot gulden fingerlin*; „Schmuckring")
105 Wolfram von Eschenbach, *Parzival*, 123, 29.

kann ein *vingerlîn* vererbt[106], gespendet[107], geopfert[108] oder zum Lohn für den Kampfeinsatz im Turnier verwendet werden[109], wobei sich im *Frauendienst* diese objektive Eigenschaft wieder mit der symbolischen Eigenschaft des Minnepfandes verbindet, wie Frau Venus in ihrem Einladungsschreiben ausführt:

> Swelch ritter gegen ir kumt und ein sper wider si enzwei stichet, dem gibt si ze miet ein guldîn vingerlîn: daz sol er senden dem wîbe, diu im diu liebest ist. Daz vingerlîn hat die kraft, swelher vrowen man ez sendet, diu muoz immer deste schœner sîn und muoz in sunder valsch minnen, den der irz hât gesant.[110]

Insgesamt verschenkt Frau Venus 271 *vingerlîn* als Kampflohn,[111] was nicht zuletzt auch Zeichen des Reichtums und der Großzügigkeit des Ich-Erzählers ist.

Sieht man allerdings die hier angesprochene Eigenschaft der durch das *vingerlîn* bewirkten Minne-*triuwe* nicht rein symbolisch, sondern als inhärente Kraft des Fingerrings, so ist man nach seinen Funktionen als (symbolischer) Vertreter des Besitzers und als (veräußerbarer) Wertgegenstand bei dem dritten Feld seiner Semantik angelangt: der Wirkmächtigkeit des *vingerlîn*. Das *vingerlîn* kann außergewöhnliche Kräfte besitzen: Es bringt alles, was man sich wünscht,[112] es verleiht die Fähigkeit, Zwerge zu sehen,[113] es gibt die Kraft von zwölf Männern,[114] es bewirkt, dass keine Bitte abgeschlagen wird,[115] es stillt das Blut,[116] es führt zur Gegenliebe der Geliebten[117] oder auch dazu, dass deren Liebeskraft über ihren Tod hinaus wirkt,[118] und, mit Lunetes *vingerlîn* wieder als prominentestes Beispiel, es macht

---

106 Gottfried von Straßburg, *Tristan*, 4293; *Lohengrin*, 7218 f.
107 Der Stricker, *Pfaffe Amis*, 411.
108 *Kaiserchronik*, 3727 (*Vênerî der frowen [...] der oppfern wir pluomen unt vingerlîn*).
109 Ulrich von Liechtenstein, *Frauendienst*, 461, 1; 519, 3; 549, 3; 573, 4; 581, 5; 587, 6; 598, 4; 610, 8; 616, 3; 641, 4; 649, 4; 650, 3; 658, 1; 662, 1; 662, 7; 668, 6; 683, 6; 684, 8; 701, 8; 702, 4; 706, 5; 715, 4; 726, 5; 769, 1; 795, 7; 860, 7; 902, 2; 902, 7; 905, 2; 951, 2; 967, 3; 980, 1.
110 Ulrich von Liechtenstein, *Frauendienst*, 163, 1 ff.
111 Ebd., 980, 2–4 (*si hât zwei hundert vingerlîn / und dannoch eins und sibenzic mêr / die vart hin gegeben*).
112 Glücksbringer: Heinrich von dem Türlin, *Krone*, 22882 (*ein heilhafftes vingerlin*, „lucky ring"); 22891.
113 *Laurin*, 1273 ff.; 1557 ff. (*gap ieglîchem ein vingerlîn, „diu stôzet an iuwer hant [...] so seht die vinde alle wol."*).
114 *Laurin*, 1174 ff.; 1439 ff.; 1477 (hier nur als *vinger*).
115 Ulrich von Zatzikhoven, *Lanzelet*, 4953–4955 (*daz vingerlîn was der geschiht, / man verzêh im betlîches niht, / swer ez an der hant truoc*).
116 *Mönch als Liebesbote*, 144 f. (*ain vingerlein, das ist gut. / der stain der stillet wol das plut*).
117 *Salman und Morolf*, 93, 5; 94, 2; 95, 1; 95, 5; 96, 1; 97, 1; 98, 5; 99, 1; 604, 2. Vgl. dazu auch Tekinay (Anm. 102), S. 171–173.
118 *Karlmeinet*, 487,8–489,15. Der Zauberring, der bewirkt, dass Karl der Große auch nach dem Tod seiner Ehefrau Fastrada mit dieser das Beilager teilt, ist in der Fassung des *Karlmeinet* in das Haar der toten Ehefrau geflochten (488, 55 f.: *In yrme gevlochten hare / Eyn vingeryn vele schone*; 490, 1 f.: *Dat dyt vyngerlin hadde de macht / Van des grossen zouers kracht*); nach Entdeckung dieses Zauberrings verliebt sich Karl in den Kammerherrn, der den Ring gefunden hatte und nun bei sich

unsichtbar.[119] Hier, wie auch im Fall des *vingerlîn* im *Trojanischen Krieg*,[120] ist es allerdings nicht der Fingerring selbst, der die außergewöhnliche Kraft besitzt, sondern der von ihm getragene und eingefasste Edelstein.[121]

Ebenso wie das *vingerlîn* kann nun auch der Edelstein eine Eigenschaft des Trägers bzw. Besitzers symbolisieren; so ist der vom *vingerlîn* eingefasste Diamant ein Zeichen *staeter minne*.[122] Damit ist nun auch der Weg frei zu einer symbolischen Interpretation des Edelstein-Fingerrings: Im *Annolied* etwa fügt der Heilige Anno den anderen Heiligen, die mit Sternen verglichen werden, seinen Glanz hinzu wie *der jachant in diz guldîni vingerlîn*.[123] Mit dem von dem *vingerlîn* eingefassten bzw. getragenen Edelstein wird nicht nur dessen Wert erhöht, sondern es öffnet sich auch das weite Feld der Edelsteinallegorese des Mittelalters.[124]

IV *rinc* versus *vingerlîn*

Die Texte zeigen, dass *rinc* und *vingerlîn* in mittelhochdeutscher Zeit zwei völlig verschiedene Bedeutungen besitzen: Während mit *rinc* entweder der kreisförmig gebogene Gegenstand oder der kreisförmig gebildete Umkreis gemeint ist, bezeich-

---

trägt, diesen aber dann in ein unter der Burg zu Aachen befindliches Loch wirft, damit Karl *syne mynne nummer vp man en gekeirde* (480, 58 f.). Bei Jans Enekel, der erstmals genauer von dieser magischen Wirkung berichtet, ist dagegen nur von einem *zouber* (*Weltchronik*, 26361) die Rede, der sich hier unter der Zunge der Toten verbirgt. Ring, magischen Edelstein und Zunge hat erstmals Petrarca zusammengebracht (*gemmam perexiguo anulo inclusam sub gelida lingua*; Brief vom 21. Juni 1333), der sich auf eine unter den Aachener Klerikern umlaufende Erzählung beruft; vgl. August Pauls: Der Ring der Fastrada. In: Zeitschrift des Aachener Geschichtsvereins 17 (1895), S. 1–73; Frank Fürbeth: Carolus Magus. Zur dunklen Seite des Karlsbildes im Mittelalter. In: Karl der Große und das Erbe der Kulturen. Akten des 8. Symposions des Mediävistenverbandes. Leipzig 15.–18. März 1999. Hrsg. von Franz-Reiner Erkens. Berlin 2000, S. 314–325.
119 Hartmann von Aue, *Iwein*, 1202–1207 (*her Îwein, nemet diz vingerlîn. / ez ist umben stein alsô gewant: / swer in hât in blôzer hant, / den mac niemen, al die vrist / unz er in blôzer hant ist, / gesehen noch gevinden*); vgl. auch Heinrich von dem Türlin, *Krone*, 1344.
120 Hans Mair, *Buch von Troja*, S. 22, 11 (*darnach gab siu im ain vingerlin, dar inn lag ein stain, der het die kraft, daz er all vergifftigin sach brach und vertraib. Ez het auch der selb stain ain ander tugend. Wer den stain verslossen trug in der hend, so moht in niemand gesächen*).
121 Vgl. zu solchen magischen Edelsteinringen Richard Kieckhefer: Magie im Mittelalter. München 1992, S. 119–122; Christel Meier: Gemma Spiritalis. Methode und Gebrauch der Edelsteinallegorese vom frühen Christentum bis ins 18. Jahrhundert. Teil I. München 1977, S. 413–460.
122 Wirnt von Grafenberg, *Wigalois*, 8703–8707 (*der selbe brief besigelt was / under einem adamas / in ein guldîn vingerlîn; / der stein solde ein zeichen sîn / sîner staeten minne*; „Dieser Brief war unter einem Diamanten in einen goldenen Ring gesteckt und versiegelt"); 8752.
123 *Annolied*, 33, 16 („wie der Hyazinth dem goldnen Ring").
124 Vgl. zur Edelsteinallegorese im Mittelalter Meier (Anm. 121); Gerda Friess: Edelsteine im Mittelalter. Wandel und Kontinuität in ihrer Bedeutung durch zwölf Jahrhunderte (in Aberglauben, Medizin, Theologie und Goldschmiedekunst). Hildesheim 1980.

net *vingerlîn* ausnahmslos den Fingerring.125 Als wesentliche semantische Kennzeichen beider Termini kann man damit für den *rinc* seine konzentrische Kreisförmigkeit, für das *vingerlîn* seine Zugehörigkeit zu dem Finger (und damit zu dem Träger des *vingerlîn* als ‚Besitzer' des Fingers) feststellen, wobei neben den symbolischen und magischen Kräften des *vingerlîn* vor allem dessen Wert im Vordergrund steht; dieser Wert wiederum kann sowohl durch sein Material wie auch zusätzlich durch einen von ihm getragenen Edelstein ausgemacht werden. Gegenüber diesen semantischen Kennzeichen ist bei dem *vingerlîn* eine Kreisförmigkeit, die realiter auch gar nicht immer vorhanden ist,126 unwesentlich; allerdings scheint es, dass es eben diese (wenn auch nicht vollkommene) Kreisförmigkeit ist, die im Spätmittelalter dann wiederum dazu führt, dass der Terminus *vingerlîn* durch *rinc* abgelöst wird.

Dies nämlich zeigen die Texte ebenfalls. Im 12. und 13. Jahrhundert wird zwischen beiden Bedeutungen durch den Gebrauch der jeweiligen Termini genau unterschieden; als Beispiel sei die *Kudrun* angeführt, wo innerhalb einer Strophe beide Wörter vorkommen:

> Ortwîn von dem ringe ze im daz magedîn
> zuhte minniclîchen. ein guldîn vingerlîn
> gab er der küniginne zuo ir vil wîzen henden.127

Wolfram kann diese terminologische Differenzierung benutzen, um den jungen Parzival schlaglichtartig zu charakterisieren:

> ‚ay ritter guot, waz mahtu sîn?
> du hâst sus manec vingerlîn
> an dînen lîp gebunden,
> dort oben unt hier unden.'
> aldâ begreif des knappen hant
> swaz er îsers ane fürsten vant:
> dez harnasch begunder schouwen.
> ‚mîner muoter juncfrouwen
> ir vingerlîn an snüeren tragnt,
> diu niht sus an einander ragnt.'128

Es ist deutlich, dass gerade die Nicht-Beachtung der semantischen Differenz von *rinc* und *vingerlîn* durch Parzival, dem das *rinc*-Wort und dessen Bedeutung offen-

---

125 Das *vingerlîn* wird an den Finger *gesteckt* (*Prosa-Lancelot*, I, S. 130, 23) oder *gestoßen* (Wolfram von Eschenbach, *Parzival*, 270, 10).
126 Vgl. dazu etwa die Abbildungen bei Cherry (Anm. 86), S. 56 („steigbügelförmiger Ring") und Abb. 121, 124, 126.
127 *Kudrun*, 1649, 1–3.Vgl. etwa auch *Mönch als Liebesbote*, 185, 197; Wirnt von Grafenberg, *Wigalois*, 8244.
128 Wolfram von Eschenbach, *Parzival*, 123, 21–30.

sichtlich nicht zur Verfügung stehen, Zeichen von dessen *tumpheit* ist, *dâ von ein lachen wart getân* (123, 20); oder anders ausgedrückt: Nur weil diese semantische Differenz überhaupt im allgemeinen Sprachgebrauch existiert, steht dem Dichter das Mittel zur Verfügung, Parzival sich selbst als weltunerfahren charakterisieren zu lassen; der moderne Übersetzer muss hier zu dem (falschen) Diminutiv „Finger-Ringlein" greifen, um einen vergleichbaren Eindruck von Kindlichkeit zu schaffen.

Während *vingerlîn* so nur einmal – und zwar mit komischem Effekt – als Bezeichnung eines kreisförmigen Gebildes verwendet wird,[129] kommt *rinc*, wenn auch nur in wenigen der ausgewerteten Texte, auch als Benennung des Fingerrings vor. Sie findet sich im nach 1270 entstandenen *Jüngeren Titurel* Albrechts, wo Jeschute *vingerlîn* und *furspan* erhält (4943, 1; 4944, 1), wenig später wird das *vingerlîn* als *rinc* bezeichnet (4945, 2).[130] Ein weiterer Fall ist der etwas frühere, um 1250 verfasste *Prosa-Lancelot*; hier wird über fünfzig Mal der Fingerring als *vingerlîn* bezeichnet, ebenso wird *rinc* für die Bezeichnung des Harnischrings, eines Fesselrings oder eines Rings auf einem Schild verwendet.[131] An fünf Stellen, also in etwas weniger als zehn Prozent aller Fälle, erscheint aber *rinck*, *ringk* oder *ringlin* statt *vingerlîn* für den Fingerring, wobei *vingerlîn* und *rinck* unmittelbar nebeneinander stehen können:

---

[129] Einen weiteren Fall scheint eine Stelle in Wirnts *Wigalois* zu bieten; aber dieser Fall ist durchaus etwas komplexer zu diskutieren. Dort heißt es über den Sarg Japhites: *umb disen sarc wart geleit / von golde ein grôzes vingerlîn* (8248 f.), was übersetzt wird als „Um diesen Sarg herum wurde ein großer goldner Ring gelegt". Die Übersetzung hebt also gerade die semantische Differenz von *rinc* und *vingerlîn* auf, so dass sich der Leser einen goldenen Ring mit einem Durchmesser von mehr als einem Meter vorstellen müsste; es läge dann der einzige Fall der Verwendung von *vingerlîn* statt *rinc* vor. Doch weil im *Wigalois* ansonsten sehr genau der Gebrauch beider Termini differenziert wird (vgl. etwa wenig später 8290–8292: *Beslozzen wart der edel stein* [sc. die Grabplatte]. / *an ietwedem orte schein / von golde ein rinc eine spanne wît*), ist allerdings eher anzunehmen, dass anders übersetzt werden müsste; da *umbelegen* auch ‚belegen', ‚bedecken' (*velare*) meinen kann, wäre vielleicht zu denken an „auf diesen Sarg wurde ein großer Fingerring gelegt". – Eine abgeleitete Bedeutung meint ein Spiel mit Fingerringen, vgl. *Parzival*, 368, 12 (*snalten vingerlîn*); *Willehalm*, 327, 8; *Schlegel*, 317. Nellmann vermutet im Stellenkommentar zum *Parzival* dahinter ein „Kinderspiel. Vielleicht ein Spiel, bei dem die Zahl der ausgestreckten Finger zu raten ist? [...] Oder ein Spiel mit Ringen?" Das Letztere wird es wohl treffen, während das Erstere vermutlich deshalb nicht richtig ist, weil hier dann als Grundbedeutung von *vingerlîn* ‚kleiner Finger' vorausgesetzt werden müsste, was nicht der Fall ist. Es muss also ein dem Murmelspiel ähnliches Spiel gemeint sein, bei dem Fingerringe mit den Fingern auf ein Ziel oder andere Ringe geschnippt (*gesnalt*) werden. Vgl. auch Michel Pastoureau: Embleme, Attribute und Inszenierungen der Jugend in der mittelalterlichen Darstellung. In: Geschichte der Jugend. Bd. 1: Von der Antike bis zum Absolutismus. Hrsg. von Giovanni Levi, Jean-Claude Schmitt. Frankfurt a. Main 1996, S. 296–318, hier Abb. 9 mit einer Abbildung aus dem Codex Manesse (f. 339), die „zwei Jünglinge" darstellt, welche „mit Wurfscheiben" spielen; es könnte sich aber auch um eine Darstellung von Ringen handeln. Alfred Falk: „ein höltzin rößlin, das zoch ich an eim faden vor der thür." Spielzeug und Spielen im Mittelalter. In: „Daz kint spilete und was fro". Spielen vom Mittelalter bis heute. Hrsg. von Manfred Gläser. Lübeck 1995, S. 24–53, hier S. 43, vermutet dagegen Kugeln, die ihn an Boccia oder Boule erinnern.
[130] Auch Albrecht, *Jüngerer Titurel*, 5553, 1.
[131] *Prosa-Lancelot*, II, 606, 3; 652, 7; 763, 17; 821, 14.

‚Sicher', sprach die koniginn, ‚dwil es also ist das ir von hinnen wollent, so bevelhen ich uch unserm herren gott, der uch bewaren woll vor allem ungevelle.' Da nam sie eyn guldin rinck, den sie an irem finger hett, den gab sie Bohorten und sprach: ‚Lieber frunt, sehent, das fingerlin sollent ir mit uch nemen. [...]'[132]

Alle fünf *rinc*-Verwendungen finden sich allerdings im zweiten Teil des *Prosa-Lancelot*, dessen Entstehung nicht vor das 14., wahrscheinlich sogar erst in das 15. Jahrhundert gesetzt wird.[133] Wenn also diese Stellen frühestens für das Ende des 13. oder den Anfang des 14. Jahrhundert zu buchen sind, dann wäre ab diesem Zeitpunkt die Möglichkeit der Ersetzung von *vingerlîn* durch *rinc* zu konstatieren. Dies wird in der Tat durch weitere Texte des späten 14. und des 15. Jahrhunderts bestätigt. Oswald von Wolkenstein erzählt in seiner berühmten „Lebensballade", wie ihm die Königin von Aragon ein *ringlin* in den Bart flicht;[134] und in dem um 1450/60 datierten Schwankmäre vom *Mönch als Liebesbote* wird neben *vingerlîn* hauptsächlich *rinc* gebraucht.[135] Es scheint also, dass ab dem 14. Jahrhundert der Terminus *vingerlîn* auf dem Rückzug ist und durch *rinc* ersetzt werden kann; für die anfangs gestellte Frage nach Identität oder Differenz von *rinc* und *vingerlîn* im Prolog des *Ring* wäre also zu untersuchen, ob die historische Semantik der beiden Termini dort noch einmal aufgerufen und fruchtbar gemacht wird oder ob die Differenz zu Wittenwilers Zeit und damit im *Ring* schon aufgehoben ist und beide Termini in gleicher Weise zur Bezeichnung des Fingerrings verwendet werden können.

V *rinc* und *vingerlîn* im *Guldein vingerlein* des Mönchs von Salzburg

Dazu soll zuerst auf den einzigen Text neben dem *Ring* zurückgekommen werden, in dem nicht etwa *vingerlîn* durch *rinc* ersetzt ist, sondern in dem sich die von

---

132 Ebd. II, 226, 6–9.
133 Vgl. Katja Rothstein: Der mittelhochdeutsche Prosa-*Lancelot*. Eine entstehungs- und überlieferungsgeschichtliche Untersuchung unter besonderer Berücksichtigung der Handschrift Ms. allem. 8017–8020. Frankfurt a. Main u. a. 2007, S. 34–36. Der zweite Teil des *Prosa-Lancelot* wird erstmals in der Heidelberger Handschrift cpg 147 überliefert, die auf ca. 1455–1511 datiert wird; vgl ebd., S. 34. Jüngst hat Kari Keinästö: *Da ist urlog in dem lande*. Zu Wörtern für ‚Krieg' im deutschen ‚Prosa-Lancelot'. In: Lancelot. Der mittelhochdeutsche Roman im europäischen Kontext. Hrsg. von Klaus Ridder, Christoph Huber. Tübingen 2007, S. 43–60, hier S. 46, gezeigt, dass das „Lexem *urlage* [...] durch das Wort *krieg* ab Kluge II praktisch abgelöst" wird; auch dies spricht für eine spätere Entstehung oder zumindest durchgreifende Redaktion des zweiten Teils, was dann auch den Gebrauch von *rinc* statt *vingerlîn* erklären würde.
134 Oswald, Kl. 18, 2, 1–3 (*Ain künigin von Arragon, was schon und zart, / da für ich kniet, zu willen raicht ich ir den bart, / mit hendlein weiss bant si darein ain ringlin zart*).
135 *Mönch als Liebesbote*, 67–70 (*sie sprach: „herr, ain junckher hat / mir gesant ainn schönn güldein rink, / ein junger, tumer, töreter jünglink, / und pegeret meiner minne."*); 82 ff.; 100; 197.

vingerlîn evozierten Bedeutungen wie die des Wertes oder der Ausstattung mit einem Edelstein mit der kosmologischen Semantik des *rinc* verbinden. Es handelt sich um das *Guldein vingerlein* des Mönchs von Salzburg,[136] das wenige Jahrzehnte vor dem *Ring* entstanden ist. In diesem Lied beschreibt der Mönch ein *guldein vingerlein* (übersetzt als „goldnes Ringlein"), das er der Muttergottes zu Neujahr schenkt[137] und das mit sechs verschiedenen Edelsteinen besetzt ist; in die Edelsteine ist jeweils ein Buchstabe graviert,[138] wobei alle Buchstaben zusammen den Namen JHESVS ergeben. Ringe mit mehr als einem Edelstein sind im Mittelalter eher die Ausnahme; wenn aber mehrere Steine vorhanden sind, werden diese üblicherweise alle zusammen an einer Stelle des Rings, etwa in Form eines Perlenrings um einen größeren Edelstein, montiert.[139] Die Inschrift des *guldein vingerlein* verweist dagegen auf einen anderen Ringtypus des Mittelalters, der aus kabbalistisch-jüdischer Tradition stammt und mit den Inschriften ‚Tetragrammaton' oder ‚Agla' das Verbot umgeht, den Namen Gottes aufzuschreiben oder auszusprechen;[140] diese Ringe wurden zu magischen oder Segenszwecken gebraucht, wobei davon ausgegangen wurde, dass der Ring „als Übermittler der Kraft der Buchstaben [fungiere], die er durch innige Berührung auf den Träger überträgt".[141] Nur wenige dieser Rin-

---

136 Das *Guldein vingerlein* (G 11) ist neben der Übertragung von Spechtler (Anm. 22) auch übersetzt bei: Der Mönch von Salzburg. ich bin din und du bist min. Auswahl, Texte und Worterklärungen von Franz V. Spechtler. Übersetzungen von Michael Korth. Übertragungen und Rhythmisierung der Melodien von Johannes Heimrath, Michael Korth. München 1980, S. 122–129. Einige wenige Erläuterungen bei Hans Waechter: Die geistlichen Lieder des Mönchs von Salzburg. Untersuchungen unter besonderer Berücksichtigung der Melodien. Göppingen 2005, S. 114–117, und im Kommentar Spechtlers.

137 *also schenk ich dir, muter chlar, / das / ringlein gen dem newen jar.* I, 20 f. Waechter (Anm. 136), S. 62, rechnet den Text unter die Lieder zum Weihnachtsfest.

138 Der Text des Liedes ist hier nicht eindeutig; es heißt I, 3–12: *hab ich berait ain guldein vingerlein, / mit sexerlai gestain durchlait, / das dir den namen sait, / der geren trait dein junckfreuliche güt: / ain J mit perlain, H zuhant, / topasion genant, / E unzetrant von smaragd keusch und fein, / ain S, rubin von osterland, / ain V, saphir bekannt, / ain diamant sein S dapei behüt.* Der Bezug des Relativpronomens *das* ist unklar; es kann das *vingerlein*, aber auch das *gestain* meinen. Spechtler wählt in seiner Übersetzung die zweite Möglichkeit, wobei er das Pronomen in den Plural setzen muss, „sechs Edelsteine zieren es, den Namen zeigen sie"; ebenso Korth (Anm. 136): „besetzt mit sechs verschiedenen Edelsteinen, die dir den Namen sagen". Es wäre aber auch ein Ring mit einer In- bzw. Aufschrift zwischen den Edelsteinen denkbar. Beispiel für gravierte Ring-Edelsteine bei Cherry (Anm. 86), Abb. 138, für gravierte Ringe Abb. 142, 147, 174.

139 Vgl. ebd., Abb. 115.

140 ‚Tetragrammaton' („vier Buchstaben") dient als Umschreibung des alttestamentarischen Namen Gottes (JHWH), ‚Agla' als Notarikon des hebräischen „atta gibbor l'olam adonai" („Allmächtig bist du in Ewigkeit, o Herr"). Vgl. Michaela Hermann: Ein mittelalterlicher Silberring mit magischer Inschrift aus Augsburg. Sein archäologischer und kulturhistorischer Kontext. In: Bayerische Vorgeschichtsblätter 74 (2009), S. 215–238, hier S. 222.

141 Ebd., S. 225; vgl. auch Ernst Grohne: Ein Fingerring mit magischer Inschrift aus der Zeit und Umgebung Heinrichs des Löwen. Das Problem der Thebalringe. In: ders.: Alte Kostbarkeiten aus dem bremischen Kulturbereich. Bremen 1956, S. 46–106, der erstmals das Thema behandelt und eine Zusammenstellung der Quellen gibt.

ge des Mittelalters allerdings sind durch die Art des Gottesnamens christlichen Besitzern zuzuschreiben; unter den erhaltenen Ringen erscheint neben der Inschrift ‚Agla' außer ‚INRI' auch mehrfach ‚AVE MARIA' oder ‚ANNA MATER', wobei auffällig ist, dass alle derartigen Ringe auf das 14. Jahrhundert, also die Zeit des Mönchs, datiert werden;[142] in einem italienischen Ring der Zeit ist ein mit dem Namen *Iesus* beginnendes Evangelienzitat graviert.[143]

Der Mönch imaginiert also einen Ring, der gleichsam aus zwei Ringtypen zusammengesetzt ist: zum einen aus dem Fingerring, der durch die von ihm getragenen Edelsteine einen besonderen Wert erhält, zum anderen aus dem Fingerring, der durch eine magische Inschrift die Kraft des Namensgebers auf den Besitzer überträgt. Bei letzterem kommt zu der magischen Kraft des Namens noch als Wirkkonstituente die Kreisförmigkeit des Rings,[144] so dass sich in den beiden Elementen *vingerlîn* für den Wert und *rinc* für die Kreisförmigkeit untrennbar miteinander zu verbinden scheinen. In der Tat beschreibt der Mönch diese Verbindung in den folgenden Strophen: Die einzelnen Edelsteine werden jeweils zwei Monaten des Jahres zugeordnet, wobei Januar und Februar schneeweiß wie die Perle sind, März und April frühlingsgelb wie der Topas, Mai und Juni blütengrün wie der Smaragd, Juli und August sommerrot wie der Rubin, September und Oktober herbstrot und -blau wie der Saphir und schließlich November und Dezember winterdunkel wie der Diamant. Alle Monatspaare werden auf das Leben Jesu oder Mariae in der Abfolge Beschneidung, Ankunft der Heiligen Drei Könige, Taufe Jesu, Mariae Lichtmess (alle Januar, Februar), Mariae Verkündigung, Kreuzigung, Auferstehung (März, April), Himmelfahrt, Aussendung der Evangelisten, Fronleichnam (Mai, Juni), Mariae Himmelfahrt (Juli, August), Mariae Geburt (September, Oktober) sowie Mariae Empfängnis und Christi Geburt (November, Dezember) bezogen; es folgt jeweils eine Bitte an Maria um Hilfe für die Gläubigen in der diesseitigen Welt.

Auf diese Weise wird der Jahresablauf, der in sechs Abschnitte geteilt wird, korreliert mit den einzelnen, auf das Jahr verteilten Lebensstationen Jesu bzw. Mariae; diesseitiges und heilsgeschichtliches Jahr werden so aufeinander bezogen. Das *Guldein vingerlein* erinnert unter diesem Aspekt an die Kalendarien der Stundenbücher des Spätmittelalters, die jeweils die Bücher eröffnen und mit den Perikopen, die „eine Erzählfolge von der Fleischwerdung bis zur Passion einschließlich der Himmelfahrt" bieten,[145] die jahreszeitliche Abfolge mit dem liturgischen Jahr verbinden. Ein Blick in eines dieser Stundenbücher hätte dem Mönch nicht nur die

---

[142] Hermann (Anm. 140), S. 235, Nr. 7 (Ostfriesland, um 1300), Nr. 8 (Gloucester, 14. Jh.), Nr. 9 (unbekannt, 14. Jh.), Nr. 10 (Sylt, 14. Jh.).
[143] *Iesus autem transiens per medium illorum ibat*; Lk 4, 30. Vgl. Kieckhefer (Anm. 121), S. 120, Abb. S. 123.
[144] Grohne (Anm. 141), S. 100.
[145] Vgl. Eberhard König, Gabriele Bartz: Das Stundenbuch. Perlen der Buchkunst. Die Gattung in Handschriften der Vaticana. Stuttgart/Zürich 1998, S. 59.

zentralen Daten der Lebensgeschichte Jesu gezeigt, sondern auch topische Szenen des Jahresablaufs: im März die erste Belaubung, im Mai die ersten Vögel, im Juli eine erste Heuernte;[146] eben diese Szenen beschreibt auch der Mönch.[147] Ebenfalls dort hätte er aber auch den kosmologischen Bezug des Jahres finden können: Jedem Monat ist das entsprechende Sternbild übergestellt.

Auch diese kosmologische Korrelation hat ihre Entsprechung im *Guldein vingerlein* des Mönchs von Salzburg. Er beschreibt in teils recht exakter astronomischer Terminologie die kosmische Ursache für die jahreszeitlichen Veränderungen auf der Erde, als die, neben den sonstigen planetaren und stellaren Einflüssen, auch im Mittelalter vor allem die Sonne gilt. Ihr Wirken benennt der Mönch direkt oder indirekt zu jedem Monatspaar: Während im Fall des Januar nur die Kälte (II, 3) und des Juli nur der *haisse schein* (V, 3) genannt werden, ist es im Dezember die Sonne, die ‚ihren dunklen Glanz erlöscht, welcher nun der Farbe eines schwarzen Diamanten gleicht' (VII, 3).[148] Die astronomischen Kenntnisse des Mönchs schließlich erscheinen explizit in seinen Ausführungen zu den beiden Herbstmonaten September und Oktober, während derer der ‚Gang der Sonne die Waage durchschneidet' (VI, 4).[149] Damit bezeichnet er genau den Zeitpunkt, in dem, von der Erde aus gesehen, die Sonnenbahn die Äquatorialebene durchkreuzt; im Laufe des Jahres geschieht dies zweimal, am 21. März und am 23. September, an denen Tag und Nacht gleich lang sind.[150] Nachdem die Sonne am 23. September ihren zweiten Halblauf unterhalb des Äquators angetreten hat, erreicht sie am folgenden Tag auf

---

146 Vgl. beispielsweise ebd., S. 76–81, die Abbildungen aus einem flämischen Stundenbuch.
147 Im Januar und Februar macht der Reif *all frücht greis und alt* (V, 25), im März und April gilben die beiden Monate (V, 45), im Mai *erklingt der voglein schal* (V, 66), im Juni sind *perg, anger, haide weit / gar lustlich leit bedekt mit laub und gras* (V, 68 f.), im Juli und August *mit haissem schein kumbt manig schedlich schaur* (V, 87), im September und Oktober *die hitz ist tot, der luft bringt sie zu flucht* (V, 116), man *set koren* und *met grumad* (V, 113 f.), im November und Dezember *val sint die est, erdreich die wurzen mest* (V, 130 f.).
148 *Mit allen heilgen winder vest / anvahet, sunn erlest / ir tunkchel glest swarz diamant gevar*. Die Übersetzung Spechtlers „und die Sonn' erhellt die Dunkelheit des Diamants" entspricht weder den syntaktischen Bezügen noch den Realitäten der Jahreszeit. Die Übersetzung Korths dagegen trifft den Sinn: „die Sonnenkraft erlischt, ihr dunkler Glanz ist diamanten schwarz".
149 *die wag der sunne gang verschrot*. Auch hier lässt die astronomische Vorstellung des Mittelalters vermuten, dass *der sunne gang* Subjekt und *die wag* Objekt des Satzes sind; die Übersetzungen „Die Waage kreuzt der Sonne Weg" (Spechtler), „die Waage beschneidet (kreuzt) den Gang der Sonne" (Kommentar Spechtlers), „Die Waage kreuzt die Bahn der Sonne" (Korth) führen den Leser dagegen genau in die entgegengesetzte (falsche) Richtung.
150 Ursache dieser beiden Schnittpunkte ist die Schiefstellung der Erdachse zur Bahn der Erde um die Sonne („Ekliptik") in einem Winkel von 23,5°. Unter dem Postulat einer geozentrischen Ordnung des Kosmos sieht ein Beobachter auf der nördlichen Halbkugel die Sonne zwischen dem 21. März („Frühlingspunkt") und dem 23. September („Herbstpunkt") die Sonne auf einem Bogen nördlich des Äquators, im darauf folgenden Halbjahr südlich des Äquators. Vgl. einführend Ernst Künzel: Himmelsgloben und Sternenkarten. Astronomie und Astrologie in Vorzeit und Altertum. Stuttgart 2005, S. 22 f.

ihrem Gang durch den Tierkreis das Sternbild der Waage; weil von nun an aufgrund der immer kürzer werdenden Verweildauer der Sonne über der Nordhalbkugel ihre Kraft abnimmt – *die hitz ist tot*, wie der Mönch schreibt (VI, 6) – bezeichnet der Eintritt in die Waage also den Beginn des Winterhalbjahrs.

Mit dieser Korrelation von Jahresablauf, Umlauf der Sonne und liturgisch-heilsgeschichtlichem Jahr setzt der Mönch von Salzburg den sündigen Menschen in eine Beziehung einerseits zum Kosmos – hier vertreten durch den Sonnenumlauf und durch den Zodiac mit dem exponierten Tierkreis der Waage – und andererseits zur Menschwerdung Christi in ihrer heilsgeschichtlichen Bedeutung. Gerade die letztere bestimmt die tropologische Intention des Lieds: Nur durch die Passion Christi und mit Hilfe und auf Vermittlung der Muttergottes kann der Mensch den Versuchungen der einzelnen Jahresabschnitte, die ebenfalls entsprechend der Monatspaare geschildert werden,[151] widerstehen. Auf diese tropologische Dimension wiederum verweisen die Edelsteinvergleiche: Die Perle, mit der der Mönch das Jahr beginnen lässt, bedeutet Christus selbst, der Topas von März und April steht für die Muttergottes, der Smaragd von Mai und Juni kennzeichnet den Evangelisten Johannes, dessen Jahrestag der 6. Mai ist und auf den der Mönch mit der Aussendung der zwölf Apostel Bezug nimmt,[152] der Rubin von Juli und August bezeichnet das Wort Gottes, der Saphir von September und Oktober steht für die Engel und Heiligen, der Diamant von November und Dezember bedeutet die Menschwerdung Christi. Die Ausdeutungsmöglichkeiten sind bekanntlich vielfältig;[153] für unseren Zusammenhang ist allein von Bedeutung, dass sie überhaupt vorhanden sind, dass eine ihrer wesentlichen Dimensionen auf die Erlösung des Menschen durch Christus und auf das rechte diesseitige Leben verweist und dass der Mönch auf diese Weise eine zweite Ebene von Korrelationen zwischen sündhaftem Menschen und Erlösungsmöglichkeit herstellt.[154]

---

151 *so hilf uns, keusche mutter zart, das leib und seel sein wol bewart, [...] der vasnachtschimpf uns nicht verschart* (II, 35–38); *hilf den, die er erlöset hat, so gar die heilig zeit ingat, das ieglich mensch meid missetat* (III, 55–57); *den ungesunden tagen wer, das icht ir hitz verzer, das menschlich her, die plöden creatur* (V, 91–93).
152 *der tröster leret gar / zwelfboten schar der welt sprach überal* (V, 71 f.).
153 So steht die Perle nach dem *Physiologus* für Christus, weil dessen jungfräuliche Geburt der Entstehung der Perle gleiche (Friess [Anm. 124], S. 145), der Topas nach Beda für die Heiligen und das beschauliche Leben (ebd., S. 185), der Smaragd nach Andreas von Caesarea für den Evangelisten Johannes, weil die grüne Farbe des Smaragdes die intensive Frische des Glaubens zeige (ebd., S. 173), der Saphir nach Gregor wegen seines blauen, luftähnlichen Aussehens für die Engel, nach Haymo von Auxerre für die Heiligen, die den Himmel anstreben (ebd., S. 153).
154 Ein vergleichbarer Ring, der durch seine Edelsteine auf eine Allegorese verweist und außerdem kosmologische Beziehungen symbolisiert, ist aus dem Mittelalter, soweit ich sehe, nicht bekannt. Erstaunlicherweise weist aber ein indischer Ring des 20. Jahrhunderts eine große Ähnlichkeit auf; dieser ist mit neun Edelsteinen besetzt, unter denen auch die sechs der bei dem Mönch genannten Steine sind und die sowohl auf neun „Planeten" wie auch den Himmelsumlauf verweisen. Gleichzeitig bergen sie Schutz- und Heilkräfte für die neun Teile des menschlichen Körpers.

Es steht nun zu vermuten, dass die beiden Ebenen des Liedes, nämlich die kosmologische Mikrokosmos-Makrokosmos-Beziehung des Menschen einerseits und die allegorischen Edelstein-Verweise auf die heilsgeschichtliche Bedeutung von Christus, der Muttergottes, der Apostel und der Heiligen andererseits, nicht nur in dem Lied durch ständige Querbeziehungen miteinander verschränkt und einander überlagert werden, sondern dass beide Ebenen durch die Bezeichnung sowohl als *vingerlein* und als *rinc* bezeichnet und gleichgesetzt werden: Der *rinc* steht als Symbol für die Stellung des Menschen innerhalb des *cursus mundi*, des sich ewig wiederholenden *rings* oder *laufs* der konzentrischen Sphären von Planeten und Fixsternhimmel, dessen Einfluss er im jahreszeitlichen Ablauf ausgesetzt ist; das *vingerlein* bezeichnet dagegen mit seinen sechs Edelsteinen, denen der Name Jesu eingeschrieben ist, die Menschwerdung Christi und damit die Erlösung des Menschen von der Erbsünde, die ihm wiederum potentialiter hilft, den Einflüssen des *cursus mundi* zu widerstehen.

Die Verschränkung beider Ebenen durch die Überlagerung der Termini *rinc* für die konzentrische Mikrokosmos-Makrokosmos-Beziehung und *vingerlein* für den Wert-Aspekt des Edelsteins, der für Christus und die Erlösungsmöglichkeit steht, geschieht allerdings nicht nur auf semantischer, sondern auch auf poetisch-sprachlicher Ebene. Dies wird durch die Art der Verwendung der beiden Termini erreicht, die nicht nebeneinander gebraucht werden, sondern sich einander gegenseitig ersetzen und damit aneinander binden: Schon zu Anfang der ersten Strophe wird von dem nun dargebotenen *guldein vingerlein* (I, 1) gesprochen, das dann am Ende der Strophe als *ringlein* (I, 21) der Muttergottes geschenkt wird. Der *rinc*-Terminus erscheint ein zweites Mal am Ende des Lieds, und zwar als letztes Wort, das die Bitte an die Muttergottes abschließt, die *in nuce* noch einmal das Anliegen des Lieds zusamenfasst: *Maria, hilf, das uns geling / zu dem, des nam stet an dem ring* (VII, 20 f.). Auf diese Art wird nicht nur das Lied durch den *rinc*-Terminus abgeschlossen, sondern sein Ende auch wieder an den Anfang zurück-,gebogen'; das Lied beschreibt nicht nur das Geschenk des Dichters an die Muttergottes, es *ist* in dieser sprachlich-zirkulären Struktur ein *rinc* und damit das Geschenk selbst.

Damit stellt sich weiterhin die Frage, ob neben der *rinc*-Förmigkeit auch der Aspekt des *vingerlein* in der Werthaltigkeit seiner Edelsteine durch das Lied selbst konkretisiert wird. Hierbei scheint tatsächlich die Sieben-Strophigkeit des Liedes eine Rolle zu spielen. Zur Darstellung der sechs Monatspaare und ihres kosmologisch-heilsgeschichtlichen Bezugs verwendet der Mönch die letzten sechs Strophen; in der ersten beschreibt er die sechs Edelsteine mit den eingravierten Buchstaben des christlichen Namens. Die letzten sechs Strophen, in denen die Welt, und die erste, in welcher der Gottessohn beschrieben und benannt werden, stehen sich also gegenüber wie die sechs Tage der Schöpfung und der siebte Tag als Tag

---

Vgl. Emma Pressmar: Ringe als Amulett und Talisman. In: Bayerisches Jahrbuch für Volkskunde 1978/79, S. 73–87, hier S. 75 f.

des Herrn. Abgesehen davon, dass der Mönch von Salzburg auf diese Weise erneut Heils- und Weltgeschichte miteinander verbindet, stellt er so mit dem Lied selbst auch ein *vingerlein* dar: Auf den sechs Strophen des zirkulären Weltlaufs ‚thront' gleichsam die erste Strophe mit der Beschreibung des in Edelsteinen eingravierten göttlichen Namens wie ein Edelstein auf einem *vingerlîn*.

Eine solche Verbindung von Welt-*rinc* und wie der Edelstein eines *vingerlîn* auf dem Welt-*rinc* thronendem Schöpfer erinnert an die Darstellung von Schöpfer und Schöpfung in den Weltkarten des Mittelalters. In der Ebstorfer Weltkarte etwa stehen das Haupt und die Glieder Christi als Körperzeichen für den Makrokosmos, dem der terrestrische Mikrokosmos eingeschrieben ist.[155] Im Mittelpunkt der Erde und damit des gesamten Kosmos steht wiederum der Mensch, der, wie es Wilhelm von Conches in seinen *Timaios*-Glossen schreibt, „mit seinen Augen in der Höhe zwei Bewegungen wahrnimmt, nämlich die des Fixsternhimmels und die der Planeten, die eine vernunftbestimmt, die andere umherirrend (*erraticus*). Außerdem erkennt er, dass die rationale Bewegung der Fixsterne die umherirrende der Planeten mit sich in ihre eigene Richtung zieht. [...] Daneben erkennt er, dass es auch im Menschen zwei Bewegungen gibt, nämlich die des Geistes und die des Fleisches, aber die des Geistes ist vernunftbestimmt, die des Fleisches ist umherirrend", woraus der Mensch wiederum lernen solle, dass er, ebenso wie die göttliche Vernunft den irrenden Lauf der Planeten dem vernünftigen des Fixsternhimmels untergeordnet habe, die irrende Bewegung seines Fleisches der rationalen Bewegung des Geistes unterordnen solle.[156] Die Benennung des Laufs der Planeten als *motus erraticus* („umherirrend") bezieht sich auf die aus geozentrischer Perspektive zu machende Beobachtung, dass einige der Planeten in ihrem Lauf innezuhalten und dann umzukehren scheinen,[157] während der Lauf des Fixsternhimmels ‚vernünftig', weil gleichförmig erscheint. Dazu kommt, dass nach der aristotelisch-mittelalterlichen Vorstellung[158] der Sphärenschichtung von der Erde über die sieben

---

[155] Hartmut Kugler: Die Seele im Konzept von Mikrokosmos und Makrokosmos. Zum Christuskopf auf der Ebstorfer Weltkarte. In: ‚anima' und ‚sêle'. Darstellungen und Systematisierungen von Seele im Mittelalter. Hrsg. von Katharina Philipowski, Anne Prior. Berlin 2006, S. 59–79.

[156] Wilhelm von Conches, Glosse zu Timaios 47b: *Oculis ergo perpendit homo in superioribus duos motus, scilicet firmamenti et planetarum: alterum rationalem, alterum erraticum. Iterum perpendit rationalem motum firmamenti retorquere secum erraticum planetarum [...] Iterum, perpendit in homine duos esse motus, spiritus et carnis; sed motus spiritus rationalis est, motus carnis erraticus. Dedit ergo Deus oculos homini ut, cum perciperet homo duos esse motus in celestibus et similes in se, quemadmodum divina ratio facit erraticum motum sequi rationabilem motu firmamenti ita erraticos motus carnis subderet rationabili motui spiritus.* Zit. nach Ruth Finckh: Minor Mundus Homo. Studien zur Mikrokosmos-Idee in der mittelalterlichen Literatur. Göttingen 1999, S. 79.

[157] Vgl. Lindberg (Anm. 70), S. 98 f.; Simek (Anm. 70), S. 29–31.

[158] Zur Astronomie und Astrologie im Mittelalter vgl. Lindberg (Anm. 70), S. 272–292; Theodor Otto Wedel: The Medieval Attitude toward Astrology particulary in England. Yale 1920; Bauer (Anm. 78); Wilhelm Knappich: Geschichte der Astrologie. 2., ergänzte Aufl. Frankfurt a. Main 1988, S. 153–184; Dieter Blume: Regenten des Himmels. Astrologische Bilder in Mittelalter und Renaissance. Berlin 2000.

Planetensphären, den Fixsternhimmel als achter Sphäre bis zum obersten Himmel als Sitz Gottes, unter dem fallweise noch ein Kristallhimmel oder das Firmament angeordnet wird,[159] die Fixsterne dem Göttlichen näherstehen als die Planeten, was wiederum in Einklang gebracht werden kann mit der aristotelischen Theorie, dass ein erster Unbewegter Beweger als Endursache der Bewegung des Fixsternhimmels verantwortlich sei. Die Planeten dagegen stehen in ihrer ‚irrenden' Bewegung der Bewegung des Fixsternhimmels entgegen, werden aber gleichzeitig auch von diesem mitgerissen;[160] insofern nehmen sie eine Mittelstellung ein und gelten als „zentrale vermittelnde Instanzen zwischen Himmel und Erde".[161] Vor diesem Hintergrund ist das *Guldein vingerlein* des Mönchs von Salzburg zu verstehen: Auch wenn der Mensch durch den Umlauf (den *rinc*) der Planeten zu den verschiedensten Lastern (dem *motus carnis in se*) stimuliert werden kann, ist er vor diesen durch den außerhalb dieses *cursus mundi* ruhenden Gott und den ihm nächststehenden und dem *cursus planetarum* widerstrebenden *motus rationalis* der Fixsterne geschützt, wenn er ihnen nur in einem *motus spiritus in se* folgt. Der *rinc* versinnbildlicht so den negativen Einfluss des Laufs der Planeten und das *vingerlein* mit seinem Edelsteinbesatz den schützenden Einfluss Gottes selbst.

VI *rinc* und *vingerlîn* im Prolog des *Ring*

Damit kann nun auf den Prolog des *Ring* und auf die Frage nach dem dortigen Gebrauch von *vingerlîn* und *rinc* zurückgekommen werden. Nach den ausgewerteten Textzeugnissen kann *der welte lauff* nicht den ‚Lauf der Welt' im neuzeitlichen Sinne meinen. Letzteres wäre eine Übertragung der astronomischen Vorstellung des *cursus mundi* im Sinne des Sphärenumlaufs auf das von ihm verursachte Geschehen der diesseitigen Welt; eine solche Übertragung ist vor dem 16. Jahrhundert nicht nachweisbar.[162] *Der welte lauff* im mittelalterlichen Sinne bezeichnet dagegen

---

159 Vgl. Bauer (Anm. 78), S. 18 f.
160 Vgl. ebd., S. 25–27.
161 Blume (Anm. 159), S. 14.
162 Hans Galinsky: *Naturae cursus*. Der Weg einer antiken kosmologischen Metapher von der Alten in die Neue Welt. Heidelberg 1968, S. 27, gibt leider keine Nachweise, wenn er meint, dass dem *Cursor mundi*, einer „universalhistorischen Dichtung an der Wende vom XIII. zum XIV. Jahrhundert", „*cursus mundi*, das Bild vom ‚Weltlauf'", zugrunde liege. Die älteste Verwendung von ‚Lauf der Welt' für die Weltgeschichte finde ich in dem in Straßburg 1529 erfolgten Druck des *Buchs der Beispiele* in der Übersetzung von Antonius von Pforr, dessen Titel hier heißt: *Das ist das buoch der weißheit darin erlernt würt der welt lauff. wie sich einer vor vntrüw bewaren vnd sein sachen versehe* (VD 16 J 1379). In dem Inkunabeldruck Ulm 1485 (GW M 13187) heißt es dagegen noch *Vnd ist genannt das buch der beispiel der alten weisen von anbeginn der welt von geschlächt zů geschlächt* (Ende der Vorrede). Ab den dreißiger Jahren des 16. Jahrhunderts häufen sich entsprechende Titel, wobei ‚Lauf der Welt' auch als Übersetzung von *fortuna* verwendet wird. Vgl. *Pauper Heinricus von dem lauff der welt.* || *Ein schoens Buechlein darinn grundt vnd vrsach angezeigt wirdt / warumb es in*

die Rotation insbesondere der Planetensphären um die Erde und den Menschen, so, wie es im Prolog heißt, *ze ring umb uns*, die auf das tägliche Leben des Menschen einwirkt. Im *Ring* selbst wird dieser astrologische Einfluss in einer Szene kurz vor Ausbruch des Bauernkriegs verhandelt; Frau Laichdenman warnt hier die Lappenhausener vor dem Kriegseintritt, weil sie als Kinder der Venus nicht kriegstauglich seien, während die Nissinger Kinder des Mars seien.[163] Diese Szene ist als Satire auf die Astrologie der Zeit interpretiert worden,[164] aber das Gegenteil ist der Fall: Der Text beschreibt hier exakt eine Konstellation von Mars und Venus, die für die Nissinger günstig und die Lappenhausener ungünstig ist; es handelt sich also im ptolemäischen Sinne um eine astrologische Prognose, „welche uns die Eigentümlichkeiten von ganzen Reichen, Völkerschaften oder Städten anzeigt".[165] Mars steht nämlich in seinem Haus, dem Widder, und wird dadurch bestärkt, während Venus sich nicht nur außerhalb ihres Hauses, der Waage, befindet, sondern außerdem sich von diesem auf den Skorpion hin entfernt, also immer schwächer wird;[166] das von Frau Laichdenman so ausgedrückte astronomische Phänomen, dass die Venus *widersinnigs get*, meint dabei nichts anderes als den oben benannten scheinbaren Rückwärtsgang der Planeten, also ihrem *motus erraticus*. Während dieser Phase des Rücklaufs, in dem der Planet der Lappenhausener dem *motus rationalis* des Fixsternhimmels widerstrebt, also im doppelten Sinne *widersinnig* ist, gehen die Lappenhausener in die Schlacht; dass sie dabei untergehen, liegt demnach daran, dass sie dem *motus erraticus* des Planeten gefolgt und damit ihrem eigenen *motus carnis* erlegen sind. Genau in diesem Sinn sind nun auch die Epiloge von Protagonist und Erzähler zu verstehen:

> Des muoss ich iemer leiden pein
> [...]
> Das ich so weislich was gelert
> Und mich so wenig dar an chert.
> Wie chlaine wolt ich es gelauben –
> Nu sich ich selber mit den augen:
> Wer heut lebt, der stirbet morn!

---

diesen vnsern gezeitten in allen Stenden der wellt so seltzam vnd wunderlich zustehet / gantz luestig zu lesen (i.e. Henricus de Settimello, Elegia de diversitate fortunae). Dresden 1537 (VD 16 ZV 23273).
163 Wittenwiler, Ring, 7476–7485: *Daz hab ich allessampt gelesen / In der gschrift und muoss auch wesen; / Won die Nissinger die sind / Des planeten Marten kind. / Das mügt es dar an spüren wol, / Won ir dorff ist smiden vol; / Der fläschhaker seu habent vil, / Die der sterne haben will. / Damit mit so wirts am eritag: / Der ist auch sein, sam ich euch sag.*
164 Vgl. James M. Ogier: „Get aus, ir alteu hüer!" Wittenwilers Astrological Satire. In: Seminar 27 (1991), S. 1–11.
165 Claudius Ptolemaeus: Tetrabiblos. Buch I und II. Übersetzt von M. Erich Winkel. Berlin 1923, S. 67.
166 Wittenwiler, Ring, 7491–7501: *Dar zuo so sag ich euch die mär: / Dem sternen Venus ist gegeben / Sunderleichen unser leben. [...] So hat der sterne auch den pein, / Daz er widersinnigs get / Und in dem himeltarant stet.*

> Wie schier ein man auch hat verlorn
> Alles, das er ie gewan!'
> Da mit gedacht er auch dar an,
> Wie sich alleu dinch vergend,
> Die an unsern werchen stend,
> Dann allaine gottes vorcht,
> Gottes minne unverworcht.
> (V. 9676–9691)

In der Entsprechung zu der astrologisch begründeten Warnung von Frau Laichdenman, dem *welte lauff* des Prologs in der Bedeutung des *cursus planetarum* zu folgen, zeigt die Schlussszene, wie sich der Mensch gegenüber den Einflüssen dieses *cursus mundi* zu verhalten habe: Während die Werke des Menschen vergänglich sind, bleiben allein Gottesliebe und Gottesfurcht. Auch das entspricht dem skizzierten astronomisch-astrologischen Mikrokosmos-Makrokosmos-Zusammenhang: Der *stæte* Gottes ist in der *stæte* des Menschen nachzukommen. Wie das zu erreichen ist, wird wiederum im Prolog des *Ring* erläutert: Der *Ring* selbst teile mit, *was man tuon und lassen schol*. In dieser Lehre (*lert auch wol*) ist der *Ring* dem *Guldein vingerlein* des Mönchs von Salzburg vergleichbar. So wie dieses als Geschenk für die Muttergottes diese in ihrer Hilfsbereitschaft für den bedürftigen Menschen gnädig stimmen soll, so ist der *Ring* als *vingerlîn* direkte Hilfe und damit Geschenk für den Rezipienten (und daneben wie das *Guldein vingerlein* auch *lob, dienst* und *er* der *Marien, muoter, rainen mait*). Es steht daher zu vermuten, dass auch der sechsfache Edelstein des *Guldein vingerlein* und der *edel stain* des *Ring* einander entsprechen; so wie die sechs Edelsteine in gleicher Weise den Namen Gottes tragen und an die Menschwerdung Jesu erinnern, so erinnert der Edelstein des *Ring* an *gottes vorcht* und *gottes minne* in den Schlussversen, ohne die der Mensch dem *cursus mundi* ausgeliefert wäre.

Im *Ring* ist damit ähnlich wie im *Guldein vingerlein* eine Parallelisierung der beiden Bedeutungen von *rinc* und *vingerlîn* festzustellen, ohne dass ihre grundsätzliche semantische Differenz aufgehoben würde. Als *rinc* nimmt er das zentrale Kennzeichen der zirkulären Kreisförmigkeit auf, die hier in ihrem Bedeutungsaspekt als Mikrokosmos-Makrokosmos-Beziehung zu sehen ist; der Mensch steht im Mittelpunkt des kosmischen *cursus mundi*. Der Prolog kündigt an, von dieser Beziehung *ze ring umb uns* zu erzählen; die Erzählung selbst handelt von der falschen Gestaltung dieser Beziehung durch die Bauern von Lappenhausen, die schließlich zu deren Missachtung der kosmischen Gesetzmäßigkeit und damit in den von ihrem *motus carnis* verursachten Untergang führt.[167] Allein schon aus dieser Erzählung kann der Rezipient lernen, wenn er sie richtig zu deuten weiß; gleichzeitig

---

[167] Ich schließe mich in diesem Punkt der Interpretation von Eckard Conrad Lutz: Spiritualis fornicatio. Heinrich Wittenwiler, seine Welt und sein *Ring*. Sigmaringen 1990 an, ohne seiner grundsätzlichen allegorischen Ausdeutung des *Ring* folgen zu wollen.

bietet der *Ring* aber zusätzlich noch eine Lehre des richtigen Verhaltens. Mit dieser Lehre ist der *Ring* wiederum *vingerlîn* in dem Bedeutungsaspekt des wertvollen Geschenks; dessen *frucht*, d. h. der letztlich auf Gott selbst zurückgehende Edelsteinbesatz, ist *hübschikait, mannes zucht, tugend* und *frümchät*. Durch die Verwendung der Termini *rinc* für die Erzählung der dem *cursus mundi* unterworfenen Handelnden und *vingerlîn* für die Verhaltenslehre wird nun weiterhin wie im *Guldein vingerlein* des Mönchs von Salzburg zusätzlich auch die doppelte poetische Faktur des Textes selbst deutlich; er ist nicht nur als *vingerlîn* mit seinem Edelstein ein Lehr-Geschenk, sondern er ist auch die *rinc*-förmige Erzählung einer Handlung, die im Aufstieg und Fall ihres Protagonisten den Einfluss des *cursus mundi* kreisförmig nachbildet, wie es Bertschi in Anlehnung an ein biblisches Zitat selbst formuliert: *Wer heut lebt, der stirbet morn! / Wie schier ein man auch hat verlorn / Alles, das er ie gewan* (s. o.). Es ist offensichtlich, dass Bertschi hier auf die mittelalterliche Deutung des Lebens als Rad der Fortuna anspielt; zusammen mit dem im Prolog implizit verwendeten Bild einer Achse des *cursus mundi*, wie es mit den Worten *der welte lauff ... ze ring umb uns* evoziert wird, wird so die Vorstellung der kosmologischen Gott-Makrokosmos-Mikrokosmos-Beziehung aufgerufen. Nur wenn der Mensch als Achse des *cursus mundi* sich nicht mit diesem dreht, sondern stille steht und damit der *staete* Gottes folgt, entgeht er auch der von dem *cursus mundi* bewegten *rota fortunae*. Der *Ring* steht damit in einem zeitgenössischen Diskurs, in dem die überzeitliche Narrheit der Menschen mit der als Standesüberschreitung verstandenen Kriege der Eidgenossen in Bezug gesetzt werden. Felix Hemmerli hat wenig später in seinem *Liber de nobilitate* ein ähnliches Bild des *cursus mundi* gebraucht, wenn er den Bauern mit einem Menschen vergleicht, der aus „dem glücklichen Mittelpunkt der Axe eines Rades hinausstrebe auf den Speichen dem Umkreis zu"; da er dort immer rascher ergriffen werde „von des Rades Umschwung", so stehe er „bald auf dem Höhepunkte alles Uebermuths, bald im Abgrund des Elends; wer aber im Mittelpunkt bleibe, nicht über seinen Stand hinauswolle, der bleibe auch immer fest".[168] Auch wenn Hemmerli die dahinter stehende kosmologisch-astronomische Vorstellung nicht explizit macht, so ist doch die Ähnlichkeit des sich auf den Speichen des Rades nach außen bewegenden Menschen mit der Megenberg'schen Ameise des planetaren Mühlrades offensichtlich; der Fliehkraft des verderblichen *cursus planetarum* und damit der *rota fortunae* liefert sich nur *der* nicht aus, der dessen *motus erraticus* widersteht.[169] In diesem teils heilsgeschichtlich-ethisch be-

---

[168] Zit. nach Balthasar Reber: Felix Hemmerlin von Zürich. Neu nach den Quellen bearbeitet. Zürich 1846, S. 236. Der *Liber de nobilitate* ist um 1445/50 entstanden und wurde 1500 von Sebastian Brant in den Druck gebracht (Straßburg: Johannes Prüß. GW 12189).

[169] Im Zusammenhang anderer Überlegungen habe ich schon auf die Ähnlichkeiten in den Vorstellungen der *rota fortunae* im *Ring* und im *Liber de nobilitate* hingewiesen, ohne dies in den Kontext der kosmologischen Diskurse zu stellen. Vgl. Frank Fürbeth: *nutz, tagalt* oder *mär*. Das wissensorganisierende Paradigma der *philosophia practica* als literarisches Mittel der Sinnstiftung in Heinrich Wittenwilers *Ring*. In: DVjs 76 (2002), S. 497–541, hier S. 535–539. Die kosmologischen Aspekte scheinen mir die dortigen Hypothesen zu bestätigen.

lehrenden, teils bauern- und narrenfeindlich erzählenden Diskurs sind der *Liber de nobilitate*, das *Guldein vingerlein* und der *Ring* in zwar durchaus unterschiedlicher Weise, aber doch mit identischen Aussagen und Intentionen eingeschrieben. Die heilsgeschichtlich-ethische Lehre wird dabei durch das *vingerlein*, die bauern- und narrenfeindliche Erzählung wird durch den *ring* symbolisiert; da sich in der Erzählung die Lehre und in der Lehre die Erzählung, wenn auch jeweils *ex negativo*, wiederfinden, werden *ring* und *vingerlein* ein- und überblendet, ohne ihre semantischen Differenzen zu verlieren: Das *Guldein vingerlein* ist auch ein *ring*, der *Ring* ist auch ein *vingerlein*.

Justin Vollmann, Tübingen
Vom erzählten Ding zur verdinglichten Erzählung

Heinrich von dem Türlin, Luhmann und die Ästhetik

Als sich Gawein, der Held der *Krone* Heinrichs von dem Türlin, im Anschluss an die zweite Gralszeremonie nach der Bedeutung des Geschauten erkundigt, bekommt er die etwas unbefriedigende Antwort, dieses göttliche Wunder müsse geheim bleiben (V. 29463–29465), *[w]an swaz man mit den ougen / dar an* [am Gral] *ersehen künde, / daz wær von gotes günde; / aber sîn bezeichenung / die nie getorst keine zung / vor gote vürbaz gesagen* (V. 29597–29602).[1] Knapp vierhundert Verse später, im Epilog der *Krone*, heißt es über die *Krone* selbst: *Swer sie vür sich ze schouwen nimt, / wil er sie ze reht schouwen gar, / sô mac er wol werden dâ gewar / vil manigez vremdez bilde, / beidiu zam und wilde, / dem gelîchez er vor nie gesach* (V. 29981–29986). Auffällig ist die starke Betonung des Visuellen, im Fall des Grals als „Erscheinen des Nicht-Erscheinenden",[2] im Fall der *Krone* als – wohl nicht weiter metaphysisch aufgeladene – ästhetische Qualität. Im Folgenden soll zunächst gezeigt werden, dass diese Übereinstimmung keine zufällige ist, dass vielmehr ein logisch nachvollziehbarer Weg vom Gral zur *Krone*, vom erzählten Ding zur verdinglichten Erzählung führt (I.). Nach einem etwas ausführlicheren Blick auf den Epilog (II.) soll dann der Versuch unternommen werden, die Ästhetik der *Krone* mit der Kunsttheorie Niklas Luhmanns in Verbindung zu bringen (III.).

---

[1] Der besseren Lesbarkeit halber zitiere ich hier und im Folgenden nach der normalisierten Ausgabe: Heinrich von dem Türlin: Diu Crône. Kritische mittelhochdeutsche Leseausgabe mit Erläuterungen. Hrsg. von Gudrun Felder. Berlin/Boston 2012. Nebenher konsultiere ich die Ausgabe: Heinrich von dem Türlin: Die Krone (Verse 1–12281). Nach der Handschrift 2779 der Österreichischen Nationalbibliothek nach Vorarbeiten von Alfred Ebenbauer, Klaus Zatloukal und Horst P. Pütz hrsg. von Fritz Peter Knapp, Manuela Niesner. Tübingen 2000 (ATB. 112); Heinrich von dem Türlin: Die Krone (V. 12282–30042). Nach der Handschrift Cod. Pal. germ. 374 der Universitätsbibliothek Heidelberg nach Vorarbeiten von Fritz Peter Knapp und Klaus Zatloukal hrsg. von Alfred Ebenbauer, Florian Kragl. Tübingen 2005 (ATB. 118).
[2] Walter Haug: Gab es eine mittelalterliche Ästhetik aus platonischer Tradition? In: Neuplatonismus und Ästhetik. Zur Transformationsgeschichte des Schönen. Hrsg. von Verena Olejniczak, Claudia Olk. Berlin/New York 2007 (Transformationen der Antike. 2), S. 19–42; wieder in: ders.: Positivierung von Negativität. Letzte kleine Schriften. Hrsg. von Ulrich Barton. Tübingen 2008, S. 251–270 (zit.), hier S. 259 über Johannes Scotus Eriugena; vgl. auch schon ebd., S. 258: „[D]as Leuchten der Dinge führt zur Erleuchtung, man erfährt in den Erscheinungen das Göttliche als ein Anderes, sie sind Bilder, Metaphern, pointiert gesagt: das Göttliche ist präsent und als solches doch nicht fassbar. [...] [D]as Göttliche erscheint im Irdischen, ohne zu erscheinen".

I

Um den Stellenwert des Grals und weiterer Dinge in der *Krone* besser bestimmen zu können, ist es zunächst hilfreich, einen Blick auf die Gesamtstruktur des Romans zu werfen.[3] Dieser zerfällt in zwei Teile, die einem durchaus ähnlichen Muster folgen: Während der Held Gawein einem Objekt A hinterherjagt, wird gleichzeitig ein Objekt B vom Artushof entwendet, das Gawein nun zurückgewinnen muss. Im ersten Romanteil handelt es sich bei beiden Objekten um Landesherrinnen, nämlich einerseits um die Landesherrin Amurfina, mit der Gawein eine eheliche Verbindung eingeht (nicht ohne allerdings sich selbst die Landesherrschaft wieder abzugewinnen, so dass er – anders als etwa Iwein – dem Artushof auch weiterhin erhalten bleibt), andererseits um die Gattin des Königs Artus, Ginover, die vom Artushof entführt wird. Im zweiten Romanteil sind die Positionen der Objekte A und B nicht länger durch Figuren, sondern durch Dinge besetzt, nämlich einerseits durch den Gral, dem Gawein hinterherjagt (nicht ohne allerdings durch seine erlösende Frage den Gral mitsamt dem männlichen Teil der Gralsgesellschaft zum Verschwinden zu bringen, so dass er – anders als etwa Parzival – dem Artushof auch diesmal wieder erhalten bleibt), andererseits durch einen Glücksstein und einen Glücksring, die vom Artushof entwendet werden.

Stehen im ersten Teil der *Krone* die Themen Liebe, Ehe und Landesherrschaft im Vordergrund, so erhält der zweite Teil durch die Besetzung der Objektstellen A und B mit Gral und Glückskleinodien ein stärker theologisch-philosophisches Gepräge. Gegen diverse Versuche, die *Krone* gewissermaßen im Fluchtpunkt des Grals und damit als religiös gefärbten Roman zu lesen,[4] ist allerdings einzuwen-

---

[3] Vgl. ausführlicher Justin Vollmann: Das Ideal des irrenden Lesers. Ein Wegweiser durch die *Krone* Heinrichs von dem Türlin. Tübingen/Basel 2008 (Bibliotheca Germanica. 53), S. 12–17, 206–213. Ich stütze mich hier auf Überlegungen von Samuel Singer: Art. ,Türlin, Heinrich von dem'. In: Allgemeine Deutsche Biographie. Bd. 39. Leipzig 1895, S. 20 f. zur – hier allerdings noch entstehungsgeschichtlich gedeuteten – Zweiteiligkeit; Rosemary E. Wallbank: The Composition of *Diu Krône*. Heinrich von dem Türlin's Narrative Technique. In: Medieval Miscellany. Presented to Eugène Vinaver by Pupils, Colleagues and Friends. Hrsg. von Frederick Whitehead, Armel Hugh Diverres, Frank Edmund Sutcliffe. Manchester/New York 1965, S. 300–320 zur Gleichzeitigkeit; Lewis Jillings: *Diu Crone* of Heinrich von dem Türlein. The Attempted Emancipation of Secular Narrative. Göppingen 1980 (GAG. 258), S. 222–251 zur Parallelität der beiden Romanteile; Alfred Ebenbauer: Gawein als Gatte. In: Die mittelalterliche Literatur in Kärnten. Vorträge des Symposions in St. Georgen/Längsee vom 8. bis 13.9.1980. Wien 1981 (Wiener Arbeiten zur germanischen Altertumskunde und Philologie. 16), S. 33–66, hier S. 50 f. zur Parallelität von Amurfina- und Gralshandlung; Arno Mentzel-Reuters: Vröude. Artusbild, Fortuna- und Gralskonzeption in der *Crône* des Heinrich von dem Türlin als Verteidigung des höfischen Lebensideals. Frankfurt a. Main u. a. 1989 (Europäische Hochschulschriften. I,1134), S. 51 zur Parallelität von Ginover- und Glückskleinodienhandlung.

[4] Mentzel-Reuters (Anm. 3), vgl. dazu auch die Rezension von Fritz Peter Knapp in: Deutsche Bücher 21 (1991), S. 28 f.; Johannes Keller: *Diu Crône* Heinrichs von dem Türlin. Wunderketten, Gral und Tod. Bern 1997 (Deutsche Literatur von den Anfängen bis 1700. 25).

den, dass der Gral nicht nur göttliches Geheimnis bleibt, sondern als solches auch relativ beiläufig aus der erzählten Welt verabschiedet wird. Man muss hier keinen Atheismus wittern. Zumindest aber scheint *von dem Türlîn / der werlt kint Heinrîch* (V. 10443 f.), der sich angesichts *wîbes süeze* auch gern einmal als *werltgot* imaginiert (V. 28147),[5] nicht der Meinung gewesen zu sein, dass das Göttliche den Menschen sonderlich viel angehe. Als betont weltlichen Roman liest die *Krone* auch schon Lewis Jillings,[6] und Fritz Peter Knapp hat darauf hingewiesen, dass in Heinrichs umfassender Wissenspräsentation der Bereich der Theologie konsequent ausgespart bleibt.[7] Hinzu kommt die reichlich düstere Konzeption der Gralsgesellschaft, die auch den Gral in einem eher zweifelhaften Licht erscheinen lässt: „Dieser Gral wirft seinen göttlichen Glanz nicht auf die Welt. Man ist froh, wenn er mit dem ganzen Spuk verschwindet."[8]

Dass auf der anderen Seite dem Glücksstein und dem Glücksring – Dingen also, die es an Einmaligkeit kaum mit dem Gral aufnehmen können – in der *Krone* eine ganz besondere Bedeutung zukommt, geht bereits aus dem oben skizzierten Strukturschema hervor. Weit davon entfernt, nur hier und da als Requisiten aufzublitzen, rücken sie selbst in den Status jener begehrten Objekte auf, um die sich die Geschichte von Verlust und Rückgewinnung dreht. Und wie der Gral mit dem göttlichen Geheimnis, so stehen auch die Glückskleinodien mit einer übermenschlichen Instanz in Verbindung, nämlich mit Frau Sælde (= Fortuna), von der sie ursprünglich stammen.[9] Während sich nun aber Gott aus der erzählten Welt zurückzieht, tritt Frau Sælde nicht nur als Personifikation, sondern tatsächlich auch als handelnde Figur in Erscheinung. Und da dies – anders als im *Anticlaudianus*, auf den Heinrich für die Beschreibung Frau Sældes und ihres Palastes gleichwohl zurückgegriffen haben dürfte[10] – im Rahmen einer Handlung geschieht, die nicht

---

5 Zu den poetologischen Implikationen Matthias Meyer: *Sô dunke ich mich ein werltgot*. Überlegungen zum Verhältnis Autor-Erzähler-Fiktion im späten Artusroman. In: Fiktionalität im Artusroman. Dritte Tagung der Deutschen Sektion der Internationalen Artusgesellschaft in Berlin vom 13.–15. Februar 1992. Hrsg. von Volker Mertens, Friedrich Wolfzettel. Tübingen 1993, S. 185–202.
6 Vgl. Jillings (Anm. 3), bes. S. 185–221 (Kap. „Secularism in *Diu Crône*").
7 Vgl. Fritz Peter Knapp: Heinrich von dem Türlîn. Literarische Beziehungen und mögliche Auftraggeber, dichterische Selbsteinschätzung und Zielsetzung. In: Die mittelalterliche Literatur in Kärnten. Vorträge des Symposions in St. Georgen/Längsee vom 8. bis 13. 9. 1980. Hrsg. von Peter Krämer. Wien 1981 (Wiener Arbeiten zur germanischen Altertumskunde und Philologie. 16), S. 145–187, hier S. 159.
8 Fritz Peter Knapp: Die Literatur des Früh- und Hochmittelalters in den Bistümern Passau, Salzburg, Brixen und Trient von den Anfängen bis zum Jahre 1273. Graz 1994 (Geschichte der Literatur in Österreich von den Anfängen bis zur Gegenwart. 1), S. 555.
9 Vgl. V. 14996–15000 (Glücksstein) u. V. 15911 (Glücksring).
10 Zu den Parallelen vgl. Helmut de Boor: Fortuna in mittelhochdeutscher Dichtung, insbesondere in der *Crône* des Heinrich von dem Türlîn. In: Verbum et signum. Friedrich Ohly zum 60. Geburtstag überreicht, 10. Januar 1974. Bd. 2: Beiträge zur mediävistischen Bedeutungsforschung. Studien zu Semantik und Sinntradition im Mittelalter. Hrsg. von Hans Fromm, Wolfgang Harms, Uwe Ruberg. München 1975, S. 311–328, hier S. 324 f., der allerdings den *Anticlaudianus* als Heinrichs direkte

primär allegorisch zu verstehen ist,[11] wird auch Frau Sælde zumindest ein Stück weit entallegorisiert und nimmt erneut die Züge einer (wenn auch nun mit allen Wassern der durch Boethius inspirierten christlichen Ikonographie gewaschenen)[12] Göttin an,[13] so dass man die *Krone* sogar als „Fortuna-Dichtung"[14] hat lesen wollen.

In eine auffällige Nähe zu den Sælde-Kleinodien rücken nun ein Paar Handschuhe, die gemeinsam mit jenen vom Artushof entwendet werden. Ursprünglich wohl ebenfalls von Frau Sælde stammend,[15] verfügen sie über die wunderbare Eigenschaft, ihren Träger unsichtbar zu machen – ausgenommen diejenigen Körperpartien allerdings, mit denen man gesündigt hat. Diese Doppelfunktion – Glücksbringer und Tugendmessgerät in einem – teilen sie mit einem gleich zu Beginn der *Krone* zum Einsatz gelangenden, von einem Meister aus Toledo mittels *nigromancîe* hergestellten Becher,[16] der seinem Besitzer immer und überall nach Wunsch zur Verfügung steht, allerdings nur denjenigen aus sich trinken lässt, der frei von Sünde ist. Beide, Becher wie Handschuh, werden zum Auslöser großangelegter Tugendproben,[17] denen sich zunächst die Damen und dann die Herren des Artushofs

---

Vorlage ausschließt. Auf wörtliche *Anticlaudianus*-Anklänge in einer anderen Passage der *Krone* hat Fritz Peter Knapp: Virtus und Fortuna in der *Krone*. Zur Herkunft der ethischen Grundthese Heinrichs von dem Türlin. In: ZfdA 106 (1977), S. 253–265, hier S. 260–262, aufmerksam gemacht, der eine direkte Abhängigkeit zumindest nicht für ausgeschlossen hält; vgl. auch Christoph Huber: Die Aufnahme und Verarbeitung des Alanus ab Insulis in mittelhochdeutschen Dichtungen. Untersuchungen zu Thomasin von Zerklaere, Gottfried von Straßburg, Frauenlob, Heinrich von Neustadt, Heinrich von St. Gallen, Heinrich von Mügeln und Johannes von Tepl. München 1988 (MTU. 89), S. 370–373.

11 Vgl. aber das Votum für eine konsequent allegorische Deutung der Sælde- wie auch der Amurfinahandlung bei Uta Störmer-Caysa: Liebesfreude, Tod und andere Nebenfiguren. Probleme mit dem allegorischen Verständnis der *Krone* Heinrichs von dem Türlin. In: Vom vielfachen Schriftsinn im Mittelalter. Festschrift für Dietrich Schmidtke. Hrsg. von Freimut Löser, Ralf G. Päsler. Hamburg 2005 (Schriften zur Mediävistik. 4), S. 521–541.

12 Vgl. de Boor (Anm. 10), S. 320–328.

13 Zum schwankenden, oft ambivalenten, im Fall Frau Sældes jedoch besonders komplexen ontologischen Status der von Heinrich eingesetzten Personifikationen vgl. Annette Volfing: *offenlich beslafen het der Grahardois sin eigen swester*. Allegorie und Personifikation in der *Crône* und im *Jüngeren Titurel*. In: Wolfram-Studien 18 (2004), S. 305–321, hier S. 307–314. Zum mythologischen Subtext der *Krone* vgl. Justin Vollmann: Die doppelte Präsenz des Mythos am Artushof. Zum trojanisch-arthurischen Subtext der *Krone* Heinrichs von dem Türlin. In: Poetica 41 (2009), S. 75–96, zur Sældehandlung S. 88–93.

14 Georg Steer: Art. ‚Heinrich von dem Türlin'. In: Neue Deutsche Biographie. Bd. 8. Berlin 1969, Sp. 426–428, hier Sp. 426.

15 Vgl. V. 23092–23094.

16 Vgl. V. 1090–1095.

17 V. 918–3207 (Becherprobe) u. V. 22990–24699 (Handschuhprobe). Bei der Handschuhprobe ist zunächst nur *ein* Handschuh im Einsatz, der entsprechend auch nur die Hälfte des Körpers unsichtbar macht. Den anderen Handschuh bringt im Anschluss der Ritter auf dem Steinbock (vgl. V. 24809–24816).

unterziehen müssen, wobei dem Sieger der Besitz des jeweiligen Objektes winkt. In symbolischer Verdichtung wird hier also auf den Punkt gebracht, was Fritz Peter Knapp anhand anderer Textstellen als die „ethische Grundthese" der *Krone* herauspräpariert hat, dass es nämlich möglich sein muss, sich Fortuna mittels Virtus gefügig zu machen.[18]

Die erwähnte Doppelfunktion wird im Epilog nun aber auch der *Krone* selbst zugesprochen. Als Tugendmessgerät erscheint sie insofern, als sie den Falschen zu eng ist, den Guten dagegen passt (V. 29972–29976: *si enmügent niht wol ûf getragen / zwispel herze, valsche zagen, / wan sie ist ine ze enge. / sie tragent aber wol die lenge / die guoten und die reinen*). Ihre Steine sind der *wirdikeit* der tugendhaften Träger durchaus angemessen (V. 29977–29980: *mit sô guoten steinen / ist sie über al beleit, / daz sie wol ir wirdikeit / ze reht trüeg unde zimt*), vor allem aber – und darin scheint die eigentliche Glücksbringer-Funktion der *Krone* zu bestehen – wird ihr Betrachter durch die eingangs bereits erwähnten, nie gesehenen Bilder belohnt (V. 29981–29986: *swer sie vür sich ze schouwen nimt, / wil er sie ze reht schouwen gar, / sô mac er wol werden dâ gewar / vil manigez vremdez bilde, / beidiu zam und wilde, / dem gelîchez er vor nie gesach*) – vorausgesetzt natürlich, er gehört nicht zu jenen Falschen, die die *Krone* in ihrem Wert herabwürdigen (V. 29987 f.: *ob er sie vor niht machet swach / von unkunst oder von nît*). Es stellen sich an diesem Punkt zwei Fragen. Erstens: Ist die *Krone* tatsächlich als Tugendmessgerät und ihre Rezeption als Tugendprobe konzipiert? Und zweitens: Was ist unter den verheißenen Bildern zu verstehen?

Die erste Frage habe ich bereits an anderer Stelle positiv beantwortet.[19] Ich habe zu zeigen versucht, dass schon in der Becher- und der Handschuhprobe neben einer Virtus des nonverbalen (z. B. sexuellen oder kämpferischen) Handelns dezidiert auch eine Virtus der verbalen Kommunikation zur Debatte steht, und zwar sowohl auf der Figurenebene (Keie als „untugendhafter" Kommentator der Testergebnisse) als auch auf der Ebene des Erzählens, die in zwei eingeschobenen Exkursen eigens thematisiert wird. Die Virtus des Erzählens tritt hierbei nicht zuletzt als erzählerische Virtuosität in Erscheinung, der wiederum eine entsprechende Virtuosität auf Seiten des intendierten Rezipienten entspricht. Letztere erweist sich etwa in seiner Fähigkeit, die *Krone* auf jene Prätexte zu beziehen, deren Kenntnis schon in der einleitenden Becherprobe unmissverständlich vorausgesetzt

---

18 Knapp (Anm. 10). Knapp versteht Heinrichs These allerdings noch radikaler dahingehend, dass „Frau *Sælde* mit ihrem Verhalten nur dem Sieger über ihre Zaubermacht den gehörigen Tribut" zollt; Fritz Peter Knapp: Rez. zu Wilfried Schouwink: Fortuna im Alexanderroman Rudolfs von Ems. Studie zum Verhältnis von Fortuna und Virtus bei einem Autor der späten Stauferzeit. Göppingen 1977 (GAG. 212). In: Colloquia Germanica 13 (1980), S. 86–88, hier S. 88; dazu kritisch Vollmann (Anm. 3), S. 84 f., Anm. 299, u. S. 183, Anm. 670.
19 Vgl. ebd.; vgl. auch Justin Vollmann: Performing Virtue. Zur Performativität der *Krone* Heinrichs von dem Türlin. In: PBB 130 (2008), S. 82–105.

wird,²⁰ aber auch im Entwirren ihrer komplexen, durch Gleichzeitigkeit wie auch durch Vorzeitigkeit bestimmten Struktur²¹ sowie im Überwinden jener Krise des Verstehens, in die er bereits durch die Gralshandlung, erst recht aber durch die in sie eingeflochtenen „Wunderketten"²² fast zwangsläufig gestürzt wird.²³ Mehr noch als Wolframs *Parzival* scheint die *Krone* in der Tat der *stiure* des Rezipienten zu *gern*, bevor sie ihn ihrer Bilder *wert* (vgl. Parzival V. 2,7 f.).

Ich komme damit zur zweiten Frage. Schon Hennig Brinkmann hebt Heinrichs besondere Kunst der *descriptio* hervor, die ihn sogar dazu veranlasst, den Autor der *Krone* in die Nähe Konrads von Würzburg zu rücken.²⁴ Nichts liegt näher, als diese – das innere Auge in besonderer Weise ansprechende – Technik mit den von Heinrich im Epilog genannten Bildern in Verbindung zu bringen. Man mag dabei an die schöne Amurfina, an die hässliche Riesin der „Wunderwaldschleife",²⁵ an den Ackerknecht auf seinem „wandelnden Katalog von Pferdekrankheiten",²⁶ an

---

20 Vgl. Christoph Cormeau: Zur Rekonstruktion der Leserdisposition am Beispiel des deutschen Artusromans. In: Poetica 8 (1976), S. 120–133, hier S. 126–133.
21 Zur Gleichzeitigkeit Wallbank (Anm. 3), zur Vorzeitigkeit Christoph Cormeau: *Wigalois* und *Diu Crône*. Zwei Kapitel zur Gattungsgeschichte des nachklassischen Aventiureromans. München 1977 (MTU. 57), S. 126–130, sowie – in rezeptionsästhetischer Perspektivierung – Uta Störmer-Caysa: Der Gürtel des Fimbeus und die Chronologie. Versuch über die lineare Zeit in der *Crône* Heinrichs von dem Türlin. In: Literatur – Geschichte – Literaturgeschichte. Beiträge zur mediävistischen Literaturwissenschaft. Festschrift für Volker Honemann zum 60. Geburtstag. Hrsg. von Nine Miedema, Rudolf Suntrup. Frankfurt a. Main 2003, S. 209–224. Zur Überlagerung der linearen durch eine zyklische Zeitstruktur vgl. außerdem dies.: Zeitkreise in der *Crône* Heinrichs von dem Türlin. In: Kulturen des Manuskriptzeitalters. Ergebnisse der Amerikanisch-Deutschen Arbeitstagung an der Georg-August-Universität Göttingen vom 17. bis 20. Oktober 2002. Hrsg. von Arthur Groos, Hans-Jochen Schiewer. Göttingen 2004 (Transatlantische Studien zu Mittelalter und Früher Neuzeit – Transatlantic Studies on Medieval and Early Modern Literature and Culture. 1), S. 321–340.
22 Grundlegend Ulrich Wyss: Die Wunderketten in der *Crône*. In: Die mittelalterliche Literatur in Kärnten. Vorträge des Symposions in St. Georgen/Längsee vom 8. bis 13.9.1980. Hrsg. von Peter Krämer. Wien 1981 (Wiener Arbeiten zur germanischen Altertumskunde und Philologie. 16), S. 269–291. Zu den beiden in die Gralshandlung (V. 13925–14934 u. V. 28262–29909) eingeflochtenen Wunderketten kommt noch eine weitere, in die Sældehandlung eingeflochtene Wunderkette (V. 15932–16499).
23 Man könnte vermuten, die klassische Krise werde damit vom Helden an den Rezipienten überantwortet. Gleichzeitig kommt es aber auf der Ebene der *histoire* zu einer Überantwortung der Krise vom Helden an die Artusgesellschaft; vgl. Justin Vollmann: Krise des Individuums – Krise der Gesellschaft. Artusroman und Artushof in der *Krone* Heinrichs von dem Türlin. In: Artushof und Artusliteratur. Hrsg. von Matthias Däumer, Cora Dietl, Friedrich Wolfzettel. Berlin/New York 2010 (Schriften der Internationalen Artusgesellschaft, Sektion Deuschland/Österreich. 7), S. 237–251.
24 Vgl. Hennig Brinkmann: Zu Wesen und Form mittelalterlicher Dichtung. Halle a. d. Saale 1928, Nachdruck Darmstadt 1979, S. 132 f.
25 Die Bezeichnung prägt Mentzel-Reuters (Anm. 3), S. 245, in Anlehnung an die von Wyss (Anm. 22) geprägte Bezeichnung „Wunderkette". Die besagte *descriptio* findet sich V. 9340–9425.
26 Bernd Kratz: Hippiatrisches in der *Crône* Heinrichs von dem Türlin. In: *in hôhem prîse*. A Festschrift in honor of Ernst S. Dick. Presented on the occasion of his sixtieth birthday April 7, 1989. Hrsg. von Winder McConnell. Göppingen 1989 (GAG. 480), S. 223–234, hier S. 223. Die *descriptio*

die Vergewaltigung Ginovers durch Gasoein[27] oder auch an die „meisterhafte Schilderung der Kussscene in der Barke"[28] denken. Vor allem aber sind es die „schnappschussartige[n] Bildreihen"[29] der bereits erwähnten „Wunderketten", die – wie die Beiträge von Matthias Däumer, Claudia Lauer und Robert Schöller zu Sinnesregie, Farben und Schallphänomenen in den betreffenden Passagen eindrucksvoll gezeigt haben[30] – das Medium der (inneren) Anschauung[31] in extremer Weise in Anspruch nehmen. Der Held ist in diesen Passagen weitgehend auf seinen Sinnesapparat reduziert, durch den hindurch der Rezipient ein Geschehen wahrnimmt, das ihm mangels Erklärungen (sei es von Seiten der Figuren oder des Erzählers) ebenso unverständlich bleibt wie dem Helden selbst.

Ich rufe hier nur das komplexeste der betreffenden Bilder in Erinnerung: Auf einer rosenübersäten Heide fächelt ein schöner, an ein Bett gebundener und an den Beinen straff gefesselter Jüngling, dem ein Pfeil durch die Augen geschossen ist, mit einem feurigen Fächer, der den Glanz der roten Rosen zunichte macht, dem vor ihm auf dem Bett liegenden, hermelinweißen und mit einer rosenroten Decke versehenen Leichnam einer jungen Dame zu, in deren rechtem Arm ein Zwerg mit einer prächtigen, aus einem einzigen Rubin gefertigten Krone liegt, deren Schein die Rosen ihres Glanzes beraubt, daneben ein Ritter mit einer weiten Wunde durchs Herz, dazu schwarz wie ein Mohr, in dem gut eine Elle tief ein mit einem braunen Fähnchen versehener Speersplitter steckt (V. 14323–14409). Der Forschung ist es nicht gelungen, diese Bilder schlüssig zu deuten. „Es ‚riecht' nach Allegorie, ohne sich als solche klar zu erweisen, geschweige denn allegoretisch enträtselt zu

---

findet sich V. 19621–19948. Unter ästhetischem Blickwinkel nähern sich der Passage Rüdiger Schnell: Ekel und Emotionsforschung. Mediävistische Überlegungen zur ‚Aisthetik' des Hässlichen. In: DVjs 79 (2005), S. 359–432, hier S. 402–407; Martin Baisch: Faszination als ästhetische Emotion im höfischen Roman. In: Machtvolle Gefühle. Hrsg. von Ingrid Kasten. Berlin/New York 2010 (TMP. 24), S. 139–166, hier S. 161–164.

27 V. 11608–11746.
28 Singer (Anm. 3), S. 21. *Descriptio* V. 26387–26464.
29 Dietrich Homberger: Gawein. Untersuchungen zur mittelhochdeutschen Artusepik. Diss. Bochum 1969, S. 151, mit dem treffenden Zusatz: „[G]edanklich verstehen lassen sich diese Bildreihen wohl kaum".
30 Vgl. Matthias Däumer: „Hje kam von sinen augen / Das wunderlich taugen". Überlegungen zur Sinnesregie in den Wunderketten- und Gralspassagen der *Krone* Heinrichs von dem Türlin. In: Artushof und Artusliteratur. Hrsg. von Matthias Däumer, Cora Dietl, Friedrich Wolfzettel. Berlin/New York 2010 (Schriften der Internationalen Artusgesellschaft, Sektion Deutschland/Österreich. 7), S. 215–235; Claudia Lauer: Bunter Zufall? Farben und Farbsemantiken in der *Krone* Heinrichs von dem Türlin. In: Farbe im Mittelalter. Materialität – Medialität – Semantik. Hrsg. von Ingrid Bennewitz, Andrea Schindler. 2 Bde. Berlin 2011, Bd. 2, S. 439–460, hier bes. S. 449–453; Robert Schöller: Schall und Raum. Zur Kennzeichnung von Anderwelten durch Schallphänomene in der *Krone* Heinrichs von dem Türlin. In: Literarische Räume. Architekturen – Ordnungen – Medien. Hrsg. von Martin Huber u. a. Berlin 2012, S. 209–216.
31 Terminologie nach Luhmann, vgl. unten unter III.

werden", notiert Fritz Peter Knapp.[32] In der Tat scheint es sich um Bilder zu handeln, die bestenfalls vorgeben, Allegorien zu sein, in Wirklichkeit aber einer internen Bildlogik gehorchen, die sich, wie schon Ulrich Wyss gezeigt hat, weder in Handlungslogik noch gar in Begriffe übersetzen lässt.[33] Die *bezeichenunge* bleibt, mit anderen Worten, nicht nur göttliches Geheimnis – sie existiert schlichtweg nicht.

Mit dieser Erkenntnis ist nun freilich die oben angesprochene Krise des Verstehens auch schon überwunden, und man kann sich, unbehelligt durch die Frage nach der Bedeutung, dem ästhetischen Genuss der „Fantastische[n] Wunderketten"[34] überlassen. Dass sich indessen die *Krone* „auf dem Weg zum fantastischen Panoptikum" befindet,[35] dass sie womöglich gar „the first major piece of fantastic narrative in German literature" darstellt,[36] darf nicht dazu verleiten, die Frage nach der Bedeutung auch insgesamt für irrelevant zu halten. Wie ich zu zeigen versucht habe, werden in der *Krone* durchaus auch Fragen der Religion (wenngleich mit eher negativem Befund), der Ethik und der Ästhetik verhandelt, wobei – und darauf kam es hier vor allem an – den Dingen eine ganz entscheidende Bedeutung zukommt. Heinrich von dem Türlin schreckt nicht davor zurück, seinen Roman in *eine* Reihe mit dem Gral, den Sælde-Kleinodien und den Tugendmessgeräten zu stellen, wobei dem Verschwinden des Grals aus der erzählten Welt die fast schon dingliche Präsenz eines Erzählens gegenübersteht, das, ins Bild der Krone gefasst, für sich in Anspruch nimmt, dem „tugendhaften" Rezipienten ganz neue ästhetische Erfahrungshorizonte zu eröffnen. Bevor nach den theoretischen Implikationen dieses Programms gefragt wird, soll zunächst die im Epilog entwickelte Titelmetapher genauer in den Blick genommen werden.

---

32 Fritz Peter Knapp: Märchenhaftes Erzählen im Mittelalter. Die Anverwandlung des Märchens im Artusroman, insbesondere in der *Krone* Heinrichs von dem Türlin. In: ders.: Historie und Fiktion in der mittelalterlichen Gattungspoetik (II). Zehn Studien und ein Vorwort. Heidelberg 2005 (Schriften der Philosophisch-historischen Klasse der Heidelberger Akademie der Wissenschaften. 35), S. 191–224, hier S. 223.
33 Vgl. Wyss (Anm. 22).
34 Johannes Keller: Fantastische Wunderketten. In: Das Wunderbare in der arthurischen Literatur. Probleme und Perspektiven. Hrsg. von Friedrich Wolfzettel. Tübingen 2003, S. 225–248.
35 Walter Haug: Paradigmatische Poesie. Der spätere deutsche Artusroman auf dem Weg zu einer ‚nachklassischen' Ästhetik. In: DVjs 54 (1980), S. 204–231; wieder in: ders.: Strukturen als Schlüssel zur Welt. Kleine Schriften zur Erzählliteratur des Mittelalters. Tübingen 1989, S. 651–671 (zit.), hier S. 658; vgl. auch ders.: Das Fantastische in der späteren deutschen Artusliteratur. In: Spätmittelalterliche Artusliteratur. Ein Symposion der neusprachlichen Philologien auf der Generalversammlung der Görres-Gesellschaft Bonn, 25.–29. September 1982. Hrsg. von Karl Heinz Göller. Paderborn 1984 (Beiträge zur englischen und amerikanischen Literatur. 3), S. 133–149, hier S. 146: „Ich kenne nichts in der mittelalterlichen Literatur, das dem Fantastischen im modernen Sinne so nahe käme wie diese surrealen Sequenzen in der *Crône*."
36 Ernst S. Dick: Tradition and Emancipation. The Generic Aspect of Heinrich's *Crône*. In: Genres in Medieval German Literature. Hrsg. von Hubert Heinen, Ingeborg Henderson. Göppingen 1986 (GAG. 439), S. 74–92, hier S. 92.

II

Hatte Heinrich seinen Roman im Prolog noch in die Nähe eines jener vergleichsweise minderwertigen Edelsteine gerückt, die an der Reichskrone gleichwohl eine glückliche Verbindung mit dem berühmten Waisen eingehen,[37] so erscheint derselbe Roman im Epilog nun selbst als wohlgeschmiedete, mit kostbaren Edelsteinen besetzte Krone, an der Heinrich kein minderwertiges Material mehr dulden will (V. 29916–29919: *waz töhte denne swachez blî / sô wol gesmiter krône, / die edel gestein vil schône / in golde gezieret hât*). Heinrich greift hier auf die seit der Antike geläufige Metapher des *poeta faber* zurück,[38] jenes *artifex* also, der – ganz im Sinne der mittelalterlichen Poetik des Wiedererzählens – eine bereits vorhandene *materia* bearbeitet.[39] In diesem Sinne bemerkt auch Heinrich, hiermit ende die Krone, die seine Hände nach bestem Vermögen aus einer Vorlage so geschmiedet hätten, wie sie ihm im Geist vorgeschwebt habe (V. 29966–29970: *Hie mit hât ein ende / diu krône, die mîne hend / nâch dem besten gesmit hânt, / als sie mîn sin vor ime vant, / ûz einem exemplar*). Tatsächlich beschreibt dies die Arbeitsweise Heinrichs ziemlich genau, der zwar nicht auf eine einheitliche Vorlage, wohl aber auf die klassischen Artusromane (im ersten Teil der *Krone* vor allem *Yvain/Iwein* und *Lancelot/Lanzelet*, im zweiten Teil vor allem *Perceval/Parzival* und *Wigalois*) sowie einige kleinere Erzählungen zurückgreift,[40] die er – und darin ist vielleicht nun doch ein neuer Anspruch erkennbar – nach Maßgabe eines übergeordneten Konzepts (*als sie* [die Krone] *mîn sin vor ime vant*)[41] kombiniert und umformt.

---

[37] Schon hier gibt sich Heinrichs Bescheidenheit freilich als eine gespielte zu erkennen, da sich weder der V. 51 genannte Kristall noch der Rubin, den Heinrich V. 68 für sich in Anspruch nimmt, tatsächlich durch Minderwertigkeit auszeichnen; vgl. dazu Ulrich Engelen: Die Edelsteine in der deutschen Dichtung des 12. und 13. Jahrhunderts. München 1978 (Münstersche Mittelalter-Schriften. 27), S. 331, 334–343, 364 f.
[38] Vgl. zu dieser Metapher Joachim Hamm: *Meister Umbrîz*. Zu Beschreibungskunst und Selbstreflexion in Hartmanns *Erec*. In: Vom Verstehen deutscher Texte des Mittelalters aus der europäischen Kultur. Hommage à Elisabeth Schmid. Hrsg. von Dorothea Klein. Würzburg 2011 (Würzburger Beiträge zur deutschen Philologie. 35), S. 191–218, hier S. 210–214 mit weiterführender Literatur. Ungewöhnlich – zumindest im Rahmen der volkssprachigen Literatur – ist allerdings der Umstand, dass Heinrich die betreffende Tradition im Sinne einer *Titel*metapher nutzt; vgl. dazu Franz Josef Worstbrock: Über den Titel der *Krone* Heinrichs von dem Türlin. In: ZfdA 95 (1966), S. 182–186.
[39] Vgl. Franz Josef Worstbrock: Wiedererzählen und Übersetzen. In: Mittelalter und frühe Neuzeit. Übergänge, Umbrüche und Neuansätze. Hrsg. von Walter Haug. Tübingen 1999 (Fortuna vitrea. 16), S. 128–142.
[40] Zu Heinrichs Vorlagen vgl. Irma Klarmann: Heinrich von dem Türlin, Diu Krône. Untersuchung der Quellen. Diss. masch. Tübingen 1944; Christine Zach: Die Erzählmotive der *Crône* Heinrichs von dem Türlin und ihre altfranzösischen Quellen. Ein kommentiertes Register. Passau 1990 (Passauer Schriften zur Sprache und Literatur. 5); Gudrun Felder: Kommentar zur *Crône* Heinrichs von dem Türlin. Berlin/New York 2006.
[41] Dieser Aspekt geht – wie im Übrigen auch derjenige des Schmiedens aus einem *exemplar* – verloren, wenn Florian Kragl übersetzt: „Hiermit hat die Krone ein Ende, die meine Hände ge-

Wenn Heinrich diese Krone am Ende dann den ehrenwerten Damen aufsetzt (V. 29989f.: *mit diser krône gekrœnet sît / ir vrouwen, die nâch werde lebent!*), so greift er auch hier auf ein bereits bestehendes Modell zurück, nämlich dasjenige des Erzählens als Frauendienst,[42] das er von Wolfram von Eschenbach übernommen haben dürfte. Interessanter als dieses Modell (das im Übrigen im Verlauf des Romans zur Genüge ironisiert worden ist)[43] scheint mir die oben bereits hervorgehobene, mit dem Versprechen bisher nie gesehener Bilder verbundene Funktion der Krone als eines Tugendmessgeräts. Zwar ist erstens das Motiv der Tugendprobe altbekannt,[44] zweitens die Einteilung des Publikums in Gut und Böse durchaus topisch[45] und drittens die Betonung des Visuellen in der *poeta faber*-Metapher bis zu einem gewissen Grad schon angelegt. Im Folgenden soll aber gezeigt werden, dass Heinrich der Kombination dieser Elemente eine Dynamik abgewinnt, die den traditionellen Rahmen ganz entschieden sprengt. Es empfiehlt sich zunächst eine eingehendere Betrachtung der bisher übergangenen Passage V. 29922–29965, zu deren Beginn es im Hinblick auf die Krone heißt:

> wirt vermischet etwâ dar an
> ein bluome oder ein bilde,

---

schmiedet haben, so gut sie es konnten und wie ich sie in einem *Exemplar* vorfand." Heinrich von dem Türlin: Die Krone. Unter Mitarbeit von Alfred Ebenbauer † ins Neuhochdeutsche übersetzt von Florian Kragl. Berlin/Boston 2012, S. 452.

42 Vgl. dazu Ursula Peters: Frauendienst. Untersuchungen zu Ulrich von Lichtenstein und zum Wirklichkeitsgehalt der Minnedichtung. Göppingen 1971 (GAG. 46), S. 103.

43 So etwa, wenn sich Heinrich ausgerechnet im Rahmen der Ginoverhandlung, die die Königin in einem äußerst zweifelhaften Licht erscheinen lässt, als großen Verteidiger der weiblichen Ehre hinstellt (V. 10437–10456); vgl. dazu auch Matthias Meyer: Die Verfügbarkeit der Fiktion. Interpretationen und poetologische Untersuchungen zum Artusroman und zur aventiurehaften Dietrichepik des 13. Jahrhunderts. Heidelberg 1994 (GRM Beiheft. 12), S. 102f. u. 174, sowie Peter Stein: Integration – Variation – Destruktion. Die *Crône* Heinrichs von dem Türlin innerhalb der Gattungsgeschichte des deutschen Artusromans. Bern u.a. 2000 (Deutsche Literatur von den Anfängen bis 1700. 32), S. 231f.

44 Vgl. Otto Warnatsch: Der Mantel, Bruchstück eines Lanzeletromans des Heinrich von dem Türlin, nebst einer Abhandlung über die Sage vom Trinkhorn und Mantel und die Quelle der *Krone*. Breslau 1883; Kathleen Coyne Kelly: Performing Virginity and Testing Chastity in the Middle Ages. London/New York 2000 (Routledge Research in Medieval Studies. 2); Sandra Linden: Tugendproben im arthurischen Roman. Höfische Wertevermittlung mit mythischer Autorität. In: Höfische Wissensordnungen. Hrsg. von Hans-Jochen Schiewer, Stefan Seeber. Göttingen 2012 (Encomia Deutsch. 2), S. 15–38. Eine Krone als Tugendmessgerät begegnet dann allerdings erst in einem Meisterlied und in einem Nürnberger Fastnachtsspiel, die beide ins 15. Jahrhundert zu datieren sind; vgl. Christine Kasper: Von miesen Rittern und sündhaften Frauen und solchen, die besser waren. Tugend- und Keuschheitsproben in der mittelalterlichen Literatur vornehmlich des deutschen Sprachraums. Göppingen 1995 (GAG. 547), S. 174–179.

45 Vgl. Gustav Ehrismann: Über Wolframs Ethik. In: ZfdA 49 (1908), S. 405–465, hier S. 420; Bruno Boesch: Die Kunstanschauung in der mittelhochdeutschen Dichtung von der Blütezeit bis zum Meistergesang. Bern/Leipzig 1936, Nachdruck Hildesheim 1976, S. 104.

daz ez tumben liuten wilde
ist ze betrahten und ze sehen
(daz villîhte mac geschehen,
ob ez ze tief ergraben was),
unde wil vür swachez glas
ir edele gesteine kiesen:
waz mac sie dar an verliesen
oder der meister, der sie hât gesmit?
dô wirt niht wan jener mit
betrogen, der [Hs.: den] sie kostet.
(V. 29922–29933)

Was immer hier genau gemeint ist (inwiefern könnte eine zu tiefe Gravur den unverständigen Betrachter dazu veranlassen, die Edelsteine der Krone für minderwertiges Glas zu halten?), auffällig ist jedenfalls schon hier die Betonung der visuellen Wahrnehmung (V. 29925: *ze betrahten und ze sehen*), die nicht etwa auf die Krone als ganze, sondern auf die hier und da in sie eingemischten Blumen und Bilder gerichtet ist. Während die Blumen später keine Erwähnung mehr finden, avancieren die Bilder – wie oben bereits gesehen – zum eigentlichen ästhetischen Alleinstellungsmerkmal der Krone (V. 29984–29986: *vil manigez vremdez bilde* [...] *dem gelîchez er vor nie gesach*).

Gewisse Probleme haben der Forschung die Verse 29932 f. bereitet. Werner Schröder übersetzt: „Allenfalls wird damit [nämlich mit seinem abwertenden Urteil über die Krone; J. V.] derjenige betrogen, der für sie bezahlt hat".[46] Abgesehen davon, dass diese Aussage eher an den modernen Buchhandel als an den mittelalterlichen Literaturbetrieb denken lässt, vermisst man bei der hier unterstellten Bedeutung des Verbs mhd. *kosten* einen Akkusativ des Preises oder ein entsprechendes Adverb. Wohl aus diesem Grund ziehen Alfred Ebenbauer und Florian Kragl im Anmerkungsteil ihrer Ausgabe die Wortgleichung „prüfend beschauen; erkennen, wahrnehmen; schmeckend kosten" in Erwägung, wobei sie es nun aber für nötig halten, V. 29933 handschriftliches *den* zu *der* zu konjizieren,[47] um als Subjekt des so verstandenen Kostens statt der Krone den unverständigen Rezipienten einzusetzen – eine Konjektur, die Gudrun Felder in den Text ihrer Leseausgabe übernimmt[48] und die Florian Kragl nicht zuletzt auch seiner Übersetzung zugrunde legt („Damit ist alleine der Betrachter betrogen").[49]

---

[46] Werner Schröder: Herstellungsversuche an dem Text der *Crône* Heinrichs von dem Türlin mit neuhochdeutscher Übersetzung und Kommentar. 2 Bde. Stuttgart 1996 (Akademie der Wissenschaften und der Literatur Mainz, Abhandlungen der Geistes- und Sozialwissenschaftlichen Klasse. 2 u. 4). Bd. 1, S. 63. In demselben Sinn übersetzt die Stelle auch schon John Wesley Thomas: The Crown. A Tale of Sir Gawein and King Arthur's Court by Heinrich von dem Türlin. Translated and with an introduction by John Wesley Thomas. Lincoln/London 1989.
[47] Vgl. Ebenbauer/Kragl (Anm. 1).
[48] Vgl. Felder (Anm. 1).
[49] Kragl (Anm. 41).

Nun passt die perzeptive Bedeutung des Verbs *kosten* zweifellos besser in den – auch sonst auf visuelle Wahrnehmung abstellenden – Argumentationszusammenhang als die (von Kragl in seiner Übersetzung gleichwohl als Alternative angebotene)[50] ökonomische Bedeutung. Nur scheint mir die besagte Konjektur nicht nötig, vielmehr würde die Aussage „Dadurch [nämlich durch sein unverständiges Urteil] wird alleine derjenige betrogen, den sie [die Krone] prüfend beschaut" das Motiv der Krone als eines Tugendmessgeräts, wie es in den Versen 29972–29976 dann explizit formuliert wird, treffsicher antizipieren. Ein weiteres Argument für diese Lesart liefern die sich unmittelbar anschließenden Verse:

> daz golt niht enrostet,
> swie lange ez verborgen lît.
> wann ime denn kumet diu zît,
> daz ez dem meister zuo kumt,
> ze wert ez ine beiden vrumt:
> wan sie einander beide
> sint süeziu ougenweide,
> und erkennent sich ze rehte wol.
> (V. 29934–29941)

Einige Interpreten, wie etwa Julius Schwietering,[51] haben den in V. 29937 genannten *meister*, an den das Gold gerät, mit dem in V. 29931 genannten *meister* identifizieren wollen, der die Krone geschmiedet hat, wobei dann unter dem Gold nicht etwa das fertige Werk, sondern jene *materia* (das *exemplar*) zu verstehen wäre, aus der die Krone geschmiedet worden ist. Will man indessen keinen gedanklichen Bruch sowohl zu den unmittelbar vorausgehenden Versen 29932 f., die sich – wie auch immer gewendet – eindeutig auf das Verhältnis zwischen Rezipient und fertigem Werk beziehen, als auch zum nachfolgenden *bîspel* vom Hahn und dem Edelstein, das ebenfalls auf dieses Verhältnis zu beziehen ist, annehmen, so kann mit dem in V. 29937 genannten *meister* nur der – von den *tumben liuten* (V. 29924) sich abhebende – verständige Rezipient gemeint sein, wobei das Gold dann metonymisch für die Krone selbst steht.[52] Interessant ist hierbei der Umstand, dass beide, Rezipient wie Krone, einander einen süßen Anblick bieten und sich in der rechten Weise erkennen. Die Fähigkeit zur visuellen Wahrnehmung wird damit nicht nur dem Rezipienten, sondern auch der Krone zugesprochen, was ein weiteres Argument dafür liefert, die Krone in Übereinstimmung mit dem Wortlaut der Hand-

---

50 Ebd., S. 451, Anm. 328: „Möglich wäre auch: ‚Damit ist alleine der betrogen, der sie kauft.'"
51 Vgl. Julius Schwietering: Die Demutsformel mittelhochdeutscher Dichter. Berlin 1921 (Abhandlungen der königlichen Gesellschaft der Wissenschaften zu Göttingen, philologisch-historische Klasse. N. F. 17/3), S. 56.
52 Vgl. z. B. auch Mentzel-Reuters (Anm. 3), S. 27, der sowohl das Verhältnis ‚Gold–Meister' als auch das Verhältnis ‚Edelstein–Hahn' auf das Verhältnis ‚Krone–Rezipient' bezieht.

schrift auch schon in V. 29933 als Subjekt des perzeptiv verstandenen Kostens anzusetzen.

Es folgt die bekannte Fabel vom Hahn und der Perle bzw. dem Edelstein, wobei nach fast einhelliger Meinung dem hungrigen Hahn, der den Edelstein in den Mist hinabtritt, der unverständige Rezipient entspricht, der die Krone mit Missachtung straft.[53] In Übereinstimmung mit der Überlieferung,[54] die hier seiner eigenen Strategie der Betonung des Visuellen zuarbeitet, hebt Heinrich wiederholt den Glanz des Edelsteins hervor (V. 29950: *als er ûz dem miste schein*; V. 29960: *dîn vil liehter schîn*; V. 29965: *sîn schîn*). Anders als dieser glänzt die abschließende Bemerkung des Erzählers, der Edelstein hätte demjenigen vonstatten sein können, den sein Glanz satt gemacht hätte (V. 29963 f.: *sîn*[55] *möhte dem sîn worden stat, / den sîn schîn het gemachet sat*), nach dem Urteil Friedrich Ohlys, der die eigentliche Lehre der Fabel auf die Formel „Weisheit geht vor Nahrung" bringt, „nicht von Klarheit".[56] Die Vorstellung eines satt machenden Glanzes könnte indessen auch als weiteres Indiz dafür gelesen werden, dass es Heinrich mehr auf den ästhetischen Genuss als auf das Erfassen irgendeiner höheren Wahrheit ankam.

III

Wenn abschließend der Versuch unternommen werden soll, die Ästhetik der *Krone* mit der Kunsttheorie Niklas Luhmanns in Verbindung zu bringen, dann kann das nicht ohne einleitende Kautelen geschehen. Luhmanns Theorie bezieht sich erklärtermaßen auf die moderne, funktional differenzierte Gesellschaft, deren Subsysteme (z. B. Wirtschaft, Wissenschaft oder eben auch Kunst) sich durch operative Schließung – mit Blick auf das Kunstsystem könnte man auch sagen: durch *Autonomie* – auszeichnen. Dagegen haben wir es im Mittelalter mit einer stratifikatorisch differenzierten Gesellschaft zu tun,[57] die stark von der Religion dominiert wird und weit davon entfernt ist, über einen eigenen Begriff des „Kunstschönen"

---

53 Anders Klaus Speckenbach: Die Fabel von der Fabel. Zur Überlieferungsgeschichte der Fabel von Hahn und Perle. In: Frühmittelalterliche Studien 12 (1978), S. 178–229, hier S. 193 f., der den Hahn als Gegenbild nicht etwa eines verständigen Rezipienten der *Krone*, sondern Heinrichs selbst liest, der nämlich mit der Fabel verdeutlichen wolle, „dass er als verständiger Meister alle Kostbarkeiten aufgehoben und in der *Crône* verarbeitet habe".
54 Grundlegend hierzu ebd., zur *Krone* S. 193 f.
55 Anders als Felder (Anm. 1) – vgl. auch Felder (Anm. 40), S. 719 – setze ich Länge an und verstehe *sîn* als auf den *stein* (V. 29949) referierendes Genitivobjekt zu *stat werden*.
56 Friedrich Ohly: Die Perle des Wortes. Zur Geschichte eines Bildes für Dichtung. Frankfurt a. Main/Leipzig 2002, S. 190 u. 195, Anm. 10.
57 Zu stratifikatorischer und funktionaler Differenzierung vgl. Niklas Luhmann: Die Gesellschaft der Gesellschaft. Frankfurt a. Main 1997. Bd. 2, S. 678–776.

bzw. der „schönen Künste" zu verfügen.⁵⁸ Wenn die *Krone* dennoch auf Luhmanns Kunsttheorie anspricht und umgekehrt, dann ist zu fragen, ob hier mehr als nur ein bloßes Missverständnis vorliegt. Zunächst ist allerdings zu prüfen, ob eine solche Affinität denn überhaupt besteht. Es empfiehlt sich, vorab zwei Begriffe zu klären, die für Luhmanns Kunsttheorie zentral sind: Beobachtung zweiter Ordnung und Wahrnehmung.

Beobachtung zweiter Ordnung ist zunächst nichts anderes als die Beobachtung von Beobachtungen.⁵⁹ Sie ist keineswegs auf das Kunstsystem beschränkt, vielmehr ist sie typisch für alle Subsysteme der modernen Gesellschaft.⁶⁰ Zum Beispiel: Der Leser beobachtet im Rahmen des Subsystems Wissenschaft den Autor dieses Beitrags, wie er die *Krone* beobachtet. Gleichzeitig tut der Autor natürlich gut daran, antizipatorisch bereits den Leser dabei zu beobachten, wie er seine (des Autors) Beobachtungen beobachtet usw. Im Hinblick auf die *Krone* ist bereits an dieser Stelle festzuhalten, dass sich Beobachtung zweiter Ordnung offensichtlich nicht zuletzt durch ein gewisses interaktives Potenzial auszeichnet. Ebenfalls im Hinblick auf die *Krone* ist darauf hinzuweisen, dass der Begriff der Beobachtung bei Luhmann nicht notwendigerweise an ein psychisches System gebunden, sondern so abstrakt gefasst ist, dass als Beobachter nicht nur ein Künstler (der mit seinem Kunstwerk die Welt im weitesten Sinn beobachtet), sondern auch das Kunstwerk selbst fungieren kann (insofern nämlich „der Beobachter im Beobachten mit der Form, die er benutzt, identisch ist").⁶¹

Wie Beobachtung zweiter Ordnung ist selbstverständlich auch Wahrnehmung nicht auf das Kunstsystem beschränkt, vielmehr ist sie „eine, wenn nicht die zentrale Spezialkompetenz des Bewusstseins".⁶² Um sich aus dem Bann einer Tradition zu lösen, „die den Aufbau psychischer Fähigkeiten hierarchisch arrangiert hatte und dabei der ‚Sinnlichkeit', das heißt dem Wahrnehmen, eine niedere Position zugewiesen hatte im Vergleich zu den höheren, reflektierenden Funktionen des Verstandes und der Vernunft", hebt Luhmann ausdrücklich „die evolutionäre, genetische und funktionelle Priorität des Wahrnehmens gegenüber dem Denken" hervor.⁶³ Wichtig im Hinblick auf die *Krone* (wie überhaupt auf die Anschlussfähigkeit der Luhmann'schen Kunsttheorie für die Literaturwissenschaft) ist die Tatsache, dass „[d]ie Feststellung des Primats der Wahrnehmung im Bewusstsein" aus-

---

58 Vgl. Andreas Speer: *Kunst* und *Schönheit*. Kritische Überlegungen zur mittelalterlichen Ästhetik. In: *Scientia* und *ars* im Hoch- und Spätmittelalter. Hrsg. von Ingrid Craemer-Ruegenberg, Andreas Speer. Berlin/New York 1994. Bd. 2 (Miscellanea Medievalia. 22/2), S. 945–966. Von einem ähnlichen Befund geht auch Haug (Anm. 2), S. 253, aus, der dann allerdings nach „Einbruchstellen für eine Ästhetik" im moderneren Sinn fragt.
59 Vgl. Niklas Luhmann: Die Kunst der Gesellschaft. Frankfurt a. Main 1995, S. 94.
60 Ebd., S. 97, vgl. auch S. 105–109.
61 Ebd., S. 67.
62 Ebd., S. 17.
63 Ebd., S. 13.

drücklich auch *Anschauung*, das heißt „imaginierte Wahrnehmung [...], also selbstveranlasste Wahrnehmungssimulation" mit einschließt.⁶⁴ Was erzählende Texte angeht, ergibt sich hier eine gewisse Nähe zur kognitiven Narratologie, die eine Schwerpunktverschiebung vom Modell erzählter Welten zum Modell mentaler Repräsentationen vornimmt.⁶⁵

Die Spezifik des modernen Kunstsystems besteht für Luhmann nun in der Kombination von Beobachtung zweiter Ordnung und Wahrnehmung, aus der sich der (für die Fragestellung des vorliegenden Bandes besonders relevante) Dingbezug dieses gesellschaftlichen Subsystems ergibt:

> Als Besonderheit, die das Kunstsystem von anderen Funktionssystemen unterscheidet, können wir festhalten, dass die Beobachtung zweiter Ordnung im Bereich des Wahrnehmbaren hergestellt wird. Es geht immer um Dinge oder um Quasi-Dinge, um reale oder um imaginierte Dinge, um statische Objekte oder um Ereignissequenzen. Wir wollen, diese Unterschiede übergreifend, von dinglicher Fixierung von Formen sprechen. Die in die Dinge eingelassenen Formentscheidungen garantieren die Möglichkeit, am selben Objekt Beobachtungen zu beobachten.⁶⁶

Die Bedingung hierfür ist selbstverständlich, dass es sich nicht um natürliche, sondern um künstliche Dinge handelt, um Dinge also, die auf ihr *Hergestelltsein* hin beobachtet werden können.⁶⁷ Und in genau diesem Sinne ist – zumindest wenn man Anschauung als eine Sonderform von Wahrnehmung gelten lässt – auch eine Erzählung ein Ding.

Hier ergibt sich eine gewisse Nähe zur Tradition des *poeta faber*, in die sich auch Heinrich von dem Türlin einreiht. Man könnte nun freilich argumentieren, diese Nähe sei rein oberflächlicher Natur – ist doch der *artifex* nach mittelalterlichem Verständnis einer, der nicht nur (im Gegensatz zu Gott) keine Materie, sondern (im Gegensatz zur Natur) auch keine substantiellen Formen generiert, sich vielmehr auf die Nachahmung der Natur beschränkt,⁶⁸ so dass man kaum von „Formentscheidungen" im Sinne Luhmanns sprechen kann. Wenn es nun aber stimmt, dass Heinrich von dem Türlin seine *Krone* in *eine* Reihe mit dem Gral, den Sælde-Kleinodien, dem Handschuh und dem Becher stellt, dann ist damit gleichzeitig eine Spur gelegt, die von den Herstellern dieser Dinge, das heißt von Gott (?)⁶⁹

---

64 Ebd., S. 16.
65 Vgl. dazu Fotis Jannidis: Figur und Person. Beitrag zu einer historischen Narratologie. Berlin/New York 2004 (Narratologia. 3), S. 177–185. Viele der theoretischen Anstrengungen, die Jannidis im Interesse der Figur unternimmt (Abgrenzung zum Strukturalismus etc.), ließen sich auch für eine dingzentrierte Narratologie fruchtbar machen.
66 Luhmann (Anm. 59), S. 124.
67 Vgl. ebd., S. 112–119.
68 Vgl. Speer (Anm. 58), S. 952–954.
69 Wen man sich als Hersteller des Grals zu denken hat, bleibt letztlich ebenso göttliches Geheimnis wie seine *bezeichenunge*.

über Frau Sælde (?)[70] und den Meister aus Toledo, der den Becher *wider natûre geworht hât* (V. 1105),[71] bis hin zu Heinrich von dem Türlin führt, von dessen Ackerknecht *Natûre* sich ausdrücklich distanziert.[72] Vor allem aber sind es zwei Punkte, die meines Erachtens die Ästhetik der *Krone* in eine mehr als nur oberflächliche Nähe zur Kunsttheorie Luhmanns rücken: die Bedeutung des Visuellen und das Konzept der *Krone* als eines Tugendmessgeräts.

Der besondere Stellenwert der sinnlichen – vor allem visuellen – Wahrnehmung in der *Krone* wurde oben herausgearbeitet. Er lässt sich bereits an der häufigen Verwendung von Wörtern wie *sehen* (V. 29925, 29986), *schouwen* (V. 29981, 29982), *betrahten* (V. 29925), *kosten* (V. 29933), *gewar werden* (V. 29983), aber auch *schînen* (V. 29950) bzw. *schîn* (V. 29960, 29965), *bilde* (V. 29923, 29984) oder *ougenweide* (V. 29940) im Epilog der *Krone* ablesen und zeigt sich vor allem in jenen Passagen des Romans – besonders natürlich den Bildern der in die Gralshandlung eingeflochtenen Wunderketten –, die in extremer Weise die Anschauung des Rezipienten in Anspruch nehmen. Verstärkt wird er noch dadurch, dass sich die besagten Bilder dem rein kognitiven Verständnis des Rezipienten ebenso entziehen wie die Erscheinungen der Gralssymbole dem Verständnis Gaweins, der vergeblich nach ihrer Bedeutung fragt. Eine Kunsttheorie wie diejenige Luhmanns, die der sinnlichen (und sei es imaginierten) Wahrnehmung eine „evolutionäre, genetische und funktionelle Priorität [...] gegenüber dem Denken" (s. o.) einräumt, kommt einem solchen Programm sehr entgegen.

Wie ebenfalls herausgearbeitet wurde, ist im Epilog der *Krone* nicht etwa an ein einseitiges, sondern an ein wechselseitiges Beobachtungsverhältnis gedacht: Die *Krone kostet* ihrerseits den Betrachter (V. 29933), beide sind einander im Ideal-

---

70 Zumindest jedenfalls fungiert Frau Sælde als *Spenderin* der Glückskleinodien und der Handschuhe; vgl. oben Anm. 9 u. 15.

71 Zur Ambivalenz einer mittelalterlichen Technik, „die zwischen Kunsthandwerk, Mechanik und Magie noch nicht scharf trennt", vgl. Udo Friedrich: *Contra naturam*. Mittelalterliche Automatisierung im Spannungsfeld politischer, theologischer und technologischer Naturkonzepte. In: Automaten in Kunst und Literatur des Mittelalters und der Frühen Neuzeit. Hrsg. von Klaus Grubmüller, Markus Stock. Wiesbaden 2003 (Wolfenbütteler Mittelalter-Studien. 17), S. 91–114, hier S. 96; vgl. auch ebd., S. 102–104 zu einer „Mechanik *contra naturam*" mit einem Hinweis zur Applizierbarkeit „auf die literarische Inszenierung von Kunstwelten". Zur Nähe der *ars poetica* zur *ars magica* – gerade auch im Hinblick auf Wahrnehmungssimulation – vgl. Hans Jürgen Scheuer: Die Wahrnehmung innerer Bilder im Carmen Buranum 62. Überlegungen zur Vermittlung zwischen mediävistischer Medientheorie und mittelalterlicher Poetik. In: Das Mittelalter 8 (2003), S. 121–136.

72 „*ich enworht* [Hs.: *enwircke*] *dich niht", sie dicke sprach* (V. 19786). Dazu Hartmut Bleumer: Die *Crône* Heinrichs von dem Türlin. Form-Erfahrung und Konzeption eines späten Artusromans. Tübingen 1997 (MTU. 112), S. 210; Schnell (Anm. 26), S. 404 f.; Baisch (Anm. 26), S. 163. Obwohl sämtliche Ausgaben – so außer den in Anm. 1 genannten auch schon Gottlob Heinrich Friedrich Scholl (Hrsg.): Diu Crône von Heinrîch von dem Türlîn. Stuttgart 1852 (BLV. 27) – handschriftliches *enwircke* zu *enworht* konjizieren, ließe sich m. E. auch das Präsens rechtfertigen, wobei die Pointe dann darin bestünde, dass Natura nicht etwa nur abstreitet, den Ackerknecht geschaffen zu haben, sondern sich angesichts des literarischen Entwurfs rundheraus weigert, diesen ins Werk zu setzen.

fall *süeziu ougenweide / und erkennent sich ze rehte wol* (V. 29940 f.). Antizipiert wird hier das Konzept der *Krone* als eines Tugendmessgeräts (V. 29972–29976), dem die zahlreichen Herausforderungen entsprechen, vor die die *Krone* ihren Rezipienten stellt. An erster Stelle sind hier wiederum die Wunderketten zu nennen, die den Rezipienten fast zwangsläufig in eine Krise des Verstehens stürzen, die erst überwunden ist, wenn er versteht, dass die betreffenden Passagen es auf eben diese Krise des Verstehens abgesehen hatten. Dieses Konzept erinnert stark an dasjenige der Beobachtung zweiter Ordnung, das voraussetzt, „dass der Hersteller sich auf den Betrachter einstellt wie ein Beobachter auf einen anderen Beobachter".[73] Wollte man Luhmanns stark formalisierten Beobachtungsbegriff voll ausreizen, dann könnte man – fast mit den Worten Heinrichs von dem Türlin – sagen, das Produkt selbst (mit den darin eingelassenen Formentscheidungen) beobachte seinen Beobachter.

Wenn ein mittelalterlicher Text und eine moderne Theorie aufeinander ansprechen, dann kann das, pointiert gesagt, zwei Gründe haben: Entweder der mittelalterliche Text ist *auch schon* modern oder die moderne Theorie ist – gemäß der McLuhan'schen Denkfigur von der Gutenberg-Galaxis als einem Ausnahmezustand – *schon wieder* mittelalterlich. Für den hier untersuchten Fall mag beides ein Stück weit zutreffen. Einerseits kommt eine Kunsttheorie, „die stark auf das Moment der sinnlichen Wahrnehmung abstellt", dem Mittelalter, in dem die Sinne „stärker an [der] Rezeption [von Literatur] beteiligt [sind] als in der Moderne", zweifellos entgegen.[74] Andererseits ist es keineswegs undenkbar, dass einzelne literarische Gattungen bereits im Mittelalter einen hohen Grad an Autonomie bzw. operativer Schließung aufweisen. Manuel Braun hat diesen Ansatz für den Minnesang stark gemacht,[75] und wie schon Christoph Cormeau gezeigt hat, ist spätestens mit der *Krone* auch auf dem Gebiet des höfischen Romans ein Punkt erreicht, an dem „[d]ie literarische Gattung [...] sich auf sich selbst zurück[bezieht]".[76] Wenn die *Krone* und Luhmann *einander beide / sint süeziu ougenweide, / und erkennent sich ze rehte wol* (V. 29939–29941), dann scheint das also auf einem beiderseitigen Entgegenkommen zu beruhen. Eine starke Basis hierfür bildet der gemeinsame Dingbezug, den es im gegebenen Kontext vor allem herauszuarbeiten galt.

---

73 Luhmann (Anm. 59), S. 126 f.
74 Manuel Braun: Kristallworte, Würfelworte. Probleme und Perspektiven eines Projekts ‚Ästhetik mittelalterlicher Literatur'. In: Das fremde Schöne. Dimensionen des Ästhetischen in der Literatur des Mittelalters. Hrsg. von Manuel Braun, Christopher Young. Berlin/New York 2007 (TMP. 12), S. 1–40, hier S. 29. Ausdrücklich denkt Braun hier nicht nur an direkte, sondern auch an indirekte Wahrnehmung, d. h. Anschauung.
75 Vgl. Manuel Braun: Autonomisierungstendenzen im Minnesang vor 1200. Das Beispiel der Kreuzlieder. In: Geltung der Literatur. Formen ihrer Autorisierung und Legitimierung im Mittelalter. Hrsg. von Beate Kellner, Peter Strohschneider, Franziska Wenzel. Berlin 2005 (Philologische Studien und Quellen. 190), S. 1–28.
76 Cormeau (Anm. 21), S. 244.

Abkürzungsverzeichnis

ABäG	Amsterdamer Beiträge zur älteren Germanistik
Archiv	Archiv für das Studium der neueren Sprachen und Literaturen
ATB	Altdeutsche Textbibliothek
BLV	Bibliothek des Litterarischen Vereins in Stuttgart
BMZ	Mittelhochdeutsches Wörterbuch. Mit Benutzung des Nachlasses von Georg Friedrich Benecke. Ausgearbeitet von Wilhelm Müller, Friedrich Zarncke. 3 Bde. Leipzig 1854–1866, Neudruck Hildesheim 1963.
CCCM	Corpus Christianorum, Continuatio Mediaevalis
CCSL	Corpus Christianorum, Series Latina
DU	Der Deutschunterricht
DVjs	Deutsche Vierteljahrsschrift für Literaturwissenschaft und Geistesgeschichte
EM	Enzyklopädie des Märchens. Handwörterbuch zur historischen und vergleichenden Erzählforschung. Hrsg. von Kurt Ranke u. a. 15 Bde. Berlin 1977–2015.
Études	Études germaniques
FMSt	Frühmittelalterliche Studien
GAG	Göppinger Arbeiten zur Germanistik
GRM	Germanisch-romanische Monatsschrift
HWRh	Historisches Wörterbuch der Rhetorik. In Verbindung mit Wilfried Barner u. a. hrsg. von Gert Ueding, mitbegründet von Walter Jens. 12 Bde. Berlin/Boston 1992–2015.
HZ	Historische Zeitschrift
KLL	Killy Literaturlexikon. Autoren und Werke des deutschsprachigen Kulturraums. 2., vollständig überarbeitete Auflage. In Verbindung mit Achim Aurnhammer u. a. hrsg. von Wilhelm Kühlmann. 13. Bde. Berlin/Boston 2008–2012.
LCI	Lexikon der christlichen Ikonographie. Hrsg. von Engelbert Kirschbaum SJ u. a. 8 Bde. Freiburg i. Breisgau 1968–1976.
LexMA	Lexikon des Mittelalters. Hrsg. von Robert-Henri Bautier u. a. 9 Bde. München 1980–1999.
LiLi	Zeitschrift für Literaturwissenschaft und Linguistik
LIMC	Lexicon Iconographicum Mythologiae Classicae. Hrsg. von Hans Christoph Ackermann u. a. 9 Bde. Zürich u. a. 1983–2009.
LTG	Literatur – Theorie – Geschichte
LThK	Lexikon für Theologie und Kirche. Begründet von Michael Buchberger. 3., völlig neu bearbeitete Auflage. Hrsg. von Walter Kasper u. a. 11 Bde. Freiburg i. Breisgau u. a. 1993–2001.
MLN	Modern Language Notes
MLR	Modern Language Review
MTU	Münchener Texte und Untersuchungen zur deutschen Literatur des Mittelalters
PBB	Beiträge zur Geschichte der deutschen Sprache und Literatur
PMLA	Publications of the Modern Language Association of America
RGA	Reallexikon der Germanischen Altertumskunde. Begründet von Johannes Hoops. Hrsg. von Heinrich Beck, Heiko Steuer, Dieter Timpe. 2., völlig neu bearbeitete und stark erweiterte Auflage. 37 Bde. Berlin/New York 1973–2008.
RLW	Reallexikon der deutschen Literaturwissenschaft. Neubearbeitung des Reallexikons der deutschen Literaturgeschichte. Gemeinsam mit Georg Braungart u. a. hrsg. von Harald Fricke, Jan-Dirk Müller, Klaus Weimar. 3 Bde. Berlin/New York 1997–2003.
TMP	Trends in Medieval Philology

²VL	Die deutsche Literatur des Mittelalters. Verfasserlexikon. Begründet von Wolfgang Stammler, fortgeführt von Karl Langosch. 2., völlig neu bearbeitete Auflage. Hrsg. von Kurt Ruh zusammen mit Gundolf Keil u. a. 14 Bde. Berlin/New York 1978–2008.
WW	Wirkendes Wort
ZfdA	Zeitschrift für deutsches Altertum
ZfdPh	Zeitschrift für deutsche Philologie
ZfG	Zeitschrift für Germanistik
ZfrPh	Zeitschrift für romanische Philologie

Abbildungsnachweis

S. 31: Kreuz/Kienlin; Kartengrundlage d-maps: http://d-maps.com/m/mediterranean/meditorient/meditorient03.pdf | S. 34: Kreuz/Kienlin; Kartengrundlage d-maps: http://d-maps.com/carte.php?num_car=2272&lang=de | S. 36, 37, 39, 40: © British School at Athens; Reproduktionen aus: Lefkandi II. The Protogeometric Building at Toumba. Edited by M. R. Popham, P. G. Calligas and L. H. Sackett. *Part 2*: The Excavation, Architecture and Finds. With J. Coulton and H. W. Catling. The British School of Archaeology at Athens. Oxford: Alden Press 1993, Plates 13, 16c, 18d, 20 | S. 121: Staatliche Graphische Sammlung München, Inv.-Nr. 11194D | S. 264: Pierpont Morgan Library New York, Ms. M.0948, fol. 156^r. Gift of Beatrice Bishop Berle, in memory of her father, Cortlandt Field Bishop, 1972 | S. 297: Universitätsbibliothek Heidelberg, Cod. Heid. 370,319, Seite: 242v | S. 302: Staatsbibliothek zu Berlin, © bpk – Bildagentur für Kunst, Kultur und Geschichte, Berlin: Bild Nr. 96751 | S. 303: Staatsbibliothek zu Berlin, © bpk – Bildagentur für Kunst, Kultur und Geschichte, Berlin: Bild Nr. 40635 | S. 339: Regensburg, Domschatz; Leihgabe des Priesterseminars St. Wolfgang | S. 343: Pierpont Morgan Library New York, Ms. M.0754, fol. 16^v. Purchased in 1929 | S. 347: Bischöfliches Generalvikariat Münster, Kunstpflege (Stephan Kube) | S. 351: Foto Schweizerisches Nationalmuseum Foto-Nummer DIG-16934 | S. 377, 379, 382, 383: Staatsbibliothek zu Berlin – Preußischer Kulturbesitz, 4° Inc 1621, Bl. 21b, 30a, 53a, 54a

www.ingramcontent.com/pod-product-compliance
Lightning Source LLC
Chambersburg PA
CBHW080752300426
44114CB00020B/2715